人民文库 第二辑

拉丁美洲史

（修订本）

林被甸 董经胜 | 著

人民出版社

责任编辑：杨美艳

图书在版编目（CIP）数据

拉丁美洲史/林被甸，董经胜著.—修订本.—北京：人民出版社，2023.3
（人民文库．第二辑）
ISBN 978－7－01－022933－1

Ⅰ.拉…　Ⅱ.①林…②董…　Ⅲ.①拉丁美洲-历史　Ⅳ.①K73

中国版本图书馆 CIP 数据核字（2020）第 258382 号

拉丁美洲史
LADINGMEIZHOU SHI
（修订本）

林被甸　董经胜　著

人民出版社 出版发行
（100706　北京市东城区隆福寺街 99 号）

北京新华印刷有限公司印刷　新华书店经销

2023 年 3 月第 2 版　2023 年 3 月北京第 1 次印刷
开本：710 毫米×1000 毫米 1/16　印张：38.5　插页：1
字数：611 千字

ISBN 978－7－01－022933－1　定价：138.00 元

邮购地址 100706　北京市东城区隆福寺街 99 号
人民东方图书销售中心　电话（010）65250042　65289539

出版前言

1921 年 9 月，刚刚成立的中国共产党就创办了第一家自己的出版机构——人民出版社。一百年来，在党的领导下，人民出版社大力传播马克思主义及其中国化的最新理论成果，为弘扬真理、繁荣学术、传承文明、普及文化出版了一批又一批影响深远的精品力作，引领着时代思潮与学术方向。

2009 年，在庆祝新中国成立 60 周年之际，我社从历年出版精品中，选取了一百余种图书作为《人民文库》第一辑。文库出版后，广受好评，其中不少图书一印再印。为庆祝中国共产党建党一百周年，反映当代中国学术文化大发展大繁荣的巨大成就，在建社一百周年之际，我社决定推出《人民文库》第二辑。

《人民文库》第二辑继续坚持思想性、学术性、原创性与可读性标准，重点选取 20 世纪 90 年代以来出版的哲学社会科学研究著作，按学科分为马克思主义、哲学、政治、法律、经济、历史、文化七类，陆续出版。

习近平总书记指出:“人民群众多读书,我们的民族精神就会厚重起来、深邃起来。”“为人民提供更多优秀精神文化产品,善莫大焉。”这既是对广大读者的殷切期望,也是对出版工作者提出的价值要求。

文化自信是一个国家、一个民族发展中更基本、更深沉、更持久的力量,没有文化的繁荣兴盛,就没有中华民族的伟大复兴。我们要始终坚持“为人民出好书”的宗旨,不断推出更多、更好的精品力作,筑牢中华民族文化自信的根基。

人民出版社

2021 年 1 月 2 日

目　　录

前　言

一

拉丁美洲（英语：Latin America；西班牙语：América Latina 或 Latinoamérica）在地理上通常指美国以南的美洲地区，包括墨西哥、中美洲、南美洲和西印度群岛。“拉丁美洲”一词是19世纪30年代法国学者首先使用的，指原西班牙、葡萄牙、法国等拉丁语系国家的殖民地在独立后建立的国家。20世纪60—70年代后，加勒比海地区的一些英、荷殖民地获得独立后，这些新国家的官方语言英语、荷兰语不属于拉丁语系，因此，国际组织和机构逐渐将“拉丁美洲”改称为“拉丁美洲和加勒比地区”。

拉丁美洲和加勒比地区，目前共有33个国家，另有12个尚未独立的地区。人口5.2亿，占世界人口总数的近十分之一，陆地面积占世界七分之一到六分之一，为世界第三大语言西班牙语的主要所在地，这些数字反映了它在全球中所占有的重要地位。

第二次世界大战后，尤其是20世纪60年代以来，在冷战和世界范围的非殖民化运动的影响下，西方学术界加强了对亚、非、拉美等欠发达地区的研究，欧洲和美国对拉丁美洲历史的研究取得了长足的进展。拉丁美洲本土的历史研究也不再仅仅追寻欧洲史学传统，而是力求反映拉美人民要求独立、自主和富强的愿望，采用新范式，研究新问题，成果丰硕。当代学者还利用现代科学技术手段,整理了大量的考古和档案文献资料,并借鉴多种社会科学方法,在经济史、社会史和文化史方面取得了很多新成就。在此基础上,20 世纪八九十年代,由英国剑桥大学出版社推出了 11 卷本的“研究拉丁美洲独特历史进程的权威性大型著作”——《剑桥拉丁美洲史》,内容包括从 15 世纪末和 16 世纪初美洲印第安土著居民首次接触欧洲人之时直到出版之时将近 5 个世纪的历史。其后,联合国教科文组织又推出了多卷本的《拉丁美洲通史》和《加勒比通史》。① 从某种意义上说,这三套多卷本的通史著作基本上代表了目前国际学术界拉美和加勒比历史研究的水平。国际学术界还相继出版了一批国别史和专门史,推动拉美史的研究深入发展。

从 20 世纪 60 年代以来,我国的拉美史学科也逐步建立起来。虽经“文革”的干扰,但在老一辈学者的努力下,仍取得了一些重要的研究成果。70 年代初,随着中国恢复在联合国的合法地位,拉美国家纷纷与中国建交,推动了我国对于拉丁美洲的研究,当时翻译出版的拉美通史和国别史著作达 30 余部。此后,李春辉教授《拉丁美洲史稿》问世②,成为我国学者的第一部拉美史著作。罗荣渠教授的《拉丁美洲史大纲》虽未正式出版③,但作为内部教材多次印刷,产生过重要的影响。80 年代以来,在改革开放的推动下,我国拉美史研究进一步发展,一大批较高水平的学术著作和论文不断问世。④ 尤其是中国社会科学院张森根研究员主持并具体组织《剑桥拉丁美洲史》巨著的翻译出版,缩小了我国与国际学术界的距离,使我国的拉美教学和研究得以建立在新的平台之上。

国内外拉丁美洲史研究的这些新成果,为本书的写作提供了有利的条件。

---

① 《拉丁美洲通史》(*Historia General de América Latina*)共九卷;《加勒比通史》(*General History of the Caribbean*)共六卷。

② 李春辉:《拉丁美洲国家史稿》(上、下册),商务印书馆 1973 年版;1983 年再版时,改名《拉丁美洲史稿》;1993 年,作为续集出版了《拉丁美洲史稿》第三卷,由李春辉、苏振兴、徐世澄主编。

③ 《拉丁美洲史大纲》已收入“罗荣渠文集”之三:《美洲史论》,商务印书馆 2009 年版。

④ 王晓德、雷泳仁:《中国拉丁美洲史研究回顾》,《历史研究》2000 年第 5 期。

二

一部拉丁美洲地区史，要求反映这个辽阔地域上众多国家整体发展的历史。因此，在考虑本书的写作框架和主要思路时，我们感到首先需要解决好以下两个具体问题。

第一，全书的结构安排问题，特别是作为一部地区史在体例上应如何处理好整体和国别、统一性和多样性的关系问题。在以往的拉美史著作中，体例安排上大体采用了两种方法。一种是分设上、下篇，上篇综述整个地区的历史发展，下篇分述各国的历史发展。李春辉先生的《拉丁美洲史稿》，就是采用这一体例撰写的。分上、下篇体例的优点是有点有面，地区、国别兼顾。但本书写作不可能采用这种体例，因为篇幅不允许。另一种是按历史阶段综合叙述地区发展，不分国别。国外出版篇幅不大的拉美史，很多采用这种体例。美国学者 E. 布拉德福德・伯恩斯的《简明拉丁美洲史》（E. Bradford Burns，*Latin America：A Concise Interpretive History*）在国外多次再版，中译本也广受中国读者欢迎，就是一本在宏观综合上很有特色的著作。这种体例的优点是叙事重点突出，发展主线清晰，但在具体国家历史的叙述上难免受到局限，难以反映不同国家发展的多样性。19 世纪初，拉丁美洲就成立了 18 个独立国家，今天更发展为 33 国。各国之间在人种、语言、文化和发展道路上存在很大的差异。如果在新撰写的拉美史中，看不到这些国家是如何成长和发展的，不能不说是一种缺憾。

能否提供一种新的框架结构，可以使地区和国别得到更好的结合呢？20 世纪末，英国拉美史学家莱斯利・贝瑟尔主编的巨著《剑桥拉丁美洲史》问世。我们从该书的编辑方法上得到启发，本书在写作中采取了一种新体例，即选取上面提到的两种方案的优点，按不同历史时期，将地区性综述与代表性国家结合起来。这个框架结构的长处是，从独立到今，每一个重大历史时期都注意到点和面的结合，兼顾了地区发展的统一性和多样性；而且，在这个新框架下，对于一些影响较大的代表性国家，它们自独立以来的发展进程就有可能得到比较充分的展现。

第二,历史分期问题。历史分期不只是框架结构的安排,还关系到如何体现全书的发展主线,问题就显得更加重要。以往拉美史著作,多采用世界通史的一般分期方法,把独立以来的发展,以第一次世界大战和第二次世界大战作为划分的界限。实际上,两次世界大战虽然对拉丁美洲产生过很大影响,但并非是拉美历史发展呈现重大阶段性的决定性因素。20 世纪 80 年代中期,罗荣渠先生在我国开创的现代化理论和世界现代化进程研究,为我们提供了考察历史发展的新视角。拉丁美洲是第三世界中最早开始现代化建设的地区,拉美建国以来 200 多年的发展史,也是拉美国家追求实现本地区现代化的历史。新的现代化理论与把发展仅归结于外部因素的"依附理论"不同,要求把外部影响与内部因素结合起来进行考察,由此揭示社会结构的深层变革和重大阶段性变化。拉美国家在现代化进程中的几次重大转折,正是独立以来历史发展分期的重要依据;而"边缘化(殖民地化)—革命化(或改革)—现代化"①则是殖民入侵 500 多年来拉美历史发展的主线。

由此,我们把拉丁美洲上下古今的历史划分为 5 个发展时期,并确定了本书写作的主要思路。

1. 古代时期　从远古至欧洲殖民主义的入侵。与早期史学家描绘的古代印第安人长期处于原始落后状况不同,当代学者借助考古发现和研究证明:公元前 7000 年,拉美大陆已遍布印第安人,开始出现最初原始农业;公元前 4000 年,成功栽培了玉米;公元前 2000 年左右,出现了大规模纪念性公共工程,社会组织功能复杂化;公元前后,以特奥蒂瓦坎超大型城市国家兴起为标志,文明进入了繁荣期。虽然欧洲殖民者到达时,各地发展仍极不平衡,但就中心地区来说,社会发展达到了较高的水平,创造了古代世界少见的大帝国。南美卡拉尔(Caral)文化遗址的新发现,有可能把拉美大陆文明史推前 2000 年,构成上下 5000 年的文明发展史。

2. 殖民统治时期　从 15 世纪末至 19 世纪初为时 300 年。西班牙、葡

① 参见罗荣渠:《第三世界现代化进程初探》,《现代化新论——世界与中国的现代化进程》,商务印书馆 2006 年版。

萄牙殖民主义者的到来，打断了印第安人自古以来的历史发展进程，建立了欧洲第一个殖民帝国。本书试图通过对殖民地经济和政治的具体分析，阐明拉丁美洲殖民地模式——“拓殖榨取型”殖民地——的形成。这一模式不同于葡萄牙早期在东方建立“贸易站”那种商业型殖民地模式，也不同于后来英国在北美、澳大利亚的那种移民垦殖型的殖民地模式。拓殖榨取型模式的特点主要表现为：在移民的同时通过占有当地矿产、农业资源直接奴役土著，最大限度地榨取财富；以金银开采、大地产（大庄园、大种植园）和贸易垄断为三大支柱，并以王权和教权相结合的专制主义统治为保证。这种殖民模式既有其特殊的残酷性，又具有相当的稳固性，使西班牙、葡萄牙在美洲的殖民统治得以维持 300 年之久。当西、葡美洲殖民帝国瓦解后，其统治模式成为一份沉重历史遗产，使拉美国家仍长期不能摆脱依附和落后地位。垦殖型殖民地后来大多跻身于发达国家，而拓殖榨取型殖民地几乎都沦为欠发达世界，这并非是历史的偶然。

3. 拉美国家的早期发展　从 19 世纪初至 20 世纪初为时约 100 年，其中，又可分两个阶段，前后各 50 年。19 世纪初拉美独立革命推翻了殖民统治，开启了迈向现代社会的新时期。然而，政治上土生白人地主取代了欧洲出生的殖民贵族成为各国的统治者，经济上原有以大地产和矿业开采为主要特点的殖民地经济结构并未受到触动。因此，发生在世界资产阶级革命时代的拉美革命，并没有像欧美国家那样在一场大革命之后带来大发展，而是走上了一条完全不同的道路，经济停滞，政治混乱，在世界发展大浪潮中落下伍来。直到 19 世纪中叶特别是 70 年代后，在西方产业革命的拉动下，依靠出口初级产品，经济快速增长，延缓了半个世纪的现代化才开始启动。但是，经济增长的动力完全来自外部，一心以欧美工业国为效法榜样的拉美国家，实际上走的是一条依附性发展道路，在世界体系中长期处于边缘地位。

4. 探索自主性发展道路时期　20 世纪拉丁美洲历史的重要内容是改变依附和落后地位，探索自主性的现代化道路。这是拉美发展道路的一次大转折。发生这一转折，首先是对 30 年代世界经济大危机冲击的直接反应，因初级产品出口模式难以为继；同时，也与拉美社会内部民族民主因素的日益增长分不开。墨西哥等少数国家发生了暴力革命，而多数国家包括革命后的墨西哥，都发生了以“民众主义”（Populism）①为特色的改革，新兴资产阶级取代寡头势力，成为主导国家发展的重要力量。政治上扩大民众参与，经济上尝试依靠本国力量和市场推行进口替代工业化。工业化取得了重大的进展。在随后威权主义体制下，工业化进一步被推动，一些国家经济获得了高速增长。这种内向型工业化模式，在从依附性向自主性现代经济转变过程中“具有某种历史合理性”②。但其发展难以持久，弊端日益显露，各种矛盾积累，最后爆发债务大危机，结束了拉美半个多世纪的发展进程。

5. 80 年代以后的调整和发展　面对严峻的经济形势，拉丁美洲普遍地推行新自由主义的经济政策，通过“回归市场”，实现经济增长；与此同时，在政治上出现了军人“还政于民”的民主化进程。但新自由主义改革加重了社会问题，贫富分化加剧，社会运动高涨，拉美左派势力空前崛起，通过选举纷纷上台执政；但左派和右派你上我下，变化无常，发展存在着很大的不确定性。在 21 世纪，拉美国家依然面临着如何实现经济增长、政治民主和社会公正的艰巨历史任务。

三

写作一部拉丁美洲史，是我们很早以来的一个愿望，也经历了多年的酝酿和准备。1960 年，北京大学全国首招拉丁美洲史研究生。随后，年轻讲师罗荣渠开讲拉美史，拉丁美洲史作为世界史的一个分支学科第一次列入中国高校历史学科发展规划。同时罗先生编写了《拉丁美洲史大纲》，作为教学讲义。改革开放之初，李春辉先生打算修改商务印书馆出版的拉丁美洲史，希望与北大合作修订或新写一部拉丁美洲史。当时北

① Populism，又译民粹主义，这是一个复杂的现代政治现象，在不同历史时期、不同国家乃至不同情境下，其表现和历史作用往往很不相同。参看董经胜：《民粹主义：学术史的考察》，《当代世界与社会主义》2020 年第 5 期。

② 罗荣渠：《现代化新论——世界与中国的现代化进程》，商务印书馆 2006 年版，第 207 页。

大也很需要有一本反映新内容的教科书。可是,罗先生最后婉谢了李老的邀请,他认为当时国内所能利用的资料太少,要写成一部书的条件并不成熟。凡在北大和国家图书馆所藏有关拉美史的书,几乎本本借书卡上都留有他的签名,说明他是在摸清国内资料家底并作了全面估量以后才决定放弃这个机会的。

1986年,又一次机会来临,上海人民出版社编辑室主任前来约稿。当时,国内资料条件已大为改善,多次赴国外考察的罗老师,他讲的拉美史课不仅内容充实,而且新意迭出①,他本人在《历史研究》和《人民日报》不时有大块文章发表,应该说条件比较成熟了。不久就收到了上海人民出版社发来的正式通知书。可是,正是这一年,罗老师为我国改革开放大潮所鼓舞,做出了一个重大决定,开始从事现代化问题的研究。他主持的世界现代化进程课题被列入国家社科重点项目,并组织我们全力投入。拉丁美洲史的写作又一次被搁置了下来。可罗老师对此仍一直记挂在心,1996年他去世前不久,还对我提起有一本拉美史尚待完成。

时间很快跨入新千年,随着21世纪的到来,又迎来一次新机遇。2004年8月,人民出版社杨美艳编审打电话来,约写拉丁美洲史。当时我正忙于编多卷本《罗荣渠文集》,出版日期紧迫;另有《中外文化交流史》的合作项目,也已经上马。这两件事让我疲于奔命,难以招架。但是,我很珍惜这第三次机会。1986年,在罗荣渠先生带领下,北大历史系开始了现代化理论和世界现代化进程的研究,拉丁美洲是其中重要专题之一。其后十多年中我们的拉美史博士、硕士论文多以现代化为选题。通过这些研究,我们对拉美历史发展进程及某些重大历史问题有了新的或更为全面的认识。这一切无疑为拉美史的撰写打下了重要的基础。从这个意义上讲,拉美史写作推延,倒成了有利条件。

这次机会可不应再失去。于是,我一口应承下来,只是要求放宽交稿期限。等到我把手头项目大体赶着完成,已是2006年初。经历了两年多的努力,这本50余万言的书稿总算脱手了。其中一个缘由,是因为有了一位很

① 曾昭耀:《忆中国拉丁美洲史学科创始人罗荣渠老师》,林被甸、周颖如编:《求索者足迹——罗荣渠的学术人生》,商务印书馆2007年版。

好的合作伙伴、新留系任教的董经胜博士[①]。2005—2006年，他作为访问学者到荷兰莱顿大学拉丁美洲系进修，有机会利用国外丰富的西班牙文、英文资料，了解国际拉美史学界最新学术动态，并得到拉丁美洲系主任帕特里希奥·席尔瓦(Patricio Silva)教授等专家的热心帮助，为完成拉美史的写作提供了十分有利的条件。我们分工合作，互相切磋，配合默契，终于如期顺利完成了此项写作任务。

本书初版至今，不知不觉已过去了十年。此次再版，保持原有基本结构，主要在两个方面进行了修订。第一，补充和吸收拉美研究的新资料、新成果，内容上作了不少更新和改动；第二，补充本书初版以来直至目前的重大历史事件，以使本书反映拉美国家最新的发展状况。

拉丁美洲历史悠久，各个国家和地区之间在政治、经济、文化上既有很强的共同性，也有极大的差异性。要用有限的篇幅反映这样一个广阔地区的漫长历史进程，是一项难度很大的工程。我们只做了力所能及的工作。近十年来，国内外拉美历史研究取得了长足的进步，新一代年轻的拉美史研究学者正在迅速成长。我们期望，在不远的将来，由他们撰写的、体现国际最新史学发展趋势并具有中国特色的拉美史著作面世。

人民出版社编辑室杨美艳编审，从本书的写作出版到这次修订和再版，给予了热情的支持和帮助。在此，谨表示我们衷心的感谢。

罗荣渠先生是我国拉丁美洲史学科创始人和奠基者之一，北京大学拉丁美洲史学科就是他一手创建起来的。谨以此书纪念他对中国拉美史学科建设和拉美学界的杰出贡献。

林被甸

2020年10月

---

① 董经胜现为北大历史系教授，2003年北京大学拉丁美洲研究中心成立，林被甸为首任主任，董经胜为现任主任。

第一章
古代美洲

第一节　美洲文明的起源和发展

一、印第安人的由来

在1492年哥伦布到达前，美洲大地上居住着语言和生活方式各不相同、数量众多的族群，并无什么统一的名称。哥伦布来到美洲误以为到达了东方，错误地把当地居民统称为“印度人”（Indios）。这个误称一直被沿用了下来。在西方语言中，Indios就是指印度人，倒是汉语中把它们区别开来，称为“印第安人”。

印第安人来自何方？属于哪个人种？几个世纪来，学者们提出了各种各样的假设和推断。有的说他们来自埃及和地中海地区，是横渡大洋过来的；有的说源自欧洲，是穿越冰岛移居过来的；有的说来自俄国中南部，为高加索人种；等等。拉丁美洲一些学者则认为他们源自本土，是在美洲土生土长的。

然而，以上这些假说和推断几乎都没有经得起严格的科学论证和检验。美洲大陆迄今没有发现古代猿人的化石，所有出土的古人类遗骸属于完全的智人，即现代人，证明美洲土著居民的祖先也并非源自本土。经过上百年来的考古发掘和研究,人们对美洲最早居民的起源问题逐渐有了较为一致的认识,那就是他们中的绝大部分来自亚洲,属于蒙古利亚人种的一支。从比较人类学看,土著居民头发粗黑硬直,汗毛稀少,颧骨突出,面庞宽阔,皮肤从浅黄到棕色不等,与蒙古利亚人种特征相同。通过现代技术对人体基因的抽样测试分析,证明美洲土著和蒙古人种有同样的基因变体,进一步确认了美洲古代居民与亚洲蒙古利亚人种的同源性。然而,人们发现,各地印第安人在肤色、头型、语言和文化方面存在着不小的差异,表明他们分属不同来源、不同部族背景的亚洲部落。据研究,有一小部分南美印第安人与波利尼西亚、澳大利亚的人种十分相似,语言也有相同成分,说明他们可能是越过南太平洋的岛屿移入美洲的。因此,关于印第安人起源问题的研究虽然取得了很大的进展,学术界有比较广泛的认同,但尚未有完全的定论。

那么,这些亚洲移民是在什么时候,以怎样的方式到达美洲的呢?对于首批到达的时间至今仍存在很大的争议,有公元前 4 万多年前到 1 万多年前多种不同的说法,但学界一般认为是在冰川晚期和间冰期,即 2 万年前分多次移植到美洲大陆的。当时生活在亚洲东北部的古代先民或者由于追踪野兽,或者由于气候骤变的影响,从原住地出发,沿着日出的方向行进,经西伯利亚来到了亚洲的东北角白令海峡的西岸。① 从今天的地图上看,白令海峡正是连接亚、美两洲距离最近的地方。其间海平面下降了 100 米或更多,使海峡变窄变浅,中间又有陆地或小岛相连,形成了一道被地质学家所称的“白令陆桥”,为这些原始的狩猎人群提供了跨越海峡到另一个大陆生活的可能性。中国学者通过境内外考古发现的研究,勾勒出了这些先民如何从华北到达美洲大陆的迁移路线图。② 后来,由于冰川消融,海平面上升,滚滚波涛又隔绝了两个大陆的联系,这些外来者便成为美洲大陆的最早居民。从此,他们与旧大陆隔离,走上一条独自发展自身文化的道路。

据研究,在外来移民过程中发生过两次大的迁移浪潮,对印第安文明在美洲大地上孕育和演进发生了直接的影响。第一次迁移浪潮开始时,气候

---

① 法国学者阿科斯塔在 1590 年最先提出最早的印第安人是经过白令海峡从亚洲来到美洲的观点。

② 贾兰坡:《人在何时登上了美洲大陆?》,《大自然探索》1991 年第 3 期;盖培:《从华北到美洲——关于华北与北美旧石器时代的文化联系》,《化石》1977 年第 2 期。

发生了有利于外来者生存的变化。气温上升，冰河期所覆盖的冰雪渐渐融化，万物复苏，草木茂盛，猎物品种增加，美洲大地成了猎人的天堂。最初来到的原始人群，知道用火，用兽皮制成衣服，用石块做成简单工具，采集野果、捕鱼和捕获一些小动物。考古发现表明，至晚公元前1万年，远至南美的秘鲁地区已有了这些原始狩猎者的踪迹。这一时期，亚洲猎人们在美洲新天地里重操旧业，如鱼得水，但在经济生活上却没有取得什么重大的进步。

在第二次迁移浪潮中，出现了大批大型野生动物的捕猎者。这些亚洲移民或者他们的后裔，再一次从北向南扩散开来，大约公元前9000年，有的已到达了美洲大陆的南端巴塔哥尼亚。这时最后一次大冰河期消退，美洲生态环境经历了又一次的激烈变化。气候变暖、变干燥，森林和绿地面积大幅减少，最终造成了大型动物的灭绝。在哥伦布到达时，拉美大陆完全没有牛、马、驴、骡这些大动物的存在，这一状况不能不对新大陆文明的演进造成重大的影响。

二、美洲文明的起源

众多大动物的灭绝使这些原始狩猎人群面临生存危机，他们必须学会新的生存方式，发展出多样化的经济。为了取得食物，他们只得去捕获较小的动物，并逐步转向驯养，如开始对鹿、兔子的养殖；同时，注意培育可供食用的野生植物，把它们的种子重新播种到土地上。这种新生活方式最终导致了农业的产生。不过，从食物采集到食物生产是一个逐步发展的过程，农业生产在其初期阶段，仅仅作为狩猎和采集的补充。经过了非常漫长的时间，人们用于狩猎和采集的时间和精力才逐步转向播种、除草、收获及食品加工等农事活动方面来。于是，约在公元前5000年前后，新世界如同旧世界各地区所经历的那样，出现了逐渐发展成定居农业的过程，经济生活发生了革命性的变化。

一大批可供食用的作物新品种得到了培育。考古发现展示了昔日的采集者是如何逐步开始栽培瓜类、薯类、豆类和谷物的。南瓜可能是他们的最早食品，而影响最大的则是玉米的培育。玉米从一种野生大刍草演化而来，于公元前4000年左右被成功驯化;玉米一旦培育,被外壳紧裹的玉米粒就不再自然脱落繁殖,完全要依靠人工种植。除玉米外,其他被培育的重要粮食作物还有马铃薯、木薯和甘薯。中部美洲和安第斯山中部高原分别是玉米和薯类的发源地。农业从发源中心逐渐向外传播,到公元前2000年前后,农耕已经在中部美洲和南部安第斯地区广泛普及开来。印第安人总共栽培了100多种植物,与欧亚大陆所培植的植物一样多;他们培育的粮食作物品种有20余种,其中仅玉米就有700多个变种。玉米成为美洲古文明的基础,印第安文明又被称为"玉米文明"。农耕和相对稳定的食物来源带来了永久性的定居生活,其结果是人口的不断增长,村落由小变大。到公元前1000年前后,随着大型祭祀中心和城市的出现,社会组织复杂化,古代美洲逐步跨向文明社会。由此可见,文明起源与人种起源并不是一回事,美洲最初的居民是外来的,而美洲古代文明完全是土生土长的。

15世纪末西班牙殖民者到达时,美洲印第安人的总数估计已达2500万—5000万人,①广泛分布于南北美洲的不同地区。从出土的史前人类遗迹来看,美洲各地区的文化发展程度在文明形成之初,都处于十分原始状态,差别并不大。后来经过长期的发展,由于自然、地理、生态环境的影响,各地区的发展呈现出很大的差异。按其经济发展水平,大体可分为低、中、高三种类型,在社会组织方面,也相应形成部落、酋邦、国家三个不同的发展层次。②

1. 亚马孙热带丛林及南美南部广大地区。这个地区或林木茂密,炎热多雨,或沙漠山区,干旱少雨,自然条件险恶,是印第安人发展程度较低的地区。这里生活着图皮人、阿拉瓦克人、瓜拉尼人和阿劳坎人(今智利境内马普切人是其中重要的一支),主要以采集和渔猎为生,依不同季节可获得的动物和植物果实情况而迁移流动,居无定所。有的开始从事刀耕火种的原始农业,木薯是主要作物,也种植甘薯、玉米、花生、菜豆、棉花,此外,仍依靠

① 对1492年美洲总人口的估计相差很大,少至1000万,多至一亿,这里是依据《剑桥拉丁美洲史》提供的数字。参见[英]莱斯利·贝瑟尔主编:《剑桥拉丁美洲史》第一卷,林无畏等译,经济管理出版社1995年版,第139—141页。

② Benjamin Keen, *A History of Latin America*, Fifth Edition, Houghton Mifflin Company, Boston, Toronto, 1996, p. 8.

渔猎作为重要补充。人们不会冶金术，不懂修桥铺路。有的会烧制陶器，有的仅用葫芦作容器。不稳定的食物来源制约了人口的增长和劳动分工的发展。社会单位是自治式的族群，不受约束，依靠家族关系维系的氏族联盟，组成一个部落。在这样的部落社会里，人们平等相处，每个人有机会从事狩猎捕鱼或耕种土地，部落和村社首领的权力仅限于指挥战事、决定狩猎时间和主持公共活动。

2. 环加勒比地区。这个地区包括中美洲的大部分、大安的列斯群岛、哥伦比亚和委内瑞拉的一部分以及安第斯山北部地区。生活在这里的主要有奇布查人（或称莫伊斯卡人）、泰罗纳人、塞努人、阿拉瓦克人和加勒比人。这里自然资源丰富多样，人口密度较大，处于中等发展水平。农业有了较大的发展，能够生产多种作物以养活聚居在大村落里密集的人口。产品有了剩余，使一部分人从生产活动中分离出来，专门从事宗教、行政和工艺活动。部落首领拥有较大的个人权力，他们强迫村社成员缴纳贡品，再由他们把贡物分配给贵族和武士。各部落为争夺土地和水源发生了战争和兼并，胜利者使失败者臣服于自己；一旦这种关系稳固下来，就形成了酋邦。酋邦是建立在不平等基础上的部落联合体。当代研究者认为，酋邦存在于氏族社会末期和文明社会早期，同样也是古代美洲从氏族社会走向文明社会的一种过渡形式。在酋邦社会里，出现了社会分层，有了贵族和平民的区分。哥伦比亚境内的奇布查人以波哥大和通哈为中心建立起两个酋邦，拥有居民150万人，经济发达，擅长冶炼，以出产精美黄金饰品而著名。

3. 中部美洲和安第斯中部地区。[①] 这是古代美洲发展水平最高的两个地区，被称作印第安文明的“核心区”。农业经济和社会组织都达到了相当高的水平，出现了功能复杂的国家形态。古代美洲最有代表性的文明都是在这里孕育和发展起来的，并最终造就了玛雅、阿兹特克、印加三大文明和印加、阿兹特克两大帝国。

---

① 中部美洲（Mesoamerica）是一些德国学者尤其是爱德华·泽勒（1849—1922年）首先使用的，意指墨西哥中部、南部以及与之毗邻的中美洲各国印第安文化高度发达的地区。中部美洲不只是一个地理名词，它还涉及土著高度发达的文化与文明在不同时期以各种形式得到发展与传播的地区。亦译为“中美文化区”。

三、中部美洲文明区

中部美洲是美洲古代文明重要繁荣中心，在南部热带低地和中部高原地区同时发展起来，经历了远古、前古典、古典、后古典4个阶段。

远古时期（公元前7000—前2000年）　中部美洲地理环境复杂多样，公元前7000年，生活在墨西哥中部高原和沿海低地的族群最先开始种植南瓜、豆类、辣椒等作物，公元前4000年或更早，玉米在这里获得了培育，发生从食物采集者到食物生产者的转变。中部美洲成为至今确凿知道的世界少数独立农业革命中心之一。[①] 人们开始转向定居。到公元前2500年，出现了简单的陶器制品，但不懂纺织，人们仍过着原始生活。

前古典时期（前2000年—公元初）　或称文明形成时期。玉米等重要作物的栽培，带来了农业的稳定发展，制陶、纺织也发展起来，并达到了相当高的水平。经济发展引起了社会的变革，出现了早期的宗教祭祀中心。开始仅仅是一些土墩和用木头、茅草搭建的神庙，崇奉雨神。部落间并不经常发生战争，没有或很少有人祭现象。晚期，大部分地区出现了等级社会，在争夺土地或水源的战争中形成部落的联合，大小不等的酋邦和"城邦"国家纷纷建立起来。其中最具代表性的是奥尔梅克。

奥尔梅克文化，早至公元前2000年兴起于墨西哥南部海岸。[②] "奥尔梅克"是因当地盛产橡胶而得名，意为"橡胶之乡人"。这里是一片由几条向着海湾的河流冲积而成的平原，土地肥沃，气候湿润，有大量鱼类、鸟类生息，人们建造台田，种植玉米等多种作物，奥尔梅克文明就是在这里诞生和繁盛起来。在奥尔梅克人饮食中玉米已占有相当重要的地位，但仍需靠鱼类等补充以维持全年生计。据研究，使用陶饼铛烤制玉米面薄饼是奥尔梅克人"十分重要的文化创新"[③]。以往都是烤玉米棒子或把玉米熬成粥，如

---

① 参见［美］斯塔夫里阿诺斯：《全球通史：从史前史到21世纪》，吴象婴等译，北京大学出版社2006年版，第26页。

② Colin Renfrew and Paul Bahn, *The Cambridge World Prehistory*, *Vol.* 2: *East Asia and the Americas*, Cambridge University Press, 2014, p. 1005.

③ ［美］谢里尔·E.马丁、马可·瓦塞尔曼：《拉丁美洲史》，黄磷译，海南出版社、三环出版社2007年版，第8页。

今可以为远途商人或出征武士提供便于携带的方便食品，这可能对中部美洲经济和政治变革产生过重要影响。

主要文化中心有早期的圣洛伦索（前1400—前1000年）和后期的拉文塔（前1000—前400年）。圣洛伦索遗址上发现了10多尊纪念碑性巨型石雕头像，最大的高3米，重40吨。头像面貌非同一般，都戴有头盔，被认为是按照某位统治者具体人物雕刻而成的。在拉文塔还发现了底座直径120米、宽70米、高32米长方形土墩的地标性建筑，巨大的纪念性石碑和祭坛四处可见。拉文塔第13号纪念碑上的刻画表明奥尔梅克人在公元前6世纪已开始使用文字，文字学家以此作为中部美洲地区最早的文字证据。还有众多人形美洲豹雕像和马赛克豹状面具，反映了奥尔梅克人对美洲豹的崇拜。本地冲积平原不产岩石，巨石采自90公里外的山区。如此浩繁工程和高超雕刻技术，说明奥尔梅克已出现了等级分化和社会分工，有学者以此认为圣洛伦索和拉文塔已发展到了"有组织的国家社会形态"，而新近一些学者则认为乃是由强有力首领人物控制下的"酋邦"。① 奥尔梅克所创造的礼仪性神庙建筑、历法及其早期文字，对其他民族产生了广泛影响。一种作为宗教习俗的球戏和人祭或血祭（刺破自己身体某个部位放血）习俗可能也由奥尔梅克传播到其他地区，由此被认为是这个地区文明的共同源头，称作中部美洲的母体文化。新的研究则表明，当时没有出现哪一种文化独领风骚的局面，例如玛雅和奥尔梅克在艺术上有不少相似性，它们的关系并非是线性演进，而是在一个很长时间内双向互动，相互影响。②

古典时期（公元初—1000年）　在这个时期，文明发展的很多标志性特征都较全面地显现出来。灌溉在农业上广泛应用，人口增多，大城市形成了；建筑、制陶、纺织技术得到很大提高，并创立了天文学、数学；祭祀中心石砌金字塔代替了早期的土墩，神庙宏伟，装饰讲究；战争加剧，武士阶层兴起；社会分层更加明显。于是，一些地区形成了实力强大的国家，如美洲中部高地的蒙特阿尔万（又译阿尔万山）、特奥蒂瓦坎；在南部低地

---

① ［美］布赖恩·费根：《地球人：世界史前史导论》（第13版），方辉等译，山东画报出版社2014年版，第476页。

② Colin Renfrew and Paul Bahn, *The Cambridge World Prehistory*, *Vol. 2: East Asia and the Americas*, p. 220.

玛雅地区,则兴起了众多的城邦国家。蒙特阿尔万为萨波特克人所建,这座兴起于公元前4世纪的城市,中心地区拥有16000多人口,到公元600年后才走向衰落。

古典时期最具影响力的国家是特奥蒂瓦坎。它位于今墨西哥城东北50公里处,公元前200年兴起,公元150年其规模得到爆发式扩张,到公元700年走向衰落,前后繁荣千年之久。然而,对于特奥蒂瓦坎我们尚知之甚少,连这个辉煌的国家为何人所建,国名叫什么也不清楚。15世纪重新发现它的阿兹特克人以为偌大城市不会是人造,故把它称之为"特奥蒂瓦坎",意为"众神之城"。这是一座经过精心规划的城市,在一条南北走向长达4公里的"亡灵大道"为中轴线的广场上,错落有致地分布着月亮金字塔、美洲豹神庙、太阳金字塔、羽蛇神庙及宫殿等宏伟建筑。太阳金字塔规模宏大,方形塔基底边周长1089米,5层塔身高64米,244级台阶直通顶端,成为整个城市的中心。金字塔为"斜坡—层阶"结构,层面铺设石板,坡面饰以浮雕,顶层平面建有庙宇。用来装饰庙宇宫殿的石像、雕刻作品及其磨光技术和灰泥壁画,都是其艺术高度发展的证明。绘画和壁画显示特奥蒂瓦坎崇奉雨神特拉洛克,是一个神权国家,社会等级分明,祭司执掌大权。但城市没有防御墙,宗教和艺术以表现和平为主要内容。①

"亡灵大道"和金字塔周围为庞大的住宅区。祭司和贵族占据了离金字塔最近的地段,那里远离喧闹的市场,宅邸富丽堂皇;平民区道路狭窄,房屋简陋;各类工匠也有自己的专属区。这座古城并不是原先想象的仅仅是一个宗教中心,而是一个综合性大都市,工商业十分发达。城内建有几百家制作石器和陶器的手工作坊,以黑曜石工具和橘色陶器闻名,还有泥塑木刻和皮革作坊。设有"外乡人"(如瓦哈卡人)的居住区,专门从事生活用品制作。约有1/3的居民从事非农耕职业,另外近2/3的人口,白天在周边田地劳作,晚上回到城区居所。密集的灌溉农业和山坡梯田构成了特奥蒂瓦坎文明的经济基础。据研究,是特奥蒂瓦坎人将奥尔梅克人的最初文字符号发展为一整套的文字系统,但在城市衰败时,大量文字资料都被毁灭,仅有

① Benjamin Keen, *A History of Latin America*, Fifth Edition, p. 15.

一部分石刻上的书写样本保存下来。① 全城面积20平方公里，人口近20万，有统计表明，当时特奥蒂瓦坎集中了墨西哥谷地人口的50%—60%，堪称古代世界最大城市之一。②

特奥蒂瓦坎与旧大陆秦汉、罗马帝国大致处于同一历史时段。虽然特奥蒂瓦坎的兴起主要是通过武力，还是贸易、联姻、宗教影响等和平方式，或二者兼而有之，存在不同的意见。③ 但是，学界一致承认它代表了一个文化高峰，“特奥蒂瓦坎全盛时期的文化创造了一个新纪元”④，影响遍及同时期的玛雅诸城邦，直到后来的奇琴伊察、托尔特克、阿兹特克等几乎整个中部美洲。其建筑艺术、图案装饰、庙宇壁画和陶器风格的广泛流行，均是证明。同时代的其他古典文明，如蒙特阿尔万、蒂卡尔等，不是在文化上略逊一筹，就是在特奥蒂瓦坎的控制或影响下；正是特奥蒂瓦坎，上承奥尔梅克文化，并把中部美洲从地域上看似分散的一个个文化中心，连成了一体。⑤ 特奥蒂瓦坎在与世隔绝的新大陆上，创造了几个世纪里称雄一方的奇迹，其延续的寿命比大汉帝国和罗马帝国还长。

然而，新旧大陆文明演进的模式却全然不同。中部美洲文明始终没有跳出“兴起—扩张（周边或区域性）—分裂—衰亡”周而复始的循环模式。⑥ 特奥蒂瓦坎同样没有摆脱这一命运。公元7—8世纪时，这个盛极一时的大国突然衰落，城市被遗弃。造成特奥蒂瓦坎突然衰落的原因可能有三个方面：一是北方游猎部族的入侵；二是自身人口爆炸或内乱；三是外部贸易路线被切断。但这些仅仅是推测，尚待更多的考古发现来破解，新旧大陆文

---

① Karl A. Taube, *The Writing System of Ancient Teotihuacan*, Barnardsville, North Carolina, Washington, D.C, 2000; James C. Langley, *Symbolic Notation of Teotihuacan: Elements of Writing in a Mesoamerican Culture of the Classic Period*, Oxfordshire: BAR, 1986.

② 1987年，特奥蒂瓦坎入选联合国教科文组织世界遗产名录，其鼎盛时期人口规模位列世界第六大城市。

③ Colin Renfrew and Paul Bahn, *The Cambridge World Prehistory*, *Vol. 2: East Asia and the Americas*, p. 996；［美］谢里尔·E.马丁、马可·瓦塞尔曼：《拉丁美洲史》，黄磷译，海南出版社、三环出版社2007年版，第14页。

④ ［美］布赖恩·费根：《地球人：世界史前史导论》（第13版），方辉等译，山东画报出版社2014年版，第483页。

⑤ 同上。

⑥ 同上。

明演进模式也待更深入探讨。

后古典时期(公元1000年—15世纪)　经济继续发展,人口不断增长,陶器、纺织品的数量也大大增多了,但技术上并没有明显的进步,艺术上却失去了昔日的光泽。贵族和平民、富人和穷人分化加剧,战争频仍,武士阶层迅速壮大。战神上升为主神,盛行血腥的人祭。托尔特克、阿兹特克在不断对外扩张中崛起为新的强国。

托尔特克文化是后古典时期的重要代表。托尔特克文化兴起稍晚,为公元9世纪从北方进入墨西哥中部高原的托尔特克人所创造,公元10世纪开始进入繁荣期。文化主要发祥地图拉,位于今墨西哥城西北64公里,兴盛时城市面积13平方公里,人口达6万人。拥有庞大的军队,富有战斗力。农民除了种地外,还要服兵役,跟随武士出征。托尔特克并非是部落名称,其含义为"手艺人"①,指模仿了特奥蒂瓦坎文化的族群。文化上明显受到特奥蒂瓦坎影响,但建筑和雕刻有更多表现战争的内容。建筑多采用廊柱,柱上刻有武士像或蛇形纹,武士和象征战争的美洲豹、鹰、蛇成为雕饰的主题。图拉城是纺织、制陶和黑曜石加工的重要中心,与墨西哥海湾沿岸地区保持着密切的关系,同远至1500公里之外的玛雅城市奇琴伊察在建筑设计和艺术主题上有很多共同之处。后来,托尔特克发生内讧,武士集团和祭司集团相互争斗,外族乘机入侵,约公元1160年,图拉城被毁。继托尔特克而起的是阿兹特克帝国。

四、安第斯文明区

美洲古代文明另一个重要繁荣中心,是安第斯中部地区。安第斯文化起源于今秘鲁北部沿海河口,大约到2000年前在南北两端形成了两大繁荣中心,即北部沿海地区和安第斯中部的的喀喀湖(Lake Titicaca)地区,最后为印加所统一。受地理条件的阻碍,中部美洲和安第斯两个文明中心基本上是各自独立发展的,相互之间缺乏交往,但是,这不能阻挡一些农作物和技术的缓慢扩散和传播。玉米于公元前3000年从中部美洲传入安第斯地

① [美]芭芭拉·A.萨莫维尔:《阿兹特克帝国》,郝名玮译,商务印书馆2010年版,第24页。

区,而安第斯金属冶炼技术则向北传到了中部美洲。安第斯地区文明史一般划分为远古、文明形成、区域发展和列国—帝国4个发展阶段。

远古时期(公元前6000—前1800年)　安第斯文化起源不在高地上,而是在沿海。人们主要从事捕鱼和采集,并以南瓜、利马豆和其他农作物为补充。丰富的海洋资源支持了人口的增长和大型社区的聚集。至约5000年前,沿海地区已出现了复杂的社会。在沿海沙漠地带苏佩河谷地区,被称为"卡拉尔(Caral)文明"在这里发展起来,考古发现了公元前3000年左右的大型礼仪广场和建筑物。[①] 人们种植豆类、辣椒、葫芦和各种水果,很大程度上依靠捕鱼,[②]种棉花编织渔网,用葫芦作为渔网的漂浮物。但没有发现玉米和土豆的种植。在卡拉尔古城遗址上的金字塔,底部160米×150米,高18米,塔顶平台建有宫殿、宅第,据科学测试,房子建造年代为公元前2627年,正好是埃及建第一座大金字塔的时间。还出土了迄今南美最早的吉普(结绳记事)。这一重大发现可能把拉美古文明兴起时间向前推进2000年,构成上下5000年的文明发展史。[③] 卡拉尔文化于公元前1800年趋向衰亡。

文明形成时期(公元前1800年—前5世纪)　公元前1800年,随着农业的进步和陶器的出现,安第斯地区开始进入文明成长期。纺织和冶金技术发展起来,尤其是城市发展的加快,劳动专业化程度的提高,促使了文化艺术的繁荣和新社会组织形式的出现。公元前1800年帕拉伊索及其后的查文的兴起是最为明显的例证。

查文文化因查文德万塔尔遗址而得名。该遗址位于秘鲁中部高地,兴起于公元前1000年,公元前400—前200年达到极盛。居民二三千人。遗址中心主要建筑物是以石块建成的凹字形老神庙,高15米,分三层,有梯道相连,呈金字塔形。凹形建筑最早出现在帕拉伊索,成为后来的安第斯文化

① Colin Renfrew and Paul Bahn, *The Cambridge World Prehistory, Vol.2, East Asia and the Americas*, p.1070;[美]布赖恩·费根:《地球人:世界史前史导论》(第13版),方辉等译,山东画报出版社2014年版,第509页。

② 洪堡洋流为秘鲁沿海带来丰富的渔业资源,盛产鳀鱼(沙丁鱼)、鳕鱼等,秘鲁鱼产量至今仍居世界前列。

③ 2009年被联合国科教文组织列入《世界文化遗产名录》,称其"长达5000年的历史,为美洲最古老的文明中心"。

的一个重要建筑形式。这个老神庙远近闻名,吸引八方来客到此朝圣。著名的美洲豹人石柱雕刻,就是查文文化主神兰松(Lanzon),石碑和墙壁上也多刻有半神半兽的浮雕,显示出对美洲豹的崇拜。祭祀中心的建筑物的规模和内容,说明它已远远超过了村落式的局部范围,形成了一种新型的政治组织——以神权政治为特点的早期国家。在工艺方面,采用模具制作陶瓶,掌握冶炼技术,制作纹式多样的纺织物和金银饰品,艺术上形成了对后来有广泛影响的查文风格。查文文化曾被认为是安第斯文化之母,卡拉尔的发现,成了公元前2000年文化浪潮的最后显现。

区域发展时期(前400—公元600年)　由于水利灌溉技术的利用和气象知识的进步,各地区大大提高了对不同自然环境的应对能力,开始走上区域化发展道路。各地区结合自身资源优势,发展了制陶、纺织或冶金,生产出精美异常的工艺品,庙宇、宫殿和各种公共工程纷纷涌现。安第斯文明于公元前3世纪—公元1世纪进入了全盛期。除文化的多样性外,区域发展时期的共同特点是社会发生了明显的阶级分化,政治组织趋于成熟,以宫殿和神庙为中心建立了不同规模的地方性国家。其中文化成就最高、影响最大的国家有南部沿海的纳斯卡、北部沿海的莫切。

莫切国力强盛,为当时南美影响最大的国家。于公元1世纪开始创建的大型金字塔太阳神庙,耸立在高达18米的土墩上,土墩底边长228米,宽136米。神庙高23米,面积达103平方米。有人统计这个建筑物大约用1.43亿块由模子制作的风干土坯砖砌成,工程浩大。近年考古发现保存完好的西潘王陵,有多种黄金、宝石饰品出土。人们已掌握了冶金技术,懂得用铜制造合金,制作铜斧、矛尖和掘土棒尖头。陶器以红陶和黑陶著名,人物头像造型的陶瓶,线条流畅,神态栩栩如生,成为莫切文化一大特征。有些陶器采用写实主义设计,生动表现山上冶炼金属、妇女工场纺织和贵族狩猎等日常生活和劳动场景,为研究早期安第斯社会提供了宝贵的资料。

纳斯卡文化在形成时间上早于莫切文化。这里未见大型庙宇、宫殿出土,但纺织技术达到了很高的水平,织物精美绝伦。尤其擅长利用当地出产的矿物染料配色,五彩缤纷,颜色多达100余种。统治者们通过精美图案来显示自己高贵的社会地位。陶器也善于运用彩绘。在广阔平原上留下的"纳斯卡地画",有人物、猴子、蜘蛛等,大至几公里,要乘游览飞机才能看清，其至今仍是历史之谜。

列国—帝国时期（公元 600—15 世纪）　经过地区性发展，列国争雄，有的通过扩张和兼并发展成为强大国家。蒂亚瓦纳科约公元 2 世纪兴起于玻利维亚高原的的喀喀湖畔，公元 450 年通过沿湖贸易积累财富，扩大势力范围，建立了强大国家。人口 2 万—4 万人。遗址上建有金字塔、神庙和平台，主要建筑由数吨以至上百吨重的巨石砌成，石块间用青铜锔子或榫头固定。著名的“太阳门”就坐落在这里，整体高约 3 米，门楣以整块巨石建成。上刻有精致浮雕，中央是美洲豹神，头部光芒四射，两旁分列 48 个有翼人像。陶器工艺有长足进步，名为“科勒”的敞口杯当时广为流行。随着蒂亚瓦纳科势力的壮大，安第斯核心区的文化中心由沿海转移至高原地区。蒂亚瓦纳科代表了几个世纪来安第斯文化的高峰。瓦里王国也在安第斯高地称雄一时，创建了与蒂亚瓦纳科毗邻的强国，公元 1000 年前后，两者同时走向衰亡。其后，在北部沿海莫切旧地兴起了强盛的奇穆王国。奇穆首府昌昌（Chanchan），方圆约 10 平方公里，后来都为印加所兼并。

古代美洲与古代中国历史年表

公元前 2000 年—公元 16 世纪

古代墨西哥	前古典期（形成期）	古典期	后古典期	
	玛雅（库埃罗、卡米纳尔胡尤、埃尔米拉多尔）、奥尔梅克（圣洛伦索、拉文塔） 公元前 2000—公元初	特奥蒂瓦坎、萨波特克（蒙特阿尔万）、玛雅（蒂卡尔、卡拉穆尔、科潘、帕伦克） 公元初—950 年	米斯特克、托尔特克、玛雅（奇琴伊察、玛雅潘） 公元 950—13 世纪	阿兹特克帝国 14 世纪—1521 年

古代秘鲁	成长期	区域发展时期	列国—帝国时期	印加帝国时期
	帕拉伊索、查文 公元前 1800—前 500 年	纳斯卡、莫切 公元前 400—公元 600 年	蒂亚瓦纳科、瓦里、奇穆 公元 600—1500 年	15 世纪—1532 年

古代中国							
	夏、商、西周时期 公元前 2100—前 771 年	春秋战国时期 公元前 770—前 221 年	秦、汉时期 公元前 221—公元 220 年	三国、两晋、南北朝时期 公元 220—589 年	隋、唐、五代时期 公元 581—960 年	辽、宋、西夏、金时期 公元 916—1279 年	元、明时期 公元 1271—1644 年

注：这里古代墨西哥相当于中部美洲文化区，古代秘鲁相当于安第斯文化区。

第二节　古代美洲智慧之邦——玛雅

在古代美洲核心区，最后形成了三大文明中心，即玛雅、阿兹特克和印加。它们都继承了古代美洲悠久文化传统及成果，因而具有一些共同的特征：以玉米为基础的农耕文明发展到相当高的水平；城市成为文明的中心，政治组织高度复杂化；文化艺术和科技取得了杰出的成就。但它们各自又是沿着不同路径发展起来的，呈现了不同的特点。玛雅充分表现了古代美洲人的智慧，在文字、数学、天文历法和建筑方面的成就令世人称奇；阿兹特克崇尚武功，以此建立起一个军事强国；而印加则凭借其管理才能在安第斯高原创建了古代美洲的大帝国。

一、一个失落文明的再发现

在古代美洲印第安三大文明中心中，要数玛雅最富有神秘色彩，因为其历史远比印加和阿兹特克悠久，文化上成就辉煌，后来，却谜一般地消失了。玛雅文明发源于中部美洲文化区的中心地带，分布在墨西哥（尤卡坦半岛、恰帕斯、塔巴斯科）、危地马拉、伯利兹、洪都拉斯和萨尔瓦多等地，总面积达32.4万平方公里，鼎盛时期人口总数达800万—1000万人，①为古代美洲唯一前后延续3000余年而没有中断并保有自己文字记录的印第安文明。但是，玛雅文明到公元15世纪时已走向衰落，最后为西班牙殖民者所彻底摧毁。从此，代表玛雅文明的那些宏伟的金字塔、殿堂、石雕和碑林都被湮没在莽莽丛林之中，以至连生活在那里的玛雅人，对他们光辉的过去也茫然无知。

19世纪以来，一些西方探险家和学者不断踏上这方土地，不畏艰难险阻，深入荆棘丛生的热带雨林，重新揭开了玛雅文明的神秘面纱。美国作家

① ［美］林恩·V.福斯特：《探寻玛雅文明》，王春侠等译，商务印书馆2007年版，第65页。

斯蒂芬斯在1839年至1841年间考察了科潘、伯伦克和尤卡坦半岛等众多玛雅遗址，根据所见所闻写成了两部游记，向世人生动展现了迷人的玛雅文明，引起了极大的反响。[①] 此前，在玛雅遗址被发现时，一些西方学者难以把这些宏伟建筑同他们心目中野蛮落后的玛雅人联系起来，就解释说这些建筑物是旧大陆某些人们的杰作。斯蒂芬斯通过实地考察完全摒弃了当时流行的“文明传播主义”，断言这是一种独立存在的未知的古老文明，为同一民族所创造。斯蒂芬斯最先确立了玛雅文明的独立地位，为玛雅考古学的创立奠定了基础。

19世纪末20世纪初以后，对玛雅文化的研究进入了一个新阶段。从事玛雅考古工作的学者不再是那些探险家或业余爱好者，而是受过专门教育、采用现代技术和研究方法的专业考古学者。这方面最有成就的当数美国学者西尔瓦纳斯·G.莫莱（1883—1948年）。他一生组织和参加玛雅地区的考古发掘多达40余次，最后写成综合性的大作《古代玛雅》[②]，详尽而生动地叙述了玛雅文化和社会历史概貌，被学界誉为玛雅研究的一个里程碑。与此同时，原来被视为天书的玛雅文字得到了破译，学者们逐渐解读了那些雕刻在石碑上或被少量保存下来写在树皮纸上的文字。通过这些考古发掘和研究，逐步拼接了古老文明的碎片，使玛雅文明在世人面前越来越清晰地显现出来。

二、玛雅城邦的兴起和衰落

玛雅人生活在地理生态环境不同的三个地区，即南部高原、中部雨林地区和北部低地，这三个地区文明的演进，大体反映了古代玛雅社会发展的三个不同时期：前古典期、古典期和后古典期。

玛雅文明的起源可以追溯到公元前2000年或更早以前。从那时开始，南部太平洋沿岸、危地马拉高原和中部佩滕地区，出现了众多的聚居村落，

---

① 斯蒂芬斯（John L. Stephens）有关玛雅文明的代表作为 *Incidents of Travel in Central America, Chiapas, and Yucatan*（1841）；*Incidents of Travel in Yucatan*（1843）.

② Sylvanus G.Morley, *The Ancient Maya*，本书中译本书名为：《全景玛雅》，国际文化出版公司2003年版。

人们建起由土台、祭坛和石柱组成的早期祭祀中心。前古典时代主要文化中心有库埃罗(Cuello,约公元前第二个千年后期)、纳克贝(Nakbe,公元前900—前500年)、卡米纳尔胡尤(Kaminaljuyú,兴起于公元前500年)、埃尔米拉多尔(El Mirador)等。埃尔米拉多尔兴盛于公元前150年至公元50年左右,为中部低地地区最强大的城邦。遗址规模巨大,其中丹塔建筑群(Danta Complex)建在70米高的山丘上,位于西部的蒂格雷(Tigre)金字塔,高达55米。这里出土的一块陶片上,发现可能是玛雅最早的文字记录。一些学者认为,就社会发展水平、政治和文化的复杂程度而言,前古典后期的玛雅,与古典时期已不相上下,只是在某些文化特征上尚未得到充分的发展。

公元3世纪,玛雅文明进入古典期。在以危地马拉佩滕湖为中心的热带雨林地区,玛雅文明达到了其发展的最高峰。从此,玛雅文明中心从南部转移到中部低地;在中部低地,也发生了权力中心转移的现象。公元3世纪,蒂卡尔取代埃尔米拉多尔成为佩滕地区最重要的城邦,国土面积达25平方公里、人口6万人。292年,蒂卡尔竖起了第一块纪念石碑,后来各王朝相继共建立200多块石碑。立碑纪念很快在低地普及,神灵崇拜为对统治者的个人崇拜所取代。纪念碑成为玛雅古典文明最重要的标志,正是通过石碑、石柱铭文的研究,蒂卡尔历时800年的王朝系列、31代国王得到了认定。[①] 研究还显示,卡米纳尔胡尤和蒂卡尔等玛雅城邦曾经处在特奥蒂瓦坎的控制或影响之下;特奥蒂瓦坎是古典时期玛雅文化发展的一个重要因素。[②]

公元6世纪,蒂卡尔曾被卡拉穆尔和卡拉科尔联盟所打败,不久,又获得复兴。到公元8世纪,蒂卡尔城邦面积增至60平方公里,它的势力范围更扩大到方圆120平方公里,人口40万人,成为地跨佩滕和伯利兹的区域性大国。据近年考古发现,曾打败蒂卡尔的卡拉穆尔也是一个极有影响的城邦,一度成为地区霸主。在30平方公里的中心地区建起了6200多座建筑,规模超过了蒂卡尔及其他城市,控制范围达8000平方公里,只是后来又

---

① Robert J.Sharer & Loa P.Traxler, *The Ancient Maya*, Sixth edition, Stanford, California, 2006, pp. 310-314.

② Michael D.Coe, *The Maya*, Seventh edition, Thames & Hudson, New York, 2005, pp. 100-102.

败落下来。其他如西部城邦帕伦克，那里曾建立了一个著名王朝，国王帕卡尔在一座金字塔神庙之下，留下了玛雅最壮观的陵墓，这座碑铭神庙为玛雅建筑史上的杰作；东部文明重镇科潘，它所建立的人物和象形文字雕塑及金字塔神庙建筑群，其精美和宏伟不在蒂卡尔之下。科潘出土的公元 731 年象形文本，同时记录了蒂卡尔、帕伦克、卡拉穆尔、科潘 4 个都城。古典时期的玛雅，经济发达昌盛，城邦互争雄长，文化绚丽多彩，呈现了一派繁荣景象。

公元 9 世纪，兴盛了 2000 余年的玛雅城邦普遍衰落，象征昔日辉煌的金字塔庙宇、宫殿、纪念碑以及田园家舍，最终全部湮没在热带林莽之中。玛雅文明突然衰败，是世界历史上的一个谜团。根据研究，学界倾向于认为，玛雅文明的衰落并非单纯毁于突如其来的某一次天灾，或某个外族的入侵，因为它的衰落不是一时一地的局部现象，而是人口过剩、干旱、内乱多重因素造成生态恶化、经济整体衰退的结果；深信天定命运的统治者和祭司们面对危机，一筹莫展，只得弃城而去。

当玛雅古典城邦整体衰落之时，在北部低地即尤卡坦半岛又兴起了一些新的城邦，玛雅发展进入后古典时期。曾经流行的纪念碑不见了，文字更多雕刻在楣梁和门柱上，玛雅人不再突出对个人的崇拜，奢华墓葬以及壁画和陶器上的宫廷场景也消失了。雕塑和绘画中个人权威为群体形象所代替。可见玛雅文明在北部的复兴再一次表现了它的生命力，其建筑及艺术形式虽不及古典时期那样雄伟壮丽，却显得更加典雅精致。

位于尤卡坦北部的奇琴伊察是一座石头城，建于公元 435 年，是后古典时期玛雅最强大的城邦，也是中部美洲地区影响最大的国家之一。公元 9—10 世纪进入繁荣期，核心区人口达 5 万人，势力范围遍及北部广大地区。奇琴伊察是上达今墨西哥中部、下至今中美洲的超长贸易路线上的主要站点，尤其由于控制海上贸易和附近优质食盐生产而拥有巨大的财富和权力。这可以从用于祭祀的一口“圣井”中所打捞出的丰富工艺品得到证明：有来自巴拿马和哥斯达黎加的金制圆盘和珠宝；来自南部低地帕伦克等城市的碧玉雕刻；来自西部墨西哥的铜制品；还有远至今新墨西哥的绿松石。这些珍品可能是通过贸易所得，或各地送来的贡物。奇琴伊察崇奉羽蛇神、查克穆尔神，建筑设计采用廊柱，宣扬武士和战争场面，显示了一种托尔特克文化和艺术特征，因而被称为“玛雅—托尔特克”样式。[①] 托尔特克文化源于特奥蒂瓦坎，这就是为什么奇琴伊察的很多建筑特征与特奥蒂瓦坎如此相似。壁画还反映了政治上不再突出个人权威而更重视贵族集团的作用。于是，该城为何人所建，引起了学界关注和讨论。早期研究者认为是托尔特克人入侵并建立了这座新城，并以此为界，把玛雅历史分成新、旧王国两个时期。这一说法受到了新生代学者的挑战，他们根据奇琴伊察在规模和技艺上比图拉更胜一筹，认为更有可能是图拉仿效了奇琴伊察文化上的革新而不是相反。近来有一种为学者们更认同的观点，认为在公元 900 年之后的一段时间内，图拉和奇琴伊察是位于中部美洲贸易网南北两端的重镇，图拉控制着高地的黑曜石资源，而奇琴伊察垄断了食盐可能还有棉花生产，两城相似性为双方贸易往来和文化交流的结果。其中，擅长航海和经商玛雅族人的一支即伊察人起到了两者的桥梁作用，因为，实际上正是伊察人建立了这座新城，奇琴伊察的意思即为“伊察人的井”，这里的“井”，就是指正对广场上金字塔神庙并有长长堤道相连的祭井。[②] 公元 1100 年左右，奇琴伊察城作为政治中心遭遗弃。除奇琴伊察外，后古典时期影响较大的城邦还有乌斯马尔、玛雅潘、图卢姆等。不过，在西班牙人到达前，这些城邦都已经衰落了。

玛雅城邦（蒂卡尔、帕伦克）著名君主[③]

蒂卡尔	雅克斯·莫奇·佐克（Yax Moch Xoc）	公元 1 世纪
	美洲豹爪（Chak Tok Ich’aak）	292—378 年
	蜷鼻王（Nun Yax Ayin 1）	378—425 年
	风暴天王（Siyah Chan Kawil）	426—456 年
	哈索·奇恩·卡维尔（Jasaw Chen Kawiil）	682—734 年
	雅肯·奇恩·卡维尔（Yikin Chen Kawiil）	734—768 年
	奇坦王（Yax Nun Ayin）	768—800 年

---

① Teresa Rojas Rabiela（Directora del Volumen）, *Historia General de América Latina*, Vol. I, Ediciones UNESCO, 1999, p. 193.

② Robert J.Sharer & Loa P.Traxler, *The Ancient Maya*, pp. 580-583.［美］林恩·V.福斯特：《探寻玛雅文明》，王春侠等译，商务印书馆 2007 年版，第 88—92 页。

③ 参见 Robert J.Sharer & Loa P.Traxler, *The Ancient Maya*, pp. 311-314。

续表

蒂卡尔	雅克斯·莫奇·佐克(Yax Moch Xoc)	公元1世纪
帕伦克	萨克库克女王(Lady Sak Kuk)	612—615年
	哈纳·帕克尔(Janab Pakal 1)	615—683年
	坎·美洲豹二世(Kan Balam II)	684—702年
	坎·霍奇坦二世(Kan Joy Chitam II)	702—711年

三、政治与社会

玛雅人是靠共同的文化和神话联合一体的,不同族群在建筑、历法、文字、艺术形式以及宗教思想和世界观等方面,都表现出显著的共性。但是,他们在政治上从未形成统一的国家。与历史上的特奥蒂瓦坎或蒙特阿尔万相比,玛雅没有形成他们那样唯一的统治中心;与后起的阿兹特克和印加相比,也没有建立他们那样的帝国。相反,玛雅地区形成了数量众多的城邦;大小城邦林立,在政治上各自独立又相互依存,这是玛雅地区政治格局的重要特点。

在玛雅地区,政治组织形式同样经历了从酋邦到国家的发展过程。考古发现表明,到前古典时期晚期即公元前后,玛雅地区已出现了比较完备的国家形态;到古典晚期即公元七八世纪时,则形成了一批实力雄厚的国家。这些国家都是以城市为基础发展起来的。城镇星罗棋布,较大城市有200座,人口一般在2万人以上,至少有20座超过5万人,有的甚至达到10万人以上。① 一个城市往往就是一个国家。他们政治上独立,文化上各有创造,但也常常通过战争或联姻建立贡赋和贸易关系,形成一个"超级国家"或强大联盟。遗存的石刻铭文进一步证明,势力强大的城邦,由5个不同等次的城市所组成,从中心城市到次中心城市再到较小的城市和乡镇,最后是分散的村落。所控制的地域大大超出了中心城市的范围。古典晚期的蒂卡尔就是这样一个强大国家。它不仅控制了一些大城市,而且控制了次级城

① [美]林恩·V.福斯特:《探寻玛雅文明》,王春侠等译,商务印书馆2007年版,第166页。

市和再次级城市，所辖地域从原来25平方公里、6万人口，发展为地区性大国①。地理位置对城邦实力影响甚大。地处贸易交通要道或自然环境好，经济实力和政治影响就大，弱小城邦就会与之结成联盟。城邦热衷勒石刻碑，碑上所刻城市的徽号和铭文，表明了这些城邦之间从属或同盟的关系和发展历史。

玛雅城邦大小强弱不一，但其政治组织形式十分类似，都实行一种与宗教相结合的专制神权政治。国王在玛雅语中称阿昊（Ajaw），被视为神的代表，能够与上天的神灵沟通，同逝去的祖先对话，他集最高统治者与宗教权威于一身，具有超凡力量。考古发现了很多古典时期的石碑和统治者大型雕像，也有的属于前古典晚期，说明从前古典晚期开始，偶像崇拜发生了从神到人的转变。很多壁画和雕刻表现了国王出席盛大庆典、接受贡品和处置俘虏的场面，显示了统治者个人的无比尊严和权威。王位实行家族世袭，同一家族往往可以统治一个国家几百年。

由于缺乏资料，对玛雅社会具体阶级结构知之甚少。但是，学者认为，正如玛雅宗教中心广泛存在的金字塔一样，玛雅也形成了社会的金字塔。国王处于金字塔的顶端，其下是贵族组成的统治集团，包括祭司、官吏和高级武士。各级官吏协助国王掌管全国劳动人口，征收贡赋，长途贸易活动也操纵在他们手中。玛雅祭司是一个庞大的阶层，他们通晓复杂的天文历法和象形文字，由他们主持宗教仪式，指导农事活动，享有很高的社会地位。贵族长子继承父位，幼子常常充当祭司。祭司要通过专门的培训，他们代表了玛雅社会的知识阶层，玛雅文字依靠他们传承，玛雅文明要由他们来延续。贵族阶层的人数约占社会总人口的10%。

社会分工精细，形成了一批专业人员。他们属于社会中等阶层。主要有建筑师、书吏、画师、乐师、陶工、雕刻工、玉石工等。当从事这类技术性工作时，就有可能从底层上升到较高的阶层。

社会中数量最多的是普通农民，他们居住在郊外简陋的草房子里。一般以家族为单位，由酋长直接管辖，有义务向国王交纳贡赋，并提供各种劳

---

① 有资料称，蒂卡尔曾控制达50万人口的周围地区。参见［美］杰里·本特利、赫伯特·齐格勒：《新全球史：文明的传承与交流》（上），魏凤莲等译，北京大学出版社2007年版，第147页。

动。玛雅法令规定，禁止平民佩戴贵族们所喜爱的珠宝贝壳及奇异的羽毛。

处于社会最底层的是奴隶。奴隶来源包括生而为奴者、战俘和盗窃罪犯。在战争中被俘的贵族往往被用作祭神的牺牲，一般战士沦为奴隶。奴隶可赎身。尚不清楚奴隶在玛雅人口中的比重，也没有发现他们在生产中占有重要地位的迹象。

四、经 济 生 活

玛雅人在经济上始终没有脱离石器时代。但是，在石器工具的条件下，他们的农业获得了长足、兴旺的发展，或者可以说达到了某种极致的境地。玛雅学权威学者 S.G.莫莱把农业看作是否能真正抓住玛雅历史的精髓和核心的关键所在。他说，“玛雅农业是世界上最值得研究的农业之一。换言之，玛雅的一切都是建立在其农业基础之上的，一切都随农业的转移而转移。没有什么比玉米——印第安稻谷——在玛雅古代的社会生活中影响更大了，它们的影响流传至今”①。

玛雅农业乃至整个社会的发展，正是建立在玉米生产的基础上。玉米，发源于中部美洲高地，后来逐渐培育出适应于干旱高原和湿热地带两类地区的多个品种，从而使玉米在玛雅地区得到了迅速的传播和广泛的种植。玉米由野生演化为由人工培植，对农业的发展具有至关重要的意义。因为一旦引进人工培育的玉米，玛雅聚落就开始以农耕取代原有的生活方式，完成了从原始农业到农业革命的过渡。

玛雅人大部分生活在热带森林地区，在那里，玉米种植曾采取一种典型的烧林耕种的原始方法。他们以石器和木棒为工具，但耕作十分讲究农时。中部美洲地区一年分旱、雨两季，旱季（10—4 月）伐木烧林，雨季（5—9 月）播种除草。一般要先用石斧把树木砍倒，等晾晒干燥，4 月放火烧荒，5 月，随着雨季的到来，用尖头木棒掘土播种。烧荒被认为是农事活动的神圣时刻，由祭司选定日期，统一行动。玉米品种甚多，大穗玉米需六七个月才能

① ［美］西尔瓦纳斯·G.莫莱：《全景玛雅》，文静、刘平平译，国际文化出版公司 2003 年版，第 3 页。

成熟,小穗玉米,两三个月即可长成。土地经过两三年耕作就变得贫瘠,需另换新的地段。等到附近的土地全部用遍以后,就得抛弃原来的村落,另找新的居住地。显然,这是一种粗放型农业。

直到20世纪60年代,有一种比较流行的观点,认为玛雅人的耕作方式完全停留在刀耕火种原始农业阶段。然而,这一观点无法同时解释如此落后的耕作方法怎能养活玛雅地区高度密集的人口。新的研究表明,传统观点是在对古典时期定居方式和农业情况知之甚少的情况下所作的一种假说。事实上,在前古典时期,玛雅聚落中心就修建起了规模巨大的水利灌溉工程,玛雅人在实行粗放型农业的同时,已经采取了集约的生产方式。20世纪80年代,宇航探测系统透过茂密的森林,首先发现了位于危地马拉和伯利兹的热带雨林地区玛雅人在公元前1000多年前修建的水利灌溉网。沟渠纵横交错,规模甚大。危地马拉和伯利兹地区是古代玛雅文明中心,前后有众多城邦在这里兴起,它们都重视水利工程建设。蒂卡尔众多人工蓄水池积存了大量的雨水,足以供7万人在120天的干旱期间用水之所需。[①]玛雅人对于不利的自然环境,主要采取了两种改进方法:一是在丘陵坡地上垒石填土,建造人工梯田;二是在沼泽地区挖沟排水,积土造田,形成人工台田。在湿热多雨地区,他们多采用后一种方法。挖河开渠,用淤泥垫高地面,地上播种,水中养鱼,独木舟往来其间,还便利了交通运输。通过精耕细作,有的地区玉米一年可收获两三季。由于玉米能够被大量生产和储存,因而无论是高地还是低地,玛雅人都能以此维持生计。

美国莫里斯·斯特格达博士通过对尤卡坦地区所作的农业调查,从中破释了玛雅文明的一个重要奥秘。玛雅每户农民完成一年的玉米种植,从播种到收获只需190天,而他所收获的玉米是他和他全家人一年所需的两倍,其中还包括了家畜饲料。多余的玉米除留作种子,还可以用于交易,换取生活日用品。玛雅家庭平均为5口人,如果仅仅为满足全家温饱之需(在哥伦布之前没有大家畜,还可省下部分谷物),那么不需上述农时的一半,即不足3个月的时间就可以完成。余下来的空闲时间,有9—10个月,可以被用来从事非农事活动。这一调查材料可能有些高估,但可以说明玉米生

① [美]吉尔·鲁巴尔卡巴:《玛雅诸帝国》,郝名玮译,商务印书馆2015年版,第147页。

产对美洲古文明的意义,从一个重要角度解释了为什么美洲古代城邦经常拥有庞大的人口,以及那些宏伟的金字塔庙宇、殿堂和精美的艺术品,是如何创造出来的。

除玉米外,玛雅人还种植了木薯、甘薯等粮食作物,栽培了西红柿、辣椒、豆类、可可、菠萝等菜蔬瓜果。经济作物方面有棉花、烟草、蓝靛等。从蓝靛中提取的蓝色,色彩鲜艳,不易掉色,有“玛雅蓝”之称。

贸易在玛雅社会占有相当重要的地位。玛雅地区四周被大海和高山包围,看上去环境似乎比较闭塞。实际上它地处墨西哥和中美洲之间,是南北物流必经的通道。主要贸易线路有三条:一条是沿墨西哥湾环尤卡坦半岛的海上线路,另一条呈东西走向贯穿地峡的陆上线路,再一条是南部低地线路。这三条线路把中部墨西哥和中美洲联结起来,形成了一个沟通玛雅东西南北的贸易网络。每个市镇都建有用于集市贸易的广场。布、蜜、蜡、黑曜石、盐、鱼乃至奴隶,都成为交换的商品。尤卡坦缺少金属制品,多从墨西哥等地输入。交易中用可可豆当作媒介论价,如一只兔子值 10 粒可可豆,一个奴隶值 100 粒,多以实物交换方式进行。小商贩主要在集市上做买卖,长途贸易则为贵族所控制,他们是商人,也是派向邻国或盟国的大使。南部高地的城邦,如卡米纳尔胡尤、查尔丘阿帕,主要控制了制作工具和武器的黑曜石资源,北部低地城邦,如昆切、奇琴伊察、玛雅潘,主要控制了食盐资源。从奇琴伊察每年出口的上等食盐就达 3300—5500 吨,主要靠独木舟从海上运输。独木舟宽可达 2.5 米,长的可容纳 25 名划手。长途贸易要雇佣很多背夫,投入大,但获利也丰厚。哪个城邦控制了贸易通道,它就拥有财富和权力,因而,贸易往往影响着经济政治中心的建立和转移,成为玛雅文明发展的重要因素。

五、文化成就

在玛雅人的观念中,世界分上界和下界,上界就是天堂,为太阳、月亮、星星诸神活动的空间。天有 13 重,每重各有神灵主管。下界就是地狱,分 9 层,每层也有自己的神,最低一层为死神所掌管。人类就生活在上界和下界之间的大地上。大地是一个平面,沿东西南北分成 4 个部分,中央有棵高大的神树，顶天立地，把上中下三重世界连接起来。死者灵魂通过神树或升入天堂，或下到地狱，上天的神灵也借助于神树下达人间，帮助除魔消灾。帕伦克遗址帕加尔国王石棺盖板上的雕刻画，形象地表现了玛雅人这种神秘主义的宇宙观。

玛雅人是多神论者，不仅上界下界有神灵，人世间的万事万物也充满神性，就连数字、日期、年龄、性别以及各行各业都有保护神。各方神灵各司其职，主要有天神、太阳神、雨神、玉米神、月亮女神、北极星神、商旅之神、战神和死神等。神的形象通常是人身兽形或半人半兽。玛雅人把人类世界与超自然世界融为一体，这种宗教思想和世界观，不能不影响到他们的社会文化生活各个方面，通过建筑和各种文化艺术形式表现出来。

玛雅人是杰出的建筑师。很早以来玛雅人就以城兴邦，到处兴建城市，而每座城市都是一个宏大的建筑群。他们所留下的建筑遗产，在数量和造型上都令人称奇。城市中心最引人注目的建筑物，是巍然屹立在广场中心的高大金字塔，广场周围建有宫殿、庙宇、球赛场以及众多的石碑、石柱和祭坛，构成一个庄严的礼仪中心。每个城市建筑风格各异，而基本形式和功能又极为一致。玛雅人管“金字塔”叫作“山”，为了把各路神灵请进来，设计和施工都极为精心。每座金字塔或庙宇殿堂都成为智慧和艺术的杰作。危地马拉热带雨林中发现的蒂卡尔遗址，建于 292 年，为玛雅古典时期重要的政治经济中心。这里遍布着 3000 多座建筑，外加 200 多个石碑石柱。最具特色的是位于中心广场的 6 座金字塔神庙，为公元七八世纪的建筑物，造型别致，4 号金字塔神庙高达 70 米，一条倾斜 60 度的石阶直达顶端，可能为玛雅地区最高建筑物；门楣、横梁上有精美木刻，所刻壮观的宗教仪式场面显示了玛雅鼎盛时期的辉煌。奇琴伊察为后古典时期玛雅建筑艺术的代表作，有金字塔、武士庙、廊柱、球场和天文观象台等。库库尔坎金字塔高 30 米，最上层的平台建有 6 米高的方形神庙。塔的四个面象征一年四季，每面各有梯道，每个梯道为 91 级台阶，总共为 364 级，加上最上层的平台，正好是一年 365 日的数字。每年春分（玛雅历法为 5 月 1 日）和秋分（玛雅历法为 9 月 1 日），由于阳光照射，在金字塔梯道侧面墙上，就会显现“光影蛇形”奇观。

与建筑艺术相得益彰的是雕刻和绘画。在礼仪中心，各种雕塑和绘画随处可见，庙宇殿堂的梁柱、门楣布满了刀法圆熟和彩色绚丽的画面。陶器和古抄本也留下了很多精美图案和人物故事。

玛雅人可称之为古代卓越的数学家和天文学家。① 他们是世界历史上最早发明了数学上“0”这一概念的民族,早于印度人,比阿拉伯人把印度人的这一发明带到欧洲更要早1000余年。他们采用一种“点—线”记数系统,使计数和运算都简明便捷。用贝壳图形( )表示“0”,其他所有数字符号用代表1的圆点和代表5的横线来表示。也就是说,总共使用三个符号,即:点(·)、横(—)、零( ),就可以表示出任何数值并进行大数量级的运算。与世界上多数民族的10进位制不同,玛雅人是20进位制,不同数位代表不同数值。创造了“0”以及数位数值的观念,就使得用一个相对小的简明符号来表示一个较大数值成为可能,玛雅人为何在天体观察中能够精确地进行天文数字式的运算,就不令人奇怪了。

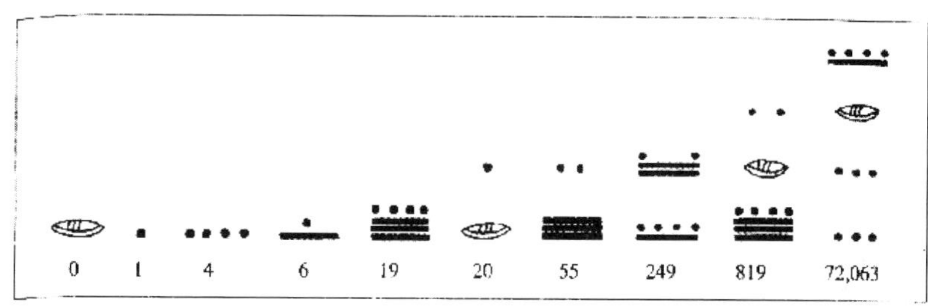

玛雅人二十进位制计数法示例

玛雅人把数学能力展示得最为充分的领域是天文学,由此创立了古代美洲最为精确的历法。在玛雅人的宇宙观中,时间是一个重要概念,并把时间看作是循环往复的周期。吉凶祸福被认为是在神灵支配下不断重现的现象,只要掌握历法与天文学周期,就能够未卜先知,预测未来,确定为安然度过灾难所要举行的各种祭祀仪式,求得风调雨顺,过上太平日子。于是,他们在祭祀中心兴建了高大的天文观象台,用来观察太阳和月亮的周期、月食与日食以及金星与火星的运行。广场上的神庙和其他建筑物都经过精心设计,它们组合起来也可用于天文观察。祭司们将天文观察所得以雕塑绘制或书写的方式记录在公共建筑、陶制器皿和古抄本上,形成了玛雅历法体

① Robert J.Sharer & Loa P.Traxler, *The Ancient Maya*, pp. 100—118;[美]西尔瓦纳斯·G.莫莱:《全景玛雅》,文静、刘平平译,国际文化出版公司2003年版,第205页。

系。神的概念逐渐转化为具体的历法概念。在许多情况下，玛雅人所采用的计算结果远比旧大陆同时代人创制的历法更为精确。

根据农业和宗教活动的需要，玛雅历法分太阳历和礼仪历。“太阳历”（亦称阿布历）主管农业周期，以 13 天为一周，20 天为一月，365 天为一年；一年分 18 个月，外加 5 个禁忌日。太阳历主农事，按农时命名各个月份，如“楚恩”（播种月）、“摩尔”（收割月）、“托克”（烧荒月）等。根据玛雅太阳历计算出的太阳年长度是 365. 242 天，与当今天文学家所得出的结果，误差仅 17 秒。“礼仪历”（亦称卓尔金日历）支配日常事务，以 260 天为一年，有 20 个神灵轮流来主司，大体也可以看作 20 天为一个月，一年分为 13 个月。这样，260 天正好一轮。上述两种历法相配轮转，为 52 年一个大轮回。因此，凡经 52 年，玛雅人就要大兴土木，在原有的金字塔上扩建成一个更大金字塔，以示天地之复始。

为了确切记录历史年代，玛雅还采用了“长纪年”历法。这是一种新的纪年体系。玛雅人很早就意识到要有一个固定的时间点作为他们编年史的起点，最后确定了以玛雅历“13·0·0·0·0，4 阿霍 8 孔姆库”为纪元的起始。其意义正如以耶稣生日为公元纪年起点，创立了按年代顺序连续性的纪年方法。经学者换算，这个日期合公元前 3114 年 8 月 11 日。玛雅南部太平洋沿岸发现记载有公元前 36 年的石碑，为中部美洲文化区迄今所知最早的关于长纪年日期的记载。其他发现则不断延续了玛雅历史的记录。凭借这些日期及有关人物和事件的记述，使得把湮没在原始丛林中的遗迹变成一部有确切可考的历史成为可能。

玛雅文明的伟大成就，还表现在他们创造了真正的书写体系。[①] 考古发现，早在公元前 400 年玛雅已有了自己最初的文字，到公元初年形成了相对完备的文字系统。玛雅人的文字很可能受到了奥尔梅克人的影响，但即便如此，也正是玛雅人将它发展成新世界中最为丰富和复杂的象形书写系统。从字形上看，玛雅人的文字是一个个方块的图形，有点像中国的印章。图形上一部分是意符，一部分是音符，可以准确记录下人们讲述的话语。根

① Robert J.Sharer & Loa P.Traxler, *The Ancient Maya*, p. 134；另参见王霄冰《玛雅文字之谜》（上海古籍出版社 2006 年版）。

据帕伦克石碑上的铭文,我们甚至可以知道当年历代国王的玛雅语称呼。正如玛雅语言学者琳达·谢勒和戴维·弗赖德所说,玛雅书写体系是"一种能够忠实记录作者语言中声音的所有细微差别、意义和语法结构的丰富而有高度表现力的文字"①。

玛雅文字雕刻绘制在陶器、石碑、石柱、门楣等建筑物上,也大量书写在纸上。著名的科潘"象形文字梯道",高达 30 米,在 90 级阶梯上刻有 2500 个象形文字。玛雅文献表述内容相当丰富,涉及天文、历法、宗教、神话、历史、统治者的生平和世系以及武士和工匠生活等许多情况。文字和书写技能为祭司所专有,没有成为普通的书写文字,这也是它没有被广泛流传的原因。纸由经石灰浸泡的无花果树皮或鹿皮压制而成,折叠或用绳子串联成书。在 16 世纪初西班牙殖民者征服尤卡坦半岛时,玛雅古书抄本几乎被烧毁得一干二净,现仅残存的手稿,依据其收藏地分别称作《马德里古抄本》、《巴黎古抄本》和《德累斯顿古抄本》,近 30 年还发现了一部,收藏于美国的一个俱乐部,被称为《格罗利尔古抄本》。玛雅创世神话《波波尔·乌》(*Popol Vuh*)叙述了神用玉米和水做成肉体和血液创造人类的故事,反映了玉米农业在其社会发展中的重要意义。② 所留存的这本神话故事是用西班牙语记录并编纂的,原有玛雅文献已毁。幸好很多铭文刻在石碑上,保存了珍贵的历史记录。现存的玛雅文字已有 90%被释读,随着研究的深入,玛雅历史将更清晰地展现在世人面前。

第三节　古代美洲尚武强国——阿兹特克

一、阿兹特克国家的形成和发展

阿兹特克以擅长军事武功著称,通过不断征战,由一个落后的游猎小部

---

① [美]谢里尔·E.马丁、马可·瓦塞尔曼:《拉丁美洲史》,黄磷译,海南出版社、三环出版社 2007 年版,第 15 页。

② Michael D.Coe, *The Maya*, pp. 65-66.

落发展成为称雄整个中部美洲的强大国家。

阿兹特克人最初为北方原始游猎部落集团奇奇梅克人的一支。居无定所，骁勇善战。12 世纪初图拉城的衰落，为中部美洲北部边境以外的部落进入墨西哥谷地提供了有利条件。首先进入原托尔特克人版图的，就是奇奇梅克人。在托尔特克先进文化影响下，他们逐渐熟悉了农业和城市生活，接受了托尔特克人的宗教、历法和艺术。通过交流和同化，这些入侵者脱离了半开化的原始状态，融入到中部美洲的主流文化之中。

后来又几经周折，奇奇梅克人最后于 1218 年来到了墨西哥谷地的中心地区。他们声称自己来自北方的阿兹特兰，所以就被称为阿兹特克人，也叫墨西卡人，这是他们给自己取的名字。在他们到达之前的 1000 年，这里已是发展水平很高的文明发源地。[①] 而这时的阿兹特克人仅仅是由 7 个氏族(Calpulli)组成的部落公社，势力弱小，他们发现谷地丰饶之地皆被他族占有，只得在特斯科科湖西岸一处沼泽地区暂时栖身。当时墨西哥谷地兴起了一些颇具实力的国家，主要有库尔瓦坎、特斯科科和特帕内克等。在阿兹特克人到达时，正是各国间战事不断的时期。阿兹特克人作为后来者，为求得自身的生存与发展，就依附于库尔瓦坎，称臣纳贡，偏居一隅。

1325 年，阿兹特克同库尔瓦坎发生了冲突，遂逃至特斯科科湖中一个长满芦苇的小岛。据称他们在一块空旷地停留了下来，因为他们发现在两股泉水的交汇处，有一只叼着蛇的雄鹰傲然屹立在一处巨石间的仙人掌上。这正是战神威齐洛波奇特利启示他们最终定居之地。于是，立即动手在此筑城建国，并命名为特诺奇蒂特兰。但他们此后一个时期又转而投靠于特帕内克人，以求得庇护。

1426 年，第 4 任国王伊斯科阿特尔(Itzcoatl)即位，励精图治，开创了阿兹特克历史上“变革与征服”的时代。他着手营造庙宇，创建祭祀中心和宗教等级制；改组政府，设置新官阶，加强军事首领的权力；扩建城市，修筑堤坝，把小岛同陆地连接起来；振兴武功，进行对外征服和扩张活动。其中最重要的事件是 1428 年与特斯科科和特拉科潘结成“三方联盟”，并依靠联盟的力量于 1430 年一举击败了强大的特帕内克人，从此，获得了完全的独

① Benjamin Keen, *A History of Latin America*, p. 14.

立地位。这个联盟的三方，在形式上是平等的伙伴关系，阿兹特克和特斯科科分得属国所交纳贡品的40%，而特拉科潘获得20%。实际上阿兹特克逐渐凌驾于其他两方之上，充当了盟主，故又称“阿兹特克联盟”。三方联盟的建立成为阿兹特克历史发展的重要转折点。通过不断的征战活动，不仅大大扩展了自己的势力范围，而且广泛吸取了周围民族的先进文化，从而创造了集中部美洲文明大成的阿兹特克文明。

伊斯科阿特尔于1440年去世，后继者有蒙特苏玛一世、阿萨亚卡特尔和蒂佐克，在他们领导下统治范围进一步扩大。阿兹特克的最后60年是其社会和文化发展的鼎盛时期。首都特诺奇蒂特兰全城面积约13平方公里，人口达15万—20万人。① 到第8任国王阿威佐特尔执政时，阿兹特克联盟已成功征服了四周包括多种不同语言的众多民族和国家，势力范围扩及今墨西哥全境及中美洲部分地区，幅员辽阔，统治人口1000万—2500万人，历史上亦称阿兹特克帝国。

1502年，最后一位国王蒙特苏玛二世即位，他停止了对外扩张活动，致力于内部治理，但这时西班牙殖民者已在西印度群岛登陆，处于繁荣昌盛的阿兹特克帝国即将遭受灭顶之灾。1517年，殖民者开始入侵墨西哥，1521年占领并彻底捣毁了特诺奇蒂特兰城。

阿兹特克历代帝王 ②

1	阿卡马比奇特(Acamapichtli)	1372—1391年
2	维齐利威特尔(Huitzilihuitle)	1391—1415年
3	奇马尔波波卡(Chimalpopoca)	1415—1426年
4	伊斯科阿特尔(Itzcoatl)	1426—1440年
5	蒙特苏玛一世(Motecuhzuma Ⅰ)	1440—1468年
6	阿萨亚卡特尔(Axayacatl)	1468—1481年

① Benjamin Keen, *A History of Latin America*, p. 19.

② Dirk R. Van Tuevenhout, *The Aztecs: New Perspective*, Santa Barbara, California, 2005, pp. 40-46.

续表

7	蒂佐克(Tizoc)	1481—1486年
8	阿威佐特尔(Ahuizotl)	1486—1502年
9	蒙特苏玛二世(Motecuhzuma Ⅱ)	1502—1520年
10	库伊特拉瓦克(Cuitlahuac)	1520年
11	夸乌特莫克(Cuauhtemoc)	1520—1525年

二、政治与社会

关于阿兹特克人政治组织的性质,存在两种不同的看法:大多数西班牙编年史家以及19世纪一些西方著名史学家如普雷斯科特①、班克罗夫特等,认为阿兹特克人所建立的是与欧洲相类似的封建王国,社会同样有了君主、贵族、农奴和奴隶的区分;以摩尔根为代表的另一派学者,认为阿兹特克等中部美洲印第安社会仅仅是有血缘关系的部落群体,有时结成民主性的部落联盟,并没有发展成王国或其他类型的国家,当然也没有私有制和阶级的区分。这两种观点都产生过很大的影响,我国学界更多是受到后一种观点的影响。20世纪以来,通过对美洲古代印第安社会开展更深入的研究,学者们认为以上两种观点都未能全面反映阿兹特克社会的复杂情况。

与摩尔根的估计不同,阿兹特克并非仍停留在军事民主制的部落社会阶段,而是一个以神权政治为特征的专制国家。国王既是大祭司,行使最高宗教职能,又是最高行政长官和军事统帅,拥有至高无上的地位和无比的尊严。每天清晨,上百文武官员在宫廷等候见驾,被召贵族要先卸下身上的羽毛、玉石和黄金等贵重佩饰,双脚赤裸,低首俯视,才能觐见国王。御膳设有专门的豪华大厅,食物精美,侍者成群,仅允许4位大贵族陪坐两侧。当年蒙特苏玛的权势使科尔特斯等深为震惊,早期殖民者留下了很多有关的记

---

① 普雷斯科特(William H.Prescott)代表著作为:*History of the Conquest of Mexico*,3 Vols.,New York,1984;*History of the Conquest of Peru*,2 Vols.,London,1847。《秘鲁征服史》有商务印书馆出版的中译本。

载。科尔特斯认为阿兹特克就是一个帝国,在他致国王的信中甚至表示蒙特苏玛“其光荣不亚于德意志皇帝!”①

王位终身制,但不是世袭君主。继承者由贵族议事会在同一家族或世系(如兄弟、儿子、侄子或异姓兄弟)中选举产生。贵族议事会从部落议事会演化而来,由氏族首领组成,初为 7 个氏族,后来发展到 50 个。每个氏族内部也设立 4 名头领,分别掌管宗教、行政和军事各项事务。原来的氏族或部落议事会带有较大的民主性,但在特诺奇蒂特兰立国后,这些氏族首领都变成世袭贵族,贵族议事会也减为 4 人,全由国王的近亲组成。因此,君主形式上由议事会选举产生,实际上为家族世袭,阿兹特克已成为一个专制集权国家。

阿兹特克的政治组织形态与西方早期史学家描绘的模式也不同。阿兹特克人虽建立了国家,国王拥有最高的权力,然而,这个国家却是建立在以血缘为纽带的氏族组织的基础上。这显然不同于西方而更类似于东方历史上的那种专制政治模式。氏族,阿兹特克称作卡尔普里(Calpulli),实行土地公有制。以村社为生产单位,土地分配给各家族耕作。土地由长子继承,但只有使用权,次子结婚时,可以获得新的份地。土地三年不耕种,村社有权收回。氏族成员可以在公共土地上打猎、捕鱼和砍柴。氏族的土地还划出一定地段用于缴纳贡税,用作宫廷、庙宇和战争开支,由氏族成员共同耕种。无论在平时还是在战时,都以公社为基层单位,一旦发生战争,氏族首领就成了军事指挥官。全民皆兵,成年男子,人人是战士。

首府特诺奇蒂特兰,全城被分为 4 大区,各氏族分片居住,氏族聚居区就变成了不同的街区。氏族成员很多不再从事农耕,而成为手艺工人或商人。农村则仍旧保持着村社形式。各氏族独立自治,有自己的保护神、神庙和祭司,还有学校。到西班牙入侵时,社会基础发生了变化,很多地方已不再是单一的氏族群体,地域关系开始取代血缘关系。

与印加帝国相比,阿兹特克帝国并没有建立一个统一的国家,它主要是通过向被征服民族收取贡赋来维持运转的。贡赋非常沉重,例如,海湾沿岸

---

① Hernan Corrtes, *Letters from Mexico* (Second Letter, 1520), A. R. Pagden, ed., Oxford, 1972, p. 48. 又参见[西]贝尔纳尔·迪亚斯·德尔·卡斯蒂略:《征服新西班牙信史》上册,商务印书馆 1988 年版,第 203—208 页。

的托克特佩克国(Tochtepec)每年所承担的贡赋计有9600件斗篷[1]、1600件女式外套、200车可可、16000个橡胶球及其他物品。另一个被征服的边远城市每年被要求交纳的贡品,包括纺织品、盔甲、绿宝石项链、胭脂红染料、金砂以及羽毛王冠等。[2] 统治者除了自身享用外,还把其中部分贡物托付给官方认可的商人,由他们到遥远地区交换贵族们需要的奢侈品。但在整个帝国范围并没有建立起统一的行政管理制度,也不在被征服地区驻防军队,而由他们自己管理地方事务并负责征收贡赋。

阿兹特克社会实行严格的等级制度,形成了贵族和平民两大阶级。《佛罗伦萨古抄本》关于贵族和平民的描述,尊卑贵贱,泾渭分明。有一段描述对贵族子弟的培养教育,其中写道:你们说话应十分缓慢,深思熟虑……也不应大声喊叫,以免被视作蠢货,不知羞耻;乡巴佬(种田人),真正的乡巴佬……[3]

贵族阶级包括祭司、军事和行政首领,大约占人口的5%—10%。祭司被认为是神的代言人,通晓天文、数学,负责记录本族历史和传说,还能占卜消灾治病。阿兹特克帝国没有常备军,遇有战事从民间召集,但设有各军阶的职业军官。军事精英享有崇高的社会地位,重要官吏经常在有功武士中选拔。贵族、功勋武士及某些家族(如商人)可以从国王那里得到大量土地和贡赋的赏赐,出现了私人占有土地的现象。随着不断对外扩张,私有地产数量快速增长。平民阶级由劳动者组成,包括农民、工匠和商贩。从事长途贸易的商人,身为平民但享有特殊地位,居住在首都的单独街区。他们在远途贸易活动中往往同时充当国王耳目,刺探军事情报。处于社会最底层的是奴隶,有的从事家务劳动,也被用作活人祭祀。奴隶来自战俘和罪犯,也有的因债务或穷困沦落为奴,一旦偿清债务或合约期满,即告自由。在阿兹特克,奴隶制和奴隶买卖比其他印第安人地区要流行得多,但通常是家内奴隶,在生产活动中不占重要地位。

---

① 斗篷(poncho),状如一块长方毛毯,中间开有套头的口子。

② Manuel Aguilar-Moreno, *Handbook to Life in the Aztec World*, California State University, Los Angeles, 2006. p. 132.

③ 《佛罗伦萨古抄本》第6册,第14章,转引[英]莱斯利·贝瑟尔前引书,第一卷,林无畏等译,经济管理出版社1995年版,第24页。

三、经济生活

定居于墨西哥谷地的阿兹特克人以农业为基础，玉米是他们的主要食粮。阿兹特克人从游牧部落进化而来，以石器为工具，耕作技术相对落后，但定居后很快学会了先进的生产方法。从第4任国王伊斯科阿特尔开始，他们就开始重视农业生产技术的改进，发展了集约农业。首先是兴修水利，大力建设灌溉系统。他们所居住的岛屿面积较小，且受到带咸味的湖水的侵蚀，农业的发展受到地理条件的局限。阿兹特克人修筑堤坝将淡水和咸水分开，并有效阻挡雨季洪水的泛滥。同时开渠挖沟，引淡水入城，发展排灌渠道。这项水利工程前后持续了10多年。另一项重要工程是建造人工园地"奇南帕"(chinampa)。人们在排筏上铺垫淤泥，建造成一个个浮动小岛，然后用木桩加以固定。人工园地通常呈长方形，大的达200平方米。也有直接打木桩围湖造田。这种人工园地在每次播种前可以很方便地挖取淤泥肥田，使之一年四季都可种植庄稼和果蔬。他们就是用这种方法，将易遭水涝灾害的沼泽之地改造成大片肥沃良田。尽管使用简单的生产工具，却大大增加了农业产量。主要作物除玉米外，还有豆类、南瓜、马铃薯、棉花、龙舌兰(Tequila)等。其中龙舌兰是其特产，可以酿酒。除农业外，阿兹特克人还饲养火鸡、鸭、狗等禽畜。尽管出产丰富，估计只占城市所需的5%，大量食品依靠贡赋和贸易获得。①

农业的发展促进了手工业的兴盛。各行各业出现了专门的街区，工艺技术也大为提高。数量众多的手艺工匠完全从农业生产中独立出来，生产金、银、铜、宝石、皮革、纺织、羽毛、陶器等各种工艺品。手工业者组织了行会，各行有自己的保护神。工匠职业可能是代代相传。

商业活跃，市场繁荣。特诺奇蒂特兰设有多个集贸市场，其中最著名的要数特拉特尔科大市场。市场划分为不同的交易区，供商人们经营不同的商品，金银宝石、羽毛饰物、衣物用品、纸张工具、家禽海鲜和粮食水果，应有尽有，还有奴隶出售。设专人管理，买卖兴隆而秩序井然。据记载，这个市

---

① Benjamin Keen, *A History of Latin America*, p. 25.

场每天从事交易的人数多达6万人,在市场里走一圈并弄清待售商品的话,需耗费两天的时间。殖民者初到时,面对繁荣景象,感到无比惊讶。[①]

四、文化成就

阿兹特克人有发达的宗教文明,形成了自己的宗教观和宇宙观。他们信奉多神教,但威齐洛波奇特利(Huitzilopochtli)被奉为主神,被视为太阳神和战争之神。其他的神有:创造神特洛克—纳瓦克(Tloque—Nahuaque)、太阳神托纳蒂乌(Tonatiuh)、雨神特拉洛克(Tláloc)、玉米神希洛内(Xilonen)、羽蛇神克查尔科阿特尔(Quetzalcoatl)等,盛行活人祭神,以战俘为牺牲。武士以献身祭坛为荣。

阿兹特克人相信神是至高无上的,为万物的创造者;宇宙间一切事物都按照神的安排周而复始地运动着。按照阿兹特克人的解释,世界经历了5个时代,每个时代都以一个太阳为代表。此前世界曾被创造和毁灭过4次。根据日历石的记载,第一个为"美洲豹"时代,特斯卡特利波卡是这一时代的主神,后来它变成了太阳,美洲豹则吞噬了大地上的人类;第二个是"风"时代,主神是羽蛇神克查尔科阿特尔,后来飓风摧毁了世界;第三个是"火雨"[②](fire rain)时代,世界被一场大火所毁灭;第四个是"水"时代,特拉洛克的妻子丘特利库埃统治了这个世界,后来也为大洪水所淹没;当前所处的为第五个被称作"地震"的时代,这个时代受太阳神托纳蒂乌统治,最后也将会被地震所毁灭。[③]

这个神话故事反映了古代墨西哥遭受过洪水、火山、飓风和地震等所造成的巨大灾难,而且反映了阿兹特克人的宇宙观。他们深信自然界如同人的生老病死一样,都遵循着自身的规律;他们还把自然现象人格化,认为自然界会行善,也会作恶。因而,他们的哲学思想并不重视对个人行为的内省,而是极为敬畏和崇拜外部的自然力,力图通过颂扬和取悦自然力,来达

---

① [西]贝尔纳尔·迪亚斯·德尔·卡斯蒂略:《征服新西班牙信史》上册,第210—212页。

② fire rain,指火山爆发,有译成暴雨,似不妥。——本书作者

③ [美]乔治·C.瓦伦特:《阿兹特克文明》,朱伦、徐世澄译,商务印书馆1999年版,第179页。

到消灾避难的目的。这种宇宙观和宗教观对他们的建筑和文化艺术各个领域,莫不发生了深刻的影响。

阿兹特克人在他们最初定居之地建起了一座壮丽的水上城市特诺奇蒂特兰。有三条10米宽的石堤,将陆地与湖中心的岛城连接起来。石堤每隔一定距离就留一横渠,渠上架设吊桥,可随时收放,以防外敌入侵。全城建有10余公里长的长堤,以防雨季湖水泛滥,并有两条石槽从5公里外的山上引泉水入城,供生活和灌溉之用。至少有20万条独木舟,为六七十个小区的城市居民提供便捷的交通服务。城内街道、广场设置整齐,花园式房舍鳞次栉比,建筑宏伟。金字塔坛庙至少有40座,祭司5000人。最有代表性的建筑是位于城市中心广场的金字塔大庙。塔基长100米、宽90米,高达50余米,两条长长的石阶通向塔顶上两座并列的神庙,红庙供奉着战神威齐洛波奇特利,蓝庙供奉着雨神特拉洛克。这是进行加冕、献贡、献祭的神圣场所。大庙周围建有羽蛇神庙、国王宫殿和贵族学校。这些建筑物的四周以雉堞围墙环绕,与城市其他部分隔离开来。特诺奇蒂特兰为古代美洲规模最大的城市之一,反映了阿兹特克人在建筑方面的杰出成就。

阿兹特克制定了相当精确的历法。"太阳历",一年18个月,一个月20天,另加5天,共365天。"圣年历",一年13个月,一个月20天,共260天。与玛雅人一样,两种历法也是每52年重合一次。18世纪末出土了著名"太阳历石",直径近4米,重约120吨,阿兹特克关于4个时代创世神话传说与历法一起刻在这个石盘上。制作精细,是阿兹特克人雕刻艺术的重要代表作。

阿兹特克人重视教育,设立专门学校。学校分两类,一种是名为"青年之家"的普通教育,由氏族开办,年届15岁都要进校接受义务教育,由本族长老讲授道德品行、宗教礼仪和文化艺术等。所有青少年男子都接受严格的军事训练,由武士任教官,人人有机会在战场上一展才能。另一种高一级的学校,专为贵族子弟开办,学习天文历法、占星术、法律规范等专门知识,培养祭司及各级行政军事的领导人才。还有专门培养女祭司的学校,同时需学习纺织和羽毛编织技艺。

阿兹特克人的文字仍属图画文字,但已含有象形文字成分。用榕树纤维造纸,除纸张外,还使用鹿皮和棉布,留下了一批古籍。阿兹特克人在音乐、舞蹈、绘画方面也有相当的水平,会制造铜、金物品,能使用各种草药治病。

第四节　古代美洲善于治理的帝国——印加

一、印加帝国的崛起

印加(又译印卡)在14世纪中叶以前为秘鲁高原的小部落,百余年间从一个无名之辈迅速崛起,最后创建了古代美洲最强大的帝国。[①] 在中部美洲,大规模的考古发掘为研究玛雅和阿兹特克的历史提供了坚实基础;在安第斯地区,当年目击的记述以及印加王室后裔的回忆[②],加上近年考古所提供的风格特异的陶器和编织物,使印加及其以前的文明史逐渐为后人所了解。

大约在12世纪,从南方迁入的印加人开始定居于库斯科峡谷。那里海拔高达3400米,虽地处热带气候却凉爽宜人,有上百个小部落在这里生息繁衍。这些部落分属克丘亚(quechua)、艾马拉(科利亚)、莫切和普基纳(乌鲁)四大语系。操克丘亚语的印加部落,仅占据库斯科谷地小块地盘,相比更要落后许多。"印加"一词原是克丘亚人对自己部落首领和国王的尊称,意为"太阳之子",后被用来泛指整个部落和国家。根据传说,一个名叫曼科·卡帕克(Manco Capac)的人建立了库斯科城,为印加开国君王。在15世纪以前,其活动范围仍局限于库斯科城周围地区,最高组织形式是部落联盟,所谓"国王"实际上是大酋长。到1438年第九代国王帕查库蒂继位后,才开始强盛起来,印加历史也由先前的片断民间传说变成具体可考的真正历史。[③]

帕查库蒂·尤潘基(Pachacuti Yupanqui,1438—1471年)在印加发展史

---

① 林被甸:《探访印加——古代世界文明交流与互动透视》,《拉丁美洲研究》2017年第2期。

② 重要代表作有[秘鲁]印卡·加西拉索·德拉维加《印加王室述评》(商务印书馆1993年版)。

③ Brian S.Bauer, *Ancient Cuzco: Heartland of the Inca*, University of Texas Press, 2004, pp. 76-80.

上占有重要地位。15 世纪初，外族入侵，国王维拉科查和长子逃入深山避难。身为次子的帕查库蒂在危急关头挺身而出，奋起迎敌。1463 年他联合其他克丘亚部落，率军与入侵者展开决战，取得了决定性胜利。这一年成为印加编年史上第一个有确切记载的年份，也是他登上印加王座开创印加发展新时期的开始。

帕查库蒂不仅是骁勇善战的英雄，而且是一位卓越的组织者和政治改革家。帕查库蒂，在克丘亚语中就是“大地震撼者”或“变革”的意思。他采取种种措施，加强集权统治。通过树立新的主神帕查卡马克来限制大祭司和贵族的特权；对征服地区允许保留原有神灵，并把它们迎入库斯科的万神殿，同时大力推崇太阳神，把太阳神庙变成全印加的圣殿；允许被征服人民讲自己的母语，同时宣布克丘亚语为官方语言，要求从婴儿开始人人会讲；重新规划首都建设，把库斯科建成军事战略要地和全国政治经济文化中心。

帕查库蒂的统治，奠定了印加帝国大业的基础。继他之后的国王图帕克·尤潘基（1471—1493 年）和瓦伊纳·卡帕克（1493—1525 年）继续对外征讨，开拓疆土。1476 年兼并了大国奇穆，接着北进夺取基多，南向攻取纳斯卡地区。经过不断征讨，最后建成了古代南美洲最强盛的大帝国，其疆域北连今厄瓜多尔与和哥伦比亚之间，南至今智利，南北绵延 4000 公里，领土面积 200 多万平方公里，拥有约 900 万人口。但印加帝国并未创造出新的独特文明，其得益于积极吸取安第斯其他文化体的成果，集其大成。

1525 年瓦伊纳去世，两个儿子瓦斯卡尔和阿塔瓦尔帕争夺王位，爆发内战。1532 年，阿塔瓦尔帕取得了王位。同年，西班牙殖民者入侵印加，翌年，杀害阿塔瓦尔帕，占领库斯科，印加帝国灭亡。但印加人在王子领导下一直同殖民者战斗到 1572 年才告终结。

印加帝王①

曼科·卡帕克（Manco Capac 库斯科印加第一代统治者）	约 1100 年
印加·维拉科查（Viracocha）	死于 1438 年

① 参见 Titu Cusi Yupanqui，*An Inca Account of the Conquest of Peru*，Translated by Ralph Bauer，University Press of Colorado，2005，pp.viii-xi。

续表

帕查库蒂·尤潘基(Pachacuti)	1438—1471 年
图帕克·尤潘基(Yupanqui)	1471—1493 年
瓦伊纳·卡帕克(Huayna)	1493—1525 年
阿塔瓦尔帕(Atahualpa)	1532—1533 年

二、政治与社会

印加人统一了整个安第斯地区,建立了古代美洲历史上空前强大的帝国。这个帝国拥有庞大的人口,他们原属于不同部族且分散居住在地域辽阔、生态环境各异的广大区域。统治者对于这个纷繁复杂的社会是如何进行治理的呢?这个问题吸引了学者们从多个角度进行探讨。

印加帝国政治上的最大特征是实行高度中央集权化的专制统治,从中央到地方建立起一套得以贯彻统治者意志的官僚体系。帝国的正式名称叫“塔万廷苏约”,意为“四个联为一体的区域”。以首都库斯科为中心,按东南西北 4 个方向分区(Suyu,苏约),这样可以把不断扩张的土地无限制地包括进来。4 个大行政区即东部安蒂苏约,西部孔蒂苏约,北部钦查苏约,南部科利亚苏约。大区之下设若干行省(Wamani,瓦马尼),省之下设县(Saya,萨亚),每个县由若干村社组成。

国王称为“萨帕印加”,高居社会权力结构的顶端,是宗教、立法、行政和军事的最高领袖。他以太阳神化身自居,主持各种重大宗教仪式;掌握军事大权,统领全国 20 万大军;他的话就是法律,谁也不得违抗,各级官吏皆由他任命。掌管大行政区的长官叫卡帕克·阿普,是地位仅次于印加王的最高官吏。国王和 4 个大区长官,组成“最高理事院”,为帝国最高行政机构。其下设置从万户、千户、百户到十户的各级官员。此外,还有国王指派的“巡视官”遍布全国各地。严密的组织管理,使国王得以了解和掌控全国,包括从十户长逐级呈报上来的每月出生和死亡的男女人数。

职位世袭,特权代代相承。高级官吏为王族成员所垄断,王族包括国王的兄弟、子嗣及原印加 12 个艾柳(氏族)的成员。他们被称为“生来的印加人”。王族实行内婚制，以保证继承人血统的纯正。他们地位显赫，喜爱佩戴一种大的耳环，西班牙殖民者由此把他们称作“大耳朵”。[①] 也有一些归顺的国君，被赐予印加人特权，担任了高级职务。

对于被征服的国家和地区，一般采取“间接统治”的方式将它们纳入帝国体系。对于甘愿归顺的君主，通常原地留任，但要将儿子送到库斯科接受王家教育，以示忠诚；学成返回故里，子承父位，为帝国效力。对于征服后不服从统治的国家和地区，则实行“移民制度”。具体做法是把较早归顺并效忠印加国王的村落，集体迁入那些存在反叛隐患的新征服国家和地区，并相应地把那里部分村落强迫迁往统治相对稳定的地区。一些有专业手工技艺的族群，常被集体迁往库斯科统一安置。帝国力图以此确保对广大征服地区的控制，又可促进印加语言、宗教、政治法规以至生活方式的推广和统一。

在社会基层，则广泛保留了传统的氏族制度。地方行政单位以氏族“艾柳”（Ayllu）为基础。名义上土地归印加王所有，实际上由村社支配和使用。一个村社通常由相邻的多个艾柳所组成。土地分配采用“三分法”，即把全部土地分为太阳田、印加田和村社田。村社成员先要耕种寺庙的太阳田和王室的印加田，收获物归神庙或入国家粮仓。最后耕种村社的土地。村社田按人口平均分配给每个家庭耕作，不得买卖，可以继承。收获物归各户所有，不必再向上缴纳。孤寡老人的土地由村社成员共同耕种，他们的生计也能得到基本的保障。印加被描绘成“人人有衣穿，没有乞讨穷人”的社会。[②]

印加帝国把全国人口置于自己严格的控制之下。对老百姓进行编组管理，并按年龄加以分类，如 16—20 岁称为“候选王家信使”，20—40 岁称为“武士”。规定凡 20—50 岁的男子都要承担国家分派的各种形式的劳役，并通过一种“米达制”（mita）在全国范围内统一调配，为帝国提供源源不断的劳动力。“米达”，意思是“轮换”，根据规定，每个村社都要按比例抽调成年男子轮流服役，如修建庙宇、筑路、修渠、开矿以及充当贵族仆役等。与阿兹特克帝国不同，印加帝国设立常备军，鼎盛时期多达 20 万人，士兵也通过

① Benjamin Keen, *A History of Latin America*, p. 35.

② ［秘鲁］印卡·加西拉索·德拉维加：《印加王室述评》，白凤森、杨衍永译，商务印书馆 1993 年版，第 305 页。

米达制选拔。印加统治者除收取贡赋外,还实行劳役制。这种劳役制度对广大村社农民来讲是沉重的负担,但造就了帝国的繁荣。此外,另有一种从事特殊差役的“亚纳科纳”(yanacona),最先是把战败部落降为世袭的奴仆,后来变成从战败部落中挑选精壮青年,以纳贡的形式献给印加族权贵服劳役。关于他们的身份有不同的说法。有的认为相当于奴隶或半奴隶,有的认为他们是具有特殊技能的人,为贵族服务,但不是奴隶。

帝国疆域辽阔,地区间多有高山大河相阻隔,交通极为不便。由于对外军事扩张和统治的需要,印加王动员巨大人力,在被征服民族原有道路基础上,修建了贯通全境的王家大道。全长约 1.8 万公里。主要干道有两条:一条为高原大道,从今厄瓜多尔,穿过秘鲁、玻利维亚至阿根廷和智利;另一条为沿海大道,从通贝斯沿海岸直至智利中部。两条主干道之间又有无数支线,形成四通八达的道路网。每隔三四十公里,建有“坦博”,用于储备粮食和武器以供随时调用;每隔三四公里设有驿站,驻年轻力壮信使,以接力方式快速传递信息。道路宽度依地形不同而不同,有的干道宽达六七米,逢高山开隧洞、建梯道,遇峡谷、河流,则架设吊桥,山道两边修护墙,沼泽之地筑堤道,其规模和工程难度可以同罗马帝国道路网相媲美。曾亲赴美洲实地考察的亚历山大·洪堡称印加大道为“世界最伟大的工程”。印加帝国借此传达命令、调迁军队和物资,对巩固帝国统治、促进地区间的经济和文化交流起到了很大的作用。

于是,一个幅员辽阔而政治统一、经济一体和文化趋同的强大帝国在安第斯地区创建起来。

三、经 济 生 活

印加人生活在自然条件十分严酷的安第斯山地区。这里,大部分区域山高谷深,地处热带却又旱又冷,不利于农业的发展。印加人继承山地民族的先进文化传统,在前人的基础上,大力修建水渠,垒石造田,发展了以梯田为主要特色的集约性农业。

建造梯田的一般做法是,在山脚下先用石块垒起三道墙,正面一道,两边各一道,墙体略向内倾,以增强承受力,然后向墙里填土,直到与墙取平。

第一层梯田建好后,再建地块较小的第二、第三层,层层往上,直至山顶。底层面积最大,有的可达几百英亩,到上面最小的只能种两三行玉米,充分利用了每一寸的土地。与之相配套,凿石修渠,建起了规模宏大的水渠和地下管道,引山顶上不断融化的雪水进行灌溉;在峡谷间架设引水槽渠,有的槽渠长达 1400 米。这样大规模的梯田工程,没有统一的组织动员是不可能完成的。密集的灌溉农业,支撑起帝国包括庞大军队和官僚系统的近千万人口。古代南美的梯田,有许多今天仍在发挥其功能。

耕作工具十分简单,尖头包有金属片的掘土棒,是他们的主要生产工具。但讲究施肥,山区使用羊驼粪、人粪;沿海地区用鸟粪作肥料。沿海无人居住的小岛上,历年形成的鸟粪堆积如山,是一种高效有机肥,印加人很早就加以开发利用。施肥和灌溉弥补了生产工具方面的不足,使农业达到了集约化的水平。

印加人善于利用山区地形,因地制宜培植不同作物,高寒山区放羊驼,较高山谷种植马铃薯、玉米和藜麦等,地势较低、气温较高的谷地除粮食作物外,还广泛种植菜豆、辣椒、花生以及棉花、烟草、古柯等。印加人善于利用山区地形分层次开发适应不同生态环境的垂直经济。安第斯高原是美洲薯类作物的发源地,山区印第安人以此为主要食粮。

帝国建有牧场,饲养羊驼(alpaca)和大羊驼(llama,又译骆马)。如同农业用地的分配方法,牧场用地亦一分为三,但农民每户最多只能饲养 10 只羊驼或大羊驼。大羊驼又被称为秘鲁羊,似鹿大小,高 4 英尺,可驮物 100 磅,是南美山区的主要载运工具,其肉可食,毛用于纺织。羊驼高 3 英尺,不能载重,仅供肉食和纺织。大羊驼是古代美洲唯一可用作驮载的动物。

贸易很不发达,没有货币流通。食物、衣料和其他生活必需品的交流和分配,都由国家所控制,这些物资都存放在按战略需要设置的仓库里。民间有集市贸易,山区和沿海地区的人们互相交换物品,但数量很有限。印加帝国实行的是统制经济,统一调配物资,社会上没有乞讨者,但普通民众甚为清贫,少有剩余之物可用于交换。农民住在简陋的茅屋里,男人穿无袖齐膝短袍,妇女着齐踝筒裙,自纺自织,过着自给自足的生活。

四、文化成就

宗教在印加人生活中占有同样重要的地位,但与玛雅和阿兹特克相比,有两点区别:一是从多神崇拜到一神独尊,太阳神崇拜成为全国最广泛的宗教信仰;二是国王被说成是神的直接化身,把王权神圣化。

据称,最初印加奉创造之神维拉科查(Viracocha)为主神,在的的喀喀湖畔创造了包括天、地、人类在内的大千世界以及众多其他神灵之后,即隐身而去,原为印加部落之神太阳神因蒂(Inti)就晋升为全国的主神。印加人视太阳神为自己的祖先,印加国王就成了太阳神在人世间的代表,变成神圣不可侵犯的了。

印加王在完成军事上统一的同时,也大力推行宗教上的统一。在首都库斯科建立的宏伟壮丽的太阳神庙,由一个主殿和几个配殿组成,全部用打磨过的巨石建造。殿堂采用大量金箔装饰,故又有"金宫"之称。主殿供奉着太阳神像,这是一张拟人化的脸形,雕绘在一个巨大的金盘上,占据了整整一个墙面。每天太阳升起,神像就会发出耀眼的光芒,威严无比。印加人有祖先崇拜的传统,把死者躯体制作成木乃伊供奉。历代印加王都精心制作成木乃伊,作为太阳神的子孙被供奉在用黄金打造的御椅上。配殿分别供奉月亮神、金星神、雷电神和彩虹神。印加人还崇奉圣物"瓦卡"(hauca),瓦卡可能是座洞穴、泉眼、奇形石头等。各地被征服民族只要崇敬太阳神,可继续崇奉原有的神灵。在沿海地区对帕查卡马克的崇拜,长盛不衰。印加人多用烟叶、豚鼠、羊驼祭神,逢重大节日偶尔也有人祭。

印加还以"巨石建筑"著称。建筑物的石块重达数吨乃至上百吨,石块之间不施灰浆,随形就势,咬合紧密,连刀片也不能插入①。除上述王家大道、太阳神庙外,还有萨克萨瓦曼城堡和马丘比丘城堡,均为巨石工程杰作。萨克萨瓦曼城堡建于库斯科城北 200 米高的小山上,为首都的主要防御工程。这个建筑群上下三道围墙,每道墙高 18 米,外道墙长达 550 米。城堡

① 石块间无缝对接,"刀片不入"并非虚传,当年由蒂亚瓦纳科工匠帮助兴建的库斯科太阳神庙,其墙面至今仍然完好。——作者

俯瞰全城,气势雄伟,有“帝国雄鹰”之称。另一座著名建筑是马丘比丘,距库斯科 75 公里,位于安第斯山脉两个山峰间的山脊上。海拔 2458 米,地势极其险峻。东、西、北三面为悬崖峭壁,南面有两重石墙作为屏障,有一条崎岖小道与外墙入口相通。两道石墙间为层层梯田。墙内为城区,有广场、宫殿、庙宇、住宅、仓库,各种建筑不下 200 处,皆随地形而建,与自然环境浑然一体。

印加在金属冶炼和加工方面,在古代美洲位居前列。会冶炼锡、铜、银、金及这些金属的合金,但同样不知用铁。工匠们掌握了铸造、锻造、压模、焊接和镶嵌等多种技艺,广泛使用铜器和青铜器。用金、银、铜打制首饰,用铜、青铜制成刀、斧、剑等生产工具和军事武器,皆有很高的工艺水平。在纺织、制陶、文学音乐等多个领域,也都有自己的创造。

帝国设立培养专门人才的学校,以王室贵族(包括被征服地区的贵族)子弟为对象,传授印加的天文历法、典章制度、军事知识和各种工艺技艺。学制长达 4 年,学成之后充任各级行政官员、武士或祭司。一些大神庙还附设“贞女院”,培养太阳贞女。[①] 仅库斯科贞女人数就多达 500 人。她们在高墙深院内幽居终身以保持童贞,其中长得美丽的贞女将被选送入宫,或用作牺牲,献祭太阳神。平时除履行宗教职责外,还要为王宫、贵族和祭司编织精美衣服饰物,制作食物和祭品。

古代秘鲁人是否有文字系统,尚是一个疑问。学者认为曾有过某种图画文字。现在只知道印加人有一种被称为“基普”(quipu)结绳记事法。在一条稍粗横着的绳上系上一条条细绳、颜色不同的绳子上打着各种结,用以记录各种物品的数字乃至重大事件。人们需要接受高等教育才能记录并“阅读”基普上的信息。依靠基普,他们把偌大帝国范围内的人口物资管理得井井有条。

印加历法分太阳历和太阴历,太阳历一年 365 天,太阴历一年 354 天,一年均 12 个月。

在医学方面积累了丰富的知识,熟知的草药达 600 种之多,常用药材有奎宁、古柯、地黄等。尤以外科手术见长,这可能同经常发生战争有关。他

---

① [美]普雷斯科特:《秘鲁征服史》,周叶谦等译,商务印书馆 1996 年版,第 100 页。

们使用铜制小刀开颅,从古柯叶中提取的可卡因或奇恰酒作为麻醉剂,可以熟练地从受伤的头部取出碎骨片。他们制作的木乃伊,至今保存完好。

新大陆,几千年来与旧大陆彼此隔绝而又并行地发展着。从玉米的培育,到规模巨大纪念性公共工程(如卡拉尔、奥尔梅克)的兴建、超大型城市(如特奥蒂瓦坎)的出现以及玛雅人对文字、数学、天文历法的贡献,说明印第安人没有失落在人类文明的起跑线上,而且在早期文明发展一些重要节点上,表现也并不逊色,有的还居于前列。而这一切是在没有大牲畜、没有车轮、不知道铁器以及与世隔绝的孤立条件下取得的,无疑表现了古代印第安人惊人的创造力;古代印第安文化,堪称世界伟大古文明之一。

然而,在新大陆正由于不知道用铁以更有效开发利用自然环境,没有经历大牲畜和车轮带来的交通运输上的革命,更不存在旧大陆那样广阔的活动和交流空间,由此造成的局限性和封闭性,不能不影响到文明潜力的进一步发挥。当早期发展势头减弱,一个个或大或小以地域为中心周而复始的文化兴衰模式就渐渐显露出来,成为文明演进的突出现象;尽管各自仍有进步,但最终势必影响地区文明的整体变革和发展。最后百年间,即使建立了阿兹特克和印加这样的大帝国,但“都不是伟大的文化创新者”①,便是明显的例证。不幸的是,新大陆这种封闭性发展,最后为欧洲殖民者以暴力来打破,印第安人从此陷入苦难深渊。

---

① [美]谢里尔·E.马丁、马可·瓦塞尔曼:《拉丁美洲史》,黄磷译,海南出版社、三环出版社 2014 年版,第 50 页。

第 二 章
“发现”与征服

第一节　美洲的“发现”

一、15世纪的伊比利亚半岛

1492年8月3日，克里斯托弗·哥伦布率3艘帆船由西班牙的巴罗斯港启航，10月12日在西印度群岛的瓜纳阿尼岛（今华特林岛）登陆，从此开始了欧洲人“发现”和征服新大陆的进程。其实，哥伦布并非第一个从旧世界到达美洲的人，哥伦布“发现”美洲的传统观点也受到了质疑。在哥伦布到达美洲以前，印第安人早已在这块土地上繁衍生息，要说“发现”，最早发现美洲的应该是印第安人。除印第安人之外，在哥伦布到来之前，新旧大陆也绝非完全没有往来，各国学者提出了非洲、亚洲、大洋洲、欧洲人到过美洲的各种猜想，关于中国人曾到过美洲的各种说法也曾引起广泛的关注。[①] 但是，从历史学的含义上讲，“发现”（discovery）一词有更确切的含义，除了单纯的“发现、找到”（finding）外，还有向外界“展示”（revealing）、揭示（disclosing）、暴露（exposing）所发现的对象的意思。从这个意义上讲，哥伦

① 罗荣渠：《美洲史论》，中国社会科学出版社1997年版，第209—224页。

布虽然不是第一个到达美洲的人,甚至可能不是第一个到达美洲的欧洲人,但的确是第一个"发现"美洲的人,正是在哥伦布之后,美洲才为世界其他地区广为所知,美洲的历史进程、整个人类的历史进程才因此发生了根本性的大转折。①

哥伦布"发现"美洲,是人类历史上具有划时代意义的事件。大约在同一时期,葡萄牙探险家越过了非洲南端的好望角,进入印度洋。哥伦布和航行到印度洋的葡萄牙探险家的"发现",揭开了人类从隔绝、孤立走向相互联系、相互渗透、相互依存,整个世界逐渐成为一个整体的历史时代的序幕。人类从此开始了全球化的时代。

要揭示这个新时代的到来,需追溯到中世纪的欧洲。从 14 世纪中叶开始,欧洲的封建经济的扩张停止了,"耕种面积缩减,人口下降。在整个封建欧洲以及在它之外,似乎出现了一个以战争、疾病和经济困难为标志的'危机'"。而领土扩张是解决"封建制度危机"的关键前提。② 走在这场对外扩张最前面的,是伊比利亚半岛上的葡萄牙和西班牙。

大约在公元前 1000 年前,分别来自北非和中欧的伊比利亚人和塞尔特人(Certs)进入今伊比利亚半岛,征服了原住民。此后,腓尼基人、希腊人、迦太基人也在沿海地区建立了商业据点和城市,但没有深入内地。公元前 201 年,罗马人战胜了迦太基人。此后的 600 年间,罗马人成为伊比利亚半岛的主宰。公元 5 世纪初,由于罗马军事力量的衰弱,日耳曼人侵入伊比利亚半岛,该世纪后半期,日耳曼人的一支——西哥特人(Visigoths)——统治了半岛绝大多数地区。西哥特人早已与罗马文化相融合,这一融合过程在进入伊比利亚半岛后得以继续。711 年,来自北非的穆斯林击败了西哥特王国的最后一任国王罗德里格,从此开始了穆斯林统治半岛的历史。伊比利亚半岛的阿拉伯王朝的首都位于科尔多瓦。到 11 世纪中叶,科尔多瓦的哈里发帝国已分裂为若干国家,相互之间不断征战。穆斯林内部的不和使得伊比利亚半岛北部的小基督教王国得以生存,不断壮大,并展开了反击穆

---

① Jan Rogoziński, *A Brief History of the Caribbean, From the Arawak and Carib to the Present*, Facts On File, Inc. New York, 1999, p. 25.

② [美]伊曼纽尔·沃勒斯坦:《现代世界体系》第一卷,罗荣渠等译,高等教育出版社 1998 年版,第 16、29 页。

斯林的收复失地运动。基督教骑士和居民从他们在西班牙北部山区的阵地逐步向南推进。虽然收复失地运动通常被看作一场十字军远征，但是，宗教热情通常与更现实、更重要的目标——夺取牧场和农业用地——交织在一起。① 1212 年，基督徒在安达卢西亚的拉斯纳瓦斯德托罗萨（Las Navas de Tolosa）战胜了柏柏尔人大军，这是收复失地运动的一个转折点。1236 年，卡斯蒂利亚的费尔南多三世夺取了科尔多瓦，1248 年占领了塞维利亚，使他获得了对瓜达尔基维尔河河口的控制以及通向大海的门户。到 1252 年费尔南多去世时，穆斯林在伊比利亚半岛的据点只剩下格拉纳达王国了。

伊比利亚半岛上的收复失地运动，与向海外的扩张是相伴而行、相互促进的。自 13 世纪马可·波罗东游以来，欧洲人就知道东方存在着一些大国，这些大国不属于穆斯林。还传说，在遥远的东方，有一块地方的人们信仰基督教，他们强有力的统治者是约翰牧师。因此，在好几个世纪里，基督教首领一直向往同约翰牧师建立联系，从东、西两方大举夹攻穆斯林。② 然而，向海外扩张的更重要的根源不是宗教因素，而是经济因素。“欧洲商人梦想中断阿拉伯和意大利同亚洲进行贸易的垄断权，从而分享为欧洲富豪所垂涎的香料、宝石、珍珠、染料、丝绸、挂毡、瓷器和地毯中赚得的利润。葡萄牙首先探索这些新的贸易通道。”③

1147 年，里斯本被光复，1139 年，勃艮第王朝的阿方索·恩里克斯首次使用“葡萄牙国王”的头衔，直到 40 年后，即 1179 年，教皇才承认勃艮第王朝的阿方索一世为独立的葡萄牙王国的第一届王朝。这一新的国家奋力驱赶穆斯林，到 13 世纪中叶，葡萄牙最终占领了南部沿海地区的阿尔加维，将穆斯林完全驱赶出自己的领土。1383 年，葡萄牙发生革命，建立了阿维斯王朝，正是在阿维斯王朝的第一任国王胡安一世近半个世纪的统治期间，为一个庞大的葡萄牙海上帝国的建立奠定了基础。

葡萄牙最先具备了向海外扩张的条件：葡萄牙拥有漫长的大西洋海岸

① Mark A. Burkholder & Lyman L. Johnson, *Colonial Latin America*, Fifth Edition, Oxford University Press, 2004, p. 24.

② ［美］斯塔夫里阿诺斯：《全球通史——1500 年以后的世界》，吴象婴、梁赤民译，上海社会科学院出版社 1992 年版，第 12 页。

③ ［美］E.布拉德福德·伯恩斯：《简明拉丁美洲史》，王宁坤译，湖南教育出版社 1989 年版，第 30 页。

线和优良的港口，大批的渔民和水手。葡萄牙较其他欧洲国家更早地成为一个统一的民族国家，能干的阿维斯王朝与商人阶级结成了联盟，从推动贸易扩张中获取利益。[①] 此外，航海和造船技术的进步也为葡萄牙的海外扩张创造了条件。指示盘、星盘等仪器的改善使人们通过星辰的位置可以判定航船所在的位置。葡萄牙还发展了一种更适合航海的造船技术，建造了三桅帆船，自1441年开始使用。这是一种适应当时吃水浅、速度快等条件的轻型帆船，因此它可以最大限度地靠近陆地，甚至在一定程度上可以避免搁浅的危险。[②] 1415年，葡萄牙征服了控扼地中海要道的战略要地、摩洛哥港口休达。但是，对休达的征服及其建立一个北非帝国的设想，使葡萄牙人陷入绝境。它证明葡萄牙人不可能在摩洛哥开展半岛上的复地运动：柏柏尔人顽强反抗，过分热衷于伊斯兰教，而葡萄牙的人口和军事资源则太少。[③] 于是，葡萄牙人转而向西面沿非洲海岸向下挺进。大约1418年或1420年，他们驶抵马德拉群岛，1427年至1432年间，到达亚速尔群岛，并于1434年驶至博哈多角（Cape Bojador）。1483年，迭戈·卡奥（Diogo Cão）率领的探险队发现了刚果河河口。1484年，卡奥第二次航行远至非洲西南部的十字角（Cape Cross）。1488年，巴托洛梅乌·迪亚斯绕过好望角，通往东方的道路已经打开。

除了葡萄牙外，伊比利亚半岛上还有三个基督教王国——阿拉贡、纳瓦拉、卡斯蒂利亚。1469年，卡斯蒂利亚国王恩里克四世妹妹伊莎贝尔与阿拉贡国王胡安二世的儿子费尔南多结婚。[④] 1474年，恩里克四世去世，伊莎贝尔宣布自己为卡斯蒂利亚女王。1479年，胡安二世去世，费尔南多继承阿拉贡王位，伊莎贝尔和费尔南多成为卡斯蒂利亚和阿拉贡的共同统治者。通常“西班牙”一词被用来指代伊莎贝尔和费尔南多的王国，但是当时并不

---

① Benjamin Keen, *A History of Latin America*, Fifth Edition, Houghton Mifflin Company, Boston, Toronto, 1996, p. 54.

② ［巴西］博勒斯·福斯托：《巴西简明史》，刘焕卿译，社会科学文献出版社2006年版，第3—4页。

③ H.B.约翰逊：《葡萄牙在巴西的拓殖》，［英］莱斯利·贝瑟尔主编：《剑桥拉丁美洲史》第一卷，经济管理出版社1995年版，第242页。

④ Franklin Pease (Director del volumen), *Historia General de América Latina*, Vol. II, Ediciones UNESCO, 2000, pp. 33-35.

存在一个统一的政治实体。卡斯蒂利亚和阿拉贡各维持着自己独立的经济、政治机构、财政体制、关税壁垒和生活方式,但是,西班牙毕竟迈出了走向统一的关键一步。此后,卡斯蒂利亚和阿拉贡在对内、对外政策上协调起来。对内,削弱贵族特权,加强王室权威。对外,加紧了驱逐摩尔人的战争。1492 年,摩尔人在伊比利亚半岛的最后一个王国格拉纳达向卡斯蒂利亚投降,1512 年,小基督教王国纳瓦拉并入卡斯蒂利亚。

在 15 世纪大部分时间里,国内的骚乱和尚未完成的收复失地事业使卡斯蒂利亚无法效仿葡萄牙人向海外扩张。卡斯蒂利亚尝试在大西洋进行征服与拓殖,始于对加那利群岛的占领。1478 年,卡斯蒂利亚从塞维利亚派出一支远征队前往占领加那利群岛。接着,在 1482 年,阿方索·费尔南德斯·德·卢戈率领一支新的、更为成功的远征队前往。尽管葡萄牙人在 1479 年的和平条约中放弃了他们的要求,但岛上的居民关切人(Guanches)的反抗使卡斯蒂利亚仍无力轻易占领这些岛屿,整个征服一直持续到 1497 年才完成。在加那利群岛被征服后不到两个世纪,曾经拥有 5 万到 10 万人的关切人因受虐待和疾病而被灭绝。加那利群岛成为此后西班牙在西印度的政治和经济体制的试验场。虽然最高权威由国王控制,但王室与征服者(被称为先遣官,adelantando)签署协议(capitulaciones),后者被授权去征服特定区域,拥有相当大的统治权力和其他特权。这些协议类似于此前的复地运动中王室与军事领袖的协议以及此后对美洲的征服中王室与哥伦布、皮萨罗等征服者签署的协议。在经济上,加那利群岛也成为种植园和奴隶制的试验场。到 16 世纪初,该群岛上有 29 座榨糖厂。下一步,卡斯蒂利亚扩张到了一个崭新的世界——由哥伦布“发现”的美洲。

二、哥伦布的航行和美洲的“发现”

克里斯托弗·哥伦布出生于热那亚,早年在地中海航行,可能到过冰岛。证据表明,哥伦布曾与葡萄牙人一起到过非洲,熟悉葡萄牙在刚果和安哥拉沿海的商站,这些商站经营欧洲商品与当地黄金的交易业务。① 1474

① Franklin Pease(Director del volumen),*Historia General de América Latina*,Vol.II,2000,p. 110.

年,佛罗伦萨科学家保罗·托斯卡内利写了一封信,建议葡萄牙尝试西行到达东方的路线,认为这条路线比绕道非洲的路线要短。据说这封信引起了哥伦布的兴趣,哥伦布曾向托斯卡内利请教。1483 年或 1484 年,哥伦布请求葡萄牙国王胡安二世准许他到西方探险,但遭拒绝。1486 年,哥伦布转而向卡斯蒂利亚寻求支持,又遭到拒绝。1492 年,哥伦布时来运转。受击败穆斯林和收复格拉纳达的胜利所鼓舞的伊莎贝尔和费尔南多最终同意支持哥伦布的事业。在圣菲,女王和哥伦布签署协议,哥伦布被授权按照传统的方式在海洋中发现并占领岛屿和大陆,王室愿意在财政上给予一定的捐助并装备哥伦布的船只。他被任命为所有新发现的土地的世袭总督和总管。在哥伦布的坚持下,他还被封为世袭的海洋舰队司令。如果他成功的话,在他管辖的范围内,他有权委派司法(并非行政的)官员,并享有易货与贸易所得利润的 1/10。①

1492 年 8 月 3 日,哥伦布率领三艘小船——平塔号、圣玛丽亚号和尼尼亚号——自巴罗斯港启航,首先到达加那利群岛,休息之后,于 9 月 6 日向西航行,航行大约 3000 多海里之后,于 10 月 12 日发现并登陆于巴哈马群岛的华特林岛。从巴哈马群岛向南继续航行,哥伦布到达了古巴的东北海岸。然后,哥伦布向东航行,到达今多米尼加和海地所在的岛屿的北岸,他将该岛命名为伊斯帕尼奥拉(意为“小西班牙”),并在该岛留下 39 个人,建立了第一个殖民点,命名为拉纳维达德(la Navidad),触礁失事的圣玛丽亚号船被用作构建堡垒的材料。哥伦布携在伊斯帕尼奥拉岛以易货方式从印第安人那里得来的黄金和从古巴岛抓来的 6 名土著返回西班牙,于 1493 年在巴塞罗那受到伊莎贝尔女王的接见。

自 1492 年哥伦布第一次航行起,西班牙和葡萄牙之间就出现了如何划分被发现和被征服的领海和陆地的问题。1493 年 5 月 3 日,教皇亚历山大六世就领海和海外领土的划分问题与西班牙和葡萄牙政府协商后,颁布了一道训谕。根据这道训谕,经过亚速尔群岛的纬线以南的所有已经发现和有待发现的大洋和大陆,由西班牙和葡萄牙实行殖民化和基督教化。在亚

---

① J.H.埃利奥特:《西班牙对美洲的征服与拓殖》,[英]莱斯利·贝瑟尔前引书,第一卷,第 154 页。

速尔群岛和佛得角群岛以西 100 里格(1 里格约合 3 海里)划了一条经线,经线以东的所有领土和海面属于葡萄牙王室,经线以西的所有领土和海面属于西班牙王室。葡萄牙不同意,要求修订训谕中划定的界线。1494 年 6 月 7 日,西班牙和葡萄牙签订了托尔德西利亚斯条约(Tordesillas)。根据这个条约,两国接受把这条线向西移至亚速尔群岛和佛得角群岛以西 370 里格处。以这一条连接南北两极的虚幻线为界,葡萄牙拥有东半球 180 度以内的一切发现,西班牙拥有西半球 180 度以内的一切发现。① 这就是所谓的“教皇子午线”,实际上是世界殖民势力范围的第一次划分。

1493 年底,哥伦布进行了第二次航行。这次航行中,一位卡斯蒂利亚的主要会计师代表——王室的财政大臣,还有征收全部王家税款的官员和账目稽查员一同前往。第一次航行中没有牧师,但在第二次航行中,费尔南多和伊莎贝尔特别挑选了一位加泰隆本笃会修士贝尔纳多·布伊尔率领的一群修道士,由王室出资,担负起传教的责任。王室为哥伦布装备了 17 艘船,随同前往的有 1200 人,不但有士兵、水手和绅士,还有手艺人和冒险家,但没有妇女。再次来到伊斯帕尼奥拉岛后,他们发现拉纳维达德已被废弃,于是,哥伦布在岛的北岸建立了新的据点伊莎贝尔,此后,继续进行探险。他从古巴岛的南岸一直航行到西端,这一漫长的海岸线使他确信自己已到达了亚洲大陆。他于 1496 年返回西班牙,他的弟弟巴托洛梅·哥伦布将居民点从伊莎贝尔迁往南岸较为安全的地点——圣多明各,这成为欧洲人在新世界第一个永久性殖民点。

1498 年,哥伦布率六只船进行了第三次航行。在这次航行中,他发现了特立尼达和奥利诺科河河口。回到伊斯帕尼奥拉后,发现该岛处于一片混乱中。殖民者之间的冲突和对印第安人的虐待,使伊莎贝尔于 1499 年任命弗朗西斯科·德·博瓦迪利亚(Francisco de Bobadilla)担任都督来替换哥伦布,而哥伦布被后者押解回国。

1502 年,哥伦布由两个儿子陪同,带了 4 艘船进行了第四次航行。此时,他确信,在他新发现的大陆和古地图上的马来半岛之间有一条通往印度

① Demetrio Boersner, *Relaciones Internacionales de América Latina*, *Breve Historia*, Editorial Nueva Imagen, 1982, p. 39.

洋的海峡。为寻找这条海峡和通往南亚的道路,他穿越加勒比海,到达中美洲海岸,由此向南来到巴拿马地峡。在巴拿马,他发现了一些黄金,但是没有找到所谓的海峡。最后,他带所余两艘船前往伊斯帕尼奥拉,但是被迫在牙买加登陆。1504 年,哥伦布回到西班牙,1506 年去世。

在对西印度群岛的发现和征服过程中,西班牙人以其屠杀、抢劫等种种暴虐行动,给当地印第安人带来了巨大的灾难。这些征服者中有赌徒、骗子和杀人越货的罪犯,他们为追逐财富表现得阴险残忍而无所不用其极。目睹了印第安人悲惨遭遇的西班牙神父巴托洛梅·德拉斯·卡萨斯,记下了殖民者令人发指的种种罪行:

当西班牙人进入印第安人村庄时,老人、儿童和妇女就成了他们逞凶肆虐的牺牲品。他们甚至连孕妇也不放过,用标枪或剑剖开她们的肚子。他们像赶羊群似的把印第安人赶进围栅里,互相比赛,看谁能够灵巧地把一个印第安人一下子砍成两半,或者把他的内脏剜出来。他们把婴儿从母亲怀抱里夺过来,抓住他们的小腿,把脑袋往岩石上摔,或者扔到就近的河里去,一边说道:“凉快一下去吧!”他们把 13 个印第安人并排地吊起来,在他们的脚下燃起火堆,这样活活地烧死,宣告拿他们做祭品来供神,纪念耶稣基督和他的 12 位使徒。……他们把那些不杀的人砍下手来,嘲弄他们,说:“现在给那些跑到山林里躲避我们的人送信去吧”。遭到最残酷对待的是印第安首领;他们被钉在木栅栏上,然后用慢火烧死。①

经过血与火的洗劫,巴哈马群岛在短短 12 年间几乎没留下一个土著居民。波多黎各和牙买加原有居民约 60 万人,到 1542 年只剩下 400 人。海地岛上的 25 万人,古巴岛的 30 万人,也被统统残杀殆尽。

哥伦布从西部到达印度的消息对葡萄牙震动很大。1497 年,瓦斯卡·达·迦马(Vasco da Gama)率领一支由 4 艘船组成的船队从里斯本出发,绕过好望角,进入印度洋,于 1498 年 5 月底到达印度的卡利卡特。1499 年,迦马满载香料、丝绸、宝石返回里斯本。一支由 13 艘船组成的新船队很快组建,由佩德罗·阿尔瓦雷斯·卡布拉尔率领,沿着迦马的路线自里斯本途经

① [西]巴托洛梅·德拉斯·卡萨斯:《西印度毁灭述略》,商务印书馆 1988 年版,第 21 页,并参考了李春辉《拉丁美洲史稿》第 51—52 页的引文。

加那利群岛前往佛得角，但是，越过赤道无风带后，船队被南大西洋的风向和海流拉往西行，于 1500 年 4 月 22 日来到巴西海岸，靠近今日的塞古鲁港。在继续启程前往印度之前，卡布拉尔命令一艘船返回里斯本，报告他的发现。这次发现究竟是偶然的还是有意进行的？换句话说，卡布拉尔的船队是有目的地到达巴西海岸完成了“正式”发现呢，还是由于风把船队吹到那里，或者是航海家们的差错造成的偏离航道偶然到达了那个地方？对此一直存在争论。证明这一发现是有计划进行的重要论据之一，就是葡萄牙的代表在托尔德西利亚斯极力主张把子午线划在佛得角以西 370 里格，而非教皇提出的 100 里格。把分界线向西移动的结果，就是把巴西划到了葡萄牙的版图上。葡萄牙历史学家 J.H.萨拉依瓦认为，“的确是大西洋的海风把我们的船队送到了巴西海岸，很可能在 1500 年发现巴西之前的航海中，已经知道了它的存在，只是为了避免同西班牙的摩擦没有公之于世而已”①。还有学者指出，在 1497 年达·迦马前往印度的航行中，在到达好望角之前，在大西洋，他的 4 艘船向西南方向航行，看到了海鸟，由此证明大西洋的西面存在陆地。第二年，葡萄牙秘密地派出了一支由宇宙学家杜阿尔特·帕切科·佩雷拉（Duarte Pacheco Pereira）率领的船队进行了一次航行，沿着巴西北部海岸到达亚马孙河口。所以，佩雷拉，而非卡布拉尔是第一个到达巴西的葡萄牙人。有了这次航行的基础，1500 年，卡布拉尔率领的船队前往印度途中，有意识地向西航行，来到了巴西。

第二节 探险与征服

一、从探险到征服

继哥伦布的航行之后，西班牙继续寻找通向东方的道路。1499 年，阿

① ［葡］J.H.萨拉依瓦：《葡萄牙简史》，李均报、王全礼译，澳门文化司署、花山文艺出版社 1994 年版，第 149 页。

隆索·德·奥赫达(Alonso de Ojeda)和亚美利哥·维斯普奇探查了从巴西东端到马拉开波湾的海岸。奥赫达注意到印第安人居住在水上的棚屋中,便称这个地区为“小威尼斯”,亦即“委内瑞拉”。1501—1502 年,维斯普奇受葡萄牙国王胡安二世的派遣,考察了从巴伊亚到里约热内卢的南美洲东部海岸。到这时他才相信他沿着海岸航行的这个大陆并非亚洲,而是一个新大陆。这次航行的记载在欧洲发表后,德国地理学家马丁·瓦尔德泽米勒于 1507 年把他的新世界地图的南美部分标明为“亚美利加”。

伊斯帕尼奥拉岛上印第安劳动力的日益短缺,为寻找新的发财机会,促使岛上新来的西班牙捕奴者和探险家去探查和征服大安的列斯的其他诸岛。1509—1511 年,波多黎各、牙买加和古巴相继被征服。但在哥伦比亚北岸和巴拿马建立殖民地的努力以失败告终,这两支远征队的残余力量在瓦斯科·努涅斯·德·巴尔沃亚的领导下,在巴拿马地峡的达连(Darien)建立了一个新的居民点。印第安人传说远处有一个大海,大海以南有一块黄金富足的大陆。受此激励,巴尔沃亚于 1513 年 9 月 1 日率 200 个西班牙人和 1000 多个印第安人,穿越巴拿马地峡的丛林和山脉,于 26 日到达巴拿马地峡西岸,看到了一望无际的太平洋。1514 年,佩德拉里亚斯·达维拉被西班牙国王任命为地峡的都督,他于 1517 年以叛国罪将巴尔沃亚逮捕并处死。两年后,达维拉将达连的居民点南迁,建立了巴拿马城。

只有费迪南德·麦哲伦找到了通往亚洲的航道。在西班牙王室的支持下,1519 年 9 月 10 日,麦哲伦率 5 艘均为 100 吨位的船组成的船队,从塞维利亚启航。10 月,到达后来以他的名字命名的海峡。大海汹涌,他花了一个多月才驶入太平洋,第二年 3 月 6 日,他们抵达一座岛屿,可能是关岛,16 日,抵达菲律宾,麦哲伦和手下 40 名船员在当地一次战斗中被杀。残存的西班牙人靠当地领港员的帮助,航行到婆罗洲,再从那里于 11 月到达香料群岛。然后载着获得的丁香等货物越过印度洋,绕过好望角,于 1522 年 9 月 3 日回到塞维利亚,完成了人类历史上第一次环球航行。

这次航行最终证实了向西航行确实可以抵达亚洲,但同时也证实,西行水路比葡萄牙人采用的非洲通道要长,也更为艰难。恰在此时,科尔特斯对墨西哥的征服揭示了美洲大陆拥有的金、银财富比西班牙希望从亚洲贸易中获得的财富多得多。西班牙人认识到,他们不需要急着去打通前往印度的航线。1519 年科尔特斯远征美洲大陆，结束了探险时期，开始了征服的时代。头 30 年的探险过程也是一种征服，但这种征服活动是零星的、分散的，仅限于西印度群岛和南美沿岸地区，也没有使用多大的兵力。而从 1519 年开始，西班牙对墨西哥和南美地区实施了有组织的军事征服活动；它不是一般意义上的“入侵”或“侵略”，而是摧毁印第安人原有的政治和社会组织，把美洲殖民地化。因此，在历史学上以 1519 年为标志，把其后的殖民活动专门称为“Conquista”（征服），把这些殖民者称为“Conquistador”（征服者），以表示与地理探险时期的不同。

二、对墨西哥的征服

早在 1517 年，弗朗西斯科・埃尔南德斯・德・科尔多瓦在搜捕奴隶的远征中发现了尤卡坦半岛，那里玛雅人的棉制斗篷、光彩夺目的羽毛装饰品、以石头建造的金字塔、庙宇、黄金饰品表明，这一地区有着比西班牙人在加勒比地区所发现的高得多的文明。科尔多瓦在与玛雅人的交战中遭到惨败，身负重伤，回到古巴后不久去世。然而，他带回的黄金和其他有关印第安人财富的信息，促使古巴总督迭戈・贝拉斯克斯派出胡安・德・格里哈尔瓦重返玛雅人居住区。[①] 1518 年 4 月，格里哈尔瓦从圣地亚哥启航，先在尤卡坦东北角的科苏梅尔岛登陆，然后顺着科尔多瓦走过的路线沿半岛海岸线南下。6 月，到达阿兹特克帝国的边缘。在格里哈尔瓦命名为班德拉斯的一条河上，当地土著挥舞白旗，示意他们靠近。在这里，阿兹特克帝国负责收取贡赋的官员皮诺特尔（Pinotl）登上了格里哈尔瓦的旗舰。皮诺特尔回到特诺奇蒂特兰，向阿兹特克国王蒙特苏玛报告，从海上来了“长翅膀的塔”（即格里哈尔瓦的船），上载有白脸大胡子的人。这一消息让蒙特苏玛感到沮丧，难道这些陌生人是传说中的托尔特克人的首领克查尔科阿特尔（Quetzalcóatl），从东方来要求收复他的国土？据印第安文献记载，蒙特苏玛喊道：“他出现了！他回来了！他将来到这里，回到他的御座和华盖的所

① Franklin Pease（Director del volumen），*Historia General de América Latina*，Vol.II，2000，p. 136.

在地，因为这是他离开时承诺过的。”①在今韦拉克鲁斯港附近，格里哈尔瓦派佩德罗·德·阿尔瓦拉多携带通过与印第安人易货所获黄金返回古巴，向贝拉斯克斯报告战果，要求授权建立殖民地，并寻求增援。格里哈尔瓦率三艘船继续航行，可能远至帕努科河，即阿兹特克帝国的边界。然后，沿原路回到古巴。

由于对格里哈尔瓦缺乏冒险精神不满，贝拉斯克斯任命小贵族出身的34岁埃尔南·科尔特斯为首领，准备第三次探险。科尔特斯立即展示出他出色的精力和领导水平。在前两次航行的激励和科尔特斯本人的感召下，很快组成了一支500多人的队伍，其中包括贝尔纳尔·迪亚斯·德尔·卡斯蒂略，他在后来撰写了一部著作，详细地记载了征服墨西哥的历史。② 在出发日期临近时，贝拉斯克斯意识到，科尔特斯野心太大，很难保证其忠诚于自己，于是决定更换人选。但是，科尔特斯决心已定，他缩短了准备时间，于1519年2月18日率500多人，装备11只船、16匹马和一些大炮启程。

科尔特斯的船首先在科苏梅尔岛登陆，在那里，他们解救了一名沉船遇难的西班牙人赫罗尼莫·德·阿吉拉尔，此人曾在玛雅人中间生活了8年，学会了玛雅语言，成了科尔特斯的翻译。3月，科尔特斯在塔巴斯科河口登陆，击败了当地土著。在这里，科尔特斯救出被贩卖到玛雅地区当奴隶的纳瓦部落酋长的女儿玛琳切。西班牙人为她施洗礼时给她取名马丽娜。玛琳切会讲玛雅语和纳瓦特尔语。她成为科尔特斯的翻译、顾问和女仆。科尔特斯跟阿兹特克使臣和首领最初几次交谈是通过两道翻译进行的：科尔特斯用西班牙语跟阿吉拉尔讲，阿吉拉尔用玛雅语讲给马琳切，马琳切再用纳瓦特语讲给阿兹特克人听。她跟西班牙人同行很快就学会了西班牙语，科尔特斯于是就不再需要阿吉拉尔这道翻译了。③ 4月，科尔特斯在今韦拉克鲁斯港附近抛锚，为了摆脱贝拉斯克斯的控制，5月，科尔特斯下令建立一处移民点，满怀信心地命名为韦拉利卡-德·韦拉克鲁斯（意为“真正十字架的富足市镇”），并任命了该市镇的首届官员，后者随即授予科尔特斯将

① Benjamin Keen, *A History of Latin America*, 1992, p. 62.

② ［西］贝尔纳尔·迪亚斯·德尔·卡斯蒂略：《征服新西班牙信史》，商务印书馆1988年版。

③ ［美］芭芭拉·A.萨默维尔：《阿兹特克帝国》，商务印书馆2015年版，第64—65页。

军头衔,授权他对新的未发现的领土进行征服和殖民。

几天之后,蒙特苏玛的使节来到科尔特斯的营地,带来了礼物,要求他离去。这些礼品是,两个有车轮般大的巨型圆盘,一个是金的,一个是银的,上有雕刻以示日月。除此之外,还带来了足以装满一顶头盔的金粒,20 只金制鸭子、珍珠和其他宝石,以及大捆大捆的精制衣料和羽毛制品。对于要他离开的请求,科尔特斯的答复是,他从遥远的地方跨海而来,就是为了见到并与蒙特苏玛进行会谈,不达目的,决不回去。

科尔特斯利用被阿兹特克征服的敌对部落的不满情绪,把这些部落争取到自己一边。到达森波阿拉(Cenpoala)时,科尔特斯答应那里的托托纳克人,帮助他们摆脱阿兹特克的统治。托托纳克人不仅向科尔特斯提供了有关特诺奇蒂特兰的第一手信息,还有 200 名脚夫供科尔特斯指挥。这是西班牙人的第一批土著盟友。在向特诺奇蒂特兰进发前,科尔特斯采取了两大行动:第一,他派船前往西班牙,向国王描述他新发现的广阔而富有的土地,不仅表示上缴属于王室的伍一税,而且保证从蒙特苏玛那里获得的所有财宝将献给国王。第二,为了坚定随从的决心,科尔特斯下令毁掉所有船只,断绝退路。1519 年 8 月,科尔特斯率军向墨西哥谷地进发,进入阿兹特克的宿敌特拉斯卡拉人所在地区。特拉斯卡拉人最初以为西班牙人是征服他们的阿兹特克人的盟友,因而双方发生了激烈战斗。西班牙人虽然经受了一些伤亡和损失,但最终凭借武器优势迫使特拉斯卡拉人退却、求和,宣誓效忠于西班牙国王卡洛斯一世,并向西班牙人提供了军事力量。10 月,科尔特斯进入乔卢拉。当得知乔卢拉人准备发动突袭的传言后,西班牙人及其土著盟友屠杀了约 6000 名当地印第安人。这一消息传到特诺奇蒂特兰,整个城市处于一片恐慌之中。

西班牙人继续前进,蒙特苏玛在屈服和抵抗之间犹豫不决,他拿不准西班牙人究竟是神还是凡人。他派出新的使节,给科尔特斯带来厚礼,要求他放弃进入阿兹特克首都的计划,但是无效。蒙特苏玛派一批术士和占卜者施展魔咒,也出现不祥征兆,人们惊恐不已。最终,蒙特苏玛向科尔特斯打开了城门。科尔特斯在接受以王室相待的优礼之后,背信弃义地拘禁了这个印第安国王。

这时,消息传来,古巴都督贝拉斯克斯派遣潘菲洛·德·纳瓦埃斯率领远征军到达韦拉克鲁斯,前来逮捕科尔特斯。科尔特斯让佩德罗·德·阿尔瓦拉多坐镇特诺奇蒂特兰,自己前去进击纳瓦埃斯,并迅即攻克了对方的据点。科尔特斯宽大对待对方官兵,许以巨额财富,成功地赢得了绝大多数人的归顺。这支得到扩大的队伍重返特诺奇蒂特兰时,发现阿兹特克人正围攻西班牙人的营地。原来,在科尔特斯离开期间,阿尔瓦拉多命令士兵突然对在特诺奇蒂特兰中央广场举行宗教仪式的人群发动袭击,致使很多阿兹特克贵族丧生,由此引发了一场民众起义。阿兹特克人废黜了被囚禁的蒙特苏玛,推举了新的首领,对入侵者展开了猛烈的攻击。在战斗中,蒙特苏玛丧生。据西班牙人说,在他出面要求停止进攻时,被阿兹特克人的乱石击死;而印第安人的说法是,他是被西班牙人勒死的。1520 年 6 月 30 日夜,西班牙人逃离了特诺奇蒂特兰。在通过连接岛与湖岸的石堤时,一半以上的西班牙人被击毙和溺死,或当了俘虏,西班牙人将这一夜称为“悲伤之夜”(La Noche Triste)。逃生的西班牙人和印第安人盟友回到了特拉斯卡拉。

1520 年 12 月,科尔特斯重整旗鼓,再次进攻特诺奇蒂特兰。1521 年 4 月底,最严酷的战斗开始。西班牙人之所以最后取胜,除了武器先进的优势之外,还有一个原因是,科尔特斯的随从中有一个黑奴患了天花,由此传染给对此病毫无免疫力的阿兹特克人。这一疾病在被围困的城内迅速传播,致使很多已被饥饿折磨的印第安人丧生。蒙特苏玛的继承人库伊特拉瓦克就是感染这一疾病的最初牺牲者之一。他死后,权力转到他的 18 岁的弟弟夸乌特莫克手中。8 月 21 日,西班牙人冲破了阿兹特克人的最后一道防线,最后一批坚守者投降。准备乘独木舟逃走的夸乌特莫克被俘,并于 1525 年被处死。

西班牙人的征服从墨西哥谷地向四面扩散。危地马拉被阿尔瓦拉多征服,洪都拉斯被科尔特斯本人征服。1527 年,弗朗西斯科·德·蒙特霍开始对尤卡坦进行征服,玛雅人进行了顽强抵抗,直到 1542 年,西班牙人才最终征服了该地区。与此同时,来自达连的远征军征服了尼加拉瓜各部落。

三、对秘鲁的征服

1519 年,达维拉建立巴拿马城,该城成为沿太平洋沿岸探险的基地。

1522 年，他派遣帕斯库亚尔·德·安达戈亚航行到今秘鲁的圣米盖尔海湾，从此上岸，进入内地。由于健康关系，安达戈亚没有作进一步探险，但带回了有关充满黄金的印加帝国的信息。达维拉将巴拿马以南的探险性远征的任务交给弗朗西斯科·皮萨罗以及他的两个合伙人迭戈·德·阿尔马格罗和牧师埃尔南多·德·卢克，卢克可能是一位负责为这次探险提供经济支持的富有人士的代理人。虽然 1524 年和 1526 年进行的两次试探性远征发现了足够的黄金和白银，证实了一个富有的文明帝国的存在，但是皮萨罗和阿尔马格罗未能打动新的巴拿马都督对新的远征提供支持。于是，皮萨罗回到西班牙，直接向王室寻求支持。国王卡洛斯一世任命皮萨罗为秘鲁将军兼先遣官。返回巴拿马前，皮萨罗在家乡特鲁希略作了短暂停留，招募了他的 4 个兄弟、一个侄子以及其他族人和邻居加入到他的远征行列。

1531 年 1 月，皮萨罗率 180 人和约 30 匹马从巴拿马出发。阿尔马格罗答应带援军和装备紧随其后。此时，印加帝国正处于危急时刻。16 世纪 20 年代后期，一场天花从巴拿马地峡传到印加帝国的北部边缘，导致大量人口死亡，其中包括印加王瓦伊纳·卡帕克。他的死引发了印加帝国内部严重的政治危机。他去世后，其子瓦斯卡尔继承王位，而另一儿子阿塔瓦尔帕，控制了职业军队，占据着新征服的厄瓜多尔和南哥伦比亚地区。和平维持了不到两年，阿塔瓦尔帕举行叛乱，率军占领了首都，处死了瓦斯卡尔，对支持瓦斯卡尔的王室成员和贵族进行了屠杀。

皮萨罗向南行进中，正遇上护送阿塔瓦尔帕前往库斯科的印加军队。两军在卡哈马卡（Cajamarca）接近时，皮萨罗派索托率领的一支骑兵队前往邀请阿塔瓦尔帕与他会见。11 月 16 日，阿塔瓦尔帕及其护从如约来到卡哈马卡广场。按照事先设定的计划，皮萨罗首先请神父维森特·德·巴尔维德向阿塔瓦尔帕解释，为什么印加人应受西班牙国王的管辖。阿塔瓦尔帕有礼貌地倾听着，直到他对于朗读的内容感到厌倦时，才从巴尔维德手中拂掉圣经，神父的高声说教终止，就是预先安排的进攻信号。埋伏在四周的西班牙人在大炮和骑兵的支持下，手持长矛、剑、匕首冲向印加王及其卫队，约 7000 名印第安人被杀死，西班牙人未损一兵一卒，印加王被俘。①

① John Lynch, *Spain 1516-1568, From Nation State to World Empire*, Blackwell, 1992, p. 227.

阿塔瓦尔帕表示,他愿意以黄金填满一人多高的房间换取他的自由,皮萨罗表示接受。于是,各种金银宝藏从全国四面八方运来。西班牙人将11吨黄金融化,铸成1.342万磅22K的金块,此外还获得了2.6万磅的纯银。每位骑兵分得45磅黄金和90磅白银。遵照先例,骑兵得到的份额是步兵的两倍。皮萨罗本人得到630磅黄金和1260磅白银。分赃不久,阿尔马格罗率150名援军赶来,这些人仅得到很少的赃物,由此加剧了他们的不满。①

但是,皮萨罗无意释放阿塔瓦尔帕。1533年7月,阿塔瓦尔帕被处死。随后西班牙人向印加帝国心脏库斯科前进。为了利用印加帝国的行政与军事机构,皮萨罗任命了图帕克·瓦尔帕为印加王。图帕克·瓦尔帕在前往库斯科途中死去,由其兄弟曼科·印加接任。11月15日,西班牙人进入库斯科。在库斯科,西班牙人发现的财宝远远超过阿塔瓦尔帕的赎金。虽然在新的分赃中,阿尔马格罗及其随从获得了很大份额,但是由于人数增加,降低了人均所获。因此,阿尔马格罗和皮萨罗之间的怨恨并未得到化解。为缓解紧张局势,皮萨罗出资,由阿尔马格罗率军对印加帝国的南部领土进行新的远征。阿尔马格罗出发不久,皮萨罗也离开了库斯科。由于库斯科位于内地高原,远离其他西班牙殖民中心,在政治和军事上闭塞和脆弱,皮萨罗于1535年1月5日在靠近沿海的地方建立了利马城。

与此同时,曼科·印加不满于一个傀儡的地位。1536年初,曼科率10万人的军队对库斯科进行了围困,其支持者在其他地方也对西班牙人据点进行袭击。起义者学会了使用西班牙人的武器,骑着战马冲锋陷阵。但是,曼科的军队最终被西班牙人击败,曼科于1545年在战斗中牺牲。他的儿子图帕克·阿马鲁继任,他们撤到安第斯山区的据点,继续坚持抵抗。抵抗持续30年之久,直到1572年,西班牙远征军进入山区,逮捕最后的印加王图帕克·阿马鲁一世,并将其在库斯科处死,这场悲壮的斗争才告结束。

阿尔马格罗率远征军进入智利,但在那里并没有发现城市和财宝,相反,难以征服的阿劳坎人拦住了他的去路,这支远征队返回库斯科。阿尔马

① Mark A. Burkholder & Lyman L. Johnson, *Colonial Latin America*, Oxford University Press, 2004, p. 56.

格罗和皮萨罗为争夺库斯科这座城市发生了内战。1538 年,双方在库斯科附近的拉斯萨里纳斯平原决战,皮萨罗打败对手,并将阿尔马格罗处死。为了报复,阿尔马格罗的儿子迭戈和一批支持者于 1541 年 6 月暗杀了皮萨罗,并拥立迭戈为秘鲁总督。然而,此时,西班牙国王派法官克里斯托瓦尔·巴卡·德·卡斯特罗(Cristobal Vaca de Castro)前来结束政治混乱。他迅速组织皮萨罗的拥护者,于 1542 年 9 月击败并处死了年轻的迭戈。和平并没有因此实现。1542 年 11 月,卡洛斯一世签署新法,保护印第安人,限制委托监护主的权力。1544 年,对新法不满者在皮萨罗的弟弟贡萨洛·皮萨罗的率领下举行叛乱,逮捕并处死了总督努涅斯·贝拉,贡萨洛成为秘鲁的统治者。1546 年,佩德罗·德·拉·加斯卡被派往秘鲁,宣布对新法进行修改,并对参加叛乱的人实行大赦。对此感到满意的征服者纷纷脱离贡萨洛,不久,德·拉·加斯卡将其俘获,并处以死刑。1551 年,安东尼奥·德·门多萨就任秘鲁总督。

四、少数欧洲殖民者何以征服了庞大的印第安帝国

在世界历史上,曾经发生过三次欧洲列强海外殖民的冲击波。第一个冲击波就是对美洲的冲击,第二个冲击波是对亚洲的冲击,第三个冲击波是对非洲的冲击。这三个冲击波中,只有对美洲的第一个冲击波是一冲就垮,其他两个冲击波情况要复杂得多。西班牙、葡萄牙到达美洲的人数不多,一般情况下每次派遣的仅几百人,多不过千余人。科尔特斯进军墨西哥只有 500 余人,皮萨罗远征印加帝国更不足 200 人,可是,正是这样一支人数甚少、后方供应不足的殖民军,在短短时间内摧毁了拥有几百万人口和庞大军队的两大帝国。这一被著名史学家普列斯科特称之为“一个创造传奇世纪中最大的传奇”,不能不引起学界关注,探究其原因和教训。概括起来,主要有以下几方面:

第一,印第安人处于与旧大陆隔绝的孤立发展状态,对外部世界一无所知,深陷愚昧无知的宗教迷信之中。面对手握利剑、长矛,身穿盔甲,带有猎犬,还有他们从未见过的大马,惊愕不已,视他们为天神,这正好与他们神话中的预言将有神灵重返大地相吻合。因而又敬又畏,不知所措,在思想上完

全解除了武装。

第二,殖民者利用了印第安人族群之间矛盾和统治者内部的分裂。当西班牙人逼近阿兹特克人的首都时,位于墨西哥谷地和海岸之间的那些城邦和村镇,都是一些独立的公社,他们虽然是阿兹特克帝国的纳贡者,但大多是被迫的。因此这些部落中,有许多部落如托托纳克人,把西班牙人入侵者的到来看作举行反叛的机会,有的甚至与西班牙人站在一起进攻阿兹特克。在印加帝国,皮萨罗到来的时候,阿塔瓦尔帕和瓦斯卡尔两个兄弟在其父亲瓦伊纳·卡帕克去世后,为争夺王位进行了激烈的战斗,结果阿塔瓦尔帕获得胜利,他把瓦斯卡尔囚禁起来,并对支持瓦斯卡尔的王室成员和贵族大肆镇压。这一内讧使印加帝国遭到了严重的削弱,许多地方尸骸遍地,成为无人地带。另外,一些新近被并入印加帝国的部落,也站到西班牙人一边,力图以此重新获得独立地位。

第三,印第安人对于西班牙人传入的疾病缺少免疫力。入侵者带来的疾病,尤其是天花,成为西班牙人的有力盟友。天花病菌的传播往往比殖民远征军进展得还要快,更具毁灭性。在西班牙人对阿兹特克人的首都特诺奇蒂特兰围困期间,正是天花夺去了阿兹特克新任国王夸乌特莫克和很多阿兹特克士兵的生命。到 1650 年,中部美洲阿兹特克和玛雅的人口从原来的上千万萎缩到 150 万,安第斯地区的印加人口也由原来的 900 万减少到 60 万。大量研究表明,传染病造成的人口大量死亡,是欧洲入侵者迅速征服美洲的重要因素。

第四,在军事技术上,西班牙人最大的优势是武器上的优势。这是一次钢铁对石头的战争。西班牙人的火枪和大炮,虽然从现代的标准来衡量是极其原始的,但是,与印第安人的弓箭、木制的投枪和镖、弹弓,以及印加人顶端镶有石头和青铜的棍棒、阿兹特克人尖部镶有黑曜石的木剑,形成明显对比。更有决定性的是西班牙人的骑兵,其威力堪与现代战争中的坦克相媲美。往往一支小队骑兵,一次又一次地击溃人数众多的印第安人武士。

第五,同样不可忽视的一个因素,阿兹特克和印加帝国的统治建立在个人愚忠的集权制基础上,一切听命于国王,一旦国王被擒,整个帝国就很快土崩瓦解。在殖民征服过程中,这个弱点暴露得很明显,为狡猾的殖民者所一再利用。结果,组织程度低的偏远地区的印第安部落,如墨西哥北部游牧的奇奇梅克人的抵抗,制止了西班牙人从墨西哥中部往北推进,智利的阿劳坎人与白人之间的战斗,一直持续到1883年。即使像尤加卡坦半岛的玛雅人,曾有过高度发达的文化,但那里没有统一集中的政权组织,殖民进展也相对缓慢。相反,组织程度高的阿兹特克和印加,却都很快被征服。印加帝国首都库斯科,雄踞于高寒的安第斯山上,有巨石筑成堡垒守卫,坚不可摧;阿兹特克首都特诺奇蒂特兰,建立在水面宽阔的湖心岛上,仅以设有吊桥的长堤与陆地相通,易守难攻。但这些防卫设施在当初阻挡殖民军进攻中,都没有发挥作用。对于前来的殖民军是神还是人犹豫不决的阿兹特克国王蒙特祖玛,是主动把科尔特斯迎入首都宫殿,结果被背信弃义的殖民者所绑架。印加国王阿塔瓦尔帕则是在远离库斯科的途中被皮萨罗诱捕的。国王被掳,政治权力中心顷刻瓦解,殖民者利用了印第安人对权威的顺从心理,很快把他们置于自己的统治之下,并起用忠于自己的印第安贵族和原有行政制度来管理各地印第安人。这样,很快在帝国的废墟上建立起残酷榨取印第安人血汗的殖民制度。

五、西班牙美洲征服的扩大

墨西哥和秘鲁的征服并没有完成美洲殖民化的进程。新的征服从最初的基地西印度群岛和新的中心墨西哥、秘鲁向四面扩散。

北美大陆最初吸引了以西印度群岛为基地的寻找黄金者和奴隶搜捕者的注意。1513年,波多黎各都督庞塞·德·莱昂(Ponce de León)西航,发现了佛罗里达。但是此后他在该地的殖民活动因印第安人的袭击没有成功,他本人死于印第安人之手。20年代,潘菲洛·德·纳瓦埃斯(Pánfilo de Narváez)率领的另一场远征再次遭到惨败,只有4名幸存者经过得克萨斯平原的漫长旅行回到墨西哥。一位征服秘鲁的老兵埃尔南多·德·索托再次远征,他在今美国南卡罗来纳和堪萨斯进行了为时三年的游荡,与印第安人的战斗,一无所获。1542年,这位密西西比河的发现者死于黄热病。1540年,新西班牙安东尼奥·德·门多萨总督派弗朗西斯科·巴斯克斯·德·科罗纳多率探险队北上,寻找传说中的神秘的黄金王国奇布拉的7座城市。这支探险队在今美国亚利桑那、新墨西哥、科罗拉多、俄克拉何马、堪萨斯以及可能在内布拉斯加寻求黄金,但最终无功而返。

在南美洲,贡萨洛·希门尼斯·德·科萨达率远征队于1525年从在今哥伦比亚海岸建立的圣马尔塔出发,沿马格达雷纳河而上,寻找黄金和通往太平洋的通道。经过了难以想象的困难后,他们到达马格达雷纳河东岸奇布查人居住的高原地带。打败奇布查人后,科萨达于1538年建立了圣菲-德波哥大城,后来成为新格拉纳达省的首府。从奇布查人那里掠夺而来的大量黄金和祖母绿财宝煽起了西班牙人的想象力,最著名的是有关"黄金国"(El Dorado)的传说。香料也是促使西班牙人进行征服的诱因。传说东方存在着一块遍布肉桂树的土地,贡萨洛·皮萨罗于1529年带一支远征队从今厄瓜多尔的基多出发,穿越安第斯山,沿东面布满森林的山坡而下,发现了肉桂,但数量很少。受远处存在一个富有王国的传说诱惑,财宝搜寻者深入荒原地带。1541年12月26日,皮萨罗派弗朗西斯科·德·奥雷利亚纳沿着一条溪流向前寻找食物,但是他发现水流太急,无法回转,于是顺流而下,进入一条大河,最后从这条河的河口到达西班牙人在委内瑞拉的据点。奥雷利亚纳在这条大河的河岸与印第安人作战中,对方的妇女参与战斗,因此,他将这条河命名为亚马孙河(Amazona,巾帼英雄、女骑士之意)。在大陆南端,1537年,迭戈·德·阿尔马格罗在智利北部的探险无功而返。两年后,皮萨罗命佩德罗·德·巴尔迪维亚去征服秘鲁以南的地区。穿越智利北部沙漠后,巴尔迪维亚进入富饶的中央谷地,于1541年建起了圣地亚哥城。1553年,他在向南部的远征中被阿劳坎人俘虏并杀死。

巴尔迪维亚在继续南侵的过程中,遭到了由劳塔罗领导的阿劳坎印第安人的最勇猛的抗击。劳塔罗曾被西班牙殖民者俘获服劳役,在那里他细心学会了西班牙人的作战方法。1553年这个酷爱自由的青年率领阿劳坎人夺得西班牙人的马匹和武器,开始采用新的斗争方法来打击侵略者,把西班牙人打得大败,并俘虏了巴尔迪维亚。阿劳坎人对贪婪的入侵者说:"你们是来抢夺黄金的,现在就把你们想要的给你吧!"于是,把熔化的金水灌进巴尔迪维亚的喉咙里,送他归天。劳塔罗后来在战斗中牺牲,他光辉的英雄形象,反映在著名的史诗《阿劳坎纳》中流传于世,南美独立运动中著名的爱国组织也以劳塔罗命名。由于阿劳坎人的抵抗,西班牙殖民者始终被阻挡在比奥比奥河以北,直到19世纪末才被智利政府的强大武装所征服。

1536年,先遣官佩德罗·德·门多萨率14艘船、2500人在拉普拉塔河河口建立了布宜诺斯艾利斯城。但是,布宜诺斯艾利斯很快被饥荒的居民放弃了,他们溯流而上,在几乎一千英里以外的上游建立了亚松森,在这里,温和的气候、充足的食物、大量温顺的瓜拉尼人为西班牙人提供了较好的生活条件,亚松森成为巴拉圭和所有南美洲东南部西班牙属地的首府。直到1580年,布宜诺斯艾利斯才由来自亚松森的殖民者重建。

早期殖民者的征服主要是在沿海和交通方便之地,在那里建立殖民城市和据点,广大内陆地区仍为印第安人所据有。内陆的征服活动遭到居住分散的印第安人的顽强抵抗,历时达几个世纪。后期的殖民征服中,军事行动遭遇困难,天主教会往往起着更为重要的作用。

六、葡萄牙在巴西的早期殖民

葡萄牙海外扩张的突出特征,是在大西洋和印度洋沿海建立设防的贸易站。采取这种方式,小国寡民的葡萄牙,不必进行大规模的征服与拓殖,便得以在世界上大片地区确立自己的势力。1500年,巴西被发现后,并没有引起轰动。葡萄牙人对它的地理轮廓都不清楚,认为那不过只是大西洋中居住着一些奇异的野蛮人的一个岛屿而已,对其开发的价值存有疑问。因此,最初,巴西同样被纳入到非洲海岸商站系统之列。

1500年,卡布拉尔率领的船队到达巴西,并宣布了葡萄牙国王对该地的所有权。最初这片土地被称为“真十字架之地”(Tierra de Vera Cruz),后被称为“圣十字架之地”(Tierra de Santa Cruz)。[①] 巴西这个名称,最早出现在1503年,和这片土地在发展初期出产的主要财富——巴西木(Brasil)——有关。这种树高达15米,直径一米,树干呈红色,可提取染料;木质坚硬,是制作家具和建造船舶的好材料。由于从这种木材中提炼出的红色染料十分贵重,曾大量畅销于欧洲。于是,与西班牙不同,葡萄牙人在16世纪开始的30年间,其主要经济活动是通过和印第安人交换的方式开

① Tania Navarra-Swain,“Las Representaciones Mentales del Descubrimento de Brasil”, *Historia General de América Latina*, Vol.II, Director del volumen Franklin Pease, G.Y.Ediciones UNESCO, 2000, p. 33.

采巴西木。

最初,葡萄牙人在近海一个岛上建立了代理贸易站,设防驻守。红木贸易通过葡萄牙贸易站进行,由印第安人头领组织砍伐和搬运,再由葡萄牙商船队运往欧洲。这种树木不是大面积成片生长,而是零星分布于广大地区,只有通过印第安人有组织的集体劳动才得以大规模采伐。这正好同土著的传统生活习俗相结合,便于为他们所接受。一次交易往往是成千根原木,葡萄牙商人有时还带走印第安奴隶、美洲鹦鹉和猴子,付给的报酬是砍刀、折刀等五金小工具以及一些小物品。沿海地区巴西木被砍伐一空后,逐渐向内地深入,葡萄牙人进而在大陆沿岸增设了多个贸易代理站。

葡萄牙占领巴西的最大威胁来自法国人。法国不承认西、葡之间对世界的瓜分,主张有效占领原则,谁占领,就归谁所有。法国侵入巴西海岸,加入了有利可图的染料木贸易。巴西有长达三千英里的海岸线,纵然有舰队巡逻,也无力全面顾及。这一情势促使葡萄牙王室下决心改变对巴西的开发模式,建立永久性殖民地。1530—1533年,国王派马蒂姆·阿方索·德·索萨(Martim Afonso de Sousa)率5艘船,带约400名船员和殖民者,以及种子、庄稼、家畜前往巴西,建立一个或多个居民点,摧毁法国人的贸易,开发巴西沿海地区。在勘查了从伯南布哥到拉普拉塔的沿海地区之后,索萨于1532年在今桑托斯附近地区建立了巴西第一个欧洲人市镇——圣文森特(São Vicente)。凭借国王赋予的权力,索萨任命了市镇官员,分配土地。在此栽种了小麦、葡萄树、甘蔗,引进了牛。1553年,第一座榨糖厂投入运转。在位于圣文森特之上的高原地区,最早的殖民者建立了第二个居民点皮拉提宁加(Piratininga),成为未来圣保罗的前身。①

1534年,葡萄牙国王若昂三世颁令设置都督辖区(Capitania,又译将军辖区),把巴西分成15块份地,授予12个贵族和亲信。每块平均宽度50里格,向内地一直延伸到托尔德西利亚斯条约的分界线。其中有一个辖区领有两块份地;有两个领主各得到两个辖区。被授予者自筹资金,自组军队,自招移民进行垦殖。他们在其各自的辖区拥有分配土地、建立城镇、组织司法行政机构、征税、通商和奴役印第安人等权力。但须承认王室对巴西木的

① E.Bradford Burns, *A History of Brazil*, Columbia University Press, New York, 1993, pp. 25-26.

垄断权，把矿产收入的1/5上缴王室。辖区疆界不得变更和重新划分，由被授予者世代相袭。辖区领主对其下属进行土地赠予和分配，由此产生了巴西最初的大庄园。实际上，这种制度将伊比利亚半岛上封建制度的残余带到了巴西，在国王和他的臣民之间，产生了一个土地贵族阶层。类似中世纪需要承担军事义务的封建领主一样，受赏者还被指望保卫他们的辖区免受外国侵犯。然而，这种制度不同于中世纪古典的封建制度。国王至少在理论上规定、限制和调节每个受赏者的权力，受赏的辖区被指望发展帝国贸易，而不是建立中世纪自给自足的家庭经济。这样，封建主义就与商业资本主义融合起来。①

由于缺乏资金，更由于招募不到足够的移民，这些辖区真正得到开发的只有七八个，而比较成功的只有2个，即伯南布哥和圣文森特。伯南布哥是16世纪最富裕、最重要的受赏辖区。该辖区在地理上靠近葡萄牙，沿海地区有丰富的巴西木和适于甘蔗种植的优良土壤。受赏者杜阿尔特·科埃略(Duarte Coelho)明白商品作物的重要性，种植了棉花、烟草、甘蔗。到16世纪中期，有50座榨糖厂为每年前往欧洲的40到50艘船生产蔗糖。最初由马蒂姆·阿方索·德·索萨建立的圣文森特也依靠甘蔗种植而得以繁荣。来自马德拉群岛的意大利甘蔗种植者移居到这块南部的辖区，带来了农业和机械技术。到1545年，该殖民地拥有6座榨糖厂。除伯南布哥和圣文森特外，其他辖区都在或大或小的程度上失败了，因此从整体看，经济上的影响并不大。据统计，在16世纪中叶，来自巴西的收入仅占王室总收入的2.5%左右，而与印度贸易收入却占26%。

与此同时，越来越多的法国船只前往巴西沿海，与印第安人进行红木交易。在研究了海外领土的局势之后，若昂三世得出结论，需要建立一个中央行政机构，以协调进一步的殖民化、执行法律、征集税收、阻止法国人的入侵。另外，西班牙在波托西发现银矿，而葡萄牙的印度香料贸易日渐衰弱，这对葡萄牙带来了压力。葡王决定采取措施，振兴巴西的食糖业。1548年，国王买回了巴伊亚的辖区，使之作为新的巴西总督府的所在地。1549

① 较详尽的研究，可参阅Alexander Marchant, "Feudal and Capitalistic Elements in the Portuguese Settlement in Brazil", *Hispanic American Historical Review*, Vol. 20, No. 3, 1942, pp. 493-512。

年3月29日,首任总督托梅·德·索萨(Tomé de Souza)到达巴西。国王还任命了一位财政总管(provedor-mor)和一位最高法官(ouvidor-geral)协助索萨。1000名士兵、政府官员、工匠和殖民者跟随总督来到巴西,一同到来的还有以曼努埃尔·德·诺布雷加(Manuel de Nóbrega)为首的6名耶稣会传教士。托梅·德·索萨向各辖区派出了最高法官和最高财政官员。为了促进经济发展,他慷慨地分配土地,从佛得角群岛进口了牛,鼓励兴建更多的榨糖厂。

随着种植园经济的发展,在17世纪下半叶到18世纪上半叶,葡萄牙组织远征队向西部内陆扩张,远征队变成武装的猎奴队。他们深入巴西腹地去捕捉印第安人再送到奴隶市场出售,作为发财致富的新泉源。这种猎奴远征队主要是由巴西出生的、剽悍好斗的印葡混血种人(马美鲁科斯)组成,亦称“旗队”(每个远征队都有自己的旗帜),一般为100—200人,最多的到2000—3000人。猎奴队翻山越岭深入内陆去搜捕印第安人,寻找新的财富,开拓新的土地。猎奴远征实际上是一次最大的血腥的殖民征服运动。它远远地越过了教皇子午线,深入到南美中部腹地广大地区,初步开拓了今天的巴西疆域的基础。1750年,葡萄牙、西班牙签订了马德里条约,正式确定了两国在南美大陆上殖民势力范围的界线。

第三章

殖民地的经济结构

第一节　土地和劳动制度

西班牙以美洲为基地，建立起“欧洲第一个真正的殖民地帝国”[①]。这个殖民帝国是怎样建立起来的呢?

西班牙人到达美洲，最初并没有打算要移民到这个新发现的大陆，在这里永久定居下来。墨西哥和秘鲁的第一代征服者几乎都不具备移民心态，自然也不会对土地感兴趣。“我不是来这里种地的!”这句话就是他们这种心态的真实写照。他们一心想仿照葡萄牙人在东方那种成功的做法，在新大陆建立商业据点，通过垄断贸易和海盗式劫掠大发其财，然后衣锦还乡。

但是，他们很快感到失望。在这里找不到可以推动贸易的产品，印第安人对和西班牙人进行贸易也毫无兴趣。因此，在经过初步试验以后，西班牙人转而采取了与早期葡萄牙、英国和荷兰不同的殖民方式，即不再采用建立“贸易站”那种商业殖民地模式，代之以永久性移民殖民地的模式。但这种模式亦不同于后来英国在北美建立的那种移民垦殖型的殖民地，而是在移

① ［美］斯塔夫里阿诺斯:《全球通史:从史前史到21世纪》，吴象婴等译，北京大学出版社2006年版，第419页。

民的同时通过占有当地的矿产、农业资源来直接奴役土著,以最大限度地榨取财富。于是,一种可称之为“拓殖榨取型”的殖民地新模式,在美洲大陆逐步建立起来。

一、委托监护制和征调劳力制

在任何地方,可供现成抢劫的东西总是有限的。对殖民地的掠夺要长久维持下去,就要组织生产。在殖民初期,不论西班牙美洲和巴西都没有发现有价值的金银矿藏,因此,当印第安人千百年来所积存的金银财宝被劫掠一空之后,殖民者就转向了对土地的掠夺。

当西班牙占领了美洲广大地区以后,国王把大片土地赏赐给征服有功人员。科尔特斯在墨西哥被授予包括22个市镇的大片土地,这片土地面积不少于2.5万平方英里,住有11.5万印第安人。这仅是一个法定数字,可能远低于他实际拥有的印第安人数量。他把阿兹特克最富有的纳贡地区分配给了自己。除广大地产外,他还拥有萨卡特卡斯、塔克斯科等多处矿产。皮萨罗在秘鲁被授予2万名纳贡者供其役使。他们的重要随从也得到了为数巨大的土地和印第安人赏赐。不过,获得大片土地赏赐者人数很少,众多的征服者是按等级身份和军功大小分配“步兵份地”和“骑兵份地”。前者不足9公顷,后者为前者的近5倍,约为43公顷。征服者都自视为骑兵,一般都能得到一至几块骑兵份地。这种土地授予制,就成为殖民者建立规模不等的农庄、牧场的最初来源,也是拉丁美洲大地产制的最早起源。

只有同时占有印第安人,土地才会具有价值。所以,早期殖民制度的中心问题是采取何种方式来役使印第安人,即劳动制度的问题。最初,殖民者任意驱使印第安人为奴,奴隶制成为广泛使用的一种劳动制度。他们强迫印第安人淘金开矿,种地放牧。劳累与疾病致使印第安人口锐减。不久,伊莎贝尔女王听从了她的忏悔神父西门尼斯·德·西斯内罗斯的劝告,于1500年宣布印第安人是她的臣民,“自由而且不受奴役”,取消了印第安人奴隶制;另一种将征服战争中有抵抗行动的印第安人掳掠为奴隶的做法,随后也被废止了。

此后,西班牙殖民者对印第安人的奴役和剥削方式,经历了最初的混乱状态后逐渐走向制度化，先后大体经历了三个发展阶段：委托监护制、劳力征调制和债役雇农制。西班牙美洲殖民地地域辽阔，情况复杂多样，即使在同一地区，这三种劳动制度作为奴役印第安人的基本形式，也往往同时存在，相互并用。例如，在新西班牙早期，庄园上的黑人奴隶充当了工头，监督委托监护制下的印第安劳工。在广泛实行征调劳役制时，出现了自由工资制与之相竞争。在南美，另一种印第安人强迫劳动制度——亚纳科纳制（yanaconaje）也发挥过重要的作用。然而，总体上看，从委托监护制向征派劳役制，再向债务劳役制的转变，是西班牙美洲劳动制度演变的典型模式。

西班牙殖民当局最早正式实施的殖民制度，是委托监护制（encomienda）。它首先在伊斯帕尼奥拉（今海地）实行，这个岛屿成了西班牙印第安人政策的第一个试验场。1498 年，哥伦布为了安抚殖民者，同意向西班牙人分配印第安人。根据这种分派制度，将一个印第安酋长及其所属的印第安人委派给一个委托监护主，在属于后者的矿山或地产上劳动。[①]由于所需要的劳动力有了保证，同时也能使委托监护主获得较高的身份，早期西班牙殖民者对这种分配趋之若鹜。这一制度起源于西班牙人反抗摩尔人的收复失地战争时期，当时国王把征服的土地和人口分封给战争中有功人员作为报偿，受偿者对封地享有领主权。在美洲，很多殖民者当初自筹资金，以国王名义参加征服战争，如今大功告成，照例也应得到同样的报偿。然而，刚刚实现了统一的西班牙，不愿意看到封建割据的历史在美洲重演，对于这种制度的实行有所犹豫。伊莎贝尔女王出于使王室集权化的愿望，于 1501 年下令释放委托监护地上的印第安人。其结果，所有的印第安人都逃走，拒绝为西班牙人劳动。在新任总督雷·尼古拉斯·德·奥万多的要求下，1503 年，女王下达了一道敕旨（cedula）："据报，由于印第安人享有过多自由，他们回避同西班牙人接触和相处，以至不愿为挣工资而劳动，宁可无所事事。同时，基督教徒也无法使这些印第安人改信神圣的天主教教义……我命令你，我们的总督，从你接到此信开始，你必须强迫印第安人同岛上基督徒交往。为他们建造房屋，采集黄金和其他金属，耕种土地，并为

① Mark A. Burkholder & Lyman L. Johnson, *Colonial Latin America*, Oxford University Press, 2004, p. 36.

岛上基督教居民生产粮食。”①

通过1503年法令,委托监护制在殖民地的地位得到了确认,成为首先被正式推行的殖民制度。此前实施的各种剥削制度,皆出于征服过程中的某种需要,仅仅是一种临时性安排。根据规定,印第安人以区域即村社或市镇为单位(最初以酋长为分配单位),被委托给白人殖民者“监护”。“监护主”有权在自己的监护区内征收贡赋和征用印第安人服劳役,同时负有教化土人皈依天主教的职责。这样,经过修改和补充,美洲的委托监护制不仅制度化了,而且与“光复”时期相比,具有了新的特点和内容。具体来说,委托监护制为印第安人确立了三项法定义务:

第一,提供劳役。被监护的印第安人要为委托监护主开矿淘金、耕种土地、放牧牛羊和到工场劳动。此外,还要从事教堂和各种公共设施建设。参加这些劳动没有任何报酬,并由村社提供前往服役地的费用。在这个意义上,委托监护制就等同于劳役制,而且依托于村社的资源和社会结构而存在。②

第二,交纳贡税。初期是按人头征收实物税,通常为各类土产,如玉米、豆类、棉花等;有的通过摊派形式,要求交纳金砂或可可,或把棉花纺成纱、织成布上交。后期由实物改为铸币,强迫印第安人把产品换取现金。人头税按名义而非实际人口计算,事实上是根据上一次人口普查数字由村社集体负担,印第安人口不断下降,负担就无形加重。

第三,接受教化,皈依天主教。宗教活动始终与殖民征服活动相伴而行。由一个或几个村社组成的监护区,也就是殖民地教会的一个教区。监护区一般设有固定的牧师,或聘请巡回牧师教化印第安人。

在哥伦布到来以前,印第安社会就存在向国王交纳贡税和服劳役的制度,现为西班牙人“全盘继承”,利用它来为自己服务。到16世纪中叶,这一制度在殖民地得到迅速推广。不过,即使在墨西哥中部和秘鲁,委托监护主的人数也从未太多。从1521年到1555年,新西班牙得到认可的委托监护主只有506人,秘鲁的委托监护主数量从未超过500人,到1555年,秘鲁

① [美]E.布拉德福德·伯恩斯:《简明拉丁美洲史》,王宁坤译,湖南教育出版社1989年版,第52页。

② 查尔斯·吉布森:《西班牙统治下的印第安人社会》,[英]莱斯利·贝瑟尔,前引书,第二卷,经济管理出版社1997年版,第388—389页。

估计8000名西班牙人中，只有5%属于委托监护主。[①] 监护主所拥有的印第安人数，因人因地而异，有的远高出300名的法定最高数目。1535年，在墨西哥谷地的30名委托监护主每人平均拥有6000名印第安人。

美洲大陆的委托监护制，不同于欧洲中世纪的封建采邑制。首先，监护主并不享有对所授予监护区的土地所有权，监护区内村社和印第安人仍保留自己对土地的权利，包括份地和公有地。其次，在委托监护制下，维持原有土著社会结构，保留土著酋长的传统地位和权力，对印第安人所实行的是一种间接的统治。监护主居住在西班牙人市镇，不得任意进入印第安村社。第三，获得监护权只是一种契约性协议，具有暂时“托付”“存放”的含义，并非是永久性的世袭特权。

为了限制和监督委托监护主的权力，1512年，国王颁布了《布尔戈斯法》。这是一部有关印第安人待遇的法令，也是新世界第一部大法典。法令包括35个条款，其主要内容是调整西班牙人同印第安人之间的关系，改善印第安人的处境，以阻止印第安人口下降，保障王室贡赋的收入。这些条款成为此后30年内规范西班牙人和印第安人关系的基本法。[②] 殖民者则要求增加监护权的授予，而且要求传给下一代。委托监护制成了可怕的奴隶制。事实上，监护主势力不断膨胀，飞扬跋扈，俨然以领主自居。印第安人被迫过度工作和备受虐待，甚至被违法出售或出租。在实施委托监护之后20年的时间内，伊斯帕尼奥拉岛上的印第安人从700万人下降到2.9万人。造成人口下降的原因，有的学者认为，主要是由于欧洲疾病的传播，但也有学者认为，是由于受虐待和印第安社会组织的解体，因为在1518年前，在安的列斯群岛的印第安人中，并没有流行病的记录。王室的基本利益要求西印度群岛的灾难不在新征服的土地上重演。

因此，西班牙政府从一开始就面临如何协调好两者的关系：殖民者习惯于杀鸡取卵，最大限度地榨取印第安人的劳动，而王室的利益在于保持数量众多缴纳赋税的印第安人口。委托监护制的实施，正是国王和殖民者之间经过斗争，最后双方取得妥协的产物。通过委托监护制，王室首先确保了自

---

① Mark A.Burkholder & Lyman L.Johnson, *Colonial Latin America*, p. 124.

② Lesley Byrd Simpson, *The Encomienda in New Spain*, *The Beginning of Spanish Mexico*, University of California Press, 1982, pp. 32-35.

身对殖民地的控制和贡税收入,同时也对殖民者做出了让步,在相当程度上满足了他们的要求;在国王和殖民者之间利益上实现了某种平衡,殖民地统治秩序才得以建立起来。变身为委托监护主的征服者和早期定居者,构成殖民地最初的贵族阶层。

委托监护制在推进美洲殖民化过程中起到了特殊的重要作用。它的推行,不仅使得由于殖民征服而分崩离析的印第安社会,重新归于西班牙人的统一控制之下,有助于殖民地从混乱的军事征服行动转向制度化的统治;而且更为重要的是,它确立了西班牙人对印第安人的奴役关系,使殖民者得以在新土地上永久定居下来,从而为在美洲大陆建立殖民地的新模式奠定了基础。也就是说,它作为西班牙在美洲最早实施的殖民制度,为商业殖民地向移民殖民地转化,最终形成"拓殖榨取型"殖民地,在制度上提供了最初的可行模式。

然而,盛行了半个多世纪的委托监护制最终走向了衰落。监护主势力的不断膨胀无可避免地对王权统治形成了威胁,使王室下决心取消它,一些教会人士如巴托洛梅·德·拉斯卡萨斯对监护主暴行的强烈谴责态度,也起到了积极的推动作用。拉斯卡萨斯最初也是委托监护主,后来为自己的行为忏悔,成了虔诚的修道士,加入了反对这种印第安人奴役制度。1542年,王室颁布《新法》,规定禁止把印第安人作为奴隶为私人服役,不再授予新监护区,监护权不得世袭等,旨在废除委托监护制。新法在殖民地遭到白人土地贵族的激烈反对和坚决抵制。这项法律被迫进行了有利于殖民地土地贵族的修改。最初规定监护权以两代人为限。但随着历史的发展,殖民者都把监护区看成是自己的世袭私产。但是,1549 年王室颁布了一项法令,宣布取消监护制下印第安人的人身劳役,改行缴纳现金,于是监护制变成了单纯的"贡赋监护制"。

对委托监护主来说,最大的打击是 16 世纪下半叶印第安人口的急剧下降。在墨西哥中部,印第安人口从 1519 年的约 2500 万人下降到 1605 年的 100 万人,在秘鲁中部沿海,到 1575 年,缴纳贡赋的人口下降到只有征服前的 4%。因此,在墨西哥中部,到 16 世纪 70 年代,在安第斯高地中部,到 16 世纪末,委托监护制已失去了作为一种以无偿使用印第安劳动力为基础的体制的原初特征,作为西班牙殖民者收入来源的重要性也大大下降,越来越多的印第安人从依附于委托监护主转变为由王室控制下市镇的居民,委托监护制逐步寿终正寝。

1720 年,西班牙王室下令最后取消委托监护制,这时,它在大部分地区已经名存实亡了。但是,在那些没有发现贵金属或者印第安农业产量很低,因而殖民者即使获得过分的权力也不至于对王室带来威胁的地区,王室允许委托监护主继续剥削强制性的印第安劳动力。在智利,委托监护制延续到 1791 年,在委内瑞拉,延续到 17 世纪 80 年代,在巴拉圭,延续到 19 世纪初。王室还允许委托监护制作为一种劳动制度在新西班牙的奥萨卡和尤卡坦等地区继续存在。

在墨西哥中部和安第斯高原,1550 年后,出现了一种新的劳动制度——劳力征调制,逐步取代了委托监护制。这种制度,在新西班牙,被称为劳役摊派制(repartimiento),在秘鲁,被称为米达制(mita)。强制性征调劳动力的制度在阿兹特克帝国和印加帝国早已存在,例如,阿兹特克人在其领土内实行过一种征调制——科阿特基特尔制(coatequitl),印加国王也曾通过米达制为公共工程(包括采矿在内)征调劳力,西班牙人在殖民初期就利用这种制度驱使印第安人修建道路、水渠、堡垒、教堂和公共建筑物,或者从事某些农业劳动。

正式的劳力征调制在新西班牙确立于 16 世纪 50 年代,在秘鲁确立于 16 世纪 70 年代,在哥伦比亚的东部高地确立于 16 世纪 90 年代。[①] 按照这种制度,每个印第安村社有责任隔一段时间拨出部分强壮男性居民去劳动。每个劳动小组为其雇主工作一段时间,从一周到四个月或更长一些时间。印第安劳力由此可以得到一份微薄的工资,回到自己的村社;与此同时,一支以同样的方法征募和指派的新队伍接替他们的工作。王室希望采用这一新劳动制度,在印第安人人数减少情况下,使劳动力得到更加有效的利用,委托监护主特别是日益增长的没有委托监护权的西班牙人能够获得劳动力。

征调劳力制在不同的地区间存在着很大的差异。在新西班牙,尽管墨西哥中部的银矿主也曾通过劳役摊派获取劳动力,但劳役摊派制主要承担向农业提供劳力。1549 年,西班牙国王下令废除委托监护制下的个人劳

① Mark A.Burkholder & Lyman L.Johnson, *Colonial Latin America*, p. 127.

务,1550 年指示新西班牙总督贝拉斯科建立印第安人必须为得到工资而受雇于西班牙人的制度。如果印第安人不自愿受雇,当局应强迫他们这样做。这种劳役摊派制在 1568 年后成为普遍的制度,一直持续到大约 1630 年。根据这种制度,在一年的大部分时间内,每个印第安村庄被迫提供其能干活的劳动力的 2%—4%,在除草和收割季节则提供 10%。按这个比例征派的劳动力,分组轮流劳动,每个组为一周,每个劳力每年平均服役 3—4 周,每 4 个月轮流一次。作为交换,必须发给他们工资。1575—1610 年期间,日工资从半个雷阿尔增至一个半雷阿尔(1 比索等于 8 雷阿尔)。

在秘鲁地区,米达制是矿业、沿海种植园、道路的修建和维持的主要劳动力来源。在基多和土库曼,劳役摊派为当地纺织工厂提供了主要劳动力,在中美洲,劳役摊派为小麦和靛蓝农场提供了劳动力。安第斯山地区还存在土著仆役制(亚纳科纳),从印加社会继承过来,作为劳力征调制的补充。这些不属于村社艾柳的印第安人,被强迫以私人奴仆身份为西班牙人服务,作为庄园财产一部分,可以在庄园主间转让。

在一些地区,一直到殖民地末期,征调劳力制仍是动员印第安劳动力的主要方式。秘鲁矿区的米达制、厄瓜多尔纺织厂的劳役摊派制、中美洲农场的摊派劳役制一直延续到 19 世纪。在新西班牙中部,劳役摊派制对于农业的重要性大约维持了不到一个世纪,但在北部的新加利西亚,这种制度作为自由劳工的补充,一直延续到 18 世纪初。

二、大庄园和债役雇农制

殖民地社会土地制度的典型形式是大地产制。主要用于种植谷物的地产通常被称作大庄园,种植经济作物的地产通常被称作大种植园。最初出现的农场多为混合型的,在后来发展中才有了农业大庄园、畜牧业大庄园和大种植园的区分。

大庄园(hacienda)起源于殖民初期国王对征服者的土地授予,到 16 世纪中期以后快速兴起。16 世纪中叶,墨西哥和秘鲁先后发现了丰富白银矿藏,白银开采和随之而来的新兴市镇的建立,刺激了对谷物和肉类的需求,吸引人们在矿区附近投资兴建庄园;西班牙向美洲的移民人数增加,城市规模迅速扩大,对欧式农牧产品供应提出了新需求,而印第安人口的急剧下降,大大减少了粮食产出,无法同时养活印第安人和日益增多的西班牙人;人口减少和强制迁移政策造成大片耕地闲置,则为西班牙人兼并土地提供了空间。他们采用强占、诱骗和购买等手段大肆兼并印第安人土地,扩展私人地产。很多委托监护主以及没有委托监护权的西班牙人,开始转向从事更加有利可图的农业、畜牧业。于是 16 世纪中叶之后,出现从委托监护制向发展商品农业和畜牧业大庄园制的转变。一些王室官员、传教士和富商也成为大庄园主。

国王也对地方势力作出让步,改变了严格限制私有地产的态度。为了解决财政困境,1591 年,王室颁布法令,对殖民地土地所有权重新审定,规定土地持有者只要交纳一笔费用就可获得土地所有权。这一法令使得以往所有非法侵占的土地合法化。这样,从 16 世纪末至 17 世纪,土地兼并加速,到 18 世纪初,大庄园制被确立为农业发展的新模式,并逐步演变为拉美土地制度的主要形式。

应该看到,在不同地区,庄园的规模大小、生产潜力、劳动组织和其他方面都会有很大区别。经济形势的变化常常导致庄园规模、产量和产业结构的变化。经济衰退时,大的庄园会分裂成很多小单元;经济形势好转时,又会出现相反的变化。但是在殖民时期,庄园总的发展趋势是越来越集中到少数人的手里。由于存在这些复杂情况,在研究大庄园时,通常以墨西哥和秘鲁为典型。

大庄园的土地面积一般为几千公顷。从经济结构上看,大庄园已不再是初期那种简单的“农场”或“牧场”,而是日趋成型,成为一个配套性的生产单位。大庄园在规模和生产能力上存在着差异,其主要原因一是水源和土壤的质量,二是获取劳工和进入市场的条件。典型的大庄园一般划分为农田、牧场、森林等区域,依据市场和自身的需要,在生产上做出不同的规划和安排。用于耕作的农田,又分为不同的区域。销售作物区:多为最肥沃和灌溉最好的土地,种植甘蔗、玉米、小麦和龙舌兰等作物;自给作物区:种植供内部消费的作物,如玉米、豆类和辣椒;还有休耕区。庄园不仅生产本身所需的谷物、畜产品和木材,而且有自己的木匠、铁匠,有小制革厂、肥皂厂和纺织厂,很多必需品如服装、农具、砖瓦、石灰和盐等也都自行制造。庄园内除建有宅院、农舍、仓库、手工作坊外,还设有商店、学校、医院、教堂和监狱,形成一个相对封闭性的结构,成为农村社会的基本单位。

17世纪,由于新西班牙中部谷地印第安土地大量转到西班牙人之手,建立了更多的大庄园,以生产小麦和龙舌兰(用于酿酒)。逐渐地,放牧牛羊的区域从一般大庄园中分离出来,建立了专门的畜牧业大庄园。

大庄园的兴起,主要是为了供应矿区和城市对食品的需求,从事于商品农业的生产,因此,其最初的营利性动机是十分明显的。大庄园促成了农业的商品化生产。然而,大庄园大多耕作粗放,技术落后,管理因循守旧,不讲效益,很少能够获利。在殖民地后期,大庄园平均收益不超过6%,①当时贷款利息为5%,两者大体持平,实际上无多少利润可言。尤其是为了应对变化无常的气候和不利的市场条件,大庄园主往往改变经营方式,实行自产自销和自给自足。在17世纪白银开采发生衰退时,矿主纷纷把投资转向土地,大庄园制得到了进一步的发展,而且,由于矿业衰退带来对农产品需求的减少,大庄园自给自足的倾向也更为加强了。到17世纪末,“很多地方的大庄园发展成主要为自给自足的经济体”②。在重商主义支配下的美洲殖民地,大庄园发展过程中出现的这些看似极为矛盾的现象,引起了学界长期持续不断的争论。一些学者倾向于认为,庄园与市场的联系在不同发展时期会有不同的表现,需要进行更具体细致的研究。③

大庄园主通常以债役雇农制的形式来获得劳动力。最初,庄园的劳动力由委托监护制提供,在委托监护制的私人劳役被废除后,改由殖民当局通过劳力征派制获得。前者是无偿的,后者有少量报酬。但以上方式提供的劳动力都是短期的,或是季节性的。到16世纪末,因印第安人口过多死亡,由殖民当局强行征派劳工的办法难以为继。在新西班牙中部,大庄园主为了获得稳定的劳动力,直接与村社的印第安人签订合同,付给的工资通常略高于摊派劳役制下的劳工的工资水平。这种做法,最初仅是对于摊派劳役制的一种补充,后来渐渐取代了摊派劳役制。人数日益减少的印第安人所肩负的沉重的

---

① Magnus Morner, “The Spanish America Hacienda: A Survey of Recent Research and Debate,” *Hispanic American Historical Review*, Vol.53, No.1, 1973, p. 204.

② Benjamin Keen, *A History of Latin America*, Fourth Edition, Houghton Mifflin Company, Boston, Toronto, 1996, p. 118

③ Magnus Morner, “The Spanish America Hacienda: A Survey of Recent Research and Debate,” *Hispanic American Historical Review*, Vol.53, No.1, 1973, pp. 188-192.

贡赋和劳役摊派义务，加上西班牙人对土地的夺取，致使很多印第安人成为大庄园的雇工。有的往返于大庄园与自己的印第安村社之间，有的干脆成为大庄园的常住居民。到1630年，当国王下令废除墨西哥中部农业中的摊派劳役制时，几乎没有遇到抗议，因为此时绝大多数大庄园主已依靠这种契约劳工了。这样，债役雇农制在“自由劳工”的名义下得到广泛实行。

所谓债役雇农制，就是庄园主通过预付工资（多为玉米等实物）、代交人头税和租赁或赊售小块土地等办法，把欠下债务的印第安人变成长年雇工，以工偿债。这些雇工定居于庄园内，成为固定的劳动力。有的租种庄园主的土地变成佃农，一般把收获物的一半交给主人。在一些地区，很多印第安人并非完全是被债务牵制，而是为了逃脱所在村社的贡赋和劳役摊派负担而选择投向庄园的。

庄园主还以季节性劳工的形式，直接从印第安村社吸取劳动力。这些劳工平时生活在印第安村社，在播种、除草和收割等农忙季节为庄园主干活。庄园主经常也用预付款项、玉米或出租土地等方式来招募和控制他们，把印第安村社成员变成大庄园劳动力的后备军。庄园以合法或非法的手段侵吞印第安村社的土地，致使印第安人没有足够的土地养活自己，尤其是在17世纪上半叶人口停止了下降的趋势并开始缓慢回升的时候，只得转向附近大庄园出卖劳动力。于是，大庄园与印第安村社之间形成了一种共生关系。

债务劳役制作为一种获取和维持劳动力的手段，在不同时期和地区间存在着很大差异。在墨西哥北部，因自由劳工很少，债务劳役制比较普遍；在墨西哥中部，因自由劳工较多，债务劳役制的重要性不十分突出。但它在新西班牙和南美都相当广泛地存在过。从17世纪到18世纪80年代，债农每日平均工资为1.5—2个雷阿尔，而且经常发给限于在庄园商店里购物的代用券。尽管并非每个雇农都负债，但一旦欠下债务，就难以偿清，父债子还，使不少印第安人世代成为债务奴隶。庄园主和地方官将债役农等同于欧洲的农奴，可以将其随庄园转让。① 这种具有强迫劳动性质的债役雇农制，反映了印第安人对庄园主的超经济的人身依附关系。

大庄园的兴起，改变了原有的土地占有关系，大片土地由印第安村社所

---

① Benjamin Keen, *A History of Latin America*, p. 87.

有转入西班牙殖民者私人手中。最初,在委托监护制下,印第安社会经济的基本结构并没有被破坏。随着失去土地的印第安人流入西班牙人社会,定居于庄园和城市地区,社区结构模式也发生了变化。由最初西班牙人和印第安人相分离的双社区结构向混合型社区过渡,印第安社会进一步趋向瓦解。但各地区发展很不平衡,有的地区如波哥大周围平原,大农庄已占有 2/3 的土地,有的地区,小农庄和印第安村社仍占据着很大的优势。通常一个大庄园里有一个或几个土著村庄。有的地区逐渐出现了大多由混血种人构成的小农阶级。这些在墨西哥被称为"朗楚"(ranchero)的小农场主,分布于印第安村社与大庄园之间,经济地位很不稳定,很难上升到土地贵族行列。

三、大种植园和黑人奴隶制

与雇佣印第安人生产粮食的大庄园不同,大种植园主要使用从非洲进口的奴隶,生产供应欧洲市场的经济作物。

在美洲殖民地获得充分发展的黑人奴隶制,差不多是同殖民侵略同时输入美洲的。1501 年,西班牙国王批准把黑奴运进美洲,次年,第一批黑奴在圣多明各登陆,是为美洲黑人奴隶制的开端。1524 年,古巴输入了 300 名黑人奴隶,用于开采金矿。接着在波多黎各、牙买加都输入了黑人奴隶,墨西哥和秘鲁沿海热带地区也有大量奴隶输入。但西印度群岛是西班牙美洲盛行黑人奴隶制最大的地区。而黑人奴隶制是随着种植园经济的建立而快速和大规模地发展起来的。

早在 1493 年,哥伦布就将甘蔗带到了埃斯帕尼奥拉岛。当时因市场狭小,甘蔗种植园未能得到发展。17 世纪,荷、英等国的殖民海盗加剧了对加勒比海各岛屿的侵袭,并在安的列斯群岛中侵占了殖民地。他们除了劫掠西班牙的殖民地并大搞走私贸易之外,还在自己的殖民地上建立起小规模的种植园。17 世纪中叶,荷兰殖民者把他们在巴西从事奴隶制种植园经济的经验带到了西印度群岛,向英、法所属的巴巴多斯、马提尼克、瓜德罗普推广先进的蔗糖生产技术,提供贷款和移民,扩展自己的势力。法国和英国不甘落后,积极鼓励向小安的列斯群岛移民,发展种植园。1645 年,英属巴巴多斯由烟草种植转向蔗糖生产,到 1680 年,该岛已拥有 3.7 万黑奴,年产蔗糖 8000 吨。

到 17 世纪末,黑奴增加到 5 万人,巴巴多斯成为英属美洲人口最多和最富庶的殖民地。法国在其所属的马提尼克、瓜德罗普和圣克里斯托夫岛建立起 300 多个蔗糖生产基地,1670 年糖的产量达 1. 2 万吨,相当于同年巴西糖产量的 2/5。于是,甘蔗种植园在西印度群岛各国殖民地上都空前繁荣起来,形成了著名的热带商业经济体系。从 1701 年到 1810 年,在英属殖民地输入了约 140 万奴隶;在法属殖民地输入了约 134 万奴隶;在荷属殖民地输入了约 46 万奴隶。西属古巴变成为奴隶贸易的主要"贸易站"之一。从 1791 年到 1840 年,在古巴上岸的奴隶不下 100 万人。在加勒比的许多岛屿上,除古巴外(那里的黑人奴隶约占全岛居民的 14%),黑人奴隶的人数都远远超过了白人。奴隶制改变了人种构成,整个加勒比地区迅速"黑色化"。

在西印度群岛上建立起来的奴隶制种植园,靠压榨黑人奴隶的血汗,变成了欧洲蔗糖的最大供应地。到 18 世纪中期,圣多明各和牙买加的蔗糖产量都超过了巴西,打破了巴西在欧洲市场上的垄断地位。后来,西印度群岛又成为欧洲所需要的棉花、咖啡、蓝靛等产品的最大商品作物产地。欧洲各国商人和投机家大量涌向西印度群岛,其获利之丰,不下于奴隶贸易和开采黄金。在 18 世纪时,欧洲人常用"富得像个西印度人"来形容当时暴发的大亨们。例如,法国在海地的殖民地,是法国在海外最富庶的领地,比法国所有其他殖民地加在一起都更有价值。海地生产的蔗糖和咖啡占当时世界产量的大部分,进出口贸易额达 1. 4 万美元,使当时英国在北美的 13 个殖民地相形见绌。种植园经济的地位愈到殖民地后期愈显重要,到 18 世纪中期,以黑人劳动为基础的种植园已在新世界深深扎根,作为大地产的重要组成部分,成为拉美殖民地的一个显著特征。

第二节　殖民地时期的金银开采

一、黄金、白银的发现和开采

在殖民时期的头两个世纪,贵金属开采是殖民地经济的主体,其他很多经济部门都是围绕黄金、白银的生产而发展起来的。正是黄金、白银开采直接导致了榨取型殖民地模式的形成。

西班牙殖民者做着黄金梦来到了他们新发现的大陆。科尔特斯对蒙特苏玛的使者说:“我和我的伙伴害了一种心病,这种病只有金子才能治好!”这句话真实流露了殖民者渴求黄金的狂热心态。然而,在最初到达的西印度群岛,并未发现多少贵金属,他们只得转而去从事种植园的经营。可是,在墨西哥和秘鲁被征服后,西班牙人竟然梦想成真,在那里奇迹般地发现了世界上最丰富的贵金属矿藏。黄金白银的开采,为殖民帝国创造了巨大的财富,西班牙、葡萄牙顷刻间成了拥有金山银山的大富翁;而黄金白银的开采,对于印第安人以及美洲殖民地,则是一场空前的大灾难。在贵金属的开采中,西班牙殖民模式的掠夺本质得到了最为充分的暴露。

西班牙殖民者对美洲金银的掠夺,经历了三个阶段:第一阶段是在征服时期的头十年,为对印第安人积存的金银财宝的直接掠夺;第二阶段是在印第安人经常开采的矿床上,利用土著或黑人劳动力淘取金砂;第三阶段主要是在16世纪中叶以后,开始了持续两个多世纪的大规模的白银开采。

在印第安人积存的黄金被洗劫一空后,西班牙人立即发动寻找金矿的行动。1494年,他们在埃斯帕尼奥拉岛南部(即后来变成多米尼加共和国)发现了金矿。几年之后,在古巴和波多黎各也开始开采黄金。1501年至1519年间,加勒比地区生产了价值约合800万比索的黄金。16世纪30年代,在中美洲地区,特别是今洪都拉斯和尼加拉瓜,发现了新的金矿;在今哥伦比亚的安蒂奥基亚(Antioquia)和波帕阳(Popayán)、墨西哥中部某些地区如科利玛(Colima)和特万特佩克(Tehuantepec)也发现了金矿。十年后,在秘鲁南部的卡拉巴亚(Carabaya)和智利中部的金矿得到开采。[①] 从1500年到1650年共有超过180吨黄金被运到欧洲。更大量的黄金后来被深入到巴西内地碰运气的葡萄牙人找到。

相比之下,美洲金矿的开采周期为时甚短。到16世纪中期,金矿的开采已让位于银矿,而且这是一个巨大的转变,16世纪60年代后,白银生产

---

① Franklin Pease(Director del volumen), *Historia General de América Latina*, Vol. II, Ediciones UNESCO, 2000, p. 374.

创造的价值超过黄金生产数倍。根据哈拉的研究，在秘鲁，黄金生产的价值从1531—1548年占整个矿业价值的92%下降到1549—1600年的15%。[①]在新西班牙，早在16世纪30年代，墨西哥城附近就发现了银矿。大规模的采银潮是在16世纪中期开始掀起的，因为从那时起陆续发现了藏量丰富的银矿：萨卡特卡斯（Zacatecas，1546年）、瓜纳华托（约1550年）、帕丘卡（1552年）、圣路易斯波托西（约1592年）。在南美，1538年皮萨罗兄弟最早开始了白银开采，那是位于波尔科的印加时代的老矿床。1545年，在上秘鲁（今玻利维亚）的波托西发现了藏量最为丰富的银矿。有一个故事讲述波托西的神奇发现，说是一个印第安人来到一座海拔4000多米的高山上放牧，在一堆篝火旁边睡着了。当他一觉醒来时，突然看到篝火的灰烬中放射出道道耀眼的银光。一个闻名于世的特大银矿被发现了。波托西山高路险，气候寒冷，它的发现似乎有点偶然。但波托西就位于古代印加老银矿波尔科不远处，在南美相继掀起的探矿大潮中，它的发现是早晚的事。

与黄金相比，白银生产需要较高的技术和组织程度。黄金矿脉并不常见（仅出现在新格拉纳达高原少数地区），大部分黄金产自含金的冲积矿床，从这些矿床开采使用的是淘金技术。所以，黄金的生产更多的是对黄金的收集，而不是对资源的提炼。白银发现于矿石之中，需要开采大量的矿石，然后对矿石进行净化，将白银分离出来。此外，银矿大都发现于荒无人烟的偏僻地区，要进行开采和提炼，必须从遥远的地方提供所需要的劳动力和设备。

一般来说，西班牙征服者缺乏采矿和冶金技术。最初，矿山的勘探和定位大多是由土著人完成的，并借用了土著人的冶炼技术，尤其是秘鲁地区，因为那里是古代美洲冶炼中心和冶金技术的发源地。秘鲁印第安人最早发明了一种较先进的技术，叫“威拉（wayra）熔炼法”，掌握精湛冶金工艺的印加人一直采用这种方法冶炼铜、青铜和白银。其具体做法是，先用大石碾将矿石碾碎；然后把碎矿石和木柴一起放入小熔炉中熔化。熔炉呈圆锥形或金字塔形，通常只有一米左右高，安置在山上通风处。炉壁上开有多个气孔，便于炉膛进风。所谓“威拉”，克丘亚语就是“通风”的意思。借助风力，木柴或羊驼

---

① Franklin Pease（Director del volumen），*Historia General de América Latina*，Vol. II，Ediciones UNESCO，2000，p. 375.

粪燃烧的温度足可以将矿石熔化。西班牙人到达后,沿用了印第安人的技术,16 世纪 70 年代初以前,波托西所有的白银都是使用这种技术生产出来的。

尽管在 1534 年和 1548 年之间墨西哥城的金库记录的白银产量持续上升,但危机感还是悄然来临。原因部分是适合冶炼的优质矿石减少,同时也由于用大量的木材冶炼劣质矿石的成本提高,但更重要的原因是由于王室在 16 世纪 50 年代废除印第安人奴隶制和在委托监护地的个人劳役导致的劳动力短缺。[①]

危机的摆脱得益于技术的进步,这就是“汞齐法”的采用。通常做法是先把矿石粉碎成细砂状,再加入适量的盐、铜或锡,使矿石与水银充分混合,从中提取白银。这种方法不仅可以大大提高产量,而且使低品位的矿石也能得到很好的利用。人们很早已经知道汞齐法的原理,但它首次用于工业规模生产却是在新发现的美洲大陆。1555 年,来自塞维利亚的巴托洛梅·德·梅迪纳(Bartolomé de Medina)在墨西哥的帕丘卡(Pachuca)首先采用汞齐法。1572—1574 年间,秘鲁的银矿也相继采用此项新技术。秘鲁之所以较晚才使用这一技术,可能是那里发现的矿石品位优良,对技术的要求相对不那么迫切。

汞齐法炼银厂是具有一定规模的工厂。在新西班牙称之为“矿业大庄园”(hacienda de minas),在秘鲁就称作“工厂”(ingenio)。一座典型的炼银厂通常占有很大一片方形土地,四周筑围墙,其中建有储藏室、马厩、小教堂、厂主和工人的房舍,还有粉碎矿石的机械、用来混合矿砂和水银的大罐及铺砌平整的场地等设施。炼银厂通常集中在新繁荣起来的矿业城,在那里可以利用集中的劳务、食品和劳动用品的供应。1600 年左右,当时处于全盛期的波托西大约有 65 座炼银厂。新西班牙总共有 370 座,其中规模最大的是瓜纳华托的巴伦西亚,18 世纪 90 年代雇佣的工人超过 3000 人。它有 4 个矿井和多条隧道与矿脉相连,形成一个地下城。石材砌成的中央矿井周长 32 码,径深 600 码,由 8 辆骡拉绞车带动,“就劳动力和投资规模而言,欧洲企业几乎无一可与之相比”[②]。在整个西班牙美洲的殖民时期,白银生产尽管经历了繁荣

① Victor Bulmer-Thomas, John H. Coatsworth, Roberto Cortés Conde, eds., *The Cambridge Economic History of Latin America*, Vol.I, Cambridge University Press, 2006, pp. 319-320.

② D.A.布拉丁:《波旁王朝的西班牙及其美洲帝国》,[英]莱斯利·贝瑟尔,前引书,第二卷,经济管理出版社 1997 年版,第 408 页。

和萧条，但任何时候都有 400—700 座炼银厂在工作。

白银熔炼技术也有很大改进。土著传统熔炼法在很大程度上被取代了，采用了新的装置“卡斯蒂利亚炉”。这种中空圆柱形的炉子高约 2 米，采用鼓风技术，风箱由水力或畜力通过齿轮和曲柄操作，效率大为提高。然而，那些本钱不多的小矿主或部分工资以矿石支付的印第安劳工，都宁愿采用传统冶炼技术，因为即使配上一个手拉风箱，加起来的花费也不会太多。于是，千百座这样的小熔炉在矿业城及其周围涌现出来，尤其是在水银供应不足的时候。

影响白银生产的一个关键因素是水银的供应。西班牙美洲使用的水银主要来自西班牙南部的阿尔马丹和秘鲁中部高原的万卡韦利卡。前者主要供应新西班牙，后者主要供应南美洲。总体来看，在殖民地三个世纪中的两个世纪里，水银供应都能满足银矿开采的需求。水银的生产、分配及其价格都由王室所操纵。

新技术的采用使墨西哥和秘鲁的白银生产达到了新的水平。在墨西哥，16 世纪中叶不断有新的银矿发现，到 90 年代产量达到高峰。[①] 在秘鲁，波托西银矿在高产年代，年运载量有时超过 700 万比索。1533 年至 1560 年间，秘鲁总督辖区向西班牙出口了价值达 8500 万比索的贵金属。[②] 许多矿区的生产量在 17 世纪开始下降，因为大多数容易开采的矿床已经耗尽，而矿主也面临着劳动力、资本和用于处理矿砂的汞的短缺。波托西的产量自 1610 年后大致稳步下降，从未恢复到它曾经享有的突出地位。萨卡特卡斯和其他墨西哥矿山则经历了一个较为渐进的下降过程，因为不时在其他地方（如帕拉尔和奇瓦瓦）的新发现部分抵消了旧矿的衰退。1700 年后，尤其 1750 年后，政府的补贴和减税、技术的改进，以及更充裕的汞供应，共同将白银的总产量提高到远远超过以前达到的水平，特别是在墨西哥。在整个殖民地时期，新西班牙总督辖区生产的贵金属占新大陆生产的一半，而 17 世纪末，墨西哥成为西属美洲贵金属的主要产地。

---

① D.A.Bradin and Harry E.Cross，“Colonial Silver Mining：Mexico and Peru”，*Hispanic American Historical Review*，Vol. 52，No.4，1972，pp. 545-579.

② ［美］E.布拉德福德·伯恩斯：《简明拉丁美洲史》，王宁坤译，湖南教育出版社 1989 年版，第 48—49 页。

二、劳动组织

西班牙榨取型殖民模式的掠夺本质最集中表现在矿业领域，其典型形式就是米达制。

如何保证为采矿业提供劳动力，从一开就是殖民者制定各项劳动制度的一个中心问题。奴隶制、委托监护制和劳力征调制，都为采矿业提供过劳动力。到16世纪70年代末期，新西班牙和秘鲁两大总督辖区共同采用劳力征调制来组织印第安劳工到矿区劳动，在秘鲁，这种制度被称为米达制。殖民者使用这一克丘亚术语，其用意十分清楚，就是要同先前由印加国王实行的米达制联系起来，这样可以蒙骗印第安人，有利于这一充满血污的殖民剥削制度广泛推行。在所有各矿场征调劳力的活动中，人数最多、组织得最好又最臭名昭著的是波托西的米达制。它的创建者是秘鲁总督唐·弗朗西斯科·德·托莱多。1572年末，他在巡视秘鲁全境途中从库斯科来到波托西，指示安第斯高原城镇的酋长们派遣身体健壮的男子到波托西服役。后来指定提供劳动力的地域极其广大，从北面的库斯科到南面的塔里哈，延伸800英里，横跨安第斯地区达250英里。被豁免的地区主要是那些地势较低和气候较温暖的地区，因为担心这些地区的居民如被派遣到高寒的波托西，可能易于感染疾病。提供劳动力的地区中，大约14%(1/7)的缴纳人头税的人口(18岁到50岁的男子)每七年要到波托西服役一年。根据托莱多做的人口调查，这个百分率将向波托西提供足够的劳动力，每年约14000人。这些人构成米达大军，他们到达波托西以后分成三部分，每个部分成为“当班米达”。“当班米达”轮流劳动，工作一周，休息两周。因此，任何时候大约都有4500名米达工人在干活。[①] 每年另有2.2万名米达劳工被征调到万卡韦利卡的水银矿区劳动。

根据托莱多的规定，计日工资，采矿工3.5雷阿尔，矿石搬运工3雷阿尔，冶炼工2.75雷阿尔。根据学者估计，一个印第安米达工，他在路途和矿

---

① 彼得·贝克韦尔:《殖民时期西班牙美洲采矿业》,[英]莱斯利·贝瑟尔,前引书,第二卷,第126—127页。

区一年生活花费总共需要 100 比索,而他在矿区作为当班米达每周工作 6 天,一年工作 17 周,总工资大约是 45 比索,还不足他总花费的一半。这些印第安人只得用其余 2/3 的“休息”时间继续为矿主干活,以赚取报酬。他们所得的报酬一般要高于当班米达,于是,在矿区形成了一支人数更多的“非当班米达”,西班牙人称他们为自愿的“工资劳动者”。

银矿的劳动条件十分艰苦。矿工整天在岩层上凿出的石阶或用绳索和木头扎成的陡梯上攀爬,黑暗中只靠他前面那个人固定在前额上一支蜡烛的微弱光亮照明;弯弯曲曲的坑道,有的地方仅容一人爬行通过,而身上要背驮常常多达 300 磅的矿石。波托西矿井有的深达 200 米,一旦失足,性命难保。在冶炼厂的劳工,光着脚踩踏水银混合物,从事水银矿开采的,条件就更为恶劣。矿工们常常靠咀嚼可以麻醉神经的古柯叶来坚持工作。米达制使很多印第安人倾家荡产和家破人亡。有的在出征前,家人要先为他举行葬礼。

米达制带来的过度劳动,使土著人口迅速下降。人口下降又反过来进一步加重印第安人的劳役负担。到 1600 年情况最坏的时候,成年男子每隔一年就要被征调。一些有钱的印第安人出钱雇人替他服役,或直接交付一笔现金以免除米达劳役。矿主们更喜好这种现金支付,称之为“口袋里的印第安人”,并用这些钱去雇佣工资劳动者。如上所述,1603 年波托西有 1.3 万多人在干活,除 4500 人“当班米达”外,其余为赚取工资的受雇人。这些工资劳动者中有相当一部分是“非当班米达”,也有一部分是以工资劳动为职业的人。在统计资料中,要对这两部分人加以明确区分,并不是件容易的事,但可以肯定,固定工资劳动者的人数在不断增加。尽管如此,在波托西,米达劳役制仍延续到殖民地时代结束。迟至 1789 年,那里还保持着 3000 名米达劳工。

白银开采给印第安人造成空前的灾难,却给西班牙殖民者带来了巨额的财富。在整个殖民地时期,大量的金银流到了宗主国。欧洲殖民国家总共从拉丁美洲劫走了多少金银,很难作出确切的估计。据有的材料估计:至殖民地末期,哥伦比亚生产了大约 3000 万盎司的黄金①,约值 10 亿美元,加上在巴西生产黄金,在 3 个世纪中,从拉丁美洲运往欧洲共计约 200 万公斤

---

① 按金衡制,1 盎司 = 31.1035 克。

黄金(1500 年,欧洲仅存 55 万公斤黄金)。白银主要产自西班牙美洲。在 3 个世纪中,运往欧洲约共计 9000 万至 1 亿公斤白银(1500 年时,欧洲仅存 700 万公斤白银)。至 19 世纪初,拉丁美洲大约生产了当时世界贵金属总产量的 90%。

一些私人投资者由此迅速致富。一旦有富矿发现,人们就像潮水般地从各地涌来,仿佛听到了白银的撞击声。矿业,尤其是白银生产,构成了西班牙美洲地区经济的核心。波托西由于银矿的开发,在高寒的安第斯山上快速兴起一座人口多达 16 万人的大都市,成为南美第一大城。每年有超过 26000 头骡子被赶往波托西,驮着沉重银子的骡队,跋涉在安第斯矿区到布宜诺斯艾利斯港口漫长而艰险的"白银小道"上。① 以波托西为中心形成了巨大的贸易网络以及一个个商贸和生产中心。墨西哥地区的瓜纳华托是殖民地后期的重要产银中心,18 世纪 90 年代拥有 5.5 万居民,其中一半的劳动力在矿山和冶炼厂工作,另一半也是服务于矿区的手艺工人和仆役。离瓜纳华托不到两天路程的克雷塔罗,那里的纺织业也因此兴盛起来。

矿业不仅推动了对西班牙美洲的征服、考察、殖民开发,而且"在很大程度上决定着殖民地内部的经济安排,对内部的政治、行政结构有着同样深刻的影响"②。矿业对劳动力的需求导致很多印第安人从传统的村社向矿区流动,导致了传统村社人口的减少和正常的农业活动的破坏,加快了村社的瓦解过程。

第三节　葡属巴西:从种植园到黄金潮

在美洲,葡萄牙人的殖民方式也发生了重大的变化,如同西班牙那样,从最初的贸易站到建立永久性的殖民地。葡萄牙人在巴西大力开发种植

① [美]乔森纳·C.布朗:《阿根廷史》,左晓园译,中国出版集团东方出版中心 2010 年版,第 27—28 页。

② [英]莱斯利·贝瑟尔,前引书,第二卷,第 157 页。

园,因而,奴隶制经济最早在这里获得了巨大发展。

红木开采周期过后,蔗糖生产成为巴西经济的基础。1521 年,葡萄牙殖民地首次把甘蔗从欧洲输入巴西,在以伯南布哥为中心的沿海地区建立起甘蔗种植园。16 世纪中叶到 17 世纪中叶,巴西提供了欧洲几乎全部的蔗糖。到 1600 年,蔗糖年产量超过 6500 万磅,在 25 年内增长了 10 倍。此时,蔗糖为葡萄牙带来的利润超过了印度贸易,住在巴西的欧洲人人均收入超过母国。① 但到 1650—1715 年,来自加勒比地区的欧洲殖民地的竞争导致巴西来自蔗糖的收入下降了 2/3。

为满足欧洲对蔗糖日益增长的需要,甘蔗种植园需要大量的劳动力。开始,劳动力主要来自征服战争中的土著俘虏,实行印第安人奴隶制。后来,由于印第安人大量死亡,开始转向大西洋的奴隶贸易寻求劳动力。自 16 世纪 70 年代开始,大量非洲奴隶进入巴西。黑人奴隶制对于葡萄牙人来说并不陌生。早在 1433 年,黑人就被贩运到葡萄牙。到 16 世纪末,马德拉和圣多美群岛上甘蔗种植园内,黑人已充分展示了他们对制糖技术的掌握能力。因而,自 16 世纪中期开始,千百万非洲人被贩运到大西洋对岸的巴西,一直持续到 1850 年。在大西洋奴隶贸易中,巴西向非洲输出烟草、蔗糖、木薯、豆类、面粉、酒、布、甜食,换取奴隶,以及少量的棕榈油、大米、象牙、黄金和亚洲产品。到 18 世纪末,仅里约热内卢的商人每年就向非洲派出约 24 艘船只。其他欧洲国家发展起了三角贸易:欧洲商品运往非洲,非洲奴隶运往巴西,巴西蔗糖运往欧洲。不管通过何种途径,被运至巴西的非洲人数量激增。最初每年输入 2000—3000 名黑人,后来逐年增长。据保守的估计,在四个世纪中共输入黑人约 360 万人,其中 16 世纪约 10 万人,17 世纪约 60 万人,18 世纪约 130 万人,19 世纪约 160 万人。葡萄牙人运往巴西的黑人人数超过了他们发现巴西时印第安人的人数。② 在 19 世纪初,黑人大约占巴西总人口的半数,是殖民地人口中最主要的居民,并分布到巴西的各个行业中。

巴西甘蔗种植园经济主要是在黑人奴隶制基础上发展起来的。每个种

---

① E.Bradford Burns, *A History of Brazil*, Columbia University Press, New York, 1993, p. 64.

② Ibid.p. 43.

植园都设有十分原始的榨糖工场。奴隶每天在高温炉边劳动15—16小时。往磨上送料时,稍一不慎,就会把手或胳臂轧断。干活稍有差误,就会遭受皮鞭的毒打。除蔗糖外,种植园还生产烟草和可可,也输往欧洲。到18世纪时,欧洲工业的发展需要大量的棉花,于是出现了棉花种植园。

1695年,今米纳斯吉拉斯内地发现了金矿。大量来自巴伊亚、伯南布哥、里约热内卢的殖民者,带着他们的奴隶和仆人,涌入矿区。新兴城镇拔地而起,米纳斯吉拉斯的人口从1695年几乎零起点,1709年陡增到3万,到18世纪末,上升到50万。东南部内地人口的增加和经济重要性的提高,促使政府在1710年建立了圣保罗和米纳斯吉拉斯辖区,1720年,米纳斯吉拉斯成为一个独立的辖区。矿业的生产稳步增长,到1760年达到顶点。在18世纪,排除走私的部分,巴西生产了近200万磅的黄金,这意味着,巴西提供了整个世界黄金供应量的近80%。1728年又发现了钻石矿,产量估计超过300万克拉[①]之多。贵金属的发现改变了巴西的人口分布状况。传统上,绝大多数人口集中于沿海地区,尤其是巴伊亚和伯南布哥。黄金的发现使殖民地人口大量从沿海深入内地,还诱使大量人口从葡萄牙直接移居巴西内地。奴隶贸易的终点站也从沿海地区转向内地。由此导致的沿海地区劳动力短缺进一步加剧了处于衰退中的农业经济。随着经济中心从东北部向东南部的转移,1763年,巴西首府从萨尔瓦多迁往里约热内卢。

贵金属发现掀起的采金狂潮,刺激了巴西的黑人奴隶的使用,奴隶输入的数量达到了高峰。有时每年有两三万人之多。采矿的方法十分原始。奴隶打洞穴、爬坑道,有的洞穴深入地下1000余米。矿石需一桶一桶地用手传递运输。奴隶经常被崩塌的土石压伤、压死。沦为奴隶的黑人却没有任何权利。奴隶的反抗最常见的方式是逃跑。有时他们逃亡内地,建立逃奴堡,在殖民地巴西,有大约几百个逃奴堡,其中最有名的是阿拉戈斯内地的帕尔马雷斯。形成于17世纪初,坚持抵抗葡萄牙人和荷兰人的围剿近百年,直到1695年被打败。

来自非洲的黑人奴隶对巴西经济和文化的发展作出了巨大的贡献。他们在殖民地的农业、畜牧业、矿业、纺织、炼铁等各方面都是主要的劳动者。

① 克拉是宝石的重量单位,1克拉=200毫克。

他们从非洲带来了新的作物如红胡椒、黑豆等，带来了许多新技术。他们是出色的木匠、画师、泥水匠、珠宝石工、雕刻工、铁匠、烤面包师、裁缝。他们还是守卫巴西的战士和内陆的开拓者。没有黑人奴隶，就不可能有巴西殖民地的发展。

第四节　贸易垄断体制和外国的渗透

一、贸易垄断体制

西班牙、葡萄牙殖民帝国所统治的地域，在辽阔的美洲大陆之外，还包括东方亚洲和非洲部分地区；尤其在西班牙兼并葡萄牙的60年期间，当年托尔德西利亚斯条约所划的边界不再存在了，两个国家在东西半球的百年开拓，全归西班牙国王一人统治，形成了一个世界历史上规模空前的大帝国。这个庞大帝国的维系和运转，在很大程度上依靠于贸易垄断制度。

16—17世纪，西班牙、葡萄牙和其他欧洲国家的经济政策都以重商主义作为指导思想，即认为“财富就是货币”，一个国家积累的金银越多就越富有；国家的繁荣依靠多卖少买，通过贸易的顺差赚取金银货币。在重商主义思想指导下，西、葡等国的经济政策是国家大力奖励本国商品出口，并给予本国商人以经营各种商业的专利权，甚至用炮舰保护本国的商船队，发展对外贸易；同时厉行保护关税，限制外国商品的进口，以促成对外贸易的出超，为国库和本国商人贵族赚取金银货币和积累财富。在与殖民地的关系上，根据重商主义原则，西班牙、葡萄牙力图使殖民地的经济从属于宗主国的利益。具体说来，就是利用殖民地生产本国不能生产的各种产品，并将剩余产品出售给欧洲其他国家，目的是保证贸易的顺差。

西班牙规定，殖民地只能同宗主国进行贸易，不能同任何外国进行贸易往来；甚至殖民地之间的贸易，也受到严格的限制。在整个南美大陆都没有开放口岸，外国船只只有得到西班牙政府的许可，才能在殖民地靠岸，否则一经发现，全部商品连同船只都要没收。在西班牙同其美洲殖民地的贸易中,西班牙本国大多数商人也无法染指,而是由享有贸易垄断权的少数西班牙大商人所掌握。殖民地的经济发展,处在宗主国的高压商业垄断政策的控制下。

为了对宗主国和殖民地的贸易进行有效的管理,1503 年,西班牙在塞维利亚设立了贸易署(Casa de Contratación)。早期的贸易署仅仅是个皇家仓库,储存来自西印度群岛的皇家伍一税和新大陆征集的其他皇家货物和赋税。后来逐渐演变成为一个官僚机构。官员包括一名署长、一名司库、一名首席检察官、三名法官、三名参议员、一名领港长和一名邮务长,还有各种较低级的官员和办事员。异教裁判所的一个代表奉派同贸易署挂钩,其职责为审查运往新大陆的书籍,主要为排斥新教文献。贸易署的主要任务是管理西班牙和殖民地之间的一切贸易和商务;制定支配这种贸易以及支配帆船、商船和战舰航行的必要规章;指导经济资料的收集和有关风向、洋流、新世界土地的地理资料的收集;并且监督地图和海图的绘制。具体地说,贸易署在塞维利亚的官员们安排商船队和护航船队的派遣,检查来自殖民地的全部货物,保护国王名下的份额,并指挥把其余的船货分配给物主。贸易署的法官审理违反规章的案件,并保管死在去往殖民地途中的一切人的财务直到确定了他们的继承人为止。司库掌管西印度事务委员会所核准的支出,并收受给国王运来的金银块和其他财宝。邮务长负责组织通过海路的公私邮务,并负责确定殖民地的递送路线。①

为加强对殖民地的贸易和市集的管理,还成立了商会(Consulados),作为贸易署的一个下设机构。第一个商会于 1543 年在塞维利亚成立,随后又在墨西哥城和利马等地建立起来。其主要职能是执行王室的商业政策,禁止贸易走私,保护西班牙大商人的特权。同时,它处理有关商务的一般纠纷,起到某种商业法庭的作用,重大商务案件则移交检审庭审理。1790 年贸易署被撤销后,商会的作用进一步加强。

西班牙贸易垄断体系中的另一个重要措施是规定“特许港口”。在 1717 年以前,所有来往美洲殖民地的船只都必须通过塞维利亚港口。1717

---

① [美]艾·巴·托马斯:《拉丁美洲史》第一册,寿进文译,商务印书馆 1973 年版,第 192—193 页。

年开放了加的斯港口。另外,在殖民地也只开放几个港口——韦拉克鲁斯、卡塔赫纳、波托贝洛等。为了防止大西洋上的海盗打劫和走私贸易,从1526年起,所有的海运船只都由舰队护航,后来发展为“双船队制”。第一支船队于春季驶往加勒比海地区和新西班牙,取道加那利群岛,经60到80天的航行后抵达圣多明各,卸下指定运到该港的船货,然后继续驶往韦拉克鲁斯,在哈拉帕举办集市;另一支船队迟至夏季启航,到达圣多明各停泊修理后,转而经过加勒比海,驶往卡塔赫纳,然后到达波托贝洛,在那里举办集市。次年春天,两支船队在哈瓦那会合,返回西班牙,在塞维利亚卸货,接受贸易署检查。每队的商船数目不等,一般为40—70艘,另配有6—8艘军舰护送。

在美洲征服初期,这条大西洋航线上,从欧洲输出的主要是人,即前往美洲的西班牙征服者和移民,从美洲输往欧洲的货物主要是黄金。当墨西哥和秘鲁被征服并大规模开采银矿之后,通过大西洋贸易通道输往欧洲的主要货物是白银,另外还有蔗糖、可可、烟草、棉花、洋红、蓝靛、皮革等。这些都是欧洲市场上的紧俏商品。大西洋贸易路线涉及范围广泛,欧洲把自己的产品运往西非,用来交换非洲的奴隶,再把这些奴隶运送到美洲热带和亚热带的种植园作为那里的劳工,然后运回美洲白银和热带产品。如此循环往复,这就是大西洋周边三个大洲之间著名的“三角贸易”。从西班牙输往殖民地的货物有谷物、酒和油,还有大量的制成品,包括家具、铁器、布、地方食品和工艺品等。在16世纪中叶,西班牙能够生产足够的工业品满足殖民地需要,但此后,来自欧洲其他国家的制成品占了主要部分。

16世纪70年代,西班牙正式占领菲律宾后,开辟了从马尼拉到阿卡普尔科的太平洋海上贸易通道,即著名的马尼拉大帆船贸易。[①] 大帆船贸易前后持续了250年,直到独立革命爆发后的1815年才告结束。在这两个多世纪中,坚固快捷而且装载量大的马尼拉大帆船,满载中国丝绸、瓷器等东方产品,定期从马尼拉出发,跨越太平洋开往阿卡普尔科,返程时运回白银。由于大帆船贸易以中国丝绸为主要商品,因而,这一贸易航道又被称作太平

---

① 关于马尼拉大帆船贸易和中拉关系,可参见罗荣渠:《中国与拉丁美洲的历史联系》,《美洲史论》,商务印书馆2009年版;林被甸:《跨越太平洋——中国与拉丁美洲的文化交流》,何芳川主编:《中外文化交流史》下卷,国际文化出版公司2008年版。

洋上的“海上丝绸之路”，马尼拉大帆船则被称作“丝船”或“中国之船”(Nao de China)。这些来自东方的奢侈品一部分留在墨西哥或由海路转运到秘鲁，供殖民地上层人士享用，另一部分从墨西哥通过陆路再经大西洋运往西班牙和欧洲市场。美洲白银通过全球贸易网迅速在整个世界流散开来，而其中大量流向了中国。西班牙对这条航线同样实行贸易垄断制度。

在整个殖民地时期，巴西的贸易处在里斯本的垄断控制之下，王室垄断的商品有盐、饮料、红木、造船木材、鲸鱼，其中以盐的专卖对人民为害最大。但由于葡萄牙国势的衰落，它的垄断程度远不如西班牙的严格。一些欧洲国家，特别是英国，较早地就打入了巴西的市场。贸易垄断政策，严重束缚了殖民地经济的发展。

贸易垄断体系不仅窒息了殖民地的经济发展，而且给宗主国带来了不可解脱的矛盾。在16世纪时，西班牙和葡萄牙尽管在美洲建立了庞大的殖民帝国，而它们本身是十分落后的农业国，对外扩张没有经济实力和经济动力作后盾。世界市场的扩大虽然也一度推动了西、葡贸易和工农业的发展，但封建主义的西班牙、葡萄牙缺乏进行资本主义殖民掠夺的经济基础。它们无法满足和消化殖民地日益增长的需求，没有实力从经济上占领殖民地的巨大市场。贸易垄断愈来愈变成一种虚假的表象。由于大量金银财宝流入国内，引起急剧的通货膨胀，物价上涨为北欧的两倍，高昂的制成品无法在国际市场上竞争。于是，出现了一幕极具讽刺意味的场景：西班牙人经历漫长而充满风险的航行，把美洲的白银运回西班牙，用这些白银向欧洲工业国购买殖民地以及本身所需的大部分制成品，然后再把这些制成品贩运到美洲殖民地。在17世纪初，西班牙本国5/6、西班牙运往美洲9/10的工业制成品，皆来自西北欧国家。同时外国商人的走私贸易愈来愈严重，有时甚至超过了正规贸易，加上一次又一次对外战争带来了巨大消耗，就这样，这个因坐拥金山银山而富极一时的暴发户，好景不长，到头来仅仅是充当了美洲殖民地和欧洲工业国之间一名“快递员”的角色。“银子就像进来时一样，又很快流走了，速度甚至更快。”[①]西班牙人养了牛，别人喝了奶！黄金和白银通过西、葡源源流向英、法、荷等工业国家，有力刺激了那里迅速发展

① Benjamin Keen, *A History of Latin America*, p. 97.

着的资本主义经济，而在伊比利亚半岛却仅仅“提供了足够的财富以阻碍早该实行的基本制度改革”。这就是帝国繁荣数十年后突然无可挽回地衰落的根本原因。①

二、英、法、荷对西班牙、葡萄牙的挑战

西班牙、葡萄牙对美洲殖民地的贸易垄断从一开始就引起了其他欧洲列强的不满。16 世纪，新兴的法国、荷兰和英国很快投入了争夺拉美市场和资源的斗争。他们越来越希望直接和拉丁美洲人经商，而不通过西班牙这一中间人。为达到这一目的，它们采取了海盗、走私以至直接占领领土等方式，由此也刺激了这些新兴国家在加勒比地区的殖民扩张。

1523 年，在亚速尔群岛界外，科尔特斯的两艘装有财宝的船被法国海盗胡安·丹戈所劫持。1537 年，又有一批法国侵袭者向古巴进攻威胁哈瓦那。16 世纪中叶，雅克·索雷率领法国海盗船来到古巴。1555 年，他攻占哈瓦那，大肆劫掠和焚烧。1635 年，法国殖民者洛利里维（L´Olive）率领自迪拜（Dippe）出发的 550 名男人和四名牧师在瓜德罗普（Guadeloupe）登陆。同年，来自圣克里斯托弗岛的德埃南布克（d'Eanambuc）带领 80 名士兵和 40 名殖民者占领了马提尼克（Martinique）。1630 年，以法国人为主的欧洲海盗，开始在今天的海地岛（时称埃斯帕尼奥拉岛）的西部殖民。1636 年冬，法国殖民者安哥（Jean Ango）在截击满载金银的由巴拿马回西班牙的航船之后，又占领了海地岛的一些港口，其中包括今天的太子港。此后，法国海盗便常以圣多明各西北岸附近的托尔图加岛（Tortuga）为根据地，不断袭击海地岛上的西班牙人。同时，一部分法国人还在海地岛的西部定居下来，建立堡垒，不断扩大占领区。1665 年，多热龙（D'ogeron）被法国印度公司任命为托尔图加岛的总督后，对海地的殖民活动更加积极。他曾有组织地把一些法国人，连同其家庭成员在内，运到海地去，鼓励他们种植玉米、烟草和可可，大力发展种植园经济和贸易。1678 年，法国国王路易十四要求西班

---

① ［美］斯塔夫里阿诺斯：《全球通史：从史前史到 21 世纪》，北京大学出版社 2006 年版，第 423 页。

牙对法国在海地的占领予以承认,但被拒绝。1691 年,迪卡斯(Du Casse)被任命为圣多明各总督,他对海地实行一种坚定而有效的行政管理,用和平贸易代替海盗行为,用种植业代替以往猎牛的生涯,他还迫使托尔图加岛上的海盗撤出该岛,定居海地。从此,法国人对海地的统治便日益巩固,但一直到 1697 年《立兹维克条约》签订后,西班牙政府才正式承认这个岛西部归法国占有,但东部仍归西班牙。法国人称这个岛为圣多明各,西班牙人仍称之为埃斯帕尼奥拉。

法国还侵入葡属巴西。1555 年底,法国舰队司令尼古拉斯·杜兰德·德·维尔加农(Necolas Durand de Villegaignon)在瓜纳巴拉湾建立了"南极的法兰西",竖立了一座"科利尼"小炮台。不久,有三艘船载法国和瑞士的移民来到这里,建立了第一个欧洲人居留点。"南极的法兰西"对葡萄牙巴西是个严重的威胁。从这一基地,法国人可支持葡萄牙人的对手印第安人,往下扩大控制直至拉普拉塔河,并可能袭击葡萄牙通往印度的航道。1560 年初,巴西新总督梅姆·德·萨的军队夺取了"科利尼"炮台,并把法国移民驱入内地。法国人被逐出里约热内卢后,将注意力转向北部。1612 年,一支以拉瓦迪埃尔为首的远征队开始在马拉尼昂殖民,并建立了一座堡垒圣路易斯,但被葡萄牙人赶走。法国被赶出马拉尼昂后,于 1624 年开始对圭亚那实行殖民化。①

在加勒比海地区,荷兰人也沿着"西属陆地"从事贸易和偷袭。1627 年,荷兰人皮埃特·海恩在古巴海面夺得韦拉克鲁斯驶来的运银船队,估计价值约 1500 万美元。1629 年,荷兰舰队司令帕特蹂躏了古巴、波多黎各和圣多明各海岸。江·江斯则袭击了奥里诺科河和特立尼达。1630 年,德克·德鲁特和皮埃特·伊塔沿着佛罗里达海峡和靠近巴西西端地方伏击了西班牙的航运。同时,帕特袭击了卡塔赫纳,而其他荷兰人则在中美洲海岸搜劫。另外,荷兰在巴西的殖民者也以累西腓为根据地,袭击智利和秘鲁海岸。荷兰在加勒比海第一个殖民地的出现,要归因于盐这种产品。因为盐的提取和纽芬兰渔场将使他们控制欧洲对于腌鳕鱼和鲱鱼的贸易。查明阿

① Demetrio Boersner, *Relaciones Internacionales de América Latina*, *Breve Historia*, Editorial Nueva Imagen, 1982, p. 44.

鲁巴岛和库拉索岛的盐田供应来源地之后，荷兰于 1634 年占领了这些岛屿和博内尔岛。此外，荷兰还夺取了圣马丁岛、萨巴岛、圣尤斯特歇斯岛。通过 1648 年的明斯特条约，西班牙被迫承认了荷兰对这些领土的占领。

1580 年，西班牙国王费利普二世成为葡萄牙国王费利普一世，两个王朝合二为一。1585 年、1590 年、1599 年，费利普二世先后多次下令夺取葡萄牙港口的荷兰船只，监禁其船员。为了报复，1599 年，荷兰展开了一系列旨在破坏葡萄牙大西洋贸易网络的远征。1604 年，荷兰派出另一支舰队前往扰乱伊比利亚大西洋贸易。17 世纪初，荷兰人还在亚马孙建立了一些贸易据点，为此，费利普二世下令将所有荷兰人驱逐出巴西，但是这项法令没有得到有效的执行。据估计，1600—1624 年，荷兰与巴西之间的直接或间接的贸易值年均 300 万到 600 万荷兰盾之间，17 世纪头十年的年均贸易值约在最低的 300 万荷兰盾左右。[①] 1621 年，西班牙与荷兰的战争重新开始。同年，阿姆斯特丹的商人创建了西印度公司。公司拥有对美洲大陆、西印度群岛和西非洲的贸易专利权。此外，公司还被授权可以采取军事行动占领西班牙与葡萄牙的任何殖民地。1624 年 5 月，荷兰舰队向巴西发起第一次大规模进攻。结果暂时占领了这个殖民地的主要城市——萨尔瓦多，“胜利者劫掠所得的金币和银币车载斗量，不计其数”[②]。1625 年 5 月 1 日，由西、葡海军经过激烈战斗夺回萨尔瓦多。于是，荷兰将进攻的重点从巴西的政治中心转向经济中心——伯南布哥。1630 年，荷兰西印度公司夺取了累西腓，并以此为据点，占领了自圣弗朗西斯科河往北延伸到马拉尼昂的东北部地区。直到 1654 年，荷兰才最终被赶出巴西。1661 年，荷兰同葡萄牙签订条约，同意撤销荷兰对巴西的一切领土要求。

英国商人于 1527 年出现于加勒比海，但最初不是作为海盗而来，而是试图通过走私贸易打破西班牙的贸易垄断。1562 年，英国人约翰·霍金斯从非洲的塞拉利昂买到奴隶，非法运到伊斯帕尼奥拉岛，换取兽皮和糖，回

① Ernst Van de Boogaart et al., *La Expansión Holandesa en el Atlántico, 1580–1800*, Madrid, 1992, p. 127.

② ［法］费尔南·布罗代尔:《15 至 18 世纪的物质文明、经济和资本主义》第三卷，施康强、顾良译，生活、读书、新知三联书店 2002 年版，第 255—256 页。

来时成为普利茅斯最富裕的人。1564 年,他又将另一船奴隶贩运到委内瑞拉和巴拿马地峡,然后满载一船白银回国,成为整个英国最富裕的人。因为他的航行利润高得惊人,伊丽莎白女王对他的航行也进行了秘密投资。1567 年,霍金斯进行第三次航行,但是,这一次成为一场灾难,他的船队在西印度群岛遭到西班牙护航队的袭击,船队五艘船中有三艘被击沉,剩下两艘逃回英国。这次航行成为英、西关系的一个转折点,既然和平的经营方式不能进行,就必然以其他手段进行。1570 年后,英国商人放弃了以和平走私打破西班牙贸易垄断的尝试,他们公然进攻西班牙商船,袭击沿海市镇。1572—1573 年间,德雷克袭击了诺姆布雷德迪奥斯和卡塔赫纳,沿着南美洲北海岸拦截了西班牙航运。虽然错过了捕获从巴拿马承载运金银到诺姆布雷德迪奥斯去的一列秘鲁骡队,但在完成了沿着尼加拉瓜海岸同法国海盗合作的冒险活动后,回到英国,所携赃物的价值高达 4 万英镑以上。五年后的 1577 年,德雷克开始其著名的环球航行。他袭击非洲海岸一带的西班牙和葡萄牙航运之后,经麦哲伦海峡驶入太平洋。他在瓦尔帕莱索夺获了一只运送黄金的船,洗劫了城市后逃走。在卡亚俄附近,他捕获了一条装有 150 万金硬币[①]的秘鲁船。往北在墨西哥海岸一带,他又伏击了装有更多财宝的船只。随即渡过太平洋到达东印度,装上一船香料,取道好望角回到英国。由于他的成就和此次航行获得巨利,伊丽莎白女王授以爵士头衔。1585 年,德雷克回到加勒比海地区。他攻占和洗劫圣多明各,所携赃物价值在 2.5 万英镑以上。他在卡塔赫纳再次掠夺,肆行洗劫和焚烧,直到市民付给他 11 万金硬币的赎金为止。

17 世纪,英国开始在美洲和安的列斯群岛占领领土。在加勒比地区,他们在 1625 年建立起两个殖民点,一个是同法国人共有的圣克里斯托弗岛,另一个是巴巴多斯。到 1639 年,他们已占领了圣尼维斯、安提瓜和蒙特塞拉特。1646 年,一批清教徒在船主威廉·塞尔的率领下在巴哈马群岛实行殖民。1655 年,克伦威尔派威廉·佩恩率一支庞大的远征队,船上有 2500 人,出发前往夺取圣多明各,如有可能再夺取哈瓦那,但两次被打败于圣多明各的城墙外。威廉·佩恩担心克伦威尔震怒,因此驶往牙买加,并乘西班牙人疏于

① 金硬币(ducat),当时流通于欧洲若干国家;每一金硬币约合英镑 9 先令 4 便士。

防备夺取了这座岛屿,1655 年归并于英国。1638 年,英国殖民者开始侵入伯里兹。1783 年和 1786 年,西班牙和英国先后签订两个条约,允许英国人在洪都拉斯海岸的伯里兹经营伐木业。英国随即派驻了行政官,实行实际的管辖权。1862 年英国正式宣布为其殖民地(英属洪都拉斯)。1793 年,派兵占领了多巴哥。1794 年,又夺取了圣卢西亚,多巴哥和圣卢西亚两个岛上的法国军队,都被驱逐出去。1797 年从西班牙手里夺取了特立尼达。

第五节　畸形的工农业生产和殖民地经济结构的基本特征

一、畸形的工农业生产

殖民地建立后,为了吸吮殖民地人民的血汗,西班牙、葡萄牙王室制定了各种税收制度。税收制度是较之贸易垄断制更为直接的掠夺殖民地居民的方式。实际上是一种贡赋形式的勒索。

各种税收巧立名目,种类繁多。1. 关税:西班牙运往美洲殖民地的本国货物,征收进口税 9.5%;西班牙加工的外国产品收进口税 12.5%;外国生产的产品收进口税 29%。2. 皇家伍一税:殖民地的矿藏是国王的产业,凡私人承租开采者,需将开采贵金属的 1/5 上交国王,作为矿产提成。此外还征收矿区使用费、附加税等等。3. 产品销售税:殖民地的一切贸易和买卖,不论是否售出,均征收 2%的售品税,17 世纪增为 4%。4. 印第安人贡税:印第安人成年男子(18—50 岁),每年征 5—8 比索的现金或实物,称为贡税或人头税。到 18 世纪末,这项收入增至 100 比索,成为国库的重要收入来源。5. 教会什一税:凡土地上出产的一切农畜产品,抽 10%的税上缴教会。6. 国家专卖:重要日用品如酒类、盐、水银、纸牌、火药、胡椒、烟草等物,属于国王的专卖权,由商人承包经售,王室从专卖中抽取巨大的利润。在 18 世纪 70 年代,新西班牙仅从烟草专卖中即收入近 150 万比索。以上仅以新西班牙美洲为例。据统计,到殖民地末期,新西班牙吸收进入王室钱库的方法多达 60 种以上。[①]

在垄断贸易和苛捐杂税的重压下,殖民地工农业生产的发展受到很大的障碍。凡是可能与宗主国发生竞争的商品,都受到限制或禁止生产。蚕丝业在墨西哥曾有过一段短暂的繁荣期,但是西班牙禁止墨西哥制作丝绸,甚至把已有的桑树砍掉。后来中国蚕丝经马尼拉大商帆从菲律宾大批运抵阿卡普尔科,墨西哥丝绸业更快地走向衰微。为了保护宗主国酒商的利益,竭力破坏秘鲁和智利的葡萄园和酿酒业。葡萄牙禁止巴西酿酒、制精糖甚至禁止制造金银、铁制品和丝织品,只许小规模地生产奴隶穿的衣服。尽管有种种规章的限制,殖民地仍逐步发展了供应地方市场的某些工业。在西班牙美洲建立了如纺织、制革、制酒、磨面粉、丝绸、铁制品、银制品、马具、火药、肥皂、制砖、烟草业等等。这些工业基本上是手工业性质的小型作坊,到殖民地晚期还有一些手工工场。墨西哥的克雷塔罗,在 1804 年有纺织工场和作坊 345 家,织布机 1280 台,工人 9000 人,年消耗羊毛 100 万磅,产值达 100 万比索。此外,有 35 家帽子作坊和 10 家皮革作坊。[②] 在墨西哥、秘鲁和智利还有家具木器业,拉普拉塔有腌肉业,哈瓦那和巴拿马等地有造船业。在这些企业里干活的雇工,大都是衣不蔽体的债务奴隶。每个工场实际上是一座监狱。雇主可以任意毒打雇工。从清晨到日落,雇工同受雇的罪犯一起被锁在工场里干活。

殖民当局很少重视农业,耕作技术落后。欧洲人引进的植物和动物,以及西班牙和葡萄牙人从事的各种各样的事业,给美洲的生态环境带来了深刻的变化。但是,印第安人继续他们传统的谋生方式。本地作物,如中部美洲的玉米和豆类、安第斯山区的马铃薯,依然是日常饮食中的主食。只要传统的方法还能满足其需要,印第安人就不大愿意采用犁和其他工具。实际上,印第安人村落也难以得到欧洲的牲口和工具。同时,西班牙人农业主要是商品性的,产品面向当地或远方的市场,而印第安人保持着传统的生计农业。由于需要以货币交纳贡赋和其他负担,印第安农民也被迫生产面向市场的产品,间或向大庄园提供劳力来弥补其自身农产品的不足。

---

① E. Gruening, *Mexico and its Heritage*, New York-London, 1930, p. 18.

② D. A. Brading, *Miners and Merchants in Bourbon Mexico, 1763 - 1810*, Cambridge University Press 1971, p. 312.

谷物的生产限于保证本地区的供应。只有可供输往欧洲赚钱的少数几种农产品,如甘蔗、棉花、可可、烟草、胭脂红、咖啡、蓝靛、畜牧业等,受到殖民当局重视。这些农牧产品在大西洋贸易中的地位逐步增高。于是殖民者就大力种植单一的经济作物。这种畸形的发展在巴西殖民地表现得最突出。16—17 世纪,甘蔗和烟草的种植占压倒一切的优势。后来棉花的生产逐渐取得了重要地位。到 19 世纪中,咖啡取代甘蔗而成为巴西的作物之王。

西班牙人引进了各种各样的牲畜和家禽——鸡、骡、驴、马、牛、猪、山羊——极大地改变了美洲的经济生活。骡、马的引进带来了交通运输的革命性变革,背负重物的印第安人脚夫长龙逐渐消失了。骡、马作动力的机械成为矿业的重要支柱。牛和小家畜的引进丰富了新大陆的食物来源。在矿业部门,肉类是必不可少的,因为只有肉食才能支撑矿工的高强度的劳动。1606 年,一位西班牙法官写道:"如果矿业运转良好,应归功于大量而便宜的家畜。"印第安人很快将肉类引进了他们的饮食。除了肉类外,牛的引进还可提供牛皮,出口到西班牙和欧洲的皮革厂,或者提供面向当地市场特别是矿区的皮革和油脂(用于照明)。养羊的牧场主为殖民地许多地方的纺织作坊提供羊毛。

在人口密集的地区,如墨西哥中部,西班牙牛、羊的大量增加带来了灾难性的后果。成群的牲畜在土地上游荡,不仅进入因印第安人口减少而导致的空闲土地,而且进入印第安人轮作土地所需要的休耕地。牲畜践踏印第安人的庄稼,造成了无法估量的损失。然而,到 16 世纪,墨西哥养牛业已基本稳定。天然牧场的耗竭、大量的捕杀(以获取皮革和油脂)以及官方作出的保护印第安作物的立法使牛群数量有显著减少。17 世纪,由于中部谷地印第安土地大量转到西班牙人之手,建立大庄园。逐渐地,牧牛场和羊群转向人口稀少、不适宜耕作的固定的牧地。

在拉普拉塔河空旷的潘帕斯草原,马、骡、牛业有大量的增长。在这一无垠的牧场上,牲畜数量的增长很快超出了需求,成群的野牛成为拉普拉塔以及南美其他地区的一道常见景观。西班牙法律禁止与海外直接贸易,这个遥远省份的居民由于缺少贵金属和印第安劳动力,只好与荷兰人或者其他外国人进行走私贸易,后者将牛皮和油脂运往欧洲。而且,他们还向上秘鲁(今玻利维亚)的矿区运送骡、马、牛皮和油脂。

18 世纪下半叶，由于宗主国放松了对殖民地的贸易限制，西班牙美洲和巴西的农业和畜牧业生产都有较大的提高。据洪堡在《新西班牙王国的政治述评》一书中所提供的材料，19 世纪墨西哥的农产品估计约值 3000 万比索，矿产品约值 2500 万比索，工业品值七八百万比索。这个数字与现代学者的统计有较大出入，但对农产品的年产值已超过贵金属的年产值的估计却是一致的。①

二、殖民地经济结构的基本特征

西班牙殖民者用了 70 到 80 年的时间完成了对新世界的占领，花了大约 200 年的时间建立了与西班牙相连接并通过西班牙与西北欧国家相连接的殖民地经济的基本要素。到 1700 年左右，这些要素包括：1. 墨西哥和秘鲁的一系列矿业中心；2. 负责供应食品和原材料的、附属于矿业中心的农牧业区域；3. 一种旨在将黄金和白银输入西班牙、用来交换西北欧的制成品，并通过西班牙的一个港口分配给美洲殖民地的垄断贸易体制。② 三个要素互相影响，联成一体，殖民地经济结构就是在这三个基本要素或者说三大支柱基础上建立起来的。那么，西班牙美洲殖民地经济结构的基本特征是什么呢？

殖民地自身历史表明，形成殖民地经济结构的特征，取决于两个方面因素：首先，是宗主国因素。西班牙和葡萄牙是欧洲两个落后的农业国，在殖民征服时期，西欧的封建制度已日趋衰败，而西、葡两国却处于封建王权获得胜利的极盛时期，封建政治经济关系居于统治地位。两国海外殖民扩张是由封建主的利益决定的。创立大地产制的正是构成殖民地贵族阶层的早期殖民征服者及其后代。在新西班牙还推行长子继承权，并对有特殊功勋的人授予爵位，当一个殖民者依靠贸易、开矿、印第安村社的贡赋或自己的庄园上的生产发财致富以后，都可以取得贵族爵位。地产随着爵位一起被

① D.A 布拉丁提供的统计数字：1810 年，农业 1062.85 万比索（56%），工业 553.86 万比索（29%），矿业 284.51 万比索（15%），参见 D.A.Brading, *Miners and Merchants in Bourbon Mexico, 1763-1810*, p. 38。

② Stanley J.and Barbara H.Stein, *The Colonial Heritage of Latin America*, Oxford University Press, 1970, p. 28.

继承。通过这种制度,“一个家庭的城乡财产成为不可分割,并通过长子继承代代相传”[①]。这无疑进一步加强了封建特权。印第安人所依附的主人就是这些贵族地主;尽管一些地区的矿山或农庄出现了“自由雇工”或“工资劳动者”,实际上并不存在劳动力市场,与在资本主义生产方式下劳动对资本的依附,二者不能等同相看。之所以把西属美洲殖民地称为“榨取型”殖民地,就在于它是以超经济的强迫劳动为主要特征。其次,殖民地因素,即殖民地的主要经济功能是什么。西班牙海外扩张,并非仅仅是在那里建立一个贸易据点,更非是要在海外再造一个封建王国。在重商主义思想支配下的殖民政策,是要把殖民地作为宗主国无限制掠夺金银和廉价原料的对象,以在世界市场上获取尽可能多的利益。结果,商业资本主义渗入殖民地各个经济领域,形成了一种商业资本的剥削链,在这一剥削链中,庄园主通过超经济的强迫劳动而获得生存和发展,而没有造成资本主义的生产方式。商业资本主义与前资本主义长期共存,并在一定程度上强化了前资本主义关系。正如约瑟夫·洛夫在总结上世纪70年代“拉丁美洲生产方式”辩论成果时所指出的,殖民地时期的“前资本主义生产关系是从它们同资本主义的关系中而不是从任何固有的‘封建主义’那里增加了它们的重要性”[②]。“内部通常是自给自足和非货币经济关系而外部面向欧洲市场,这正是殖民地经济二元性的反映”[③]。

商业资本主义也不可避免地刺激了殖民地商品货币关系的发展,资本主义因素萌芽已经出现,有的地区还得到了初步的发展。但其进一步发展受到了多种因素的抑制。本土资本主义是伴随着工业化的启动而发展起来的,这一切则是在独立半个世纪之后的事。[④] 殖民地经济结构的这种封建性及其对外部市场的依赖性,最终作为殖民地遗产,犹如一种顽症,独立后仍被长期延续着,为拉美国家发展埋下了难以除去的祸根。

---

① [英]莱斯利·贝瑟尔,前引书,第二卷,第188页;[美]麦克布莱德:《墨西哥土地制度史》,杨志信等译,商务印书馆1962年版,第57页。

② 约瑟夫·尔·洛夫:《1930年以来拉丁美洲的经济思想和意识形态》,[英]莱斯利·贝瑟尔,前引书,第六卷(上),当代世界出版社2000年版,第463页。

③ Benjamin Keen, *A History of Latin America*, p. 98.

④ 林被甸:《独立战争前夕西属美洲资本主义因素考察》,《北京大学学报》1982年第5期;《拉丁美洲早期工业化》,《现代化研究》第二辑,商务印书馆2003年版。

第四章
殖民地的政治、社会和文化

第一节 殖民地的行政机构

一、西班牙殖民地的行政架构

西班牙美洲殖民地的政治管理模式形成于1492年至1550年间。对于西班牙创建的庞大殖民帝国来说,这半个世纪是至关重要的时期。殖民地由军事征服走向制度化统治,建立永久性移民殖民地的模式趋于定型,这样,就必然要求为整个帝国建立起一个运行有效的政治架构。于是,一套新行政管理体系应运而生。殖民地行政管理体系是在试验中逐渐完备的,到16世纪中期大体成型。

到美洲"发现"之时,正是前两届哈布斯堡王朝时期,国王的中央集权化进程已臻顶峰。西班牙实行的并非是欧洲许多国家那种等级君主制,而是类似东方的绝对君主制。在卡斯蒂利亚,出现了由国王直接任命成员并直接向国王负责的一系列皇家委员会组成的官僚机构。美洲大陆的行政机构作为整个西班牙帝国行政机构的一个组成部分,它必然反映西班牙中央集权和绝对君主制的体制特征。因此,对殖民地来讲,国王是毋庸置疑的最高统治者。王室既是法律的制定者、法律的执行者,又是法律的裁决者。不仅管理帝国的方针大计由王室制定,重要的殖民地官员由王室任命,而且一系列贯彻实施的细则,包括殖民地市场的价格和印第安人该穿哪类衣服等具体法令,也皆由王室颁布。一切权力来自于王室又归属于王室。任何人不得怀疑国王的权威,不得拒绝对王室的忠诚。王室就是国家。

可是,美洲大陆地域辽阔、环境复杂,与宗主国又远隔重洋,政令下达、人员往返一次就需几个月,这在客观上给予了殖民地相当大的自主性。殖民地官员有很大余地来调整本应严格执行的国王的命令,以适合当地的情况。“我服从但不执行”,成了殖民地官员对王室的法令可以任意变通的惯例。因此,能否建立稳固的殖民统治秩序的一个关键,在于如何处理好王室与地方势力之间的关系:如果没有对地方势力的妥协和让步,殖民秩序不仅不可能建立起来,而且也不可能长久维持下去;同时,如果不对殖民者和殖民地官员的行为进行有效的控制,也无法保证王室和宗主国的利益。在 18 世纪以前,可以说,西班牙王室成功地协调了二者之间的矛盾。

在征服初期,王室授予哥伦布、科尔特斯、皮萨罗等远征队首领广泛的政治权力,使这些人实际上成为所征服区域的最高统治者。但是,随着征服的进展,王室逐步采取措施限制征服者的权力。哥伦布第二次航行的装备船队工作,被委托给塞维利亚副主教兼卡斯蒂利亚委员会成员胡安·罗德里格斯·德·丰塞卡,在此后的 23 年(直至 1516 年费尔南多二世去世),丰塞卡实际上成为卡斯蒂利亚在美洲冒险事业中的最高指挥者与协调者,保证在发现、拓殖和征服的每个阶段正确地维护王室的利益与权威。

随着西班牙与美洲间贸易的增长,原由丰塞卡及其助手所从事的工作逐步演变为一种管理机构。1503 年在塞维利亚成立了贸易署,这是第一个专门管理殖民地事务的行政机构。贸易署的官员主要负责船队的装备、美洲移民的招募、过往旅客许可证的颁发、白银和各种商品的登记以及征收关税和审理有关美洲殖民地的案件,对殖民地的政策要由上级制定。1524 年,成立了西印度事务委员会,为管理美洲殖民地事务的最高权力机构,贸易署成为其下属部门。西印度事务委员会直接隶属于国王,高级官员均为国王亲信,权力极大,立法、司法、财政、商业、军事和宗教事务皆属于其管辖范围。该委员会签署法律,向国王推荐殖民地高级官员,批准殖民地的主要开支，听取美洲检审庭和贸易署的上诉。它还负责安排离任官员的司法审查以及不定期的一般巡查。教会事宜也归该委员会管辖。①

贸易署和西印度事务委员会都设在西班牙本土，对美洲殖民地鞭长莫及。16世纪中叶，殖民地的各级管理机构也先后设立起来。西班牙最初派往殖民地的官员叫阿德兰他多(adelantado)，又译先遣官。阿德兰他多在其统治区大权独揽，死后还可将其权力和财产传给子孙后代。国王为防止形成封建割据，维护中央集权专制政治，决定在美洲殖民地划分行政区，派遣以总督为首的各级官吏进行治理。总督制的实施，标志着殖民地中央集权统治制度的确立，美洲殖民地开始了制度化统治时期。由此，从西班牙到美洲殖民地，相关政治组织形成了较为确定的形式。

新大陆最重要的行政单位是总督辖区，最高的行政长官是总督。起初设立两大总督辖区：新西班牙总督辖区和秘鲁总督辖区。1535年，安东尼奥·德·门多萨被任命为新西班牙首任总督。1542年的新法要求总督体制制度化，次年，贝拉斯科·努涅斯·贝拉被任命为第二个总督辖区——秘鲁总督辖区——的总督。新西班牙总督辖区的首府在墨西哥城，管辖范围包括墨西哥、中美洲、西印度群岛和委内瑞拉沿海地区，16世纪70年代后，被征服的菲律宾群岛也被划入新西班牙总督辖区。秘鲁总督辖区首府在利马，管辖范围包括除委内瑞拉沿海地区外的全部西属南美洲。

总督作为国王在殖民地的代表，负责全面的行政管理，征集税收，主持开支，将剩余税款上缴西班牙王室；修建和维护公共工程；维护公共秩序；防御内部叛乱和外来入侵；支持教会；保护印第安人。由于殖民地与西班牙相距遥远，加上下级官员通常无能、贪赃，总督的权力得到进一步加强。理论上，总督的行动要受西印度事务委员会的法律和指示的限制，但是，由于认可在实施这些法律、指示时可考虑殖民地的现实情况，使总督拥有了相当大的可以随意变通的权力。在16世纪，出现过一些能干的、颇具影响力的总督。如秘鲁总督弗朗西斯科·德·托莱多(1569—1581年)、新西班牙总督安东尼奥·德·门多萨(1535—1550年)及其继任者路易斯·德·贝拉斯

① Mark A. Burkholder & Lyman L. Johnson, *Colonial Latin America*, Oxford University Press, 2004, pp. 86-87.

科(1550—1564 年)。但到 17 世纪,由于日益加剧的财政危机、腐败,总督的素质大大下降。1695 年,墨西哥和秘鲁的总督职位实际上被拍卖给了出价最高的人。①

总督辖区以下的行政单位是省级行政区(gobernación)和都督辖区。征服时期曾设置众多都督(亦译“省督”)辖地,由阿德兰他多统管;在实行中央集权统治后,原都督辖地一般就改为总督辖区的一个行省。在 16—17 世纪,共设立过 35 个行省;在边境要地则仍保留或设置都督辖区,以加强军事防卫。共设立过 5 个都督辖区:危地马拉(1527 年)、古巴(1764 年)、委内瑞拉(1777 年)、智利(1778 年)、波多黎各(1778 年)。若加菲律宾,总数为 6 个。都督在辖区内的职权如同总督,只是统治地区要小得多。从理论上讲,省督和都督是总督的下级,但实际上,他们与马德里有着直接的联系,对总督仅在礼节上效忠。

殖民地的另一个重要机构,是协助总督或都督履行职责的检审庭(audiencia)。检审庭是兼有行政和立法职能的司法机构,为所在区域内的最高上诉法院。总督和检审庭联合做出的决定具有法律效力,因而检审庭具有立法机构的特征。在殖民地期间,西班牙在美洲大陆共设立了 13 个检审庭。1511 年,在圣多明各设立了美洲第一个检审庭,其后相继设立的有:墨西哥(1527 年)、巴拿马(1538 年)、利马(1542 年)、危地马拉(1543 年)、瓜达拉哈拉(又称新加利西亚,1548 年)、新格拉纳达(即圣菲-德·波哥大,1549 年)、查尔卡斯(又称拉普拉塔,1558 年)、基多(1563 年)、智利(1563—1573 年,1606 年重建)、布宜诺斯艾利斯(1661 年)、加拉加斯(1786 年)和库斯科(1787 年)。在美洲大陆独立后,在波多黎各的圣胡安(1831 年)和古巴的哈瓦那(1838 年)各设一个。检审庭通常要管辖数省的司法事务,其辖区称为检审庭庭长辖区,大小不等,在辖区内代行总督职权。检审庭一般由一名庭长和若干名法官组成,可多达 12 人。由于法官任期无固定年限,他因此为行政与司法提供了连续性。墨西哥和利马的检审庭,在总督离任和下任总督到达之前担负起过渡政府的职责,其他地区的检审庭

① Benjamin Keen, *A History of Latin America*, Fifth Edition, Houghton Mifflin Company, Boston, Toronto, 1996, p. 102.

庭长，可以在其辖区范围内行使总督或都督的职权。

王室为加强管理，防止营私，明令禁止总督及王家官员从事商业活动以及在所管辖区域内拥有土地，不得收受礼品和酬金，甚至其社会生活在很多方面也受到限制。王室实行了司法弹劾制度（residencia）。自总督以下的各级官员，每人在任期届满时都须经司法审查。由西班牙派三名法官进行，就他的施政提出讯问。听证公众在内可以对他的不正当行为或腐败进行指控，但容许他辩驳。如果判定有罪——虽然这是罕见的——总督将被处以罚款或没收财产，重则监禁。另外，还实行了巡查制度。未经事先告知派遣总巡查官前往殖民地调查各级官员的行为。

行省之下又划分若干市镇辖区，这是最低一级的地方行政单位。较重要市镇的行政长官或市长，皆由王室直接任命，部分较小的由总督任命。他们坐镇中心城镇，统辖周围区域。因此，所谓市镇辖区也是一个以城市为中心的大区域。地方长官在各自的辖区内拥有最高司法和行政权力，并在市政委员会（cabildos）中代表王室的利益。

每个市镇有自己的委员会，或称市政会（cabildo 或 ayuntamiento），这是殖民地时期唯一能在一定程度上反映当地自治愿望的政治机构。但是，并不是说市政会带有某种程度的民主特征。早期，王室控制着任命市政议员（regidores）和市镇长（alcaldes）的权力。在费利普二世及其继承人时期，变为国王向最高竞标者拍卖这些职位，中标者可以转卖或馈赠，前提是每次转手时要向国王缴纳部分税收。但是，在一些市镇，市政议员由选举产生，通常每年更换一次。在整个殖民地时期，市政会由土地寡头、矿主和商人所垄断。这些人担任市政议员并没有报酬，但是，他们利用该职位为自己分配市政土地，或为自己调用印第安劳动力，通常仅为小集团的利益服务。其官方任务包括监督地方市场，分配城镇土地，征集地方税收。他们还选举市镇长。地方长官经常干预市政会议的事务，市政会很快失去了早期所拥有的一些自治权。然而，尽管不民主、效率低下、声誉和自治权下降，但市政会议还是为土生白人提供了任职和行使一定政治权力的机会，在 19 世纪初独立战争中发挥了重要的作用。

市镇辖区分为两类，一类为西班牙人市镇，另一类为印第安人市镇。印第安市镇中仿照西班牙人模式，在新西班牙，较大的市镇设置法官 2 人或 4

人,市镇委员 8、10、12 人不等,较小的市镇可能只有 1 名法官和 2 名或 4 名市镇委员,皆由印第安人社会上层人士担任。[①] 市镇会负责土地分配、收取人头税和征调劳动力等任务。涉及印第安人的刑事案件由印第安人法官审理。按规定,印第安人市政会成员经选举产生,有规定任期。但按照印第安人历史上传统惯例,只有当现任统治者死亡时才改换新统治者。因此,在许多地方,一些印第安贵族年复一年地当选。在秘鲁,从基多到波多西的整个印加地区,市政会几乎全部掌握在土著贵族的手中。单独设置印第安市镇,名义上,印第安人社区将不受外界干扰,因为梅斯蒂索人、黑人以及非神职、非地方长官的西班牙人,均被禁止在印第安人社区内居留,而且法律规定保护土著社区土地不被侵犯。但强迫迁移和"集中"政策意味着印第安人的传统社区被整体摧毁,而征调劳役和繁重的贡赋常常迫使土著背井离乡。而且,行政长官常与印第安酋长相勾结推行"商品摊派制"(repartimiento de mercancías),由酋长到各村社强迫高价销售商品,从中谋利。这种双社区制,实际上是推行印第安人社区政治上西班牙化的重要内容。市镇会式的土著政府成为西班牙国家和印第安人之间的中介,对有效控制人数众多的印第安人、维护西班牙殖民统治起了重要的作用。

由总督、地方长官等官僚所代表的王室至高无上的权威,主要体现在首府及周边乡村,在相对较远的地区并非如此。在这些地区,王室权威遥不可及,大地产主享有绝对的权力。17 世纪后半期西班牙的衰弱,以及由此导致宗主国与殖民地之间联系的松弛,助长了这种权力的分散化。

殖民地政治生活的一个重要事实是,西班牙的法律得不到有效的实施。在很大程度上,这反映了殖民地的官僚面临的两难处境,他要推行的法律受到强有力的地方精英的强烈反对,而他与这些地方精英之间又有着密切的社会和经济联系。这种两难处境最突出地表现在王室保护印第安人的法律与殖民地精英获取最大限度的利益之间的矛盾。虽然王室意识到保护印第安人是符合王室的长远利益的,但是结果往往是这类法律被公然蔑视。而对印第安人奴役性和歧视性的法令得到了大力的推行,而且经常被变本加

① 查尔斯·吉布森:《西班牙人统治下的印第安人社会》,莱斯利·贝瑟尔,前引书,第二卷,第 392 页。

厉。王室对此往往视而不见,因为它不但希望避免与殖民地精英之间的冲突,而且这些法律的实施有时与王室的眼前利益相矛盾。

在 17 世纪国家持续衰弱的背景下,西班牙对遥远的美洲殖民地能够成功地保持长期的统治,其根源不在于西班牙的军事力量,因为直到 18 世纪,西班牙在美洲只驻扎了很少的军队。在很大程度上,要归功于王室的政策对地方精英做出了很大的让步,赢得了后者的忠诚。尽管王室限制殖民地精英的权力和野心的意图与努力一直存在,不过,直到 18 世纪,这一努力还没有危及到现存的秩序安排。①

二、葡属巴西的行政机构

在葡萄牙,从勃艮第、阿维斯一直到布拉干萨王朝,中央集权的倾向一直在不断加强,贵族和教会的权力在不断削弱。整个葡萄牙帝国的最高大权被掌握在国王手中。要统治和管理如此庞大的帝国,王室需要一套行政机构。在大约两个世纪的时间里,殖民地事务是通过皇家秘书来管理的,1736 年后,获"海军和海外事务大臣"的头衔。该职务根据对王室的忠诚和才干来任命,享有国王的信任。他与国王直接联系,仅对国王负责。一系列行政机构,分担咨询、管理、司法和财政功能,协助该大臣的工作。其中最重要的机构之一是 1642 年由若昂四世成立的海外委员会(Conselho Ultramarino)。该委员会又分成若干常设委员会,分管军事、行政、司法和宗教事务。然而,其主要功能是向国王提出建议。

其他政府机构继续承担管理国内和殖民地事务的双重角色。例如,1591 年成立的财政委员会(Conselho da Fazanda)负责管理公共财政和国库,1532 年由若昂三世成立的道德与宗教教团委员会(Mesa da Consiência e Ordens)就宗教和印第安人事务向国王提出建议,上诉法院(Casa da Suplicação)作为最高法院来处理殖民地的很多宗教纠纷。这些机构合起来,形成主要的官僚机器,确保王室对分散海外各地的属地进行管理。②

① Benjamin Keen, *A History of Latin America*, pp. 101-102.

② E.Bradford Burns, *A History of Brazil*, Columbia University Press, New York, 1993, pp. 84-85.

在巴西，由王室的代理人负责管理。处于最高层的是总督。当授地制度失败后，国王任命了一名大总督（governor-general）对殖民地进行集权管理，保证税收得到征集，国王的法律得到贯彻，殖民地在军事上能够有效地抵御外敌入侵。作为国王在殖民地的最高代理人，总督的任期在16世纪平均为六年半，17世纪为三年半，18世纪略少于六年。他们大多来自职业军人和贵族家庭的成员。总督依靠日益扩大的官僚机构履行治理殖民地的责任，监督战事战备情况，执行国王的法令及征收税款，其中最重要的部门是高级法院（Relação），第一个高级法院于1609年成立于巴伊亚，第二个高级法院于1751年成立于里约热内卢。高级法院作为巴西最高法院行使职权，同时还承担咨询和管理机构的角色。当总督离开首府时，法院最高法官通常代行管理。显然，最高法院类似于西班牙美洲的检审庭。财务和税收监管则由另一机构税收委员会（Junta da Fazenda）负责。[①] 最初，巴西的首府位于巴伊亚的萨尔瓦多（Salvador da Bahia），1763年迁往里约热内卢。

1534年，葡萄牙国王若昂三世颁令设置的都督辖区（Capitania，又译将军辖区）是最初的行政区划。但王室很快对在新世界进行土地授予感到后悔，1548年，从巴伊亚开始，王室采取措施收回世袭的都督辖区，重新命名为皇家都督辖区。这一过程缓慢而无序。有的辖区是被王室买回的，有的辖区是在被放弃或在无人继承的情况下由王室收回的。但王室也有时改变初衷，向私人授予新的辖区，以鼓励在偏远的、被忽略的地区殖民。1580年，葡萄牙王位空缺。西班牙费利普二世成为葡萄牙国王，两个王朝的合并一直延续到1640年。葡萄牙人得到西班牙的军事援助，1615年底将法国人赶出马拉尼昂，1616年初在亚马孙河口建立了贝伦城。由于风向和海流的原因，圣路易斯和贝伦与里斯本的联系比与萨尔瓦多的联系更加方便。因此，1619年，国王任命圣路易斯的法官时，规定诉状直接提交里斯本，而非萨尔瓦多。两年后的1621年，葡萄牙建立了马拉尼昂国。于是，巴西被划分为两国，一个是东北部的马拉尼昂国，以圣路易斯为首府，包括马拉尼昂、亚马孙、帕拉（Pará），并一度包括塞阿拉（Ceará）和皮阿乌伊（Piauí）的

① ［美］E.布拉德福德·伯恩斯：《简明拉丁美洲史》，王宁坤译，湖南教育出版社1989年版，第70页。

一部分;另一个是东南部以巴伊亚的萨尔瓦多为首府的巴西国。两个殖民地的首脑都取得总督的头衔,马拉尼昂的第一任总督弗朗西斯科·科埃洛·德·卡瓦罗(Francisco Coelho de Carvalho)慷慨地分配份地,并建立了6个世袭的辖区(Captaincies),希望受赏者能鼓励移民。[①] 由于亚马孙河重要性的提高,1737年,首府从圣路易斯迁往贝伦。

到17世纪末,巴西和马拉尼昂各有6个都督辖区。都督在所在辖区内履行类似于总督的职能,只是规模略小。理论上总督有监督都督的权力,但实际上由于距离以及总督的个性和能力等因素,总督对都督行使的权威往往很少。通常情况下,各都督辖区与国王有直接通讯线,很少通过总督传递。从这一点上,巴西的总督权力远比不上西班牙美洲。

地方政府中最重要的机构是市议会(senado da cãmara),2名司法官、3名市议员和1名检察官最初由选举产生,但到17世纪末,重要的市镇官员均由王室任命。市议会的职责是,派定地方法官,处理市政与地方行政,通过必要的法律和条例等。该机构类似于西班牙美洲的市政会(cabildo 或 ayuntamiento),成为土生白人与半岛人进行斗争的场所。[②]

第二节　人口、种族和社会结构

一、阶级和等级结构

由于缺乏固定的人口统计学信息,也由于历史学家对占领前人口数量的估计存在较大分歧,要对殖民地时期人口和种族比例提供一个准确的数据是很困难的。1519年墨西哥中部人口估计是2500万,欧洲人侵入四年后,只有1700万美洲土著人存活了下来。到17世纪初,即1630年前后,墨西哥中部的印第安人几乎不到75万,只是征服前人口的3%。安的列斯群

① E.Bradford Burns,*A History of Brazil*,pp. 49-50.

② [美]E.布拉德福德·伯恩斯:《简明拉丁美洲史》,王宁坤译,湖南教育出版社1989年版,第73页。

岛和环加勒比地区的印第安人不到一个世纪遭到几乎绝灭的厄运。在南美，今秘鲁地区的人口在征服开始的时候约为1000万，到1570年，下降到了130万。秘鲁人口下降持续的时间比墨西哥长，一直延续到18世纪头几十年。美洲人口下降的程度在近代以来的世界人口史上是绝无仅有的。19世纪，欧洲人在非洲和亚洲开拓殖民地时，土著人口的减少从未达到像美洲那种灾难性的程度。

尽管如此，数字显示，到17世纪中期或更早些时候，印第安人口的长期减少的趋势已经结束，开始了缓慢的增长。同时，有大量黑色人种被输入进来，成为美洲人口的重要成分。统计数据表明，人口中的欧洲人比印第安人增长得快，而增长得更加迅速的群体是混血人种。白人和印第安人的混血，叫梅斯蒂索人（mestizo）；白人和黑人的混血，叫穆拉托人（mulato）；印第安人和黑人的混血，叫桑博人（zambo）。这些混血种人大部分都是非婚生子女。

据18世纪末叶的统计，西、葡美洲总人口为1409.1万人，其中，各种族的人数及其占总人口的比例为：白人322.3万，占22.9%；印第安人786万，占55.8%；梅斯蒂索人103.4万，占7.3%；穆拉托人107.2万，占7.6%；黑人90.2万，占6.4%。[①] 社会呈两极结构，白人高高在上，而印第安人和黑人处于社会的底层。

白人包括西班牙人和克里奥尔人。西班牙人又称"半岛人"[②]，多半是西班牙国王派遣到殖民地的贵族和大商人，构成殖民地统治阶级的最上层。在殖民地出生的西班牙人被称为克里奥尔人，意为土生白人。在法律上，克里奥尔人和西班牙人是平等的，实际上，克里奥尔人遭受一系列的歧视。在殖民地时期的大部分时候他们不能进入教会和政府的高层以及从事大批量的贸易。克里奥尔人怨恨半岛人，尤其是那些后来者，因为他们常常轻易获得市长或者其他政府职务。墨西哥诗人弗朗西斯·德·特拉萨的一首诗，

① 印第安人口数不含未征服的人数。

② 半岛人（Peninsulares），是殖民地人们对西班牙人的轻蔑称谓，由于西班牙位于伊比利亚半岛而得名。墨西哥亦把他们叫作"装靴刺者"（加丘平 Gachupines），南美更习惯叫"新来娇客"（Chapetones）。

充分表达了克里奥尔人的不满:[1]

西班牙,你对那些新来乍到的人,
和蔼可亲,宛若慈母,
而待我们却像刻薄的后娘。
你慷慨赐予他们珍宝,
留给我们的却是困苦和惆怅。

结果,殖民地上层的裂痕不断加深。克里奥尔人在矿山、种植园和大庄园积累的财富越来越多,他们对所受歧视的不满也越来越大。殖民地上层的分裂,为克里奥尔人发动独立战争埋下了种子。

印第安—白人混血种人,即梅斯蒂索人,源于征服之初就开始的种族融合的过程。在征服初期,到达新世界的白人女性稀少,异族通婚很普遍。大量的梅斯蒂索人是因为西班牙人和印第安妇女之间不正当关系产生的。非法的恶名,没有兑现的财富注定使他们中的大部分人落入社会的谷底。一些人成为雇佣劳动者,过着类似于印第安人的生活方式;其他则加入了不断壮大的流浪汉队伍;也有的加入了殖民地民兵队伍。一些梅斯蒂索人成为较小的农牧场主,或成为工匠、工头、管家和店主等地位较低的中等阶级。

印第安人占殖民地人口的大多数,是农业生产劳动的主要承担者。他们长期继续保持孤立状态,生活在与外部世界相对隔绝的村社里。但是,他们要对新的统治者承担贡税和劳役,向新的神灵做祈祷。法律规定,印第安人的市镇被限制在600平方杆[2]的狭窄空间中,他们没有个人的财产,被迫在公共土地上耕作。绝大部分的印第安人生活在他们自己的市镇。这些市镇有的是西班牙来到之前就存在的,有的是在强迫迁居过程中新建的。16世纪末和17世纪,西班牙将殖民地社会分成两种不同的管辖区,即与西班牙人市镇辖区并立,设置了印第安人市镇辖区,印第安人被强制性地集中在"归化区"(reducciones)内。秘鲁总督托莱多将今玻利维亚境内的900多个村落和12.9万人合并到44个村庄,又将瓦洛奇利大约100个村庄集中到17个。新西班牙和秘鲁的印第安市镇辖区,就是由成千个彼此无实质性联

① Francisco de Terrazas, Poesias, ed., *A. Castro Leal* (Mexico, 1941),转引自 Benjamin Keen, A history of America, p. 113.

② 度量单位,1平方杆等于25.29平方米。

系的印第安社区所组成。由于强迫迁移和“集中”以及劳役征派，瓦解了印第安人的传统社区。渐渐地，非印第安人的人数在一些村庄甚至超过了土著居民。

典型的印第安人市镇是由一个或多个邻近或有亲缘关系的族群构成的。每个群体有自己世袭的长老，他们作为仲裁者安排婚姻、监督村社成员的土地分配和其他劳务活动。但印第安人逐渐地被西班牙化，这不仅表现在宗教方面，也表现在工具的使用和衣着、食物等生活习俗上。西班牙在种族之间设置的障碍，以及相互间的敌意阻止了充分的文化融合。印第安人努力保住自身的文化认同、语言和传统的歌舞。

与广大印第安人不同，印第安贵族的后裔得到了特殊的照顾。他们可以充当村社酋长或成为印第安人市政会成员，在西班牙和印第安农民之间扮演了中介人的角色。印第安贵族被允许全部或部分地保留祖传的财产，免交人头税，并享有如骑马、欧洲式的衣着、携带武器等特权。

到16世纪末期，印第安贵族政治完全衰落。究其原因，一是西班牙人对他们土地的侵占，二是他们负责向平民收集进献给西班牙人的贡品。当一个市镇纳贡的人数因为突如其来的疫病或者其他原因减少时，这些印第安头人不得不自己弥补上市镇固定配额的欠款，要不就会进监狱。为了弥补赤字，他就不得不出售或者抵押他的土地。尽管如此，在殖民地时代的末期，特别是在安第斯山区，仍然有少量的印第安贵族通过贸易、畜牧业或者农业积累了财富，他们享有很高的社会地位。

黑人、黑—白混血、印—黑混血种人处在殖民地社会阶梯的最底层。到19世纪末期，大约950万奴隶被贩卖到美洲。特别集中在盛行种植园经济的巴西和加勒比海地区。历史学家热烈地争论过拉丁美洲黑奴制度相对温和或严厉的问题。最近的研究普遍认为，经济活动的节奏决定了奴隶在种植园中被剥削的强度。当然，在西班牙殖民地，奴隶的解放比在英国、荷兰或法国的殖民地都要频繁，但很可能是由于在某些条件下奴隶制度变得无利可图，而不仅仅是文化因素导致了这一现象。不管什么原因，到殖民地末期，奴隶只占黑人和黑—白混血人口的小部分。奴隶经常从主人那里逃跑。他们中的一些人在遥远的丛林或山区组成独立的社区，成功地反抗了西班牙惩罚性的远征。

经常性的反抗、逃跑和黑奴对自由的强烈渴望，说明再“温和”的奴隶制度也是非人性的。用强迫和暴力从非洲买来，与他们的亲人和民族断绝联系，这些被连根拔起的奴隶在新环境中还要遭受精神和文化上的折磨。为安全考虑，奴隶主喜欢购买不同部落、语言和宗教信仰的奴隶，甚至故意在他们中间挑起部落的不和。种植园主为追求经济利益，只要求购买在15到20岁之间的年轻奴隶。奴隶主可任意出售奴隶家庭成员和对女性奴隶发生性关系。教会坚持奴隶享有适当的基督教婚姻和圣洁的婚姻的权利，但是西班牙殖民地直到19世纪才在奴隶买卖中禁止把丈夫、妻子和孩子分开。奴隶种植园世界像一个监狱，而不是社会，它留给独立后的拉丁美洲种族主义的苦涩遗产，这些问题在大部分拉美国家仍然没有完全解决。

二、殖民地社会生活的两个中心：城市和庄园

统治者最初设计的西班牙人和印第安人平行的双社区模式，最终演化为新的二元性结构：城市和庄园。

在西班牙人决定要在美洲建立永久性的移民殖民地时，就确立了体制上“以城市为中心”的准则。然而，殖民地城市与欧洲不同，它并不是自发形成的工业、贸易中心，而是经过精心规划发展而成的，以服务于西班牙的殖民活动和便于对周围地区进行管理为目的。有时，这样的城市会建立在原来印第安首府的废墟上，比如墨西哥城，而更通常的情况，是根据其战略地位或其他优势而建，比如利马等。与传统西班牙城市无规则的布局形成对比，殖民地城镇呈规则的棋盘状分布，通常是一个大型的中心广场四周分布着大教堂、政府办公大楼和其他公共建筑。以广场为中心，延伸一条条笔直宽阔的街道，整齐划一的各街区呈几何图形交错相连。对城市的这种精心规划和布局，并非是一种单纯的建筑设计，而是体现了帝国的统治意志，是“帝国和教会秩序的缩影”。[①] 新西班牙总督府所在地墨西哥城，到17世纪末，人口估计已经达到20万，其规模在西半球居于首位。在秘鲁，西班牙

① 理查德·M.莫斯：《殖民时期西班牙美洲城市的发展》，莱斯利·贝瑟尔，前引书，第二卷，第71页。

人没有在印卡首府库斯科设立总部，因为他们发现这个建在安第斯高山上的城市，不适合作为南美地区殖民统治的中心，他们选择了沿海的利马。西班牙船队可以直接到达附近的港口。到 17 世纪 80 年代，利马很快从一个小镇发展到拥有近 8 万人的大城市。另一个引人注目的城市是波托西（potosí），以富足而享有盛名的秘鲁矿产中心，到 1650 年，即衰落前夕，拥有了 16 万居民，成为南美洲最大的城市。①

众多的城市发展成为美洲欧式社会的中心：到处是醒目的尖顶大教堂，西班牙语成为官方、商务以及民间的通用语言。城市是政治和宗教权力中心，也是经济繁荣中心和文化艺术活动聚集地。成功的矿主、大商人和大地主，都在大城市建造宅第和展示他们的财富，他们房子的大小和离城市中心的远近，反映了他们相应的财富和社会地位。房子、陈设、衣着、车马的奢华和用人、奴隶的多少，被他们用来炫耀自己的权势和财富。到 16 世纪末期，墨西哥城凭借漂亮的女人、马匹、街道，商店的富足，贵族的奢靡、豪赌、慷慨而闻名遐迩。

在城市中心的周围地区，却是另一番景象。那里分布着由印第安人和混血人构成的环境嘈杂、住房简陋的本地居民区。这些贫民窟居民提供廉价劳动力，同时也是城市骚乱的种子，时不时还会有饥荒发生。暴力事件是殖民地城市比较普遍的状况。西班牙不同派系间的争斗、暗杀经常见诸政府记录或是个人日记。

与繁华城市相对照，大庄园构成了殖民地社会的另外一个中心。

西班牙政府的强制性“城市化”，很快遭遇到阻力，出现了与城市化相悖的逆向进程。人口集中使印第安人更容易受到传染病的袭击，造成人口进一步灾难性下降和市场上粮食供应的严重不足。强迫集中移居的结果腾出了大片空地，西班牙在这些土地上兴建起一个个大庄园。从 16 世纪下半叶开始，私人地产加速发展，他们不仅占有印第安人放弃的土地，而且进一步侵占村社现有的土地；印第安人纷纷离开村社，投向大庄园，成为庄园的债役雇农、佃农和季节性劳工。印第安市镇结构加速解体。查尔斯·吉布

---

① Benjamin Keen, *A History of Latin America*, p. 117.

森把这一历史性现象称之为古典印第安人的“屈服、重组和同化”。①

于是，大庄园政治上取代迅速解体的印第安市镇，成为地方权力中心；经济上取代不断萎缩的村社，成为中心城市快速增长人口的农牧产品的供应者。大庄园日益成了殖民地社会结构的重要组成部分。

庄园在不同地区会有很大区别，并随经济形势的变化而变动。由于殖民地庄园的多样性，社会生活也呈现不同情况，传统意义上殖民地庄园的特点，主要以墨西哥和秘鲁为代表。

较典型的庄园通常都是一个比较完备的社会单元。大庄园主拥有庞大的地产，宅院宽敞，生活奢华，仆役成群，俨然是封建贵族。他们主持法庭，在自己的监狱内监禁劳工，并建有个人武装，一旦发生战事，庄园劳工仆役就是士兵。庄园里建有地方牧师供职的教堂或小礼拜堂，设有商店，刚领到工钱的工人不得不到那里购买玉米、衣物和劣质酒，忍受再一次的剥削。庄园主还实行父权主义统治，通过认干亲、教亲（教父教母）结成庇护关系，加强自己在地方上的势力。

除了大庄园、种植园、印第安人村庄外，农村地区还存在小农牧场，有的是私人所有，有的是租佃而来。在新西班牙北部、拉普拉塔的潘帕斯南部、委内瑞拉平原内地的畜牧区，孤立的农牧家庭散居其间。这些居民一般很穷，他们使用土坯建房，以牛皮遮挡门窗，几乎没有家具，用牛的头骨当椅子，土台上铺上稻草或牛皮当床。

第三节　殖民地时期的教会和文化

一、殖民地时期的教会

美洲的殖民化，是一个军事和政治征服过程，同时也是精神征服的过

① 查尔斯·吉布森：《西班牙人统治下的印第安人社会》，莱斯利·贝瑟尔，前引书，第二卷，第390页。

程。天主教伴随着殖民者来到美洲，充当了精神征服的主要工具。

天主教本来是欧洲中世纪封建制度一个基本组成部分。西班牙和葡萄牙都是信奉天主教的国家。在16世纪宗教改革运动中，许多国家从天主教中分离出去，信奉了新教，唯有西班牙、葡萄牙等国仍固守着天主教。因此，西、葡两国从罗马教皇那里获得了广泛的权力。1501年，西班牙国王取得在新发现地区征收什一税的权力，同时承担了传播天主教的义务。1508年又获得一种特殊的"推荐权"，这种权力包括任命高级教士、划定教区疆界、批准建筑教堂和修道院以及限制教会财产等。1515年葡萄牙国王得到了同样的权力。这样，国家直接控制了教会，反过来，教士也可以在政府中占有高级职位，他们往往出任大臣、总督、都督。这一特点决定了天主教会在殖民地政治生活中起着特殊的作用。因此，西、葡在拉丁美洲的殖民制度，可以说是王权和教权相结合的天主教殖民制度。这是拉丁美洲殖民地不同于由新教统治的一些殖民地的一个重要特征。

1493年，以贝纳尔多·布伊尔为首的12名传教士，随同哥伦布第二次航行抵达伊斯帕尼奥拉岛，建立了美洲第一个天主教会组织。而后，历次航行均有传教士同行。从1520年起，天主教的各类传教会如圣方济会、多明我会、奥古斯丁会以及耶稣会，纷纷组团进入拉丁美洲，布道传教。西、葡都在殖民地建立了一套庞大的教会系统，作为殖民专制统治体系的一个重要组成部分。在西班牙美洲，与总督和检审庭的行政组织平行地设置了一套复杂的教阶制度。在16世纪时，共有5个大主教区和27个主教区。到殖民地末期，增至10个大主教区和38个主教区。大主教和主教都由国王直接任命，听命于国王。大主教在殖民地是仅次于总督的重要人物。有时代行总督职权。各类教派在殖民地到处建立众多的教堂、修道院和寺院，拥有数以万计的神甫、僧侣和修道士。在巴西，设立了一个大主教区和4个主教区（后主教区增至10个）。其权势与西班牙美洲的教会相同。

教会的在俗教士为西班牙人建立堂区，这些教区全部设在城市；作为各类传教会绝大部分成员的传教士，则把印第安人村庄作为自己传教布道的对象，因而多半活动在农村。因此，圣方济会、多明我会、奥古斯丁会、施恩会以及稍后的耶稣会，承担了美洲基督化的大部分任务，他们站在开拓殖民辖区的第一线，充当了传教布道的先锋。

每当开拓一个殖民辖区，一个新的教会组织就随之建立起来。殖民者所到之处，肆意破坏印第安人的庙宇、神殿，焚毁偶像、壁画、手稿等珍贵文物，在印第安人文明的废墟上建造起一座座教堂。教堂建在城市的中心广场上，而且是当地最好最美的建筑物。17 世纪 20 年代，西班牙美洲殖民地新建教堂达 7 万座，仅在墨西哥一地，就修建了 1.2 万座教堂。在墨西哥城区，差不多每隔三四条街，便有一座教堂。在 16 世纪中叶，利马城居民共 2.65 万人，其中教士人数占总人口的 1/10。对于许多印第安人来说，他们遇到的第一位欧洲人就是传教士。教士们通过布道，要求印第安人改信天主教，按照西班牙人的规则进行宗教活动，如祷告、弥撒和唱赞美诗等，孩子出生几天就要接受洗礼。圣方济会的修道士宣称，到 1531 年，他们在墨西哥使超过一百万的印第安人皈依。有的声称曾一天内使一千五百人改宗。在说教失效的地方，包括武力在内的各种压力被用来获得皈依者。受过洗礼的土著人又恢复邪神崇拜的，会被指控为异端并受到惩罚，一些贵族被判绞刑或火刑。教会的各级教士成为当地社会中的显要人士，他们对社会生活实行严格的控制，并积极插手殖民地一切重大政治事务。

教会不仅履行重要的政治职能，而且它本身就是一个拥有巨大财产的经济实体。它在殖民地通过征收什一税、兼并土地和发放高利贷聚敛财富。在墨西哥、秘鲁、哥伦比亚和厄瓜多尔，教会差不多拥有全部地产的一半。据统计，殖民地末期，教会已控制拉丁美洲全部土地的 1/3 以上，成为最大的地主和剥削者。他们通过各种形式迫使村社的印第安人为教会的大庄园、种植园、作坊和教堂建筑工地上提供无偿劳役。

同时，教会也发挥了某种有一定积极意义的社会职能。这方面工作主要表现在创办学校、医院和慈善机构，如孤儿院、育婴堂和收容所等。为教化印第安人，教会创办了各级学校，同时传教士也主动学习当地的土著语言，并尝试用他们的听众易于理解的词汇宣讲教育。这些传教士还留下了大量资料，记录了西班牙人到来之前的土著语言、风俗、信仰和历史。有些深受欧洲人本主义影响的传教士，如拉斯卡萨斯等，还不断揭露殖民者剥削、奴役印第安人的暴行，上书西班牙国王，要求保护印第安人的权益。他们在布道中严厉谴责监护主对印第安人的暴虐行为，并拒绝宽恕他们。可是后来这些行动为王室法令所禁止，教会被要求只能关心自身礼拜和传教的事务，有关印第安人的经济、社会事务全由世俗政权处理。

天主教在美洲传播过程中，也出现了某些“本土化”的现象。一些传教士努力在印第安人头脑中，将天主教与他们的传统信仰融合在一起。在墨西哥，他们通过改换面容的方法，把圣母玛利亚变为看上去类似于印第安妇女形象的神灵，并在据说是圣母玛利亚显容的地方，建立起著名的瓜达卢佩大教堂。后来圣母瓜达卢佩甚至成了墨西哥民族的象征。尽管如此，墨西哥和秘鲁的印第安人直到 17 世纪甚至更晚时期，仍然固守自己的信仰。土著居民往往按照自己的方式举行庆祝活动，通过选择那些天主教中符合他们传统宗教的要素，把天主教节日活动变成自己的宗教活动，或者跑到山洞或他人难以到达的地方去祭拜传统神灵。有一位多明我会修道士写道，异教崇拜在印第安人生活的方方面面都保持着，表现“在他们的舞蹈中，在他们的市场里，在他们沐浴时，在他们祭祖的歌声中”。①直到今天，危地马拉和秘鲁的印第安人仍举行玛雅和印加时代的仪式。

对于一些偏远地区，如殖民者通常难以到达的丛林山谷，天主教会充当了殖民开拓的先锋。传教士跋山涉水，在那里建立独立的教会管辖区和教会村落，进行神权统治。这种传教会盛行于巴拉圭、乌拉圭、阿根廷北部、墨西哥和巴西南部等地。其中以耶稣会从 1605 年开始在巴拉圭亚松森创建的传教会中心最为著名，到 18 世纪中叶，在当地建立了近 30 个归化区（reducciones），统治着约 15 万瓜拉尼印第安人，历时近两个世纪。这些传教区拥有自己的军队和教会法庭，占有广达数千平方英里的耕地和牧场，利用印第安人原始公社制的形式，建立起一套神权专制，把政治、经济、宗教合为一体，组织印第安人的廉价劳动力，建立起巨大的种植场和各种工场，搜刮和生产了大量的财富。到 1767 年耶稣会被逐出殖民地时为止，耶稣会教士在西班牙美洲统治和剥削了总计约 70 多万印第安人。在巴西，耶稣会的势力及其所起的作用比在西班牙美洲还更大，是深入内陆进行殖民征服的一支最重要的力量。

---

① ［美］E.布拉德福德·伯恩斯：《简明拉丁美洲史》，王宁坤译，湖南教育出版社 1989 年版，第 70 页。

二、殖民地时期的文化

殖民地文化,从本质上讲是欧洲文化的扩展和移植。这种文化移植随着传教活动而步步加深,最终成功地取代了土著文化而成为拉美殖民地时期文化的主体和核心。同时,欧洲文化又不可避免地与本土印第安文化和外来的非洲文化发生碰撞和融合,最后形成了富有特色的拉丁美洲新型文化。

1505 年,圣方济会在圣多明各城开办了殖民地的第一所学校。在墨西哥和秘鲁被征服后,学校在各地广泛兴办起来。1524 年,一个由 12 人组成的圣方济会传教士团来到墨西哥,在阿兹特克首府特诺奇蒂特兰城的繁华市区——特拉特洛尔科——建立了一所学校。在那里他们对印第安贵族子弟传道授业,讲授拉丁文、西班牙语和基督教教义。在各地开办的教会学校里,除了学习基督教教义,还接受算术、阅读、写作和裁缝、制革、制鞋等训练。

西属美洲的第一所大学圣托马斯·德·阿基诺大学,于 1538 年创办于圣多明各城,不过,它实际上是一所神学专门学校。16 世纪中叶以后,开始建立较为正规的大学,到殖民地结束,西班牙在美洲先后创办了 26 所大学。最为著名的是 1553 年创建的墨西哥大学和 1578 年在利马建立的圣马科斯大学。18 世纪后期,还建立了一批新型学校,如墨西哥医学院(1768 年)、圣卡洛斯美术学院(1783 年)、墨西哥矿业学院(1792 年)。这些学校的组织规划和课程设置均沿袭欧洲模式,有的还设有学士、硕士和博士学位,包括艺术、神学、法律和医学各学科。据统计,在殖民地时期获高级学位者约 15 万人。他们中除了克里奥尔人和梅斯蒂索人外,也有少量的印第安人。教会垄断了殖民地社会各个层次的教育。殖民地时期巴西没有建立大学,一个原因是教会力量相对较弱。

除学校外,其他各种文化机构如图书馆、印刷厂和报馆也建立起来。最早的印刷品据称出现在 1535 年,现存至今最古老的印刷文献是 1539 年问世的一本宗教小册子,是一部西班牙语和纳瓦特语的问答集。后来,出版物渐渐多了起来,出版范围也从福音布道扩大到历史、地理、法律和医学等领域。1667年,第一份报纸——《墨西哥报》——开始发行。到18世纪,很多城市有了自己的报纸或发行了更为正规的报纸,如《墨西哥日报》、《墨西哥文学报》、《利马日报》、《秘鲁信使报》、《新格拉纳达周报》、《加拉加斯学报》、《智利晨报》和《哈瓦那报》等。这些报刊书籍传播了欧洲的新思想以及有关矿业、农业、工业、牧业、艺术、文学、宗教等方面的新知识和新观点。欧洲启蒙思想对殖民地独立运动起到了积极的推动作用。

在文学艺术方面出现了很多新的创造。圣方济会修士贝尔纳迪诺·德·萨阿贡(Bernardino de Sahagún)组织印第安学生在实录墨西哥劫难幸存者口述的基础上,搜集、整理印第安史料,历10年之久,于1555年写成12卷的《新西班牙事物通史》(Historia general de las cosas de nueva españa),是一部真正的阿兹特克文化百科全书。美洲著名叙事史诗是西班牙人阿隆索·德·埃尔西利亚(1533—1594年)创作的《阿劳坎纳》。他21岁来到美洲,经历了征服阿劳坎人的战斗。史诗以南美印第安人抵抗殖民征服为背景,歌颂了阿劳坎人领袖考波利坎、劳塔罗等宁死不屈的英勇斗争精神。另一位有代表性的作家是梅斯蒂索人加西拉索·德拉维加(1539—1616年)。他是一位印加公主与贵族出身的西班牙征服者的儿子,从小受印加文化熏陶,20岁后在西班牙接受高等教育。他所写的《印卡王室述评》[①],是一部讲述印加历史沿革、社会政治和风土人情的珍贵史学巨著。作者对印加历史的叙述,采用抒情的艺术手法,以流畅的散文体和眷恋故土的激情,使童年和少年时期的所闻所见构成一个充满诗情画意的世界。因此,《印卡王室述评》又被视为一部杰出的世界文学名著。此外,早期征服者、探险家所留下的大量日记、书信、报告和叙事文论,以及他们对人文自然环境的具体描绘,对所经历的事件的生动叙述,使这些珍贵的历史记录同时具有了极高的文学价值。

在土生白人中涌现了众多杰出文学家,其中墨西哥修女胡安娜·伊内斯·德·拉克鲁斯(1651—1695年)是最负盛名者之一。她学识渊博,多才多艺,文笔纤巧,语言精美,情感真挚。主要作品有长诗《初梦》、诗集《卡斯

---

① [秘鲁]印卡·加西拉索·德拉维加:《印卡王室述评》,白凤森、杨衍永译,商务印书馆1993年版。

塔利达的洪流》、散文体诗《答菲洛特亚·德·拉克鲁斯的信》和《墨西哥的凤凰和第十个缪斯的遗作》等。她的作品擅长采用民谣形式，运用印第安土著和非洲民族语言，她由于文学上的成就被誉为“新美洲的凤凰”。有些作家还用土著语创作，融入土著人物和故事。18 世纪末，殖民地各地区创办了“文学沙龙”或“读书会”，交流和宣传新思想。土生白人赴欧留学和游历的人也逐渐增多，对新知识的吸收扩大了他们的眼界。

在音乐和舞蹈方面，西班牙、美洲和非洲融为一体，形成了别具特色的美洲风格。土著不但继续跳自己的传统舞蹈，戴传统的假面具和穿传统服装，而且与克里奥尔人、梅斯蒂索人和穆拉托人一道学会了跳从西班牙和非洲传入的舞蹈。美洲、非洲和西班牙的舞蹈艺术很快融合，产生了闻名世界的拉丁美洲新型舞蹈风格和表演形式。

在造型艺术方面，主要体现在大量兴建的教堂和修道院建筑，雕塑和绘画的内容和形式亦与宗教紧密相连。16 世纪所建的教堂，以哥德式为主要风格。17 世纪，大兴土木营造规模宏伟的教堂，被称为是大教堂和大修道院的世纪。盛行巴洛克式风格，装饰繁杂浮华。代表性建筑是墨西哥大教堂的礼拜堂、特波索特兰的耶稣会学院、克雷塔罗的圣罗莎修道院和特斯科的圣塞巴斯蒂安·德圣普里斯卡教堂。这四大建筑被看成是世界八大著名巴洛克式建筑的代表作。18 世纪下半叶以新古典主义为主要风格，反对过分装饰，追求理性和规范。殖民地时期的建筑风格式样仿照欧洲，但也有不少的变化，其中融入了美洲古代文化的成分。土著建筑物上常用的装饰图案经常采用在教堂的装饰上。此外，也受到中国文化的影响，教堂的墙壁上挂有中国的丝织物，大厅里摆放着中国的瓷瓶。

第四节　殖民地晚期的改革和社会矛盾的激化

1598 年，西班牙国王费利普二世去世，其后三个继承者——费利普三世（1598—1621 年）、费利普四世（1621—1665 年）、卡洛斯二世（1665—

1700 年)——都软弱无能,帝国迅速走向衰落。西班牙人口下降,从美洲流入王国金库的财富大大减少,商人从殖民地贸易中所得利润越来越低。西班牙好似后来的土耳其,被称为“欧洲病夫”,[1]它的对手们虎视眈眈,寻找机会要瓜分西班牙的属地。

1700 年,卡洛斯二世去世,因其无嗣,追求西班牙王位继承权的两个主要人物是法国国王和神圣罗马帝国皇帝,他们各自与卡洛斯二世的一个姊妹结婚,都指望把自己家族中的一个年轻成员扶上西班牙王位。为了维护西班牙领地的完整,卡洛斯二世临死前立下遗嘱,西班牙领土由法国国王路易十四的孙子、17 岁的费利普继承,如果他拒绝接纳,那么继承权将传给哈布斯堡家族皇帝的儿子。路易十四决定接纳,凡尔赛和马德里都由波旁王朝统治,即使两个王位不合在一起,法国的影响也将从比利时延伸到直布罗陀海峡,从米兰扩展到马尼拉。至少在近二百年中,欧洲的均势从未受到如此威胁,在英国国王威廉三世的倡议下,英国、荷兰、神圣罗马帝国皇帝组成了“1701 年大联盟”,并得到了勃兰登堡、葡萄牙和意大利的萨沃依公国的支持。战争的另一方是法国、西班牙以及法国的小仆从国巴伐利亚。这场“西班牙王位继承战争”以 1713 年签订《乌得勒支条约》而告终。条约同意卡洛斯在遗嘱中提出的由法方继承王位,但西班牙为此作出了很大牺牲。在美洲,英国获得了把非洲黑奴输入西班牙帝国的垄断权,另外还获得每年派遣一艘可载货 500 吨的船只与新大陆的西班牙殖民地进行贸易的权利。位于拉普拉塔河东岸的据点萨克拉门托,也被割让给英国的盟友葡萄牙。1713 年,路易十四的孙子根据条约继承西班牙王位,即费利普五世,西班牙开始了波旁王朝统治时期。

面对国外以及内部日益增强的压力,从费利普五世开始,西班牙着手国家的重建工作。仿照法国,实行“开明专制”,力图削弱分散的割据势力,加强中央权力。相应的改革也在殖民地加以推行。所有在西班牙帝国范围内实行的这些变革,统称为“波旁改革”。改革在卡洛斯三世(1759—1788 年)时达到高潮。他是波旁王朝中精力最旺盛的一个君主,积极推进了在美洲

① [美]帕尔默、科尔顿:《近现代世界史》上册,孙福生等译,商务印书馆 1992 年版,第 200 页。

殖民地的改革活动。“七年战争”(1756—1763 年)期间,英国出兵占领了西班牙垄断贸易体系的要地哈瓦那,以及波多黎各和菲律宾的马尼拉。英国占领期间,超过 700 艘来自英国和北美洲殖民地的商船在哈瓦那停靠。英国还激励当地甘蔗种植业和奴隶贸易,使古巴成为世界主要蔗糖生产基地,经济一片繁荣。卡洛斯三世深感在殖民地实行改革的紧迫性。

波旁改革的主要内容,首先是加强军事防务。18 世纪以前,殖民地的防御主要由海军——护航舰队和巡逻分遣队——承担,守卫着北部边界和港口殖民地的驻军总共不过 6000 人。一旦发生紧急变故,当局可依靠当地征集的军事力量。七年战争中哈瓦那和马尼拉的丧失,促使西班牙决定修补殖民地防御的缺陷。在主要的港口加强了堡垒,并创建了殖民地军队,既有殖民地的常驻军和在宗主国与殖民地轮流驻扎的军队,也有由志愿者或征兵组成的殖民地民兵。为了鼓励应征入伍,准许民兵队员享有“军人特权”,也就是让克里奥尔人、在一定程度上让混血种人享受西班牙军队中早已享有的各种特权和豁免权。1800 年,新西班牙辖区只有 6000 名西班牙正规军,而在美洲出生的殖民地民兵则多达 2.3 万人。这些民兵是后来为独立而战的爱国军的基础。

军事力量的加强,随即收到了效果。1776 年,一支 8500 人的远征队越过拉普拉塔河,第三次也是最后一次占领了萨克拉门托,从整个东岸省份中赶走了葡萄牙人。在美国独立战争中,另一支部队侵入了毗连路易斯安那的狭长地带彭萨科拉,从而导致英国随后连同佛罗里达一起割让了这片地区。在中美洲,收复了奥莫河要塞,最终消除了莫斯基多海岸的英国居民点。在布宜诺斯艾利斯,依靠当地民兵击退了英国 1806—1807 年的入侵。然而,西班牙对殖民地民兵的效率和忠诚心存疑问。1780 年秘鲁印第安人叛乱后,王室采取措施加强控制。民兵的作用被降低,防务责任归还给正规部队。正规军和民兵的高级军官一律由西班牙人担任,“军人特权”受到限制,克里奥尔人沿着军队阶梯逐步提升的道路被切断。

其次,行政机构的改组和新总督辖区的设立。1739 年,北安第斯地区(今厄瓜多尔、哥伦比亚、委内瑞拉)从秘鲁总督辖区中分出,正式成立了新格拉纳达总督辖区,以圣菲(今波哥大)为首府。这一变革反映了王室加强加勒比海岸,尤其是卡塔赫纳地区防御的战略意图。在这个新总督辖区内,委内瑞拉成为都督辖区，以加拉加斯为首府，实际上独立于圣菲。1776年，在南美建立另一个新总督辖区——拉普拉塔总督辖区，以布宜诺斯艾利斯为首府，范围包括现在的阿根廷、乌拉圭、巴拉圭和玻利维亚。上秘鲁（今玻利维亚）被纳入新总督辖区，旨在为布宜诺斯艾利斯提供波托西矿山的财政收益。1783年，增设布宜诺斯艾利斯王家检审庭。布宜诺斯艾利斯总督辖区的建立，反映了西班牙对拉普拉塔河河口地区大量走私贸易的关注，同时也体现了对可能发生的来自外国的进攻的担心。英国刚刚在附近的马尔维纳斯群岛立足，葡萄牙在河口岸边建立了萨克拉门托据点，直接威胁到航运和蒙德维的亚市镇。接着，又划设了委内瑞拉、古巴、智利三个都督辖区。

对地方制度也进行了改组，推行监政官制度。原先的省市建制先后由监政官辖区（intendencia）①所取代，以加强中央对殖民地的政治控制和财政监督。1764年最先在古巴试行。1782年，在拉普拉塔总督辖区设立了8个监政官辖区；两年后在秘鲁设立了8个；1786年在新西班牙设立了12个；此外，在中美洲设立了5个，古巴3个，智利2个，加拉加斯1个。到1790年，各总督辖区和都督辖区内均推行了监政官制度，监政官由国王委派西班牙出生的王室官员担任。其下一级的行政长官，由监政官提名，总督任命。原有的印第安人市镇随之撤销，那里的地方长官因实行商品摊派制自肥而声名狼藉。卡洛斯三世还恢复了哈布斯堡王朝时期的总询察制。询察官由马德里派出，享有调查和执行的最高权力，目的在于削弱总督的权力。这些政改措施，加强了王室对殖民地的控制，但同时也被当地上层人士看作对地方利益的侵犯，更加深了对王室的不满。

卡洛斯三世还试图通过削弱教会权力来加强王权。1767年，下令从美洲驱逐了2500名耶稣会教士。卡洛斯把耶稣会看成是国中之国以及自己权力和财富的竞争对手。耶稣会的财产被拍卖，所得收入归王室所有。接着，一系列旨在取消教会司法权和自治权的措施随之颁行。政改法令中的条款把什一税交由王室官员控制的委员会来征收。这项措施遭到了教士们疯狂的反对，最后不得不取消。1795年，王室终止了教士享有的所有民事

① intendencia，监政官制度或监政官辖区，亦译作郡。

法庭豁免权，并规定在重大的犯罪案件中可由王家执法官对教士进行审讯。1804 年，为增加税收，王室颁布法令，要求殖民地教会收回所有的贷款、抵押，所得收入存入国库，由国库支付利息。这一措施不但打击了教会，而且影响到许多以教会为信贷人的庄园主、商人和矿主的经济利益。因为教会和修道院一直承担了一种非正式的金融机构的功能，这一措施遭到了强烈抗议，以至于除新西班牙外，并没有真正付诸实施。

最后，修改贸易制度，刺激经济发展。西班牙王位继承战争和《乌得勒支条约》为外国航运和走私打开了大门。1704 年，法国商船获准进入太平洋，与智利和秘鲁进行自由贸易。1701—1724 年间，至少有 153 艘法国商船来到这些沿岸地区，仅在 1716 年就大约有 16 艘船只运来大批欧洲商品。[①] 根据条约，英国授予南海公司向西班牙美洲供应奴隶以及每年向波托贝洛港输送一船商品的特权。此外，南海公司在布宜诺斯艾利斯拥有一个贸易据点，这里成为另一走私渠道，英国商人将大量的走私商品由此运进，一直倾销到秘鲁。

为了抵制走私贸易，增加国库收入，波旁王朝的改革者试行西班牙帝国内部的贸易自由化。首先放弃的是商船编队制度，1740 年，最后一支护航船队启程前往巴拿马，标志为时 200 余年的护航制度的结束。1778 年，颁布了著名的自由贸易法令，准许所有西班牙港口与除墨西哥和委内瑞拉之外的所有殖民地各省之间的自由贸易，1789 年，墨西哥和委内瑞拉也以同样的条件开放贸易。也就是说，从 1789 年起，商船可以从西班牙的任何地方出发前往殖民地的任何港口。接着，对殖民地之间的贸易限制也被取消，只是这种贸易大致局限于非欧洲商品。与此同时，作为旧体制象征的贸易署逐渐失去了存在的必要性，最终于 1789 年关闭。不过，这种自由贸易带有明显的限制性，它“只是帝国内部的贸易自由化”，根本目的是要对英国“实行报复”。[②] 也就是说，通过自由贸易，使殖民地与宗主国的贸易对殖民地商人有利可图，使其与英国（以及其他外国）广泛的走私贸易不再那么有

---

① 查尔斯·吉布森：《西班牙人统治下的印第安人社会》，莱斯利·贝瑟尔，前引书，第二卷，第 397 页。

② Luis Navarro Gaicía, *Hispanoamérica en el siglo XVIII*, Sevilla: Publ. de la Universidad de Sevilla, 1975, p. 137.

吸引力。自由贸易在法律上对商业垄断毫无触动,除通过走私贸易外,殖民地依然被禁止直接进入国际市场,仍然要忍受歧视性的赋税,甚至赤裸裸地袒护西班牙货物的禁令。在殖民地内部增设收税关卡,销售税从最初的2%提高到4%,后来又增至6%,大大加重了殖民地人民的负担。

对宗主国来说,贸易改革刺激了西班牙与殖民地之间贸易的增长,但是,并未达到重新征服殖民地市场的目的。一方面,西班牙工业薄弱,与先进的英国、法国、荷兰相比,依然是一个落后的农业国;另一方面,在对英战争期间,西班牙无力维持与美洲之间的航线畅通,其结果,外国商人再度涌入美洲港口。实际上,西班牙政府在1797—1799年和1805—1809年的战争期间,因无力供应殖民地所需要的商品,取消了对中立的外国商船进入其殖民地港口的禁令,这一措施刺激了美国与加勒比地区和拉普拉塔地区的贸易。

对殖民地而言,波旁王朝贸易改革的最明显的结果可能是刺激了西班牙美洲经济的增长。尽管难以确定这种增长在多大程度上应归功于波旁王朝的改革,但18世纪后半期,美洲的农牧业、矿业皆达到了一个新的发展水平。在贸易改革和欧洲对蔗糖、烟草、皮革以及其他产品的需求增长的刺激下,这些产品的生产迅速增长,并出现了明显的地区专业化的单一经济的特征。1770年后,除委内瑞拉和古巴生产的可可、甘蔗外,又出现了咖啡,成为加勒比地区主要的出口产品。在拉普拉塔地区,主要出口产品是皮革。在潘帕斯草原上对野牛任意猎杀的时代过去了,代之以在大牧场养牛的生产方式。到18世纪末,这些大牧场的规模都很大,约15到20平方里格(每里格约3英里或4.8公里),饲养8万到10万头牛。1790年,布宜诺斯艾利斯每年出口接近150万张牛皮。过去牛肉仅小部分被立即食用,大部分只得废弃,现在由于腌肉场里生产的牛肉干的需求而带来了价值。腌肉干的主要市场是加勒比地区,尤其是古巴,主要用作奴隶的食物。

18世纪,西班牙美洲的银矿业生产也有显著增长。在墨西哥,18世纪70年代,增长最为迅速。一个世纪内产量增长4倍。墨西哥银矿业已占美洲白银产量的67%,而主要产地瓜纳华托的产量就相当于整个秘鲁和拉普拉塔总督辖区的产量。王室在推动银矿业的复兴中扮演了主要角色。水银的价格降低了一半，又增加了另一种王室专卖品火药的供应，把价格降低了1/4。同时还制订政策，许诺为需要大批投资的革新项目或是极具风险的新企业减免税收。建立矿业法庭，实施新矿业法，并于1792年创建矿业学院，引进了来自欧洲的矿业专家。比起墨西哥，安第斯地区的矿业复兴较为缓慢。直到18世纪30年代，才逐渐从上世纪的萧条中恢复过来，生产从300万比索开始，到18世纪90年代逐渐超过了1000万比索。王室采取的措施与在墨西哥差不多，如降低水银价格、派遣专业技术代表团、建立矿业行会和法庭，但某些措施没有得到贯彻。①

波旁改革是西班牙在欧洲先进国家，特别是英国咄咄逼人的挑战面前而被迫采取的自救运动。在殖民地的改革目的在于避免英国占领它的海外领地，掠夺殖民地资源以巩固君主制。波旁王室从未考虑赋予殖民地更大的自主权或允许殖民地与外国直接进行贸易，相反，加强了对殖民地的管理和控制。而且，在贸易方面的改革，目的也是减少走私，加强西班牙与殖民地之间的垄断性的贸易联系。因此，波旁王朝在殖民地的改革也被看作西班牙在美洲的“再征服”，其结果是促使殖民地与宗主国之间的矛盾进一步激化。

18世纪后半叶，经济落后的葡萄牙与西班牙一样，面临欧洲强国染指拉美大陆的压力。它力图复兴帝业，加强对巴西等海外属地的控制。在葡萄牙若泽一世国王在位期间(1750—1777年)，由首相庞巴尔策划了葡萄牙殖民帝国的改革，称之为“庞巴尔改革”。他采取严厉手段削弱贵族和教会势力，1759年将耶稣会逐出葡萄牙和巴西。1763年将巴西总督辖区的首府从巴伊亚(萨尔瓦多)迁往里约热内卢，并撤销原都督辖区。马拉尼昂在17世纪曾单独立国，划归里斯本直接管辖，现在则重新并归于巴西。为摆脱对英国的商业依赖，在巴西成立两家垄断性的贸易公司，推动棉花、烟草种植业经济的发展。马拉尼昂由此很快兴旺起来，里约热内卢的人口在1775年仅2万人，1800年就翻了一番，此后20年里增加到10万以上。为防止与宗主国竞争，1785年颁布法令，禁止在巴西从事一切制造业。② 同时增加税

① D.A.布拉丁:《波旁王朝的西班牙及其美洲帝国》，莱斯利·贝瑟尔，前引书，第一卷，第407—408页。

② [美]E.布拉德福德·伯恩斯:《简明拉丁美洲史》，王宁坤译，湖南教育出版社1989年版，第64页。

收,加重殖民地人民的负担。1789 年爆发的米纳斯吉拉斯密谋,就是因抗议捐税引起的,但很快演变为反殖民制度、要求结束葡萄牙在米纳斯吉拉斯和巴西的统治。密谋受美国革命的鼓舞,梦想建立一个“像英属北美那样自由和繁荣的共和国”。可是密谋失败,主要密谋者被捕、受审、流放,若阿金・若泽・席尔瓦・沙维尔(以“拔牙者”著称)被处以绞刑。[①] 改革引发了葡萄牙人和马松博人(Mazombos,土生白人)之间的矛盾,土生白人上层越来越以更激烈的形式表达自己的不满,成为巴西独立运动的前奏。

① [英]莱斯利・贝瑟尔:《巴西的独立》,莱斯利・贝瑟尔,前引书,第三卷,社会科学文献出版社 1994 年版,第 168—169 页。

第五章

独立运动和民族国家的建立

第一节 殖民统治危机的加深

拉美独立运动的发生,是两方面因素共同作用的结果:国际因素和殖民地内部因素。

西班牙、葡萄牙美洲殖民帝国的统治,建立在残酷压榨占殖民地人口绝大多数的印第安人和黑人劳动的基础上,这决定了拉美殖民地模式包含着深刻的内在矛盾。印第安人和黑人为帝国创造了巨大的财富,却始终未曾改变自己作为农奴的悲惨命运。因此,在三个世纪中,他们不断进行反抗压迫和剥削的起义和斗争。17 世纪中叶,巴西黑人逃入丛林中建立自己的国家,坚持斗争达半个世纪。在 17、18 世纪,从墨西哥到秘鲁,曾发生多次印第安人大起义,他们甚至迫使西班牙殖民当局宣布废除委托监护制和取消强迫摊买商品制度。这些自发的起义,常以古老的印第安人光荣祖先作为斗争旗帜孤立地进行战斗,很少能同黑人的斗争结合起来。起义者不仅反对殖民统治,甚至企图把全部白人居民都赶出美洲大陆。这些斗争最后都遭到了失败,但表明印第安人和黑人从未屈服于殖民统治,他们是动摇殖民帝国统治基础的基本力量。

与辽阔而富饶的殖民地形成强烈对比,统治它的西班牙和葡萄牙却是欧洲两个经济落后的国家。它们虽然曾从殖民地攫取无数的财富，称雄一时，但从 17 世纪开始已处于衰落之中。那么，对于地处遥远而又充满反抗情绪的庞大殖民地，它们为什么仍然能够长久维持自己的统治呢？这里包含着一个十分重要的因素，就是西班牙（葡萄牙）"美洲帝国的统治基础是殖民当局、教会和地方上层人士三大权力集团之间的力量平衡"，[①]在建立殖民统治过程中，王室与地方势力达成了默契，共同分享帝国的权力以及通过剥削土著、黑人和混血种人所得的财富。尽管殖民统治 300 年期间土生白人势力不断壮大起来，"到 18 世纪，整个美洲已牢固地建立起地方的寡头集团，他们的力量基础是地产、采矿和商界的既得利益集团，同殖民地当局、总督幕僚和检审庭法官建立起的牢固的联姻和结盟关系，以及强烈的地区意识"[②]。而且，王室限制地方寡头的权力和野心的努力以及后者的不满和反抗也从未停歇过。但直到 18 世纪，王室和地方寡头权力集团之间的平衡关系大体得以保持。这就是西班牙、葡萄牙在其不断处于衰落的状况下，仍然能够长久维持美洲帝国统治秩序的奥秘所在。

然而，18 世纪为加强王权的一系列改革，并没有改变西班牙、葡萄牙本身的落后性，而只是强化了对殖民地的控制，导致最后打破了王室与殖民地地方势力之间的权力平衡。改革促进了殖民地经济的发展，土生白人却遭到了进一步的排斥。1750 年，在殖民地检审庭 93 个法官中，土生白人通过出钱买官等方式，得到了其中 51 个职位。波旁改革扭转了这一局面，到 1807 年，在 99 个法官中只有 12 个是克里奥尔人。土生白人地主和商人同宗主国的殖民地贵族之间在政治和经济利益上的矛盾趋于表面化，他们日益要求摆脱宗主国的束缚而成为殖民地社会的支配力量。于是，他们一步一步站到了反抗斗争的前台，最终发动和领导了推翻殖民统治的独立运动。

争取独立斗争的最重要的原因是殖民地的内部因素，但独立运动爆发的时机及其所表现的某些特点，在很大程度上与宗主国和欧洲所发生的重大事件密切相联系。18 世纪末 19 世纪初，在北美和欧洲掀起的资产阶级

---

① 约翰·林奇：《西属拉丁美洲独立运动的根源》，莱斯利·贝瑟尔，前引书，第三卷，第 7 页。

② 同上。

革命风暴影响下,欧洲启蒙运动思想家的学说和著作、美国的独立革命思想和法国的《人权宣言》等,秘密地传入了拉丁美洲。1794 年在哥伦比亚第一次翻译和秘密印刷了《人权宣言》。在拉丁美洲的一些大城市,土生白人贵族和知识青年组织了各种秘密结社,"我不是西班牙人,我是美洲人"成了惯常的口头语,一种"美洲人"的新观念开始形成。欧洲启蒙思想对拉美民族意识的形成和独立革命的爆发起到了促进作用。

18 世纪末和 19 世纪初,在法国、西班牙、葡萄牙等国爆发的资产阶级革命,拿破仑在欧洲发动的侵略战争和反拿破仑战争,为拉丁美洲的独立运动提供了一个十分有利的外部条件。拿破仑为扩大法国对整个西欧的控制而发动的战争,和英国及其盟国反对拿破仑的斗争,对西班牙、葡萄牙和拉丁美洲具有深远的影响,1807 年拿破仑入侵伊比利亚半岛,更是直接触发了拉美独立运动。"仅仅欧洲的启蒙和美国革命的榜样都不会在西班牙美洲诱发起义。如果没有拿破仑的干预,西班牙美洲殖民地或许会继续在西班牙的统治之下,直到 19 世纪,如同古巴那样。"①

法国、西班牙、葡萄牙在美洲的殖民地几乎和宗主国同时掀起了空前巨大的革命和战争,是这一时期殖民地革命的一个重要特点。

第二节　海地革命

1790 年,在加勒比海的圣多明各岛的法属殖民地,爆发了黑人奴隶和黑白混血种人反对殖民统治和奴隶制度的革命。这次革命揭开了拉丁美洲独立解放运动的序幕。

1697 年,西班牙被迫同法国签订《立兹维克条约》,把海地岛西部割让给法国。法国将该岛改名为圣多明各岛。所以当时海地被称为法属圣多明各;东部仍归西班牙,被称为西属圣多明各(今多米尼加)。岛上原有印第

① [美]托马斯·E.斯基德莫尔、彼得·H.史密斯:《现代拉丁美洲》,江时学译,世界知识出版社 1996 年版,第 34 页。

安人25万，在西班牙占领后，几乎全部灭绝。法国占领圣多明各后，从非洲运来大量黑人奴隶，在这里大力发展甘蔗、咖啡、棉花、烟草等种植园经济。1791年，圣多明各有792个甘蔗种植园、2810个咖啡种植园、705个棉花种植园。该年圣多明各的蔗糖产量居世界首位。1788年，圣多明各出口到法国的商品总值达800万英镑。圣多明各各港口船只云集，其主要城市海地角、太子港等城市，发展成为重要的海港和经济中心。繁荣而富饶的圣多明各，成为当时世界最富有的热带殖民地，被人们称之为“安的列斯群岛中的一颗明珠”。

到1779年，在海地一共有54万人口，其中黑人奴隶48万，占总人口9/10，处于社会的底层；另有2.5万自由的有色种人（黑白混血种人和自由黑人），他们拥有少量的土地，是岛上的小商人和手工业者，在政治上和经济上都受到白人殖民者的严格限制和歧视。白种人4万，其中法国殖民官僚、大种植园主、大商人，把持军政大权，居于社会的最上层。他们仆役成群，乘坐镀金马车，生活极其奢华。黑人奴隶每天在种植园从事繁重劳动16到18小时，遭受残酷虐待，平均劳动7年即耗竭而死。长期以来，黑人奴隶前赴后继地不断进行起义和反抗斗争，几乎每5年到10年要发生一次起义。阶级矛盾和种族矛盾交织在一起，处于极端尖锐状态。

首先起来进行反抗的是混血种人和自由黑人，直接的导火线是法国大革命。1789年7月14日，法国巴黎人民攻陷巴士底狱，8月26日，制宪会议通过了《人权宣言》。《人权宣言》宣布，人生来是自由的，在权利上是平等的。这些权利是自由、财产、安全和反抗压迫。消息传到海地，混血种人和自由黑人根据《人权宣言》的原则，纷纷起来争取公民权，但是遭到法国殖民当局的拒绝。1790年10月，岛上爆发了由混血种人维桑特·奥热领导的第一次武装起义。由于没有提出废除奴隶制的口号，未获得广大黑奴的支持，孤军无援，很快就被镇压下去了。奥热本人被处以死刑。这次起义迫使法国制宪会议于1790年5月通过法令，宣布自由有色人与白人政治平等。但这个只使少数人得益的新法令，仍遭到殖民地的白人特权阶级的坚决反对。

在混血种人起义的同时，黑人奴隶也积极开展活动。在黑人奴隶比较集中的北部，黑人奴隶在布克曼的领导下通过传播非洲人信奉的伏都教进行秘密串连，筹划起义。[1] 1791 年 8 月 16 日，一位正在北部策划起义的奴隶被捕，起义计划泄露。在这种情况下，布克曼决定立即举行起义。8 月 22 日，圣多明各北部的种植园的奴隶举行武装起义。他们打着鼓高呼“宁死不当奴隶”的口号，放火焚烧了咖啡和甘蔗种植园。许多种植园奴隶纷纷起来响应。10 月，杜桑·卢维杜尔烧毁圣多明各北部的布雷达种植园，带领 1000 多名奴隶加入起义队伍，把起义推向高潮。

杜桑·卢维杜尔（1743—1803 年）原来是布雷达种植园的一名奴隶，后来被提升为马车夫和管家。青年时代跟从他的教父学会了法文和拉丁文，攻读过法国启蒙思想家和古代欧洲军事家的多种著作，并掌握基本医术，是一名有杰出才能的革命领袖。杜桑·卢维杜尔加入起义军后，向奴隶们提出了“为自由而斗争”的口号，反映了广大奴隶要求废除奴隶制的愿望，吸引了大批奴隶加入起义队伍。起义军迅速发展到 10 万人。与此同时，杜桑还总结以前起义的教训，提出了游击战争的战术。当敌人大规模进攻时，起义军实行分散转移；当敌人疲劳时，起义军出其不意地打击敌人。他加强对自己所指挥的部队的集训，使之成为一支纪律严明、战斗力很强的队伍。他因善于突破敌军阵线，被誉为“卢维杜尔”（法语意为“打开”），此称谓后来就成为他的姓。杜桑的纲领和战术，在起义军中得到拥护，很快成为著名的起义领袖。愈来愈多的黑人奴隶投入起义军，从而开始把自由有色人领导的争取自由的斗争发展成为消灭整个黑人奴隶制度的伟大斗争。

海地革命可以分为两个阶段。第一阶段，打败英国和西班牙武装干涉。1793 年，英国和西班牙结成第一次反法同盟，决定联合夺取法属圣多明各。西班牙军队从海地岛东部的西属圣多明各出发，进入法属圣多明各。同时，英国派兵进入圣多明各。西班牙打着对法战争胜利后解放奴隶的旗号，诱骗起义军同它合作，对法军作战。杜桑当时看不清西班牙的本质，加入西班牙军队对法军作战。杜桑以“实现自由和平等”为号召，占领了海地北部的大批土地。[2] 但是，西班牙占领海地北部后，不仅拒绝在占领区废除奴隶制

---

① 布克曼是伏都教的一名神职人员，原来是英国殖民地牙买加的一名逃奴，海地革命初期奴隶起义的一位杰出的领导人。

② ［美］鲍勃、简·扬：《拉丁美洲的解放者》，黄士康、汤柏生译，商务印书馆 1979 年版，第 24 页。

度,而且大肆进行贩奴活动。1794 年 2 月 4 日,法国革命中雅各宾派执政后颁布了废除奴隶制的法令,5 月 6 日,受这个法令的鼓舞,杜桑与西班牙决裂,加入法军联合进攻西军。在短短几个月内,起义军几乎收复了被西班牙军占领的全部领土,并在这些地区宣布废除奴隶制度。1796 年,杜桑被任命为副总督,获准将军衔。1795 年,战败的西班牙被迫与法国签订条约,把东部的西属圣多明各割让给法国。此时,英军仍在海地岛的西部和南部沿海,维护当地奴隶制度。杜桑率军西进,多次打败英军,直逼太子港。1798 年 10 月,英军向杜桑投降。

在近六年的战争中英军伤亡达 10 万人,遭受惨重的损失。同时,杜桑迫使法国总督和特派员离开海地,最后一批法国殖民军也随之返法,使海地基本上摆脱了法国的殖民统治。岛上混血种人种植园主对黑人奴隶的声势日益恐惧,开始公开转向反革命,进行叛乱和分离阴谋活动。杜桑率军平叛,统一了全境。1801 年 1 月,为了消除对革命的威胁,杜桑率军从南北两路进攻西属圣多明各,赶走了西班牙殖民者,统一了全岛。海地实际上成了在杜桑领导下的独立国家。

1801 年 6 月,圣多明各岛召开了制宪会议,7 月 1 日,颁布第一部宪法,宣布永远废除奴隶制度,居民在法律面前一律平等,私人财产不可侵犯,提倡贸易自由。杜桑·卢维杜尔被选为终身总督并有权选择继承人。圣多明各岛形式上仍保持对法国的从属关系。

从 1801 年起,海地革命进入第二个阶段,即打败拿破仑远征军,建立独立国家。

1799 年,拿破仑发动政变上台。新取得政权的法国大资产阶级对圣多明各的黑人奴隶革命充满敌视,拒不批准圣多明各的宪法。不可一世的拿破仑·波拿巴妄图用武力重新恢复岛上的奴隶制度,并以海地为基地,在美洲重建法国的殖民帝国。1801 年 12 月,他派遣其妹夫勒克莱尔将军率领精兵 3 万人,战舰 54 艘,前往征讨圣多明各。1802 年 2 月,抵达海地角。起义军在克里斯托夫指挥下坚决还击,战败撤退到内地和沿海地区。起义军另一将领德萨林纳在太子港等战役中失利。杜桑在强敌面前转而采取坚壁清野的策略,在给敌人以重大打击后,将主力退到内地坚持斗争。勒克莱尔看到不能在战场上迅速取胜,就于 1802 年 6 月诱骗杜桑谈判,将其扣留送往法国。1803年4月,杜桑死于狱中。

敌人的卑劣罪行及其妄图使自由黑人重新沦为奴隶的罪恶阴谋,激起了圣多明各人民极大的革命义愤。他们展开了打击侵略者的游击战争。在德萨林纳、克里斯托夫和佩蒂翁的领导下,起义军发动强大攻势,痛歼法国远征军。黑人游击战争的打击,热带的黄热病的侵袭,使拿破仑的侵略军遭受在历次战争中从来没有过的巨大损失。1803年11月,黑人军队攻陷法军在岛上的最后堡垒梯埃斯。侵略军残兵败将8000人从海上逃走,又被法国的劲敌英国海军截获。拿破仑向圣多明各前后派遣6万远征军,最后落得全军覆没的下场。征服圣多明各的计划彻底破产。

1804年1月1日,最先摆脱了殖民统治和废除了奴隶制度的新国家在圣多明各岛上宣布了自己的独立。[①] 世界第一个黑人共和国宣告诞生。这个新的黑人国家恢复了圣多明各岛的印第安语原名“海地”,作为自己的国名。德萨林纳任终身总统。

海地黑人奴隶把争取自身解放的斗争,同反对殖民主义和外国干涉者的斗争紧密地结合在一起,成为拉丁美洲第一个废除奴隶制度、赢得独立的国家。这一伟大的历史功勋鼓舞了拉丁美洲各殖民地争取独立自由的斗争,敲响了整个拉丁美洲殖民制度和奴隶制度彻底崩溃的丧钟。

第三节　西班牙美洲殖民地的独立革命

一、西属美洲独立运动的背景

波旁改革激化了宗主国与殖民地的矛盾,尤其是对于广大社会下层,他们没有分享到经济增长的好处,相反,波旁王朝通过增加王室专利公司垄断商品的种类(如烟草、酒、火药、盐等消费品)和增加税收来提高财政收入的

① 在海地宣布独立时,圣多明各岛东部原西属殖民地仍被法国占领军所控制。1808年法军撤退后,西班牙殖民者重新占领。1822年,海地将东部置于自己的统治之下。1844年东部宣布独立,建立多米尼加共和国。

做法,使得社会下层备受其害。1780—1781年两次大的社会下层抗议运动——秘鲁的图帕克·阿马鲁起义和新格拉纳达的起义——就是在这种背景下发生的。

1780年11月,在秘鲁爆发了起义,其领导人何塞·加夫列尔·孔多尔坎基是一位受过良好教育的、富有的梅斯蒂索人,印加王族的后裔。他自称印加帝国皇帝图帕克·阿马鲁二世。图帕克·阿马鲁宣布与西班牙人作战到底,废除米达制、商品摊派制、消费税(alcabalas)等其他捐税,消灭地方长官,任命印第安人为行政区的长官。为了争取克里奥尔人和对西班牙国王抱有仁慈幻想的印第安人的支持,他宣布忠于西班牙国王和教会。① 但是,对印第安人而言,他们最直接的敌人是那些控制经济与社会生活的阶级,一般来说,这些人是克里奥尔人,而非半岛人。② 起义者不分青红皂白地攻击白人城镇和白人居民。被起义的巨大声势吓得惊慌失措的克里奥尔人和半岛人合作,保护他们祖传的产业。经过激烈的战斗,1781年,这场起义被平息。

1781年3月16日,新格拉纳达的索科罗居民举行起义。抗缴捐税,袭击政府仓库,驱逐西班牙行政当局,并宣布了一批领导人名单。主要领导人胡安·弗朗西斯科·贝尔韦奥(Juan Francisco Berbeo)是一个中等资产的庄园主。运动一开始是一场以梅斯蒂索人为主的起义,它的指挥权很快落到克里奥尔上层地主和官员手中。起义发展成一支强大的力量,跟他们一起的还有一群印第安人。七千人的队伍向波哥大前进,他们本来可以攻占首府,但是贝尔韦奥等起义领导人不是革命者,他们运动的口号是“国王万岁,腐败政府下台”。也就是说,他们反对的只是西班牙官僚机构的暴政,不是殖民地的社会结构。他们让起义军停止前进,与当局谈判,双方达成协议,几乎满足了起义者的所有要求:停止烟草专卖和各种捐税,将销售税从4%降到2%,改善行政管理以利当地自治,允许更多的美洲人担任官职,改善印第安人的处境。协议签署后,除一名梅斯蒂索领袖何塞·安东尼奥·

① Benjamin Keen, *A History of Latin America*, Fourth Edition, Houghton Mifflin Company, Boston, Toronto, 1992, p. 141.

② J.R.Fisher, “La rebelión de Túpac Amaru y el programa de la Reforma Imperial de Carlos III”, *Anuario de estudios americanos*, 28, 1971, p. 421.

加兰(José Antonio Galán)保留了自己军队,并继续进行起义外,其他起义队伍解散。而西班牙当局公开撕毁协议,从沿海调集军队镇压起义。克里奥尔领导人站在保王派一边,起义于1782年被扑灭,加兰被处死。

一些历史学家将这些起义看作19世纪克里奥尔人领导的独立运动的“先驱”,事实并非如此。英国拉美历史学家约翰·林奇认为,“严格地讲,18世纪的起义并不是独立的‘先导’”[①]。在新格拉纳达的暴动中,抗议者并没有提出独立的要求,他们只是在这一体系内部进行抗议,而非反对这个体系。图帕克·阿马鲁起义的一些派别将其目标指向独立,但这场起义的真正宗旨是反对白人特权(既包括半岛人,也包括克里奥尔人),最终目的是结束印第安人的屈辱地位。对于克里奥尔人来说,他们一心想要维护现有经济结构,而矿井、庄园和工场中的印第安劳动力是现有经济结构的基础。因此,尽管都对宗主国的政策不满,但克里奥尔人和印第安人、黑人、梅斯蒂索人、穆拉托人的利益往往是背道而驰的。图帕克·阿马鲁起义的结果之一是使部分克里奥尔人感觉到,殖民地秩序是“维护他们统治权的最好屏障,是保护他们不被众多土著人和混血种人消灭的唯一保障”[②]。

但是,到帝国统治的最后几十年,这道“屏障”正逐渐消失,克里奥尔人已经失去对波旁政府的信任,开始怀疑西班牙是否具有保护他们的决心。波旁改革贬低了他们的政治影响,而群众对他们的社会领导地位已构成威胁。他们迫切需要彻底摆脱处于殖民地政府和人民群众两面夹攻的困境。在这种情况下,当波旁王朝在1808年瓦解时,克里奥尔人为了保护自己的生命财产,必须去填补这个政治真空。他们不得不迅速采取行动,抢在群众起义之前,选择了独立。

1793年1月21日,法国国王路易十六被处死,为了阻止法国革命的扩散,西班牙加入了以英国为首的反法同盟,结果,当法军横扫比利牛斯山脉时,西班牙遭到彻底失败,被迫媾和。1795年底,王室宠臣和首席部长曼努

---

① 约翰·林奇:《西属拉丁美洲独立运动的根源》,莱斯利·贝瑟尔,前引书,第三卷,第40页。

② [美]伊曼纽尔·沃勒斯坦:《现代世界体系》第三卷,庞卓恒等译,高等教育出版社2000年版,第296页。

埃尔·德·戈多伊与法国签署了巴塞尔条约,不得不恢复与法国的同盟关系,而且将西属圣多明各割让给法国。这样,1796 年 10 月起,作为法国的盟国,西班牙与英国处于战争状态。1797 年,西班牙舰队在圣文森特角外被英国打败后,英国对加的斯进行了封锁。此后,除了短暂的几年外,西班牙与殖民地之间的联系几乎中断了。

自 1804 年起西班牙与英国再次处于战争状态。1805 年,英国在特拉法加战役中战胜了法西联合舰队,取得了无可挑战的海上控制权。此时英国对于是否支持西属美洲殖民地的独立运动仍犹豫不决。但是,1806 年,一位未经授权的英国远征军从好望角出发,占领了布宜诺斯艾利斯。西班牙总督弃城逃跑。为了赢得当地居民的支持,英军司令官宣布保护私有财产、自由贸易、宗教自由。但是,一支由克里奥尔人组成的军队,加上志愿军,由一名在西班牙军队中服役的法国军官圣地亚哥·利尼埃尔指挥,于 8 月 12 日袭击英军并迫使他们投降。这支英国远征军虽未得到授权,但是英国政府为它派出了增援部队。1807 年 2 月 3 日,增援部队占领蒙德维的亚,但很快被当地克里奥尔民兵击退。布宜诺斯艾利斯的克里奥尔人尝到了掌握权力的甜头,发现了自己的力量,获得了民族意识,促使克里奥尔人登上了政治舞台。

1808 年 3 月,拿破仑派军队侵入西班牙,废黜西班牙国王费尔南多七世,将其软禁在法国,并派自己的哥哥约瑟夫·波拿巴到西班牙当国王。西班牙全国爆发了自发性的起义,开始了延续 6 年之久的抗击法国的民族解放战争(1808—1814 年)。各地区相继成立爱国的“洪达”(Junta),即执政委员会,行使地方权力。9 月,成立“中央执政委员会”,以费尔南多七世的名义执政,统一领导全国抗战。1810 年初,法军差不多侵占西班牙全部国土。“中央执政委员会”宣布解散,将权力移交给“摄政委员会”。新政权主要掌握在主张实行开明专制主义的自由派手中,但他们在美洲属地问题上坚持殖民主义立场,极力维持西班牙对美洲的贸易垄断和殖民统治。

与宗主国不同,法国入侵等一系列事件在殖民地并没有立即引起解放运动的浪潮。广大印第安人和黑人对于西班牙究竟由费尔南多或约瑟夫来统治并不关心,对克里奥尔人来说,宗主国发生的事变,使自治或独立从遥不可及变为现实的紧迫性,大大激发了他们的政治热情。根据西班牙本土解放运动宣布的原则,在费尔南多被囚禁期间,各级政权归属洪达,不再属于卡洛斯四世在位时所任命的各级官吏。克里奥尔人仿照宗主国成立了效忠于西班牙王室的地方洪达。1810 年春,加的斯陷落在即,加拉加斯、布宜诺斯艾利斯、圣地亚哥、波哥大纷纷发生人民示威,克里奥尔人打出反对法国干涉的旗号,指责总督和其他殖民地官员对费尔南多七世不忠,迫使其将权力移交给地方洪达。克里奥尔人寄希望于采用这样合法取得政权的和平方式,自然认为就不必采取暴力行动,也不必去争取下层群众的支持。但是,殖民当局不愿放弃自己的统治。在半岛人看来,这些心怀不满的土生白人拥护国王是假,想要独立是真,于是就四处调迁军队,对 1809 在丘基萨卡、拉巴斯(玻利维亚)、基多(厄瓜多尔)、瓦利阿多利德(墨西哥)等城镇的克里奥尔人独立派的地方起义,实行无情镇压。殖民当局的行动,迫使克里奥尔人的立场发生了明显的转变,即从当初反对法国、拥护西班牙国王,到直接打出了反对西班牙、要求独立的旗帜。独立派与保王派之间的战争成为不可避免。

西属美洲独立革命分为两个阶段:1810—1816 年为第一阶段;1816—1826 年为第二阶段。其发展进程始终与宗主国局势紧密相关。殖民地独立革命由拿破仑入侵西班牙所触发,而当拿破仑侵略军遭到失败,复位的费尔南多立即派遣远征军,残酷镇压了殖民地几乎全部的新生革命政权,革命转入低潮;从 1816 年起,由于克里奥尔领导人发动了印第安人和黑人群众参加斗争,这时宗主国本身也发生了资产阶级革命,殖民地独立斗争反败为胜,革命再次进入高潮,最后推翻了西班牙在美洲大陆的殖民统治。

西属美洲独立运动在不同地域因受到种族、社会、经济和地理因素的不同影响,表现出很大的差异性。但也具有某些共同点,就是它们都由宗主国的事变所触发,矛头最后都集中于推翻西班牙殖民统治,有着共同的背景和斗争目标;而且,从新西班牙到拉普拉塔的辽阔大陆上,许多大城市都爆发了武装起义,并形成了三个斗争中心:委内瑞拉、阿根廷和墨西哥。因此,这些不同地区的斗争在一定程度上起着相互呼应和配合的作用。南美北部地区,解放运动从委内瑞拉向南扩展,南美南部地区从阿根廷向北扩展,这两股潮流最终在西班牙最后的殖民堡垒秘鲁汇合;墨西哥争取独立的斗争则直接带动了中美洲地区的独立。

二、南美北部地区的独立战争

南美大陆北部的新格拉纳达地区，是西班牙美洲独立革命开始得最早、斗争最激烈的一个地区。这个区域的独立斗争，以委内瑞拉为中心。拉美独立战争中规模宏大、场面激烈的战役，大都发生在委内瑞拉或是以委内瑞拉为基地展开的。

当时，委内瑞拉为一个都督辖区，是南美富饶的热带作物产地，濒临加勒比海，交通便利。18 世纪末，在这里即已传入了美国独立革命和法国大革命的思想，秘密印刷了法国的《人权宣言》。因此这个地区土生白人独立派的政治密谋活动较其他殖民地更早些。委内瑞拉人弗朗西斯科·德·米兰达（1750—1816 年）参加过法国大革命，在欧洲进行过长期的反西班牙的密谋活动。1806 年，他组织了一支由约 200 名外国志愿者组成的远征队，在委内瑞拉海岸突袭登陆。这次起事由于脱离国内人民群众，几乎马上就失败了。

1810 年 4 月 19 日，法国占领西班牙的消息传来，委内瑞拉的首府加拉加斯立即发生了骚动。以土生白人地主和商人为主体的市议会迫使殖民都督辞职，驱逐西班牙官吏，一个由克里奥尔人控制的洪达接管政权。新政权宣布效忠于被囚禁的费尔南多七世，但很多富有的克里奥尔种植园主并不支持独立，这些人后来逃亡到了古巴和波多黎各。爱国者内部也存在分歧。西蒙·玻利瓦尔等激进的独立派组织了“爱国会”，要求立即宣布委内瑞拉独立，也有人宁愿推迟宣布独立。玻利瓦尔被派往英国，寻求援助。他虽然未能争取到英国的支持，但成功地说服了米兰达返回委内瑞拉，领导爱国者军队。

1811 年 3 月，委内瑞拉召开了首届国民代表会议。以“爱国会”为代表的独立派和主张与西班牙人妥协的保守派在国会内展开了激烈斗争。7 月 5 日，在群众的压力下，议会通过了《独立宣言》，宣布成立委内瑞拉共和国（史称第一共和国），并颁布了委内瑞拉第一共和国宪法。宪法废除了印第安人的赋税，但是保留了奴隶制，天主教被宣布为国教，只有财产拥有者享有全部的公民权。最后一项条款将自由黑人和穆拉托人排除在革命阵营之外。

委内瑞拉的独立对邻近地区产生了巨大的影响,新格拉纳达各地纷纷起义。首府波哥大在地方爱国力量的声援下,赶走殖民总督,建立起“最高执政委员会”。除巴拿马和里约阿查两省外,各地都相继建立了革命政权。但各地爱国力量未能团结一致,在国家政权建设问题上产生很大分歧,多数省份主张自治,实行“联邦制”,反对“中央集权制”,为此纷争不已。

西班牙殖民势力一直蠢蠢欲动,纠集官兵,伺机推翻共和国。当时保王派力量强大,除了半岛人和一些克里奥尔贵族外,摄政委员会还从波多黎各派来了军队,一些自由黑人和穆拉托人也因宪法剥夺了其全部公民权而加入到保王派一方。在爱国者一方,最高司令米兰达和一些年轻军官,如玻利瓦尔,发生分歧,后者不满于米兰达在军事上的保守主义和犹豫不决。恰在此时,1812 年 3 月 26 日,一场地震造成了加拉加斯和爱国者控制地区大量的生命和财产损失,而保王派控制的地区未受伤害。保王派的教士趁机宣布,这场地震是神对叛乱者的惩罚。米兰达率领的共和军作战不利,连遭失败。青年军官玻利瓦尔所驻守的沿海重镇卡贝略不久也陷落。7 月 25 日,米兰达被迫与西班牙军队签订和约,同意放下武器,第一共和国被绞杀。7 月 31 日,米兰达被俘,押往西班牙监禁,1816 年死于加的斯监狱。

第一共和国失败后,作为共和国创建人之一的玻利瓦尔同一批爱国军官逃出委内瑞拉,辗转至新格拉纳达坚持战斗。

西蒙·玻利瓦尔(1783—1830 年)①,出身于加拉加斯一个土生白人贵族家庭,父亲是富有的种植园主兼工商业者,拥有大量土地、奴隶和矿产。先后在加拉加斯和马德里求学,深受启蒙主义思想和法国大革命的影响。年青时代与他的启蒙老师西蒙·罗德里格斯结伴游历欧洲时,在罗马萨克罗山顶立誓:“不打碎西班牙压迫的锁链,我决不停止奋斗!”在卡塔赫纳,他认真总结了第一共和国失败的经验教训,认为失败的主要原因是“联邦制”形式下各自为政,国家陷于无政府状态;没有建立一支正规军,对敌斗

① 玻利瓦尔是委内瑞拉、哥伦比亚、厄瓜多尔、秘鲁、玻利维亚和巴拿马六个共和国的奠基者。对玻利瓦尔的评价可参见罗荣渠:《西蒙·玻利瓦尔的世界历史地位——为美洲第一革命巨人诞生 200 周年而作》,《美洲史论》,商务印书馆 2009 年版。

争不力，最后得出结论说：革命的战争必须进攻。[①] 1813 年，他率领一支队伍重新开始战斗，并发表了“决死战宣言”，宣布所有不支持革命的半岛人有罪，而对克里奥尔保王派分子，甚至拿起过武器的人实行大赦。玻利瓦尔率领 500 多人的队伍，穿越安第斯山地区，向加拉加斯挺进。8 月，经殊死的战斗，革命者从西班牙人手中解放了加拉加斯等大片地区，重建共和国，即委内瑞拉第二共和国。玻利瓦尔被任命为爱国武装总司令，统掌军政大权，并被授予“解放者”的称号。

但是第二共和国生命短暂。1814 年，西班牙国内形势变化，拿破仑侵略军遭到失败，费尔南多七世复位。他立即恢复了全部专制制度，并派遣由莫里略率领的远征军，前往美洲，对各地起义进行残酷镇压。与此同时，第二共和国的政策疏远了很大部分下层阶级。克里奥尔贵族顽固地反对给予黑人奴隶自由。结果，黑人奴隶起而反抗，共和国不得不分出军事力量对奴隶起义进行镇压。委内瑞拉草原牧民亚诺斯（llaneros）人也起来反对共和国，因为共和国的农业法试图规定，没有土地所有者的书面许可，禁止在大平原上猎取和围捕野牛，并强迫牛仔携带身份证，试图将其变为牧场上的佃农。亚诺斯人在何塞·托马斯·博维斯的率领下，攻入高原地区，并逼近加拉加斯。1814 年 7 月，玻利瓦尔放弃加拉加斯，率残余部队撤往哥伦比亚。虽然博维斯在后来的战斗中阵亡，但正是他摧毁了委内瑞拉第二共和国。

哥伦比亚的爱国者内部纷争不休，虽然西班牙大兵逼近，但各省之间相互争吵，中央政府的权威受到严重削弱。玻利瓦尔看到形势已无可救药，即于 1815 年 5 月前往英属牙买加。此时，西班牙派出了一支由巴勃罗·莫里略率领的舰队在委内瑞拉登陆，重新征服了这块殖民地，然后围困了卡塔赫纳，该城于 12 月投降，几个月内，哥伦比亚其他地区亦被征服。革命转入低潮。

在连续遭受失败面前，玻利瓦尔仍保持必胜的信念。1815 年 9 月 6 日，玻利瓦尔在发自牙买加的一封著名信件中说，“镣铐已经砸碎，我们已经自由，但我们的敌人企图重新奴役我们。因此，美洲愤怒地投入战斗，而

① 《卡塔赫纳宣言》，《玻利瓦尔文选》，中国社会科学出版社 1983 年版，第 11—16 页。

殊死的斗争是不会不胜利的。”[①]他还就西属美洲的形势和前景作出了精彩的分析,他指出:“我不主张建立美洲的君主制。我的理由是:一个共和国最重要的利益是保护自己,取得繁荣和荣誉。而帝国则恰恰相反,它没有自由。”[②]他还根据各地不同的经济和社会结构的多样性,大胆地预测了拉美不同地区未来的命运,例如,他认为智利将拥有一个民主的未来,“而秘鲁则相反,它包含同所有正义和自由的体制相敌对的两个因素:黄金和奴隶。黄金腐蚀了一切,而奴隶自己也被腐蚀了。一个奴隶很少从内心珍惜完美无缺的自由,往往对暴乱感到愤慨,但却甘愿戴着镣铐。”[③]

玻利瓦尔从牙买加来到海地,在这里,他得到了新独立的海地共和国总统亚历杭德罗·佩蒂翁的物质支持,但要求玻利瓦尔在将来解放的领土上解放奴隶。1816 年,玻利瓦尔率领革命军再次在委内瑞拉东部登陆。他接受以往教训改变战略,不急于占领大城市,避开敌人盘踞的加拉加斯,而深入奥里诺科河丛林地带,在那里建立根据地。拿破仑战争结束后,一批英国老兵来到委内瑞拉,组成以善战著称的英国军团,还得到英国商人的资助,他们渴望在自由的委内瑞拉获得商机。草原牧民也被争取站到革命一边,在安东尼奥·帕埃斯率领下投奔玻利瓦尔,转过来反对西班牙,进一步壮大了革命队伍。1817 年 7 月,爱国军解放重镇安戈斯图拉(今玻利瓦尔城)。1819 年 2 月 15 日,在安戈斯图拉召开国民会议,宣布成立委内瑞拉第三共和国。在大会上,玻利瓦尔就宪政问题发表了长篇演说,[④]实际上是一份宪法改革方案。他提出废除奴隶制,把土地分配给革命士兵;主张摒弃联邦制,采取英国式的中央集权政体;设立拥有巨大权力的总统,一个世袭的参议院,而且将选举权和担任政府公职的权利限制在拥有财产和受过教育的精英人士。国会同意了他提出的政府构架,选举他为共和国总统,赋予他独裁权力,但没有完全支持他的改革方案。

解放战争尚待取得胜利。1819 年 5 月,玻利瓦尔做出了一项军事史上非凡的壮举。他一面命令帕埃斯率领草原牧民骑兵,在委内瑞拉北部以分

---

① 《牙买加来信》,《玻利瓦尔文选》,中国社会科学出版社 1983 年版,第 46 页。

② 《牙买加来信》,同上书,第 57 页。

③ 《牙买加来信》,同上书,第 60 页。

④ 《在安戈斯图拉国民议会上的演说》,同上书,第 76—102 页。

散的方式迅捷袭击西班牙部队的主力，以吸引敌军的注意力，同时亲自挥师南下，带领2500名士兵长途跋涉，穿过奥里诺科河茫茫沼泽地带，翻越海拔4000米险峻陡峭的安第斯山，进军新格拉纳达。在高山上连马匹都大量死亡，但革命军仍奋勇前进，一直到首都波大所处的高原地区波哥大，在那里与弗朗西斯科·德·保拉·桑坦德指挥的游击队会合。8月7日，爱国者军队出其不意地在博亚卡大败保王军。8月10日，玻利瓦尔在人民的欢呼声中进入了波哥大。1819年12月，一个包括委内瑞拉和新格拉纳达在内的“哥伦比亚共和国”宣布独立。玻利瓦尔被选为哥伦比亚共和国总统。

殖民军节节败退，莫里略奉调回西班牙。1821年莫里略的继任者拉托雷与玻利瓦尔重开战事。拉托雷集中步兵、骑兵、炮兵共5500余人，向爱国武装反扑，玻利瓦尔率6500大军迎敌。6月24日，两军在中部平原卡拉博博会战，结果大败殖民军，于8月1日光复加拉加斯。1822年6月，玻利瓦尔的助手苏克雷在南美解放战争另一重要领导人圣马丁派出的援军配合下，取得皮钦查战役的胜利，占领厄瓜多尔首府基多。于是，新格拉纳达、委内瑞拉和厄瓜多尔联合成立了统一的大哥伦比亚共和国，其版图相当于原来的新格拉纳达总督辖区，玻利瓦尔成为大共和国的最高领袖。玻利瓦尔还期望建立一个由所有使用西班牙语的拉美共和国组成的大联邦，一直从墨西哥延伸到合恩角。1826年在当时属于大哥伦比亚的巴拿马召开了讨论美洲团结合作的国际会议。玻利瓦尔是美洲国际合作和一体化思想的倡导者。

新格拉纳达地区全部独立，南美北部解放战争至此结束。

三、南美南部地区的独立战争

南美南部的独立战争发生在以布宜诺斯艾利斯为中心的拉普拉塔地区，包括阿根廷、巴拉圭、乌拉圭和玻利维亚等地。这个区域在地理上距离宗主国最远，经济上长期处于落后状态，殖民统治力量比其他总督辖区相对薄弱一些。但布宜诺斯艾利斯作为南美南部的最大港口城市，18世纪时已发展成为这个地区的经济和文化中心、总督辖区的首府。这里的土生白人新兴商人、种植园主和畜牧业主，较早就有了要求自由贸易和独立的趋向。

1806—1807年，布宜诺斯艾利斯城的居民，两次打败妄图登陆夺取拉普拉塔殖民地的英国海军，土生白人独立派更加强了自己的力量。

1810年5月25日，西班牙被法国占领的消息传来，布宜诺斯艾利斯立即发生了群众示威，迫使总督召开公开的市政会议，决定殖民地未来的政府形式。第一届阿根廷议会投票废黜了总督，并建立了一个洪达，在名义上仍代表费尔南多七世执政。史称“五月革命”。各省先后响应。1811年5月，巴拉圭土生白人独立派发动起义，推翻西班牙殖民当局，成立了以弗朗西亚为首的临时政府。同一时期，在东岸省（乌拉圭）也爆发了由J.阿蒂加斯为首的武装起义。这样，拉普拉塔各省的政权都先后从西班牙人手中转到土生白人手中。但是，布宜诺斯艾利斯“港口人”试图统一原来的总督辖区，与内地各省独立派的冲突时有发生。

在布宜诺斯艾利斯，1813年，国民大会宣布新国家的名称为拉普拉塔联合省，1816年3月，各省代表在图库曼召开大会，正式宣告脱离西班牙而独立。大会并通过了鼓励自由贸易，铸造新币，废除米达制、委托监护制、贵族头衔和宗教裁判所等项进步法令。由于各省区之间在经济和政治利益上矛盾重重，联合所有各省建立统一国家的设想未获成功。①

只要西班牙人仍占据中安第斯的山区堡垒，南美洲的解放就难以巩固。为了捍卫自己的独立，彻底摧毁西班牙的殖民武装力量，南美南部地区的独立战争的杰出领袖何塞·圣马丁实施了一项新的战略计划。圣马丁（1778—1850年）出生在今阿根廷的亚佩尤镇，其父亲曾任当地军政长官，后奉调西班牙。他自幼随父在马德里上学，当过步兵、骑兵，参加过海战，与摩尔人、法国人和英国人打过仗，有丰富的军事经验。1811年底自西班牙回国投身于解放事业。他先受命组建骑兵团，后任北方军司令，着手筹划解放南美南部广大地区。

圣马丁认识到，对西班牙在上秘鲁（玻利维亚）的军事堡垒发动直接进攻注定是要失败的，于是，提出新的战略设想，即先解放智利，然后从海陆两路包抄秘鲁，捣毁西班牙殖民势力在南美的老巢——秘鲁总督府。为此，他

---

① 1826年，“拉普拉塔联合省”改组为阿根廷联邦共和国。在此前后，玻利维亚、巴拉圭、乌拉圭各自建立独立的国家。

辞去了北方军司令之职，集中精力在与智利接壤的库约省训练军队。他用两年多时间组建了一支坚强的“安第斯山”军，其中招募了大量被解放的黑人奴隶，并争取强悍的阿劳坎印第安人的支持。智利爱国军总司令奥希金斯也率部前来与圣马丁会合。1817 年初，圣马丁经过精密准备，率军翻越了高达 3000 多米的安第斯山隘，出其不意地进攻智利的西班牙守军，经查卡布科战役，彻底击溃了敌人。这次胜利进军是南美独立解放战争从防御转向进攻的一个重大转折点。1818 年 2 月，智利正式宣布独立。奥希金斯任最高执政官。

接着，圣马丁组建了一支 5000 余人的“秘鲁解放军”，并建立了南美新独立国家的第一支舰队，共有 30 艘舰船。圣马丁任远征军总司令，从海上向西班牙在美洲顽固的殖民巢穴秘鲁进军。他对利马采取围而不攻的策略，切断其与内地和海上的联系，迫使总督撤离利马。

1821 年 7 月，解放利马，秘鲁宣布独立。圣马丁以“护国公”名义统领军政大权。在利马，圣马丁不得不对付反革命的暴乱，他的社会改革计划，如废除印第安人的贡赋、解放奴隶子女等，也遭到了秘鲁精英阶层的顽固抵制。此时，西班牙在南美的势力并未完全摧毁，退守内地的秘鲁总督仍拥有 2 万多军队盘踞在山区，负隅顽抗。圣马丁在兵力上与敌人相差悬殊，难以速胜。为了早日解放秘鲁全境，取得南美独立战争的最后胜利，圣马丁决定争取玻利瓦尔的援助。

正是在这种背景下，1822 年 7 月 26—27 日，圣马丁与玻利瓦尔在厄瓜多尔的瓜亚基尔举行了历史性的会晤。据研究，这次会晤的内容大体包括：1. 瓜亚基尔的归属问题，圣马丁主张将其作为秘鲁的港口，但既成事实是，玻利瓦尔已将瓜亚基尔划归大哥伦比亚。2. 西班牙美洲的政治未来问题。圣马丁主张建立君主立宪制，他认为唯君主制方能稳定新国家面临的迫切的混乱局面；玻利瓦尔则仍然坚持实行共和体制。3. 也许更加关键的问题是如何打败秘鲁的西班牙军队，完成解放南美大陆的任务。会晤之后，圣马丁突然退出政治生活，两位解放者不愿透露会谈的内容，没有留下文档记载，致使这次会谈的真相成为一个历史之谜。

圣马丁返回秘鲁，发现在他离开期间，他的首席部长已被赶下台，被迫流亡国外。1822 年 9 月，他向议会辞去“护国公”职务，移交了权力，悄然引退。[①] 此后,由玻利瓦尔独自承担了领导完成南美解放大业的重任。

圣马丁离去,利马随即处于西班牙军队再次征服的威胁之中。但玻利瓦尔并没有立即采取行动,直到1823年5月,秘鲁议会向他请求帮助时,他才派苏克雷率几千人的军队前往。利马一度被西班牙军队短暂占领带来的伤痛,致使利马接受了玻利瓦尔的绝对领导。1823年9月,玻利瓦尔进入利马。他花了几乎一年的时间才恢复了秘鲁的稳定,并统一了各派军队。他颁布法令,取消秘鲁境内印第安人人头税,并要求把土地归还印第安村社。在秘鲁人民支持下,玻利瓦尔进而率哥伦比亚和秘鲁联军进剿盘踞内地山区的西班牙殖民军。1824年8月6日,爱国军和保王派军队在胡宁湖畔开战,爱国军获得胜利。败退库斯科的殖民总督纠集9310人(共13个营)进行反扑。苏克雷受命迎战敌军。12月9日,两军在阿亚库乔决战,革命联军大获全胜。在战斗中,殖民军死伤2000多人,被俘3000多人,包括总督拉塞尔纳、14名将军和368名校级军官。殖民军代理统帅坎特拉克将军见大势已去,决定接受招降,签署投降书。殖民军方面宣布承认秘鲁独立,并撤离秘鲁;联军方面则保证殖民军官兵的人身安全,负责遣送回西班牙。

1825年8月,上秘鲁宣布独立,并以玻利瓦尔的名字命名了这个新共和国——玻利维亚。1826年1月23日,西班牙残军最后撤离秘鲁的卡亚俄港。至此,南美大陆全部获得解放。

四、墨西哥和中美地区的独立

墨西哥地区是独立战争最北部的中心区域。[②] 这个地区是西班牙在美洲殖民地最早建立的总督辖区,重要的金银产地。作为首府的墨西哥城,殖民统治最强,土地贵族和教会势力最大,是维护西班牙殖民地权力的堡垒。由于殖民当局一开始就严厉镇压一切革命活动,墨西哥城的土生白人独立派没有能够形成独立的政治力量,革命首先在首都以外的地区发生,领导人

---

① 辞职当晚离开利马,经智利、阿根廷前往欧洲,寄居法国。1850年8月17日在法国病逝。1878年阿根廷政府将其遗骸迁往国内,安葬在布宜诺斯艾利斯大教堂。

② 关于墨西哥独立运动,参见董经胜:《土地与自由——墨西哥现代化进程中农民动员研究》,北京大学出版社2019年版。

也大都出自下层神甫、小土地地主和低级军官。

1810年秋，在巴希奥地区重要政治和工业中心克雷塔罗城，土生白人以文学和社交集会的名义，秘密策划于当年12月8日在一次大集市上宣布墨西哥独立。不幸走漏消息，被迫提前行动。由于已不可能按原计划联络军官和土生白人，只有直接求助当地印第安人。多洛雷斯镇教区的神甫米格尔·伊达尔戈出身富裕家庭，曾任圣尼古拉斯神学院的院长，深受法国启蒙思想影响。他以博学和富于同情心，而深受印第安人的爱戴。他正是这次密谋活动的重要参与者。

9月16日，星期日，米格尔·伊达尔戈敲响教堂的大钟，召集前来做礼拜的印第安教徒群众，他在教堂的门廊发表演说，号召教徒们行动起来，逮捕西班牙官员，推翻坏政府。同时，也像西属美洲其他地区一样，他宣布拥护被法国人废黜和监禁的费尔南多七世。“多洛雷斯呼声”得到了热烈的响应。在“独立万岁！”“打倒坏政府！”“绞死加丘平（西班牙人）！”的口号声中，印第安农民、市镇的手工业者、银矿工人、下层神甫和军官们纷纷响应，拿起斧头、砍刀、棍棒，纷纷涌上街头，组成了浩大的起义队伍。伊达尔戈高举在附近一个教堂里揭下的瓜达卢佩圣母像，宣称圣母是他们运动的保护神。不到两个星期，起义者达到几千人。9月下旬，在上千矿工的帮助下，占领了矿业和工业中心瓜纳华托城。西班牙人退到一个大谷仓内固守，等待援军。但谷仓很快被攻破。起义军对瓜纳华托进行了两天的洗劫，成百上千名西班牙人被杀害。瓜纳华托的屠杀和洗劫，把起义队伍中的分歧公开化了，起义领导人只是要求实现墨西哥的“自治”或“独立”，而下层群众的行动完全超越了他们的目标，他们是为了复仇和实现社会公正，而且反对一切白人，包括“半岛人”和克里奥尔人。绝大多数的克里奥尔人站到了起义的对立面。群众的广泛参与，使墨西哥的独立革命运动，具有下层民众起义的性质，但是，伊达尔戈显然无力把起义群众打造成一支有纪律的队伍。

取得初步胜利后，伊达尔戈签署法令，宣布废除奴隶制、废除印第安人和混血种人的人头税。三个月后，他在瓜达拉哈拉总部下达命令，要求把该城附近被西班牙人占用的印第安人公共土地归还给印第安人，“只有在各自村社的印第安人才享有这些土地的使用权”。尽管这些措施很温和，还是进一步疏远了克里奥尔人。

1810年10月28日，伊达尔戈率领8万人的起义军到达墨西哥城郊。击败了一支保王军后，在城外驻扎了三天，要求总督投降，但被拒绝。伊达尔戈没有下令攻打这座几乎毫无防御力的首府，原因可能在于，伊达尔戈担心一旦占领墨西哥城，将可能发生以前那样的屠杀和抢劫；或者他认为，没有当地农民的支持，他无力控制这座巨大的城市。因为中部高地的情况与北部不同，这里农民还拥有社区土地，可以满足最低的生活需要，并通过大庄园赚取微薄工资弥补不足的种植收入。随着队伍因起义者的不断离开而减少，伊达尔戈下令向克雷塔罗撤退。

1811年初，经过休整和补充，起义队伍又扩大到8万余人。这时，西班牙殖民当局调集大军，由卡耶哈率领向革命军扑来。1811年1月，战斗在瓜达拉哈拉城外卡尔德龙桥附近展开。卡耶哈的队伍有8000人，10门大炮，装备精良，训练有素。起义军方面武器甚差，更缺少组织和训练，因此，尽管人数众多，作战勇敢，但最后伤亡惨重。伊达尔戈被免去最高统帅的职务，由起义军另一领导人阿连德接任。3月，因遭敌伏击，伊达尔戈和阿连德等起义领袖被俘，先后被杀害。

墨西哥地区的独立运动并未停止。由伊达尔戈派往南部领导武装斗争的何塞·莫雷洛斯（1765—1815年），成为独立战争的新领导者。莫雷洛斯出身于贫苦的梅斯蒂索人家庭，在庄园做工到25岁，后来当了一个低级的神甫。他接受伊达尔戈失败的教训，整训军队，改变战术，同敌人开展游击战，在两年时间内几乎控制了墨西哥城以南的全部地区。莫雷洛斯扩大了伊达尔戈的社会改革计划，禁止所有的强迫劳动，废除种族条款。一份文件的“计划”中，提出要把所有大于两里格的庄园分割成小地块，宣称小地产所有制的社会益处。学术界关于这份文件的真实性有过争论，但一些学者对此持肯定的态度，认为莫雷洛斯支持激进的土地改革。[①] 1813年秋，莫雷洛斯在奇尔潘辛戈（Chilpancingo）组织召开了国民会议，宣布墨西哥独立，制订社会改革计划，并赋予他至高无上的军事和行政权力。但1814年费尔南多七世在西班牙复位后，西班牙殖民军在军事上获得了大量增援，并强征土生白人组织反革命武装，对革命进行疯狂反扑。在战斗的紧急关头，莫雷

① Benjamin Keen, *A History of Latin America*, p. 175.

洛斯被国民代表大会解除了最高统帅权，起义军连连失利。1815 年底，莫雷洛斯被捕，牺牲前拒绝忏悔认罪，表现了坚贞不屈的革命气节。被打散的部队转往山区，坚持进行游击战斗。

1820 年，西班牙再次爆发革命，资产阶级自由派掌握政权，并迫使费尔南多七世接受了 1812 年资产阶级宪法。消息传到美洲，墨西哥殖民当局、教会、军队和土生白人上层阶级大为恐惧，他们害怕宗主国的革命风潮再次引起墨西哥革命的爆发，连忙策划政治阴谋，企图使墨西哥脱离革命的西班牙。这种情势让西班牙殖民军队的一个普通军官扮演为“独立英雄”。他就是伊图尔维德。这个曾经镇压过起义军的殖民军上校，眼看独立已是大势所趋，马上伪装拥护革命，宣布“伊瓜拉计划”，提出“独立、宗教、团结”三原则，即主张建立君主立宪制独立国家，尊天主教为国教，促进国内一切阶层的团结，把保守派和独立派等各派政治力量都暂时笼络到一起。他同农民起义军达成共同反击殖民军的协议，自任联军总指挥。8 月，他同总督奥多诺胡签订协定，宣告墨西哥独立。9 月，伊图尔维德率领军队进入墨西哥城，成立以他为首的执政委员会。

墨西哥暴动很快波及中美洲地区。殖民地时期，西班牙王室在墨西哥南部和中美洲地区设立危地马拉都督辖区，下分 6 个省：危地马拉、洪都拉斯、萨尔瓦多、哥斯达黎加、尼加拉瓜和恰帕斯，统属新西班牙总督辖区。1821 年，在墨西哥独立运动影响下，中美洲地区开始了独立进程。宣布独立的墨西哥曾试图按殖民地时期新西班牙总督辖区范围建国。9 月初，恰帕斯首先宣布独立并与墨西哥合并。随后，中美洲各省宣布脱离西班牙而独立，于次年初加入墨西哥共和国。1823 年，这些省又脱离墨西哥，建立独立的联邦共和国——中美联合省。1824 年，国名改为“中美洲联邦”。1838 年中美洲联邦解体，分裂为危地马拉、萨尔瓦多、尼加拉瓜、洪都拉斯和哥斯达黎加 5 个国家。

第四节　葡属巴西的独立

葡萄牙殖民地巴西以另外一种特殊的方式获得了独立。

1807年,拿破仑军队跨过西班牙,侵入葡萄牙,占领了里斯本。但是,葡萄牙的布拉干萨王朝没有成为拿破仑的阶下囚。当法国军队到达首都郊区时,摄政王若昂将政府机构搬上舰艇,在英国军舰的保护下,到达里约热内卢。将欧洲王室迁移到它的一个殖民地,这是举世无双的。葡萄牙王室在巴西居住了13年,在此期间,巴西在葡萄牙帝国的地位迅速提高。若昂六世开放了港口以同世界通商,批准并鼓励发展工业,将巴西提高到王国的地位,这一地位在帝国范围内使巴西与葡萄牙平起平坐。

葡萄牙政府开放了巴西的口岸,为英国货物的输入打开大门,巴西的经济和文化较过去有了一些发展,欧洲的资产阶级革命思潮也随同贸易来往传入了巴西。位于巴西东北沿海地区的伯南布哥省成为当时独立共和运动的一个中心。1817年3月,伯南布哥省爆发起义,建立起临时政府。起义由当地的独立派商人、地主和军官们领导。葡萄牙当局立即派兵前往镇压,起义很快就失败了。

1820年,在西班牙革命的影响下,葡萄牙国内也发生了资产阶级革命。消息传来,伯南布哥、巴伊亚等地区即爆发了土生白人独立派领导的独立运动。葡萄牙国王若昂六世面临着宗主国和殖民地的王位可能同时丢失的危险。1821年4月,若昂六世启程返回葡萄牙,王室也随之回迁,留下佩德罗王子为摄政王。据说在临行时嘱咐佩德罗:万一形势恶化,巴西要求独立,就自己宣布独立,把王冠戴在自己的头上。

佩德罗受到巴西的大种植园主、大商人和继续留在巴西的葡萄牙贵族的支持。这些支持者赞成君主制度,这样可以保住他们的封建特权。他们最初的要求是保持与葡萄牙的平等地位,建立葡萄牙与巴西的联合王国。由资产阶级自由派掌握的葡萄牙议会不承认巴西的平等地位,力图使巴西完全听命于宗主国,继续保持对巴西的殖民统治,并准备用武力征服巴西。发生过共和革命的省份如伯南布哥、米纳斯吉拉斯,则普遍要求独立后实行共和政体。而巴西大种植园主、大商人和上层保守分子既不满葡萄牙的专横压制,又害怕国内人民群众的发动引起真正的社会革命。他们夺取了对独立运动的领导权,把运动引入危险性最小的君主立宪的轨道。大种植园主把佩德罗看成实现巴西独立的最合适的领导人,并通过他们的政治代表若泽·博尼法西奥对佩德罗施加影响。

政治局势的恶化加速了巴西的独立进程。1821 年 4 月，葡萄牙议会决定撤销巴西的中央管理机构，把巴西分成几个省，由里斯本直接管辖。随后，又责令佩德罗回国。在爱国民众的感召和推动下，佩德罗作出留在巴西的决定，1 月 9 日成为巴西历史上有名的“我留日”。他采取了一系列有利于独立的措施，任命博尼法西奥为政府首相，并宣布拒绝执行葡萄牙议会的命令。当葡萄牙议会进一步施加压力，并悍然决定向巴西派遣增援部队时，巴西与葡萄牙走向了最后的决裂。1822 年 9 月 7 日，佩德罗正在巡视途中，在圣保罗一条小溪伊皮兰加之畔，接到他妻子从里约热内卢送来的一封信。信中写道：“苹果已经熟了；当下正是收获的时候，否则它就要腐烂了。”他立即从制服上摘下葡萄牙的徽章，挥剑高呼：“不独立，毋宁死！”这就是著名的“伊皮兰加的呼声”。这一天，成为巴西的独立纪念日。12 月 1 日，佩德罗在里约热内卢举行加冕典礼，称巴西皇帝佩德罗。所以，巴西的独立是通过和平的方式实现的，由葡萄牙王室坐镇巴西，相对平稳地完成了从总督辖区到王国、再到帝国的过渡。

第五节　独立革命的成果及其局限性

拉丁美洲独立革命从 1810 年起持续了 26 年，如果从 1790 年海地革命算起，为时 36 年。这次革命延续的时间之长、波及的地区之广、卷入斗争的人口之多以及激烈的程度，在很多方面为美国革命所不及，在世界殖民地革命运动史上也是罕见的。这是世界历史上的一个伟大事件。

由于独立前各地的社会经济条件存在着很大的差异，因此，各国的独立运动都带有各自的特点，成就也各有不同。总的来看，这次独立运动共同取得的主要成果是：第一，结束了法、西、葡旧殖民主义统治，建立了一系列民族独立国家，除西印度群岛等地外，基本上形成了今天拉丁美洲各国的政治布局。到 19 世纪 30 年代，拉丁美洲建立起 18 个独立国家：在法属圣多明各建立黑人共和国海地；在西属美洲建立了 16 个国家，即墨西哥、危地马拉、萨尔瓦多、尼加拉瓜、洪都拉斯、哥斯达黎加、多米尼加（以上原属新西班牙),委内瑞拉、哥伦比亚、厄瓜多尔(以上原属新格拉纳达),秘鲁、智利(以上原属秘鲁),阿根廷、巴拉圭、玻利维亚、乌拉圭(以上原属拉普拉塔);葡属巴西成为一个独立国家。新国家的建立加速了种族融合,逐步形成为新的民族;第二,各新兴国家(除巴西外)都确立了资产阶级民主制形式的共和国(墨西哥和海地有短时期实行过帝制),废除了殖民贵族称号等封建法律;第三,天主教会和政府分离,废除了极端反动的宗教裁判所,削弱了教会的政治经济权势;第四,废除了奴隶贩卖(巴西除外),到 19 世纪中叶都废除了奴隶制(巴西到 1888 年);同时逐步取消了印第安人的徭役制和贡税制;第五,废除了限制各国工业和商业发展的殖民垄断制度;墨西哥独立革命中提出的土地革命纲领,成为此后一个多世纪中拉美各国的重大斗争目标。

然而,作为一次殖民地革命,拉美独立革命具有双重任务,它既是反对民族压迫争取独立的斗争,又是反对封建压迫争取民主自由的斗争。从上述拉美独立革命所取得的成果来看,在完成这两重任务方面,都取得了一定的成功,尤其表现在打碎为时 300 年的殖民枷锁,成立了一系列新的共和制国家。拉美独立运动开启了从殖民地迈向现代社会的历史新篇章,基本上属于资产阶级革命的范畴。但是,在肯定这些运动的进步性和成就的同时,不应忽视它的局限性。从民族独立运动的角度看,拉美独立紧随美国之后,比亚非地区早 100 年,但拉美独立运动发生的基础和条件存在很大的不足。拉美殖民地居民结构不像亚洲那样都是土著居民,也不像北美的美国那样都是欧洲移民,而是由三种不同成分(欧洲人、印第安人和非洲黑人)所组成。他们尚未通过融合而形成共同的民族意识。土生白人自称“美洲人”,但他们并不认同印第安人、黑人和混血种人。共同的民族意识是民族解放运动的重要条件,而 19 世纪初的拉美缺少这个条件,不能不给民族运动带来了先天性的重大弱点。社会族群分裂,广大印第安人、黑人和混血种人群众在独立运动中往往处于游离状态。“有时,他们为其伊比利亚领袖而战;有时,却又加入美洲军队的行列。他们的忠诚除了取决于竞争双方将领的才干、所作的许诺以及其说服的能力,还往往取决于各种地方因素。”①拉美

① [美]E.布拉德福德·伯恩斯:《简明拉丁美洲史》,王宁坤译,湖南教育出版社 1989 年版,第 115 页。

独立运动因而表现出很大的曲折性和保守性。新的民族意识要到各国独立之后才逐步形成起来。

从反封建民主革命的角度看，局限性表现得更为明显。拉美独立运动尽管无论在理论上，在斗争方式上，还是在组织形式上，都仿效欧美资产阶级革命，但它们的社会经济和阶级状况存在着重大的区别。在欧美国家，资产阶级革命是社会内部资本主义经济关系发展的结果，革命是在资产阶级领导下进行的。20世纪亚非地区发生的资产阶级革命，虽然资本主义经济关系还很不成熟，但它作为一种新经济形式已经确立，资产阶级也开始独立登上了政治舞台。而19世纪初的拉丁美洲，资本主义的因素尚相当薄弱，在各国独立的时候并没有形成自己的资产阶级。独立运动是在土生白人地主的领导下进行的。独立运动最后在下层群众的支持和参与下获得了胜利，但是，为之付出了鲜血和生命的代价的广大印第安人、黑人及混血种人，并没有得到多少好处。独立革命后政权从欧洲殖民贵族的手中转移到土生白人大庄园主、种植园主阶级的手中，而殖民地原有的社会经济结构不仅没有被触动，反而进一步被强化了。拉丁美洲的独立革命并没有同时完成资产阶级革命的任务。在殖民地政治体制下，土生白人地主阶级的权力尚受到一定的制衡与约束，现在，宗主国的樊篱被打破，所建立的新政权实际上成了土生白人一个阶级的独裁统治。独立后各国资本主义的发展十分缓慢，在经济上也没有真正摆脱对欧洲殖民主义国家的附属和依赖地位。

第六章
新兴国家的巩固

第一节　独立后初期的经济、政治和国际关系

一、独立至1870年左右的经济

殖民地时期，拉美经济已被纳入资本主义世界经济体系，矿产品和农牧产品的出口，使拉美经济与北大西洋经济联为一体。19世纪初，拉丁美洲国家赢得了政治独立，但是，独立并没有改变其在资本主义世界体系中的位置。对此，著名的法国年鉴派史学家费尔南·布罗代尔做过精彩的论述，他说，与英属北美不同，西属和葡属美洲"早在18世纪前，而且在这个具有决定意义的18世纪期间，始终处于双重依附的地位，它既依赖伊比利亚半岛的宗主国（西班牙和葡萄牙），也依赖欧洲（首先是英国）。英国殖民地只要挣断一根锁链，摆脱与英国的联系，全部问题也就迎刃而解。另一个美洲则不然，它挣脱了与宗主国的隶属关系后，并不等于就此从欧洲的控制下解脱出来。它只是摆脱了长期监视它、剥削它的两个主人中间的一个"①。独立

---

① ［法］费尔南·布罗代尔：《15至18世纪的物质文明、经济和资本主义》第三卷，施康强、顾良译，生活·读书·新知三联书店2002年版，第483页。

后的拉美各国，经济上依然完全依赖于矿业和农业，依赖于欧洲。

独立战争造成了严重的经济破坏。在经历了持久而严酷战争的地区，从1810年到19世纪20年代中期，人口大量下降，由此造成了劳动力短缺。战争期间，矿山机械被捣毁，建筑物被损害，牲畜被征作军用。即使没有受到直接的损害的矿山，机械设备也年久失修。战争期间，流动资金极为短缺。黄金和白银的产量下降，货币储备得不到及时补充。货币都用来购买国外武器。即使拥有资金的人，在这个动荡不定的年代，也不敢轻易投资。战争期间，西班牙人逃回国内或者前往其他安全地点，随身带走了他们的资金。因此，战争结束后，用以经济重建的资金极为短缺。①

独立战争的领导人曾希望，随着国家的独立和西班牙贸易垄断的结束，将出现对外贸易的大幅度扩展，促进经济的恢复。但是，这没有变为现实。独立并没有带来土地和收入的再分配，由此限制了国内市场的扩大和生产能力的提高。预计的外资的大量流入也化为泡影，一方面，由于政治混乱局面使外资望而却步，另一方面，也由于这一时期欧洲和美国正致力于自身的工业革命，尚无太多的剩余资金输往海外。拉美产品的出口也处于较低的水平，因为欧洲依然将拉美看作其工业制成品——特别是英国纺织品——的出口市场，由此导致的大量廉价的欧洲制成品的输入，摧毁了当地的手工业，吸走了这些新兴国家的金银储备，带来了持续的贸易赤字。英国对拉美市场的控制还削弱了当地的商人阶层，因为后者无力与英国展开竞争。②

虽然在自由主义思想的影响下，一些国家的政府，特别是自由派执政期间，采取措施剥夺印第安人的公用土地，但是，直到19世纪60年代和70年代以前，印第安人还拥有一些公用土地，当时还没有国内外市场的需求使得这些土地对大庄园主形成足够的吸引力。尽管进口制成品对他们造成了很大冲击，但是，由于沿海与边远地区之间的交通不便，内地城镇的手工业生产尚能维持下来。

---

① Peter J. Bakewell, *A History of Latin America: c.1450 to the Present*, Blackwell Publishers, 2004, p. 435.

② Benjamin Keen, *A History of Latin America*, Fourth Edition, Houghton Mifflin Company, Boston, Toronto, 1992, p. 181.

面向国外市场的出口在经过独立战争期间的严重下降后，从20年代后开始缓慢恢复，但直到19世纪中期以前，增长缓慢。各个国家间存在着很大差异。墨西哥和秘鲁的白银生产直到19世纪中期才恢复到殖民地末期的水平。然而，有些国家，由于自然资源和地理位置的优势，相对较快地从战争造成的危机中恢复过来，经济得到适度的发展。30年代，西班牙美洲的白银产量有了急剧增长，这主要是由于智利北部的查纳西约银矿的发现和开采。更引人注目的是，30年代以来智利北部的科金博和阿塔卡马省铜矿的兴起。19世纪中期后，智利成为世界上铜的主要生产国，年产量从1830年的2000吨增加到1869年的5.1万吨。[①] 鸟粪成为秘鲁主要的出口产品。在首都利马东南约200公里的钦查群岛，几千年来累积了达30米厚的鸟粪层。这些鸟粪含有丰富的氮，长期以来就被土著用作肥料。1840年，秘鲁的鸟粪被送到德国首次进行了化学分析，并证实了其作为肥料的价值。1841年开始向欧洲特别是英国出口，直到70年代。50年代中期，每年出口的达50万吨，成为拉美最有价值的出口产品之一。秘鲁政府的财政收入激增，秘鲁独立后20多年的政治动荡也因此得到缓解。

更多的地区不是靠出口矿产品，而是农牧产品。在拥有辽阔牧场的拉普拉塔地区，主要向欧洲出口皮革和向古巴、巴西出口腌牛肉，这是当地奴隶的主要食物来源。到1820年，拉普拉塔地区的腌牛肉出口恢复到独立前的水平，在拉普拉塔地区和另一腌牛肉的生产地智利，出现了一些大型的腌肉厂，有的雇佣几百名工人。1830年后，拉普拉塔地区还向欧洲出口越来越多的牛脂。可可依然是委内瑞拉和厄瓜多尔的重要出口产品。委内瑞拉还成为重要的咖啡生产和出口国，19世纪中期，咖啡出口占委内瑞拉出口额的40%，并在不断增加。在巴西，由于国际市场上需求量的增加，咖啡生产在经济中获得了更大的重要性。1850年前，巴西咖啡生产已占世界咖啡总产量的40%。里约热内卢和圣保罗的内地土地因咖啡生产得到开发。[②] 依然在西班牙统治之下的古巴在19世纪是西班牙美洲最大的蔗糖生产和

① José del Pozo, *Historia de América Latina y del Caribe, 1825-2001*, Santiago: LOM Ediciones, 2002, p. 33.

② José del Pozo, *Historia de América Latina y del Caribe, 1825-2001*, p. 32.

出口地。古巴蔗糖生产的扩大一方面是通过大量进口奴隶,另一方面也是通过技术的进步实现的。早在30年代中期,古巴就出现了铁路,铁路的修建降低了将蔗糖从种植园运往港口的费用。古巴是西班牙美洲最早修建铁路的地区。古巴榨糖厂还使用了蒸汽机。榨糖工业现代化的资金主要来源于三方面:宗主国西班牙、离开西班牙美洲大陆殖民地携带资金前往古巴的西班牙人、古巴本身的资金积累。由于没有受到战争的破坏,古巴商人拥有投资的资金。

这种传统的出口增长模式的继续,依赖于欧洲和北美市场对初级产品的需求。随着欧美工业化的进展,这一需求的确在不断上升。在这一时期,拉美初级产品的价格相对比较坚挺。当然,也有个别产品,如皮革,有所下降,但下降的幅度低于拉美进口的制成品价格。由于工业化在欧洲和北美的扩展,生产成本下降,国际市场上竞争加剧,造成制成品价格下跌。例如,到19世纪中期,英国的制成品(依然主要是纺织品)的价格只有20年代的一半,致使拉美独立后的30到40年内,对拉美国家来说,贸易条件不仅没有恶化,反而有所改善。从这个角度而言,拉美虽然本身没有开展工业化,却从欧洲和北美的工业化进程中得到了实惠。

这种有利的贸易条件是暂时的,19世纪中期后,初级产品价格相对于制成品价格开始下跌。但是,拉美自身的工业化却举步维艰。个别国家曾试图发展自己的工业。例如,19世纪中期,在保护主义法律的刺激下,巴西开始出现炼铁厂和造船厂。在巴拉圭,在洛佩斯父子的独裁统治下,采取了保护国内工业的政策,利用奥地利和德国的技术人员,发展本国的钢铁业。但是,1864—1870年的巴拉圭战争后,这一工业化尝试完全中断。[①] 在墨西哥,在保守派的阿拉曼担任部长期间,曾建立保护主义关税制度,鼓励发展本国工业。但是,总体上说,在19世纪70年代以前,拉美的工业化基本上没有开始起步,经济依附"使这些与世界市场非常严密地结合起来的地区实行经济多样化受到更严格的限制"[②]。

---

① José del Pozo, *Historia de América Latina y del Caribe*, *1825-2001*, p. 34.

② 围略·霍尔珀林·唐伊:《西属美洲独立后的经济与社会状况》,莱斯利·贝瑟尔前引书,第三卷,第330页。

二、考迪罗和考迪罗主义

拉丁美洲的独立战争发生在世界资产阶级大革命的时代，独立战争的领导人大都深受欧洲启蒙思想影响。因而，独立后建立的政治制度大多反映了19世纪自由资产阶级意识形态的影响。绝大多数新独立国家都建立了共和政府。宪法确立了总统、议会和司法三权分立的制度，并且含有尊重个人权利的条款。除巴西外，君主制试验是不成功的、短命的。墨西哥独立后的首届政府是奥古斯丁·德·伊图尔维德的帝国，但该帝国持续了不到一年，到1823年即被共和国取代。后来1864—1867年间，和拿破仑三世勾结的墨西哥保守派引进了奥地利大公马克西米利安做墨西哥皇帝，但这次君主制试验以1867年马克西米利安被处死而告终。海地也曾进行过两次君主制试验。1811—1820年，亨利·克里斯托弗建立了君主国，后来，1849—1855年，福斯坦·苏卢克也宣布自己为海地皇帝，但两次君主制试验皆下场可悲。克里斯托弗最后自杀，苏卢克也被推翻。[①] 巴西是唯一维持稳定的君主制国家，巴西的君主制一直维持到1899年。

然而，尽管绝大多数新独立国家建立了共和制度，但是这种表面上的民主形式难以掩盖独裁制和寡头制的政治现实。一般说来，无论宪法形式如何，政府首脑是考迪罗，其权力基础是暴力；通常，他在较小的考迪罗组成的联盟的支持下进行统治，这些较小的考迪罗在各自的势力范围内又是最高首脑。立法和司法部门的独立性是一句空话。

考迪罗（Caudillo）的直接含义是“小首领”、“小头目”。这个词本来是指中世纪伊比利亚半岛反抗穆斯林统治的武装团伙的首领。在当前关于19世纪拉美的学术著作中，“一般认为，考迪罗是使用暴力或暴力威胁达到政治目的的人——他或者是指挥正规军队的职业军官，或者是领导民兵或非正规军队参加政治战争的民兵军官或骑马的文官，或者是（更广泛地讲）参加暴力镇压的基本上是文职的领导人，如巴拉圭的弗朗西亚博士或智利

① José del Pozo, *Historia de América Latina y del Caribe, 1825-2001*, p. 38.

的迭戈·波塔莱斯”①。

由于考迪罗通过暴力取得权力，他的政权缺乏宪法上的合法性，并且经常遇到其他考迪罗的竞争，所以被迫用暴力来进行统治，很少或根本不注意宪法细节。考迪罗在采取政治行动时似乎经常独断专行，他的行为也就更加无法预料。对考迪罗来说，首要问题是个人忠诚。被认为是忠诚的人可以得到支持，被怀疑为不忠的人可能遭到可怕的报复。

考迪罗和追随者之间的关系是一种庇护主—扈从的关系。考迪罗通过向他们的追随者许诺官职或其他回报来吸引扈从的支持，扈从希望通过支持作为庇护主的考迪罗获取好处。庇护主—扈从的共同需要成为考迪罗主义的根本支柱。这种庇护主—扈从关系主要使精英分子得益，但是同时也是考迪罗和普通民众之间的联系纽带。在农村，庄园主在和平时期和战争期间，需要劳工的忠诚和服务，雇农需要生存和安全感，因而庄园主成为一个保护者，拥有足够的力量保护它的依附者不受外来入侵者、征兵者和盗匪的侵害，并向其依附者提供就业、食物和住所。这样，庄园主和雇农之间就形成一种庇护主—扈从关系。这种产生于个人忠诚、以庇护主的权威和雇农的依附为基础的原始的政治结构，被融合于整个国家体制中，形成一个社会金字塔。在这个金字塔中，庇护主又成为更强有力的人物的扈从，一层一层，最终达到权力的顶点，整个社会所有人成为一个最高庇护主的扈从，这个最高庇护主是考迪罗层阶的顶峰，以个人权力为基础的国家化身。②

独立以后，考迪罗成为拉美上层集团的保护人。独立战争摧毁了传统的社会控制，使债役农、混血种人甚至奴隶都提出了自由和平等的要求，但是独立后，政治动员的提高并没有带来政治参与的扩大，政权被掌握在少数城市和农村的上层有产者手里。在没有合法的参与渠道的情况下，许多社会下层诉诸抗议和暴乱。在这种形势下，上层统治集团将考迪罗看作维持秩序和稳定的工具。

考迪罗是19世纪前半期西班牙美洲政坛的主宰者，这一时期，经济处

① 弗兰克·萨德福：《西属美洲独立后政治意识形态和社会》，莱斯利·贝瑟尔前引书，第三卷，第373页。

② Diego Urbaneja, "Caudillismo y pluralismo en el siglo XIX Venezuela", *Politeia* 4, 1975, pp. 133-151.

于长期停滞、社会被大庄园主和军人所控制，考迪罗能够仅凭借在自己的地产和军队中所获得的管理知识即可统治一个国家。然而，19 世纪 70 年代后，拉美进入了一个出口经济强劲增长的时期，拉美经济与世界市场更紧密地结合在一起，大量欧洲移民进入拉美。经济的增长推动了社会变革，城市化和社会流动性迅速发展。尽管物质繁荣的成果在社会各阶层中的分配是不平等的，但是新的社会集团产生了，依赖于出口经济的中间阶层开始出现。传统的考迪罗主义日益不适应于新的经济和社会环境。首先，考迪罗是发展的障碍。外国投资需要政治的稳定和政策的连续性，而考迪罗统治与此背道而驰。其次，经济发展导致了新的社会集团的产生，这些集团往往与外国利益相联系，其力量和财富超过了传统的考迪罗。在这种情况下，统治者必须寻求新的庇护—扈从的模式。第三，出口经济的发展，增加了国家的收入，使国家拥有了职业化的军队，武器装备优于考迪罗武装，铁路的修建使国家的力量能够扩展到遥远的边疆区域。国家还拥有了新的意识形态——实证主义。在经济社会环境的变化和新的意识形态的影响下，在一些较发达的国家，考迪罗被一种新的独裁者所取代，即所谓“现代化的独裁者”，或寡头独裁者。这些独裁者可能出身于考迪罗，并且在统治方式上与传统的考迪罗有许多相似之处，如个人专断、依赖于庇护制、惯于使用暴力等，但是，他们的政府与传统的考迪罗有了很大的差别。第一，政府愈益集权化，更大的官僚机构、更强有力的武装力量、更多的财政收入，使得独裁者的统治能够扩及到全国各地，消灭敌对势力。第二，新的独裁者在政治上所代表的已不再仅仅是此前大庄园主和军人的联盟，而是与出口经济相联系的各种各样的社会集团：土地所有者、商人、银行家、外国商人、官僚阶层。暴力和恐怖依然是其统治的主要方式，但是政治过程与此前相比野蛮的程度有所下降。传统考迪罗时期，政权更替通常是通过政变完成的，但寡头独裁者找到了政权更替的另一途径——选举舞弊，因此，很多新的独裁者能够通过多次连选连任长期控制政权。墨西哥的波菲利奥·迪亚斯就是这种新的独裁者的典型代表。①

---

① John Lynch, *Caudillos in Spanish America, 1800 - 1850*, Clarendon Press, Oxford, 1992, pp. 425-428.

三、自由派和保守派

1810—1870年是拉美政局动荡不定的时期，然而，政治斗争所反映的并非仅仅是不同的社会上层集团间的利益冲突，社会和意识形态分歧在其中也发挥了重要的作用。自由派、保守派、中央集权派、联邦派等等，并非仅仅是一块政治招牌，而是代表了一定的政治立场和主张。当然，一些机会主义的政治领袖并非拘泥于某种政治派别或主张。

一般而言，保守派代表了传统的权力和特权的所有者的利益，这些人主张维护现有的秩序。因此，大地产主、高级教士、高级军官和文职官僚、垄断商人等通常属于保守派。相比之下，自由派的支持者通常是殖民地时期被主流的经济和政治权力结构所排挤的人，因而他们自然希望变革现有的秩序。因而，自由派主要从地方各省的地产主、律师、其他专业人员（这是最易于接受新思想者）、店主、技工中得到支持者，另外，那些有野心、有抱负的印第安人和混血种人也倾向于支持自由派。但是，地区冲突或对宗族、家族的忠诚常打乱社会和职业的划分。

自由派主张打破殖民地时期等级制的社会秩序，希望参照美国或英国的模式建立一个充满活力的中产阶级国家。由于受到美国的成功经验的鼓舞，他们通常支持联邦制，主张保障个人自由、教育世俗化、废除教士和军队的特权。他们有时要求废除限定继承权、解散修道院、没收教会财产、废除奴隶制。自由派的联邦主义对这些新独立国家中次一级的地区具有特别的吸引力，这些地区希望开发本地资源，摆脱来自主流地区的资本和财富的控制。

保守派通常支持建立强有力的中央政权，主张由天主教会垄断教育，主张保留教士和军队的特权。他们反对言论和新闻自由，反对宗教宽容。一句话，保守派主张在新的共和国内尽可能地保留殖民地时期的社会秩序。有一些保守派领导人甚至主张建立君主制。保守派还反对外国移民，主张一定程度的经济保护主义。①

---

① José del Pozo, *Historia de América Latina y del Caribe, 1825-2001*, p. 39.

无论是保守派还是自由派，都对国家中占人口绝大多数的印第安人、黑人和混血种人的问题漠不关心。在自由派看来，印第安人的公共土地制度阻碍了资本主义企业精神的形成，主张通过立法分割公共土地。这一政策有利于剥夺印第安人的土地。尽管在理论上自由派主张建立小土地所有制，形成一个农村中产阶级，但是自由派在任何激进的土地改革计划面前都退缩不前。相反，作为传统主义者，保守派有时主张继承西班牙对印第安人的父权主义政策，并在土著印第安人中得到了一定的支持。①

除了拉普拉塔地区和有一段时期在委内瑞拉之外，自由派和保守派在经济政策上分歧不大。1820—1845 年间，大多数后来以保守派和自由派著称的人都信奉自由经济原则，但当情况需要时，他们的实际政策又都背离这些原则。例如，19 世纪 20 年代末和 30 年代初，英国商品的进口洪流造成严重的贸易逆差，加上流通手段的缺乏以及因此造成的经济紧缩，无论自由派还是保守派中间都出现了主张保护本国制造业的人。1845 年以后，由于欧洲和北美越来越需要拉美的原料，使得更多的国家对外贸易趋于平衡，从而似乎证明了自由贸易的正确性，因此，1845—1870 年间，自由派和保守派在自由经济政策方面有了接近一致的意见。② 这一趋势在 1870 年后得到进一步的加强。

四、欧洲、美国的干预和拉美国家间的冲突

造成独立后拉美新兴国家经济停滞和政治动荡的因素，除了国内的纷争之外，也与欧洲、美国的干预以及拉美新兴国家间的冲突有着密切的关系。

美国和英国最早承认了拉美新兴独立国家。这两国都出于自身利益的考虑，支持拉美的独立，但仅对拉美独立运动提供了间接的援助。拉美独立后，英美两国迅即与独立国家建立正式的外交关系。早在独立战争结束前，英国商人即涌入西班牙美洲和巴西的港口。英美两国都反对西班牙以武力

① Benjamin Keen, *A History of Latin America*, pp. 186-187.

② 弗兰克·萨德福：《西属美洲独立后政治意识形态和社会》，莱斯利·贝瑟尔前引书，第三卷，第 388—389 页。

重新征服其殖民地,英国首相坎宁向美国政府提出由英美联合反对神圣同盟干涉拉丁美洲的建议。野心勃勃的美国统治集团不甘心在拉丁美洲事务上“充当尾随英国战舰”的“一只小艇”,主张单独发表宣言,阐明自己的拉美政策。1823 年 12 月,美国总统门罗在国会咨文中发表声明,宣称美国不干涉欧洲事务和任何欧洲国家在美洲已有的殖民地,但也反对任何欧洲国家干涉美洲事务和在美洲进行新的殖民扩张。门罗宣言所体现的美国对外政策原则,后来以“门罗主义”闻名于世。门罗宣言的发表对于维护拉丁美洲的独立和抵制欧洲列强的干涉,客观上起到了一定的积极作用。但是通过门罗宣言,美国将自己置于凌驾于拉美各国之上的“保护者”地位,而此后的执政者按照自己的意愿加以种种解释,从而衍生出泛美主义、大棒政策和区域安全等政策主张,门罗主义被引申为可用来任意干预和控制拉丁美洲的原则,成为美国对外侵略扩张的工具。

继美国和英国之后,其他欧洲国家也相继承认了拉美新兴国家。在巴西独立几年之后,葡萄牙予以承认。西班牙一直拒不承认其前殖民地的独立。1835 年,墨西哥首先获得西班牙承认,其他国家在独立很久之后才获得西班牙的承认:阿根廷(1858 年)、秘鲁(1865 年)、哥伦比亚(1881 年)。1825 年,法国承认了海地独立。①

虽然赢得了国际承认,但拉美独立国家仍然没有摆脱欧洲和美国的多次干预。在墨西哥和中美洲地区,美国吞并了得克萨斯,并于 1846 年发动对墨西哥的战争,占领了墨西哥大片领土。1838 年,法国占领墨西哥的韦拉克鲁斯;1861 年,法、英、西三国对墨西哥联合进行了干涉。此后,英、西两国退出,但法国继续派兵占领墨西哥,将奥地利大公马克西米利安扶上墨西哥王位。1864 年,西班牙派军舰占领了秘鲁的钦查群岛,西班牙在此开采鸟粪,其间与智利进行了海战,智利与秘鲁、厄瓜多尔、玻利维亚联合共同对敌。1866 年,西班牙炮轰了卡亚俄和瓦尔帕莱索。此后 30 年间,英、法、西、德、意、丹、俄为欧洲侨民的索赔要求对拉美国家进行的武装干涉或武力威胁至少有 16 次之多,涉及委内瑞拉、尼加拉瓜、哥伦比亚、圣多明各和海地。②

---

① José del Pozo, *Historia de América Latina y del Caribe, 1825-2001*, p. 17.

② 罗伯特·F.史密斯:《1830—1930 年的拉丁美洲、美国与欧洲列强》,莱斯利·贝瑟尔,前引书,第四卷,社会科学文献出版社 1991 年版,第 85 页。

1833 年,英国派兵占领了马尔维纳斯群岛。1838—1845 年,英、法联合封锁了布宜诺斯艾利斯,强迫阿根廷独裁者罗萨斯向国际贸易开放拉普拉塔河口。伯利兹早在 17 世纪就被英国占领,1862 年,被正式宣布为英国殖民地。自 18 世纪以来,英国还维持着对尼加拉瓜大西洋沿岸地区的莫斯基托(Miskitos)人的保护,使这一地区成为英国非正式的殖民地。①

独立后,拉美新兴国家之间的边界没有明确的划界,由此造成了一系列的战争和敌意。这期间,拉美国家间影响较大的冲突有乌拉圭战争、巴拉圭战争和第一次太平洋战争。

殖民地时期,西、葡两国为争夺乌拉圭发生过战争,葡萄牙失利,乌拉圭成为西班牙拉普拉塔总督辖区的一部分。1810 年,布宜诺斯艾利斯建立了临时革命政府。西班牙总督弗朗西斯科·哈维尔·德·埃利奥把他的官邸设在蒙得维的亚,打算从那里进攻布宜诺斯艾利斯。但是,在布宜诺斯艾利斯的独立运动鼓舞下,乌拉圭人民于 1811 年 2 月 28 日在阿蒂加斯的领导下举行起义。布宜诺斯艾利斯派出了一支军队,支援阿蒂加斯。由于得不到来自西班牙的及时援助,埃利奥冒着让乌拉圭被葡萄牙占领并使其并入巴西的危险,求助于 1808 年逃到里约热内卢的葡萄牙国王若昂六世。若昂六世派出了一支军队,为埃利奥解了围。布宜诺斯艾利斯同意埃里奥提出的停战协定:承认西班牙在乌拉圭的统治权,同时阿根廷和巴西军队须在 1811 年 10 月撤离。这个协定使阿蒂加斯感到,“布宜诺斯艾利斯对解放乌拉圭并不打算真正承担义务,它跟依然盘踞在蒙得维的亚的西班牙部队和葡萄牙人达成停战协议就是证明”②。

然而,葡军违反协定,拖延从乌拉圭撤军,1812 年 10 月,布宜诺斯艾利斯再次派兵围攻蒙得维的亚,持续两年之久。在此期间,阿蒂加斯和布宜诺斯艾利斯之间的矛盾愈益加深。阿蒂加斯虽然承认布宜诺斯艾利斯洪达的最高地位,但不是无条件地支持,而是主张建立一个松散的拉普拉塔地区各省的邦联,③而布宜诺斯艾利斯的委员会则属于“激进的中央集

① José del Pozo, *Historia de América Latina y del Caribe, 1825-2001*, pp. 18-19

② 戴维·布什内尔:《西属南美洲的独立》,莱斯利·贝瑟尔,前引书,第三卷,第 126 页。

③ 同上。

权派”。[1] 1813年,阿蒂加斯召集了乌拉圭人的全国议会,议会推举他为国家的总统和军事统帅,并派出代表团到布宜诺斯艾利斯的议会去,但布宜诺斯艾利斯议会拒绝乌拉圭人出席。阿蒂加斯为了表示抗议,从包围线上撤军。

1814年6月20日,阿根廷军队水陆夹攻,攻下了蒙得维的亚。当时,阿蒂加斯运用他在阿根廷北部诸省的巨大影响,在科连特斯等省举行起义,巴西也在边界地区屯集了军队。面对这两种威胁,布宜诺斯艾利斯于1815年初把蒙得维的亚让给了阿蒂加斯。

阿蒂加斯把西班牙曾于1750年转让给葡萄牙、1757年又收回的七个耶稣会传教区划入了他的管辖范围。对于这个地区,葡萄牙从未放弃其扩张的愿望。1816年,若昂六世派兵从海上和陆上侵入乌拉圭。阿蒂加斯战败。1821年,葡萄牙把乌拉圭划归葡属巴西。1822年巴西独立后,乌拉圭仍在巴西版图之内。

1825年4月19日,一批流亡阿根廷的乌拉圭爱国者回到乌拉圭举行起义,得到乌拉圭各界的广泛响应,很快赶走了巴西军队。10月2日,起义者宣布乌拉圭加入拉普拉塔联合省。巴西不甘心丧失乌拉圭,于1825年12月向阿根廷宣战。结果,巴西军队战败。英国企图控制拉普拉塔河口,不愿意看到乌拉圭落入阿根廷手中,便出面调解,促使阿根廷和巴西在1828年签订和约,双方承认乌拉圭独立。

1835年,白党候选人曼努埃尔·奥里维当选为乌拉圭总统,遭到来自红党的里维拉的反对。红党与白党彼此为了战胜对方,又与外国联合起来。1839年,在白党的支持下,阿根廷总统罗萨斯派兵侵入乌拉圭,红党则得到法国的海军援助。到1842年,阿根廷军队已占领乌拉圭大部分领土。1843年包围蒙得维的亚。巴西与乌拉圭红党合作,在1851年10月出兵解了蒙得维的亚之围。1852年2月,战争结束。乌拉圭摆脱了阿根廷的控制,但是把一部分领土让给巴西。

位于巴西和阿根廷之间的巴拉圭,在1811年独立后,一度闭关锁国,禁止对外贸易,禁止外国人入境。19世纪40年代后,巴拉圭开始进行对外贸

[1] [美]艾·巴·托马斯:《拉丁美洲史》第二册,商务印书馆1973年版,第475页。

易,但仍奉行保护主义政策,对通往外部世界的巴拉圭河和巴拉那河,实行严密控制。英国和巴西要求巴拉圭全面开放,希望能在巴拉圭河流域自由航行,因而同巴拉圭发生矛盾。

1864 年 4 月,乌拉圭红党和白党之间爆发了内战。巴西和阿根廷支持的红党领袖弗罗雷斯起兵反对白党总统贝罗。贝罗总统于 1864 年 8 月吁请巴拉圭总统弗朗西斯科·索拉诺·洛佩斯援助。洛佩斯向巴西发出最后通牒,警告巴西不要侵犯乌拉圭。由于巴西拒绝考虑最后通牒,洛佩斯随即对巴西宣战。为了支持贝罗,洛佩斯请求阿根廷总统巴托洛梅·米特雷允许他的部队穿过阿根廷的科连特斯省。米特雷不同意,并调动军队反对洛佩斯。洛佩斯于是对阿根廷宣战。这样,巴拉圭这个小国就面对着巴西和阿根廷两个大国的联盟。1865 年 2 月后由弗罗雷斯执政的乌拉圭也加入了这个联盟。英国从经济上和政治上支持三方联盟,并动员世界舆论来反对洛佩斯这个“暴君”和“野蛮人”。

战争以巴拉圭的失败而告终,1872 年 1 月 9 日,交战各方缔约,巴拉圭战争正式结束。战争中,巴拉圭损失了 2/3 的人口,留下的是一个妇女和儿童的国家。土地荒芜,牛羊减少,交通毁坏,许多市镇荡然无存,长期不能恢复战争伤害的元气。

1836 年 1 月,玻利维亚和秘鲁成立了联邦,由玻利维亚总统安德列斯·圣克鲁斯担任联邦总统。智利政府把这个联邦视为威胁。太平洋沿岸的秘鲁和玻利维亚联合在一起,可以成为航海、贸易和鸟粪、矿产开发方面最强大的经济和政治核心。在发生了一系列边境事件和相互指责后,智利于 1837 年在秘鲁流亡者的帮助下入侵联邦领土,第一次太平洋战争爆发。

与此同时,阿根廷独裁者胡安·曼努埃尔·罗萨斯也把秘鲁—玻利维亚联邦看作对阿根廷的威胁。阿根廷和玻利维亚在塔里哈地区的归属问题上存在争议。塔里哈地区在独立战争之前属于原拉普拉塔总督辖区的萨尔塔省的一部分,在独立战争中并入了玻利维亚。罗萨斯决定与智利建立反圣克鲁斯的联盟,他提出两国协议的基本内容是:解散联邦,把塔里哈让给阿根廷和限制玻利维亚的武装力量。尽管阿根廷和智利都以圣克鲁斯为敌,但是互不信任阻碍了它们之间签订联盟条约。因此,1838

年初,阿根廷部队在没有智利配合的情况下入侵了玻利维亚领土。

战争初期,圣克鲁斯打败了智利军队和阿根廷军队。但是,在圣克鲁斯追击阿根廷军队时,智利部队再次侵入玻利维亚和秘鲁。1839 年 1 月,智利军队打败圣克鲁斯,玻利维亚—秘鲁联邦解散。

第二节　独立后初期的墨西哥

一、从帝国到共和国

1821 年 2 月 24 日,奥古斯丁·德·伊图尔维德在伊瓜拉宣布墨西哥独立。伊图尔维德在他的宣言"伊瓜拉计划"中号召独立、墨西哥人和西班牙人联合、尊重罗马天主教会。8 月 24 日,新西班牙末任总督胡安·奥多诺胡和伊图尔维德在科尔多瓦举行会谈,并签订了条约。条约承认"墨西哥帝国"是拥有主权的独立国家。"伊瓜拉计划"的内容被写进条约,但是做了若干修改。根据条约,皇位将留给西班牙国王费尔南多七世,如果他拒绝接受,则留给执政王朝的一位亲王。在科尔多瓦条约的文本中点明了四个具体的候选人,他们都是西班牙王朝的人,没有提到欧洲的其他皇族。如果这四人皆拒绝接受,未来的皇帝将由墨西哥国会选出。[①] 9 月 27 日,伊图尔维德率军进入墨西哥城。第二天,成立"伊瓜拉计划"和科尔多瓦条约所规定的执政洪达(Junta),共 38 名成员。然后洪达正式宣布墨西哥独立。洪达以伊图尔维德为主席,由知名教士、律师、法官、墨西哥贵族成员和若干军官组成。

但是,西班牙仍对墨西哥独立持敌视态度,一批强硬的保皇分子撤退到韦拉克鲁斯港前面的一座要塞圣胡安德乌卢阿,在那里等待援军到来后重新征服墨西哥。1822 年 2 月 13 日,西班牙议会拒绝了科尔多瓦条约,这正合伊图尔维德的心意。1822 年 5 月 18 日夜晚,当地驻军宣布伊图尔维德

① 汉·巴桑:《自独立到 1867 年的墨西哥》,莱斯利·贝瑟尔,前引书,第三卷,第 428 页。

为墨西哥皇帝奥古斯丁一世。2月24日召开的国会接受了这一局面，7月21日，国会主席在首都宏伟的大教堂为伊图尔维德加冕。

但是，伊图尔维德的统治是短暂的。墨西哥贵族希望有一位欧洲亲王，他们瞧不起商人家庭出身的伊图尔维德。另外，还有一批强有力的共和派。在米却肯，共和派曾密谋起义，但被当局所破获。于是共和派开始在首都策划起义，参与者有许多思想进步的军官，并与一些国会议员有联系。伊图尔维德采取了镇压措施。8月底获悉酝酿中的密谋后，他下令逮捕了15名国会议员，接着又逮捕了许多人。政府要求国会同意在墨西哥城和各省成立军事法庭，但被拒绝，于是伊图尔维德在10月31日靠军队解散了国会。

军队也站到了伊图尔维德的对立面。对于野心勃勃的军官们来说，如果不能从国外引进一位亲王，那么就应该建立共和国，因为在共和国制度下，他们还可能成为总统。1822年12月2日，韦拉克鲁斯港的青年军官、28岁的安东尼奥·洛佩斯·德·圣安纳因不受伊图尔维德的信任而即将被解职时，宣布起义。起义蔓延到邻近城市。不久前逃出监狱的游击队老战士瓜达卢佩·维多利亚加入了圣安纳的队伍，几个星期后，莫雷洛斯以前的战友布拉沃将军和格雷罗将军于1823年1月从墨西哥城逃出，宣布支持韦拉克鲁斯的起义。3月中旬，起义者开始进攻墨西哥城，19日，伊图尔维德退位，26日，起义者进入首都。3月底，国会恢复活动，并任命了一个临时三人执政机构，由维多利亚将军、布拉沃将军和内格雷特将军组成。4月起，卢卡斯·阿拉曼担任内政兼外交部长，成为四个内阁成员之一。4月8日，国会宣布“伊瓜拉计划”和科尔多瓦条约无效，并宣布墨西哥今后可以自由采取它所希望采取的任何立宪制度。

二、保守派和自由派的斗争

1823年伊图尔维德的垮台为共和国的建立扫清了道路，但是共和国很快成为保守派和自由派、中央集权派和联邦派之间纷争的战场。保守派代表了旧的土地和矿业贵族、教会和军人上层、垄断商人和一些制造业主的利益，其代言人和组织者是卢卡斯·阿拉曼，他是一位政治家、工业促进者和保守派观点的历史学家。保守派赞成少数人的统治、政教合一、有限制的教育以及强大的常备军。他们由于支持伊图尔维德帝国也被称为“中央集权派”。与之相对立的是商人阶级和知识分子，他们“决心使民主原则生效”，主张自由放任、选举权的扩大、政教分离、公办教育和联邦制，这一派当时被称为“联邦派”，也是自由派。自由派代表了土生白人和混血种人组成的中产阶级——包括首都以外的土地所有者、专业人员、手工业者、教会和军队的下层，他们决心结束上层集团的特权和对国家政治经济生活的全面控制。自由派的代言人是何塞·马利亚·路易斯·莫拉，他是一位牧师和经济学家。① 但是，自由派也是分裂的，其右翼，即温和派，主张进行缓慢的变革，并有时与保守派合作；其左翼，即激进派，主张进行迅速的反封建、反教会的变革。②

制宪会议在 1823 年 11 月开会，差不多一年后通过了宪法。1824 年宪法体现了自由派和保守派之间的利益妥协。为了迎合害怕强大的中央政府的地方经济利益，宪法把全国分为 19 个州，各州拥有自己的征税权，各州自己选举州长和州议会。每个州议会拥有一票的投票权，选出任期 4 年的总统和副总统。全国议会分为上下两院（参议院和众议院）。建立地方的文职官僚机构，以满足各省中产阶级更多地参与政治生活和担任公职的愿望。但是，宪法同时具有很强烈的保守派色彩：尽管教会失去了对教育的垄断权，但天主教被宣布为国教，教会和军队的司法裁判权得到了特别的确认。③

独立战争的英雄瓜达卢佩·维多利亚将军当选为总统，他属于拥护联邦制的自由派；尼古拉斯·布拉沃将军当选为副总统，他属于拥护中央集权制的保守派。维多利亚总统为了在内阁中维持两派的平衡，任命保守派的卢卡斯·阿拉曼为内阁部长。此时，两派之争以共济会内不同的会社会员

---

① 关于莫拉的思想，参见 Charles A.Hale，“Jose Maria Luis Mora and the Structure of Mexican Liberalism”，*Hispanic American Historical Review*，Vol. 45，No. 2，1965，pp. 196-227。

② Benjamin Keen，*A History of Latin America*，Fourth Edition，Houghton Mifflin Company，Boston，Toronto，1992，p. 186.

③ 关于 1824 年宪法，参见 *El Pensamiento constitucional hispanoamericano hasta 1830：compilacion de constituciones sancionadas y proyectos constitucionales*，III，Caracas：Sesquicentenario de la Independencia，1961，pp. 313-345。

的形式体现出来。中央集权派(保守派)成为"苏格兰礼式派"会员,得到英国代理大使亨利·沃德的支持;联邦派(自由派)成为"约克礼式派"会员,由美国驻墨西哥公使乔尔·R.波因塞特帮助成立。因而,两派之争也反映了英美在墨西哥的经济和政治影响之争。老的矿业和土地贵族希望在英国的支持下根据保守主义原则实现墨西哥的政治和经济重建,形成支持英国的派别;而自由主义的联邦主义者以美国模式作为他们的改革计划,形成了支持美国的派别。

几千名西班牙人,包括许多独立后仍留在墨西哥的富有商人的去留,很快成为一个重要的政治问题。直到1825年,西班牙仍占据着墨西哥韦拉克鲁斯附近的圣胡安德乌卢阿要塞,并直到1836年仍拒绝承认墨西哥独立,而且在国内发现了西班牙人卷入的反对独立的密谋,由此激起了强烈的反西班牙情绪。但是,保守派领导人,如阿拉曼,强烈反对驱逐西班牙人,因为这样做将不仅伤害墨西哥的经济,而且将危及墨西哥社会上层的利益。1825年,阿拉曼在联邦派的攻击下被迫辞职。保守派领导人兼副总统布拉沃发动了反政府的叛乱,但很快被击败,布拉沃被放逐。1827年,"约克礼式派"控制国会,通过了驱逐西班牙人的法令,但这一法令并未得到全面贯彻执行。

1828年的选举引发了共和国成立以来第一次政治危机。保守派推出温和派的曼努埃尔·戈麦斯·佩德拉萨为总统候选人,阿纳斯塔西奥·布斯塔曼特为副总统候选人;自由派推出激进派、独立战争的英雄维森特·格雷罗为候选人。自由派认为,格雷罗的个人声望将会保证他赢得选举,但是,佩德拉萨是战争部长,利用军队向州议会施加压力,最终以9∶1的选票,佩德拉萨和布斯塔曼特分别当选为正副总统。自由派义愤填膺。曾推翻伊图尔维德的圣安纳将军看到了另一次捞取政治资本的机会,站到自由派一边起兵反对佩德拉萨。1829年1月,自由派获胜,议会宣布格雷罗为共和国总统。为了维护统一,格雷罗要求布斯塔曼特留任副总统。

格雷罗政府的财政部长萨瓦拉为增加财政收入,出售被殖民当局收归国有的教会财产,还下令征收累进所得税。这使得格雷罗遭到了教会的忌恨。此外,国会通过法律,要求所有在墨西哥的西班牙人在3个月之内必须回国。1829年7月,西班牙借口这项法律虐待了它的侨民,派遣D.伊西多罗·巴拉达维斯准将率领五千人的远征军从古巴到达坦皮科。在西班牙的入侵面前,敌对政党捐弃前嫌,圣安纳将军匆忙从韦拉克鲁斯总部率一支 800 人的军队向坦皮科进军。他被巴拉达维斯击退之后,采取了游击战术。与此同时,巴拉达维斯等待的援军始终未见到达,他眼看墨西哥军力不断增强,而自己的军队则被疟疾和黄热病毁灭大半,绝望之余,于 1829 年 9 月 11 日投降。

外部威胁消除后,保守派展开了反对格雷罗政府的运动。最初,他们还不敢攻击总统,因为格雷罗毕竟是独立战争的英雄,又刚刚使国家摆脱了西班牙侵略,于是他们将目标对准了财政部长萨瓦拉和美国公使波因塞特。在他们的攻击下,萨瓦拉被迫于 11 月 2 日辞职,波因塞特不久离开了墨西哥。此二人的离开使格雷罗受到严重削弱。副总统布斯塔曼特趁机在前副总统布拉沃将军的支持下领导了一场叛乱,推翻了格雷罗。1830 年 1 月 1 日,布斯塔曼特就任总统,组织内阁。被推翻的格雷罗总统领导一批游击队战士在南方起事,布拉沃将军被指派率军镇压格雷罗。1831 年 1 月,格雷罗被俘,几个星期后中央政府下令将他处决。

新政府与 1823—1827 年的两届政府不同,它不试图在自由派和保守派之间保持平衡,而是公开采取保守派立场。阿拉曼再次进入内阁,担任内政兼外交部长。在为期两年的时间内,由阿拉曼控制的保守的专制政府动用军队将各州的自由派州长和议员赶下台,对自由派报纸进行取缔,监禁、枪杀或者流放自由派,特别是自由派中的激进派领导人。与此同时,新政府致力于发展经济,特别值得注意的是开始致力于本国工业的发展。19 世纪 30 年代初,阿拉曼建立了第一家投资银行——阿维奥银行(Banco de Avío),向纺织工业提供资金。阿拉曼还实行保护关税制度,将来自进口产品的关税支持投资银行。这种政府投资发展工业的计划在纺织业部门取得了一定的成功。1832—1833 年,在普埃布拉(Puebla)建立了第一家纺织厂,以水力为动力。该厂开始营业时,布斯塔曼特和阿拉曼已不再掌权。到 40 年代中期,墨西哥存在 50 家纺织厂。1837 年工厂织布只有 4.5 万匹,1845 年达到 65.6 万匹。[①]

---

① Peter J.Bakewell, *A History of Latin America: c.1450 to the Present*, Blackwell Publishers, 2004, p. 438.

但是,布斯塔曼特的保守派政权并不巩固,尤其是对格雷罗的处决引起了激烈的抗议。盛产银矿的萨卡特卡斯州州长弗朗西斯科·加西亚组织了一支强有力的民兵,向政府提出了挑战。他的朋友巴伦廷·戈麦斯·法里亚斯建议该州发起一场关于教会与国家各自的财产权利的论文比赛。一个贫穷的神学教授何塞·马里亚·路易斯·莫拉于1831年12月提出的一份论文获胜,论文证明撤销教会财产的限制继承权是有道理的,从而为反教权的自由主义意识形态和运动提供了理论基础。[①] 在日益加剧的社会不稳定状态下,圣安纳看到,政治钟摆又转向自由派一边,1832年,他起兵反对布斯塔曼特。年底,布斯塔曼特失败并被迫流亡。1833年3月,圣安纳当选为总统,法里亚斯当选为副总统。但是,圣安纳并不愿承担自由主义改革的责任,他佯病回到韦拉克鲁斯的个人庄园,将政府权力一手交给副总统法里亚斯。

法里亚斯在担任教育部长的莫拉的协助下,通过国会进行了一系列激进的自由主义改革:废除军队和教会的特权和豁免权,这意味着军官和教士一旦违法,将由民事法庭进行审讯;取消了民法规定的缴纳什一税的义务,缴纳与否变为完全自愿;取消了民法关于强制履行修道誓言的规定,允许男修道士和修女在他们认为合适的时候还俗;对天主教会控制的墨西哥大学实行世俗化。成立公共建筑部,削减军队,建立民兵。

自由派的改革遭到了教会和保守派的反对。军官开始组织叛乱,教士利用讲道坛散布,1833年的霍乱流行是对神不虔诚的自由派行为不满的报复。圣安纳又看到机会来临。1834年4月,他成为保守派叛乱的首领,率军占领了首都,将法里亚斯和莫拉流放。这次,圣安纳将政权完全抓到自己手中,废除了1833年改革法律。1834年2月,圣安纳召开了新一届国会,废止了1824年宪法。国会没有经过全国选民授权,制订了一个被称为《七项法律》的新文献,作为1836年宪法予以发布。按照这个文件,行政部门由总统和“国家权力维护院”(Poder Conservador)组成。总统产生的程序极为复杂,任期8年。“国家权力维护院”由5人组成,它能借口维持行政、立法、司法机关之间的均衡而废止所有法律、改变法院的判决、罢免总统、解散国会

① 汉·巴桑:《自独立到1867年的墨西哥》,莱斯利·贝瑟尔,前引书,第三卷,第440页。

以及对任何公民加以谋反和叛国的罪名而判处死刑。“国家权力维护院”不受尘世间的任何约束，却承认向神负责。最后，根据这个宪法，取消各州的区划，将全国划分为若干军区。[①] 很显然，这部宪法的目的是建立一个中央集权制的共和国。圣安纳知道，联邦主义的堡垒是萨卡特卡斯，他派兵进入这个州，击败并免除了加西亚州长的职务。

三、得克萨斯独立、美墨战争和国内政局

19 世纪初，美国开始向南部扩张。1803 年，从法国手中购买了路易斯安那。在美国看来，佛罗里达是路易斯安那向东的地理延伸。美国担心英国利用西班牙的软弱，夺取佛罗里达，并把它作为进攻美国的跳板。[②] 因此，美国对西班牙施加压力，要它至少把佛罗里达西部让给美国，但被拒绝。1818 年，未来的总统安德鲁·杰克逊指挥的一支美国远征军，入侵了佛罗里达。西班牙为了暂时保证墨西哥（包括得克萨斯）的领土完整，不得不把佛罗里达让给美国。1819 年 2 月 22 日，美国与西班牙签署了亚当斯—奥尼斯条约。根据条约，佛罗里达全部让于美国，美国保证尊重墨西哥对得克萨斯和墨西哥北部其他领土的主权。在墨西哥走向独立，并于 1822 年得到美国承认时，华盛顿又批准尊重现有边界。

但是，美国政府的这一承诺，与它的扩张野心特别是南部种植园主的扩张野心是不一致的。主张奴隶制的种植园主想把他们的统治扩张到墨西哥北部。适合于放牧的得克萨斯和适合于种植多种农作物的加利福尼亚是墨西哥最吸引美国人的两块地方。除了经济因素之外，当时美国的北方资产阶级和农、牧业的南方地主寡头之间的敌对情绪日益发展，南方人想吞并新领土来增加其在国会中的代表人数。

1835 年 6 月，在萨姆·豪斯顿的领导下，得克萨斯的美国人举行叛乱，第二年 3 月宣布成立“得克萨斯共和国”。因其“国旗”上只有一颗星，所以被称为“孤星共和国”。1835 年底，圣安纳指挥一支 6000 人的军队进入得

---

① ［美］艾·巴·托马斯：《拉丁美洲史》第四册，商务印书馆 1973 年版，第 1266 页。

② Demetrio Boersner, *Relaciones Internacionales de América Latina, Breve Historia*, Editorial Nueva Imagen, 1982, p. 67.

克萨斯镇压叛乱。叛乱者撤退，圣安纳乘胜追击，率其先头部队到达圣哈辛河口。他在没有采取防备措施的情况下休整，叛军乘此机会，于1836年4月21日突然袭击，将该军完全歼灭。圣安纳被俘后，与得克萨斯叛乱者签订了停止军事行动和将墨军撤出得克萨斯的协定，并答应承认“得克萨斯共和国”的独立，以沿格兰德河划定两国之间的边界。但是，墨西哥国会在1836年5月10日和7月29日通过决议，宣布圣安纳在被俘期间所承担的一切义务和缔结的一切协定无效。

在1837年的选举中，保守派的布斯塔曼特再次登上了总统座位。1838年，法国入侵韦拉克鲁斯，为法国人遭受的财产损失索取赔偿。法国的入侵给圣安纳以重新获得人民支持的机会。他进军韦拉克鲁斯。他的勇敢行动再次让他成为民族英雄。1841年8月，瓜达拉哈拉的司令官马里亚诺·帕雷德斯·阿里利亚加将军举行叛乱，号召解除布斯塔曼特的职务，并选举新的制宪会议，颁布1836年宪法的修正案。帕雷德斯是前王室军队军官，以保守立场闻名，因此这是一场保守派反对保守派的叛乱。他的支持者自行组成了一个“名流会议”，提名圣安纳为总统。1841年，布斯塔曼特流亡欧洲，圣安纳于10月成为临时总统。

为了给他的政府涂上合法的色彩，圣安纳于1843年6月公布了一个非常的文献——《墨西哥共和国基本法》，此法授予他实际上的绝对权力。根据这一文献，全国划分为若干区，由圣安纳指派的人担任各区长官。圣安纳凌驾于中央政府之上，有权否决国会通过的任何法律，有权以命令来代替法律之制订，有权委派所有法官，有权不经国会允许征税。

圣安纳的专制引起了社会不满，使自由派领导人获得了支持。1844年12月，自由派举行政变成功，拥立何塞·华金·埃雷拉为总统。埃雷拉就职后还没有站稳脚跟，墨西哥就遭遇了另一场巨大的灾难：美国吞并了得克萨斯，接着就发生了两国间的战争。

摆脱墨西哥的控制以后，以豪斯顿为首的得克萨斯美国人要求并入美国。但是，由于北方自由派的反对，美国没有马上接收这块渴望已久的新领土。于是，得克萨斯人准备作为独立国家存在下去，他们和英国、法国建立了联系。英国很乐意进入得克萨斯市场，得到这个地方的棉花。英国人要进入得克萨斯，使美国一些反对吞并的人改变了态度。1845年初，美国国会参众两院通过了合并得克萨斯的决议。夏天，泰勒将军指挥的美国军队开进了得克萨斯。

得克萨斯被美国吞并后，在墨西哥，无论自由派还是保守派，皆情绪激昂。但是，埃雷拉总统发现，国家的财政和军事状况使对抗美国毫无希望，因此他试图通过谈判解决问题。但在当时的气氛下，这样的行动被墨西哥人看作是卖国行为。1845 年，帕雷德斯再次叛乱，借口是“共和国领土将被割让，同意与背信弃义的美国内阁打交道这个无法抹掉的丑行将永远玷污国家的荣誉”①。他要求将埃雷拉免职，并召开非常国会制订新宪法。1846 年初，埃雷拉辞职，帕雷德斯成为新总统。在他的保护下，卢卡斯·阿拉曼公开提出了建立一个欧洲亲王当皇帝的墨西哥君主国的计划，可能是他期望，在美国的扩张面前，这样的君主国将得到欧洲军队的支持。可是，根本没有时间引进一位欧洲亲王从而获得帮助来反对美国。1846 年 4 月，美墨战争爆发。

美国扩张主义势力从 19 世纪 40 年代初开始渗入加利福尼亚。1845 年 11 月，路易斯安那州的国会议员约翰·斯莱德尔奉派前往墨西哥，任务是使墨西哥同意美国合并得克萨斯以及将加利福尼亚和新墨西哥售予美国。此行未有结果，美国遂决定诉诸武力。1846 年，美军从得克萨斯进入美墨有争议的地区，4 月底，墨西哥军队反击。美国反诬墨西哥侵犯了美国领土，于 5 月 13 日对墨宣战。美军分几路进入墨西哥。1846 年，上加利福尼亚的美国移民发动暴动，成立“独立”的加利福尼亚共和国，8 月 17 日宣布加入美国。

帕雷德斯没有能力捍卫国家，而且他同情君主制，这使公众舆论转向了另一个极端。人们认为，也许老联邦派法里亚斯和一度是民族英雄的圣安纳——两人都以仇恨美国闻名——更有办法。正在古巴流亡的圣安纳给在新奥尔良流亡的法里亚斯写信，建议两人进行合作，军队与人民实行团结，并表示他现在接受自由派的原则。1846 年 9 月 16 日，这两个迥然不同的人物同乘一辆敞篷马车穿越首都，12 月，国会任命圣安纳为总统，法里亚斯为副总统。

① 汉·巴桑:《自独立到 1867 年的墨西哥》，莱斯利·贝瑟尔，前引书，第三卷，第 445 页。

圣安纳不久离开首都去领导军队,法里亚斯为了满足军队的需要,于1847年1月通过国会颁布法令,出售1500万比索的教会财产以充军费。此举引起了教会的抗议,1847年2月底,首都发生叛乱。3月21日,圣安纳回到首都,他站在保守派一边,一个星期后撤销了没收令,但是首先得到教会承诺,提供150万比索的贷款。由于法里亚斯拒绝辞职,副总统一职在4月1日被取消。

在首都成为内战战场时,美军在温菲尔德·斯科特将军的指挥下在韦拉克鲁斯登陆。这个港口的守军于3月29日投降。5月,美军占领普埃布拉,9月15日占领首都。第二天,圣安纳辞去总统职务。埃雷拉将军把残余部队集合在一起,在未被占领的托卢卡,后来在克罗塔罗,成立新政府,由无党派的最高法院院长曼努埃尔·德·拉·塔尼亚担任总统。法里亚斯等一些反美的自由派不参加政府。塔尼亚政府与美国谈判,于1848年2月2日在墨西哥城北面的瓜达卢佩-伊达尔戈签订了和约。根据和约,墨西哥割让给美国的不仅有得克萨斯,而且有新墨西哥和上加利福尼亚,以及塔毛利帕斯、科阿韦拉和索诺拉的北部,即全国所有领土的一半以上,总面积为230多万平方公里左右。格兰德河被承认为墨西哥的北部国界。美国答应支付1500万美元,另免除墨西哥所欠300万美元债务,作为补偿。①

四、革新、内战和法国的干涉

战争结束后,埃雷拉担任总统,建立了由温和的自由派组成的政府。1850年,墨西哥再次举行总统选举,国防部长马利亚诺·阿里斯塔将军当选,他也是一个温和的自由派。此前,国家遭受的灾难致使激进的自由主义获得复兴。1846年,美墨战争仍在进行期间,在瓦卡哈州和米却肯州,建立了自由派政府。在米却肯州,梅尔乔·奥坎波就任州长,他是一位深受卢梭和法国乌托邦社会主义思想影响的学者和科学家;在瓦卡哈州,一位扎波特克印第安人——贝尼托·胡亚雷斯——成为州长。作为州长,胡亚雷斯以诚实、高效和民主清廉的作风赢得了声誉。

---

① Demetrio Boersner,"Relaciones Internacionales de América Latina",*Breve Historia*,pp. 130-131.

奥坎波和胡亚雷斯代表了新一代自由派领导人。他们的思想较莫拉那种贵族主义的、知识分子的自由主义更为激进，其激进的左翼成员如庞西亚诺·阿里亚加和伊格纳西奥·拉米雷斯甚至提出废除大庄园制、保护工人和妇女的权利等进步思想。①

激进的自由派运动的复兴，特别是他们提出的废除教会司法裁判权和使教会财产世俗化的主张，引起了保守派的惊慌。他们担心，温和的阿里斯塔政府将无力阻挡激进的变革。1853 年 1 月，由高级教士、高级军官、大土生白人地产主组成的联盟，以年迈的阿拉曼为首，举行了一场政变，推翻了阿里斯塔，任命住在委内瑞拉的圣安纳为独裁者，为期一年。4 月 20 日，圣安纳回到墨西哥城，正式就任总统。

根据阿拉曼的设想，圣安纳仅仅是引进一位外国王子建立墨西哥帝国的过渡。但是，1853 年 6 月 2 日，阿拉曼去世。失去约束的圣安纳又恢复了老作风，大肆掠夺国库，为个人和向他献媚者谋取私利。11 月，他宣布追赠伊图尔维德以“解放者”的称号，并下令把伊图尔维德的肖像陈放于一些政府大楼中。12 月，他宣布自己为永久的独裁者，称“特级公爵殿下”。他还向教会作出许多让步，允许耶稣会教士复职。他限制新闻出版，把许多自由派关进监狱或流放。

圣安纳的倒行逆施终于激起了反抗。1854 年 2 月，南部的一些军官在 F.比利亚雷亚尔上校的领导下举行了武装起义。3 月 1 日，起义者在阿尤特拉提出了一个纲领，10 天后又在阿卡普尔科作了修改，纲领要求免除圣安纳职务，选举一位临时总统，召开非常国会制订新宪法。后来，退休上校、属于温和自由派的伊格纳西奥·科蒙福特和格雷罗州的州长胡安·阿尔瓦雷斯成为起义的领导人。1855 年 8 月，圣安纳被迫放弃总统职位，流亡国外。阿尔瓦雷斯被选为临时总统，科蒙福特担任国防部长。一些激进的自由派（即所谓极端派，puros）被任命担任内阁职务：梅尔乔·奥坎波任外交部长，贝尼托·胡亚雷斯任司法部长，吉列尔莫·普列托任财政部长，米格尔·莱尔多·德·特哈达任发展部长，庞西亚诺·阿里亚加任内政部长。

1855 年 11 月，司法部长胡亚雷斯制定了一条法律，即“胡亚雷斯法”，

① Benjamin Keen, *A History of Latin America*, 1992, p. 189.

该法把教会法庭的司法权限制在处理教会案件,从而废除了教士的豁免权。它还建议剥夺军队的某些特权。该法的颁布激起了保守派愤怒的浪潮,国防部长科蒙福特也反对这一法律。12 月,在温和的自由派和保守派的压力下,内阁被迫改组。最激进的自由派人士梅尔乔·奥坎波被逐出内阁,几天后,总统阿尔瓦雷斯辞职,科蒙福特接任总统一职,他任命了一个温和的自由派组成的内阁,希望缓和保守派的压力。但是,此举为时已晚,在若干地区,一批批的世俗信徒、军官和神甫高呼"宗教和豁免权"的口号制造动乱。一个武装集团要求废除"胡亚雷斯法",解除科蒙福特职务,恢复 1843 年的保守派宪法。1856 年 1 月,这个集团占领普埃布拉城并在那里建立政府。科蒙福特虽然是温和派,但他不得不镇压暴动,3 月底,他迫使普埃布拉的叛乱者投降。他认为教会应对叛乱负责,没收了教会财产。

1856 年 6 月 25 日,国会通过了发展部长米格尔·莱尔多·德·特哈达起草的法律,即墨西哥历史上著名的"莱尔多法"。该法禁止教会拥有土地用于非宗教目的,此类财产必须卖给它的实际承租人,在转让过程中,国家抽取出售价值 6%的阿尔卡巴拉税(Alcabla)。教会没有被出租的房地产将招标拍卖,政府收取拍卖税。此法律的目的在于,产生一个农村中产阶级,但是,由于没有规定分割教会地产的条款,大多数土地转到本国和外国的大地产主、商人和资本家手中。另外,关于要求所有社团出售其土地的规定也包括了印第安村社,虽然法律规定使用这些土地的印第安人具有优先购买权,但是很少有印第安人能够拿出最低限度的购买费用,结果,助长了剥夺印第安村社土地的活动。

1857 年 4 月 11 日,颁布了新任司法部长何塞·马里亚·伊格莱西亚斯起草的限制教区费的法律,即所谓"伊格莱西亚斯法"。该法禁止向那些被认定为只能挣得维持生存所必需的最低收入的穷人征收教区费。法律规定对那些穷人服务而收钱,或拒绝免费给穷人施洗礼和主持婚葬礼仪的神父加以严厉的惩罚。

1857 年 3 月 11 日,颁布了新宪法。1857 年宪法宣布言论、出版和集会自由,限制教士和军人的司法特权,禁止教会和世俗团体占有不动产,宣布私有财产神圣不可侵犯。宪法恢复了 1824 年的联邦体制,将立法机构由两院制改为一院制,废除了副总统一职(如果总统职位空缺,将由最高法院院长填补)。总统任期 4 年,议员、最高法院法官和总统皆由间接选举产生。制宪会议中少数激进派本想将宗教自由列入宪法条款,但是未能成功,结果在宗教问题上,宪法既未提到宗教宽容,也没有宣布天主教为国教。随后根据新宪法举行了议会、总统和最高法院法官的选举,科蒙福特当选为总统,胡亚雷斯当选为最高法院院长。

"胡亚雷斯法"、"莱尔多法"和 1857 年宪法遭到教会和保守派的激烈反对。他们甚至得到了教皇的支持,教皇宣称,"我们以教皇的声音疾呼,为教徒的自由……谴责、非难并宣告废除上述法令以及民事当局以诬蔑教会权威和本罗马教廷的态度所做一切其他事情"①。1857 年 12 月,费利克斯·苏洛阿加将军率军发动叛乱,公开宣布目标是废除宪法。叛乱军队一面支持总统科蒙福特的权威,一面控制了首都,解散国会并逮捕了胡亚雷斯。科蒙福特经过犹豫后,表示赞同苏洛阿加的纲领。但是,一个月后,苏洛阿加得寸进尺,他解除了科蒙福特的职务,自己担任总统。结果,科蒙福特与保守派决裂,在掌权的最后时刻设法从监狱中释放了胡亚雷斯,宣布恢复宪法,然后离开了墨西哥。胡亚雷斯逃到克雷塔罗,从那里前往瓜纳华托。作为最高法院院长,根据 1857 年宪法,胡亚雷斯宣布就任总统。这样,在墨西哥城有一位保守派总统,在瓜纳华托有一位自由派总统,"三年战争"(1857—1860 年)开始了。

在这场内战中,富裕的中部地区被保守派控制,南部、北部和韦拉克鲁斯由自由派控制。虽然自由派控制了大量的地区,并得到多数人口的支持,但在战争的初期仍遭受了严重的失利。主要原因是绝大多数常备军投向了保守派,而自由派只得从头组建自己的武装力量。由国民自卫队和游击队组成的自由派军队显然在纪律和装备上劣于保守派军队。1858 年 3 月,保守派军队占领了瓜纳华托的重要矿业中心,并逼近胡亚雷斯政府所在地克雷塔罗。胡亚雷斯被迫撤退,首先退到瓜达拉哈拉,后又退到韦拉克鲁斯。直到内战结束,韦拉克鲁斯一直是自由派的政府所在地。

随着战争的继续,双方都面临着严重的财政困难。但是,保守派得

---

①　[美]E.布拉德福德·伯恩斯:《简明拉丁美洲史》,王宁坤译,湖南教育出版社 1989 年版,第 142 页。

到了教会的支持。为此,1859 年 7 月,胡亚雷斯采取激进措施,宣布对除建筑物以外的所有教会财产实行国有化,不予补偿;宣布彻底的宗教自由,实行政教分离。到 1860 年年中,战局向有利于自由派的方向转变。1860 年 8 月,保守派将军米盖尔·米拉蒙在西拉奥被击溃;10 月,瓜达拉哈拉落入自由派手中。12 月 22 日,自由派司令官赫苏斯·冈萨雷斯·奥尔特加打败米拉蒙,在 3 天之后的圣诞节占领墨西哥城,保守派领导人流亡国外。三个星期后,胡亚雷斯从韦拉克鲁斯来到墨西哥城。随后进行了总统竞选,1861 年 6 月,国会宣布竞选获胜的胡亚雷斯担任墨西哥新总统。

在战场上被击败的保守派寻求国外援助。英国、法国和西班牙的保守派政府不喜欢墨西哥的自由派和胡亚雷斯,而且具有进行干预的充足借口。因为内战期间,双方都曾夺取或摧毁外国人的财产而未予补偿,战后外国的债券持有者要求墨西哥政府从国库拨款予以赔偿。但是,由于国库空虚,同时胡亚雷斯对三国的动机持怀疑态度,墨西哥政府于 7 月宣布暂停一切付款。10 月 31 日,英、法、西三国在伦敦签订"三方条约",决定对墨西哥进行军事干涉。1862 年 1 月,三国派军在韦拉克鲁斯登陆。英国和西班牙在得到将来满足其赔偿要求的许诺后很快撤军,但是法国政府拒绝了墨西哥的所有许诺,拒不撤军。拿破仑三世所要求的不仅仅是赔偿财产损失。此时,一些墨西哥保守派流亡者向这位野心勃勃的法国皇帝保证,墨西哥人民将欢迎法国军队前往解放他们,并建立一个君主国家。拿破仑三世也认为一个在法国保护下的墨西哥帝国将为他带来政治上和经济上的优势。最终,他们选定奥地利大公马克西米利安为墨西哥皇帝。

为了给马克西米利安的到来扫清道路,法军从韦拉克鲁斯向墨西哥内地发动了进攻。5 月 5 日,在普埃布拉,法军遇到了装备低劣的墨西哥守军的顽强抵抗,在付出重大伤亡后被迫撤退。直到今天,墨西哥仍把这一天作为国家节日举行庆祝。墨西哥历史学家胡斯托·谢拉认为,普埃布拉的胜利,使法军推迟了整整一年的时间才侵入墨西哥腹地,使墨西哥充分做好了抵抗侵略的准备。[1] 1863年5月，法军增兵三千，在著名将军福雷的指挥下，再次进攻普埃布拉。墨西哥军队进行了顽强抵抗，5月7日在弹尽粮绝之后被迫投降。普埃布拉陷落打开了通往首都的道路，5月31日，胡亚雷斯总统率政府撤离首都，政府所在地迁往圣路易斯波托西。6月初，法军进入墨西哥城。

与此同时，1863年10月，保守派流亡分子组成的一个代表团前往奥地利，将墨西哥帝位交给马克西米利安。在法国干涉者的刺刀下，墨西哥组织了"公民投票"，墨西哥860万人口中，有640万拥护马克西米利安当皇帝。1864年4月10日，马克西米利安接受皇位，成为墨西哥皇帝，号称马克西米利安一世，并于5月底抵达墨西哥。

保守派本指望依靠马克西米利安帮助他们收回失去的财富和特权，但是，马克西米利安是一个具有自由主义倾向的人，同时他不愿得罪已购买了教会地产的国内外地主和资本家。他拒绝保守派的支持，组成了一个几乎完全是自由派组成的内阁。马克西米利安甚至在接受皇位一周年之际，签署了一个自由主义宪法——"墨西哥帝国临时法规"。宣布墨西哥采取"温和的世袭君主政体，由一位信奉天主教的亲王登基"，同时宣布信仰自由是人权的一项重要内容。"皇帝的政府"将保证"帝国全体居民在法律面前一律平等"。宪法还规定了劳动自由，明确禁止债务劳役制。劳动者有权随意离开他们的雇佣场所，不管他们是否欠雇主的债务，取消一切10比索以上的债务，限制工作时间和使用童工，禁止对劳工实行体罚。为了同大庄园的商店展开竞争，允许小贩进入大庄园向债役雇农兜售货物。最后，恢复印第安村社拥有财产的权利并把村社土地给予那些没有村社土地的村庄。[2] 与1857年宪法相比，这些条款看上去更加有利于保护社会下层的利益。

1865年的最后几个月，法国军队继续向前推进，把胡亚雷斯赶到了帕索德尔诺特，这是格兰德河上美国边界那边的一个小镇。1865年，美国内战以北方的胜利结束后，美国对法国从墨西哥撤军的要求愈益坚决，并陈兵于格兰德河。在美国看来，墨西哥应属于美国的政治和经济影响的势力范

---

① J.Sierra, *Historia Patria*, México, 1922, pp. 130-131.

② 汉·巴桑:《自独立到1867年的墨西哥》，莱斯利·贝瑟尔，前引书，第三卷，第472—473页。

围。面临着严重的内政和外交困境，拿破仑三世决定结束在墨西哥的冒险。1866年，法国从墨西哥撤军。次年，失去法国支持的马克西米利安被自由派军队击败，并经过军事法庭审判后于6月19日被处死。

1867年8月，胡亚雷斯作为成功抵抗外国侵略者的象征，再次就任总统。1871年举行的总统选举中，反法战争中的英雄波菲利奥·迪亚斯举行暴乱，他指责胡亚雷斯试图建立独裁统治，但被镇压。第二年，胡亚雷斯因心脏病去世，根据宪法，最高法院院长塞瓦斯蒂安·莱尔多（米格尔·莱尔多的弟弟）就任总统。1872年举行的总统选举中，莱尔多战胜了迪亚斯。1876年，莱尔多宣布寻求连任，迪亚斯再次举行叛乱，并推翻了莱尔多政府。

第三节　独立后初期的阿根廷

一、中央集权派和联邦派的斗争

1816年，图库曼会议的代表宣布拉普拉塔联合省独立，任命胡安·马丁·德·普埃伦东为最高执政。第二年，国会迁往布宜诺斯艾利斯。普埃伦东及其支持者地位巩固后，申明布宜诺斯艾利斯对其他地区在政治、经济和商业上的权威。通过对内河航运的严格控制，使布宜诺斯艾利斯成为新国家唯一的进出口港。1819年，通过了新宪法，规定建立共和国，设立称为执政的行政首脑、议会和最高法院，把权力置于中央政府，不允许各省自治。布宜诺斯艾利斯对进出口贸易的垄断激怒了圣菲、科尔多瓦、恩特雷里奥斯、萨尔塔等省的商人和生产者。外省的考迪罗们率领游牧高乔人向布宜诺斯艾利斯挑战。1820年2月1日，他们在塞佩达战役中击败了布宜诺斯艾利斯的军队，中央政府垮台，只有布宜诺斯艾利斯省政府幸存下来。

造成独立后阿根廷的分裂状态的根源在于全国不同地区间经济利益的矛盾。西班牙贸易垄断的终止为布宜诺斯艾利斯带来了较大的经济利益，沿海的圣菲、恩特雷里奥斯、科连特斯等省也获得了一定的好处，因为肉类和皮革的出口提高了它们的土地价值,但远比不上布宜诺斯艾利斯。内地各省的葡萄酒和纺织工业在殖民地时期受到垄断保护,但独立后遭到了从布宜诺斯艾利斯进口的价廉质优的欧洲产品的竞争。内地省份要求实行一定程度的自治甚至独立,以保护它们的原始工业,但是布宜诺斯艾利斯宁愿实行一种由港口城市控制的单一的自由贸易体制。这是阿根廷中央集权派和联邦派之间冲突的主要原因。中央集权派来自布宜诺斯艾利斯省(和市),想把布宜诺斯艾利斯这个港口城市实现国家所有,使整个国家向国际贸易开放。联邦派主要来自内地,他们赞同对布宜诺斯艾利斯市实现国家所有,因为他们希望把该市的关税收入分配给全国各地。但与此同时,他们又想维系省一级的自主权,尤其要保留对省与省之间的贸易征收关税的权力,从而保护本地工业。但还有另外一种联邦派,他们来自布宜诺斯艾利斯省,反对把布宜诺斯艾利斯港口城市国家所有,因为那样就意味着他们将失去这个省对该市关税收入的垄断权。他们也想进行自由贸易。①

1821 年,马丁・罗德里格斯当选为布宜诺斯艾利斯省的省长,但内阁中起决定作用的人物是首席部长贝纳迪诺・里瓦达维亚。里瓦达维亚深受英国哲学家杰里米・边沁思想的影响,是一位雄心勃勃的自由派。他开展了一场经济和社会改革。他倡导发展初级教育,还建立了布宜诺斯艾利斯大学,与 1618 年建立以来一直作为该殖民地文化中心的科尔多瓦大学不同,布宜诺斯艾利斯大学不受天主教会的控制。为促进文化事业,政府建立了国家博物馆和公共图书馆。在农村,里瓦达维亚的两项措施产生了深远的影响:第一,为了控制大量游荡的高乔人,实施了反流浪法,要求他们拥有旅行证件以及庄园的书面许可方可离开牧场。违反该法律者将被判处为期五年的民兵兵役。第二,他实行了出租国有土地的制度,即以固定的租金向租佃人分配公共土地。一些学者认为这是农业改革的尝试,但是由于对土地的分配没有面积的限制,这一措施实际上促进了大地产制的扩展。饲养牲畜带来的巨大利润的诱惑使很多本国和外国商人、政客和军官加入了夺取土地的浪潮,其结果是,产生了一个新的大庄园主阶级,而不是小农阶级,

① [美]托马斯・E.斯基德莫尔、彼得・H.史密斯:《现代拉丁美洲》,江时学译,世界知识出版社 1996 年版,第 81—82 页。

而这个大庄园主阶级恰是里瓦达维亚的自由主义进步理想的对手。[①] 为了促进国家的发展,政府向国外寻求贷款。将拉普拉塔联合省看作有利可图的贸易伙伴的英国,得到了特别的优惠条件。1824 年,英国获得了最惠国待遇,英国商人在与其他国家的商人的竞争中处于有利地位。里瓦达维亚也因此获得了伦敦巴林兄弟公司的 100 万英镑的贷款。[②]

里瓦达维亚的改革计划并不局限于布宜诺斯艾利斯省,他的目标是将整个阿根廷统一在一个强大的中央政府之下,由中央政府在全国范围内促进经济全面发展。按照 1824 年 2 月 27 日的法令,布宜诺斯艾利斯省省长应当"邀请所有各省的各族人民参加全国立宪议会的会议来制订全国宪法"。[③] 其他各省虽然与布宜诺斯艾利斯有矛盾,但是由于与巴西在东岸(乌拉圭)问题上紧张化,也同意召开议会。12 月 6 日,议会在布宜诺斯艾利斯开幕。议会制定了一项《根本法》,宣布了拉普拉塔联合省的不可动摇性,各省表示准备"用所有力量和所有资源来巩固国家的独立,并且尽力之所及,促进普遍的繁荣"。法律规定,在宪法通过之前,各省的管理制度不变,而且全国宪法应由各省进行讨论,只有各省同意之后,始能生效。议会授权布宜诺斯艾利斯省政府对于"一切有关对外政策的事项",如派遣和接受大使、签订条约等,实行领导。1825 年 12 月 10 日,巴西向拉普拉塔联合省宣战,并封锁了它的各个港口。同巴西的战争要求把全国的一切力量联合起来,建立一个全国统一政府。1826 年 2 月 3 日,议会通过了政府组织法,这个政府由内政、外交、陆军、海军、财政五部组成。设立总统职位,总统在全国宪法通过之前行使国家首脑的职能。2 月 7 日,里瓦达维亚被任命为拉普拉塔联合省的总统。3 月,他建议将布宜诺斯艾利斯设为国家的首都,置于联邦政府的控制之下。布宜诺斯艾利斯港口的海关收入(占布宜诺斯艾利斯省政府收入的 75%)国家所有。此举引起了布宜诺斯艾利斯大庄园主的强烈反对,他们不愿放弃该省对港口海关收入的垄断权。与此同时,经过长期辩论,12 月 24 日,新宪法获得通过,这部宪法主张建立单一制

---

① Benjamin Keen, *A History of Latin America*, Fourth Edition, Houghton Mifflin Company, 1992, p. 196.

② Daniel K.Lewis, *The History of Argentina*, Greenwood Press, 2001, pp. 42–43.

③ J.Aramburu, *Historia argentina*, Buenos Aires, 1949, p. 64.

的国家结构形式。宪法的颁布引起了内地各省联邦派者的不满，他们担心，强大的中央政府的建立将意味着他们自治权的终结，因而拒绝批准宪法，甚至撤回在议会的代表。在来自内地省份和布宜诺斯艾利斯两方面的联邦主义者的压力下，里瓦达维亚于 1827 年 6 月 27 日辞职。

1827 年 8 月 12 日，曼努埃尔·多雷戈当选为布宜诺斯艾利斯省省长，但在 1828 年 12 月 1 日，以胡安·拉瓦列为首的中央集权派推翻了多雷戈政府，“12 月革命是以拥护自由主义原则、反对农村保护主义、考迪罗主义和地方主义的名义进行的，它是为恢复里瓦达维亚的制度而进行的一次努力”①。但是，拉瓦列下令处死多雷戈，引起了反感，加剧了当时的无政府状态。正是在这种形势下，胡安·曼努埃尔·德·罗萨斯从拉瓦列手中夺取权力。1829 年 12 月 6 日，罗萨斯成为布宜诺斯艾利斯省省长。

二、罗萨斯的独裁

罗萨斯上台，反映了土地寡头集团领导权的确立。1810 年以来争取独立的斗争产生了一批职业革命家——职业政客、国家官员和军人，他们成为国家政权的直接掌握者，其主要同盟者是布宜诺斯艾利斯商人。然而，从大约 1820 年起，许多商人家族开始向土地、养牛和腌肉厂投资。在经济力量增强的同时，他们谋求直接控制国家的政治权力。罗萨斯正是这一土地寡头集团的代表人物。他们在 1827—1829 年击败里瓦达维亚和拉瓦列，不仅推翻了中央集权派，也同时取代职业政客、通过罗萨斯掌握了政府。

罗萨斯（1793—1877）出生于殖民地时期的望族家庭，在牧牛场长大。年轻时在反对英国入侵者和土著印第安人的战争中锻炼了领导才能。1818 年，率军支持普埃伦东最高执政，此后组织民兵巡逻队在南部边境地带抵御土著的侵袭。1827 年，起兵反对中央集权派政府，1827—1829 年联邦派获胜后，他被任命为布宜诺斯艾利斯省省长。

罗萨斯政权的基础是大庄园主。在他执政初期，布宜诺斯艾利斯省的

---

① 约翰·林奇：《从独立到巴拉圭战争时的拉普拉塔河地区各共和国》，莱斯利·贝瑟尔，前引书，第三卷，第 653 页。

大部分土地仍是印第安人控制的,罗萨斯主张采取一种拓居和扩大领土的政策。1833 年发动针对印第安人的"荒漠远征",给布宜诺斯艾利斯省增添了数千平方英里的土地。1834 年的法律将总共多达 50 平方里格的土地赠给曾经参加远征的军官,1835 年的法律将 16 平方里格的土地赠给曾经参加远征的安第斯师的士兵。1839 年对参加粉碎南方叛乱的军人赠与土地,将军得到 6 平方里格,校官得到 5 平方里格,士兵得到 1/4 平方里格。当时存在的农业结构是每个庄园平均为 8 里格,所以不足 1 里格的土地在士兵手中毫无用处,这些土地最终落入地主和正在购买土地的商人手中。其结果,罗萨斯政权时期,土地越来越集中到一小撮大庄园主手中。在经济政策上,罗萨斯和大庄园主阶级关心的只是出口皮革和腌肉,进口外国商品。罗萨斯更严格地推行了反流浪法,目的在于将高乔人转变为牧场工人和他的军队的士兵。

在外省的联邦主义者的合作下,来自布宜诺斯艾利斯的军队摧毁了中央集权派在科尔多瓦、恩特雷里奥斯和圣菲的残余据点。1831 年,在罗萨斯的推动下,布宜诺斯艾利斯、圣菲、恩特雷里奥斯和科连特斯签署"沿海协约",规定在外交方面布宜诺斯艾利斯代表其他各省,但在其他方面,各省自由不受干涉。① 罗萨斯通过与各省的考迪罗之间建立的个人联盟网络,依靠武力镇压不顺从的领导人,使他在很大程度上维持着对内地的控制。

1832 年,罗萨斯在他的省长任期结束时暂时引退。在此期间,政治动荡,甚至内战的威胁再次浮现。1835 年,罗萨斯再次成为布宜诺斯艾利斯省省长,并被议会授予几乎是绝对权力。凭借独裁权力,罗萨斯对反对派进行无情的镇压。他建立了一个政治俱乐部和类似警察的组织——"人民复兴协会"——通常被称为"玉米棒子"(Mazorca),因为它的会标上有一个玉米穗,象征着其成员的紧密统一性。该组织从警察、民兵、职业杀手和罪犯中募集成员,组成各种小队执行杀人、抢劫和威胁等任务。在罗萨斯时期,人民被强迫穿统一制服并使用象征联邦主义的颜色——红色,甚至马都必

① Demetrio Boersner, *Relaciones Internacionales de América Latina*, *Breve Historia*, Editorial Nueva Imagen, 1982, pp. 143-144.

须佩戴象征联邦主义的红色缎带。官方杂志的首页和所有报纸上都要印制下列口号："处死野蛮的、肮脏的中央集权主义者！"①大批反对派人士为了逃避迫害，被迫流亡国外。他通过操纵选举，使自己一直占据省长职位，直到 1852 年。

然而，名义上属联邦派的罗萨斯，在处理布宜诺斯艾利斯与内地省份的关系上，却带有中央集权派的特征。这说明，两派的区分并不是绝对的。在罗萨斯时期，布宜诺斯艾利斯逐渐取得了对其他各省的控制权。最初，罗萨斯通过与内地省份的考迪罗协商和谈判达到目的，他通过向外省提供补贴来缓解后者对他的贸易政策的不满。但是，1835 年后，他逐步通过挑动各省考迪罗的内部冲突，使各省政权相继落入他的同盟者手中。为了保持布宜诺斯艾利斯外贸垄断地位，罗萨斯对在布宜诺斯艾利斯省销售的、从其他港口进口的商品课以关税。

在对外事务上，罗萨斯表现出一定的民族主义倾向。为报复 1833 年英国再次占领马尔维纳斯群岛，他于 1833 年提高了关税，给外国商品的进入造成了困难。罗萨斯还想控制巴拉那河，对外国船只关闭这一重要的战略航线。他的对外政策受到了英、法以及巴西的反对。从 1836 年起，乌拉圭成了冲突的焦点。1835 年，白党的曼努埃尔·奥里维将军当选为乌拉圭总统，并得到罗萨斯的支持。红党的弗鲁克托索·里维拉于 1836 年起来反对奥里维政府，得到巴西和英、法的支持。不久，乌拉圭就建立了两个对立的政府：里维拉在蒙得维的亚就任总统，奥里维在塞里托组成了另一个政府。

阿根廷的反对派没有足够的军事力量向罗萨斯提出挑战，对罗萨斯的权威的首次挑战来自外国。从 1835 年开始，法国就对阿根廷提高关税表示不满。此外，布宜诺斯艾利斯政府开始征募外国人参军。1838 年，几名法国人被征入伍，另外几名被关押，以此为借口，法国海军上将勒布朗向罗萨斯递交了一份最后通牒，但遭到罗萨斯的拒绝。因此，从 1838 年 3 月到 1840 年 10 月，法国舰队封锁了阿根廷海岸，但没有宣战。② 封锁导致了经济恐慌，通货膨胀加剧，货币迅速贬值，布宜诺斯艾利斯的商人深受其害，罗

---

① Benjamin Keen, *A History of Latin America*, 1992, p. 197.

② Demetrio Boersner, "Relaciones Internacionales de América Latina", *Breve Historia*, p. 146.

萨斯的最坚定的支持者大牧场主也因封锁失去了将皮革和牛脂输往国际市场的途径。

法国的封锁鼓舞了罗萨斯的政敌——中央集权派。胡安·拉瓦列率军从乌拉圭出发,夺取了恩特雷里奥斯省。与此同时,里维拉在法国的支持下于1839年向罗萨斯宣战。在国内外敌人联合起来对抗罗萨斯的形势下,布宜诺斯艾利斯北部的一些牧场主也起来抗议法国的封锁导致的经济困难。但是,罗萨斯和奥里维的军队打败了巴西和法国支持的阿根廷中央集权派和乌拉圭红党的盟军。1840年,法国的封锁取消,里维拉和拉瓦列的势力被削弱,罗萨斯的力量增强了。法国取消封锁的原因是,法国与英国在近东的角逐,使两国产生了军事冲突的危险。在此形势下,法国需要集中它的海军力量。撤销封锁前,法国与阿根廷签署了一项协定,布宜诺斯艾利斯承诺尊重乌拉圭独立,在贸易上给予法国最惠国待遇;作为交换,法国撤回它对里维拉和阿根廷中央集权派的支持。①

1839—1841年,罗萨斯在一系列战役中击败了叛乱者和入侵者。1843年开始,他派兵包围了蒙得维的亚,打乱了该港口的正常活动。1845年,罗萨斯开始在拉普拉塔河和巴拉那河上派海军巡逻,目的是严格控制内河的航运和贸易,以保证布宜诺斯艾利斯作为本地区主要港口的地位。罗萨斯的野心再次激怒了外国商人。另外,英、法达成妥协后,不愿中断与乌拉圭的贸易,更不能容忍蒙得维的亚落入罗萨斯及其在乌拉圭的代理人奥里维之手。它们要求罗萨斯取消对蒙得维的亚的封锁,但遭到罗萨斯的拒绝。于是,英、法联合派出舰队再次封锁了布宜诺斯艾利斯沿岸。但是,罗萨斯成功地抵御了英、法的封锁。英国于1849年取消封锁,承认布宜诺斯艾利斯进入内陆河流通道的权利。② 第二年,法国也取消封锁。

在布宜诺斯艾利斯省内部,罗萨斯运用政治恐怖和宣传攻势清除了一切反对势力,但是,他在1848年对布宜诺斯艾利斯之外的地区实行贸易限制,激怒了外省的反对派。布宜诺斯艾利斯以外的牧场主希望通过当地的港口出口他们的产品,对罗萨斯的贸易限制政策不满。同时,巴西政府对罗

---

① Demetrio Boersner, "Relaciones Internacionales de América Latina", *Breve Historia*, pp. 146-147.

② Demetrio Boersner, "Relaciones Internacionales de América Latina", *Breve Historia*, p. 147.

萨斯控制巴拉那河的航运不满,因为这一措施打乱了巴西对其东南部领土的控制。这样,依然处于被包围之中的蒙得维的亚,成为罗萨斯的各种反对派力量的核心。胡斯托·何塞·德·乌尔基萨成为反对派的主要领导人。乌尔基萨最初在罗萨斯的帮助下成为恩特雷里奥斯省的考迪罗。1839 年,他领导了驱逐该省的中央集权派的运动。罗萨斯扶植他当了该省省长。上台后,乌尔基萨得到大批的土地和牛群,成为该地区最富有的牧场主。罗萨斯对巴拉那河贸易的限制给乌尔基萨以及恩特雷里奥斯的其他牧场主造成了经济困难。1851 年,乌尔基萨向罗萨斯再次竞选布宜诺斯艾利斯省省长提出了挑战,这一挑战升级为军事对峙。罗萨斯的反对派统一到乌尔基萨的领导之下。乌尔基萨率领一支乌拉圭、巴西和阿根廷联军侵入布宜诺斯艾利斯省,并向首都挺进。1852 年 2 月 3 日,罗萨斯在卡塞罗斯战役中被击败,他独自一人从战场上骑马逃走,流亡英国,直到 1877 年去世。

同时,在反对罗萨斯独裁的斗争中,产生了一个新的反对派。一些年轻的知识分子最初在一些文学刊物上表达其立场和观点,一些作者——后来被称为“1837 年一代人”——起了领导作用。最初,他们的反抗主要以一种对国家未来发展方向的关注而表达出来,其主要成员埃斯特万·埃切维利亚、胡安·包蒂斯塔·阿尔维迪、米盖尔·卡内等人在《时尚》(La Moda)周刊上发表文章,表面上支持罗萨斯政权,但是在他们的小说、诗歌和论文中,要求对阿根廷社会进行变革。在“1837 年一代人”看来,罗萨斯用来对付敌人的暴力代表了独裁统治的野蛮本质。这种野蛮状态是由于缺少进步和文明的产物。他们认为,政府必须推行促进阿根廷的文明和现代化的政策。他们提出的文明是欧洲的、城市的模式,这与罗萨斯时代农村在阿根廷扮演的重要地位正好形成鲜明的对照。①

在罗萨斯统治时期,“1837 年一代人”在布宜诺斯艾利斯影响甚微。不到一年的时间,罗萨斯就认识到这一团体的危险性,并迫使其主要成员流亡在外。在布宜诺斯艾利斯以外,他们赢得了支持和同盟者。多明戈·福斯迪诺·萨米恩托成为该运动的早期支持者和参加者。尽管他们的著作对削弱罗萨斯政权作用不大,但是在反抗罗萨斯政权中扮演的显要角色使

① Daniel K.Lewis, *The History of Argentina*, pp. 47-48.

“1837年一代人”在未来阿根廷的国家建设中发挥了重要的作用。

三、阿根廷的统一和进步

罗萨斯政权倒台后,各省授予乌尔基萨联邦临时执政官的头衔。布宜诺斯艾利斯与其他省份之间、联邦主义和中央集权主义之间的分歧立即再次浮现。乌尔基萨下令巴拉那河和乌拉圭河自由通航,建议各省组成一个松散的联盟,各省都可分享布宜诺斯艾利斯的海关收入。1852年,在恩特雷里奥斯的圣菲召开了制宪会议,1853年5月1日通过了宪法。1853年宪法反映了阿尔维迪的思想的影响,他建议中央权力和各省权力实现公正的平衡,并且执行一项关于移民、教育和现代化的计划。宪法规定,前联合省变为联邦共和国。在行政、立法和司法方面实行分权。立法机构由两院组成,参议院由各省立法机构选出两名成员组成,众议院由男性公民通过公开投票选出。宪法保证各省有地方自治权,有权选举省长和立法机构代表,制订各自的宪法,但联邦政府有权对各省进行干预,包括武力干预,以保证宪法的实施。总统由选举团选出,任期六年,不得连任。总统被赋予广泛的行政权力,可以提出议案,可以不经国会批准任免部长,有权干涉各省事务以维护共和政府对付内部骚乱或国外进攻。天主教被宣布为国教,但非天主教徒的信仰得到保障。省际间的关税被取消了,布宜诺斯艾利斯海关收入国家所有。乌尔基萨当选为共和国总统。

布宜诺斯艾利斯省和市拒绝支持新秩序。该市的领导人拒不放弃自独立以来该市所享有的特权。它拒绝派代表参加制宪会议,不接受1853年宪法。结果,在阿根廷出现了两个国家,一个是布宜诺斯艾利斯省和市,由该省省长(从1860年起是巴托洛梅·米特雷)和自由党统治,另一个是首都在巴拉那的阿根廷联邦,由乌尔基萨和联邦党领导的13个省组成。过去是各省拒绝接受布宜诺斯艾利斯的控制,现在是布宜诺斯艾利斯拒绝和各省合作。

作为阿根廷联邦总统,乌尔基萨同英国、法国和美国签订了商业条约,并且开放了巴拉那河和乌拉圭河,使之可以自由航行和对外贸易。联邦的政策是使自己摆脱布宜诺斯艾利斯而同外部世界直接贸易,并且使罗萨里奥成为一个新的货物集散地。为了增加联邦财政收入,乌尔基萨与布宜诺斯艾利斯之间展开了关税战。1859 年,双方终于兵戎相见。乌尔基萨的军队在塞佩达战役中击败米特雷的军队,布宜诺斯艾利斯被迫非常勉强地加入联邦,但它不能忍受商业优势地位的丧失,时刻准备重启战端。1861 年战事再起,双方在帕翁(Pavón)交锋,结果布宜诺斯艾利斯军队占据优势,乌尔基萨从战场上撤退。布宜诺斯艾利斯的经济和军事优势、其他各省对于布宜诺斯艾利斯港口的需要、各方面对于实现国家统一的意识终于促成了妥协。在 1862 年由各方代表参加的议会上,最终一致同意,布宜诺斯艾利斯成为阿根廷联邦共和国首都和布宜诺斯艾利斯省首府,海关收入实行国家所有,附带条件是在五年之内布宜诺斯艾利斯省的财政收入不得低于 1859 年的水平。米特雷当选为统一后的阿根廷第一任总统。

米特雷政府(1862—1868 年)时期,推行了有力的政策,来改善国家的经济生活。一家英国公司投资的从布宜诺斯艾利斯到罗萨里奥的铁路开始动工,政府鼓励移民。在对外事务方面,米特雷政府参加了巴拉圭战争。1868 年,著名的文论家、社会学家和政治家萨米恩托当选为阿根廷总统。在他任内,铁路开始深入内地,扩大了畜牧和农业领域。刺铁丝栅栏和紫花苜蓿的引进极大地提高了牲畜的质量。1876 年,巴黎与阿根廷之间的冻肉运输试验成功,此后冻肉取代腌肉,扩大了欧洲对阿根廷牛肉的需求。为了开拓迅速扩展的牧地和农地,萨米恩托政府鼓励移民,大约 30 万移民涌入阿根廷。萨米恩托还扩大了公立教育系统,将美国的教师培训机构引进到阿根廷。但是,萨米恩托的政策也有阴暗的一面。他认为,土著和高乔人口是阿根廷通向“文明”的障碍,他发动了一场灭绝印第安人的战争,并利用流浪法等镇压措施控制高乔人。[①] 萨米恩托的继任者尼古拉斯·阿韦利亚内达政府(1874—1880 年)时期,阿根廷进行了最后一场重要的领土征服,即“印第安人战争”。布宜诺斯艾利斯以南和以西的各省长期以来一直受到印第安人的攻击。胡里奥·罗加将军指挥一支部队打败了印第安人队伍。1880 年 9 月 21 日制定法律,把布宜诺斯

① Enrique de Gandia, “Sarmiendo y Su Teoria de ‘Civilización y Barbarie’”, *Journal of Inter-American Studies*, Vol.4, No. 1, 1962, pp. 67-87.

艾利斯市从布宜诺斯艾利斯省划分出来，使它成为联邦的首都，拉普拉塔成为布宜诺斯艾利斯省的新首府。1880年后，阿根廷进入了经济持续增长的时期。①

第四节　独立后初期的智利

一、自由主义和联邦制的试验

1808年年中，拿破仑入侵西班牙的消息从布宜诺斯艾利斯传到圣地亚哥。1810年9月18日，智利国家洪达宣布成立，宣誓“在国王被囚禁期间负责管理和保护国王的权利”。国家洪达基本上被控制在胡安·马丁内斯·德·罗萨斯手中，但他很快与国会多数派发生冲突，因而退到南部的主要港口和居民中心康塞普西翁，并在那里建立了一个独立的省级洪达。中央洪达被何塞·米盖尔·卡雷拉和他的两个兄弟控制。1813年初，秘鲁总督阿瓦斯卡尔派遣一支军队前来智利恢复秩序，并夺取了康塞普西翁。1814年初，另一支王室远征军进入智利。1814年，在英国海军准将詹姆斯·希利尔(James Hillyar)的调停下，双方签署利尔卡伊协议，规定智利承认费尔南多七世、交换俘虏、废除智利于1812年使用的国旗，西班牙—秘鲁联军在一个月之内撤出智利。然而，无论对秘鲁总督还是智利的克里奥尔人来说，这个协议都难以接受。与此同时，爱国者内部发生分歧，卡雷拉在圣地亚哥举行政变，流放了他的政敌，奥希金斯拒绝承认卡雷拉的权威。此时，秘鲁总督再次派马里亚诺·奥索里奥率领军队远征智利。卡雷拉和奥希金斯再次团结起来一致迎敌。在1814年10月1—2日的兰卡瓜战役中，卡雷拉和奥希金斯均战败，被迫率各自的残余力量逃往门多萨，一同逃亡的还有圣地亚哥的大批知名的土生白人。

在西班牙恢复对智利控制的三年期间，复辟的西班牙政权进行了残酷

① José del Pozo, *Historia de América Latina y del Caribe, 1825-2001*, Santiago: LOM Ediciones, 2002, p. 49.

镇压,很多人被杀害,或被流放到遥远的胡安·费尔南德斯群岛监狱,还有许多人被没收财产。卡雷拉的前秘书曼努埃尔·罗德里格斯在智利开展了反对保王派的游击战争。①

1817年初,圣马丁的军队越过安第斯山,在圣地亚哥以北的查卡布科战胜了保王派军队。在圣马丁的军队中,有相当数量的智利人,包括奥希金斯,但卡雷拉不在其中。2月14日,圣马丁和奥希金斯进入圣地亚哥。在那里匆匆召开的立法会议建议圣马丁领导智利政府,但他让给了奥希金斯。1818年4月5日,圣马丁在圣地亚哥南面的迈普(Maipú)大败西班牙军队。这样,到1818年年中,尽管保皇分子依然在南部进行抵抗,但从科皮亚伯到康塞普西翁的智利领土都已摆脱了西班牙的统治。1820年2月,保王派的一个重要海岸要塞瓦尔迪维亚被为智利服务的英国冒险家科克伦勋爵攻克。只有奇洛埃岛仍被西班牙军队控制。

奥希金斯考虑到1810—1814年爱国者之间的争执,确信智利需要一段时间的威权统治。由于战争仍在继续,上层阶级接受和欢迎奥希金斯的独裁。然而,1820年后,奥希金斯的反贵族措施,如禁止限定地产继承权、废除贵族爵位等,受到抵制。奥希金斯采取的针对教会的政策(允许外国人建立一个新教徒墓地、禁止在教堂内安葬、干预教会纪律等)也激起了不安定因素。1818年4月,卡雷拉的兄弟胡安·何塞和路易斯在门多萨被杀,六个月后,游击队领袖曼努埃尔·罗德里格斯被杀。1821年9月,奥希金斯的主要政敌何塞·米盖尔·卡雷拉因卷入阿根廷的内部冲突被杀。奥希金斯还被指责应对这些政敌被杀负责。

1822年,奥希金斯决定颁布一部新宪法,这部宪法将保证奥希金斯再执政10年。② 这是智利上层阶级所不能接受的。11月,康塞普西翁的监督官拉蒙·弗莱雷发表宣言,反对新宪法这个"怪胎",北部的科金博省随之响应。圣地亚哥也发生了针对奥希金斯的密谋。1823年1月28日,奥希金斯同意辞职,六个月后,乘一艘英国战舰前往秘鲁,再也没有回到智利。

① 20世纪六七十年代,曼努埃尔·罗德里格斯成为智利左派和革命者心目中独立运动的英雄。80年代中期反对皮诺切特政权的最著名的游击队自名为"曼努埃尔·罗德里格斯爱国阵线"。

② 全文见 Alan Bronfman, ed., *Documentos Constitucionales de Chile, 1811 - 1833*, K. G. Saur, 2006, pp. 43-65。该书收入了1811—1833年间智利14部宪政文献全文。

1825年10月,弗莱雷率兵前往解放奇洛埃岛。1826年1月,保皇军司令安东尼奥·德·金塔尼亚投降,智利领土上最后的西班牙武装撤出。

拉蒙·弗莱雷接替奥希金斯成为最高执政。此后直到1830年,掌权的自由派在智利进行了自由主义和联邦制的尝试。自由派主张仿效欧洲和北美的自由主义原则,建立共和制。对一些人来说,自由主义还意味着宗教宽容和反教权主义。推行自由主义原则必然与天主教会发生冲突。仅此一项,就足以使相当多的克里奥尔名流走向自由主义的对立面。一小部分有影响的知识分子和政治家还主张仿效美国实行联邦制,给予地方自主权。然而,事实证明,无论是自由主义还是联邦制,都不符合有着西班牙传统的社会和经济现实。

1824年,弗莱雷政府没收了教会财产,撤销了大主教前保王派罗德里格斯·索里利亚(Rodríguez Zorilla)的职务,引起了政府与教会的激烈对抗。1826年7月,在联邦主义的积极倡导者何塞·米盖尔·因方特(José Miguel Infant)的推动下,议会正式宣布智利实行联邦制。议会制订计划,将全国划分为8个省,各省将拥有自己的省议会和省宪法。联邦制不适合智利的政治现实,加剧了地区间冲突,削弱了中央政府的效率。①

1827—1829年,另一个自由派弗朗西斯科·安东尼奥·平托担任总统。1827年8月,政府恢复了中央集权制的政府形式,结束了联邦制试验。1828年,制定了一部新宪法。宪法保留了联邦制的省议会。平托总统为巩固稳定的自由主义政权,任命著名的保守派弗朗西斯科·路易斯·塔格莱担任财政部长,并得到了康塞普西翁要塞的华金·普列托将军的支持。但不幸的是,自由派本身(绰号"新手",Pipiolos)继续陷入派系之争,一些自由派反贵族和反教权的言论和1828年宪法中对长子继承权的实际废除激怒了保守派(被自由派称为"大假发",Pelucones)。流亡总统奥希金斯的支持者,包括普列托将军,要求恢复威权体制。然而,最猛烈的反对派来自所谓的"专卖主"(Estanqueros),其领导人是迭戈·波塔莱斯。保守派、奥希金斯的支持者、专卖主的一致目标是,根除智利的自由主义。

---

① Brian Loveman, *Chile, The Legacy of Hispanic Capitalism*, Oxford University Press, 1988, pp. 119-120.

1829年,在驻康塞普西翁军的支持下,保守派举行叛乱。双方军队在圣地亚哥稍南的奥查加维亚展开战斗,胜负未分。稍后,双方在圣地亚哥签订和约,把国家和双方军队的临时指挥权交给弗莱雷将军。但是,这一协议维持的时间很短。1830年1月,因对保守派加紧对政府的控制不满,弗莱雷离开圣地亚哥,在瓦尔帕莱索集结自由派军队。保守派匆匆召集"全权议会",废除了1829年议会的所有举措,保守派的弗朗西斯科·路易斯·塔格莱成为总统。4月17日,在利尔凯,弗莱雷的1700人的军队被普列托击败,200人被杀。利尔凯战役成为智利历史的一个转折点,结束了内战,迎来了在1/4以上的世纪内保守派的统治。

二、保守主义共和国

1830年保守派联盟上台和此后27年的保守派统治,为19世纪智利政治稳定的传统奠定了基础,这一独特的稳定使智利与军事暴动、考迪罗独裁、宫廷革命、内战频仍的其他西班牙美洲国家形成了鲜明的对照。① 当然,这一稳定的实现,与智利的现实条件也有关系。独立后的智利是一块紧凑的、易于治理的土地。它的纵长仅有700英里左右,绝大多数智利人居住在圣地亚哥以南绵延300英里的中央河谷。圣地亚哥及其富饶的腹地控制着这个共和国,比较遥远的北部或南部各省无力改变这种力量对比。② 智利人在许多方面是一个同质性的居民群体。在比奥比奥河以北,没有多少印第安人幸存下来,村社中的少数印第安人和穆拉托人的痕迹似乎在废除奴隶制(1823年)以后的二三十年内已经消失了。然而,除了这些客观条件外,为智利带来政治稳定的更为重要的因素是1830年后以波塔莱斯为代表的保守派的政治安排。

迭戈·波塔莱斯,1793年生于圣地亚哥。他的父亲打算让他搞法律工作,因而他在圣卡洛斯的专科学校读了一段书,但是,他甘愿做个商人。他

① José del Pozo, *Historia de América Latina y del Caribe, 1825-2001*, Santiago: LOM Ediciones, 2002, pp. 52-53.

② 西蒙·科利尔:《从独立到太平洋战争时期的智利》,莱斯利·贝瑟尔,前引书,第三卷,第597—599页。

与曼努埃尔·塞亚组建了合股公司,在利马经营进出口业务。由于该公司经营不善,两个合伙人回到智利,1824 年,他们与弗莱雷政府签订协议,接管国家对烟草和其他一些商品的专卖权,以偿付 1822 年智利所欠英国的 500 万比索债务。但是,走私商品的进口、非法的烟草种植,以及高昂的债务负担,使波塔莱斯—塞亚公司的商业活动失败。波塔莱斯和他的合伙人希望通过摧毁非法烟草种植园维护他们的专卖权,并要求政府进行强有力的干预制止走私贸易。他们个人的仇敌和政府的反对派指责该公司进行欺诈和贿赂,而公司已无力偿还英国贷款。1826 年 9 月,议会投票决定,取消公司的专卖权,将专卖权收归政府。有人认为,波塔莱斯投身政界,目的是报复那些剥夺了他的专卖权的人;也有人认为,是因为波塔莱斯厌恶自由主义和独立后长期的政治混乱。他主张建立一个强有力的、集权的中央政府,不容忍任何反对派,甚至批评意见。作为普列托政府的首席部长,波塔莱斯革除了军队中自由派军官的职务,其中很多是独立战争的英雄,迫害反对派媒体,对选举严加控制,以保证政府的候选人当选。① 当他认为政府已上了轨道的时候,辞去了公职,而过平民的生活。然而,即使他从政界退休后,仍是国家最强有力的人物,虽然他从未担任总统。1832 年 4 月,由于对现任内政部长不满,他操纵使自己的老朋友华金·托科纳尔担任此职。一位奥希金斯的支持者写道,波塔莱斯“将一百万人装进了他的口袋”②。

波塔莱斯支持坚决的、实用主义的行动,不受任何司法和宪法的约束。然而,其他保守派领导人和知识分子感到有必要通过一部宪法来确定新体制的本质、组建其架构、为其赋予合法化的外衣。1833 年宪法是殖民地的独裁传统(这种传统在智利仍然非常强大)同 19 世纪的立宪主义(和某些精神)的一种讲求实际的结合。③ 宪法规定智利政府是“人民的和代表人民的”,国家的主权属于国民而由依法组成的当局行使。宪法确定了共和国的基本原则。宪法赋予总统强大的权力,总统由间接选举产生,可以连续两

---

① Brian Loveman, *Chile, The Legacy of Hispanic Capitalism*, pp. 122-123.

② Benjamín Vicuña Mackenna, *D.Diego Portales*, Santiago, 1974, p. 86.

③ 西蒙·科利尔:《从独立到太平洋战争时期的智利》,莱斯利·贝瑟尔,前引书,第三卷,第 601 页。

次任职,任期五年,这实际上导致了 1831—1871 年连续四届各为期十年的政府。[①] 第一届是波塔莱斯提名的华金·普列托将军的政府(1831—1841 年)。总统对内阁、司法、公共管理和军队的控制权是广泛的。[②] 总统还有权在征得国务委员会同意后,宣布在任何省或全国停止宪法保障。这一权力曾被广泛运用,在 1833—1861 年间,差不多 1/3 的时间内这些权力以这种或那种方式保持着有效性。总统对立法机构的控制是牢固的,但不是绝对的。理论上,参众两院 2/3 的多数可以推翻总统的否决权。议会还有权通过年度财政预算、税收、军队规模,这为 19 世纪末总统和议会的冲突以致 1891 年的内战埋下了伏笔。宪法是高度中央集权的。在每个省和行政单位,总统任命的监督官作为他的直接代理人。19 世纪 20 年代的联邦制在体制上的微弱遗迹被一扫而光。[③]

当然,仅靠 1833 年宪法并不能保证维持保守主义的政治安排。它还更多地依赖于其他一些政治手段。直接镇压是其中之一。对政治反对派的通常刑罚是监禁、国内流放或在一定时期内放逐国外。20 年代军队的难以驾驭和无纪律性对政治稳定构成了威胁。为此,时任陆海军部长的波塔莱斯改组了国民警卫队。到 1831 年年中,国民警卫队人数为 2.5 万人,后来又增加了一倍多,成为一支非常可靠的同正规军抗衡的力量。1837 年,将正规军的人数削减到 3000 人。[④] 在 1837 年 6 月和 1851 年 4 月的兵变中,正是国民警卫队帮助政府免遭武力推翻。选举受到严格控制。投票权受财产资格和文化水平的限制。但是,对于文化水平的限制的要求被有意推迟或放松执行,这使得地主们将他们的佃农、军官们将国民自卫队士兵拉作投票人。1840 年后,虽然对新投票人进行了文化水平资格的限制,但以前已经注册投票的人例外。此外,政府还采用许多方法——恐吓、暂时逮捕、冒充、行贿——以防止反对派选民行使选举权,确保官方候选人轻而易举地得到

① José del Pozo, *Historia de América Latina y del Caribe, 1825-2001*, p. 53.

② 19 世纪的内阁很小,只有四个部:内政外交部、财政部、战争海军部、司法教育和宗教部,1871 年,建立了一个独立的外交部。

③ Simon Collier and William F.Sater, *A History of Chile, 1808-2002*, Cambridge University Press, 2004, pp. 55-56.

④ Alain Rouquié, *El Estado Militar en América Latina*, Siglo Veintiuno Editores, 1984, p. 66.

多数票。保守派政府尽一切可能争取教会的支持。20 年代有限的反教权措施被废除了,被没收的教会财产得到归还。

新的保守派制度安排在最初的岁月中经历了一场战争的考验。在1810 年的内战和内讧之后,许多智利人流亡秘鲁,同时也有很多秘鲁的流亡者住在智利。1836 年普列托第二次当选之后不久,逃往秘鲁的弗莱雷将军率军从秘鲁启航,在奇洛埃岛登陆,并向大陆挺进。国内的分歧也造成了叛乱的危险。弗莱雷被俘,并被流放到澳大利亚,但是,普列托政府以此断绝了与秘鲁的外交关系。与秘鲁关系的恶化还有别的原因:一是秘鲁未能偿还智利为支持圣马丁的远征在伦敦筹借的一笔贷款,二是秘鲁对智利商品征收进口税,三是玻利维亚总统安德列斯·圣克鲁斯组建玻利维亚—秘鲁联邦被智利政府视为威胁。在智利看来,太平洋沿岸的秘鲁和玻利维亚联合在一起,可以成为航海、贸易和鸟粪、矿产开发方面最强大的经济和政治核心。① 秘鲁政府对弗莱雷的支持,仅是使矛盾激化的因素。在发生了一系列边境事件和相互指责后,智利于 1837 年在秘鲁流亡者的帮助下入侵玻利维亚—秘鲁联邦领土。对战争的不满情绪使自由派采取密谋手段,1837 年 4 月,波塔莱斯被一营叛军暗杀。智利远征军在曼努埃尔·布尔内斯将军的指挥下侵入秘鲁,并在 1839 年 1 月的永盖战役中击败了圣克鲁斯的军队,玻利维亚—秘鲁联邦瓦解。这场战争提高了智利的国际威望,而获胜的布尔内斯将军成为总统职位的当然继承人。

"波塔莱斯国家"的建立结束了独立后的政治混乱,智利政府面临着改革公共财政、规范商业政策、促进经济增长的艰巨任务。政府采取措施削减公共雇员、减少开支,创立一个良好的商业环境。注重诚实和高效,一方面,通过严厉刑罚减少公共犯罪,另一方面,鼓励私人企业。为吸引外资,1832 年颁布法令,在瓦尔帕莱索建立公共仓库,商人们可以把免税商品储存在仓库等待有利的市场。鼓励传统的殖民地产品的生产,将智利经济与世界资本主义经济融为一体。这一政策符合主要的经济集团——地产主、矿主、国内外进出口商人——的利益。②

---

① Demetrio Boersner, *Relaciones Internacionales de América Latina, Breve Historia*, Editorial Nueva Imagen, 1982, pp. 140-141.

② Brian Loveman, *Chile, The Legacy of Hispanic Capitalism*, pp. 134-135.

三、政治进程和政治体制的演进

1830年后,智利政治发展区别于其他西班牙美洲国家的重要特征是高度的政治连续性。1831—1871年,四个选举产生的总统各自都完成了连续两届的任期。议会选举定期举行。总统和议员都来自一小部分相互通婚的、扩大了的亲缘集团。然而,尽管19世纪智利的寡头政治相对于其他拉美国家而言比较稳定,但是依然存在着边缘各省与圣地亚哥之间的利益冲突以及贵族寡头内部的冲突,这种冲突,加上国家和教会间的矛盾,使统治精英内部产生了分裂。

在布尔内斯的第二任期内,自由主义作为一种政治力量开始复兴。议会内部,在何塞·维多利诺·拉斯塔利亚领导下,反对派要求对1833年宪法进行改革,结束寡头政治。在议会外,更加激进的弗朗西斯科·毕尔巴鄂于1844年出版了《智利人的社会性》一书,激烈抨击教会和西班牙遗产。后来,他在法国度过了几年时间,受乌托邦社会主义和激进共和思想的影响。1850年他回到智利,在圣地亚哥·阿科斯的协助下,成立了智利平等协会,团结激进的知识分子和艺术家,倡导进步思想。其成员中有人将自由主义与社会主义思想结合在一起,主张土地改革。[①] 该协会举行了数次反政府的集会和示威。圣地亚哥的监督官宣布该协会"解散",所有类似的组织也被宣布为非法。政府封闭反对派报纸,很多改革运动的领导人被迫流亡国外。

布尔内斯总统任期结束前夕(1851年),冲突激化了。政府开动选举机器,特别是通过控制民兵选票,使布尔内斯选定的继承人曼努埃尔·蒙特当选。蒙特的当选激发了三个月的全面内战。在内战中对政府的挑战不仅来自自由派,也来自南部各省。叛乱的领导者之一何塞·马里亚·德·拉克鲁斯将军实际上是一个保守派,并且是前总统布尔内斯的表兄弟。政府虽然在内战中获胜,但并没有阻止议会加强对总统控制的运动。到1857年,不仅政府的政策,而且内阁的组成都必须经过议会的批准。

---

① José del Pozo, *Historia de América Latina y del Caribe*, *1825-2001*, p. 53.

1857 年 8 月,议会通过了一个反对派议员的提案,在总统宣布新内阁的组成人员之前,拒绝考虑财政预算。蒙特总统勉强接受,并在议会的坚持下,甚至任命了一名自由派反对派成员进入内阁。这实际上使议会实现了对内阁的控制,智利的政治体制成为一种议会制和总统制的混合体。①

19 世纪 40 年代,在新成立的智利大学,出现了所谓的"1842 年一代人",即由何塞·维多利诺·拉斯塔利亚领导的自由派。在布尔内斯和蒙特总统周围,一些人主张适度削弱教会的影响,至少要坚定地推行国家对教会的控制。他们的影响,加上自由派对教会的攻击和外国的干预(特别是英国代表居住在智利的外国人进行的干预),促使一系列反教会的法律得以通过。这些法律扩大了世俗政权对教区牧师行动的监督,并允许非天主教徒举行不符合天主教仪式的婚礼。

政教冲突使统治联盟发生了分裂,导致了 1857 年保守党的建立,该党逐渐成为天主教会的政治喉舌。保守党发现本身处于与政府的对立地位,因而支持削减总统权力,加强议会权力,尽管与自由派出于不同的目的。

布尔内斯和蒙特虽然支持某些反教权措施,但这并不意味着他们接受自由主义的主张。支持蒙特总统的世俗的保守派成立了国民党,继续反对无限制的公民自由、反对新闻自由、反对不受国家机器控制的选举。

尽管政府在 1851 年的内战中取得了胜利,但是,1857 年保守党的成立严重削弱了反自由主义的执政联盟。现在,无论天主教会还是自由派都主张进一步限制总统权力,要求议会制政府的制度化。天主教会要求教会在国家和社会中具备更强有力的地位,而自由主义的计划包括扩大选举权、禁止总统连任、扩大新闻自由。使问题更复杂化的是,很多自由派并不赞同毕尔巴鄂和拉斯塔利亚的猛烈的反教会立场。实际上,很多保守派和自由派在反对现政府的立场上站到了一起。

蒙特提名内政部长安东尼奥·巴拉斯作为其继承人的意图,加上政

① Brian Loveman, *Chile, The Legacy of Hispanic Capitalism*, p. 163.

府对1851年起义者全面大赦的犹豫立场,促使保守派和绝大多数自由派联合起来阻止巴拉斯的当选,一些不妥协的反教权的自由派拒绝加入此反政府联盟,后来成立的激进党(1863年)的创建者,如吉列尔莫·马塔、胡斯托、多明戈·奥尔特加,领导在全国各地发动了一场反政府的宣传运动。

政府宣布进入紧急状态,逮捕著名的反对派领袖、关闭反对派报纸,这些措施导致了1859年的起义。科皮亚波一名富有的矿主和反对派领导人佩德罗·莱昂·加略依靠一支自己出资组织起来的一千多人的军队,在拉塞雷纳以北的洛斯洛罗斯一役中打败了政府军,并攻下该城。正如1851年一样,叛乱发生在小北地区(Norte Chico),并扩展到康塞普西翁,但是在瓦尔帕莱索和中部谷地也发生了起义。政府最终将起义扑灭,双方都付出了巨大的伤亡。然而,军事上的胜利之后接着却是政治上遭到失败。蒙特发现,要强迫人们接受自己选择的继承人是不可能的,于是,巴拉斯被何塞·华金·佩雷斯取代。

佩雷斯(1861—1871)总统是四个任期十年的总统中最后一个。他上台时,统治精英至少分成了四个集团:国民党、保守党、自由党、激进自由派(最终于1863年成立了激进党)。新总统成立了国民党、自由党、保守党组成的联合内阁。就职后不久,他宣布对所有政治流亡者实行大赦。尽管佩雷斯试图调和长期以来各派的敌对状态,但是政治分歧使得联合内阁无法运转。佩雷斯将内阁交给通过政府干预在1864年选举中获得议会多数的自由党—保守党联盟。国民党和激进党成为反对派。佩雷斯执政十年,没有宣布紧急状态。在他任期结束前的1871年,通过了禁止总统连任的宪法修正案。

在费德里科·埃拉苏里斯·萨尼亚图政府(1871—1876年)时期,最后过渡到自由派控制政权。1873年关于私人教育的一场纠纷导致自由党—保守党联盟分裂。保守党成为反对派,为以自由党为中心的统治联盟取得政权铺平了道路。在埃拉苏里斯政府期间,还进行了进一步的宪法改革,限制行政长官的影响。1874年,对选举程序作了重要改变,目的是减少政府的干涉。1876年,阿尼瓦尔·平托成为下届总统。

四、19 世纪前半期的经济增长

1839 年后威权主义体制的巩固为此后 30 年内经济的增长创造了条件。在这个时期,矿业是最重要的经济部门。阿塔卡马和科金博(小北地区)构成了国家最有活力的地区。在主要出口矿产品中,黄金生产有所下降,从 19 世纪 20 年代每年平均生产 1200 公斤下降到 70 年代大约 270 公斤的水平。但白银生产从每年大约 2 万千克增加到 12.7 万千克。铜是三种金属中最有利可图的,19 世纪 20 年代每年平均生产 2725 公吨,到 70 年代上升到 4.5 万公吨,占世界供应量的 1/3 至 1/2。[①] 但是,19 世纪 90 年代,由于美国和西班牙出现生产繁荣,智利铜的出口占世界供应量下降到 6%。然而,此时,一种新的出口产品——硝石——出现了,而硝石,成为智利与邻国一场重大战争的根源。

矿业支配了出口部门,但是大多数人口仍集中在农业。在 19 世纪 60 年代,4/5 的人口住在农村,大庄园占主导地位。18 世纪与秘鲁的粮食贸易因独立战争和 30 年代发生的商业敌对再也没有恢复,因而在独立后初期,农业很快在满足当地市场后,变得无利可图。然而,在 1850—1880 年间,加利福尼亚和澳大利亚的淘金热为智利的小麦带来了新的市场,一度促进了智利农业的发展。但这一繁荣是短暂的,1885 年加利福尼亚已经自给自足了。澳大利亚本身也很快成为一个重要的农产品生产基地。

矿业和农业的增长,推动了交通运输业和制造业的发展。1840 年,北美人威廉·惠尔莱特开辟了在智利海岸航行的汽船线路。他创办的一家公司于 1852 年完工了智利第一条铁路线,为科皮亚波地区的矿石提供了一个出海口。连接圣地亚哥与瓦尔帕莱索的铁路于 1852 年开工,1863 年完工。[②] 外国资本,主要是英国资本渗入了智利经济,但是本国资本家仍是一个重要的经济集团。大约在 1850 年前后,第一批制造业随着出口繁荣而兴

---

① 西蒙·科利尔:《从独立到太平洋战争时期的智利》,莱斯利·贝瑟尔,前引书,第三卷,第 610 页。

② Benjamin Keen, *A History of Latin America*, Fourth Edition, Houghton Mifflin Company, Boston, Toronto, 1996, p. 207.

起，如炼铜厂和面粉厂，到六七十年代，纺织、食品加工、制砖、玻璃等领域也出现了小规模的工厂。19 世纪 80 年代，智利全国至少有 30 家酿酒厂。此外，在铁路和采矿业需要的刺激下，出现了一些能够进行维修和在某些情况下甚至能够制造装备的小铸造车间和机械车间。“有越来越多的证据可以使人们认为，智利开始工业化的时间（往往被说成是从太平洋战争开始）应当往前推十年左右。”①

第五节　帝国时期的巴西

一、第一帝国时期

与西班牙美洲相比，巴西的独立是在相对没有发生重大的动荡和流血的前提下实现的，但是这种独立的方式也意味着，独立后的巴西不仅延续了大地产制和单一作物制，而且保留了帝制和奴隶制。

1822 年 9 月 7 日，举行了制宪会议选举。1823 年 5 月，制宪会议在里约热内卢召开。会上关于未来国家的组织形式争论得很激烈，最基本的分歧发生在葡萄牙派和巴西派之间。葡萄牙派成员主要是出生在葡萄牙的军官、官僚和商人，主张建立一个强有力的、能够对抗“民主与分裂”倾向的政权，主张把最高权力集中到皇帝手里。葡萄牙派得到皇帝的支持。巴西派的领导人是若泽·博尼法西奥·德·安德拉达-席尔瓦，他是圣保罗的一个地主和巴西自由主义的主要代言人，也是唐·佩德罗政府的首相。巴西派希望限制皇帝的权力，尤其是他可以否决法规和解散立法机关的权力。虽然制宪会议的代表中大多数支持博尼法西奥，但是，由于皇帝一心想保持专制权力，博尼法西奥于 7 月 16 日被迫辞职。11 月 12 日，制宪会议被强制解散，唐·佩德罗立即亲自成立了一个国务委员

① 西蒙·科利尔：《从独立到太平洋战争时期的智利》，莱斯利·贝瑟尔，前引书，第三卷，第 616 页。

会,它很快起草了一部宪法。

宪法规定,成立参议院(50 名成员)和众议院(100 名成员)。参议院的选举过程是,由各省选出一个相当于既定议员人数三倍的议员,再由皇帝从三者中选其一。参议员终身任职。也就是说,参议院实际上成为一个由皇帝任命终身议员的机关。众议员通过间接选举产生,先由选民选出选举人,然后由选举人投票选出众议员,任期 4 年。选举权和被选举权受到财产资格的限制。对于妇女的选举权,没有作明确说明,但是按照社会常规,妇女是被排除在政治权力之外的。令人好奇的是,直到 1882 年,宪法允许文盲拥有投票权。根据宪法,成立国务委员会,10 名国务委员由皇帝从年龄在 40 岁以上、收入不低于 800 米尔雷斯(milreis)、"有智慧、有才干、有道德"的巴西公民中挑选任命。在诸如宣战、调整国家开支等政府重大事务时,皇帝需听取国务委员会的意见。① 特别值得注意的是,除了政府首脑的种种权力外,皇帝拥有帮助解决行政、立法、司法三者之间纠纷的"调处权"(Moderating Power),这项权力使他能解散国会,重新选举。② 此外,根据宪法,国家分为许多省,省长由皇帝任命,省政委员会和市政委员会由选举产生(前者间接选举,后者直接选举),但权力有限。省政委员会的选举须经众议院批准。最后,宪法宣布天主教为国教,皇帝作为国家元首有权任命主教和分配教会的有俸圣职。③ 宪法宣布保护个人自由,法律面前人人平等。

1822 年 8 月 6 日,佩德罗签署了何塞·博尼法西奥起草的"告友好政府和国家书",并向伦敦、维也纳和罗马派出了外交使节。巴西作为一个独立国家能否被国际社会所接受,在很大程度上取决于它的前宗主国葡萄牙的态度。在葡萄牙承认巴西之前,其他欧洲国家在是否承认巴西的立场上犹豫不决。例如,英国虽然迫切希望承认巴西,但是不愿因此削弱它在葡萄牙的影响和市场。而且,神圣同盟的态度也不鼓励欧洲国家接受巴西。欧洲国家的态度对美国没有影响。早在 1822 年,美国就开始承认拉美新兴国

---

① [巴西]博勒斯·福斯托:《巴西简明史》,刘焕卿译,社会科学文献出版社 2006 年版,第 76 页。

② José del Pozo, *Historia de América Latina y del Caribe, 1825-2001*, Santiago: LOM Ediciones, 2002, p. 52.

③ 若泽·莫里洛·德·卡瓦略:《自独立至 19 世纪中叶的巴西》,莱斯利·贝瑟尔,前引书,第三卷,第 709 页。

家了。1824 年 5 月,美国总统詹姆斯·门罗接受何塞·西尔韦斯特雷·伦勃洛(Jose Silvestre Rebelo)为巴西驻美代理大使。

商业上的压力迫使英国承认巴西,因为巴西市场对英国来说至关重要。1825 年,英国向巴西的出口额相当于英国向其他所有南美国家和墨西哥出口额之和,同时相当于英国向美国出口额的一半。因此,英国希望巴西接受并延长 1810 年英、葡签署的、将于 1825 年到期的商约,该商约规定葡萄牙对英国进口商品征收的关税不得超过 15%。然而,商约的延续需要以外交上的承认为前提。为此,英国派查尔斯·斯图尔特爵士首先前往里斯本,与若奥六世会谈,并向他施加适当压力,要求他承认巴西;然后再前往里约热内卢,进行调停。查尔斯不辱使命,1825 年底,葡萄牙承认巴西独立,条件是巴西同意付给葡萄牙 200 万英镑,部分用来偿还 1823 年葡萄牙在伦敦发行的债券,部分是对若奥在巴西的财产和宫殿的补偿。此外,根据巴西与葡萄牙签订的条约,佩德罗许诺"不接受任何葡萄牙殖民地加入巴西帝国的建议",由此断绝了巴西与安哥拉合并、促成联邦的可能性。由于两个前葡萄牙殖民地几个世纪以来的联系,这种前景曾是许多巴西人所希望的。[①]佩德罗一世没有明确表示放弃继承葡萄牙王位的权利,这使得许多巴西人怀疑皇帝家族之间私下进行了交易,他们担心唐·若奥死后,唐·佩德罗将成为葡萄牙国王,巴西与葡萄牙自动地重新统一,巴西可能降低到原来的殖民地地位。

为了感谢查尔斯的调停,更重要的是,为了得到英国的承认,佩德罗还与英国达成了两个协议。首先,英国与巴西签署商约,延续 1810 年的英葡商约,即巴西对来自英国的进口商品征收的关税不得超过 15%。其次,1826 年 11 月,巴西同英国签订协议,保证巴西于 1830 年前结束奴隶贸易。葡萄牙和英国的承认打破了外交上的困境,在一年之内,奥地利、梵蒂冈、瑞典、法国、瑞士、低地国家、普鲁士都承认了巴西。但是,佩德罗为了换取葡萄牙和英国的外交承认而做出的让步,在国内激起了愤怒。例如,大多数巴西人认为,废除奴隶贸易的条约是在一个强大的外国压力下,巴西国家利益的一次重大牺牲。1827 年 5 月众议院开会时,议员们都认为,废除奴隶贸易对

---

① E.Bradford Burns, *A History of Brazil*, Third Edition, Columbia University Press, 1993, p. 130.

商业、航运和政府收入,尤其对巴西农业,是一场灾难。因为在巴西能大量招募自由的欧洲移民以前,巴西的农业,特别是大规模的种植园农业,找不到能代替奴隶的劳动力。①

在许多巴西人看来,除了对葡萄牙和英国的过分让步外,唐·佩德罗对拉普拉塔地区的政策是外交上的又一次失败。围绕着拉普拉塔河东岸地区(即今乌拉圭地区)的归属,葡萄牙和西班牙进行了长达一个半世纪的争夺。1811 年,若奥趁拉普拉塔地区反西班牙的独立运动带来的混乱之机,派兵进入东岸地区。第二年,在英国的压力下,他被迫撤军。但是,1816 年,再次派兵占领了这一地区。1821 年,他将这一地区并入巴西,改称西斯普拉蒂诺省,但允许此地保留自己的法律、语言和一定的自主权。但是,该地区的多数居民并不希望并入巴西,同时布宜诺斯艾利斯政府继承了西班牙对这块领土的要求,决心重新把它夺回来。1825 年 4 月 19 日,一批流亡阿根廷的乌拉圭爱国者三十三人(被称为"三十三个不朽者"),在拉瓦列哈的率领下,回到乌拉圭举行起义。这次起义得到乌拉圭各界的广泛响应,很快赶走了巴西军队。10 月 2 日,起义者宣布乌拉圭加入拉普拉塔联合省。巴西不甘心丧失乌拉圭,于 1825 年 12 月向阿根廷宣战。

战争导致了大量征兵,引起了人民的不满。事实上,由于征兵如此不得人心,以致皇帝决定雇佣外国部队以补充本国兵源之不足。但是,这些从欧洲招募来的雇佣军绝大部分是由抱着到巴西来发财当小业主的愿望的穷人组成的,没有任何军事业务知识,不仅不能阻止战争的失败,而且,几百名德国和爱尔兰雇佣兵发现自己被蒙骗后,于 1828 年 7 月在里约热内卢举行暴动,形势变得十分严重,政府不得不卑躬屈膝地乞求英、法舰队的保护。战争耗资巨大,加剧了业已存在的财政经济问题。19 世纪 20 年代,在巴西的出口产品中,虽然咖啡的产量大为增加,但是,棉花、皮革、可可、烟草和包括咖啡产品本身的价格都在降低。在很大程度上依赖进口税的中央政府收入不足。1826 年英巴商约将英国进口产品关税保持在 15%,1826—1827 年葡萄牙、法国等其他国家也获得了同样的待遇。1808 年由唐·若奥六世创立

① 若泽·莫里洛·德·卡瓦略:《自独立至 19 世纪中叶的巴西》,莱斯利·贝瑟尔,前引书,第三卷,第 712—713 页。

的巴西银行,自1821年国王启程返葡时取走该行的黄金后,便开始处于困难的境地。为弥补财政赤字,银行发行了大量纸币,纸币很快代替金、银,成为主要的流通媒介。经济形势的恶化致使巴西银行于1829年倒闭,但纸币并未因此减少,因为巴西财政部继续发行纸币。1829年,纸币在圣保罗的流通值只相当于其正常值的57%。在19世纪30年代,巴西货币对英镑的比率一再下跌,这有利于出口,但同时抬高了进口消费品的价格,导致生活费用——特别是城市生活费用上升。①

在战争中,布宜诺斯艾利斯和阿根廷其他省支持乌拉圭爱国者打败了巴西帝国的军队。英国企图控制拉普拉塔河口,不愿意看到乌拉圭落入阿根廷手中,便出面调解,促使阿根廷和巴西在1828年签订和约,双方承认乌拉圭独立。金钱、人力和领土的损失引起了巴西人的怨恨,促使他们站到皇帝的对立面。

1826年,若奥六世去世,葡萄牙王位空缺。作为该王位的法定继承人,唐·佩德罗本可成为两个国家的国王。但是,这一选择是不会在巴西得到拥护的,于是,唐·佩德罗无奈地放弃了继承葡萄牙王位的权利,转而让给他的女儿玛丽娅二世,而玛丽娅二世将嫁给父亲的弟弟、自己的叔叔米盖尔。使问题更加复杂的是,1828年,米盖尔夺取了葡萄牙王位,玛丽娅回到巴西与父亲团聚。佩德罗一心想维护其女儿对葡萄牙王位的权利。② 巴西人对唐·佩德罗将过多精力卷入欧洲的事务十分不满,长期积压的反葡萄牙情绪开始高涨,唐·佩德罗的支持率也随之下跌。

在国内事务中,唐·佩德罗也面临着一系列的难题。除了经济和财政问题外,皇帝和议会,特别是众议院一直关系不和。最严重的是,几起叛乱扰乱了国内的和平局面。最严重的叛乱于1824年发生在伯南布哥。在那里,皇帝任命的省长遭到了抵制,叛乱者拒绝接受新宪法,宣誓效忠于被皇帝解散的制宪会议。叛乱者在共和政府的旗帜下联合了六个北方省,宣布成立赤道联邦。一些叛乱领导人提出了反对奴隶制的口号,但是没有采取措施废除奴隶制,因而失去了可能来自广大奴隶人口的支持。在一年的时

① ［巴西］博勒斯·福斯托:《巴西简明史》,刘焕卿译,社会科学文献出版社2006年版,第79页。

② 1831年4月,唐·佩德罗在巴西逊位后,与女儿一起回到葡萄牙。唐·佩德罗在1834年9月去世前不久终于实现了他的愿望。

间内,帝国军队扑灭了叛乱,15 名叛乱领袖被处死。

所有这些国内外的事件威胁着唐·佩德罗的统治。军队也逐渐站到了皇帝的对立面。当时,军队的大部分成员是从最贫困的城市贫民中招募的。受尽生活条件低劣、军饷推迟发放之苦。军队高层也对军事失利和葡萄牙军官占据着军队领导职位甚为不满。1830 年,法国七月革命推翻了专制的皇帝,这一消息在巴西引起了反响。1831 年 3 月,皇帝的拥护者(多数是葡萄牙人)和反对者之间在里约热内卢爆发了一场连续五昼夜的街头冲突,被称为"扔酒瓶之夜"。唐·佩德罗曾试图集合一批大臣,组织一个自由主义的"巴西人"内阁,以缓和情绪。但是,4 月 5 日,他行使权力,突然以一个"更适合他个人胃口、更反动、更多'葡萄牙人'的内阁"取而代之。4 月 6 日上午,人们开始在首都的几个公共场所聚集,傍晚,三四千人聚合到圣安娜广场,群众推举一个地方治安法官代表团去见皇帝,敦促他让前"巴西人"内阁复职,但遭到皇帝拒绝。有 20 多名众议员参加了群众集会。到晚上 9 时左右,里约热内卢卫戍司令弗朗西斯科·德·利马-席尔瓦同意劝说皇帝做出让步。此时已有两支炮兵部队和一营掷弹兵参加了群众队伍。稍后,由利马-席尔瓦的兄弟指挥的皇帝警卫队也采取了同样的行动。4 月 7 日凌晨,唐·佩德罗一世宣告退位,将巴西皇位让给了他年仅 5 岁的儿子佩德罗,自己乘英国舰船回到葡萄牙。①

唐·佩德罗一世在位(1821—1831 年)期间,被称为第一帝国。在此期间,巴西的外交基本上是失败的,国家的发展也没有明显的进展。但是,巴西以相对和平的方式取得了独立,并很快得到了国际承认,这与经过长期战争赢得独立的西班牙美洲国家形成鲜明对比,在这其中,唐·佩德罗一世发挥了重要作用。

二、摄政、叛乱和皇帝亲政

唐·佩德罗一世退位对巴西派来说是一个胜利。以种植园经济为基础

① 若泽·莫里洛·德·卡瓦略:《自独立至 19 世纪中叶的巴西》,莱斯利·贝瑟尔,前引书,第三卷,第 716—717 页。

的巴西精英成员取代了葡萄牙出生的、在佩德罗一世王朝中垄断了高级职位的贵族,成为国家的领导阶层。绝大多数新兴的、民族主义的政治领导人激烈反对唐·佩德罗一世时期的高度集权的政府形式,他们拥护联邦制。他们还希望扩大选举产生的代表在政府中的权力和参与。但是,很少有人主张建立共和国,绝大多数人忠诚于年轻的佩德罗二世。

根据宪法,在唐·佩德罗二世年满 18 岁以前,由国民议会选举产生一个由三人组成的摄政,由三人中最年长者主持。国民议会对三人摄政的权力加以限制,例如摄政无权解散议会,也无权授予王室头衔。随着议会权力的扩大,在政治运作过程中产生了未来政党结构的端倪。一是自由派或温和派,主张举行两年一次的选举,产生众议员,参议员亦由选举产生,废除国务委员会,实行联邦制,建立两院制的省议会。这一派人大部分是米纳斯吉拉斯、圣保罗和里约热内卢的政治家,许多人是大地产主和奴隶主。二是保守派,支持强大的、集权制的君主政体。保守派中许多人是在政府、军队及大贸易公司中身居要职的葡萄牙人。

在摄政建立的最初几年,自由派在影响和权力方面占据了优势。1931—1835 年间,自由派推行了一系列改革措施:1831 年立法机构通过法案,建立国民警卫队,作为对付军队和群众骚乱的一项措施。1832 年颁布刑事诉讼法,加强了地方治安法官的警察和司法权力。仿效美国和英国的诉讼程序和法规,实行陪审团制度和人身保护权。1834 年,在自由派的努力下,通过了宪法修正案。根据该法案,摄政由三人减为一人,以提高政府效率;摄政由严格限制的选举产生,执政期 4 年。撤销了国务委员会,自由派认为这一机构是保守主义的堡垒。宣布地产的限定继承权非法,在巴西这样的农业帝国,该条款至少在理论上为未来的经济变革提供了可能性。为了加强联邦制,设立拥有较大权力的省议会,以取代原来主要起咨询作用的省政委员会,但各省省长继续由中央政府任命。①

这些政府形式的改革是在经济困难的背景下展开的。蔗糖价格持续下跌,棉花出口收入更少。黄金开采只及前几年的一小部分,国内市场对牛的需求下降。全国处于普遍的贫困状态中。正在试验过程中的政府形式显然

① E.Bradford Burns, *A History of Brazil*, p. 135.

无力应对因经济困难带来的社会和政治动荡,巴西各地发生了一连串的叛乱。唐·佩德罗一世退位后,全国随即发生了一系列群众骚乱和军事暴动,这些事件大部分发生在城市,到 1832 年年中,大部分骚乱被平息或被镇压,但伯南布哥的卡巴诺派战争(War of Cabanos),一直延续到 1835 年。这些叛乱仅仅是随后的更大规模的叛乱的前奏。除伯南布哥的卡巴诺叛乱外,1832—1838 年间最大的叛乱有四次:巴拉省的卡巴纳仁(Cabanagem)叛乱(1835—1840 年)、巴伊亚的萨比诺(Sabinada)叛乱(1837—1838 年)、马拉尼昂的巴莱奥(Balaiada)叛乱(又称"草篮党人起义",1838—1841 年)、南里约格朗德的法洛皮利亚(Farroupilha)叛乱(又称"褴衫人之战",1835—1845 年)。

导致这些叛乱的原因很复杂,各地的情况也有很大差异,但是也能找到一些共同之处。发生叛乱的每个地区都遭受了经济衰退;在至少两场甚至三场叛乱中,巴西人对葡萄牙商人和地主的憎恶是叛乱的重要根源,对中央政府任命的省长的抵制是引发三场叛乱的因素之一;中央政府的混乱、中央集权的松懈,是刺激每一场叛乱的共同因素。①

摄政的声望和权威皆不足以维持被叛乱所动摇的庞大的国家的统一。1835 年选举产生的第一任摄政、自由派的迭戈·安东尼奥·费洛因无力平息各地的叛乱而在严厉的批评面前于 1837 年 9 月辞职。1838 年选举产生了第二任摄政、保守派的彼得罗·德·阿劳若·利马。各省的叛乱仍在继续扩大。事实证明,1834 年的宪法修正案给予了各省过大的自主权,1840 年,保守派政府通过了"解释法",大大削弱了省议会的权力,结束联邦制试验,恢复中央集权主义。在议会中占少数的自由派为了防止保守派政府进一步采取后退措施,要求佩德罗二世在达到法定年龄之前亲政。1840 年 7 月 23 日的"议会政变"结束了阿劳若·利马的摄政,开始了第二帝国。美国历史学家伯恩斯认为,"如果说佩德罗一世的退位为巴西人打开了政府职位的大门,那么,佩德罗二世的登基则给了巴西人一个真正的本民族的皇帝,因为年轻的佩德罗生于巴西、长于巴西,

---

① E.Bradford Burns, *A History of Brazil*, p. 136.关于这些叛乱过程的较详细分析,参见莱斯利·贝瑟尔,前引书,第三卷,第 719—720、727—735 页。

认同于他的祖国。他的登基完成了巴西政府巴西化的过程，这一过程始于 1808 年，在 1831 年后加速发展”①。

佩德罗二世亲政后，立即任命了一个自由派内阁。但由于佩德罗二世经验不足和缺乏领导能力，冲突迅即在内阁内部爆发。1841 年 3 月底内阁垮台，建立了保守派内阁。保守派执政期间，1841 年 11 月众议院通过了重新设置国务委员会的法律，并修订了刑事诉讼法，使中央政府重新控制了帝国的全部行政和司法机关。为抗议保守派内阁的建立和中央集权化的措施，1842 年 5 月和 6 月，自由派分别在圣保罗和米纳斯吉拉斯发动叛乱，叛乱在圣保罗坚持了一个月，在米纳斯吉拉斯坚持了两个月，最终都被击溃。1844 年，自由派重新掌权，政府对圣保罗和米纳斯吉拉斯的叛乱者实行大赦，他们很快又回到了众议院和大臣的位子上。1848 年 9 月，保守派组成内阁，年底，自由派在伯南布哥举行叛乱，这是这一时期最后一次外省叛乱，叛乱者提出的最激进的要求有实行联邦制、废除皇帝的调处权、驱逐葡萄牙人和零售业国有化、实行普选。但没有要求建立共和政府，也丝毫没有触动奴隶制。1849 年，叛乱被镇压，很多被捕的领导人被判处终身监禁，但是在 1852 年皆获得大赦。此后十年中，皇帝在政治上迅速成熟起来，他毫不犹豫地行使“调处权”，任命和撤销政府部长，使自由派和保守派交替行使权力。他从某一派中挑选部长，如果该派在议会中占据多数，政府则能够较顺利地运转；如果占据少数，皇帝将解散议会，重新组织选举，由于部长控制着选举机器，其所属的派别在新选出的议会中自然占据多数，从而保证政府的有效运作。这种政治安排依赖于皇帝正确地把握公共舆论，判定两大派别的支持率的升降。1847 年，皇帝决定，他将不再任命整个内阁成员，而仅仅任命首席部长，由后者在经过与皇帝协商后任命其他内阁成员。在位的 49 年中，佩德罗二世总共任命了 36 届不同的内阁。

在此期间，经济变革引人注目。咖啡取代蔗糖，成为主要的出口产品。到 1850 年，咖啡出口达到出口收入的一半，巴西成为世界上最大的咖啡生产国。巴西政府的经济政策也开始发生转变。独立之初，若泽·博尼法西奥在 1822 年曾对英国总领事亨利·张伯伦说：“我们还不至于如此荒谬，竟

① E.Bradford Burns, *A History of Brazil*, p. 139.

想成为制造商。因此我们愿意购买你们的工业品，向你们出售我们的农产品。”[①]但是，此时巴西的政治家们开始对这种经济自由主义表示怀疑，决定在1827年签订的英巴商约到期后，提高关税，增加财政收入，刺激本国工业发展。尽管英国施加了强大的压力，但是1844年11月，在巴西的坚持下，1827年的英巴商约终止。1844年，巴西通过了阿尔维斯·布朗库关税法，将关税提高了一倍。1846年，政府宣布工业家进口机器设备免关税，民族工业的职工免除服兵役的义务。40年代末，为了使经济进一步多样化，政府开始贷款给伊里内乌·E.德·索萨（后封毛阿男爵）这样的工业家。但是，尽管建立了一些民族工业，巴西依然是一个农业国，效率低下、面向国际市场的大种植园在农村占主导地位。

三、奴隶贸易和奴隶制的废除

1826年巴西与英国签订的条约规定，在条约批准3年后，无论从何处向巴西贩运奴隶将都是非法的。英国还保留了在公海上检查非法贸易的可疑船只的权力。条约在1827年3月被批准，因而上述条款应在1830年3月后生效。为保证上述条约的实施，巴西于1831年11月7日通过法律规定对奴隶贩运者严刑判处，并宣布在这个日期之后，所有进入巴西的奴隶都是自由人。[②] 然而，奴隶贸易并未因此停止。由于巴西中南部的咖啡种植业的迅速扩展，对奴隶的需求迅速增加。在摄政领导下的历届巴西政府不愿、也没有能力去实施1831年的反奴隶贸易法。19世纪30年代中期，非法的奴隶贸易逐步发展起来。英国对巴西政府的无所作为没有袖手旁观，尤其是1839年上台的辉格党政府外交大臣帕默斯顿勋爵决心采取强硬措施制止不断增长的巴西奴隶贸易，英国海军捕获的贩奴船数目明显增加。1846年是赋予英国海上检查权的协议到期的时间，1845年3月，巴西政府决定终止1826年的反奴隶贸易条约，即废除了英国海军搜查被截获的巴西贩奴船的权力。作为回应，英国议会于1845年8月通过了“阿伯丁法”，授

① 若泽·莫里洛·德·卡瓦略：《自独立至19世纪中叶的巴西》，莱斯利·贝瑟尔，前引书，第三卷，第750页。

② ［巴西］博勒斯·福斯托：《巴西简明史》，刘焕卿译，第101页。

权英国海军将巴西贩奴船作为海盗船对待,有权没收船只和将涉案人员交付英国海事法庭审讯。

1845—1850年,西非和好望角的英国海军分遣队取得了前所未有的成功,它捕获了400艘专门从事巴西奴隶贸易的船只,并把它们送往海事法庭。与此同时,英国海军南美分遣队的一些船只从拉普拉塔河地区转移到巴西沿海,专门为了完成反奴隶贸易的任务。1850年4月22日,英国外交部通知海军部,英国战舰无须将反奴隶贸易的军事行动局限在公海上,它们可以进入巴西领海乃至巴西港口。6月22日,南美分遣队司令官雷诺兹海军少将将此指示传达给他的船只。随后巴西沿海发生了一系列事件,其中最严重的是英国舰船"科摩兰特"号与巴西巴拉那要塞之间发生的交火。

巴拉那事件传到里约热内卢,引起了一场政治危机。有些人主张向英国开战,但是巴西无论在道义上,还是在物质基础上,都无力与英国对抗。英国的"战争行动"如果继续下去,会使贸易瘫痪,损害经济,破坏国家的财政,煽动奴隶居民,危及国内的稳定。在奴隶贸易问题上,除西班牙和它的殖民地古巴外,巴西在国际上是孤立的。此外,巴西此时对战略上敏感的拉普拉塔地区的局势感到担心,它认为乌拉圭的独立和巴西本身的领土完整正受到阿根廷的罗萨斯的威胁。一旦与阿根廷开战,巴西至少需要英国保持善意的中立,而只有解决奴隶贸易问题,才能做到这一点。同时,在多年的加紧进口后,在19世纪40年代末,巴西市场上的奴隶已处于供应过剩状态。综合考虑以上因素,巴西废除奴隶贸易的时机成熟了。1848年9月上台的保守党内阁决心完成制止奴隶贸易的计划。1850年9月4日,参众议院一致通过了司法部提出的法案,巴西承认奴隶贸易是海盗行为,特别法庭将对触犯条律者进行审判。法律通过后,奴隶进口从1849年的5.4万人下降到1850年的2.3万人和1851年的3300人左右,从那以后,奴隶贩运实际上已经消失了。①

虽然奴隶贸易被废除了,但奴隶制并没有死亡。19世纪巴西经济的两大部门是甘蔗和咖啡。19世纪中叶以后,由于欧洲甜菜糖以及古巴和印度

---

① [巴西]博勒斯·福斯托:《巴西简明史》,刘焕卿译,第103页。

等产地产糖地区的竞争，巴西蔗糖在国际市场上所占份额下降，糖的出口远落后于咖啡，但是在价值上仍超过棉花、烟草等其他出口产品。虽然巴西全国各地都生产供国内消费的糖，但巴西所有出口的糖，除了里约热内卢省的坎坡斯周围一个小生产中心外，几乎都来自东北部各省沿海 50 到 100 英里纵深的狭长地带，特别是在巴伊亚和伯南布哥两省。咖啡虽然直到 19 世纪初才开始在巴西种植，但由于有利的土壤条件以及日益扩大的国际市场，咖啡种植园迅速发展，到 19 世纪中期，巴西的咖啡产量为古巴和波多黎各两个主要咖啡生产岛的产量总和，成为世界上最大的咖啡生产者。① 咖啡生产也从里约热内卢、米纳斯吉拉斯和圣保罗三省交界的帕拉伊巴河谷扩展到圣保罗西部。到 19 世纪末，咖啡已占国家出口比重的 60%以上。② 甘蔗和咖啡两种种植园经济都是劳动密集型经济，依赖于大量的、便宜的奴隶。"要获得持续而扩大的生产，关键在于劳动力。"③

随着大西洋奴隶贸易的终止，奴隶的数量不可避免地下降。由于食物低劣、劳动条件恶劣以及其他不利因素，巴西奴隶的死亡率很高，奴隶人口不可能靠自然繁殖得以维持。国内奴隶贸易随之兴起。东北部的甘蔗种植园开始向南部兴旺发达的咖啡种植园出售奴隶。1864—1874 年，东北部，主要是甘蔗生产区的奴隶人数从 77. 4 万人（占巴西奴隶人口的 45%）下降到 435687 人（占 28%），而咖啡种植区的奴隶人口从 64. 5 万人（占 43%）增加到 809575 人（占 56%）。圣保罗省奴隶人口增加了一倍以上，从 8 万人增加到 174622 人。④ 然而，即使东北部的全部奴隶南下，也仍然不能满足咖啡经济发展对劳动力的要求，况且东北部的奴隶主成功地制定州法令，禁止向其他州出口奴隶。到 80 年代，国内奴隶贸易渐趋枯竭，而且引起了地区之间的敌对情绪，因此国会在 1885 年通过法令终止国内奴隶贸易。

---

① Herbert S.Klein, *African Slavery in Latin America and Caribbean*, Oxford, 1986, p. 119.

② Thomas W.Merrick and Douglas H.Graham, *Population and Economic Development in Brazil*, Baltimore, 1979, p. 10.

③ Sanley J.Stein and Barbara H.Stein, *The Colonial Heritage of Latin America*, *Essays on Economic Dependence in Perspective*, New York, Oxford University Press, 1979, p. 149.

④ 理查·格里厄姆：《自 19 世纪中叶到巴拉圭战争时期的巴西》，莱斯利·贝瑟尔，前引书，第三卷，第 790 页。

咖啡种植园主开始寻找其他出路。在1878年举行的一次会议上,少数人建议使用中国移民。但大部分种植园主不欢迎这一建议,他们力主使用巴西农村自由居民或欧洲人。① 其实,甚至在废除奴隶贸易之前,就有人试图以欧洲的契约雇工来代替奴隶。1852年,一位咖啡大种植园主、参议员维盖罗说服政府支付交通费,把80家德国农民家庭引进到他在利美拉的种植园。这引起了他人的兴趣,共有2000多人被运送,他们主要来自德国和瑞士的联邦州。② 但是,这种试验没有成功,因为种植园主用对待奴隶的方式来对待欧洲移民。移民劳工发现他们的信件受到检查,他们从种植园外出受到限制,而种植园主在会计账目上搞鬼又使他们债台高筑,他们不愿意屈从这种奴隶般的纪律约束。1856年,在维盖罗的一座种植园工作的一群瑞士劳工,由于他们的发言人托马斯·达瓦茨的生命受到威胁,他们自己武装起来,等待对维盖罗欺骗工人的事件的官方调查,而维盖罗则声称,工人们在奴隶们的帮助下策划反叛,他们还从住在圣保罗的一个瑞士"共产党人"那里得到指示。③ 1867年,一位德国观察家向柏林国际移民协会提交了一份陈述,意在展示移民至巴西咖啡种植园的"殖民者"处于一种伪装的奴隶制度之下。④ 由于引进移民的计划没有成功,奴隶依然是主要的劳动力。因此,19世纪50年代和60年代,虽有若干有关逐步解放奴隶的议案被提交议会,但都遭到否决。

美国内战后,巴西成了仍保有奴隶的很少几个国家之一。1867年,皇帝表示赞成逐步废除奴隶制,但国会拒不讨论这一问题。过了两年,国会通过了一项法律,禁止奴隶拍卖以及拆散丈夫与妻子和拆散双亲与15岁以下的儿童。巴拉圭战争(1864—1870年)对奴隶解放的事业是一个推动。战争中招募了几千名奴隶参军,承诺战后给予他们自由。战争还加剧了巴西

① [英]莱斯利·贝瑟尔主编:《剑桥拉丁美洲史》第五卷,社会科学文献出版社1992年版,第777页。关于巴西种植园主对于引进华工问题的争论,详细的研究可参见Robert Corrad,"The Planter Class and the Debate over Chinese Immigration to Brazil,1850-1893",in *International Migration Review*,Vol.9,No.1,1975,pp.41-55。

② [巴西]塞尔索·富尔塔多:《巴西经济的形成》,社会科学文献出版社2002年版,第100页。

③ 理查·格里厄姆:《自19世纪中叶到巴拉圭战争时期的巴西》,莱斯利·贝瑟尔,前引书,第三卷,第792页。

④ [巴西]塞尔索·富尔塔多:《巴西经济的形成》,社会科学文献出版社2002年版,第100—101页。

党派间的斗争。1868 年保守派上台,结束了自由派为期六年的执政。1869 年 5 月,激进自由党人组成"革新俱乐部",发表宣言,要求对宪法进行彻底改革,其中提到逐步解放奴隶。同年 11 月,另一激进团体发表《激进宣言》,其中提到要求立即废除奴隶制度。[①]

将奴隶问题列入自由党宣言以及皇帝批准逐步解放奴隶,使得保守派再也无法推迟议会辩论了。与此同时,1870 年,西班牙解放了古巴和波多黎各的所有新生的和年迈的奴隶,巴西成为美洲唯一的保持着奴隶制原貌的地区。1871 年,迫于压力的保守派政府通过议会颁布了里约·布朗库法(Rio Branco Law)。[②] 解放所有奴隶的新生儿,但是要求奴隶主负责照顾他们成长至 8 岁,此后,奴隶主可以将这些孩子释放给政府,获得补偿,也可以保留他们,作为劳动力,直到他们达到 21 岁。该法律还解放了所有属于国家和皇室的奴隶,并创立一个用于奴隶解放的基金。在议会辩论期间,地区利益战胜了对党派的效忠。反对派主要是来自咖啡产区的代表。议员们对于通过最后法案的态度说明了这一点。来自东北部地区的议员 39 票赞成,6 票反对,而来自中南部地区的议员 30 票反对,12 票赞成。[③]

里约·布朗库法是一个旨在推迟全面废除奴隶制的策略。废奴主义者谴责里约·布朗库法,要求全部、立即解放奴隶。废奴主义者主要集中在城市,在他们看来,奴隶制是与时代不合的事物,与现代化明显相悖。废奴运动中,产生了具有出色的知识和道德才干的领导人。出生于农村大种植园家庭的伯南布哥的政治家和作家若阿金·纳布科(Joaquim Nabuco)出版著作《废奴主义》(*O abolicionismo*),对奴隶制进行了雄辩的剖析和控告,对读者产生了深刻的影响。出身黑白混血种人的记者何塞·德·帕特罗西尼奥(José de Patrocinio)以其热烈的、辛辣的风格成为废奴运动的主要宣传家。另一位出身黑白混血种人的工程师和教师安德列·雷博萨斯(André Rebouças),其知识才华使他赢得了皇帝的尊重和友谊,他成为废奴运动的主要组织者。路易斯·伽马的父亲出生于巴伊亚一位葡萄牙商人家庭,母

① 理查·格里厄姆:《自 19 世纪中叶到巴拉圭战争时期的巴西》,莱斯利·贝瑟尔,前引书,第三卷,第 828 页。

② José del Pozo, *Historia de América Latina y del Caribe, 1825-2001*, p. 52.

③ [巴西]博勒斯·福斯托:《巴西简明史》,刘焕卿译,第 119 页。

亲“是一个一直拒绝天主教学说和洗礼的非洲黑人”。伽马被贫困潦倒的父亲当作奴隶非法卖给别人，先是被送到里约，后来到桑托斯。他从主人家里逃出来，当了兵，后来成为圣保罗的一位诗人、律师和记者。对于纳布科及其同道而言，废奴运动是更广泛的巴西社会变革的先导，他们希望，奴隶制的废除将为其他目标如土地改革、公共教育、政治民主等铺平道路。

在北部，由于奴隶制在经济上不再划算，越来越多的种植园主转向使用工资劳动力。1877—1879 年的旱灾使该地区许多富人卖掉奴隶，或者带着他们的奴隶离开此地。1884 年，亚马孙和塞阿拉州由于黑人奴隶已很少，首先在自己州的范围内废除了奴隶制。与此同时，70 年代以来，引进移民出现了新的前景。在国际上，意大利统一后，半岛南部农业出现危机，意大利农民大批向外迁移。当时巴西新咖啡产区的经济活力不仅能给南欧移民提供经济机会，而且咖啡在国际市场上的有利形势使巴西部分地区有实力进行促进移民的计划。1871 年 3 月，圣保罗颁布法律，授权圣保罗政府用公共资金贷款给种植园主，以便为各种植园引进一些农业劳动力。为吸引移民来巴西，政府决定发放一种旅途补助，几年中，补助的方式变化不定，包括在州首府时住在政府建造的楼房内为期 8 天的住宿费和到种植园去的交通费。① 1872—1879 年，进入巴西的移民为 448622 人，其中意大利移民为 277124 人，占 61.8%，葡萄牙移民为 104690 人，占 23.3%。移民的新形势舒缓了扩展中的种植园对劳动力的迫切需要，并提供了大量取代奴隶劳动力的可能性。另外，蔗糖和咖啡加工工序的改革及运输工具的改进，也使得种植园主使用自由劳工更方便些。劳动生产力提高了，对劳工制度可以实行合理化。在有些情况下，使用自由劳工甚至比奴隶劳工还有利可图。新投资机会的开辟，也进一步推动了奴隶制向自由劳工过渡的进程。银行、铁路、城市改进措施、保险公司和制造业为资本投资提供了选择机会。实现投资多样化在 80 年代变得很明显，因为当时咖啡价格急剧下跌。自由劳工现在比奴隶劳工具有更大的吸引力，因为自由劳工不需要资本固定化。此外，在 19 世纪 70 年代，奴隶价格及蓄奴费用，在有些地区竟上涨得比自由劳工

① ［巴西］博勒斯·福斯托：《巴西简明史》，刘焕卿译，第 110—111 页。

的成本还高。①

与此同时,废奴运动取得了更大的进展。圣保罗的一名律师安东尼奥·本托依靠工匠和铁路工人(主要是黑人和穆拉托)的支持,组织了一个帮助逃亡奴隶的地下系统。奴隶大批地逃离种植园。在过去,逃亡奴隶受到迫害,而现在他们获得越来越多的支持。

正是在这种形势下,1885 年 9 月 28 日,议会通过了另一项法律,解放所有达到 60 岁的奴隶,但是这些奴隶获得解放后必须为其主人再服务三年,并在五年之内不得离开原居住地。这些条件,加上很少有奴隶能活到 65 岁以上,实际上意味着绝大多数奴隶的状况仍未有所改变。帝国政府还许诺,在为期 14 年的时间内赎买其余奴隶的自由,但是由于里约·布朗库法的先例,没有人将此许诺严肃看待。废奴主义者确信,新法律是另一策略上的操纵行为,他们反对任何妥协性的解决方案,要求立即、无条件地解放所有奴隶。到 80 年代中期,废奴运动已获得了更大的支持,更加富有战斗性。大量奴隶在废奴主义者的帮助下,从圣保罗逃到已废除奴隶制的塞阿拉,获得自由。追捕逃奴的努力遇到了越来越大的抵制。由陆军军官组织的军人俱乐部(Club Militar),对动用军队追捕逃奴表示抗议。

1887 年 2 月,在公众捐款的支持下,圣保罗解放了所有的城市内部的奴隶。许多奴隶主看到墙上的公告后,解放了他们的奴隶,前提是这些奴隶继续为他们劳动一段时间。到 1887 年底,圣保罗顽固的咖啡种植园主已准备适应形势要求,向他们的奴隶支付工资,提高他们的劳动条件,他们还做出努力吸引欧洲移民。这一努力非常成功,进入圣保罗的移民从 1885 年的 6600 人增加到 1887 年的 3.2 万人和 1888 年的 9 万人。结果,咖啡生产达到新的纪录。随着劳动力问题的解决,圣保罗已准备放弃对废奴运动的抵制,加入废奴的行列。1887 年,圣保罗被解放的奴隶人数上升到 4 万,圣保罗州议会向国会递交了请愿书,要求立即废除奴隶制。到 1888 年,抓住奴隶制不放的只有帕拉伊巴河谷的咖啡生产老区的议员们。

---

① 埃米莉娅·V.达·科斯塔:《巴西的改革年代(1870—1889 年)》,莱斯利·贝瑟尔,前引书,第五卷,第 777 页。

1888年议会重新开会,新总理若昂·阿尔弗雷多·科雷亚·德·奥利维亚宣布他打算无偿废除奴隶制,议案立即获得议会通过,并于1888年5月13日形成法律,只有9名代表投了反对票,其中8名来自里约热内卢,那里的咖啡种植园在衰弱,种植园主因抵押贷款而负担沉重。

巴西最终废除了奴隶制。废除奴隶制的后果并非如其反对者所预料的那样可怕。卸掉了奴隶制的负担,加上国际市场上咖啡持续的高价格(直到1896年),巴西在几年之内取得的经济进步几乎超过了帝国时期的前七十年。但是,对于前奴隶而言,其命运并未因获得解放而有所改变。废奴主义者提出的给予获得自由的奴隶以土地的要求被遗忘了。由于没有土地和获得教育的机会,获得自由的奴隶被"饥饿的皮鞭"所驱使从事艰苦的、报酬微薄的工作。

四、帝制的倾覆

巴西的共和运动出现于19世纪早期,常与各地区要求获得地方自主权的呼声相连。1824年宪法颁布后,伯南布哥爆发的叛乱宣布建立独立的共和国——赤道联邦。佩德罗一世退位后的摄政时期,巴西通过选举摄政,向民选政府迈出了第一步,"它实际上已经走到了共和国的大门口"①。1835年南里约格朗德爆发的法洛皮利亚(Farroupilha)叛乱,最初是为保护地方自治,后来即被引导到主张分裂与建立共和国。但1840年佩德罗二世的登基,保证了君主制的延续。佩德罗二世时期帝制之所以长期延续,在很大程度上是由于巴西与西半球其他地区隔绝,其邻国阿根廷和乌拉圭又正处于考迪罗独裁统治之下。巴拉圭战争加剧了巴西党派间的冲突。1868年,虽然自由派在众议院中占多数,但是,佩德罗二世强制性地组建了一个保守派内阁。"自由派政府的垮台是第二帝国政治史的分界线。"②自由派谴责皇帝的高压控制使他们丧失了权力,对皇帝和政府进行攻击。1869年5月,他们发表宣言,要求实行地方分权,司法独立,建立一套不受国家影响的教

---

① [巴西]若泽·马里亚·贝洛:《巴西近代史》,辽宁人民出版社1976年版,第70页。

② [美]E.布拉德福德·伯恩斯:《简明拉丁美洲史》,王宁坤译,湖南教育出版社1989年版,第173页。

育制度,将国务委员会变成一个专管行政的机构,取消议员终身制,举行直接选举,建立民事登记制,墓地向俗人开放,宗教信仰自由,将投票权扩大到非天主教徒,逐步解放奴隶。宣言最后威胁说:“不改革,就革命。”但接着又是一句和解性的话:“实行改革,全国得救。”自由党内的激进分子对此不满足,几个月后,他们发表了另一个宣言,要求取消“调处权”,废除国民警卫队、国务委员会和奴隶制,要求对州长和警察总长直接选举,实行普选制,举行直接选举。随着巴拉圭战争的结束,反对派加紧活动。1870 年 2 月在里约热内卢成立了共和党。① 共和党人想用共和国取代帝国,这个共和国应由直接选举产生总统和两院议员,并根据联邦制原则组织政府。事实上,共和党人是想以美国式的联邦共和国取代巴西的英国式的君主立宪制。1888 年前,共和党的主要基础是咖啡种植利益集团,他们对帝国政府对蔗糖种植园主的偏向表示怨恨,希望得到与其经济实力相适应的政治权力。该党的力量在圣保罗、南里约格朗德和米纳斯吉拉斯最强,在东北部最薄弱。共和党最初的影响似乎是无足轻重的。在 1889 年以前,他们从来没有控制过众议院,追随者也时多时少。

奴隶制的废除对帝制是一个重大的打击。长期以来,帝制得到种植园主阶级,特别是北部种植园主的支持,他们将帝制看作是维持奴隶制的保障。因废除奴隶制而感到愤怒,并因皇室没有对他们失去的奴隶给予补偿而感到怨恨,反对废奴的种植园主加入了共和运动的行列。

教会本来是君主制的另一支持者。19 世纪 70 年代初,教皇命令将共济会会员从罗马天主教会中清除出去。巴西的共济会会员虽然不多,但在领导层颇有影响。当时主持内阁的里约・布朗戈子爵就是一名共济会会员。在巴西,教会从属于国家。教皇的命令没有得到皇帝的批准。但奥林达大主教唐・维塔尔一意孤行,决心执行教皇指示。政府于是将他和另一位主教逮捕判刑。这一事件为王室树立了宗教界的敌人,一度很忠诚的教会对君主政体的命运变得冷漠了。

君主政体也与时代潮流背道而驰。1870 年,法国拿破仑王朝倒台。阿

① 埃米莉娅・V.达・科斯塔:《巴西的改革年代(1870—1889 年)》,莱斯利・贝瑟尔,前引书,第五卷,社会科学文献出版社 1992 年版,第 773 页。

根廷在1862年统一后取得了惊人的进步,美国内战后工业化突飞猛进。这与帝国巴西的贫穷落后形成了鲜明的对照。在巴西知识分子看来,共和制等于进步,帝制等于落后。[①]

帝制大厦的基础在逐渐崩塌,而最终将其一举推倒的则是军队。为期五年的巴拉圭战争使军队的规模扩大了,地位也提高了。1864年,巴西军队仅1.7万人,到1870年,增加到10万人。[②] 战争结束后,军队的注意力转向了国内政治。军队和政府间的矛盾在某种程度上反映了巴西的阶级矛盾。政府代表了土地贵族及其保守立场,而很多年轻军官来自新兴的城市中产阶级。另外,作为一个统一的组织,军队还在很多方面有其自身的团队利益。1879年,军人首次公开地对政府政策提出异议。军官们激烈反对削减军队规模的议案,并最终迫使政府放弃这一议案。1883年,在有关义务缴纳一项保险金问题上,军人再次在国内公开参与辩论与政府和军队有关的公共问题。当政府禁止辩论,并对某些军官进行申斥和处罚时,军人团结一致地捍卫自身利益。在军队中拥有高度威望的德奥多罗·达·丰塞卡元帅成为军方的代言人。1886年,丰塞卡再次干预了驻扎在阿雷格里港的一些军官与政府之间的冲突。他公开指责政府为了个人利益,牺牲国家利益,军人尽管为国家做出了重大牺牲,但受到忽视甚至虐待。1887年,成立了军人俱乐部,以表达军人的利益,反映军人的不满,丰塞卡被选为俱乐部主席。

共和党充分利用并积极鼓动军人对政府的不满。对年轻军官而言,他们关注的不仅是个人利益与荣誉,而且注意到国家的发展,他们热切地吸收共和主义和实证主义思想,共和党的意识形态在里约热内卢的军事学院得到反响,本雅明·康斯坦特的课程宣讲的实证主义受到热烈的欢迎。实证主义对科学的重视、其专制共和国的理想、其对民众的不信任,适应了要求现代化但反对对土地占有状况和阶级关系进行激进变革的城市中产阶级、进步军官和实业性的大庄园主的需要。

1889年6月,皇帝邀请乌鲁·雷普图组阁。乌鲁·雷普图提出了一系

---

① E.Bradford Burns, *A History of Brazil*, p. 229.

② E.Bradford Burns, *A History of Brazil*, p. 230.

列改革建议,包括行政权力分散化,但改良已为时过晚。11 月 15 日,一场军事政变推翻了帝国政府,宣布建立共和国,丰塞卡元帅担任临时国家元首。皇帝佩德罗二世流亡法国,次年去世。[①] 正如独立运动一样,共和革命是自上而下的,政变几乎没有遇到抵抗,也没有激起民众的热情。政权依然被控制在上层精英集团手中。

① José del Pazo, *Historia de América Latina y del Caribe, 1825-2001*, p. 95.

第七章
出口经济的繁荣与现代化的起步

第一节　1870—1930年的经济和政治

一、出口经济的繁荣

19世纪下半叶，特别是七八十年代后，随着欧洲和北美第二次工业革命的展开，工业化国家对原材料的需求大量增加，扩大了拉美出口产品的数量和种类，从而为拉美面向出口的初级产品生产提供了巨大的市场，拉美各国迎来了一个出口经济空前繁荣的时代。从1850年到1912年，以美元来计算，拉美的出口值增长了10倍以上，从每年约1.55亿美元增长到每年约15.8亿美元，年平均增长率约3.77%。① 由于各国资源种类不同，在拉美主要形成了三种出口类型：

第一，矿产品出口国。墨西哥、智利、秘鲁和玻利维亚属于这一类。贵金属（precious metals）依然是拉美传统的出口产品，19世纪晚期，由于欧美工业化的需求，贱金属（base metals）也加入了出口产品的行列。19世纪末，

① Peter J.Bakewell, *A History of Latin America: c.1450 to the Present*, Blackwell Publishers, 2004, p. 444.

随着电力工业的发展，铜的需求猛增。从第一次世界大战开始，铜成为秘鲁占第一位、智利和墨西哥占第二位的出口产品。19 世纪 50—90 年代，智利铜的出口增长了 10 倍。玻利维亚的主要出口产品从白银转变为锡，到 1913 年前后，锡占玻利维亚出口产品的 72.3%，而白银只占 4.3%。主要用作肥料和化学原料的硝石（硝酸盐）成为另一种出口量很大的矿产品，第一次世界大战前夕，智利出口值的 71.3%来自硝石。20 世纪初，墨西哥湾岸区石油储藏的发现，揭开了石油出口的序幕。

第二，热带产品出口国，包括加勒比地区、中美洲、巴西、哥伦比亚以及墨西哥、委内瑞拉部分地区。19 世纪晚期，橡胶主要用于电气绝缘和制作汽车、自行车的充气轮胎。最初，橡胶主要来自巴西、秘鲁和玻利维亚的亚马孙地区野生橡胶树。橡胶的出口导致了大量人口涌进这一人迹罕至的热带雨林地区，巴西黑河（Rio Negro）与索里芒斯河交汇处附近的马瑙斯迅速崛起，在橡胶生产最繁荣的 20 年间，成为巴西最繁荣和先进的城市。然而，1876 年，巴西橡胶树种子被非法运到国外，并通过伦敦的邱园（Kew Gardens）传到东南亚，特别是马来西亚。当东南亚的橡胶种植园开始生产产品时，橡胶价格急剧下跌，采集野生橡胶已无利可图，因而到 1911—1912 年，亚马孙地区的橡胶繁荣突然衰落。在加勒比海沿岸和厄瓜多尔沿海相对潮湿的低地开始大量生产并出口香蕉。由于汽船的使用，这种产量高但易变质的热带水果可以被迅速运往温带国家的市场。香蕉生产从一开始就被控制在美国公司手中，1899 年，两家最大的美国香蕉公司合并成立了联合果品公司。1915 年，香蕉出口占哥斯达黎加出口收入的 45%，超过了咖啡。20 世纪初，香蕉成为洪都拉斯最主要的出口产品，1903 年，香蕉出口占该国出口收入的 42%。① 在厄瓜多尔和多米尼加共和国，可可成为主要的出口产品，1913 年，可可出口分别占这两国出口总额的 64.1%和 39.2%。厄瓜多尔可可出口从 1840 年的 5000 吨增长到 1870 年的 1.2 万吨，占国家收入总额的 3/4。② 到 1913 年，咖啡成为 7 个国家的主要出口产品：巴西（占全部出口的 62.3%，下同）、委内瑞拉（52%）、哥伦比亚（37.2%）、萨尔

① Olivier Dabène, *América Latina en el siglo XX*, Armand Colin Éditeur, Madrid, 1999, p. 21.

② Olivier Dabène, *América Latina en el siglo XX*, p. 21.

瓦多(79.6%)、危地马拉(84.8%)、海地(64%)、尼加拉瓜(64.9%)。[①] 中美洲几个小国以及巴西这个大国,在很大程度上都依赖于工业化国家对于咖啡的需求。巴西的咖啡产量迅速增加,从1870年的6300万千克增加到1900年的4.77亿千克,到1927年更增加到10.97亿千克。[②]

第三,温带农牧产品出口国。阿根廷和乌拉圭主要依靠出口皮革和肉类。19世纪80年代,饲养家畜的进口(并用铁丝网栅栏将其与原有的畜群分开),提高了肉类的质量,尤其是冷冻船的使用,促进了牛肉和羊肉的出口。在第一次世界大战前夕,乌拉圭肉类占全部出口的24%,羊毛占全部出口的42%;阿根廷主要的出口产品是谷物:玉米(22.5%)和小麦(20.7%)。

农牧产品国外市场的扩大提高了土地的价值。要扩大生产规模,就要增加土地的供应量。例如,巴西圣保罗州内地从19世纪初开始专门种植咖啡以来,土地利用面积扩大了三倍。[③] 在拉美各国,大土地拥有者向尚存的印第安人公共土地发起了新一轮的攫取。在墨西哥,早在19世纪50年代和60年代,革新政府就为夺取印第安人的土地制定了法律依据,在迪亚斯时期,这一运动达到高潮。在安第斯地区,通过了类似的法律,将公共财产转换为私有财产,由此引发了一轮印第安人的叛乱和政府的血腥镇压。然而,并非所有的土著都反对废除古老的土地公有制度,无论在墨西哥还是在安第斯地区,由于市场关系导致了农村地区的分化,土著领袖往往赞成公有土地的私有化,将其看作个人自肥的一条途径。[④] 自由派政府夺取教会土地也促进了土地的集中。墨西哥的莱尔多法和胡亚雷斯的反教会法令的实施,使大量教会土地被征收。19世纪60年代,哥伦比亚自由派政府征用了教会的土地。19世纪70年代,委内瑞拉独裁者安东尼奥·古斯曼也征收了大量教会土地。1895年,厄瓜多尔自由派征用了教会土地。被征收的教

---

① Peter J.Bakewell, *A History of Latin America: c.1450 to the Present*, p. 446.

② José del Pozo, *Historia de América Latina y del Caribe, 1825-2001*, Santiago: LOM Ediciones, 2002, p. 72.

③ José del Pozo, *Historia de América Latina y del Caribe, 1825-2001*, p. 72.

④ Benjamin Keen and Keith Haynes, *A History of Latin America*, Seventh Edition, Houghton Mifflin Company, Boston New York, 2004, p. 218.

会土地和被夺取的土著土地通常以低价大面积出售,由此导致了土地占有规模的进一步集中和大庄园的扩大。19 世纪 70 年代后,铁路的修建也扩大了土地的使用面积,因为火车可以将偏远地区的土地上生产的产品运往港口,而在此之前,由于交通不便,这些土地是荒芜的。

出口经济的增长导致了对劳动力的需求,然而,在 19 世纪后期,尽管多数国家的人口有所增长,但劳动力依然缺乏。在有些国家,出口经济的增长和高工资的吸引力,导致了国内人口流动。但总体上看,极少有雇主愿意以高工资来吸引劳动力,因为他们担心这样做将降低他们的竞争力和利润,特别是在劳动密集型的农业部门。印第安人失去公共土地后,很少有成为真正工资劳动者的,多数变成了债役雇农。雇主以购货券部分地或全部地支付劳动报酬,劳动者凭购货券在雇主开办的公司商店(tienda de raya)消费,商店高昂的价格和不正当的记账手段使这些劳动者背负了沉重的债务。这种债务从上一代传到下一代。于是,这些债役雇农必须留在庄园劳动以偿还其债务负担。债役雇农反抗低工资和高劳动强度的抗议受到地主武装、地方警察和军队的镇压。这种劳动控制方式在墨西哥南部几个州的咖啡、烟草和甘蔗种植园十分普遍。大地产主相互之间甚至买卖其雇农的债务,通过这种方式,将债役雇农的债务负担从一个雇主转移到另一个雇主手里,实际上也就是将其控制的债役雇农像私有财产那样自由处理。

在有些国家,19 世纪晚期,采取了殖民地时期的劳役摊派制从印第安人中征集劳动力。例如,在危地马拉,健康的印第安人必须在大庄园劳动固定的时间。自由派总统胡斯托·鲁菲诺·巴里奥斯签署法令,规定"任何逃避劳动责任的印第安人将受到法律的严厉惩罚,农场主受到全面的保护,每一个印第安人必须在服役期间全天劳动"①。

19 世纪晚期,古巴(当时仍是西班牙殖民地)和巴西出口经济部门的主要劳动力依然是黑人奴隶。尽管受到英国的反对,但大西洋的奴隶贸易一直延续到 19 世纪中期。从 19 世纪初到 50 年代初奴隶贸易被最终废除之前,大约有 150 万黑人奴隶被运往巴西,大约 75 万黑人奴隶被运往西班牙美洲,主要是加勒比地区。1845 年,前往波多黎各的奴隶贸易终止,1867

① Benjamin Keen and Keith Haynes, *A History of Latin America*, p. 219.

年，前往古巴的奴隶贸易终止。1886 年，古巴废除奴隶制，1888 年，巴西废除奴隶制。墨西哥政府还将政治流放犯和在叛乱中被俘的土著遣往南部的咖啡、烟草和龙舌兰种植园劳动，劳动条件极为恶劣，这是另一种形式的奴隶制。

与奴隶非常相似的是所谓"契约劳工"。中国劳工大规模移入拉丁美洲始于 1847 年。是年 6 月 3 日，西班牙殖民当局通过英商朱利塔公司的"奥奎多号"，装载从厦门出海的 212 名华工（6 名在途中死亡）抵达古巴哈瓦那港。9 天后，该公司的第二条苦力贸易船"阿吉尔公爵号"，满载 400 名华工（85 名在途中死亡）抵达哈瓦那港。这就是登陆拉丁美洲的第一批"契约华工"，它标志着中拉关系史上为时近 30 年之久的所谓"苦力贸易时代"的开始。① 从 1847 年以后，"契约华工"源源不断被运往拉丁美洲。据不完全的资料统计，1847—1874 年，被运往古巴、秘鲁、智利和夏威夷群岛等地的华工人数约 25 万人到 50 万人。其中绝大部分集中在古巴（14 万人，1847—1874 年）、秘鲁（12 万人，1849—1874 年）和英属圭亚那（1.6 万人，1853—1913 年）三地区。此外，巴拿马、墨西哥、牙买加、英属特立尼达和巴西等国也都有华工的足迹。除了华工外，这一时期来到拉美的亚裔劳工中，也有相当部分朝鲜人和日本人。② 例如，在墨西哥的龙舌兰种植园中，就有很多朝鲜劳工。

然而，"契约劳工"在数量上远比不上 19 世纪末和 20 世纪初进入几个拉美国家的欧洲移民。这一时期欧洲出现向外移民的高潮，其中既有经济原因，如意大利在 19 世纪 80 年代中期到 90 年代中期遇到了严重的经济危机，又与一些政治因素有关，如在巴黎公社失败后，大批政治活动人士受到迫害。与此同时，19 世纪晚期，在阿根廷、巴西、乌拉圭、墨西哥等国，鼓励欧洲移民成为一项国家政策，并采取了一系列鼓励欧洲移民的措施。例如，巴西的一些州设立了外国移民接待站，安排移民的短期食宿，并提供赴定居

① 如欲较详细了解拉美华工问题，拉美地区的最新研究可参见 Diego L.Chou，"Los chinos en hispanoamerica"，*Cuaderno de Ciencias Sociales*，124，Sede Academica，Costa Rica，FLACSO，San Jose，2002。Marisela Connelly y Romer Cornejo Bustamante，*China-América Latina*，*Génesis y desarrollo de sus relaciones*，El Colegio de Mexico，1992，pp. 20-47。

② Francisco A.Romero Estrada，"Factores que provocaron las migraciones de chinos，japoneses y coreanos hacia Mexico：siglos 19 y 20"，see http://www.gknla.net/history_resources.

地的车票。拉美国家之所以鼓励欧洲移民,除了扩大劳动力的供应之外,还有一个目的,就是提高国家的文化水平。因为自独立以来,拉美国家一直将欧洲看作文明的中心。这一时期拉美许多国家的领导人受实证主义思潮的影响,相信社会进步。在他们看来,欧洲社会进步的程度高于世界其他地区,因此,引进大量欧洲移民是加快现代化和发展的一条捷径。阿根廷是欧洲移民浪潮的最大受益者。1871—1875 年,进入阿根廷的外国移民平均每年达到 3 万人;1886—1890 年每年为 11.7 万人,1906—1910 年每年高达 24.8 万人。1914 年,1/3 的阿根廷人是在外国出生的,而且,由于绝大多数欧洲移民都定居于布宜诺斯艾利斯(使之成为拉美第一个人口超过 100 万的城市),该市的人口中,外国人占了多数,布宜诺斯艾利斯也因此经常被看作一个欧洲城市。实际上,在长达 60 年的时间内,布宜诺斯艾利斯市的人口中有 1/3 出生于外国。阿根廷的欧洲移民 4/5 来自意大利和西班牙。这些移民一般文化水平较高、技术熟练、身体健康,因此 20 世纪初阿根廷的劳动力素质明显高于其他拉美国家。可以毫不夸张地说,阿根廷初级产品出口型发展模式的运转在一定程度上主要依赖于外来移民。巴西和乌拉圭也从外来移民中受益匪浅。在 1871—1915 年期间,巴西共接受了 320 万外国移民,其中长期定居者在 170 万—200 万之间。这些移民中,绝大多数来自意大利,其次来自葡萄牙和西班牙,也有部分来自德国和俄国,以及欧洲其他各地与东地中海地区。1907 年,相当数量日本人来到巴西。巴西的外国移民主要集中在盛产咖啡的圣保罗州。在巴西,正是由于大量欧洲移民的进入,解决了奴隶制废除后劳动力短缺的问题。① 乌拉圭的欧洲移民主要来自意大利,主要定居于蒙得维的亚。1908 年,乌拉圭人口的 17%来自外国移民。②

有的国家,如智利和玻利维亚,虽然没有引进大量移民,但都摆脱了出口经济发展过程中劳动力短缺的问题。这是因为这些国家的出口部门主要是矿业,而不是农业。相对而言,矿业的发展更需要的是资本,其次才是劳动力。在很大程度上,资本同样来自国外。在出口经济逐步恢复和发展的

---

① José del Pozo, *Historia de América Latina y del Caribe, 1825-2001*, p. 71.

② Peter J. Bakewell, *A History of Latin America: c. 1450 to the Present*, p. 449.

推动下,外国投资者对拉美的兴趣提高了,这最初表现在银行的设立上。19世纪60年代,在一些大城市,出现了外国银行。例如,1863年,伦敦和普拉特河银行(the Bank of London and the River Plate)就在布宜诺斯艾利斯开展业务,拥有百万英镑的资金。靠从事贸易和兑换业务,到1870年,其资金翻了一番。在利润的吸引下,1870年,三家英国银行公司在拉美设立了一系列的分支机构。意大利、法国和德国的银行也紧随其后。外资通过这种形式进入拉美资本市场风险较小,因为用于放贷的资金主要来自当地的储蓄。在拉美人看来,将钱存入欧洲银行比较安全,这些银行吸引了大量的储蓄。由于银行的发展,拉美地区开始出现了一个相对正规而有序的信贷渠道。

但是,19世纪70年代后,最主要的资金来源是外国投资的大量增加。由于拉美政治和经济环境的改善,外国投资者开始看好拉美。外国投资主要采取了两种形式。一种形式是购买拉美政府的债券。那些经济相对较快发展的大国,如阿根廷、巴西、智利、墨西哥和乌拉圭政府发行的债券对于英国投资者特别具有吸引力,到1914年前后,英国在拉美地区90%的债券投资集中在上述五国。实际上,当时拉美公共外债的67.8%在英国投资者之手(美国只占13.8%)。1914年,英国在拉美公共债务领域的投资达15.11亿美元,占拉美外国债券(22.29亿美元)的2/3以上。另一种形式的投资是在不同的生产和服务领域的直接投资。这一时期,外国在拉美直接投资的总额为75.69亿美元,其中英国投资为35.88亿美元,占47.4%。美国直接投资占18.4%。英国投资主要集中于基础设施领域。拉美铁路部门的所有外国投资中,英国资金占71.2%,公共设施领域的全部外国投资中,英国资本占59.7%。① 美国直接投资主要集中在矿业、石油和农业部门(如加勒比的香蕉和古巴的甘蔗)。法国和德国也在拉美有大量的直接投资。例如,在哥伦比亚、巴西和玻利维亚,德国公司在航空领域占有很大优势,与美国公司形成强有力的竞争。② 根据一项估计,1914年,阿根廷来自国外的公共和私人投资加起来占全部投资资本的一半左右,相当于年度GDP的两倍半。由于阿根廷是许多外国投资的首选国,因此在其他拉美国家,这个比重

① Peter J.Bakewell, *A History of Latin America: c.1450 to the Present*, p. 451.

② José del Pozo, *Historia de América Latina y del Caribe, 1825-2001*, p. 70.

可能要低。同时,对于外国投资,不能单看其表面数额。因为相当部分外国投资并非真正来自国外,而是来自拉美当地,例如,本地人在外国银行的存款、当地人在外国人拥有的公司的投资以及外国公司将在当地获得的利润进行的再投资等。因此,外国公司不仅发挥了提供资金的作用,而且刺激了当地的资本积累。正是通过这种刺激作用,19 世纪晚期以来,外国投资者加深了对于拉美经济的渗透,但另一方面,也正是由于这种刺激作用,外国投资受到拉美政府和企业界的欢迎。当时,拉美人很少担心丧失国家主权,也很少担心利润流向国外的问题。当时主流的经济思潮是自由主义,主张自由贸易,认为促进进口和外国投资,也就是推动经济进步和现代化。

外国投资在促进拉美经济的发展,特别是在促使拉美经济与北大西洋市场的融合方面发挥了重要的作用。例如,随着外资的引进,19 世纪后期,拉美出现了铁路修建的高潮。1838 年,拉美的第一条铁路在古巴通车。1852 年,智利的第一条铁路投入使用。就整个南美地区而言,铁路线从 1870 年的 2000 英里延长到 1900 年的 5.9 万英里。没有铁路的修建,就不可能将矿石、谷物、皮革、羊毛等产品廉价而迅速地运往港口(在墨西哥,是运往美墨边境),出口数量自然不可能有明显的增加。因此,铁路的修建,使原来因距离而在经济上闭塞的地区与世界市场连为一体。①

19 世纪前半期的经济停滞和政治混乱,使拉美成为世界第一次现代化浪潮的落伍者。19 世纪 70 年代前后,在出口经济的带动下,"拉美国家开始进入现代化的启动阶段,经济增长、体制改革、人口的快速增长都相继出现"②。

出口经济的繁荣为拉美带来了丰富的物质财富。以阿根廷为例,因大量出口牛肉和小麦,20 世纪初,阿根廷位居世界人均国民生产总值(GDP)的第六位,相当于美国的 80%,超过同时期的法国和德国。在 19 世纪末和

① 对于 19 世纪拉美的铁路建设,瑞典学者埃尔纳·奥尔南进行了深入的研究,参见 Hernán Horna,"Los ferrocarriles latinoamericanos del siglo XIX: el caso Colombia", Carlos Dávila, L. De Guebara, compilador, *Empresas y enpresarios en la historia de Colombia: Siglo XIX-XX。Una colección de estudios recientes*, Tomo II, Nacionaes Unidas, CEPAL, 2003, pp. 1022-1044。该文中译稿题为"铁路建设与 19 世纪拉美的现代化",董经胜译,载《现代化研究》第三辑,商务印书馆 2005 年版,第 337—356 页。

② 罗荣渠:《现代化新论》,北京大学出版社 1993 年版,第 178 页。

20 世纪初一些欧洲人的心目中,阿根廷的花花公子成了挥金如土和举止高雅的绅士的化身。除了阿根廷之外,其他一些国家的经济发展水平也有大幅度提高。

出口经济的繁荣推动了拉美的工业化的起步。出口的增长不仅直接带来了现代出口加工业的兴办和资金的积累,而且引起了人口向城市集中,导致了以雇佣劳动者和日益增长的中等阶级为基础的国内市场的扩大。同时,19 世纪后期来自欧洲的大量移民,也带来了资金和技术,其中出现了一批人数众多的企业家。铁路的修建最终消除了殖民地时期以来长途跋涉的运输障碍,不仅为最后摧毁传统工业创造了条件,而且也为大城市新兴制造业开辟了市场,促进现代工业的起步和发展。开始,工业化主要为对天然产品的加工,主要供应出口;接着,维修、铸件、建筑、煤气、电力行业发展起来;最后,扩及生产日常消费品,主要是纺织品、食品加工,面向国内市场的工业由此发展起来。[①] 例如,阿根廷和乌拉圭肉类的出口导致了很多冷冻工厂的建立,布宜诺斯艾利斯南部临近的贝里索(Berisso)地区,成为一个工业中心。墨西哥北部的蒙特雷,因靠近美国市场,建立了钢铁厂。[②]

伴随着出口经济的增长,拉美的城市化进程快速发展。19 世纪中叶起,拉美的城市发展速度加快。一些交通运输线路(主要是铁路和水路)的交叉点成了初级产品出口的集散地;一些沿海的小渔村或小城镇由于具有优越的地理位置,适合于装卸进出口物资,从而演变成重要的港口城市。铁路的修建沟通了城市和城市之间以及城市与乡村之间的联系,因此,不仅内地城市居民可以移居沿海城市,而且农村居民也可流入城市,从而使一些大城市人口迅速增长。绝大多数欧洲移民主要生活在城市中,只有极少数定居在农村。

总之,19 世纪 70 年代前后,伴随着出口经济的繁荣,拉美国家迈出了通向现代化的第一步。但是,这种现代化道路是一条依附性的发展道路,或者如某些西方学者所说,是一种“新殖民主义”的发展模式。[③] 这种依附性

---

① 林被甸:《拉丁美洲的早期工业化》,载《现代化研究》第一辑,商务印书馆 2003 年版。

② José del Pozo, *Historia de América Latina y del Caribe, 1825-2001*, p. 73.

③ Tulio Halperin Donghi, *Historia contemporanea de América latina*, Alianza Editorial, S. A., Madrid, 1998, p. 207.

的一个突出表现是单一产品制(monoculture)。也就是说,一种或几种初级产品成为每个国家经济繁荣的基础,从而使得整个国家的经济受世界市场需求和价格波动的影响而极为脆弱。

二、“秩序与进步”:实证主义在拉美

在出口繁荣时期,拉美的政治控制在生产和销售出口产品的社会集团手中。在绝大多数国家,富人家族结成了紧密的寡头集团,控制地方和全国政权。寡头集团的成员是大地产和矿山的所有者,并与外国人一起共同操纵出口事务。就政治理念而言,绝大多数寡头集团的成员都自认为是自由派,这个时代也被看作拉美自由主义占支配地位的时期。但是,在利润丰厚的出口经济的影响下,这个时期的自由主义主要表现在对经济自由的重视,如果政治自由与经济自由相冲突,那么,至少在一段时期内,要限制政治自由。因此,19 世纪末和 20 世纪初拉美的自由主义是一种高度实用主义的自由主义,与 19 世纪上半叶受法国启蒙运动和美国独立宣言影响的带有理想主义色彩的自由主义有着很大差别。例如,教会不再是改革的主要对象。选举虽依然举行,但是即使选举被公开操纵,也很少有人表示担心与忧虑。自由派关注的首要问题是维持秩序,因为秩序是物质进步的基础。

这种新的自由主义受到了强调秩序与进步的实证主义思想的影响。实际上,实证主义被看作弥合此前的自由派和保守派之间摩擦的药膏,因为它提供了一种两者皆可接受的妥协,至少在出口繁荣带来物质进步的时期是这样。因此,正如有的学者注意到的,19 世纪晚期的拉美,是一个思想趋同的时期。①

19 世纪晚期的拉美各国的知识分子和精英阶层皆以极大的热情接受实证主义,把它看作实现经济和社会现代化、摆脱旧的殖民地传统束缚的武器。实证主义强调两个相互联系的目标:社会和政治秩序与物质进步。也就是说,一方面,要实现物质进步,就需要建立社会和政治秩序;另一方面,

---

① 查尔斯·A.黑尔:《1870—1930 年拉丁美洲的政治思想和社会思想》,莱斯利·贝瑟尔,前引书,第四卷,社会科学文献出版社 1991 年版,第 364 页。

要建立真正的、持久的秩序,也必须以物质进步为前提。秩序与进步,二者相互促进,相辅相成。

实证主义在拉美各国有着不同的特点。一方面是因为其思想来源不同,如巴西主要受法国的孔德的影响,而乌拉圭主要受英国的斯宾塞的影响,另一方面又与各自的历史和民族特性有着密切的联系。①

孔德认为,人类对自然界和社会的理解经历了三个阶段:首先是神学阶段,宗教和非理性的推测主宰了人的认识;其次是形而上学的阶段,人类以逻辑和分析来认识自然和社会;最高级的阶段是实证阶段,推理和理解的基础是可以实证的"科学"知识。他认为,19 世纪的发达国家已进入实证阶段。在拉美的实证主义者看来,拉美国家可以通过有意识地促进科学和引进现代因素,尽快跨入第三个阶段。墨西哥医生、自由主义者加维诺·巴雷达(Gabino Barreda)是这一思想的早期阐释者之一。1867 年,他以实证主义的理论重新解释墨西哥历史,认为,殖民地时期是神学阶段,独立后的自由主义将墨西哥历史带入形而上学阶段,1867 年马克西米安被处死,标志着保守主义和蒙昧主义在墨西哥彻底失败,自由主义取得胜利,墨西哥已经具备了进入实证阶段的条件。要完成这一过渡,必须大力发展教育。他得到胡亚雷斯总统的赏识,被任命为 1867 年建立的国家预备学校(Escuela Nacional Preparatoria)的校长。② 到 19 世纪末,该校培养了一些著名的、在政治上颇有影响的年轻人。在此之前,他们出版了《自由》(*La Libertad*)杂志,该杂志的座右铭是"秩序和进步",其编辑出版者认为,秩序高于一切。他们认为,墨西哥在建立秩序和实现更大的物质进步之前,1857 年宪法中对个人自由的强调将导致无政府状态。该杂志的编辑之一认为,要建立秩序,可能需要独裁,一种"诚实的专制"将以"较少的权利和较少的自由换取较大的秩序和和平"。

迪亚斯长期统治期间,实证主义者在政府内占据了重要的地位,极大地影响了政府的政策。墨西哥的"科学派"认为,秩序和稳定是第一位的,政治自由是第二位的。墨西哥实证主义的代言人胡斯托·谢拉(Justo Sierra)

---

① Arturo Ardao, "Assimilation and Transformation of Positivism in Latin America", *Journal of the History of Ideas*, Vol.24, No.4, 1963, p. 516.

② Olivier Dabène, *América Latina en el siglo XX*, p. 31.

认为,作为国家领导人的迪亚斯需要有效的权威,只有总统成为社会和平和秩序的仲裁人,人民才能重视和理解自由。何塞·利曼托尔(José Limantour)曾担任迪亚斯政权的财政部部长,是"科学派"的代表人物,他致力于行政管理的理性化,强调效率和能力。当迪亚斯政权后期渎职和腐败蔓延时,他又强调诚实和效率、科学理性的管理。① "科学派"将实证主义看作一种政治信条,他们认为,为了以科学的原则维持秩序,政治独裁具有合理性,从这个意义上讲,波菲利奥主义和实证主义成为一回事。②

墨西哥的实证主义吸取了社会达尔文主义思想。富有阶层认为,正是"物竞天择",才使他们跻身于社会上层,穷人是先天能力不足的人。如果政府试图帮助穷人摆脱贫困,是违背自然法则的。加维诺·巴雷达认为,秩序将使"墨西哥人之中最优秀的成员"获得物质上的进步。"最优秀的成员"越多,社会将变得越有秩序;社会越有秩序,"最优秀的成员"也会越来越多。国家不应干预部分人获得物质利益。但是,国家可以鼓励富人将其财富投向对社会有益的事业,例如教育。③

安第斯地区的秘鲁和玻利维亚在经受了太平洋战争的灾难性打击后,从实证主义中寻求重建和复苏的药方。秘鲁的实证主义代表人物曼努埃尔·冈萨雷斯·普拉达(Manuel Gonzalez Prada)强调,要实现秘鲁的复兴,必须加强教育。秘鲁的其他实证主义者如马里亚诺·科尔内霍(Mariano Cornejo)、亚历杭德罗·德乌斯图亚(Alejandro Deustua)也持有同样的观点。他们还关注印第安人的地位问题。墨西哥的实证主义者认为,非白种人属于劣等民族,但秘鲁的实证主义者持不同观点。他们虽然也同意秘鲁的印第安人社会发展水平较低,但是他们认为,这是由于白人的统治造成的,种族不平等源自殖民地时代,印第安人的寄生地位是白人所强加的。为改变这种状况,他们提出了一系列改革方案,例如马里亚诺·科尔内霍坚持,应该给予文盲投票权,这在当时的秘鲁,显然是一个非常激进的主张。和秘鲁一样,玻利维亚的实证主义者关注的也是太平洋战争后的重建问题

---

① John D.Martz,"Characteristics of Latin American Political Thought",*Journal of Inter-American Studies*,Vol.8,No.1,1966,p. 65.

② Olivier Dabène,*América Latina en el siglo XX*,p. 31.

③ Peter J.Bakewell,*A History of Latin America:c.1450 to the Present*,p. 455.

和本国的印第安人问题。①

在阿根廷,实证主义者如胡安·包蒂斯塔·阿尔维迪(Juan Bautista Alberdi)关注的首要问题是促进欧洲移民,一方面开拓广大的空旷地区,促进国家的繁荣,另一方面引进欧洲的因素为阿根廷民族增添活力。阿尔维迪写道,“统治之道在于移民”,19 世纪后半期,阿根廷的确是吸引欧洲移民最多、最成功的拉美国家。

在智利,实证主义者何塞·维多利诺·拉斯塔里亚(José Victorino Lastarria)和巴伦廷·莱特列尔(Valentín Letelier)及其追随者主张在这个繁荣的国家推动现代科学的发展。智利的实证主义者对教育体系实行了改组,实现了教育的世俗化。他们主张按照科学的原则改组政府和经济。智利的实证主义者认为,19 世纪晚期智利前所未有的经济繁荣与他们的努力密切相关。

在巴西,实证主义者主张废除奴隶制,他们认为,奴隶制是一种过时的、倒退的制度,主张教会和国家分离,并主张建立共和国。实证主义者、军事学院的数学教授本雅明·康斯坦特(Benjamin Constant) 在 1871 年成立了实证主义协会。巴西的实证主义者与推翻帝制的运动有着密切的联系。他们要求建立一种与民主的或代议制的体制不同的“实证主义共和国”,以此来建立稳定、有效、理性地处理国家事务的机构。共和国建立后,新的国旗上印上了实证主义的格言“秩序与进步”。②

19 世纪后半期,实证主义成为拉美最有影响的政治和社会思潮,并在拉美的社会变革中发挥了重要的作用。西方学者小拉尔夫·利尔·伍特沃德(Ralph Lee Woodward,Jr.)认为,19 世纪拉美的实证主义者“改革了过时的政治体制,带来了工业革命,开始了大众教育,摧毁了传统的教会权力,带来了军队的职业化地位,改革了刑法条例,扩展了国家的疆域,促进了城市的现代化,引进了国外的移民和思想,促进了整个大陆的物质福利。”③实证

① John D.Martz,“Characteristics of Latin American Political Thought”,*Journal of Inter-American Studies*,Vol.8,No.1,1966,p. 66.

② Odorico Pires Pinto,Oscar Uribe Villegas,“Auguste Comte y la Bandera Brasileña”,*Revista Mexicana de Sociología*,Vol.19,No.3,1957,pp. 841-851.

③ Jr.Ralph Lee Woodward,*Positivism in Latin America*,*1850-1900*: *Are Order and Progress Reconcilable*? ,Lexington,Masschusetts,1971,p.x of introduction.

主义的兴起，是19世纪晚期拉美与出口经济繁荣相伴生、相促进的一场思想变革。①

三、社会和政治变革

出口经济的繁荣、旧的土地贵族和更加资产阶级化的社会集团之间的利益一致化，使联邦派与中央集权派的冲突、自由派与保守派的纷争失去了意义，在一些国家，旧的政党分野消失了，或者变得无足轻重。出口经济的繁荣，还使得拉美的精英集团，特别是大地产主，迫切需要掌握全国政权。他们不再满足于待在封地式的大庄园度日，开始追逐政治权力。因此，传统的考迪罗时代走向终结。19世纪晚期，拉美精英集团控制政权的方式主要有两种，一种是所谓"寡头式民主"。例如智利和阿根廷，反映精英集团内部不同利益的政党之间存在着一定程度的竞争，但是在根本的政策问题上，特别是对出口经济发展模式的态度上，不同政党间又存在着高度的一致性。竞争局限于精英集团内部，选举被随意操纵，广大社会下层被排除在政治参与之外。另一种是所谓"进步的"考迪罗。与"寡头式民主"不同，精英集团并不直接掌握政权，而是通过一个独裁者进行统治，维持秩序，为土地贵族的利益服务。墨西哥的波菲里奥·迪亚斯、哥伦比亚的拉斐尔·努涅斯、危地马拉的胡斯托·卢菲诺·巴里奥斯、委内瑞拉的安东尼奥·古斯曼·布朗库就是这种类型的独裁者。不管哪种形式，这些政权的目标之一是剥夺地方考迪罗的权力，加强中央集权，建立强有力的民族国家。在阿根廷，随着1880年布宜诺斯艾利斯成为一个联邦特区，中央集权主义战胜联邦主义取得了最后的胜利。在墨西哥，迪亚斯有效而无情的统治，加强了中央集权，削弱了地方权力。在巴西，佩德罗二世的帝国政府也朝着建立集权的民族国家的方向做出了重要进展。加强中央集权的目的在于促进出口经济的增长。政治稳定被看作吸引外资的前提，外资的流入将促进经济的增长。而外资的进入，又反过来有助于加强法律和秩序。例如在墨西哥，铁路的修

---

① 关于19世纪晚期实证主义对拉美的影响，详尽的研究可参见长篇论文 Adám Anderle, "El Positivismo y la Modernizacion en la Identidad Nacional en America Latina", *Anuario de estudios americanos*, 45, 1988, pp. 419-484.

建，大大加强了中央对地方的控制，因为可以利用铁路快速地派出联邦军队扑灭地方的叛乱。

19 世纪末和 20 世纪初，拉丁美洲寡头政治和出口经济相结合的发展模式一度取得了很大的成功。物质财富增加，铁路大量修建，城市规模扩大，表面上看，拉丁美洲正朝着现代文明的方向迈进。但是，经济增长的成果分配极不平等。社会下层不仅没有从这种现代化中得到好处，反而承担了现代化的代价。在此过程中，社会下层的反抗运动此起彼伏。墨西哥的尤卡坦半岛是玛雅人聚居的地区。19 世纪中期后，由于甘蔗和西沙尔麻（henequen，主要生产制造绳子的纤维，出口到美国）种植园的发展，玛雅人的大批土地被大庄园主吞并，玛雅人被迫沦为债役农。于是，玛雅人为了保卫自己的土地和自由举行起义，从 1847 年到 1855 年期间战斗最为激烈，但整个战争一直持续到 20 世纪初。在尤卡坦，种族关系和阶级关系是密切相关的。一般而言，庄园主是白人或梅斯蒂索人，农民是印第安人，因此这场起义又被称为“种族战争”（Caste War）。[①] 卡努杜斯是巴西巴伊亚州北部一座被废弃的庄园。1893 年，安东尼奥・维森特・门德斯・马歇尔来到这里布道，吸引了两三万人到此定居，并建立了兴旺的农业社团，安东尼奥劝告信徒们不要缴税。教会对他进行谴责，当地地主也反对他，因为他使农村劳工外流，影响了大庄园的发展。卡努杜斯的人民多次打败政府派来讨伐的军队。1897 年 10 月，由 8000 多人组成、拥有现代化装备的征伐军，在经过激烈的战斗后，终于摧毁了卡努杜斯。在战斗的最后阶段，卡努杜斯的守卫者约 5000 人，他们要么在战场上战死，要么被俘和被处决。

这些社会下层民众起义的目的是恢复欧洲人到来之前的传统社会秩序，他们的组织和动员依靠的是宗教的力量，因而是一种反现代化的运动，失败的命运是难以避免的。与此不同，在出口经济繁荣过程中产生的新兴社会阶层的政治动员，则有力地推动了拉美政治的变革。

首先是工人阶级的产生。19、20 世纪之交，工人开始组织起来，首先是

① 关于尤卡坦的“种族战争”，较有代表性的研究参见 Nelson A. Reed, *The Caste War of the Yucatán*, Standford University Press, 2001。Terry Rugeley, *Yucatán's Maya Peasantry and the Origins of the Caste War*, Austin: University of Texas Press, 1996。

建立互助组织，然后是建立了工会。在出口经济的关键性部门，特别是运输部门，如铁路和码头，工人发挥着举足轻重的作用，因为任何工人罢工将直接影响着出口经济的运转。1914—1917年，劳工动员有了空前的增长，1917—1919年，又出现了一次罢工高潮。其次是中等阶层（the middle sector）的出现。从职业上说，中等阶层包括从进出口经济中受益，但在所有制和领导地位方面却未能进入上层阶层的银行职员、政府雇员、下级军官、教师、教士、小企业家、熟练技工、记者、社区杂货商等。中等阶层的特点是，他们既不被接纳到传统上层分子的队伍中，又不与社会的下层贫穷阶层来往。据估计，19、20世纪之交，在墨西哥、智利、巴西、阿根廷和乌拉圭，中等阶层可能占到总人口的10%，主要集中在城市。① 工人阶级和中等阶层进入政治舞台削弱了寡头政治的基础，意味着精英政治向大众政治的转变不可避免。

进入20世纪初，在一些国家，新兴的中等阶层开始组织政党，称为激进党或民主党，向土地寡头控制的传统政党提出了挑战。他们要求政治、社会和教育改革，要求给予中等阶层更多的政治发言权。面对来自工人阶级和中等阶层的挑战，上层分子做出了有限的让步，将中等阶层纳入他们的特权机构，让他们参与管理，但社会下层的工人、农民仍然被排除在政治参与之外。由此产生了所谓的“笼络式民主”（co-optative democracy），即为了维护社会经济制度，占统治地位的社会上层愿意与中等阶层合作。在这种形势下，20世纪初，一些较为发达的拉美国家，代表中间阶层利益的政党和领导人上台，并推行了一系列的社会改革。在阿根廷，代表中间阶层的激进党在1916年的选举中上台。19世纪末，巴西发生了废除奴隶制和君主制的两大变革。但是，中等阶层的政治要求不同于社会下层。因为中等阶层在很大程度上是出口经济繁荣的产物，并依赖于出口经济，因此，其要求仅仅是分享出口经济繁荣的成果，获得一定的政治发言权，而不是要改变进出口经济发展模式。中等阶层在争取政治权力的过程中，一度与工人阶级合作。但是，一旦达到自己有限的目标，并参与国家机构，他们就会中断与工人阶级的联盟，而与上层分子结盟。

① ［美］E.布拉德福德·伯恩斯：《简明拉丁美洲史》，王宁坤译，湖南教育出版社1989年版，第204—205页。

第二节　出口经济繁荣时期的国际环境

一、美国的“大棒政策”和“金元外交”

1870年前后，英国失去了在拉美的优势，其他欧洲国家，尤其是法国和德国，加强了与拉美的经济联系，与英国投资者展开了竞争。但对英国霸权最大的挑战来自美国。

19世纪80年代，美国工业生产超过英国，跃居世界首位。迅速的工业增长促使美国资产阶级寻找海外市场。19世纪下半叶，美国与拉美的贸易和美国在拉美的投资逐渐增长。为了促进美国与拉美之间的贸易，扩大美国在拉美的发言权，美国国务卿詹姆斯·G.布赖恩主张召开美洲国家会议，打出了“泛美主义”的旗号。早在19世纪初，拉美独立运动的领导人曾提出建立泛美联盟的思想，以加强相互之间的团结，共同对付欧洲的威胁。拉美新独立国家在玻利瓦尔的倡导下，于1826年6月在巴拿马召开了一次国际会议，旨在建立一个拉丁美洲独立国家的联盟。但是，由于各国间的利益冲突和分歧，这个团结合作的计划未能实现。到19世纪后期，美国利用其发展起来的强大经济力量，在美洲开始大规模排挤欧洲国家势力的活动，以实现其独霸西半球的野心，“泛美主义”就是适应这一形势需要的产物。1889年10月2日至1890年4月19日，在华盛顿召开了第一届泛美会议，除美国外，有17个拉美国家与会。这次会议上，成立了“美洲各共和国国际联盟”，并在华盛顿设立常设机构“美洲各国商务局”。会议要求增加成员国间的贸易、技术、文化交流和卫生方面的合作；为便于交流，建议采用十进位的公制计量制度。会议建议采取和平手段解决美洲国家之间的分歧，希望建立有效的仲裁制度。[①] 1910年，第四届泛美会议将美洲各共和国国际联盟改为“泛美联盟”。

---

① ［委］D.博埃斯内尔：《拉丁美洲国际关系简史》，商务印书馆1990年版，第154页。

1898年美西战争后,美国占领了关岛、波多黎各等原西班牙殖民地,并成为古巴的保护国。当时,美国扩张政策的主要代表人物是西奥多·罗斯福,他在总统任期(1901—1908年)公开宣扬武力干涉,积极推行“大棒政策”。“大棒政策”的名称源出他在一次东非之行得到的一条地方谚语:“手持大棒口如蜜,走遍天下不着急。”1916年,西奥多·罗斯福在一次讲演中对他任职总统期间的外交政策作了这样的概括:“应付国际关系的正当办法,在于嘴里说话要温和,手里要拿一根大棒。”“大棒政策”即由此而得名,主要被用来指美国在拉美地区,尤其对中美洲和加勒比海地区的高压政策。如1903年策划巴拿马脱离哥伦比亚独立,并单独控制了1914年通航的巴拿马运河。1898—1932年期间,美国对10个拉美国家的干涉达34次之多。当“大棒政策”受到拉美各国人民激烈反抗时,美国统治者又变换手法,抛出了“金元外交”政策。“金元外交”是继西奥多·罗斯福之后担任总统的塔夫脱提出来的,他宣称美国政府外交政策的特点是“用美元代替枪弹”,追求“合法的商业目的”。于是,美国对拉美国家投资和贷款迅速增加。在拉美出口经济繁荣时期,美国对拉美经济的渗透、控制大大加强了。

二、太平洋战争

出口经济的发展也影响到了拉美国家间的关系。出口经济的增长促进了一些国家对于边疆地区的开发,在这种情况下,边境冲突争夺的就不再是土地本身,而是自然资源。与此同时,由于外国资本大量投资于拉美的铁路、港口和矿山等重要经济部门,控制了拉美各国的经济命脉。因此,在这一时期,拉美地区的边境冲突背后,又与外国资本在拉美的争夺有直接的联系。

1876年,自由派阿尼瓦尔·平托就任总统时,智利陷入一场严重的经济危机之中。在他上台的头几个月,世界市场上铜价下跌20%,智利铜矿出口下降16%,半冶炼的金属出口下降50%。银矿出口不足1874年的1/3。1876—1878年,智利的主要农作物产区先是经历了一场严重的干旱,接着又迎来了一场涝灾。1877年,一场大暴雨冲毁了道路,淹没了铁路,摧毁了牧场和农田。1878年,小麦和面粉出口下降到1873年的1/3。大约30

万人失业,工业萧条,食品价格飞涨。[①] 经济部门中唯一保持良好发展势头的是阿塔卡马沙漠的硝石出口,从 1865 年到 1875 年,硝石的产量增加了 1 倍。但是,正是硝石——智利的经济基础——成为一场重大的战争的根源,这场战争极大地影响了智利及其两个邻国——秘鲁和玻利维亚——的发展进程。

1878 年 2 月,玻利维亚议会宣布对主要由英国和智利投资者控制的硝石和铁路公司(Compania de Salitres y Ferrocarril)开采出口的每公担(100 千克)硝石增加 10 分的额外税,该公司根据 1873 年由玻利维亚政府签署的许可证,在智利和玻利维亚之间存在领土争议的阿塔卡马沙漠开采硝石和碘。本来,两国对这一荒芜地区的领土所有权并不看重,但是 19 世纪 60 年代鸟粪和硝石矿的发现使这一荒漠地带价值倍增。玻利维亚坚持其领土向南延伸至南纬 25 度线,而智利坚持其领土向北延伸到南纬 23 度线。1866 年,智利和玻利维亚达成协议,对争议地区按南纬 24 度线划分,同时给予两国公民开采 23 度到 25 度线之间地区所有现存矿产的权利,智利和玻利维亚平等分享该地区的税收收入。[②] 1871 年,玻利维亚发生政变,马里亚诺·梅尔加雷霍将军的政府被推翻,新政府拒不承认他在 1866 年与智利签订的条约。因此,智利政府派代表团前往拉巴斯与玻利维亚进行谈判。1873 年,双方代表签订条约,增加了智利在存有争议地区的管理参与权,同时禁止单方面改变税收标准。但是,玻利维亚议会拒绝批准该条约,两国处于战争边缘。智利当时正卷入与阿根廷在巴塔哥尼亚以及麦哲伦海峡的领土争议,因而决定对玻利维亚让步。1874 年,双方签订另一个条约,规定两国边界依然维持在南纬 24 度线,智利放弃在该线以北地区的税收分享权,玻利维亚答应在此后 25 年之内不对智利在阿塔卡马地区的公司增加税收。[③]

因此,1878 年玻利维亚决定对硝石和铁路公司增加税收显然违反了 1874 年的条约。最初,这一争端看上去仍有和平解决的希望,因为玻利维

① Simon Collier and William F.Sater, *A History of Chile, 1808-1994*, Cambridge University Press, 1996, p. 125.

② Demetrio Boersner, *Relaciones Internacionales de América Latina, Breve Historia*, Editorial Nueva Imagen, 1982, pp. 180-181.

③ John Mayo, "La Campañia de Salitres de Antofagasta y la Guerra del Pacifico", *Historia*, 14, 1979, p. 73.

亚政府表示，虽然它不会否决议会的税收立法，但是也不会将其付诸实施。1878 年 12 月，玻利维亚总统伊拉里翁·达萨将军改变主意，命令硝石和铁路公司交纳新增税收，否则玻利维亚即将其财产没收。公司拒绝了达萨的要求。1879 年 2 月 11 日，玻利维亚当地政府没收了公司财产，并宣布将于 2 月 14 日公开拍卖。智利驻玻利维亚大使表示抗议，援引 1874 年的条约，要求玻利维亚收回成命，但达萨拒绝让步。在硝石与铁路公司的股东的支持下，智利几家报纸极力要求政府以武力维持条约的执行。反对党利用智利与玻利维亚的领土争端在 1879 年的议会选举中警告平托总统和自由党不要向玻利维亚独裁者投降。反对派政客和新闻界还在首都圣地亚哥和瓦尔帕莱索组织示威，鼓动民族情绪。当时担任内政部部长的安东尼奥·巴拉斯看到在他的房前示威的人群，告诉平托总统，如果不对玻利维亚采取措施，“（这些示威者）将会杀死你和我”①。于是，2 月 14 日，即决定将公司财产公开拍卖的日期，平托派军队占领了玻利维亚阿塔卡马地区的安托法加斯塔，爆发了第二次太平洋战争。

达萨之所以武断地决定增加税收，主要有三方面的原因：第一，由于玻利维亚财政吃紧，达萨决定通过增加税收解决政府的财政困境。第二，如上所述，由于智利正卷入与阿根廷的领土争端，达萨认为智利没有能力同时应对两场外交冲突。智利向阿根廷做出的大幅度让步使达萨认为，在玻利维亚的挑战面前，智利同样会“像面对阿根廷那样举旗投降”。第三，即使智利拒绝让步，达萨还有另一张王牌，这就是玻利维亚与秘鲁在 1873 年签署的一项秘密军事协议。根据这项协议，如果第三国对玻利维亚或秘鲁的主权和领土完整构成威胁，两国有义务相互援助。平托希望将军事行动限制在安托法加斯塔，虽然新闻界和反对派要求他命令军队向北越过边界，扩大战果，但是平托总统拒绝这样做，他希望达萨会在智利的军事压力面前退却，恢复现状。但是，达萨拒绝让步，在智利军队占领有争议的地区之后两周，玻利维亚向智利宣战。

平托虽然早就知道玻利维亚和秘鲁之间存在着军事联盟协议，但是他希望在玻、智冲突中，能够说服秘鲁保持中立。最初，这一可能性似乎存在

① Mario Barros, *Historia Diplomática de Chile, 1541–1938*, Barcelona, 1970, p. 332.

着很大的希望。秘鲁总统曼努埃尔·普拉多表示对冲突双方进行调解。但是与此同时，秘鲁的陆海军开始了战争准备，这自然逃不过智利新闻界的眼睛。智利新闻界强烈要求政府对秘鲁宣战，以免贻误战机。在公众舆论的压力下，平托要求秘鲁公开表态是否准备履行1873年与玻利维亚签订的条约义务。1879年4月，秘鲁答复准备履行条约义务，智利同时向玻利维亚和秘鲁宣战。①

平托之所以希望尽可能避免战争，也是迫于现实的压力。由于连续几年的预算削减，智利陆军的人数减少了1/5，海军战舰退役，作为军事后备力量的国民警备队削减了2/3。其对手玻利维亚和秘鲁的军事力量加起来超出智利1倍。智利陆军的武器过时，医疗和后勤供应严重不足，通信设备极不完善。在战争中，智利要想取得胜利，对海域的控制是必不可少的。只有控制了海域，才能输送陆军向敌方的领土展开进攻；如果失去对海域的控制，智利将处于敌方的进攻、封锁或者轰炸之下。秘鲁海军拥有两艘铁甲舰（玻利维亚没有海军），智利海军虽然也有两艘铁甲舰，但是状况很差。因此，战争之初，对智利来说，前景并不乐观。但是，智利也有其对手所不具备的优势。与玻利维亚和秘鲁相比，智利拥有稳定的中央政府，智利民众正处于强烈的民族热情之中，智利的陆海军的纪律和训练严格。另外智利距战区相对较近，而玻利维亚军队必须要跨越安第斯山、秘鲁军队不得不穿越阿塔卡马沙漠才能到达战区。三国都面临着严重的经济困境，但是相比之下，智利的经济状况不像玻利维亚和秘鲁那样糟糕。更重要的是，智利得到了强有力的英国资本的支持，因为英国在智利的大量投资的前景在很大程度上将取决于战争的结局。当然，英国在秘鲁和玻利维亚也有投资，但是，智利政府一直履行偿还外债的义务，而秘鲁和玻利维亚则因财政危机停止了偿还英国贷款。

从占领安托法加斯塔那天起到1879年3月末的一个半月的时间内，智利军队几乎没有遇到抵抗就占领了直到秘鲁边境的整个玻利维亚沙漠，因为玻利维亚无法在这样短的时间内使它的军队越过安第斯山去保卫安托法加斯塔。1879年5月21日，发生了著名的伊基克海战。战斗中，秘鲁的

① Simon Coller and William F.Sater, *A History of Chile, 1808-1994*, p. 129.

“瓦斯卡尔号”击沉了智利的“埃斯梅拉达号”，同时，秘鲁的“独立号”在同智利的“科瓦东加号”作战中触礁失事。后来，“瓦斯卡尔号”在智利沿海制造恐慌和其他秘鲁小舰构成了对智利海岸的威胁。但是在1879年10月8日，该舰为智利的旗舰“科克伦号”所打垮。

在此期间，秘鲁和玻利维亚克服财政上的极大困难，在伊基克建立了他们的大本营，在普拉多总统和达萨总统的直接督察下，两国在该地集合了1.4万名官兵。1879年11月，1万名智利军队经过激战后在皮萨瓜登陆，入侵的部队只打了一场仗就控制了塔拉帕卡省。此后，6000名智利军队离开皮萨瓜前往占领位于东南方的、富饶的多洛雷斯水泽平原。秘鲁将军布雷迪亚率领一支比智利军队多达两倍的军队离开伊基克北上迎击敌人，而达萨总统则自塔克纳率兵南进，企图两面围攻智利军队。在达萨的部队还未到达目的地之前，1879年11月19日，布雷迪亚的部队就被智利军队所击溃。得到这个消息后，达萨未经战斗就回师塔克纳。塔拉帕卡全境几天之内就被智利军队所占领。同盟国失败的消息对国内局势产生了影响，普拉多总统被迫辞职，达萨也被免职。1880年初，智利军队开始侵入秘鲁更北的地区。1880年5月26日智利军队攻破玻利维亚新总统坎佩罗将军指挥的防线，占领了塔克纳。12天后，智利军舰攻破秘鲁的港口要塞，占领了阿里卡港。与此同时，智利舰队封锁了秘鲁海岸，并炮轰了卡亚俄港。

此时，美国总统加菲尔德派国务卿詹姆斯·G.布莱恩出面调停。1880年10月，在阿里卡，在美国的“拉卡瓦纳号”军舰上举行了会议，布莱恩反对割让领土。但是，胜利在望的智利提出的条件是割让安托法加斯塔和塔拉帕卡给胜利者。同盟国拒绝了智利的要求。在美国试图调停失败后，智利使战事深入秘鲁境内。智利将军巴克亚诺凭借一支舰队和3万人的兵力，在利马附近登陆，于1882年1月占领了利马。除游击队战斗到1883年之外，秘鲁完全崩溃了。根据1883年10月20日签订的《安孔条约》，秘鲁将塔拉帕卡省永久割让给智利，另外，塔克纳省和阿里卡省割让给智利十年，十年之后举行公民投票决定其归属。①

---

① 但实际上，公民投票从未举行，智利继续占领着两省，直到1929年，秘鲁收复了塔克纳，而阿里卡划归智利，智利给予秘鲁600万美元的补偿。1932年，秘鲁和智利重新划定了边界。

秘鲁撤出战争以后的几个月里，玻利维亚继续抵抗智利的进攻。但到1883年12月，玻利维亚的部队不得不要求停战。1884年4月智利与玻利维亚签订了停战协定，将原属玻利维亚的安托法加斯塔省划归智利，但是多年以来，没有一个玻利维亚政府愿意签署一项正式条约确认这一领土变更。最终，1904年，玻利维亚与智利签订条约，智利同意给予玻利维亚以补偿，并修建一条铁路将玻利维亚首都拉巴斯与阿克里港连接，该铁路于1913年完工。

太平洋战争的影响是深远的。对于智利来说，它扩大了领土，珍贵的硝石地区之获取，为国家资源增添了巨大的天然财富，使它成为南美洲太平洋地区的第一强国。同时也使英国资本得到了好处，它早就认定智利会取胜，把太平洋主要地区的投资投在了智利。对于秘鲁来说，塔拉帕卡的丧失，以及关于赋予智利对塔克纳和阿里卡两地的控制权的公民投票协定，剥夺了秘鲁的重要收入来源。此前二十年，秘鲁已举借大量国债用于铁路建设，使得国家的财政告罄，战争使国债进一步增加，国家财政雪上加霜。玻利维亚是领土上、经济上、政治上损失最大的国家，海岸地区被割走，成为内陆国。因为硝石产区被割走了，玻利维亚的经济开始转向生产锡，在这个贫困、衰弱的国家中，高原地区开始在国家生活中占统治地位。①

三、查科战争

查科（Chaco）位于美洲大陆南部的中心，东起巴拉圭河和巴拉那河，西到安第斯山麓，北至南纬18度左右的亚马孙盆地，南临阿根廷的萨拉多河和潘帕斯。面积大约26万平方公里，略小于美国得克萨斯州。巴拉圭和玻利维亚之间有争议的地区是靠安第斯山的北查科。该地区人烟稀少，是一个贫瘠的地区。

在殖民地时期，查尔卡斯检审庭长辖区一直到达皮科马约河。这条河流向东南，在快到亚松森的地方与巴拉圭河汇合。1809年玻利维亚开始要求独立时，玻利维亚人就已在该地区居住了。虽然人数稀少，但根据有效占

① Demetrio Boersner, *Relaciones Internacionales de América Latina, Breve Historia*, p. 183.

领原则，玻利维亚要求对该地区的所属权。而巴拉圭认为，巴拉圭人来到皮科马约河的时候，皮萨罗尚未到达太平洋海岸。巴拉圭还认为，原居住在该地区的印第安人是他们的祖先征服的，因此巴拉圭对该地区拥有所有权。双方曾试图通过谈判来解决争端。1879 年，两国签订了边界条约，但因当时巴拉圭政权频繁更迭，条约一直未经批准。

两件大事使两国对查科地区的争端进一步激化。第一，玻利维亚在太平洋战争后失去了太平洋沿岸的出海口，因而内河航运对它就显得格外重要，玻利维亚希望在巴拉圭河可航行地带得到一个港口。第二，1922 年美孚石油公司进入玻利维亚，在查科西部发现石油，这一大片沙漠地带马上增添了新的经济价值。到 1930 年，美孚石油公司投资已逾 5400 万美元，正从许多油井中产油；英国石油公司因受到排挤，便支持阿根廷对玻利维亚的石油通过阿根廷出口课收关税。为此，玻利维亚总统萨拉曼卡说："当然的和合乎逻辑的补救办法，在于建造一条油管通到巴拉圭河。但在那儿横亘着巴拉圭共和国，争夺玻利维亚的领土，并且还封闭着那条通道。玻利维亚不能听任（自己）可悲地作为一个与世隔绝的国家过日子。"①

进入 20 世纪后，玻利维亚和巴拉圭两国分别从太平洋战争和巴拉圭战争中得到了恢复，两国加强了对于查科地区的关注。巴拉圭开始在巴拉圭河以西沿着北线修筑碉堡，并沿着皮科马约河从东往西也修筑起一些堡垒，并把铁路修到了北查科。玻利维亚为了阻止巴拉圭继续前进，也沿着皮科马约河一带修起了碉堡。1907 年，在阿根廷的调解下，双方签订了《皮尼利亚-索莱尔议定书》。议定书第七条写道："在此协定有效期间签约各方同意，从今后对本签字日所确定的领土现状不得提出更改或有更多的要求。"②1923 年，玻利维亚总统得知巴拉圭人又在向西移动，便废除了上述协议，修建了更多的要塞。但是，玻利维亚修建的要塞太小，以至于后来被围

① ［美］艾·巴·托马斯：《拉丁美洲史》第三册，寿进文译，商务印书馆 1973 年版，第 852 页。但对此有学者提出异议。指出美孚石油公司只获得 3 万多公顷租让地，钻了几口油井，建了两个小炼油厂，查科战争开始时，日产石油不过 300 桶，很难据此论证美国为了这点利益而支持玻利维亚进行一场战争。况且，当时正值资本主义世界经济危机，油价暴跌，石油资本家普遍削减产量。显然，英美争夺石油不是查科战争的原因。参见洪育沂：《拉美国际关系史纲》，外语教学与研究出版社 1996 年版，第 111 页。

② ［美］罗伯特·巴顿：《玻利维亚简史》，辽宁人民出版社 1975 年版，第 323 页。

时不能解决自己的饮食问题，而要进攻时，又因彼此距离太远，无法相互支援。

1927年，两国关系紧张加剧。玻利维亚总统埃尔南多·西莱斯又谋求与阿根廷进行调解。但是，巴拉圭坚持不让玻利维亚在巴拉圭河通航地区得到一个港口。在巴拉圭河流域发现石油的希望与日俱增，查科的土地价值倍增。因此，玻利维亚继续修筑要塞，要塞总数达到九个。1928年，靠近皮科马约河的巴瓜迪亚要塞受到巴拉圭的袭击，两国第一次交火。

1928年12月11日，国联理事会主席白里安致电玻利维亚和巴拉圭政府，要求各方作为国联会员国，努力寻求和平解决争端的途径。同时，泛美联盟正在华盛顿草拟西半球仲裁与调解条约，会议宣告巴拉圭犯了侵略罪行。与会各国决定成立一个调查与调解委员会，对玻利维亚和巴拉圭进行调解。1929年3月13日，委员会在华盛顿成立，成员包括玻利维亚、巴拉圭以及不与它们毗邻的五个美洲中立国（美国、墨西哥、哥伦比亚、乌拉圭和古巴），由美国国务卿史汀生任主席。国联对该委员会表示支持。1930年4月，玻利维亚与巴拉圭缔结了临时停战协定，并恢复了外交关系。

双方对停战协定皆不满意。1932年6月15日，两国再度发生武装冲突，很快发展成为一场全面的战争，成为继1931年日本侵占中国东北之后举世瞩目的另一个热点。战争爆发后，国联和泛美联盟都展开了紧张的活动。

1932年7月29日和8月1日，国联理事会主席呼吁玻利维亚和巴拉圭接受调解。8月1日，美国副国务卿怀特邀请除玻利维亚和巴拉圭之外的所有拉丁美洲国家（一共18个）驻美使节开会，8月3日，美国和上述18个拉丁美洲国家发表共同宣言，呼吁玻利维亚和巴拉圭把争端提交仲裁，并声明，宣言参加国对于用非和平方式就此争端所做出的领土安排，或用武力征服所获得的土地，概不承认其有效性。①

最初，玻利维亚在战场上暂时得势，它对国联和美洲19国的建议所做的回答是，玻利维亚的领土应该抵达巴拉圭河。但是，战争局势逐渐对巴拉圭有利。战地距离巴拉圭首都仅200公里，补给方便。巴拉圭的瓜拉尼人

① 洪育沂：《拉美国际关系史纲》，外语教学与研究出版社1996年版，第111页。

士兵对查科地区的热带气候是很适应的。相反,天气的炎热使来自玻利维亚高原地带的印第安人士兵疾病缠身,昏昏欲睡,蛇咬虫蜇使他们疼痛难忍。由于玻利维亚既无铁路也无公路通到战区,后勤供应不足。结果,玻利维亚初期取得的胜利迅速丧失,巴拉圭在9月9日大举反攻。

9月14日,五个美洲中立国再次要求双方立即停止军事行动,建立20公里非军事区。玻利维亚在丧失了12个要塞后,被迫在10月25日进行停战谈判,但迟迟未达成协议。12月13日,玻军转入反攻。15日,五个美洲中立国建议,玻军撤到巴利维安,巴军撤到巴拉圭河,也就是说,双方都撤出北查科有争议的地区。巴拉圭坚决不同意,在12月19日中止停战谈判,并发动猛烈攻势,到年底,共攻克了30个玻利维亚要塞,包括大本营阿尔塞。1933年5月10日,也就是在双方开战之后几乎过了一年的时间,双方才正式宣战。此时,巴拉圭已深入查科地区。

根据国联理事会的决定,1933年11月间,由西班牙、法国、英国、意大利和墨西哥代表组成的五人委员会赴玻利维亚和巴拉圭进行调查。12月,在蒙得维的亚召开的泛美联盟第七届会议上,美国代表团团长科德尔·赫尔强烈要求尽快结束战争。在会议的努力下,1933年12月19日,玻利维亚和巴拉圭签订了停战协定。但停战只持续了两个星期。1934年1月7日,战争重新开始。

战争开始以来,双方在购买军事物资上并无困难。因为在经济萧条时期,工业化国家的军火商乐于寻找海外市场。正是这一国际利益集团阻挡了调停冲突的尝试达几年之久。1934年春天,有关军需品输送的丑闻震惊了世界舆论。① 于是,英国政府向国联建议对两国禁运武器。1934年5月,国联根据五人委员会的建议,要求各会员国对玻利维亚和巴拉圭实行军火禁运。美国也同国际联盟合作,由国会授权实行类似的禁运。

1934年11月24日,国联再次要求玻利维亚和巴拉圭停止敌对行动,在六个美洲中立国(阿根廷、巴西、智利、秘鲁、乌拉圭和美国)组成的委员会监督下复员军队,然后举行和平会议。玻利维亚同意,巴拉圭拒绝。国联遂建议各会员国解除对玻利维亚的军火禁运,而加强对巴拉圭的军火禁运。

---

① [美]艾·巴·托马斯:《拉丁美洲史》第三册,寿进文译,商务印书馆1973年版,第854页。

1935年2月23日,巴拉圭退出国联。到1935年6月,巴拉圭占领了这一地区的大部分,玻利维亚军队已被赶到安第斯山脚下。血腥的战役一个接着一个,最后双方都感到筋疲力尽。巴拉圭扩展得过大,以至于在1935年年中陷入困境。6月14日,在阿根廷、巴西、智利、秘鲁、乌拉圭和美国的坚持下,两个交战国签署了停战协定。和平谈判在布宜诺斯艾利斯拖延了三年,到1938年7月才签字。和约规定:1. 在争执地区划定明确的边界线。2. 将该地区9万多平方英里判予巴拉圭。也就是说,把巴拉圭在查科战争中占领的绝大部分领土都划归予它,巴拉圭边界向东移动440公里。3. 在巴拉圭河辟出小块狭长土地成为港口,供玻利维亚使用。①

第三节　墨西哥迪亚斯时期的现代化

一、经济自由主义

波菲里奥·迪亚斯,1830年出生于瓦哈卡一个梅斯蒂索家庭,同胡亚雷斯一样,他支持自由派,反对圣安纳。在1862年反对法国干涉的战争中,作为墨西哥最年轻的将军之一,他参加了著名的普埃布拉战役。② 1871年,胡亚雷斯第四次竞选总统,当议会宣布胡亚雷斯最终获胜时,迪亚斯作为竞选的失败者之一拒绝接受选举结果,并愤怒地宣布,国家首脑无限制的连任危及国家的原则和机构。但是,迪亚斯的叛乱很快即被镇压下去。1872年,胡亚雷斯因心脏病突发去世后,副总统塞瓦斯蒂安·莱尔多继任总统。莱尔多担任总统期间墨西哥政局相对平静,但是,1876年当他宣布参加竞选连任时,迪亚斯再次以有效选举和反对连任的口号发动叛乱。1876年11月,迪亚斯的军队挫败政府军,占领墨西哥城。

迪亚斯就任总统后,为履行其反对连任的诺言,在1880年让自己的亲

① [美]艾·巴·托马斯:《拉丁美洲史》第三册,寿进文译,商务印书馆1973年版,第855页。

② Burton Kirkwood, *The History of Mexico*, Greenwood Press, Westport, Connecticut · London, 2000, pp. 113-114.

信曼努埃尔·冈萨雷斯就任总统。但是,1884 年,他再次就任总统,并通过一次次地修改宪法,使自己一次次连任,直到 1911 年被迫辞职并离开墨西哥。因此,以反对连任夺取政权的迪亚斯,却建立了拉美历史上为时最长的个人独裁政权。

迪亚斯独裁政权的建立,反映了墨西哥和拉美历史发展进入了一个新的阶段。19 世纪后半叶,在墨西哥以及拉美,新一代考迪罗政权实现了国家的政治稳定。而且,对于这些新一代考迪罗来说,夺取政权并非唯一的目标。实现政治稳定的目的在于国家的经济增长和国力的增强,推进国家的现代化。

在经济政策上,迪亚斯坚持自由主义原则。20 世纪初,墨西哥依然是一个农业国,全国 77% 的人口依靠土地为生。铁路的修建,大大促进了出口农产品的发展,由此也大大提高了土地的价值。迪亚斯政权通过各种立法,加快了土地集中的过程。他采取的最重要的同时也是影响最深远的措施是宣布,禁止公共拥有土地的法令应适用于印第安村社。该禁令本来是 19 世纪 50 年代针对教会而采取的一项自由主义措施。这为土地投机商、牧场主以及他的政治亲信夺取印第安人的土地大开了方便之门。[①] 1883 年,议会又通过了所谓的丈量空闲公共土地的法律。该法律授权不动产公司丈量所谓的空闲土地,公司获得所丈量土地的 1/3,其余以很低的固定价格大面积出售,通常是卖给迪亚斯的亲信和他们的外国合伙人,他们之中许多人依此获取了大面积的土地。例如,在奇瓦瓦州,仅特拉萨斯(Terrazas)家族就拥有 250 万公顷(600 万英亩)土地,在伊达尔戈州,一条铁路线中有 120 千米(72 英里)穿越一家地产。[②] 但是,土地公司并不满足于获得真正的空闲土地。根据 1894 年通过的另一项法律,不能提供法律依据的土地可以被认作空闲土地,这为侵吞土著村社和其他小土地所有者的土地提供了依据,因为这些村社和小土地所有者无法为他们祖祖辈辈耕种的土地提供法律依据。为了保证这项法律的实施,对于进行抵抗的失去土地者,政府派军队进行镇压。结果,大量农民失去土地。据估计,1910 年,80% 的

---

① Thomas E. Skidmore, Peter H. Smith, *Modern Latin America*, Sixth Edition, New York, Oxofrd University Press, 2005, p. 261.

② Alan Roquié, *El Estado militar en América Latina*, Siglo Veintiuno editors, 1984, p. 32.

农民没有土地,另一项估计认为,95%的农民没有土地。[①] 与土地的集中相伴随的是出口农产品产量的增加和满足国内消费的农产品生产的减少,由此导致农民生活水平下降。从1895年到1910年,墨西哥玉米的年人均消费量从330磅下降到310磅。在这15年中,人均寿命从31岁下降到30.5岁,在最后五年,婴儿死亡率从千分之三百零四上升到千分之三百三十五。[②]

为了吸引外国投资,迪亚斯政府积极改善与外国的关系。1876年,美国给予迪亚斯政权外交承认,作为交换,墨西哥答应偿还美国400万比索的债务,并采取措施稳定美墨边境地区的局势。[③] 欧洲国家也相继对迪亚斯政府给予了外交承认,甚至法国也在迪亚斯第一任期结束前恢复了与墨西哥的外交关系。随着墨西哥政治稳定的实现,越来越多的外资流入墨西哥。墨西哥著名外交家马蒂亚斯·罗梅罗(Matias Romero)访问美国,向美国的投资者宣传墨西哥的投资机会。他的努力使大量美国投资者签约修建连接墨西哥的工业中心与美墨边境的铁路。很快,美国资本家将墨西哥看作土地、工业和商业的理想的投资场所。冈萨雷斯政府期间,继续推行维持政治稳定和促进外国投资的政策,尤其鼓励外国投资改善墨西哥的基础设施特别是铁路建设。他的政府推行了一系列的吸引外资的激励机制,包括税收减免、给予铁路公司以政府补贴等等。为了吸引外资投资于墨西哥矿业,1884年,墨西哥政府对殖民地时期以来的矿业法作了修改。墨西哥原矿业法规定土地所有权并不包括地下资源,特别是矿产的所有权。但是,1884年议会通过的法律将地下资源授予该土地的所有者。[④] 19世纪末墨西哥石油的发现导致大量外资投资于石油业。为了鼓励石油工业的发展,1909年,迪亚斯政府通过法律规定,土地所有者拥有地下的石油资源的所有权,石油开发者(实际上全是外国人)获得税收优惠,他们仅需缴纳价值不到产

---

① Olivier Dabène, *América Latina en el siglo XX*, Armand Colin Éditeur, Madrid, 1999, p. 36.

② Héctor Aguilar, Lorenza Meyer, *A la sombra de la Revolución Mexicana*, Aguilar, León y Cal Ediciones, S.A.de C.V., 1989, p. 14.

③ 多年来,美国一直抱怨一些墨西哥人非法越过边境进入美国袭击美国的居民区,然后再返回墨西哥,并数次表示准备出兵进入墨西哥搜寻这些非法入境者。迪亚斯增加了在边境地区的驻军,大大减少了非法入境问题,由此消除了美国的抱怨和入侵威胁。

④ Burton Kirkwood, *The History of Mexico*, p. 117.

值1%的印花税。①

经济的增长带动了对于劳动力的需求,迪亚斯政府希望促进外国移民。在当时的墨西哥精英看来,理想的移民是来自欧洲的自由的白人,最好是天主教徒。因为迪亚斯和同时代的阿根廷、巴西的社会精英一样,对他们来说,吸引移民的目的不仅是满足劳动力的需要,而且是改变墨西哥人口构成的一种手段。出于对有色人种的偏见,在举行一次重要的国家集会时,警察将所有具有印第安人面貌特征的人驱赶到市中心以外,以防止给外国人留下对于墨西哥的"不正确的"印象。但是,由于当时在美国和其他拉美国家有较多的移民机会,很少有欧洲人愿意选择移民墨西哥。面对这种现实,迪亚斯政府希望从中国引进劳动力。出于引进华工的需要,迪亚斯政府驻美国大使主动与中国外交官接触。与此同时,一方面,1882年后,由于美国排华法案的实施,很多在美华人选择墨西哥作为避难场所;另一方面,由于中国国内阶级矛盾和民族矛盾激化,清朝政府希望通过向海外移民"疏通华民去路",以"广开利源,隐消黎患"。在这种情况下,1899年12月14日,两国签署了《中墨友好通商行船条约》,在两国历史上首次建立了外交关系。②在此前后,大量华工移居墨西哥。冈萨雷斯·纳瓦罗(González Navarro)指出,这一时期,"从财富、人数、邻里关系和历史连续性而言,美国人、西班牙人、中国人和危地马拉人成为现代墨西哥的四大重要的外国人集团"③。

二、政治专制主义

为了控制社会秩序,维持政治稳定,迪亚斯建立了高度专制的政治制度。1884年再次上台后,他获得了实际上决定国会议员的候选人的权力,从而根本上消除了国会中的政治竞争者。在他统治的后期,迪亚斯甚至有时将议会称为他的"马群"(caballada)。1888年,他修改宪法以使自己能够

---

① Héctor Aguilar, Lorenza Meyer, *A la sombra de la Revolución Mexicana*, p. 175.

② Dong Jingsheng, "Chinese Emigration to Mexico and the Sino-Mexico Relations before 1910", *Estudios Internacionales*, Año XXXIII, Enero-Marzo 2006, No.152, pp.75-88.

③ 转引自 Marisela Connelly y Romer Cornejo Bustamante, *China-América Latina. Génesis y Desarrollo de sus Relaciones*, El Colegio de México, 1992, p. 40。

合法地再次连任总统。当专制制度完全巩固之后，宪法再次被修改，将总统任期由四年延长为六年。为了稳定社会秩序，迪亚斯推行了“面包加棍棒”(pan y palo)的政策。迪亚斯吸收所有社会上层以及某些中间阶层成员，如著名的知识分子和记者进入政权，社会下层被完全排除在政治参与之外。例如，为了获得地方强人，即所谓卡西克的支持，迪亚斯保证他们从国家的经济增长中获得利益。因此，许多地方卡西克成为迪亚斯的支持者，并维持所管辖的地区的社会稳定。迪亚斯还采用传统的“分而治之”的政策，使这些个人或集团相互猜忌，以此对他们进行控制。某些拒绝接受其恩惠的政治反对派受到严酷的报复，或被殴打，或被暗杀，或被关进监狱。对于社会下层的反抗，迪亚斯更是进行毫不留情的镇压。迪亚斯的镇压工具之一是所谓“乡警”(rurales)，这支准军事力量最初由强盗和流民组成，后来逐渐由在社会变革中失业或失去土地的手工业者和农民所取代，一方面镇压印第安人和农民的反抗，破坏工人罢工，另一方面作为一支与正规军抗衡的军事力量。

为数不多的知识分子、职业政客和商人成为迪亚斯的主要顾问。因为这个集团主张对国家的“科学”治理，因而获得了“科学派”的称号。1892年后，这个集团的影响特别明显，大约有15个人组成这个集团的领导核心，其首脑是迪亚斯的岳父曼努埃尔·罗梅罗·卢比奥，他于1895年去世后，取而代之的是财政部部长何塞·伊维斯·利曼托尔。

迪亚斯特别重视对军队的控制。高级军官享受很高的待遇，并且拥有很多致富的机会。但是，迪亚斯时期墨西哥的军队并不能满足保卫国防的要求，将军和高级军官的任命不是根据其能力，而是根据其对迪亚斯忠诚的程度。军队的纪律、士气和训练都很差。相当数量的普通士兵来自社会渣滓，一方面他们被利用来严酷镇压工人罢工和农民的反抗，另一方面他们本身又受到苛刻的对待，待遇微薄。

教会成为迪亚斯独裁政权的另一支柱。1881年，迪亚斯与卡门·罗梅罗·鲁维奥结婚。卡门当时18岁，出生于富有而显赫的家庭，并且是一个虔诚的天主教徒。卡门对天主教的信仰以及她与教会的联系打消了教会对于迪亚斯的疑虑。迪亚斯在他的第二任期之初，和教会达成谅解，教会答应支持迪亚斯，迪亚斯将1857年宪法中反教会的条款束之高阁。在迪亚斯时期,修道院得到了恢复,教会学校重新建立起来了,财富也开始向教会手中积聚。作为回报,教会对于社会下层的痛苦和抱怨充耳不闻,教导信徒要完全服从于政府权威。如同殖民地时期一样,神父唯利是图而腐败。只是在迪亚斯政权的最后几年,意识到即将到来的革命风暴,教会才开始倡导极为温和的社会改革。

经济自由主义和政治专制主义相结合的发展模式一度为墨西哥带来了历史上前所未有的经济繁荣。从 1877 年到 1911 年,墨西哥经济年平均增长率为 2.7%,而此前的 70 年中,经济增长起伏不定,一直处于停滞和下降状态。1886—1896 年,国民收入在十年内增长了一倍。1893—1907 年,人均国民收入以 5.1%的速度上升,同期出口增长了 6 倍,进口增长了三倍半。到 1895 年,墨西哥在历史上首次实现了财政盈余,并在国际市场上发行债券,国家预算从 1896 年的 700 万比索上升到 1906 年的 2400 万比索。① 到 1910 年,墨西哥的铁路达到 1.2 万英里。虽然铁路最初大多是由外国资本修建的,但是 1907 年后大多数都被收归国有。由于铁路网的建立,全国各地的联系大大加强了。墨西哥成为世界上最大的龙舌兰出口国,这是当时世界市场上需求量很大的纤维材料。美国成为墨西哥的蔗糖、香蕉、橡胶、烟草等种植园产品的主要出口市场。矿产品的出口除了传统的黄金、白银外,又增加了铜和锌,主要也是出口到美国。石油工业获得迅速的发展,到 1911 年,墨西哥成为世界第三大石油生产国。由于经济的增长和财政收入的提高,墨西哥的国家面貌也发生了巨大的变化。首都墨西哥城的人口增加了一倍,并出现了电力、电车、旅馆、周报、宽阔的林荫道,使墨西哥城获得了文明和文化之都的声誉。②

但是,迪亚斯时期的经济繁荣是以经济上对外国的依附和牺牲广大社会下层的利益为前提的。除了对外部市场的依赖之外,外国资本控制了墨西哥的主要经济部门。美国公司控制了墨西哥的主要矿业,石油工业控制在美国和英国资本手里,法国和西班牙资本几乎垄断了墨西哥的纺织和其

---

① Héctor Aguilar, Lorenza Meyer, *A la sombra de la Revolución Mexicana*, pp. 12-13.

② Lawence A. Clayton, Michael L. Conniff, *A History of Modern Latin America*, Harcourt Brace College Publishers, 1999, p. 169.

他消费品工业。19 世纪 80 年代，外国资本占墨西哥全部投资资本的 67% 到 73%。①

经济的繁荣给社会上层带来了巨大的利益，但是广大的社会下层却陷入严重的贫困之中。大量的小土地所有者和印第安村社失去土地，但获取土地者却使大量土地荒芜，以期待地价升值进行投机。由于土地闲置，食品生产落后于人口增长速度，食品价格居高不下。19 世纪晚期，墨西哥基本的食品如玉米和豆类的人均消费量实际上下降了。1900 年，不到一岁即死亡的男童高达 29%，非文盲率仅占全部人口的 1/4。

各地区之间经济活动存在着很大的差别，由此也产生了不同的劳动方式。在南部的尤卡坦、塔巴斯科、恰帕斯以及韦拉克鲁斯的部分地区，橡胶、咖啡、烟草、龙舌兰和甘蔗种植园严重依赖于强制性的劳动力，这些劳动力主要来自政治流放犯、被俘虏的印第安叛乱者，以及通过各种方式诱骗的契约劳工。在中部地区，由于大批的村社农民失去土地，产生了大量的无地土著无产者，因此佃农制、分成制以及移民劳动力的使用大量增加。这一地区的过剩劳动力使大庄园主没有必要通过债务劳役制将劳动力限制在庄园里。在北部，由于接近高工资的美国，以及庄园主和矿主之间在争夺劳动力上的竞争，使工资劳动制和分成制更符合实际，由此削弱了债务劳役制。但是，无论何种劳动方式，农村劳动力的生活皆极为艰难。矿山和工厂的劳工状况并不好于农村。纺织厂的工人每天工作 12—15 个小时，工资很低，并通常全部或部分地以购物券的形式发放，凭此购物券在公司的商店里消费，价格通常高于其他商店。联邦和各州的法律禁止组织工会和罢工。

这种建立在高度不平等之上的“进步”自然是不能持久的。墨西哥的社会变革具有与其他拉美国家不同的特点。在迪亚斯时期，墨西哥没有出现一个强大的企业家阶层，优惠和资助主要来自国家，资本主要来自国外，中间阶层也非常薄弱。这种社会结构带来了深远的政治影响。在同时期的其他少数拉美国家，中间阶层成为改革运动的领导力量，例如在阿根廷，并且在某些情况下得到了新兴的工业家的支持，例如在智利。但是，墨西哥情

① Burton Kirkwood, *The History of Mexico*, pp. 122.

况不同。在世纪之交的墨西哥,存在着革命的因素,但改革的土壤非常薄弱。① 1906—1907 年的经济危机从美国波及墨西哥,导致了企业破产,工人失业,工资下降。同时 1907 — 1910 年的粮食歉收又引起了食品价格的上涨。到 1910 年,墨西哥的国内矛盾已达到了极为尖锐的程度。工人罢工、农村暴动、中产阶级改革派的愤怒以及部分大庄园主和工业家的不满,表明迪亚斯政权的统治基础已经摇摇欲坠了。只需轻轻一推,这座腐朽的大厦即可土崩瓦解。

第四节 阿根廷的出口经济和激进党的崛起

一、出口经济的繁荣和社会变革

阿根廷独立后国家政治生活的核心问题是联邦派和中央集权派之间的斗争。这一斗争一方面反映了布宜诺斯艾利斯和内地省份之间的利益冲突;另一方面,也是更重要的,反映了对于阿根廷不同发展道路选择的论争,而中央集权派的最终胜利意味着以自由主义、启蒙思想为指导的现代化方案战胜了联邦主义者考迪罗式的、反现代主义的传统。实际上,从 1853 年罗萨斯下台以后,联邦主义考迪罗成为无政府状态的、野蛮的阿根廷的化身,这一时代成为历史,阿根廷从此开始了自由主义的现代化进程,而巴托洛梅·米特雷、多明戈·F.萨米恩托等知识分子的著作将这一模式理想化了。这些现代化的知识分子既受到美国宪法和法国人权宣言的影响,同时又从孔德等人的实证主义社会思想中得到启发,他们认为,由于西班牙的殖民统治,过去的阿根廷是一个"野蛮的"、愚昧的国家,必须通过实证主义的进步意识形态进行开化。他们相信,理性是指导人类行为的准则,物质进步与科学和人的自由是密不可分的。② 1880 年 J.A.罗加将军成为阿根廷总统

① Thomas E.Skidmore, Peter H.Smith, *Modern Latin America*, pp. 262-263.

② Alberto Spektorowski, "The Ideological Origins of Right and Left Nationalism in Argentina, 1930-43", *Journal of Contemporary History*, Vol. 29, No. 1, 1984, p. 156.

后,实证主义在“和平与管理”的口号下得到贯彻,19 世纪后半期,阿根廷进入了一个外国投资大量涌入、经济高速增长的时代。

19 世纪后期阿根廷经济的基础是向北大西洋工业化国家出口农牧产品。19 世纪晚期发生的科技变革使得将食品从布宜诺斯艾利斯运到几千英里之外的伦敦和安特卫普成为现实可能:1851 年汽船的应用将布宜诺斯艾利斯到伦敦的航程从两个月缩短为 35 天。1876 年,法国和阿根廷之间运输冷冻肉类试验成功,从此,冷冻肉类取代了腌肉,极大地促进了欧洲市场对阿根廷牛肉的需求。除牛肉外,其他大宗出口的产品是羊毛和小麦。阿根廷的绵羊数量在 1852 年仅有 700 万头,到 1888 年猛增到 8800 万头。

阿根廷的潘帕斯拥有世界上最肥沃的土地,但缺乏资本和劳动力。英国作为阿根廷农牧产品的主要消费者,首先带来了资本。英国资本主要投资于铁路、港口、包装厂和公共设施。60 年代末,阿根廷的主要铁路线才开始动工:北线主要连接布宜诺斯艾利斯和拉普拉塔河三角洲,西线主要穿越安第斯山,将阿根廷和智利连为一体,南线是 1865 年动工的连接布宜诺斯艾利斯和查斯科穆斯(Chascomus)之间的铁路。1880 年,阿根廷铁路里程数为 1570 英里,到 1889 年,5850 英里的铁路线已将各省与港口连接起来。到 1900 年,总里程数达到 1.03 万英里,1910 年,增加到 1.735 万英里。[①] 港口设施也得到了扩建和改善。由于运河的开凿和挖掘,罗萨里奥的码头能够吞吐远洋货轮,1880 年后,罗萨里奥市因此成为阿根廷最主要的港口之一。1884 年后,由于与南线铁路网的接通,巴伊亚·布兰卡成为南潘帕斯和巴塔哥尼亚羊毛和小麦出口的主要港口。布宜诺斯艾利斯也对原来的码头进行了修缮,并修建了新的港口设施,加上该市有着与全国各地相连的铁路网,使其保持着阿根廷最重要的港口的地位。

迫切需要的劳动力从南欧,特别是意大利涌入阿根廷。从 1857 年到 1930 年,阿根廷吸收的净移民(移入者减去移出者)350 万人,这意味着大约 60%的人口增长来自移民。在这些移民中,46%来自意大利,32%来自西班牙。移民对阿根廷人口结构的影响超出了任何其他西半球国家。到 1914 年,阿根廷接近 30%的人口是在外国出生的(同期作为另一个欧洲移

① Daniel K.Lewis, *The History of Argentina*, Greenwood Press, 2001, p. 55.

民天堂的美国,只有大约13%的人口是在外国出生的)。[①] 在意大利和阿根廷的潘帕斯之间,大量的移民劳动力往来不绝。最初的移民主要是进入农牧场,成为垦殖者、佃农和农业工人。后来的移民常常进入城市,在交通(特别是铁路)、加工和服务业(银行、政府)等寻求就业机会。

外国市场、外国投资和外国移民的有机结合,使阿根廷以出口初级产品、进口工业制成品为基础的经济进入了一个空前繁荣的增长期。1860—1930年,阿根廷维持了世界上最高的GDP年平均增长率之一:1900—1904到1910—1914年间为6.3%,1910—1914到1925—1929年间为3.5%。[②] 1900年,阿根廷进口额达1.135亿金比索,出口值为1.546亿金比索。第一次世界大战爆发前的1913年,阿根廷进口超过4.962亿金比索,出口为5.192亿金比索。贸易的扩大为政府带来了可观的财政收入。1880年政府财政收入为1960万金比索,到1889年几乎增加了一倍,达到3820万金比索。[③] 经济的繁荣极大地改变了阿根廷的社会面貌。鳞次栉比的现代建筑遍布城乡。首都布宜诺斯艾利斯成为重要的文化中心,无论本国人还是外国参观者,开始称其为"南美的巴黎"。该市的剧院众多而充满活力,1907年开张的哥伦布剧院成为这个充满雄心和富裕的时代的象征。

但是,由于这种物质进步是建立在出口经济的基础之上,其脆弱性也是十分明显的。一旦欧洲对食品的需求下降,将导致整个阿根廷经济的崩溃。也就是说,同其他拉美国家一样,阿根廷经济依赖于资本主义世界体系中心的工业化国家。但是,与蔗糖、咖啡等产品相比较而言,世界市场对肉类和谷物的需求还是相对比较稳定的。因此,在20世纪30年代经济大萧条中,阿根廷经济虽然也受到沉重的打击,但是并不像其他拉美国家那样迅速与彻底。外国投资虽然对经济增长起了重要作用,但同时外债的高利率以及外国公司将利润大量汇出,给阿根廷带来了严重的国际收支赤字。由于大量外债是由政府机构举借的,相当部分政府预算被用来偿还外债。僵硬的

---

① Thomas E. Skidmore, Peter H. Smith, *Modern Latin America*, Sixth Edition, New York and Oxford: Oxford University Press, 2005, p. 72.

② Carlos Díaz Alejandro, *Ensayos sobre la história económica Argentina*, Buenos Aires: Amorrortu Editores, 1975, p. 20.

③ Daniel K. Lewis, *The History of Argentina*, p. 56.

利率和偿还时间表意味着，即使由于经济状况引起政府收入下降，外债负担依然不变，同时还意味着偿还外债占据的政府预算，影响了在其他领域的财政投入。

阿根廷出口经济的繁荣带来了巨大的经济利益，但是，这些利益的分配是极不平等的。首先是地区之间的差别。潘帕斯和布宜诺斯艾利斯经济空前繁荣的同时，绝大多数内地省份经济处于停滞状态。除门多萨和土库曼由于葡萄酒和蔗糖的生产经济有所发展之外，其他中部和西北部省份——胡胡伊、拉里奥哈、圣地亚哥德尔埃斯特罗、萨尔塔——一直处于社会和经济衰退之中。

不同阶层之间的财富和收入不平等也非常突出。阿根廷最重要的财富是土地，但是只有极少数人拥有大片的土地。1914 年，超过 2500 英亩土地的农场仅占全部农场总数的 8.2%，但是拥有全部农业用地的 80%。40%以上的农场依靠佃农劳动，租佃条件相当苛刻。1937 年，仅占 1%的土地拥有者控制了超过 70%的农业用地，相当部分土地处于闲置状态。成千上万的移民抱着拥有土地的希望而来，但是发现几乎所有土地早已被大庄园主所垄断了。这些大土地占有者利用 19 世纪后期的出口繁荣巩固和加强他们的力量。向国内外市场提供牛肉的牧场主是精英阶层中最重要的集团，其核心圈子由大约 400 个家庭组成，他们之间通过社会俱乐部和企业协会结成紧密的联盟。从地理分布而言，绝大多数财富集中在布宜诺斯艾利斯附近的潘帕斯的养牛和谷物产区。从 1880 年到 1912 年间，这些土地寡头还控制着国家的政治。通过对国家政权的控制，促进肉类和粮食出口，获得信贷，并制定对自身有利的税收和货币政策。阿根廷社会的其他重要机构，如军队和教会，也同样代表精英阶级的利益。

养牛业不需要大量的劳动力，因为铁丝网足以将牛群圈占起来；虽然小麦主要是由租地的外国垦殖者生产的，但这些人并没有构成一个有影响的社会集团。结果是，不同于墨西哥、智利或者巴西东北部，在阿根廷，没有产生一个传统的小农阶级。这一事实意味着，与墨西哥不同，在阿根廷，土地改革从未成为一个生死攸关的、带有象征意义的社会问题。这不是因为阿根廷的土地分配平均，而是没有一个要求拥有土地所有权的农村人口。没有一个小农阶级的存在，还意味着农民不可能形成一支社会政治力量，其他社会阶层也不可能与农民联合结成一个政治同盟。

但是在大城市,工资劳动者形成了强有力的组织力量。20 世纪初,体力劳动者占了布宜诺斯艾利斯几乎 60%的人口,工人阶级的大约 3/4 是保留着意大利或西班牙国籍的移民。在 19 世纪 70 年代和 80 年代,欧洲无政府主义者和社会主义者在阿根廷工人中开展了卓有成效的组织工作,并于 1895 年成立了社会党,致力于选举和改良策略。与社会主义者不同,无政府主义者组成的阿根廷区域工人联合会(Federacion Obrera Regional Argentina)因倡导直接行动而对工人有更大的吸引力。阿根廷区域工人联合会支持的地方和全国性罢工引起了政府的忧虑,1902 年,阿根廷议会通过居住法(Ley de Residencia),授权政府将参加罢工而"危害国家安全或扰乱公共秩序"的外国人驱逐出境。1910 年,为纪念阿根廷独立 100 周年,举行了一系列庆祝活动。无政府主义者组织的抗议者充斥了街道和广场,但是被警察镇压或驱散。结果,议会通过了另一新的法律——社会安全法(Ley de Defensa Social),以更容易地逮捕和指控劳工组织者。除了政府的镇压之外,阻碍阿根廷劳工运动发展的另一因素是社会主义者、无政府主义者、工团主义者之间对于政治行动的不同观点和内部分歧。特别需要强调的是,尽管社会主义者和无政府主义者反对阿根廷的寡头政治,但是在意识形态上、在文化上,他们并不反对以世俗化、反传统主义和信仰普世人类价值的政治现代化理念,而且,他们在原则上接受自由主义精英的观点,相信欧洲移民的流入将使阿根廷更加接近欧洲国家,更加现代化。也就是说,社会主义者和无政府主义者在现代化道路的选择这个根本性问题上,与自由主义精英集团并无二致。

19 世纪晚期的经济增长刺激了城市化,一个城市中产阶级随之产生。中产阶级集中于官僚部门和专业部门,依赖于出口经济。出口经济的发展为这个阶级带来了物质上的利益,但是,他们被排除在政治参与之外。他们对土地寡头对国家政权的垄断不满,正是这个阶级构成了激进党的主要力量。

二、19 世纪晚期的阿根廷政治和激进党的崛起

1880 年,胡利奥·罗加成为总统后,阿根廷出现了相对稳定的政治局

面。首都布宜诺斯艾利斯被联邦化，地方考迪罗势力被摧毁，货币体系得到统一。宪法赋予行政机构强有力的地位，总统任期六年。遵照欧洲的先例和实际运作，独立的司法机构和议会与行政部门分享权力。所有18岁以上的男性公民都拥有选举权。阿根廷的政治体制表面看上去是富有活力的、开放的、竞争性的。但是实际上，在社会经济现代化迅速发展的同时，阿根廷的政治体系依然是封闭的，到1912年，只有大约20%的本国男性人口参加投票。一小撮富有而强大的特权精英阶层主宰着阿根廷的政治，因而历史学家将这一时代称为"寡头政治时期"。这些特权阶层组成的国家自治党（PAN），也被称为"牛党"，因为其主要成员是富有的养牛牧场主。直到第一次世界大战之前，通过操纵选举，该党一直维持着对阿根廷政治的控制。反抗首先来自在经济现代化进程中产生的新兴的中产阶级，随着经济力量的增强，这个阶级对寡头政治垄断不满，要求参与和分享政治权力，而激进党运动作为新兴中产阶级要求的反映，提出了一种民众主义的、民主的、同时又是反自由主义的现代化方案。①

1889年，从独立以来一直与阿根廷的商业和财政有着密切联系的英国巴林兄弟公司，为布宜诺斯艾利斯的公共工程建设招股筹集资金。投资者因担心阿根廷的财政不稳而不愿投资。这一招股计划的失败带来了一场资本市场的恐慌。这场所谓的"巴林危机"不仅切断了英国投资者对阿根廷的新投资，而且也挫伤了其他国家的投资欲望。由于资金短缺，阿根廷的货币体系崩溃。出口收入下降，进口变得昂贵。到这年年底，这场财政恐慌导致了阿根廷经济的严重衰退。

财政危机使政府陷于瘫痪。1890年4月，内阁辞职。在这种情况下，对寡头集团的一党专制、政府腐败一直不满的城市中产阶级和被排除在政权之外的部分精英分子联合成立了"公民联盟"。虽然这一新的政治组织的基础是中产阶级，但是成分极其复杂，其领导层包括对政府不满的城市政客，如其第一届主席莱安德罗·N.阿莱姆（Leandro Nicebro Além），新的土地占有者以及享受不到政府恩惠的旧贵族的后代，还有被政府的反宗教立

① Alberto Spektorowski, "The Ideological Origins of Right and Left Nationalism in Argentina, 1930-43", p. 157.

法激怒的教会人士。除了要求有效的选举之外,将这些形色各异的集团团结起来的只有一个目标,即决心推翻现政府。在军队的支持下,“公民联盟”在布宜诺斯艾利斯发动了一场暴动。暴动的失败,迫使胡亚雷斯·塞尔曼总统于 1890 年 8 月 6 日辞职。

“公民联盟”内部的分歧被政府所利用。卡洛斯·佩列格里亚总统(1890—1892 年)拉拢心怀不满的精英分子,并采取措施削减开支,降低通货膨胀,稳定比索价值,恢复阿根廷在国外的资信度,改善经济状况。由于这些措施,经济逐渐从危机中复苏,社会不满开始逐渐消退。1891 年,“公民联盟”发生分裂。许多人寄希望于通过支持新总统而获得恩惠而放弃了抵抗,这一派在米特雷(Mitre)及其支持者的领导下,成立了“国家公民联盟”。但是另一派与新政府仍持敌对立场,主张继续推进改革,这一派成立了“激进公民联盟”(Union Civica Radical,UCR),即激进党,其领导人为莱安德罗·N.阿莱姆。

莱安德罗·N.阿莱姆和激进党指责政府腐败,主张进行自由公正的、面向全体公民的、不受任何人操纵的普选。他许诺,激进党将建立诚实的政府,以公正和进步的方式管理国家。在激进党运动的理念中,社会是一个统一的有机体,所以它认为,激进党不是一个代表部门利益的政党,而是整个国家利益的代表。因此,它既摒弃自由主义保守派的资产阶级制度,又反对社会主义者的改革立场和无政府主义者的阶级斗争主张。他认为,无论是自由主义还是马克思主义,都将导致阿根廷国家的解体和“非民族化”。① 激进党运动主张暴力的、“不妥协的”斗争,以推进民主化,拯救国家的“真正的”民族地位。也就是说,激进党运动主张一种新的道德观念,反对寡头集团所提倡的物质主义和消费主义理念,其思想渊源源于阿根廷历史上传统主义的、反现代化的联邦主义精神。激进党将这种传统的地区联邦主义精神与立宪秩序相融合,从而形成了一种直接民主或者庇护政治的概念。② 这是一种国家发展道路的主张,一种新的现代化模式,在某种意义上,它成

① 关于激进党的意识形态和实践,可参见 Gabrieldel Mazo,*El Radicalismo*,*Essayo sobre su historia y doctrina*,Vols 2,Buenos Aries,1957。

② Alberto Spektorowski,“The Ideological Origins of Right and Left Nationalism in Argentina, 1930-43”,p. 159.

为后来的庇隆主义的先驱。为了实现其政治目标，莱安德罗·N.阿莱姆指导建立了激进党的地方组织，以扩大党的影响和实力。在选举中，党的地方组织指导选民投票；当面临政府干预时，地方组织还进行武力抵制。1892年，激进党还策划武装暴动，但是很快被卡洛斯·佩列格里亚总统镇压，莱安德罗·N.阿莱姆等激进党领导人被驱逐出境。

随着激进党力量的增强，1893年7月，流亡归来的莱安德罗·N.阿莱姆及其他激进党领导人发动了另一场武装暴动。暴动者很快控制了圣菲等城镇，并坚持战斗达两个半月，但最后由于缺乏广泛的民众支持而被镇压。但是莱安德罗·N.阿莱姆并没有因此而灰心，继续通过各种方式争取新的支持者，使得激进党在1894年到1896年的地方选举中对执政的国家自治党构成了严重的挑战。

但是，尽管激进党影响日增，莱安德罗·阿莱姆和他的支持者依然无法对政府构成实质性的威胁。国家自治党凭借政府资源，通过各种方式保证在选举中获胜。政府对支持者施以恩惠，对反对者进行惩戒，并根据宪法对激进党在选举中获胜的地方政府进行干预。1896年，莱安德罗·阿莱姆因对党的前景终感到绝望而自杀。

莱安德罗·N.阿莱姆死后，他的外甥伊波利托·伊里戈延（Hipolito Yrigoyen）成为激进党的领导人。伊里戈延把自己当作国家的唯一救世主，只有他和他的政党才能将阿根廷从国家自治党带来的暴力、违宪、腐败体制中解脱出来。在伊里戈延领导下，激进党改变了斗争策略。伊里戈延认为，既然国家自治党能够随心所欲地通过舞弊方式赢得选举，对于激进党而言，参加这样的选举毫无意义。此后，激进党不再致力于通过选举获取少数暂时的代表权，而是抵制选举。日益加剧的社会不平等在城市中产阶级、大学生、妇女、工人、少数民族和少数下级军官中造成了不满，激进党利用这些不满，在1905年又举行了一次暴动。这次暴动争取到的支持者比1893年还少，因而很快失败了。暴动失败后的一段时期内，激进党被宣布为非法。1906年，激进党获得大赦，并坚持他们不妥协的立场。

1900年后，激进党的影响逐渐增强，这一方面是由于伊里戈延的个人魅力和组织天才，但更重要的是由移民的子女组成的城乡中产阶级的稳步增长。出口部门的主导地位，使得中产阶级越来越集中于政府机构和专业部门。与此同时,寡头集团内部的一个派别,以卡洛斯·佩列格里亚总统为首,开始倡导选举改革。这些贵族改革家认为,当时的局势造成了国家的紧张和不稳定状态,他们担心激进党早晚会取得成功。在他们看来,最好的策略是向激进党的要求做出让步,开放政治体系,为执政党——此时一般被称为保守派——赢得民众的支持和掌握政权的合法性。而且,这些保守派改革家还意识到新的来自左派的威胁,特别是由社会主义者、无政府主义者和工团主义者组织的劳工运动,他们希望与中产阶级结成同盟,以对付革命的工人阶级。1911 年,在罗克·萨恩斯·培尼亚总统任内,改革法案在议会获得通过,因而被称为萨恩斯·培尼亚法案。法案确立了一套新的选举程序,规定所有 18 岁以上的男子都有投票权,并实行强制投票制。实行秘密投票,由此限制政党和政治家操纵选举的能力。法案还改变了政治代表机制。不同的政党将继续竞争议会席位,但是在此后的选举中,将保证一定比例的席位保留给少数党。①

改革者相信,1911 年的选举改革将不会对执政党的统治地位构成威胁,因为当时占全部人口大约 1/3 的外国人没有投票权,妇女也没有投票权。1912 年,新的选举法生效。很快,激进党领导人将注意力转向了新一轮选举。激进党征募地方组织者,在以前没有参加过投票的选民中,例如移民的子女中争取支持。激进党逐渐在全国范围内赢得了广泛的支持,而其他政党,包括国家自治党的支持率下降。1916 年,举行新选举法实施以来的第一次总统选举,在全部 747471 张选票中,伊里戈延获得 340802 张,当选为总统。同时,激进党还控制了科尔多瓦、恩特雷里奥斯、门多萨、圣地亚哥德尔埃斯特罗、图库曼的省议会,取得了联邦议会众议院的多数席位。但是,参议院依然被控制在保守派手里,成为伊里戈延推进改革的主要阻力。

激进党政府的政策是保守的财政政策和温和的社会改革相结合,旨在维持政治稳定,使寡头集团容许中产阶级在政府官僚机构和专业部门有更多的机会。但是这一策略本身是自相冲突的。扩大政府部门的就业意味着政府开支必然增加,这同保守的财政政策相冲突,除非经济高速增长,这一方案是难以为继的。如何调和寡头集团和中产阶级的利益冲突,也就是说,

① Daniel K.Lewis, *The History of Argentina*, p. 77.

如何在使中产阶级分享经济发展的果实的同时,不将寡头集团推到对立面,成为激进党掌握政权的关键。与此同时,工人阶级要求提高工资和改善劳动条件的罢工运动给伊里戈延的调和政策增加了难度。最初,政府对工人的处境给予了较多的关注,以希望在与保守派的冲突中得到工人阶级的支持。但是,随着工人罢工运动的不断升级,以及寡头集团的强烈反对,伊里戈延政府放弃了与工人阶级联盟的立场。1916 年和 1917 年,海运工人联合会为争取提高工资举行了两次罢工。政府采取了不干预立场,罢工取得了胜利。但 1917 年,由于一场全国性罢工危及出口利益,英国政府和本国出口集团对伊里戈延施加压力,伊里戈延动用军队对罢工进行了镇压。1917—1918 年的冷藏厂工人罢工遭到了同样的结局,政府派海军镇压了罢工者。1919 年 1 月,一家为本国工业生产钢铁的工厂的工人为改善劳动条件、提高工资举行了罢工。伊里戈延政府派军队镇压,几百名工人丧生,造成了阿根廷历史上有名的“悲惨的一周”。[①]

保守派曾希望,萨恩斯·培尼亚法案将使激进党纳入传统的政治体系之内,但是这一希望破灭了。选举改革导致了阿根廷政治体系的根本变革。首先,选民人数稳步增加。所有 18 岁以上的阿根廷男子获得了选举权,到 1812 年,选民人数达到 100 万人。选举变得具有高度的竞争性。这种较高比例的公民参与(当然仅局限于男子)使阿根廷区别于同时期其他拉美国家,如墨西哥和巴西。和公民政治参与扩大相伴随的是政党的重要性增强。当然,阿根廷政治体系的开放是有限度的,妇女没有获得选举权,占人口半数的外籍人口也没有选举权。由于未入籍的移民在工人阶级中所占比例最高,因此改革的结果是有利于中产阶级,而不利于工人阶级。这些变革的结果是,保守派丧失了政治权力,激进党在选举中显示出强大的优势。1922 年,伊里戈延指定的候选人马塞洛·托尔夸托·德·阿尔维亚尔当选为总统。

伊里戈延的立宪民众主义的重要特征是联邦对各省事务的干预,依据总统法令和各部部长的决定进行统治。这种做法不仅引起了激进党外的保守力量的不满,同时也导致了激进党内部精英的反对,他们不能接受伊里戈

① 详尽的研究可参见 Edgardo Bilsky, *La semana trágica*, Buenos Aires, 1984。

延的民众主义政治风格,要求给予议会更大的权力,更加合理地管理公共基金。这种冲突在1928年伊里戈延谋求第二次竞选时达到顶峰。反对伊里戈延的派别,即所谓“反个人主义派”(antipersonalistas)与贵族精英的保守派政党结成联盟。但是,1928年,伊里戈延仍再次当选为总统,这表明民众主义的大众民主在阿根廷得到了普遍的接受。①

然而,1929年资本主义世界经济危机的爆发,给阿根廷经济带来了沉重的打击。阿根廷出口下降了40%,外国投资停止,失业激增。进口能力的下降严重影响了政府财政,因为政府的财政收入很大部分来自进口税。随着危机的加剧,伊里戈延成为各方攻击的目标。1930年9月6日,伊里戈延政府被一场军事政变所推翻。

第五节　19世纪末到20世纪30年代的智利

一、1891年内战

太平洋战争后,秘鲁割让给智利的塔拉帕卡省是重要的硝石产地,大量的硝石和铜矿构成了智利经济的支柱。但是,大量的财富转到外国投资者手中。1881年,智利政府做出了一项重要决定,将塔拉帕卡硝石矿产物归原主,也就是说,还给原由秘鲁政府作为国有化的补偿而签发的证券的持有人。战争期间,由于对将来智利如何处理这些财产悬而未决,这些证券的价值大幅度下跌。英国投机者趁机以低价买下了大量的贬值证券。在1873年,英国资本仅控制塔拉帕卡硝石业的13%,但到1890年,其控制的份额上升到70%。英国资本不仅直接组建公司开采硝石矿,而且通过在硝石产区设立银行、修建铁路等间接控制硝石业。垄断了塔拉帕卡地区硝石运输的英国铁路公司——约翰·托马斯·诺斯控制的硝石铁路公司——付给其股

① Alberto Spektorowski, “The Ideological Origins of Right and Left Nationalism in Argentina, 1930-43”, p. 159.

东的股息达20%到25%,远高出南美其他地区的铁路公司(7%到14%),诺斯因此被称为“硝石国王”。①

1886年的总统选举中,自由主义的何塞·曼努埃尔·帕尔马塞达当选为智利总统。帕尔马塞达上台时,智利的政府收入充足,从太平洋战争前的每年150万比索上升到1887年的大约每年450万比索。政府收入的主要来源是硝石出口税。帕尔马塞达明白,一旦硝石矿枯竭,这一收入来源也将随之消失。因此,他计划利用这些收入发展基础设施,为以后的经济发展奠定基础。1887年,政府建立了公共工程部,修建新的政府大楼,兴建穿越安第斯山的铁路、塔尔卡瓦诺的港口码头,疏浚了马波乔河,在比奥比奥河上修建了长桥等等。② 帕尔马塞达大力发展教育事业,在他的任期内,学校的入学人数从1886年的7.9万人上升到1890年的15万人。他还支持提高工人工资。

帕尔马塞达决心将硝石业“智利化”。在就职演说中,他宣布,政府将采取措施“对目前主要为外国人带来利益的工业国有化”,这显然指的是硝石业。但是,后来他放弃了国有化的目标,代之以鼓励本国私人企业投资于硝石生产和出口,防止外国公司形成硝石卡特尔。因为外国公司为了保护价格,将限制产量,而政府的目的在于维持高水平的产量,由此为政府带来更多的出口税。帕尔马塞达主张结束英国硝石铁路公司的垄断地位,因为后者的高额运费限制了硝石的生产和出口。

帕尔马塞达的民族主义政策自然引起了英国资本的敌意,而这些英国投资者与智利的精英阶层有着密切的联系。与此同时,帕尔马塞达的政策也引起了国内一些阶层的不满。牧师反对他的削减教会权力的措施;土地贵族抱怨他的公共工程计划,因为这些工程抽走了农业劳动力,并抬高了农业工人的工资;帕尔马塞达设立唯一有权发行货币的国家银行的建议引起了银行家的不满,因为后者此前通过无限制地发行货币,造成通货膨胀,从中牟利。整个寡头集团,无论是自由派还是保守派,都反对他以中央政府的力量推动经济进步和社会变革的做法。主要由英国资本控制的矿业利益集

---

① Victor Kiernan,“Chile from War to Revolution,1879-1891”,*History Workshop*,34,1992,p.74.

② Simon Collier,William F.Sater,*A History of Chile,1808-1994*,Cambridge University Press,1996,p. 151.

团与银行家、牧师、土地贵族联合起来,反对帕尔马塞达发展经济和争取独立的民族主义政策。反对派的力量主要集中在议会。由于帕尔马塞达在议会缺少多数派支持,迫使他废除了议会制政府,恢复了根据1833年宪法建立的传统的总统制。而他的这一做法,为反对派挑起内战提供了借口。

1890年,国际市场上硝石和铜的需求下降,价格下跌。为应对危机,英国投资者组成卡特尔,减少产量。硝石与铜生产和出口的下降急剧地减少了出口税,由此导致了失业和工资下降,而通货膨胀又同时使工资购买力下降。结果,在1890年,瓦尔帕莱索和硝石产区发生了一系列罢工。尽管帕尔马塞达对工人持同情态度,但是在国内外雇主的压力下,还是派军队镇压了工人罢工。镇压措施使帕尔马塞达在此后与他的敌人交锋时又失去了来自工人的支持。

1891年1月7日,议会领导人在捍卫宪法的名义下,发动了反对帕尔马塞达总统的叛乱。由贵族后裔领导的海军立即支持叛乱,并夺取了北部的港口和海关,并在塔拉帕卡的主要港口伊基克建立了自己的首都。英国公司积极支持叛乱者。硝石工人由于帕尔马塞达对罢工的镇压,在冲突中保持中立,甚至参加了叛乱者一方。陆军依然忠诚于总统,但陆军远不是海军的对手。正如在与秘鲁和玻利维亚的太平洋战争中一样,对海域的控制在很大程度上决定着战争的结局。最终,8月31日,议会军占领了首都,帕尔马塞达总统在阿根廷使馆避难。9月19日,在他的法定总统任期结束的这天开枪自杀。①

二、议会制共和国:1891—1925年

帕尔马塞达死后,智利寡头的统治地位得到恢复,土地贵族、银行家、商人以及与英国资本有着密切关系的矿主结成的联盟控制了国家政权。智利进入了一个新的历史时代,即所谓议会共和国时期:内阁责任制原则得到确认,政治权力的重心从政府转到议会,结果是任何政府都难以持久。这种政

① Alejandro San Francisco,"La Deliberacion Politica de los Militares Chilenos en el Preludio de la Guerra Civil de 1891",*Historia*,No.38,Vol.1,2005,pp. 43-84.

府不稳定状态因主要政党的分散而进一步加剧，1891 年内战前，智利已形成了四大相对稳定的政治派别：激进派、保守派、民族派、自由派。这些派别并不仅仅是靠个人忠诚和家庭联系结成的小圈子，而是形成了各自的政治信仰和某种意义上的党派意识，但是还未形成严格意义上的政党。因为它们没有采取协调一致的行动去争取选票，当时的政治体制也没有为它们提供这样做的动力和机会。1891 年前，政府官员的候选人是由政府来选拔的。而且，这些集团也没有超出议会的范围。但是，这种状况在 1891 年后发生了改变。议会制的恢复，政府对选举结果的控制力减弱，选举中相对自由的竞争开始出现，因此，各政治派别开始建立全国性的政治机构，协调选举过程，争取选票，力求扩大对政府的控制。但是，在议会共和国期间，政党之间的竞争主要反映了各派别之间在政治上的分歧，而不是对当时的社会和经济现实的不同见解。由于政党多，某个政党很难获得议会多数，因而政府的建立不得不依靠政党间的联盟。政党建立联盟的目的主要是瓜分政府职位，党的纲领被置于极为次要的地位。而瓜分政府职位带来的矛盾又往往是政府倒台的主要原因。从 1891 年 12 月到 1920 年 12 月，总共出现过八十届不同的内阁，每届任期平均四个月零十天，这还不包括局部的内阁成员变动。①

这一时期，智利经济进一步依附于外国资本。1890 年，英国在智利的投资 2400 万英镑，到 1913 年上升到 6400 万英镑，其中 3470 万英镑是外债。同时，北美和德国资本开始对英国构成挑战。智利经济从 19 世纪 90 年代初的衰退中逐步恢复，硝石、铜和农产品的出口增加。第一次世界大战后，由于廉价的合成产品取代了硝石，智利的硝石工业衰退，几千名工人失业，整个国家陷于经济萧条之中。1919 年，面临着日益严重的社会不稳定，政府宣布在矿区实行戒严状态。硝石工业衰退后，铜成为智利最主要的出口产品。1900 年后，由于新的冶炼技术的采用，铜的生产发生了一场技术革命。对智利来说，这场技术革命意味着铜矿进一步落入外国投资者之手。因为新技术的采用需要巨额的投资，这只能来自国外。技术的改进和巴拿

① Karen L.Remmer，“The Timing，Pace and Sequence of Political Change in Chile，1891-1925”，*Hispanic American Historical Review*，Vol.57，No.2，1977，pp. 222-223.

马运河的通航吸引了大量美国资本投资于智利的铜矿业,向英国资本提出挑战。到1920年,智利的铜矿业被控制在三大公司之手,即所谓的“ABC”:安第斯铜矿公司(Andes Copper)、布拉登铜矿公司(Braden Copper)和丘基卡马塔智利开采公司(the Chile Exploration Company-Chuquicamata)。被外资控制的铜矿成为“国中之国”,对其他经济领域的带动作用几乎不存在。高度资本和技术密集型的特点还意味着铜矿业只能为智利带来极少的就业机会。设备和零部件完全依赖于进口,因此,铜矿业也没有带动智利制造业的发展。铜矿业带来的利润,绝大部分被汇入母国,而没有在智利进一步投资。

然而,随着经济的增长,城市化和工业化的进展,新的社会阶级产生并逐步成长起来。在北部矿区,首先是在硝石业,后来在铜矿业,出现了工人阶级。虽然矿区工人的工资高于国内其他地区,但是矿工依然要忍受低收入、糟糕的住房、公司商店的盘剥、危险的劳动环境等。其他地区的工人,例如在城市,工资比矿工更低,工人居住在贫民窟,经常发生流行性疾病。进入20世纪,工人阶级为了要求改善劳动条件,开始举行罢工运动。第一次较大规模的罢工于1901年发生在北部矿区的伊基克,并持续两个月之久。1907年,伊基克的硝石工人再次为抗议非人的工作和生活条件举行罢工,政府派军队镇压,两千名工人被屠杀。1909年,智利劳工联盟(FOCH)成立,其主要创建者路易斯·艾米略·雷卡瓦伦在唤醒智利工人的阶级意识和组织工人运动中发挥了重要作用。他曾于1906年当选国会议员,但是因为他拒绝在《圣经》面前宣誓,而丧失议员资格。1912年,他创立了智利第一个工人党,1922年,该党成为共产党,并加入共产国际。①

与此同时,智利的中产阶级也逐步扩大,并开始要求分享政治权力。在第一次世界大战结束后因硝石业的衰退带来的失业、劳工骚动和经济衰退的背景下,代表“开明的”中产阶级立场的阿图罗·亚历山德里主张中产阶级与工人阶级结成联盟,进行政治和社会改革。在1920年的总统选举中,亚历山德里提出的纲领是:通过宪法改革纠正议会制度的弊端、改革税收制

① José del Pazo, *Historia de América Latina y del Caribe, 1825-2001*, Aantiago: LOM Ediciones, 2002, p. 94.

度、实行社会保障立法、实现货币稳定、限制女工和童工、国家干预劳资纠纷等等。智利组织起来的工人第一次积极参加了选举。

亚历山德里当选为总统，但是，在他的四年任期内，他无力将其竞选诺言付诸实施。代表贵族既得利益的议会为亚历山德里的改革设置重重障碍。因为虽然亚历山德里的改革主张，诸如缩短工时、通过劳工立法保护妇女和儿童利益、承认工人罢工的权利、实行健康保障等，不会威胁到现状，但是这些政策的实施需要财政支持。由于硝石业的衰退，财政来源只能依靠增加土地贵族的税收，而这是智利的传统精英所不可能接受的。由于议会的阻力，亚历山德里政府无法解决智利日益严重的经济和社会危机。

主要出身于中产阶级的智利军人对国家持续的危机状态感到忧虑，许多年轻的中下级军官支持亚历山德里的社会经济改革计划，要求实行工作事故赔偿、退休金和签订工资合同。① 他们同时还感到议会对武装力量的要求视而不见。1924 年 9 月，智利军人抛弃了长期不干预政治的传统，出面干预，军人洪达部分地控制了政府。1925 年，再次发生军人政变，此次政变的领导人是改革派的军官卡洛斯·伊瓦涅斯·德尔·坎波少校和马马杜克·格罗韦·巴列霍少校。政变后通过了 1925 年宪法，结束了议会制共和国，恢复了总统制。根据新宪法，总统由直接选举产生，任期六年，但不得立即连任。总统有权任命内阁成员和控制政府财政。宪法虽然宣布保护不可侵犯的私有财产权，但是又规定对这一财产权可以根据社会利益的需要进行限制。另外，新政府颁布了新的劳工条例，赋予 21 岁以上的识字公民以选举权，建立选举登记制度减少选举舞弊，对超过每年 1 万比索的收入征收所得税，建立中央银行。1925 年亚历山德里辞职后，伊瓦涅斯上校成为政府中的强人，并于 1927 年 5 月由议会正式选举为总统，建立了持续到 1931 年的威权政府。

三、伊瓦涅斯和大萧条

伊瓦涅斯政府无疑是一个威权政府。② 在他统治期间，对新闻实行严

---

① Alain Rouquié, *El Estado militar en America Latina*, Siglo veintiuno editores, 1984, p.123.

② Simon Collier, William F.Sater, *A History of Chile, 1808-1994*, p. 216.

格的检查制度，告密者比比皆是。200多名政治家(既有保守派也有共产主义者)被流放或被“转移”。1927年10月，前总统亚历山德里被驱逐出境，最终定居于巴黎。伊瓦涅斯发誓要根除“共产主义和无政府主义”，1927年3月，共产党被宣布为非法，工人运动遭到镇压。到1930年，由政府控制的“合法工会”拥有会员达五万人。

伊瓦涅斯极大地扩大了政府在经济中的作用。如同帕尔马塞达政府，伊瓦涅斯实施了一系列大规模的公共工程。1928—1931年期间，政府投资7600万比索用以排水、道路、桥梁、兵营、监狱、飞机场、码头设施等工程的建设，政府投资修建了500英里的铁路支线。伊瓦涅斯还扩大了军队的开支。由于铜和硝石出口的回升和大量外国贷款的流入，伊瓦涅斯政府的前两年，智利经济出现了一段繁荣期。但是，以1929年纽约股票市场的崩溃为开端的30年代大危机使智利经济对外部市场的依附性暴露无遗。外国投资和贷款停止了，第二年，硝石和铜矿市场也崩溃了。1932年，作为智利主要铜矿市场的美国对铜的进口实行了高关税政策，智利大量铜矿关闭，矿工失业。为了摆脱危机，伊瓦涅斯政府试图限制硝石产量以维持价格，政府还被迫削减社会服务和公共工程开支，同时增加税收，但是这些措施远不足以解决严重的财政危机。

1931年7月，面对一场包括工人、职员、白领雇员、妇女、学生在内的总罢工，同时面对军队内部忠诚的减弱，伊瓦涅斯辞职并流亡阿根廷。此后的17个月中，智利发生了一连串的军事政变。其中一次政变，在马马杜克·格罗韦·巴列霍的领导下，宣布建立智利社会主义共和国，其口号是“面包、房子和大衣”。① 实际上这个社会主义共和国的计划远非社会主义的，而仅仅是主张通过扩大货币的发行量资助公共工程，创造就业机会。这个社会主义共和国仅仅维持了12天就被推翻。1932年9月，一场新的军事政变建立了看守政府，并举行了新的选举。在这次选举中，亚历山德里再次成为智利总统。

① Alain Rouquié, *El Estado militar en America Latina*, p.125.

第六节　第一共和国时期的巴西

一、政治体制

1889年政变结束了巴西帝国,政变领导人很快组成了临时政府。1889年11月5日,临时政府发表宣言,“人民、陆军和海军”已推翻了君主政体,并代之以临时政府,临时政府的主要任务是“建立公共秩序,保护人民的自由和权利”①。政变领导人曼努埃尔·德奥多罗·达·丰塞卡成为临时政府首脑。为了突出旧的帝国已经结束和共和制度的开始,临时政府将巴西国名由“巴西帝国”改为“巴西联邦”,接着,采用了新的国旗,国旗上写着实证主义的格言“秩序与进步”。同时宣布政教分离。

1891年2月24日,临时政府颁布了新宪法。仿照美国宪法,实行总统制,行政、立法、司法三权分立。总统由直接选举产生,任期四年,有相当大的行政权力:有权任命内阁部长和其他高级官员,有权宣布紧急状态,可以在“外国袭击或严重的内部骚乱的情况下”动用联邦军队干预各州内部事务。但不得连任。

立法权属于国会。建立包括最高法院和联邦法庭的独立的司法机构。议会分为参众两院。不管面积大小和人口多少,每个州都有三名参议员。与帝国时期不同的是,参议员不再终身任职,改为任期九年,九年期满后可以竞选连任。众议员任期三年,根据人口分配议员人数,人口较多的大州在国会内自然拥有较多的众议员。作为对行政部门的监督和制衡,议会拥有对总统的弹劾权和罢免权。另外,议会拥有的另一项重要权力是对外国进口关税和各州由进口税获得的收入实行控制。

宪法赋予各州政府相当大的权力。全国20个州加上新成立的里约热内卢联邦区被看作是平等的联邦成员,各州拥有自己的宪法、选举产生的州

① Joseph Smith, *A History of Brazil, 1500-2000*, Pearson Education Limited, London, 2002, p. 86.

长、立法和司法机构。各州的财政自主权主要表现在拥有对出口商品征税的权力。对于圣保罗州和米纳斯吉拉斯州这样出口经济相当发达的州来说,出口税使其比其他各州拥有政治上重要的优势。另外,各州有权建立自己的民团。事实上,各州的民团主要承担了警察的职能,但是在有的州,如圣保罗,民团的规模几乎相当于联邦军队,虽然在训练和装备等方面不能与联邦军队相比。①

表面上看,1891 年宪法使巴西确立了发达而有效的联邦制度,但是事实上第一共和国的政治体制很快演变为“州长政治”。因为最大、最富有的州的州长在任期、税收和警察权力上没有限制,他们实际上成为所在州的真正独裁者。州长确定总统候选人,并通过对各州选举的操纵使其当选。甚至联邦议会也被强大的州长所控制。特别是圣保罗州和米纳斯吉拉斯州,由于拥有大量的来自出口的收入,两州一直在争夺对联邦政府的控制。一段时期内,这两州达成协议,联邦政府的总统由两州轮流担任,这种安排被称为“咖啡和牛奶”(cafe com leite),两州经济支柱的象征。

在地方上,土地所有者维持着对所属地区的控制。有影响的地方政治强人被称为“上校”(Coroneis)。最有代表性的“上校”是所谓“塞阿腊神父”。此人原名西塞罗·罗马奥·巴蒂斯塔(Cícero Romao Batista,1844—1934 年),在东北部地区长期拥有政治影响。② 事实上,地方家族的统治根深蒂固,不可能因一纸新宪法而有所改变。“上校”为了维持其权力,滥用暴力、人身攻击、恐吓,由此导致农村地区频繁的冲突。直到 20 世纪 40 年代,盗匪和枪战在巴西司空见惯。

中央政府由软弱的总统所领导,其权力范围很少超出首都以外的地区。联邦政府偶尔资助各州的铁路修建、移民引进和经济发展,但是各州本身可以直接从国外的银行贷款。

---

① 关于巴西第一共和国的政治体制,参见 Bolivar Lamounier,“Brasil. La formación de un pensamiento politico autoritario en la Primera República:una interpretación”,*Desarrollo Económico*,Vol. 16,No.62,1976,pp. 252-279.

② José del Pazo,*Historia de América Latina y del Caribe,1825-2001*,Santiago:LOM Ediciones,2002,p. 95.

二、经济政策和政治进程

第一共和国的经济政策反映了来自社会各阶层的压力：种植园主阶级、城市工业主和军队。很多种植园主要求政府给予资助和信贷，实现从奴隶制向自由工资制度的过渡；新兴的工业资产阶级认为，为摆脱落后状态，巴西必须建立工业基础，要求实行保护关税，加强基础设施建设，推行有助于资本积累的政策；在推翻帝制和建立共和国过程中发挥了决定性作用的军人，要求增加军事开支。这些要求远远超出了联邦和州政府的财政能力。

为满足各方面的要求，联邦政府只好扩大货币发行量，并允许私人银行发行债券。两年之内，流通的纸币增加了一倍，巴西货币单位米尔雷斯（milreis）外汇比价急剧下跌。由于客观的经济现实（内部市场狭小、技术落后等）限制了巴西经济增长的真正潜力，大量新的资本投向投机性的活动。由此导致的经济崩溃使很多投资者破产、工人失业、工资下跌。在这种形势下，一场军事政变推翻了丰塞卡总统，副总统弗洛里亚诺·佩肖托取而代之。

在佩肖托政府内，城市中产阶级获得了较大影响，通货膨胀继续不受控制地加剧。许多进口产品的价格上涨刺激了巴西制造业的发展，从1890年到1895年，制造业企业数目增加了一倍。1893年9月，里约格朗德发生了反对佩肖托政府的海军叛乱，直到1895年7月叛乱才被平息。在镇压这场叛乱中，佩肖托政府依赖于圣保罗州的财政和军事支持，该州的咖啡寡头借机结束了城市中产阶级在政府内的影响力。1893年，种植园主阶级联合成立了联邦共和党，宗旨是支持联邦主义，实现财政平衡。由于他们控制了选举机器，1894年，他们很容易地将普鲁登蒂·德·莫赖斯·巴罗斯扶上总统宝座。莫赖斯政府中，咖啡种植园主取得了决定性的控制权，城市工业主集团在政治生活中仅占第二位的角色。莫赖斯的继任者曼努埃尔·费拉斯·德·坎坡斯·萨莱斯（1898—1902年）继续推行并扩大了前任的政策。他完全支持比较优势和国际经济分工，认为，“现在是我们选择正确的发展道路的时候了，即争取出口我们比其他国家具有生产优势的产品，进口其他国家比我们有生产优势的产品"[①]。为了结束通货膨胀,他大幅度削减了公共开支,提高了税收,尽一切努力保持纸币的价值,提高巴西的国际信誉,筹措新的贷款填补政府的财政缺口。

咖啡是经济支柱。1880—1889 年,巴西咖啡产量占世界总量的 56%,1900—1904 年,上升到 76%。居第二位的出口产品是橡胶,在 1901 年占巴西出口的 28%。曾一度是巴西经济王牌的蔗糖,仅占出口总量的不到 5%。由于拥有肥沃的红土壤,以及大量的外国移民,并靠近桑托斯港口,圣保罗生产的咖啡占全国总产量的 60%。19 世纪 80 年代末到 90 年代中期的咖啡繁荣很快导致了生产过剩,价格下跌。1896 年后未售出的积压库存不断上升。由于咖啡树只有在栽培四年之后才能收获,在价格下降之前圣保罗西部地区种植面积的扩大加剧了价格下降后生产过剩的状况,从 1896 年到 1900 年,圣保罗能够收获的咖啡树的数量从 1500 万株增加到 5700 万株。在咖啡种植园主的强烈要求下,1902 年,圣保罗州政府首先采取"保护"咖啡的措施:在五年之内禁止增加咖啡树种植。1906 年,面对产量的急剧上升,圣保罗州采取了价格支持计划,以保护该州的经济命脉。在英、法、德、美各国银行的支持以及联邦政府的合作下,州政府购买了几百万袋咖啡,防止其投入市场,以此来维持国际市场上的咖啡价格。从此开始直到第一次世界大战,这些库存的咖啡缓慢而有序地投入市场,没有引起价格的波动。[②] 很快,联邦政府承担了收购过剩咖啡的职责。对咖啡市场的干预表明,巴西政府逐渐放弃了自由放任的经济政策。传统观点认为,只是在 1930 年后,为推动进口替代工业化,巴西政府才开始对经济进行大规模的国家干预。实际上,在旧共和国时期,为了促进出口农业的发展,巴西政府已经对经济进行了广泛的干预。正如历史学家史蒂文指出的,"第一共和国时期,巴西国家承担着一个活跃的经济角色,尽管这个国家是一个依附性的农业国"。[③]

① Benjamin Keen, Keith Haynes, *A History of Latin America*, Houghton Mifflin Company, Boston and New York, 2004, p. 340.

② 关于圣保罗州政府的咖啡政策,最新的研究可参见 Renato Monseff Perissnotto, "State and Coffee Capital in Sao Paulo's Export Economy (Brazil, 1889-1930)", *Journal of Latin American Studies*, 35, 2003, pp. 1-23.

③ Steven Topik, "The Evolution of Economic Role of Brazilian State, 1889-1930", *Journal of Latin American Studies*, Vol.11, No.2, Nov., 1979, p. 342.

尽管政府经济政策的重点是农业，但是在出口经济的带动下，工业化也有所发展。到1908年，巴西拥有3000多家工业企业。外国公司控制了巴西的银行、运输、进出口贸易，而制造业几乎完全由本国企业主或长期移民所控制。民族工业主要集中在圣保罗、米纳斯吉拉斯、里约热内卢和南里约格朗德四个州。没有重工业，一半以上的工业企业是纺织厂和食品加工厂。很多工厂实际上是小作坊，雇佣少量工人，技术落后。巴西的工业发展受到多重的阻碍：民众的极度贫困限制了内部市场的形成、缺少技术熟练的工人、大多数种植园主和外国投资者对工业化的敌视等。①

三、第一次世界大战后的经济与政治

1914年8月爆发的第一次世界大战对巴西经济造成了双重的影响。一方面，作为一种非生活必需品的咖啡出口下降了。1917年，政府为了救援咖啡种植园主，推行了新的价格支持计划。另一方面，制成品进口的中止推动了巴西的工业化。来自咖啡的利润为工业化提供了大部分资金。经济富裕、移民充足、自然资源丰富的圣保罗州取代里约热内卢成为最重要的工业中心。战争期间，巴西的工业产值翻了一番，1908年巴西有3000家工厂，战争期间的1915—1918年，增加了5940家。但是，工业的发展主要集中在轻工业部门，特别是食品加工和纺织业，绝大多数新兴企业是小工厂。

工业化和城市化的发展扩大和增强了工业资产阶级和无产阶级的力量，同时削弱了依赖外国市场和外国投资的初级产品出口发展模式的基础。然而，战争结束后，巴西以初级产品出口为主的发展模式并没有发生根本性的改变。虽然贸易逆差和汇率下跌使巴西的工业在普通消费品部门具有竞争力，并以此得以在战争结束后继续获得增长，但是，工业部门得不到由咖啡种植园主控制的中央政府的支持。进入20世纪20年代，巴西依然是一个农业国。几种主要的出口产品——咖啡、蔗糖、棉花——控制了巴西的农业，粮食生产完全被忽视，以至于巴西粮食消费的4/5需要进口。土地占有

---

① Benjamin Keen，Keith Haynes，*A History of Latin America*，p. 341.

高度集中,461 家大种植园主占有 2700 万公顷的土地,同时,46.4 万家中小农场仅占有 1570 万公顷的土地。农业技术陈旧,即使在相对先进的咖啡种植园,也很少注意到土壤维护、优良育种等农业技术的改进。因此,即使是在土壤肥沃的地区,种植园的生产能力很快下降。贫困交加的农民虽然有时起来反抗,但是,总体上农民没有组织起来改变巴西社会的力量。在城市,绝大多数工人的劳动和生活方式使人回想起欧洲工业革命早期的情景。1920 年,圣保罗工业工人的平均工资大约为每天 4 米尔雷斯,每周工作六天,每天 10—12 小时。妇女的工资为男子工资的 60%。巴西的无产阶级部分来自农村的分成农和种植园工人,但主要来自欧洲移民。在这些欧洲移民工人中,存在许多社会主义者、工团主义者和社会民主主义者,他们成为巴西工人运动的先驱。但是,由于来自不同的国家和不同的宗教信仰、普遍的文盲以及社会主义者和工团主义者之间的争执,阻碍了工会和工人政党的建立。因此,推动巴西社会变革的任务落到了迅速兴起的巴西城市资产阶级集团,特别是中产阶级的肩上,他们开始对腐败的农村寡头统治表示不满。

1922 年 7 月,里约热内卢的科帕卡巴纳(Copacabana)要塞的"尉官"(tenentes,即下级军官)举行起义,试图阻止阿图尔·达·席尔瓦·贝纳德斯就职。贝纳德斯是根据圣保罗和米纳斯吉拉斯两个强大的州之间的协定"当选"总统的。这些尉官公开谴责咖啡寡头的统治、政治腐败和选举舞弊。虽然起义很快被政府军扑灭,但是这次起义标志着巴西资产阶级从农村寡头手中夺取政权的开始。由于巴西政治体制的封闭性,资产阶级取得政权只能采取武装的方式,其先锋是民族主义的年轻的军官集团,这些军官大多数出身于中产阶级,他们要求民主选举和社会政治改革。

贝纳德斯于 1924 年在严重的经济和政治混乱中就任总统。由于 1918—1924 年期间咖啡种植面积的扩大,生产过剩和价格下跌的问题非常突出。1924 年,在圣保罗发生了由下层军官组织的另一场武装起义,并扩展到其他州。南里约格朗德的起义者在路易斯·卡洛斯·普列斯特斯上尉的领导下,移师北进与圣保罗的起义者会合,这两支军队联合起来,组成了历史上著名的普列斯特斯纵队,开始了在巴西内地四千英里的长征。① 这些尉官们希望取得农民的支持，但是他们对农民的问题知之甚少，没有提出土地改革的纲领，而农民则对于反对远在里约热内卢的贝纳德斯的“专制”兴趣不大。对于参加这次长征的尉官而言，他们之中许多人第一次面对面地了解到了巴西的农村现实。结果，尉官运动具备了经济和社会内容，开始要求经济发展和社会立法，包括农业改革、最低工资和最高工时制等。普列斯特斯（“希望的骑士”）后来成为巴西共产党总书记。②

贝纳德斯政府时期，继续推行咖啡价格支持计划，但是主要由州政府来执行。圣保罗州建立了咖啡部（Coffee Institute），负责控制咖啡出口贸易，以保持供求平衡。其措施是收购过剩的咖啡，将其储存，然后根据出口贸易的需求逐渐投放市场。这一措施获得了一定的效果，直到1929年，咖啡价格保持稳定并有所上升。但是，价格支持计划带来了沉重的财政负担，因为价格的稳定和上升刺激了生产，要求更多的收购和储存，这就需要更多的贷款。同时，巴西的竞争者，特别是哥伦比亚，受价格上升的驱动，扩大了产量。

四、经济危机和1930年政变

1926年，贝纳德斯把总统职位移交给来自圣保罗州的华盛顿·路易斯·佩雷拉·德·索萨。在华盛顿·路易斯政府（1926—1930年）期间，政府为咖啡价格支持计划筹借了新的贷款。这一措施受到了工业资产阶级的反对。咖啡寡头及其外国债权人吸食了绝大部分政府财政资源和劳动力资源。由于咖啡价格受到政府的支持和保护，咖啡业吸引了大量的劳动力，由此提高了城市工业部门的劳动力价格。到1930年，外国贷款已使巴西的外债达11.81亿美元，巴西每年偿付外债额达2亿美元，相当于国家财政收入的1/3。

巴西经济对于外国市场和贷款的严重依赖在1929年资本主义世界经

---

① José del Pazo, *Historia de América Latina y del Caribe, 1825-2001*, p. 96.

② Alain Rouquié, *El Estado militar en America Latina*, Siglo veintiuno editores, 1984, p.123.

济大危机爆发后暴露无遗。1929—1931年,咖啡价格从每磅22.5分下降到每磅8分,大量咖啡堆积在仓库里。到1930年底,巴西的黄金储备枯竭,汇率下降到新的最低点。随着外汇枯竭,已经不可能继续推行咖啡价格支持计划了。虽然经济危机带来的主要后果——失业、工资下降、通货膨胀——主要落到工人阶级身上,但是危机也加剧了各阶级和各地区之间的矛盾与冲突,特别是咖啡寡头和城市工业资产阶级之间的冲突,后者认为,大危机标志着旧的经济秩序的崩溃。即使在咖啡寡头内部也发生了分裂,圣保罗和米纳斯吉拉斯之间的传统联盟破裂了。华盛顿·路易斯试图将来自圣保罗州的儒利奥·普列斯特斯推上下届总统的位置,这一做法违反了约定俗成的"咖啡和牛奶"的权力分配。其结果,米纳斯吉拉斯州和对圣保罗垄断联邦政府权力不满的小州联合起来,组成了自由联盟,并推举来自南里约格朗德州的热图利奥·多内莱斯·瓦加斯为1930年总统选举的候选人。工人阶级没有参加自由联盟,但是很多工人对自由联盟的计划持支持态度,并公开要求瓦加斯改善劳动条件、建立最低工资制度和强制性的休假制度、组织消费者合作社以及调节劳资关系等。瓦加斯最积极的支持者来自1924年尉官运动中发动起义的老兵,但是此时流亡布宜诺斯艾利斯的普列斯特斯并不支持瓦加斯,他已成为一个马克思主义者,宣布巴西人民的主要任务是反对大庄园制和英美帝国主义。几年之后,他加入了共产党并成为领导人。

在1930年的竞选中,瓦加斯虽然很谨慎地不触犯其来自大庄园主的支持者,但是其纲领中提出了发展工业,包括重工业;支持高关税以保护利用本国原材料的巴西工业;要求巴西人"保护我们的制造业,达到以进口商品满足衣食意味着不爱国的程度"。在尉官派的影响下,他提倡社会福利立法和政治、司法和教育改革。他甚至谨慎地保证"在避免暴力的前提下,采取措施,逐渐消灭大庄园制"。①

1930年3月,儒利奥·普列斯特斯以58%的选票战胜瓦加斯当选为巴西总统。虽然瓦加斯公开接受选举结果,但是其支持者秘密筹划通过军事政变阻止普列斯特斯就职。9月6日阿根廷发生的军事政变增强了瓦加斯

① Benjamin Keen, Keith Haynes, *A History of Latin America*, p. 370.

的信心,他指示加紧准备政变。10 月 3 日,南里约格朗德、米纳斯吉拉斯和帕拉伊巴同时发生军人暴动,要求通过推翻华盛顿·路易斯政府,“恢复”自由民主和促进经济复兴。[①] 10 月 24 日,华盛顿·路易斯总统被捕,并很快离开巴西。军人洪达暂时掌握了政府权力,一个星期后,把政权移交给了瓦加斯。11 月 3 日,瓦加斯正式就任临时政府首脑。11 月 11 日,他宣布废除 1891 年宪法,巴西“第一共和国”宣告结束,巴西历史揭开了新的一页。[②]

---

① Joseph Smith, *A History of Brazil, 1500–2000*, p. 109.

② José del Pazo, *Historia de América Latina y del Caribe, 1825–2001*, p. 96.

第八章

20 世纪初拉丁美洲的革命和改革探索

第一节　20 世纪初拉美的政治和社会

19 世纪 70 年代以来出口经济的繁荣,对拉丁美洲国家产生了深刻的政治和社会影响。

首先,初级产品出口导向模式在促进经济增长的同时,加深了拉美国家的对外依附,从而进一步加剧了业已存在的社会危机。进入 20 世纪,欧洲和美国不仅成为越来越大的市场,而且提供了有助于吸引农业及矿业资源的技术和资本。拉美国家工业化、城市化获得进一步的发展。经济增长带来了一定程度的繁荣,但利益分配却极不平等。拉丁美洲采矿业和刚开始发展的工业部门的工人忍受着苛刻的劳动条件,他们对经济发展所作的贡献往往只得到微薄的回报。穷苦农民一般都是仍然依靠集体所有土地的印第安人,他们的地产经常被那些力图扩充土地以便生产更多出口农产品的大庄园所兼并。国家政府把集体地产视为进步的障碍,鼓励并帮助这种土地兼并,造成了人数庞大的乡村无地者阶级,就像墨西哥那样,"一个小农国家原先的梦想竟以大庄园主的彻底胜利而告结束"①。由于拉丁美洲日

---

① [美]斯塔夫里亚诺斯:《全球分裂——第三世界的历史进程》,迟越等译,商务印书馆 1993 年版,第 432 页。

益紧密地与世界经济连接在一起，它变得异常容易受海外市场波动的影响，许多国家都因为周期性繁荣之后紧接着的萧条而遭到巨大破坏，19 世纪 90 年代和 1907 年的世界经济萧条都在一些拉美国家引发了政治冲突。

出口经济繁荣的另一个重要影响是带来了社会结构的根本性变化，促使了新社会阶级的形成。首先是中等阶层的出现。从职业上说，这一阶层包括从进出口经济中受益，但在所有制和领导地位方面却未能进入上等阶层的银行职员、政府雇员、下级军官、教师、教士、小企业家、熟练技工、记者、社区杂货商等。一部分长期处于半封建状态的上层分子变成了具有进取精神的企业家。他们不再满足于在大庄园上从事半自给自足的生产活动，或者过那种近乎与世隔绝的生活，而是抓住使自己土地产出最大限度的利润的每一个机会。这使拉美大陆上第一次出现了具有资本主义性质的企业家精神。从人数上看，中间阶层大约占全部人口的十分之一，主要集中在城市。进入 20 世纪初，在一些国家，新兴的中间阶层开始组织政党，称为激进党或民主党，向土地寡头控制的传统政党提出了挑战。他们要求政治、社会和教育改革，要求给予中间阶层更多的政治发言权。但是，拉美的中间阶层在很大程度上是出口经济繁荣的产物，并依赖于出口经济，因此，其要求仅仅是分享出口经济繁荣的成果，获得一定的政治发言权，而不是要改变进出口经济发展模式。

同时，下层阶级的构成也发生了变化，其中最重要的是新兴的工人阶级的出现，包括工厂工人、码头和停泊处的搬运工、政府资助的公共工程的体力工人等。这些工人阶级成员，不管是刚进入沿海城市的秘鲁印第安人或巴西南部城市的意大利移民，还是遍布拉美的从农村来到城市的梅斯蒂索人，他们从工作中得到的报酬很少，食不果腹，劳累过度，受到残酷剥削，在自由竞争作为主流哲学意识形态的社会中无力保护自己。墨西哥的下层阶级中，婴儿死亡率高达 30%。19 世纪最后十年，社会主义者、无政府主义者和工团主义者开始在拉美工人阶级中产生影响。

中等阶层和新兴工人阶级日益壮大，成为推动 20 世纪拉丁美洲社会变革的主要力量。进入 20 世纪后，在一些国家被称为“社会问题”的危机，变得日益尖锐。工人的怨愤，加上被剥夺得一无所有的农民的不满，使得政治形势越来越动荡起来。统治者为保持他们的地位而斗争，有些上层阶级勉强地对中层和下层阶级做出让步，另一些则顽固地予以拒绝。20世纪头20年，许多城市和矿区发生了反抗寡头统治势力压迫的暴力事件，但只有墨西哥城的反抗才导致了革命。

第二节　1910—1917年墨西哥革命

一、革命的爆发

20世纪第一个十年行将结束之际，墨西哥已经出现了许多不稳定的征兆。1907—1908年的经济危机导致很多企业破产，大量工人失业。在危机中，外国资本对墨西哥经济的控制进一步加强了。生活费用的上涨引起了工人罢工，罢工导致了政府的严酷镇压。1910年总统选举前夕，阶级矛盾已达到极为尖锐的程度，无政府主义者、社会主义者、劳工领袖、知识分子甚至政府内部的一些人都站到了迪亚斯的对立面。

早在1900年，迪亚斯政府的异见人士之一里卡多·弗洛雷斯·马贡创立了反对派报纸《复兴》(regeneración)。第二年，他建立了一个政治组织，后来成为墨西哥自由党(PLM)。受到数次骚扰和监禁后，马贡和他的弟兄们流亡到了美国和加拿大，在那里继续出版他们的反对派报纸。1907年，将报纸更名为《革命》。1910年总统选举前夕，马贡兄弟对迪亚斯政府的批评进一步升级。[①] 统治阶级内部发生了分裂。新莱昂州的州长贝尔纳多·雷耶斯宣布以副总统候选人的身份参加1910年的总统选举。因为到1910年，迪亚斯已经80岁了，如果他去世或退休，当选副总统将自然成为墨西哥的下任总统。1909年，在贝尔纳多·雷耶斯的资助下，律师安德列斯·莫里纳·恩里克斯出版了一本书——《国家的重大问题》，对迪亚斯政府的政治体制，特别是农业政策提出了尖锐的批评。该书对大庄园主的斥责和对

---

① 墨西哥自由党纲领中提出，为了保护墨西哥人的就业机会，应禁止华人移民的进入。Moisés Gonzúlez Navarro, *Los exteranjeros en México y los Mexicanos en el extranjeros, 1821-1970*, Volumen 3, El Colegio de México, 1993-1994, p. 87.

土地改革的要求预示着即将到来的革命中的激进要求。

年迈而自信的迪亚斯对于来自各方面的威胁无动于衷。1908 年 2 月，他接受美国记者詹姆斯·克里尔曼的采访，表示墨西哥已经具备了建立民主制度的条件，他说，如果共和国出现反对党，他将看作上帝的福音。[①] 在詹姆斯·克里尔曼看来，发表这番言论的迪亚斯“是真诚的，但又是不严肃的”[②]。不管迪亚斯的真实意图如何，他的态度在客观上促进反对派的行动。1909 年初，贝尔纳多·雷耶斯已成为受到广泛支持的副总统候选人，支持贝尔纳多·雷耶斯的独立党于 1909 年 5 月成立。

最初，迪亚斯给予贝尔纳多·雷耶斯以相当程度的自由，然而，当越来越多的人支持贝尔纳多·雷耶斯的时候，迪亚斯变得不耐烦了。他要求贝尔纳多·雷耶斯去欧洲完成一项政府任务。或许是出于对于迪亚斯的恐惧，或许是出于政治上的软弱，贝尔纳多·雷耶斯接受了迪亚斯的要求，离开墨西哥，由此也放弃了副总统的竞选。于是迪亚斯选定“科学家派”支持的现任副总统雷蒙·科拉尔作为副总统候选人。

贝尔纳多·雷耶斯退出后，他的支持者很快找到了另一位候选人，弗朗西斯科·马德罗。马德罗出身于科阿韦拉州一个富有而显赫的大庄园主家庭，曾在美国加利福尼亚大学伯克利分校学习农业技术。回国后，他把所学知识运用于商品农业，特别是他的家庭经营的棉花种植园。在经济上，马德罗主张自由主义，这同迪亚斯是一致的。但是，对于民主政治的信仰使他站到了迪亚斯的对立面，并成为迪亚斯的公开的批评者。他主张进行诚实的选举。1908 年，他出版了《1910 年的总统继承》一书，产生了很大的影响。[③] 作为精英阶层的一员，马德罗并不是一个革命者，但他认为，现存的政治秩序如果不加以改变，将不可避免地导致社会革命。然而，马德罗很明确地指出，他所谓的民主是精英控制的民主。他写道：“无知的民众不应直接参与决定政府职位的候选人。”[④]马德罗批评迪亚斯的社会政策，指出，对于印第

---

① Héctor Aguilar, Lorenza Meyer, *A la sombra de la Revolución Mexicana*, Aguilar, León y Cal Ediciones, S.A.de C.V., 1989, p. 25.

② John Womack, *Zapata and the Mexican Revolution*, New York: Vintage Books, 1968, pp. 11–12.

③ Olivier Dabène, *América Latina en el siglo XX*, Armand Colin Éditeur, Madrid, 1999, p. 36.

④ Benjamin Keen, Keith Haynes, *A History of Latin America*, Seventh Edition, Houghton Mifflin Company, Boston New York, 2004, p. 282.

安人的种族灭绝的战争和对于工人罢工的镇压将导致适得其反的后果。他主张对工人和农民作适当的让步,以此来缓和社会紧张局势,控制激进思想的蔓延。

1909—1910年,马德罗走遍全国各地进行竞选。1910年4月,"反对连选连任党"组成,并宣布马德罗为该党的总统候选人。1910年,很多工人开始支持马德罗。虽然他出身于社会上层,但是他的较温和的政治立场使工人相信,同其他政治家不同,马德罗愿意倾听工人的声音。1910年5月22日,在奥里萨巴发表的一场著名的政治演说中,马德罗指出,为了行使自己的权利,工人应该拥有建立组织的自由。他说:"先生们,你们不需要面包,你们只需要自由,因为自由将使你们拥有面包。"①

迪亚斯最初并未把马德罗放在眼里,但是,随着选举日期的临近,他对马德罗得到的支持增长感到吃惊。6月初,迪亚斯以"侮辱总统和煽动叛乱"的罪名将马德罗逮捕入狱,马德罗的许多支持者也随之被捕。② 6月21日,总统选举如期举行,迪亚斯和他的副总统雷蒙·科拉尔获胜。

选举之后,迪亚斯感到政权在握,允许马德罗保释出狱。马德罗逃到美国得克萨斯,1910年10月5日,他在那里发表了《圣路易斯波托西计划》,这是墨西哥第一个革命宣言。③ 这一宣言再次提出了"有效选举和反对连任"的口号,结束政治独裁。计划中含糊地提到归还印第安人被夺去的土地。该计划不是一个激进的社会改革的蓝本,因为它没有触动私有财产。但是,它还是为千百万被压迫的墨西哥人带来了社会变革的一线希望。该计划中最重要的条款是号召墨西哥人举行起义,以武力推翻迪亚斯政权。④

马德罗在美国进行反迪亚斯的革命而没有受到美国当局的干扰,表明美国政府对迪亚斯政权不满意。因为担心美国对墨西哥投资会威胁到墨西哥的经济和政治独立,迪亚斯在政府优惠方面偏向英国资本,并在另外一些方面显示出反美的态度。因此,美国总统塔夫脱希望马德罗取代迪亚斯,更

---

① Burton Kirkwood, *The History of Mexico*, Greenwood Press, Westport, Connecticut · London, 2000, p. 134.

② Héctor Aguilar, Lorenza Meyer, *A la sombra de la Revolución Mexicana*, p. 28.

③ Olivier Dabène, *América Latina en el siglo XX*, p. 38.

④ Lawrence A Clayton, Michael L. Conniff, *A History of Modern Latin America*, Harcourt Brace College Publishers, 1999, p. 306.

好地保护美国的利益。

最初,马德罗提出的起义号召并未得到广泛的响应。马德罗越过边界回到墨西哥,发现等待他的仅有25名支持者,于是被迫急忙返回得克萨斯。但是,两支主要的革命力量开始响应他的行动。在北部边境的奇瓦瓦州,起义军聚集在帕斯夸尔·奥罗斯科和潘乔·比利亚的领导下。1910年底,他们控制了该州的绝大部分地区。[①] 在南部多山的莫雷洛斯州,印第安村社长期以来一直同甘蔗庄园主之间进行着武装斗争。梅斯蒂索领导人埃米利亚诺·萨帕塔受到《圣路易斯波托西计划》中土地改革的吸引,领导农民起义,宣布支持马德罗。

与此同时,1911年5月,前墨西哥自由党领袖卡米洛·阿里亚加和多洛雷斯·希门尼斯在墨西哥城领导了一场反对迪亚斯的城市起义,提出了保护土著权利、农业改革、八小时工作日、同工同酬、教育机会均等等政治要求。在当时农民手握武装的形势下,这场城市起义虽然由于过早暴露而被镇压,但削弱了迪亚斯的统治信心,直接导致了他在一个月之后决定与马德罗寻求妥协。

1911年5月,萨帕塔的农民军取得了两场决定性的胜利。为了避免萨帕塔的军队进攻防守空虚的首都,迪亚斯和他的顾问们决定与马德罗达成和解。不顾激进派的反对,马德罗于5月21日签署了《胡亚雷斯城协定》,根据该协定,迪亚斯辞去总统职务,但是保存了所有旧的统治机构。协定对于社会改革计划只字未提。5月25日,年迈的迪亚斯辞职,次日在韦拉克鲁斯乘船流亡欧洲。[②] 在10月举行的总统选举中,马德罗当选为墨西哥总统。

二、马德罗时期

迪亚斯在离开墨西哥前曾预言,马德罗"放出了一只老虎,且看他能否控制它"。的确,就任总统后,马德罗很快发现,墨西哥社会各阶层对政府

---

① Friedrich Katz, Adriana Guadrrama, "Pancho Villa y la Revolución Mexicana", *Revista de Maxicana Sociología*, Vol.51, No.2, 1989, pp.87-113.

② Héctor Aguilar, Lorenza Meyer, *A la sombra de la Revolución Mexicana*, p. 31.

有不同的要求，他的温和的社会改革计划不可能满足各方面的要求，相反，却导致了来自左右两方面的反对。

虽然马德罗没有满足农民和城市工人的要求，但是，他的政策的确开始试图解决墨西哥的大庄园主和工厂主与劳工之间的关系问题。为解决农村问题，他建立了国家农业委员会，研究农村的土地占有状况，该委员会建议政府向庄园主购买土地然后卖给农民。但是，由于政府财政紧张，同时大地主要求高价，因此只有很少土地通过这种方式分给农民。在劳工关系上，马德罗一方面试图改善工人的处境，另一方面又要对工人组织的建立进行控制。但是，如同农村政策一样，劳工政策也收效甚微。1911 年，罢工（特别是在纺织工业）次数增加，工人要求提高工资、缩短工时、改善工作条件。面对工人和雇主之间的冲突，政府于 1911 年 12 月 13 日建立了劳工部。劳工部试图通过阻止罢工同时改善劳动条件来稳定劳资关系，从此开始了墨西哥政府干预劳资关系的历史。1912 年，纺织工人和雇主之间的矛盾不断升级，为解决这一问题，政府于 7 月召集雇主和劳工代表举行谈判。尽管雇主的代表多于工人，但是最终雇主答应政府提出的方案，实行最低日工资制、十小时工作日、限制雇主草率地解雇工人的权力等。但是，雇主拒不执行上述协议，劳资冲突仍在继续。

萨帕塔反对马德罗在土地问题上的保守立场，要求马德罗推行《圣路易斯波托西计划》中提出的土地改革计划。但是，马德罗表示，他有义务遵守胡亚雷斯协议，接受迪亚斯政府的法律和行政决定的合法性。同时，马德罗还要求萨帕塔彻底投降，并解散他的农民武装。

看到马德罗无意履行将土地归还村社农民的诺言，萨帕塔于 1911 年 11 月 28 日（一说 11 月 20 日）宣布了《阿亚拉计划》（Plan de Ayala），这是墨西哥的第二个革命宣言。① 宣布“被大庄园主、科学派或卡西克通过暴政和贪婪侵占的土地、森林和水源”将物归原主，并将此计划付诸实施。②

马德罗失去了农民革命力量的信任和支持，同时，也没有消除来自保守派的反对。他们反对马德罗向工人做出的温和的让步，反对马德罗通过新

① Olivier Dabène, *América Latina en el siglo XX*, p. 38.

② Héctor Aguilar, Lorenza Meyer, *A la sombra de la Revolución Mexicana*, p. 37.

闻和言论自由建立资产阶级民主制的努力。他们还担心马德罗在农民和城市工人的压力下政策左转。他们时刻没有忘记恢复迪亚斯时期的旧秩序。

从 1911 年 11 月马德罗就任总统起,反对革命的保守派叛乱就在全国各地不断发生。最严重的是,在奇瓦瓦州的保守派,特别是在特拉萨家族的资助下,帕斯夸尔・奥罗斯科发动叛乱。维多利亚诺・韦尔塔指挥的政府军经过一系列战斗扑灭了这场叛乱。1912 年,各地的叛乱此起彼伏。与此同时,马德罗开始失去了美国的支持。虽然马德罗明确表示,他支持外国投资并保护他们的安全,但是,他没有给予美国资本家特殊的优惠。马德罗使工会和罢工合法化的政策,以及他无力对付农民的革命并实现政治稳定,也使美国对他失去了信任。1912 年 2 月,1 万名美国军队驻守在美墨边境,美国发出威胁,如果马德罗不能保护在墨西哥的美国人的生命和财产安全,美国将对墨西哥进行武力干涉。

1913 年 2 月 9 日开始,墨西哥城发生了"悲剧的十天"。迪亚斯时期的炮兵司令米盖尔・蒙德拉贡(Miguel Mondragón)、迪亚斯的侄子费利克斯・迪亚斯和 1910 年的副总统候选人贝尔纳多・雷耶斯联合领导发动了一场反对马德罗的叛乱。马德罗派韦尔塔前往镇压叛乱。但是,韦尔塔加入了叛乱一方,逮捕了马德罗和他的副总统,并迫使他们辞职。

美国卷入了这场叛乱。同情并支持叛乱的美国大使威尔逊同韦尔塔和迪亚斯进行了秘密谈判。三人在美国驻墨使馆达成协议,指责马德罗应为国家的不稳定承担责任,并肯定迪亚斯和韦尔塔进行干预以恢复秩序。迪亚斯和韦尔塔为争夺新的总统职位发生争执,通过威尔逊的协调,达成协议,韦尔塔就任临时政府总统,此后举行选举中,由迪亚斯继任。在此后召集的外交官聚会中,威尔逊向与会者介绍韦尔塔为"墨西哥的救星"。在胁迫下的墨西哥议会接受了马德罗的辞职并任命韦尔塔为临时总统。1913 年 2 月 21 日晚,马德罗和他的副总统被暗杀。①

三、韦尔塔的独裁及其崩溃

韦尔塔的目的在于建立迪亚斯那样的个人独裁。很快,他撕毁了与费

① Héctor Aguilar, Lorenza Meyer, *A la sombra de la Revolución Mexicana*, p. 45.

利克斯·迪亚斯达成的协议,并派迪亚斯去日本执行一项外交任务。最初,他似乎控制了墨西哥的局势。但是很快,他就面临着来自几条战线的挑战。在南方,萨帕塔加紧了对当地土地所有者、韦尔塔的盟友和联邦军队的斗争。在北部边境的索诺拉、奇瓦瓦和科阿韦拉州,来自不同的社会集团——自由派地主、中产阶级、矿工、产业工人、牧牛人——组成的反韦尔塔的联盟也初具规模。由于韦尔塔的绝大部分军队被牵制在南方,北方的革命运动迅速发展。潘乔·比利亚成为立宪派的领导人(北方的革命力量自称为立宪派)。由于在牧牛人中深得人心,比利亚很快招募了一支3000人的军队,几乎控制了整个奇瓦瓦州,包括胡亚雷斯城和奇瓦瓦城。

作为奇瓦瓦州的实际控制者,比利亚在该州建立了革命的新秩序。他任命他的士兵为民兵和行政官员,恢复该州的正常生活。他下令降低肉类价格,向穷人发放货币、衣服和其他物品。比利亚虽然自己是文盲,但他对教育投入了极大的热情,他在奇瓦瓦城建立了大约50所新的学校。①

显然,比利亚的社会政策比相邻的索诺拉和科阿韦拉州的立宪派领导人要激进得多。1913年12月,他宣布无偿没收支持韦尔塔的贵族的财产。然而,他的土地改革方案与萨帕塔有着很大区别。在萨帕塔控制的地区,被没收的土地被立即分配给农民。根据比利亚的计划,没收的土地由国家控制,直到革命结束。这些地产所得利润将被用来资助革命斗争,并抚养革命战士的遗孀和孤儿。与此同时,比利亚把被没收的庄园一部分交给他的军官们控制,其余由国家控制。庄园饲养的牛在美国出售,为他的军队购买武器和弹药,并向城市失业者和孤儿院大量发放牛肉。比利亚和萨帕塔土地改革方案不同的原因是,北方的经济主要不是依靠农业而是养牛业。养牛业不同于一般的农业,它的经营需要较大规模的土地单位。这种土地单位必须由国家或者在合作的基础上管理经营。另外,在北方,农民所占人口的比例远少于南方,对于土地的渴望也远没有南方农民那样强烈。

在临近的科阿韦拉州,贝努斯蒂亚诺·卡兰萨宣布起义反对韦尔塔。卡兰萨是一个大庄园主,曾在迪亚斯政府担任职务,1911年追随马德罗参加革命,并被马德罗任命为该州州长。1913年3月26日,卡兰萨宣布瓜达

① Benjamin Keen, Keith Haynes, *A History of Latin America*, p. 288.

卢佩计划，号召推翻独裁者，恢复立宪政府，但是没有提到社会改革计划。卡兰萨就任立宪军最高司令。到 4 月，他已统率着大约四千人的军队。很快，比利亚加入卡兰萨的立宪军，名义上受卡兰萨统率，但实际上在奇瓦瓦州享有很大的独立性。比利亚的军队被重新命名为北方军团。索诺拉州年轻的牧场主阿尔瓦罗·奥夫雷贡领导的反韦尔塔的军队也加入了卡兰萨的阵营，他被任命为西北军司令，并很快显示出杰出的军事才能，把联邦军队赶出了整个索诺拉州。

到 1914 年初，立宪军已取得了很大的军事胜利，韦尔塔的倒台看来已不可避免。与此同时，韦尔塔的国际处境也日益严峻。尽管美国驻墨大使积极活动，但是塔夫脱政府还是拒绝给予韦尔塔政府以外交承认。1913 年 3 月，伍德罗·威尔逊就任美国总统。威尔逊一方面对于韦尔塔通过政变取得政权的方式不满；另一方面，又怀疑韦尔塔在投资优惠方面偏向英国和德国，损害了美国的利益，因此决定迫使韦尔塔下台。在 1913 年 11 月 13 日的一份文件中威尔逊明确表明了美国对于韦尔塔的态度："如果韦尔塔将军不因情势所迫辞职，美国有义务以非和平的方式促其下台。"①当时正值第一次世界大战前夕，英国和德国之间的关系不断紧张，两国都试图拉拢美国，而疏远了与韦尔塔的关系。美国答应英国对英国通过巴拿马运河的所有商品课以统一的关税，换取英国在 1914 年初停止对韦尔塔的支持。韦尔塔的财政状况日趋严峻，不得不宣布停止支付外债 6 个月，而这一非常措施只能进一步加剧韦尔塔的困难，外国债权人要求接管墨西哥的海关，甚至要求对墨西哥立即进行军事干预。到 1914 年 2 月，威尔逊政府决定对墨西哥实行武力干涉。在华盛顿，卡兰萨的特使向美国保证，立宪派将尊重外国财产权，包括"正当的和平等的优惠权"，1914 年 2 月，威尔逊政府解除了对于卡兰萨的军队的武器禁运，而对韦尔塔继续保持武器封锁。②

1914 年 4 月，美国巡洋舰"海豚号"上的几名船员在坦皮科的禁区登陆而被捕。他们被立刻释放并获得道歉。但是，该舰舰长在威尔逊的指示下，要求正式道歉、严厉惩罚肇事的墨西哥官员并向美国国旗鸣炮 21 响致敬。

---

① Burton Kirkwood, *The History of Mexico*, p. 141.

② Demetrio Boersner, *Relaciones Internacionales de América Latina, Breve Historia*, Editorial Nueva Imagen, 1982, p. 215.

韦尔塔政府拒绝了这些要求,因为接受这些要求无异于政治上自杀。于是,威尔逊派遣一支舰队进入墨西哥湾。4 月 21 日,得知一艘载运弹药的德国商船正驶往韦拉克鲁斯,威尔逊下令占领该港口。面临着国内日益强大的反抗力量和美国直接的军事占领压力的韦尔塔,看到大势已去,与 1914 年 7 月辞去总统职务流亡欧洲。

虽然卡兰萨从美国对韦拉克鲁斯的占领中得利,并且美国解除了对立宪派的武器禁运,但是他公开谴责美国对墨西哥的军事干预,多次要求美国撤军。同时,美国的出兵在墨西哥和一些拉美国家激起了反美浪潮。面对此种困境,威尔逊接受阿根廷、巴西和智利的调停,于 1914 年 11 月 23 日从墨西哥撤军。

四、胜利者之间的内战

韦尔塔倒台后,各种不同的革命力量之间的冲突再次浮出水面。因为得到美国的武器援助,并控制着战略性的韦拉克鲁斯的港口设施,卡兰萨成为主要的政治领导人。1914 年 9 月 3 日,他邀请各派领导人集会建立大选之前的临时政府。但是,与会代表没有将此次集会当作一个单纯的选举机构,而是要求讨论有关社会、政治和经济改革等一系列问题。

10 月 10 日,代表们到达一个中立的地点阿瓜斯卡连特斯开会。尽管各方存在着严重的分歧,但是最终于 10 月底达成协议,支持劳工和土地改革。这成为 1917 年宪法中劳工和土地改革的基础。最重要的,代表们支持萨帕塔的阿亚拉计划。[①] 然而,由于各派之间的冲突仍在继续,这些条款并未付诸实施。10 月 30 日,当与会代表决定提名欧拉利奥 · 古铁雷斯为临时总统时,各派间的冲突达到顶点。卡兰萨反对这一决定,撤回韦拉克鲁斯。与此同时,在比利亚的帮助下,欧拉利奥 · 古铁雷斯在墨西哥城就职。

卡兰萨离开墨西哥城后,比利亚和萨帕塔控制了首都。但是,农民出身的萨帕塔及其将领感觉这座城市是一个奇怪而不舒服的地方,不知所措。例如,一天晚上,因某地发生火灾,一辆消防车鸣笛疾驶前往救火,萨帕塔的

① Héctor Aguilar, Lorenza Meyer, *A la sombra de la Revolución Mexicana*, p. 62.

军队惊慌不已，并开枪射杀了 12 人。[①] 最终，萨帕塔及其军队撤回了他们感觉相对舒适的莫雷洛斯。

12 月 4 日，比利亚邀请萨帕塔在墨西哥城市郊举行会晤。由于在政治上不成熟，他们把国家权力交给欧拉利奥·古铁雷斯。他们就如何推翻卡兰萨达成了一系列协议，但是仅凭此唯一的共同点双方很难建立巩固的联盟。特别是，尽管比利亚本人同情萨帕塔的土地改革方案，但是，由于参加会晤的某一保守派别强烈反对土地改革、没收外国财产和其他激进的社会改革措施，而比利亚因担心联盟破裂而未能在土地改革问题上明确表明自己的立场。[②] 到 1914 年 2 月底，比利亚和萨帕塔之间的联盟终于破裂。卡兰萨趁此机会集中对付威胁更大的比利亚。

1915 年 4 月的塞拉亚（Celaya）战役中，奥夫雷贡采用了当时欧洲战场上的军事技术，以战壕和铁丝网应对比利亚的骑兵，致使比利亚遭受了其军事生涯中第一次惨败，几千名士兵伤亡或被俘。此后，比利亚的活动被迫局限于墨西哥北部地区。比利亚遭受军事失败后，萨帕塔撤退到莫洛斯山区。

为了取得全面的胜利，卡兰萨采取了一系列措施赢得社会各界的支持。如上所述，在 1913 年的瓜达卢佩计划中，卡兰萨没有提到社会改革方案。1914 年 12 月 12 日，卡兰萨签署了瓜达卢佩计划修正案，许诺推行土地改革和改善工人的处境。1915 年 1 月 6 日，他宣布归还被剥夺的村社土地，征收大庄园多余的土地。这一措施在某种程度上使他赢得了农民的支持。卡兰萨许诺颁布适用于所有工业部门的最低工资制度，并肯定工人建立工会和罢工的权利。这一措施使他赢得了工人的支持。马德罗时期建立的世界劳工联盟于 1915 年 2 月 9 日宣布支持卡兰萨，该联盟的成员表示参加“针对反革命势力的战斗”，而此处所谓“反革命势力”，当然是指比利亚和萨帕塔的农民军队。由工人组成的六个“红色营”加入了卡兰萨的军队。对于这支工人武装的人数以及它在打败比利亚和萨帕塔的战斗中发挥了多大的作用，一直存在着争论。根据比尔顿·科尔伍德的说法，工人武装虽然参加了几次战斗，但是对于战争的最终结局没有产生决定性的影响。因为从

---

① John Womack, *Zapata and the Mexico Revolution*, p. 219.

② Benjamin Keen, Keith Haynes, *A History of Latin America*, p. 292.

1915年2月工人宣布支持卡兰萨到实际参加战斗，在如此短的时间内他们不可能进行有效的组织、装备和军事训练。但是，在塞拉亚战役中，由漆工、裁缝和木匠组成的红色营在奥夫雷贡的指挥下参加了针对比利亚的战斗。在瓜达拉哈拉，电车工人也在州长曼努埃尔·迭戈斯的指挥下参加了针对比利亚的战斗。不管工人武装的人数和军事实力如何，他们的立场具有重要的象征性意义。①

在国内扩大政治基础的同时，1915年10月9日，卡兰萨得到了美国的外交承认。更重要的是，美国政府对卡兰萨的反对派实行武器禁运。比利亚因对美国的武器禁运感到愤怒，同时以为卡兰萨以将墨西哥变为美国的保护国为代价换取了美国的外交承认，于1916年3月袭击了美国新墨西哥州的哥伦布市。② 美国总统威尔逊命令约翰·潘兴将军率军进入墨西哥捉拿比利亚。美国本以为，由于卡兰萨和比利亚的敌对状态，卡兰萨将对美国的军事行动保持中立。但是，出乎意料的是，卡兰萨再次谴责美国的军事入侵，要求美国立即撤军。在发给其他拉美国家的一份备忘录中，墨西哥政府宣布，它认为美国干预的真正动机是反对墨西哥废除对外国资本的优惠政策，备忘录要求抵御"外国入侵"，维护国家主权。③ 本以为能迅速取得军事胜利，但是潘兴捉拿比利亚的计划却始终没有成功。当时正值第一次世界大战期间，美国面临着比较复杂的国际形势，同时考虑到一旦与墨西哥开战，美国估计要付出50万人的伤亡代价，美国总统威尔逊做出决定，结束了在墨西哥的军事冒险。④ 墨西哥的民族主义又一次取得了胜利，这在某种程度上又加强了卡兰萨的政治地位。

五、1917年宪法

卡兰萨在政治上、军事上、外交上取得了一系列成功之后，决定通过颁

---

① Burton Kirkwood, *The History of Mexico*, p. 145.

② 关于比利亚此次军事行动的动机，一直存在着争议。参见 Friedrich Katz, "Pancho Villa and the Attack on Columbus, New Mexico", *The American Historical Review*, No. 1, Feb., 1978, pp. 101-130。

③ Benjamin Keen, Keith Haynes, *A History of Latin America*, p. 293.

④ Demetrio Boersner, "Relaciones Internacionales de América Latina", *Breve Historia*, p. 217.

布一部新的宪法为其统治提供一个法律的依据。1916 年 9 月,卡兰萨要求在下月举行制宪会议代表的选举。比利亚和萨帕塔阵营的成员被排除在选举之外。12 月 1 日,卡兰萨出席了在克雷塔罗举行的制宪会议,并提交了他的宪法草案。该草案除了加强行政机构的权力之外,其他方面与 1857 年宪法别无二致,仅仅提出了极为有限的劳工改革。参加会议的激进派代表认为,卡兰萨的草案没有解决工人和农民的问题,在这些代表的努力下,制宪会议对卡兰萨的草案进行了修改,于 1917 年初制定了一部新宪法。这部宪法带有强烈的民族主义和社会进步色彩,这主要体现在宪法的第 123 条、第 27 条中。

卡兰萨的草案中仅仅要求赋予联邦政府执行劳工立法的权力。宪法的最后文本向前迈进了一大步,宪法第 123 条对于保护劳工的利益作了具体而明确的规定,包括八小时工作日、女工生育保障(包括产前产后的带薪休假)、公司必须雇用 50 名以上的女工负责对工作场所的儿童看护、废除公司内部商店、废除债务劳役、保障工人组织工会、集体谈判和罢工的权利等等。这些条款使这部宪法成为当时世界上最先进的劳工立法。但是,另一方面也应该看到,它在保护劳工利益的同时,也开始了将工人纳入资本主义政治体系的过程,国家承担了劳工和雇主之间主要的仲裁者的角色。

宪法第 27 条宣布,国家是一切土地、水源和地下资源的最终所有者,国家有权在给予补偿的前提下予以征用。国家对于土地和水源的所有权是不可转让的,但是个人和公司可以通过获得特许进行开发。最重要的,该条款规定,1856 年以来颁布的所有有关公共土地的法令作废,如果村社需要更多的土地,可以征用附近的大庄园的土地。

另外,1917 年宪法还加强了国家对教会的控制,规定所有教会财产国有化、禁止公开表明宗教信仰(包括穿着教士服装)。宣布普遍的免费教育。①

上述条款以及其他条款使 1917 年宪法成为当时世界上最先进的一部法律。它为打击大土地所有制、为削弱教会的权力、为限制外国资本在墨西

① 宪法全文参见姜士林等主编:《世界宪法全书》,青岛出版社 1997 年版,第 1623—1652 页。

哥的活动提供了法律的依据。美国历史学家劳伦斯·A.克莱顿和迈克尔·L.科尼夫认为,这部早于俄国布尔什维克革命的宪法是"20世纪第一部社会主义宪法"。正是由于这部宪法的颁布,墨西哥革命成为一次真正的社会革命。① 但是,在肯定这部宪法的进步性的同时,也应该看到,它不是反资本主义的,它保护私有财产,它力图控制而不是禁止外国企业。它仅仅是为民族资本主义的发展创造更好的条件。

1910—1917年墨西哥革命是反封建主义和反帝国主义的资产阶级民主革命。墨西哥革命颁布的宪法被看成是拉丁美洲第一部不是照搬西欧和美国政治思想的立宪文献的范例,"提供了以本地经验为基础创建新的民族国家的出发点"②。关于墨西哥革命对19世纪以来拉美发展进程的影响,巴西学者S.富尔塔多作过这样总结性评述。他说,拉美从争取独立斗争以来一个世纪中,曾出现两个运动:"一方面出现了一个欧化的资产阶级,它要抛弃哥伦布发现美洲之前和殖民地时期的过去,并使拉丁美洲各国加入不断扩大着的国际贸易潮流。另一方面,出现了一种力量,主张打破殖民制度所建立的统治结构。这种力量想使印第安群众参与政治和社会全生活,并建立起自己独特的文化。""第二个运动在拉丁美洲以墨西哥革命为开端,到本世纪才居主要的地位。"③因此,这次革命对墨西哥和整个拉丁美洲都产生了深刻的影响,是拉美国家开始从追求欧化转向寻求自主性发展道路的一个重要标志。

第三节　民众主义的兴起

拉丁美洲的社会变革,在有的国家,表现为激进的社会革命,如墨西哥、

① Lawrence A.Clayton, Michael L.Conniff, *A History of Modern Latin America*, pp. 309-310.

② [美]E.布拉德福德·伯恩斯:《简明拉丁美洲史》,王宁坤译,湖南教育出版社1989年版,第243页。

③ [巴西]塞尔索·富尔塔多:《拉丁美洲经济的发展——从西班牙征服到古巴革命》,上海译文出版社1981年版,第25页。

危地马拉、玻利维亚、古巴、尼加拉瓜，但在更多的国家，则表现为有广泛的社会阶层参与和推动的社会改革运动。正是在这种社会改革运动中，产生了对 20 世纪拉美影响深远的民众主义。

19 世纪晚期，随着初级产品出口经济的快速增长，出口收入的增加为城市基础设施的建设和工业发展提供了资金，拉美国家的城市化取得了长足的进展，迈克尔・康尼夫称之为“大都市革命”（metropolitan revolution）。[①] 大批来自外国或者国内其他地区的移民被吸引到这些城市。对于这些新移民来说，城市生活使他们摆脱了农村庄园主的控制，给他们带来了新生活的希望，但是同时也带来了危险与压力。工人为了微薄的工资整日劳作在条件简陋的小工厂中，几乎没有分享到经济繁荣的成果。新移民的孩子因为他们的外国背景而受到排挤。有色人种在学校、工作场所、政府机关甚至在商业设施中都受到歧视。这些移民之间经常为了很微小的利益而相互争斗。总之，城市化并没有为城市下层民众提供社会流动的机会。在这种形势下，一些能够给民众带来一定的归属感，主张改善民众生活境遇的政治领导人登上了政治舞台。这些领导人一般来自中等阶层，他们参与政治竞争乃至执政的风格，后来被称为民众主义。因此，拉丁美洲现代化发展的一个重要特征是，城市化早于工业化。城市化为民众主义的产生创造了适宜的社会和政治环境。因为城市化将大量的、无组织或组织松散的人口集中在一起，使其成为政治家“可资利用的民众”（available masses）。

20 世纪初，在出口经济发展的推动下，拉美国家新的交通、通信技术获得了前所未有的发展，也为民众主义政治的兴起起到了推动作用。有轨电车、摆渡船、市郊往返列车（commuter train）、公共汽车等城市交通设施使得政治动员更为便捷。电话和电报为政党领导人与党的分支机构联络、协调候选人的竞选活动带来了便利。充分利用媒体为自己的政治目标服务，是民众主义政治的显著特点，这充分体现在 20 世纪初拉美的早期民众主义运动中。20 世纪二三十年代，无线广播就被充分运用于政治。通过广播，民众主义政治家将他们的语言和纲领，以丰富多彩的方

① Michael L. Conniff, “Introduction: Toward a Comparative Definition of Populism”, Michael L. Conniff, ed., *Latin American Populism in Comparative Perspective*, University of New Mexico Press, Albuquerque, 1982, p. 4.

式,诸如声响效果、音乐、背景观众等,传递给千百万民众。此外,长途旅行的便利化也使得政治家可以与全国各地的选民建立联系。第一次世界大战后,飞机带来了竞选方式的革命性变化,候选人乘坐小型飞机,前往全国各地巡回演讲。很多较小的村镇,选民首次见到飞机和全国性的政治领导人。①

早期的民众主义者具有一些共同的特征。他们为了通过选举获得政权,主张改善选举机制,扩大选民人数和政治参与。他们指责19世纪延续下来的寡头体制。民众主义者还倡导其他社会改革,特别是在教育和劳工关系领域。他们主张国家对这些领域进行干预。民众主义者主张扩大国家在社会和经济生活中的作用,有些民众主义者甚至带有温和的社会主义色彩。但是,他们主张渐进的而非激进的变革。民众主义者支持民间文化,认为本地歌曲、舞蹈、工艺、文学等与国外文化具有同样的合法性。在这一点上,他们与传统的精英阶层产生了分裂,后者看不起非欧洲的艺术。由于支持民间文化,民众主义者能够接触到穷苦人、移民的后代以及其他固守传统生活方式的人。这些民众主义者赢得了城市贫民、工人、学生、艺人、实业家、白领雇员、专业人员、妇女、知识分子等广泛的社会阶层的支持,因此民众主义政党又被称为"多阶级的"政党,具有传统政党所不具备的广泛的代表性。民众主义领袖通常具有一种个人魅力,被称为"克里斯玛"(charisma),使他们高居普通人之上,得到追随者的敬畏与尊重,对选民更有吸引力,这也是他们获得成功的部分因素。

20世纪初的拉美,民众主义运动在南锥体国家最有影响,因为这些国家城市规模大、识字率高、与外部世界的联系密切以及出口经济的相对繁荣,此后逐步向北扩展。在本书第七章中,已经谈到,阿图罗·亚里山德里(1920—1925年执政)是智利早期民众主义的代表,阿根廷的伊波利托·伊里戈延在其1916—1922年的任期中也具有一些民众主义的风格。此外,乌拉圭的何塞·巴特列·奥多涅斯(1903—1907年、1911—1915年执政)、秘

① Michael L. Conniff, "Introduction", Michael L. Conniff, ed., *Populism in Latin American*, University of Alabama Press, Tuscaloosa and London, 1999, pp.9-10.

鲁的吉列尔莫·比林古尔斯特(1912—1914年执政)也可以说是各自国家内民众主义的先驱。[①] 这些民众主义领导人虽然也争取到部分劳工的支持,但主要政治基础来自新兴的中等阶层和上层精英内部的持不同政见的成员。

从1903年首次当选总统直到1929年去世,何塞·巴特列-奥多涅斯一直主宰着乌拉圭的政治生活。他两次出任总统(1903—1907年和1911—1915年)。他之所以能够统率国家,在很大程度上是由于他既能够表达国家对现代化的迫切要求,又表达正在从不再由精英分子主宰的社会中兴起的新社会力量的愿望。巴特列执政期间,实行了带有民族主义色彩的经济政策。1912年实施保护关税政策,刺激了制造业的发展。为了限制外国,特别是英国资本的渗透,巴特列在保险、铁路、电话和酒精蒸馏等部门建立了一些国有企业。国家还进入了金融部门,1911年将共和国银行全部收归国有后创立了一家国有银行,翌年又将抵押银行收归国有。[②]

巴特列任职期间,颁布了有关工人福利的社会立法,保证工人有权组织工会。1914年和1916年,先后立法实行八小时工作制和周六日工作制。1914年立法规定,妇女享有分娩前后各一个月的假期,同年颁布预防工伤事故法和遇难工人赔偿法,1916年批准了退休金法。但是,巴特列从未向农村土地所有制和农村的社会经济结构提出挑战。

巴特列重视发展教育事业。1912年9月通过立法成立各省中学。执政第一年创办商学院,1906年建立农业学校和兽医学校,1915年把职业学校扩建为工业学校,并建立工程学院、建筑学院、女子学院。乌拉圭成为南美洲识字率最高的国家。

巴特列采取措施加强国家政权的力量,扩大民主参与。1907年设立了最高法院。1903年和1907年两次通过自由离婚法,削弱了教会的权力。1917年,颁布了新宪法。宪法实行总统直接选举制,增设国家行政委员会,与总统共同执政,并分享总统的权力。建立按比例代表制选举产生的两院

---

① Rudiger Dornbusch and Sebastian Edwards, eds., *The Macroeconomics of Populism in Latin America*, The University of Chicago Press, 1991, p. 38.

② 胡安·A.奥多内:《现代乌拉圭的形成(约1870—1930年)》,莱斯利·贝瑟尔,前引书,第五卷,社会科学文献出版社1992年版,第471—472页。

制的立法机构。减少军人在政治中的作用，教会与国家分离，并且提供了一个综合性的社会福利计划。

通过巴特列的改革，乌拉圭在20世纪的前30年，从一个“曾经陷于混乱、专制、文盲、社会不平等以及受外国剥削的国家”实现了“和平变革”。[①]

太平洋战争后的50年内，秘鲁这个拉丁美洲典范的“封建”社会被拖入发展中的世界经济，其生产方式被“西方工业资产阶级的特殊需要所改造”，因此，1879年后的半个世纪是秘鲁经济现代化和社会政治变革的时期。[②] 正是在这个社会大变革的时代，产生了对秘鲁未来的发展影响深远的民众主义运动。

太平洋战争结束后，安德列斯·卡塞雷斯建立了为期十年之久的军人专政（1886—1895年）。1889年，尼古拉斯·德·彼罗拉创建了民主党，这是这个国家的第二个政党（第一个是文官主义党）。1895年，彼罗拉通过政变成为秘鲁总统，开创了秘鲁历史上的“贵族共和国”时期（1895—1919年）。

1890—1930年期间，农矿产品的出口带来了秘鲁经济的增长。北部沿海地区的蔗糖、所有沿海地区的棉花、中部山区的羊毛、林区的橡胶是主要的农林出口产品。在矿业部门，鸟粪枯竭后，铜成为最主要的出口产品，黄金和白银也有一些生产与出口。第一次世界大战期间，石油的开采也有一定的发展。随着经济的发展和内地交通的改善，特别是由于铁路网的扩大，大量人口被吸引到城市，特别是首都利马和港口卡亚俄。在利马，工人阶级占人口的比重从1876年的9.5%上升到1908年的16.9%和1920年的19.8%。1858年开始出现工人互助会。1905年面包工人联合会——“秘鲁之星”成立，这是最早争取减少工时的组织。在无政府主义者的鼓动下，1911年利马爆发了秘鲁历史上首次总罢工。

正是在政治上逐渐崛起的城市工人阶级，成为秘鲁历史上第一位民众主义者比林古尔斯特的政治基础。吉列尔莫·E.比林古尔斯特，1851年出

① E.布拉德福德·伯恩斯：《简明拉丁美洲史》，王宁坤译，湖南教育出版社1989年版，第236—237页。

② 彼得·F.克莱因：《现代秘鲁的起源（1880—1930年）》，莱斯利·贝瑟尔，前引书，第五卷，第594页。

生于南部的阿里卡省一个富有的经营硝石的商人家庭，而非传统的土地贵族家庭。比林古尔斯特一生与文官主义党寡头集团保持着距离，早年加入彼罗拉创立的民主党，并与彼罗拉保持着良好的关系。1895 年，彼罗拉就任总统后，比林古尔斯特被任命为第一副总统。1909 年，他担任利马市市长后，在该市的工人阶级中集合了一批追随者。在担任市长的两年中，他采取了一系列改革措施，来改善工人阶级的状况。他在贫民区以成本价出售肉类，对那些欺骗民众的商贩进行起诉；他下令拆除贫民窟，为工人修建廉价、卫生的住房。他改善了城市的饮用水供应，开始铺设街道；在工人罢工中，他站在工人一边进行干预。这些措施使他赢得了工人阶级的支持。①

1912 年的大选中，利马工人举行总罢工，支持比林古尔斯特，反对文官主义党候选人安德罗·阿斯皮利亚。在示威中，工人形象地举着一个小面包标记，上面写道，“如果阿斯皮利亚当选，这块面包将花 20 分”。另举一个一米长的大面包标记，上面写道，“如果比林古尔斯特当选，这块面包将仅花 5 分钱”。由此，比林古尔斯特赢得了“大面包”（Pan Grande）的绰号。最后，在工人罢工的抵制下，投票人数不足宪法规定的登记选民的 1/3，选举无效，然后由议会选举比林古尔斯特为总统。

比林古尔斯特担任秘鲁总统期间（1912 年 9 月—1914 年 2 月），试图通过进步的社会政策调和国内劳资间的矛盾。他提议建造公共住房，并宣布支持每天 8 小时工作制。1913 年，他促使国会通过劳工法，确保了工人集体谈判的权利。他还研究了农民的状况，但是，没有采取措施对农村和农业部门进行改革。他制订了一项法案，除某些例外，给予工会建立组织和举行罢工的权利，同时设立由劳资双方代表组成的强制性的仲裁小组。由于保守派占多数的国会反对通过此法案，比林古尔斯特试图发动工人向国会施加压力。1914 年，奥斯卡·R.贝纳维德斯上校领导发动政变，比林古尔斯特政府被推翻。

1919 年大选中，前总统奥古斯托·R.莱吉亚赢得胜利，然后通过政变，解散议会，建立了 11 年的独裁统治（1919—1930 年）。如同迪亚斯时期的

---

① Peter Blanchard，“A Populist Precursor：Guillermo Billinghurst”，*Journal of Latin American Studies*，Vol.9，No，2，1977，p.255.

墨西哥,莱吉亚在政治上加紧控制权力,对反对派进行镇压,在经济上促进进出口增长模式。正是在莱吉亚统治期间的反对派中,产生了由马里亚特吉领导的秘鲁共产主义运动和另一影响深远由阿亚·德拉托雷领导的民众主义运动。

何塞·卡洛斯·马里亚特吉,1895 年 6 月 14 日生于利马,14 岁进报社做学徒,17 岁当《新闻报》记者,1919 年被莱吉亚政府流放,其后 4 年先后在法国、意大利,和巴比塞、索雷尔、葛兰西等欧洲社会主义者一起吸收了马克思、恩格斯和列宁的思想。1923 年回国,1926 年创办杂志《阿毛塔》。1929 年,他帮助创建了社会党,该党很快加入第三国际。1936 年逝世,年仅 35 岁。马里亚特吉的代表作是《关于秘鲁国情的七篇论文》。[①] 在书中,他以马克思主义观点对秘鲁社会进行了全面的历史分析,提出了将来进行革命变革的方案。他认为,资本主义和帝国主义是拉美的破坏力量,主张由无产阶级领导革命,认为农民有伟大的革命潜力。马里亚特吉认为马克思主义可以密切结合于安第斯山区的革命传统,诸如土著主义、印卡式的"社会主义"、历次农民起义和劳工运动。

维克托·劳尔·阿亚·德拉托雷,1895 年生于秘鲁特鲁希略城。在家乡,阿亚参加过一个青年知识分子组织,研究本国印第安人的历史和现状,1918 年担任圣马科斯大学学生联合会主席,支持工人组织起来开展保卫自身权益的斗争,还同当时担任《新闻报》记者的马里亚特吉合作,反对莱吉亚的独裁统治。1924 年被莱吉亚流放。1924 年在墨西哥期间创立了美洲人民革命联盟(简称"阿普拉")。

阿亚提出"印第安美洲"发展观,强调拉丁美洲的历史和现状具有不同于欧洲的特点,应该走印第安美洲自己的道路。他认为造成拉美国家落后和贫困的主要根源是外部敌人——帝国主义;适用于印第安美洲的是既非社会主义亦非资本主义的"第三种制度",即建议建立一个有广泛基础的由"被剥削"阶级,包括农民、工人和激进中等阶级分子组成的人民革命联盟("阿普拉"),打倒帝国主义,建立一个激进的民族主义的反帝社会。与马里亚特吉不同,他认为,拉丁美洲的工人阶级人数不够多,政治觉悟也不够

---

① [秘鲁]何塞·卡洛斯·马里亚特吉:《关于秘鲁国情的七篇论文》,商务印书馆 1987 年版。

高，所以不能单独胜任反帝工作。它也不一定是帝国主义的主要受害者，出口区的工资实际上比传统地区还要高，而有些中等阶级甚至受到更野蛮的剥削和虐待。1930 年莱吉亚被推翻后，阿亚十分成功地将这种分析应用于秘鲁，组织和领导了民众主义的阿普拉党，达半个世纪之久。①

30 年代经济大危机爆发后，随着拉美国家从初级产品出口向进口替代工业化发展模式的转变，民众主义运动也被赋予了新的内涵，获得了新的活力。

① 彼得·F.克莱因：《现代秘鲁的起源（1880—1930 年）》，莱斯利·贝瑟尔，前引书，第五卷，第 646—648 页。

第九章

30—80年代的改革和发展:民众主义

第一节　大危机和发展模式的转换

一、从出口经济向进口替代工业化的转变

1929年爆发的世界性经济危机给拉美带来了迅速而毁灭性的打击。欧洲和北美经济的突然下降一下子缩小了拉美出口产品的市场,国际市场对咖啡、蔗糖、肉类、金属的需求锐减,拉美出口产品价格和数量下跌,1930—1934年出口值比1925—1929年下降了48%。五个中美洲国家(危地马拉、萨尔瓦多、尼加拉瓜、洪都拉斯和哥斯达黎加)的出口值在1930年为1.69亿美元,到1933年,迅速下降到1.05亿美元,1936年更下降到5400万美元。直到第二次世界大战结束之后,中美洲国家的出口一直没有恢复到大危机之前的水平。1930—1934年间,智利出口收入下降了34%,类似的情况也发生在其他矿产品出口国,如玻利维亚和墨西哥。有的国家受到的影响较小,如出口石油的委内瑞拉。另外还有阿根廷,凭借与英国签订的《罗加-伦西曼协定》缓和了大危机带来的后果。阿根廷的出口额从1930年到1934年仅下降了8%,当然,出口值下降的程度要大一些,因为其出口

产品的价格下降了。[1]

政府收入下降,是因为拉美政府收入的很大部分来源于出口产品的关税。无论是依赖出口的部门还是公共管理部门的失业率都上升了,1930—1931 年,2 万政府雇员失去工作。古巴甘蔗种植园,中美洲、哥伦比亚、巴西咖啡种植园,智利硝石矿山的工人受到的影响最大。而且,危机影响到进口能力,外汇短缺。几个拉美国家被迫暂停偿还外债或者要求重新谈判外债的偿还时间表。

在当时看来,30 年代的经济灾难是发达国家的经济危机直接造成的,但是仔细回顾一下就会发现,实际上在 20 年代,拉美的初级产品出口经济已经出现了衰退的征兆。例如,蔗糖曾是拉美的王牌出口产品,但在 20 年代,蔗糖业已失去了往日的活力;阿根廷的小麦、羊毛、牛肉的生产和出口繁荣到 20 年代也达到了前所未有的顶点,此后失去了稳步增长的势头;而智利的硝石、巴西的咖啡到 20 年代已严重依赖政府的补贴来维持生产。[2] 开始逐步削弱的出口基础在很大程度上依赖于来自华尔街的外国投资和贷款来维持,外资的流入使古巴、秘鲁、智利、巴西等国维持了表面的繁荣,但实际上,这些国家的经济已经受到了致命的削弱。1929 年爆发的经济危机使国际贸易严重收缩,而且国际金融体系的解体也切断了拉美的外部资金来源,这加剧了本已十分严重的国际收支不平衡。

不仅国际贸易严重收缩,而且贸易条件也发生了根本性的变化。虽然所有产品的价格都在下降,但是相对而言,制成品价格下降的程度远不及矿产品、农牧产品严重。同时,大危机造成了制造业的收缩,但矿产品产量的下降相对较为缓慢,而某些农产品产量反而增加了,因为这些农产品生产者为了弥补价格下跌带来的损失,拼命增加生产。市场条件的变化,使得初级产品生产失去了过去的比较优势,资源向制造业部门转移变得更有吸引力了。因此,为了摆脱危机,拉美主要大国做出了加快工业化的选择。拉美国家开始生产以前从欧洲和北美进口的制成品,所以这种工业化被称为“进

---

① José del Pozo, *Historia de América Latina y del Caribe, 1825–2001*, Santiago: LOM Ediciones, 2002, p. 116.

② Tulio Halperín Donghi, *Historia contemporánea de América latina*, Alianza Editorial, S. A., Madrid, 1998, p. 362.

口替代工业化”(ISI)。

在拉美,工业并非完全是一种全新的经济活动。如上所述,19 世纪后半期,在阿根廷、巴西、墨西哥和其他拉美大国,已出现了纺织、食品加工作坊和工厂,而且,满足铁路、榨糖厂等部门所需要的机械工具和零部件的工厂也获得一定的发展,政府还零星采取了一些措施如提高关税以保护新兴工业和刺激新的工厂的建立。① 但是,当时拉美的绝大多数制成品主要还是来自进口,或者由国内小作坊生产,而拉美的出口几乎完全是初级产品。除了阿根廷之外,其他国家的绝大多数人口仍住在农村,主导的经济活动仍是初级产品出口部门,作坊和工厂依然是出口经济的附属物。第一次世界大战期间,国际航运业的中断和欧洲、美国非军事制成品生产的下降造成了拉美制成品进口的严重短缺和价格上涨,提高了国内工业的利润,在此期间,拉美的纺织、食品和一系列轻工消费品工业获得了进一步的发展。但是战争结束后,在来自欧洲和美国进口产品的竞争下,这些新兴的工业部门陷于停滞,因为拉美政府拒绝采取措施保护这些新兴的工业。当时的看法是,第一次世界大战仅仅是正常的国际分工和贸易体系的暂时中断,战争结束后,一切将恢复到战前的“正常状态”。

30 年代的大危机终于成为促使拉美国家进行模式转换的决定因素。大危机使初级产品出口模式的弱点彻底暴露,拉美人终于对这一模式的可行性、对自由放任的经济思想产生了根本性的疑问,从而更坚定地推进工业化战略。因此,与此前相比,30 年代后,工业化获得了新的意义,政府将工业置于优先发展的地位。拉美政府为推进工业化采取的措施是多种多样的:如政府投资改善基础设施为私营工业主服务,帮助他们扩大产量;实行本币高估的汇率制度,那些为工业生产进口零部件的企业家可以以很低的本国货币价格购买美元,工业制造商或农—工联合企业可以获得低息信贷;提高关税,限制进口,以保护国内工业。在某些情况下,政府在关键性的部门直接投资建立国营企业,如钢铁工业和石油工业。例如,1946 年投入生

① Werner Baer,“Import Substitution and Industrialization in Latin America: Experiences and Interpretations”,*Latin American Research Review*,Vol. 7 No. 1,1972,p. 96.

产的巴西沃尔塔·雷东达钢铁厂是拉美首要的钢铁厂,1939年,智利成立了生产开发公司(CORFO),作为一家国营企业,不仅负责向工业和农业发放信贷,以促进生产,并且建立了自己的企业部门。墨西哥也建立了类似的部门,1934年成立的国家财政部实际上成为一家真正的发展银行,而且联邦电力委员会投入运作,以推动农村地区重要的公共工程的建设。① 政府经济职能的扩大,表明拉美国家完全放弃了"作为新殖民主义经济政策指针的自由放任原则"。②

进口替代工业化是一种面向国内市场的内向型发展模式,没有国内市场的需求,就不可能有进口替代工业化。拉美大国,如墨西哥、巴西、阿根廷,以及秘鲁、哥伦比亚、智利等中型国家拥有一定规模的内部市场以支持工业化,而中美洲小国的市场则不足以吸收国内工业的产品生产。当然,决定市场规模的主要因素是消费能力,而非人口数量,例如乌拉圭尽管人口较少,但较高的生活水平构成了一个足以支撑国内新兴工业的市场,而厄瓜多尔的大量贫困的土著人口则不能带来这样一个市场。1932年以后,绝大多数拉美国家度过了最严重的危机阶段,经济得以复苏。1932—1939年总体上本地区的GDP年平均增长率为4%。带来这一复苏的主要因素,在有的国家是由于出口条件的改善,如智利的铜,随着战争的临近,在30年代后期价格回升;在危地马拉,面向国内市场的农业生产得到扩大。但在绝大多数国家,经济回升主要是由于工业部门的增长。③ 然而,在30年代,拉美国家的进口替代工业化仍是很有限的,最初主要是生产技术要求较低的基本消费品,如食品、饮料、纺织品以及一些化学和制药产品,然后扩及轻电产品,一般是发挥1929年以前由外国信贷和投资建立的工厂的既有生产能力,新的工厂的建立极为缓慢。即使在轻工业部门,国内产品也仍未完全取代进口品。

第二次世界大战对拉美进口替代工业化进程的推动超过了30年代的大危机。最初,战争给拉美经济带来了不利的影响,拉美国家不仅失去了德国和意大利市场,而且与欧洲的贸易关系也更加困难了。但是,为了从拉美

① José del Pozo, *Historia de América Latina y del Caribe, 1825-2001*, pp. 116-117.

② Tulio Halperín Donghi, *Historia contemporánea de América latina*, p. 366.

③ José del Pozo, *Historia de América Latina y del Caribe, 1825-2001*, p. 116.

增加战略性物资的进口,并致力于建立西半球联盟,美国与拉美国家签订了一系列双边贸易协定,使这一损失部分地得到了补偿。智利的铜、玻利维亚的锡、巴西的橡胶以及墨西哥的多种矿产品的出口增加了,当然价格比拉美国家所希望的要低,因为盟国对进口的严格垄断排除了竞争性价格的可能性。出口的复苏不仅增加了拉美国家的外汇储备,而且扩大了国内就业和收入。购买力的提高,加上对进口的严格限制,给国内工业带来了极大的推动力,整个战争期间,拉美国家的工业一直维持着惊人的发展速度。在拉美大国,本国工业不仅控制了国内市场,而且开始出口部分制成品。例如巴西的工业制成品开始进入西班牙美洲和非洲市场。美国通过进出口银行向许多拉美国家提供信贷,使它们改善公路体系、进口设备和技术。另外,美国在拉美的私人投资也有很大增加,到 1943 年已占拉美地区全部外国投资的 31%,比 1924 年增加了 2 倍。[①]

如果说,第二次世界大战结束之前拉美国家的进口替代工业化只是迫于大危机和战争的特殊国际形势而不得已采取的对策,那么,到第二次世界大战后,绝大多数拉美国家或者明确地、或者不言自明地接受了联合国拉美经委会的理论主张,进口替代工业化成为拉美国家的有意识的经济发展政策。拉美国家采取的促进工业化的政策包括:保护性的关税或外汇控制;对新兴工业部门(包括本国和外国公司)的资本货进口实行特别的优惠;对工业原材料、燃料和中间产品的进口实行优惠性的进口汇率;政府发展银行对工业实行廉价贷款;政府投资改善基础设施,为工业部门服务;在本国和外国公司不愿或无力投资的工业部门,特别是重工业部门,由政府直接投资兴建国营企业。[②]

对进口替代工业的促进是非歧视性的,也就是说,没有采取措施重点发展可能具有潜在的比较优势的工业部门。在有些国家,在相当长的时期内,进口替代工业化一直局限于消费品工业。戴维·菲利克斯对拉美进口替代工业化的次序进行了简明扼要的概括:“最初的工业一般是生产技术要求较低、单位工人和单位产量的资本投资要求较低的消费品和建筑材料,然后

---

① José del Pozo, *Historia de América Latina y del Caribe, 1825-2001*, p. 117.

② Werner Baer, "Import Substitution and Industrialization in Latin America: Experiences and Interpretations", *Latin American Research Review*, Vol. 7 No. 1, 1972, p. 98.

发展起来的是技术较为复杂、资本投资要求较多的消费品生产,最后过渡到生产相对复杂的耐用消费品、钢铁、机械和化工产品。”①这种概括适合于阿根廷、智利和委内瑞拉的情况,在别的国家,特别是巴西,政府迫切地最大限度地促进工业化的纵向整合(vertical integration),即不仅促进消费品工业,而且促进中间产品和资本货工业的发展。在有的国家,最初生产消费品的进口替代工业建立起来之后,出现了一种对后向的纵向整合的本能抵制。也就是说,在进口替代的第一阶段建立起来的公司向政府施加压力,反对发展本国的中间产品和资本货工业,因为这样将会给他们带来大大高出进口价格的投入。然而,随着进口替代工业化的衰竭,绝大多数国家最终被迫推进后向的纵向整合。

在 50 年代和 60 年代,拉美进口替代工业化的一个重要特征是外国资本的参与。尽管外资占全部投资的比重不足 10%,但是它在整个制造业部门中起着关键性的作用,因为它带来了技术和组织管理能力。政府投资的基础设施和重工业建设在很大程度上也依赖于外国资金和技术。

总体上说,从 30 年代到 60 年代,至少在主要拉美国家,进口替代工业化政策是比较成功的。阿根廷、巴西和墨西哥重要的工业部门的发展促进了经济的增长,为民族经济带来了活力。1955 年,至少在五个国家,工业产值已占 GDP 的 1/5 左右。特别是智利,从 1929 年到 1955 年,工业生产增长了 3 倍。当然,拉美各国的工业产值增长是极不平衡的。1950 年,墨西哥、阿根廷和巴西三国的工业产值总额占整个拉美地区工业产值总额的 72.4%,这三个国家已拥有大规模的动力工业部门,如金属、机械、化学和运输材料等。处于中等发展水平的国家是哥伦比亚、智利、秘鲁和委内瑞拉,这四国的工业产值占全拉美工业产值的 18.1%,其工业产品主要是传统的消费品,如食品、饮料、纺织品、服装和鞋等。②

---

① David Felix, "Monetarists, Structuralists, and Import-Substituting Industrialization: A Critical Appraisal," Wener Baer and Isaac Kerstenetzky, eds., *Inflations and Growth in Latin America*, New Haven, 1970, p. 383.

② José del Pozo, *Historia de América Latina y del Caribe, 1825-2001*, pp. 117-118.

工业产值占国民生产总值的比重(%)

国家	1929年	1945年	1955年
阿根廷	22.8	25.0	25.0
巴西	11.7	17.0	23.0
智利	7.9	23.0	23.0
哥伦比亚	6.0	11.0	15.0
危地马拉		13.0	11.0
洪都拉斯		7.0	12.0
墨西哥	14.2	19.0	19.0
秘鲁		13.0	15.0
乌拉圭		18.0	23.0

资料来源:José del Pozo, *Historia de América Latina y del Caribe*, 1825-2001, p. 118。

然而,进入60年代后,进口替代工业化本身的缺陷也越来越明显。首先,进口替代并没有使国际收支状况得到改善。尽管拉美国家能够自己生产大部分非耐用消费品和一部分耐用消费品,但是生产这些产品所需要的绝大多数资本货、一部分中间产品和原料以及技术,却必须依赖于进口。因此,进口替代只是改变了进口贸易的商品构成,而不是真正减少了进口。这种内在的困难由于不平等的贸易条件而进一步加剧。国际市场上拉美的主要出口产品(咖啡、小麦、铜)的价格持续下降。这意味着,拉美国家同样数量的出口只能换回越来越少的资本货,因而工业增长面临着一个瓶颈,而扩大传统产品的出口克服不了这一瓶颈,因为这样做只能使初级产品价格进一步下降。

其次,制成品的国内需求不足。拉美进口替代工业的产品缺少买主,至少在当时的价格和信贷条件下是如此。为扩大市场需求,拉美国家曾尝试建立跨国的或区域性的贸易组织,类似美洲共同市场,但是收效甚微。因为主要拉美国家的经济竞争性大于互补性,而这种竞争性为这样的贸易组织的建立造成了严重的政治障碍。

第三,拉美国家在这一时期发展起来的大多是资本密集和技术密集型的工业部门,也就是说,在机器设备方面的投资大大高于在劳动力方面的投资。企业认为,这是在经济竞争中求得生存的必需措施。但是,这种发展模式造成的后果是,该地区的失业状况一直得不到改善。大量人口处于失业状态,无疑限制了产品的国内市场。另外,由于利率保持在极低的水平上,消费者的储蓄积极性受到了打击,更为严重的是,越来越多的人将财富转移到了国外。这既限制了资本的积累,又妨碍了国内市场的扩大。还有政府的财政状况得不到改善,从而加剧了通货膨胀的压力。另外,为了扶持所谓"幼稚工业",拉美国家长期高筑贸易壁垒,对国内市场加以有效的保护。由于得到有效的保护,许多企业没有必要致力于提高劳动生产率和经济效益,就能盈利。其结果,造成了劳动生产率低下,经济效益增长缓慢。

拉美进口替代工业化的这些缺陷,有些国家,特别是阿根廷、智利、乌拉圭,在 50 年代就已经暴露出来了。也就是说,对这些国家来说,出现了进口替代工业化的"衰竭"(exhaustion),表现为经济增长率下降、通货膨胀、国际收支出现赤字。到 60 年代中期,更多的国家如巴西、墨西哥也出现了同样的问题。

二、结构主义:第三世界第一个发展理论

1948 年,联合国拉美经委会在智利首都圣地亚哥成立,以阿根廷著名经济学家劳尔·普雷维什为代表的一批年轻经济学家聚集于此,从事拉美发展问题的研究,逐渐形成了对 50—70 年代拉美发展进程产生重大影响的拉美结构主义理论,又称发展主义理论或拉美经委会理论。普雷维什在 1949 年前后发表了《拉丁美洲的经济发展及其主要问题》一文,该文被誉为"拉美经委会宣言"。该文与拉美经委会于 1951 年出版的《1949 年拉美经济概览》(这是在普雷维什的主持下完成的)基本上阐明了结构主义理论的主要框架。

1. 中心—外围论。世界经济体系由中心和外围两个部分组成。居于世界人口少数的欧洲、美国和日本,即发达国家构成了这一体系的中心,而居于世界人口大多数的国家,即欠发达国家构成了这一体系的外围。中心—外围体系的构成和运行都以满足中心的需要和利益为原则,外围国家在这一体系中处于从属地位。这是因为技术进步的成果在世界范围内的分布是不平衡的。技术进步首先发生在中心,并快速而均衡地传播到它的整

个生产体系。中心国家利用新技术建立起资本货生产部门，并将得到改善的技术传播到其他部门，从而使国民经济实现了一体化。与此相反，外围国家在世界范围内的技术传播过程中处于边缘的地位，它们所需要的新技术基本上全部依赖于进口，而且主要在初级产品的生产和出口部门使用。这就使得外围的生产结构出现了高度的专业化。在这一专业化中，大部分资源投入了初级产品部门，因此，其他部门的劳动生产率难以提高。它们的工业发展十分缓慢，资本货生产几乎是一片空白。

2. 贸易条件恶化论。传统经济学认为，产品价格将随着生产的扩大而下降。工业品生产由于技术提高较快，产量增加较快，因而价格的下降也将比农产品快。但是，普雷维什的研究则得出了相反的结论。在 1949 年提交给拉美经委会的《拉丁美洲的经济发展及其主要问题》中，他利用联合国在同年 2 月发布的一份文件所提供的数据，考察了 1876—1938 年间英国进出口产品的主要平均价格指数，因为英国进口的主要是初级产品，出口多为制成品，所以它们分别代表了这一时期原材料和制成品的世界价格。他发现，到 20 世纪 30 年代，用同样数量的初级产品只能交换到 19 世纪 60 年代所能换回的工业品的 63%，也就是说，为了得到同样数量的工业品，必须多付出 58.6%的初级产品。由此他得出结论，在国际贸易中，发展中国家存在着贸易条件不断恶化的趋势。这一结论被称为“普雷维什命题”。①

为什么初级产品出口的贸易条件会不断恶化呢？根据普雷维什的分析，中心国家的生产者（企业主和工人）具有较高的维护和提高利润与工资的能力。资本主义经济是周期性运动的，在经济增长时期，由于企业家之间的竞争和工会的压力，中心工业工人的工资上涨，部分利润用来支付工资的增加。到经济衰退时期，由于工会力量的强大，上涨的工资并不因为利润的减少而下降，企业主为了维持其利润，只好提高制成品的出口价格，降低初

① 或称普雷维什-辛格命题。几乎在同时，依据同样的资料，汉斯 · 辛格提出，不仅中心国家和外围国家从国际贸易中得到的收益分配是不平等的，而且中心国家在外围国家的出口部门中进行的投资不构成外围国家民族经济的一部分，而是属于中心国家的“飞地”，从中受益的是中心国家。辛格的理论后来被广泛接受，他注意到在欠发达国家存在着二元经济，即存在着拥有不同的生产和市场的两大经济部门，一个是与中心国家相联系的现代部门，另一个是与本国其余经济相联系的传统部门。参见 H. Singer，“The Distribution of Gains between Investing and Borrowing Countries，” *American Economic Review*，Papers and Proceedings，Vol. XL，May 1950，pp. 473-485。

级产品的进口价格，也就是将代价转移到外围。外围国家的情况则不同。在经济增长时期，初级产品部门工人的工资也会上升，但是在经济衰退时期，一是由于初级产品部门工人缺乏组织，没有谈判工资的能力，二是由于外围国家存在着大量的过剩劳动力，所以外围国家初级产品部门工人的工资和收入水平下降。这样，制成品的价格相对上升，初级产品的价格相对下降。

初级产品不利的需求条件，是外围国家贸易条件长期恶化的更重要的原因。根据恩格尔定律，当收入水平超过一定限度之后，人们的消费需求会趋于多样化，对工业制成品的需求会随之增加，人们花费在服务和劳务方面的费用也会增多。也就是说，消费者对制成品和服务的需求总是大于对初级产品的需求，第一产业的发展越来越落后于第二产业和第三产业的发展。另外，由于技术的进步，工业生产对原料的利用量会越来越少，日益增加的合成原料可代替天然原料，这就会造成对原料需求的减少。还有，在 19 世纪，英国是世界工业的中心，其进口系数很高，但到 19 世纪后期，美国成为世界工业中心，由于美国具有丰富的自然资源，其经济的自给程度较高，因而对外围国家的初级产品生产和出口带来了不利的影响。

3. 进口替代工业化论。通过上述分析，普雷维什和拉美经委会认为，拉美和其他发展中国家不发达的原因是由于依赖于初级产品出口，要摆脱贫困和欠发达状态，必须发展民族工业，从外部市场转向国内市场，从以初级产品出口为基础的外向发展模式转向以增加本国工业生产为基础的内向发展模式，通过进口替代实现工业化。普雷维什认为，拉美国家在实施进口替代工业化过程中，必须实行保护主义政策以帮助“幼稚工业”（infant industries），从而维持一定的就业水平。同时，应通过政府的干预行为将国内储蓄投向受保护的工业部门。普雷维什和拉美经委会的学者相信，在受到现代宏观经济学指导的经济学家的建议下，政府的干预将克服市场失灵，避免以往的错误（过分依赖市场力量和国际贸易）再次发生，从而保证自主的经济增长。他们还认为，拉美国家工业化进程面临的主要障碍是市场规模狭小，从而使效益得不到提高。消除这一障碍的出路在于拉美国家共同努力，实现区域经济一体化。

结构主义开创了第三世界的经济学家从第三世界的角度分析第三世界

的发展问题的先河。在它问世之前,主宰经济学界的理论基本上全部来自发达国家,研究发展问题的经济学家也主要来自发达国家。这些来自“中心”国家的理论和经济学家常常从发达国家的历史经验出发,而不是从第三世界的角度来探讨发展问题,因而对第三世界缺乏适用性。结构主义摆脱了上述局限性。它站在第三世界的立场上,完全从第三世界的角度探讨发展的道路。因此,可以将结构主义看作经济学界的一次革命。对此,巴西著名经济学家富尔塔多评价道:“对于推动发展理论而言,可能没有任何概念可与普雷维什的中心与外围结构相比。”①

结构主义深刻地分析了拉美国家和其他第三世界国家面临的不公正的国际经济关系,指出了“北方”的许多发展理论忽视国际经济关系中的三个现实问题:首先是整体性,即所有民族国家和地区都被结合进同一个世界经济体系中;其次是差异性,世界上有两种类型的民族国家:“中心”和“外围”;第三是非对称性,即中心和外围之间的交往所产生的好处在两者之间的分配是不平等的。这一分析为第三世界国家要求建立国际经济新秩序的呼声提供了理论依据,同时也对此后的发展理论,如依附理论产生了重要的影响。

结构主义指出了发展中国家摆脱贫穷落后的出路,即实现工业化。发达国家的经济学家认为,对于落后国家来说,它们应该充分利用劳动力资源和土地资源相对丰富的比较优势,用初级产品交换发达国家的工业制成品,以实现资源的优化配置,进而提高其国民收入。结构主义对这一正统理论提出了挑战,积极鼓励第三世界国家通过工业化的道路来求得发展。

当然,结构主义理论也存在着局限性。结构主义强调所谓出口悲观论。普雷维什认为,中心国家拒绝向外围的制成品开放市场,因为外围制成品的竞争可能会对中心国家的相应工业产生不利影响。拉美国家长期坚持内向型的进口替代工业化,与此有一定的关系。结构主义片面强调国家干预经济的重要性,忽视市场机制在经济中的作用。然而,在以后的实践中,普雷维什和拉美经委会根据拉美的经济发展现实,不断修正和完善其理论和政

---

① C.Furtado,“Development:Theoretical and Conceptual Considerations”,J.Pajestka and C.H. Feistein,eds.,*The Relevance of Economic Theories*,Macmillan,1980,pp.211-212.

策主张,提出了许多新的观点,以适应新的形势发展的要求。

三、民众主义的发展

30年代的世界性大萧条不仅打击了拉美的经济,而且导致了政治的变革。危机爆发之初,大多数国家本能的反应是恢复传统的出口模式,而不是选择新的模式。在政治上,一些国家激进的或具有改革倾向的政权被右翼运动所推翻,建立了带有集权性质的政权。1933年,乌拉圭总统加夫列尔·特拉(Gabriel Terra)通过政变,解散议会,建立了独裁统治;委内瑞拉独裁者胡安·维森特·戈麦斯继续维持着独裁统治,将石油出口作为国家的经济支柱;1930年阿根廷政变推翻了伊里戈延的激进党政府,虽然政变得到部分遭受通货膨胀和失业之苦的社会下层的支持,但是在本质上这是一场保守势力领导的政变,它们与大地产主联合建立了独裁统治。但是,并非所有国家都选择了建立右翼独裁国家的方式来应对危机,在巴西,通过1930年政变上台的热图利奥·瓦加斯建立了一种多阶级联盟的民众主义政治体制。随着工业化的进展、工业资产阶级和工人阶级的壮大,民众主义体制逐渐成为这一时期拉美政治的主流。工业主阶级与工人阶级之间尽管存在着矛盾,但是两者的共同利益在于依靠国家的干预,推动进口替代工业化,而与传统的以出口初级产品为基础的寡头集团处于对立地位。因此,工业主阶级和劳工阶级结成联盟,直接向农业和土地所有者的利益提出了挑战。与此同时,30年代大危机和第二次世界大战造成了国际经济秩序和国际力量对比的巨大变化:一方面,美国成为全球霸权的核心;另一方面,西欧和日本面临着战后经济重建的艰巨任务。在这种形势下,拉美市场和资源对中心国家的重要性相对下降,这使得拉美的大庄园主寡头势力在来自社会下层民众的政治挑战面前变得相对脆弱,因而通常求助于军事独裁来维护其利益。为了对抗这种独裁体制,新兴的工业资产阶级被迫联合甚至动员农民、工人、土著人口、少数种族、妇女等以建立一个广泛的、多阶级、多种族的民众主义国家。①

---

① Benjamin Keen and Keith Haynes, *A History of Latin America*, Houghton Mifflin Company, Boston and New York, 2004, p. 270.

在巴西,1930 年上台的热图利奥·瓦加斯(Getúlio Vargas,1930—1945 年,1950—1954 年)以及在他之后的儒塞利诺·库比契克(Juscelino Kubitschek,1956—1960 年)、雅尼奥·夸得罗斯(Jânio Quadros,1961 年)、若昂·古拉特(Joao Goulart,1961—1964 年)等各届总统都被看作民众主义者。此外,若泽·阿梅里科(José Américo de Almeida)、阿德马尔·德·巴罗斯(Ademar de Barros)、卡洛斯·拉瑟达(Carlos Lacerda)、莱昂内尔·布里佐拉(Leonel Brizola)等地方政治领袖也被看作民众主义者。在阿根廷,胡安·多明戈·庇隆(Juan Domingo Perón,1946—1955 年)和他的妻子艾薇塔(Evita),是拉美最著名的民众主义者。1940 年,巴拿马的阿努尔福·阿里亚斯(Arnulfo Arias)开启了其作为民众主义政治领袖的生涯,1945—1951 年,他再度上台执政。1944 年,厄瓜多尔的何塞·马里亚·贝拉斯科·伊瓦拉(José María Velasco Ibarra)再次上台,贝拉斯科是一个典型的民众主义者,他先后五次当选为总统,活跃在厄瓜多尔政坛达四十年之久。1945 年,委内瑞拉民主行动党(Acción Democrática)领导人罗慕洛·贝坦科尔特(Rómulo Betancourt)领导政变,建立了一个被看作民众主义性质的政权。在哥伦比亚,1959 年选举中遥遥领先的豪尔赫·盖坦(Jorge Gaitán)在选举前夕被暗杀,结束了该国历史上第一次民众主义政治运动。在古巴,一位年轻的民众主义者艾迪·奇瓦斯(Eddie Chibás)本是问鼎总统的重要人物之一,但在 1951 年,为抗议选举腐败愤而自杀。在智利,1952—1958 年,卡洛斯·伊瓦涅斯(Carlos Ibáñez)以民众主义的风格再度崛起执政。50 年代中期,维克托·帕斯·埃斯登索罗(Víctor Paz Estenssoro)领导的玻利维亚革命政府也明显地带有民众主义色彩。

美国学者史密斯认为,绝大多数民众主义政权是威权主义的,通常它们代表的联盟反对其他利益集团(例如土地贵族)的参与,因而带有一定程度的排斥和镇压;他们代表的阶级利益——劳工和工业主利益——之间是必定会发生冲突的;因而,这种体制的维持在很大程度上依赖于民众主义领袖的个人权力和超人魅力(charisma);因此,为了调和不同的利益,频繁使用统一的口号和象征,特别是,最方便的也是——民族主义。民众主义联盟内部的冲突还意味着,不管个人魅力型的领袖是否存在,这种体制在经济逆境中很难维持。① 智利学者何塞·德尔·帕索认为,民众主义体制的共同特征是,“认同于个人魅力型的领袖,开放的反对寡头的主张,伴随着一种真正的民族主义,一个工业发展计划,一个民众的、支持社会下层的政治运动。总之,这是一种适应大众社会的考迪罗主义。”②

30年代到60年代,经典民众主义主宰了拉美政坛的主流。在经济政策上,它倡导进口替代工业化,推行凯恩斯主义的经济政策,提高国家资本积累,扩大城市的社会福利。对出口部门,特别是初级产品出口部门实行国家控制(国有化),旨在加快资本的积累。通过国家干预实现收入的再分配,以此来提高国内(特别是城市地区)的消费水平,扩大工业品市场。通过免费教育和社会保健服务降低社会不平等现象。在政治上,与早期民众主义者不同,经典民众主义者主要寻求来自城市劳工的支持,但与此同时继续排斥其他社会集团,如农民的政治参与。③

进入60年代,进口替代工业化的第一阶段,亦即容易阶段结束,拉美国家普遍性地出现了生产衰退、通货膨胀,民众主义积累模式的内在矛盾明显暴露。在资源渐趋紧缺的同时,来自不同社会集团(移民、农民)要求参与和再分配的压力却增加了。在许多国家,资本积累和收入分配政策之间的紧张关系导致了民众主义联盟的解体。民众主义国家受到了来自各个方面的批评。右派集团指责民众主义者是煽动家,导致了民众的过高期望和通货膨胀;同时,较为激进的社会集团在古巴革命的影响下,指责民众主义者是“以改革借口诱骗工人离开革命道路的庸医”。④ 随着社会压力的增长,统治精英认为,容忍民众政治参与的代价超出了排除民众参与的代价,他们决定通过政变建立高度镇压性的政权。结果,从60年代中期到70年代,许多拉美国家相继发生政变,建立了军人政权,拉美进入了威权主义统治的时期。

---

① Peter H.Smith,“The Rise and Fall of the Developmental State in Latin America”, Menno Vellinga, ed., *The Changing Role of the State in Latin America*, Westview Press, 1998, p. 63.

② José del Pozo, *Historia de América Latina y del Caribe, 1825-2001*, p. 141.

③ 除了墨西哥的卡德纳斯政府之外,其他拉美国家的民众主义政权都没有进行土地和农业改革。

④ Rudiger Dornbusch and Sebastian Edwards eds., *The Macroeconomics of Populism in Latin America*, Chicago University Press, 1991, p. 39.

这些军人威权主义政府将民众主义者视为敌人,许诺通过恢复社会秩序和进行自上而下的改革根除民众主义所造成的通货膨胀、社会混乱和政府腐化。但并不是说这一时期民众主义从拉美政治舞台上完全销声匿迹了。例如,1973 年,庇隆第二次当选为阿根廷总统。70 年代牙买加总理迈克尔·曼利无疑是一个民众主义者。70 年代末,厄瓜多尔的海梅·罗尔多斯·阿吉莱拉和阿萨德·布卡拉姆作为民众主义组织人民力量集中党(CFP)的候选人当选为总统。1970—1976 年,墨西哥总统路易斯·埃切维里亚在执政风格上也试图模仿卡德纳斯。但是,总体上说,上述国家出现的这些短暂的民众主义运动基本上未有多大的建树,远不能与 60 年代以前声势浩大的民众主义浪潮相比。①

第二节　墨西哥卡德纳斯政府的改革

一、革命后的墨西哥

1917 年 3 月,卡兰萨当选为总统,并于 5 月 1 日就职。卡兰萨就任总统的三年,墨西哥革命的趋势急剧右转。

随着工人运动的发展,卡兰萨政府力图加强对工人的控制。与卡兰萨关系密切的奇瓦瓦州州长古斯塔沃·埃斯皮诺萨·米雷莱斯给全国各地的工会发出邀请,要它们派代表参加在萨尔蒂略举行的会议,商讨成立一个全国性的工会组织。1918 年 5 月 1 日至 12 日,会议如期举行。参加会议的工人代表主要有三个派别:无政府工团主义者、社会主义者和“工会主义者”,其中最后一个派别实际上是由完全支持政府的代表组成的,其领导人是路易斯·N.莫雷内斯,此人成为此后几十年墨西哥劳工运动的核心人物。由于发生分歧,绝大多数无政府工团主义者和社会主义者的代表退出了会议,由保守的“工会主义者”代表最后成立了墨西哥区域工人联合会

① Michael L.Conniff,ed.,*Populism in Latin America*,pp. 12-13.

（Confederacion Regional Obreros de Mexico，CROM），宣布其宗旨是将所有部门的劳工组织起来，使其摆脱政治的控制。但是，该组织与卡兰萨政府的关系以及莫雷内斯的立场表明，此宗旨完全是虚伪的。其他的工会组织，如1921 年成立的全国工人联合会（Confederacion General de Trabajadores，CGT），反对政府的保守立场，主张推进更加独立和激进的工人运动。

尽管有其他工会组织如全国工人联合会的存在，但是墨西哥区域工人联合会与政府的关系使它在整个 20 年代保持并扩大了对墨西哥工人运动的控制。在它的控制下，墨西哥工人组织对政府的依附性愈加严重。卡兰萨就任总统期间，他抵制任何工人运动，没有通过任何劳工立法来保护工人的利益。1917 年 5 月初，墨西哥城、奥里萨巴、普埃布拉、特拉斯卡拉等地工人举行罢工，要求增加工资。但是，绝大多数情况下，卡兰萨政府站在雇主一边。

在土地改革问题上，卡兰萨政府同样持保守立场，只向农民分配了微不足道的土地。卡兰萨还将相当部分被没收的大庄园物归原主，或分配给他的亲信。1919 年 3 月，萨帕塔发表了一封公开信，指责卡兰萨及其亲信背离了使广大民众受益的革命目标，指责卡兰萨操纵革命进程以使自己和亲朋获益，而置广大民众于一无所有。萨帕塔指出，卡兰萨在 1915 年瓜达卢佩计划的修正案中所提出的并在 1917 年宪法第 27 条中所规定的土地分配计划被完全忽视了。[①] 1919 年 4 月 10 日，萨帕塔被暗杀。

虽然在工人和农民问题上卡兰萨政府急剧右转，但是，在对外政策上基本上坚持了民族主义立场。美国对墨西哥施加压力，要求保证宪法第 27 条将不被用来推行针对外国利益的措施，但是卡兰萨政府坚决抵制了美国的要求。当时正值第一次世界大战期间，德国和美国都想拉拢墨西哥。1917 年 3 月，德国外交秘书阿瑟·泽梅尔曼向卡兰萨建议，墨西哥与德国结盟。战争结束后，德国帮助墨西哥收复在 19 世纪美墨战争中丧失的领土。但是，墨西哥政府拒绝了这一建议。美国威尔逊政府向墨西哥施加压力，要求墨西哥在战争中与美国结盟，卡兰萨政府同样拒绝了美国的要求，在第一次

① Burton Kirkwood, *The History of Mexico*, Greenwood Press, Westport, Connecticut, London, 2000, p. 151.

世界大战中保持了中立。

卡兰萨的总统任期应于1920年结束，但是他无意放弃权力。由于宪法禁止连任，他提名一名傀儡伊格纳西奥·博尼利亚斯为总统候选人，力图从背后继续对政府进行控制。但是，这一做法遭到了奥夫雷贡的反对。奥夫雷贡还得到了普卢塔科·埃利亚斯·卡列斯和阿道夫·德拉韦尔塔的支持，他们于1920年4月发表阿瓜普里埃塔计划，要求卡兰萨立即辞职。很快，农民、军队和城市工人都站到了奥夫雷贡一边。5月，卡兰萨从国库携带500万比索的黄金和白银逃离墨西哥城，5月21日，他在韦拉克鲁斯被暗杀。5月24日，德拉韦尔塔成为临时总统。比利亚由于加入了反卡兰萨的运动，被授予一座庄园，他的其他随从也得到了土地。但是，1923年夏，比利亚被暗杀。

1920年11月，奥夫雷贡就任总统。墨西哥开始了革命之后的经济和社会重建时期。内战结束，国家实现了和平与平静，建立了稳定的政府。四年后，奥夫雷贡任期期满，把总统职位交给他的继承人卡列斯。从此墨西哥历史开始了一个新的时期，墨西哥历史学家海梅·塔马约将这一新的时期称为革命后墨西哥现代化的第一个阶段。①

奥夫雷贡和卡列斯清楚地意识到，革命已经使墨西哥民众激进化，工人中出现了社会主义和反帝的思想要求，因此，奥夫雷贡和卡列斯继续高举革命旗帜，以赢得民众的支持，但是实际上，他们执政时期的社会改革极为保守与温和。

由于大庄园主和教会的激烈反对，土地改革的进程极为缓慢。奥夫雷贡任期结束前，仅仅向624个村庄分配了300万公顷的土地，其余3.2亿公顷的土地仍被控制在私人手中。② 即使分得土地的农民，在经济上也面临着很多困难。政府没有向他们提供种子、设备、现代农业技术的培训和足够的信贷支持。卡列斯任职的四年内，分配的土地超过了奥夫雷贡曾经分配土地的两倍。但是，在这些分配的土地中，可耕地不到1/4，其余是草场或

① Jaime Tamayo, *En el Interinato de Adolfo de la Huerta y el Gobierno de Álvaro Obregón, 1920-1924*, Siglo Veintiuno Editores, 1987, p. 18.

② Benjamin Keen and Keith Haynes, *A History of Latin America*, Houghton Mifflin Company, Boston and New York, 2004, p. 296.

林地,甚至是完全贫瘠的荒地。卡列斯也没有向农民提供灌溉、肥料、种子等援助。1926 年建立的国家农牧业信贷银行原先旨在向村社提供贷款,以促进现代农业技术的发展,并作为销售农产品的代理机构,但是银行 4/5 的贷款没有流向村社,而是落入大庄园主手中,许多银行代理人利用其职权侵吞农民财产而致富。在银行建立后 5 年内,共发放农业贷款近 4000 万比索,其中只有 600 余万分给了分得土地的 18509 户。① 到 1930 年,谷物的产量下降到 1910 年的水平以下,而卡列斯由此得出结论,农民财产权不利于经济发展,因此宣布放弃土地分配。

奥夫雷贡和卡列斯还鼓励工人组织起来,并加以控制。墨西哥最主要的工会组织是 1918 年建立的墨西哥区域工人联合会(CROM),与美国劳工联合会有着密切的联系。长期以来,它的领袖一直是路易斯·N.莫雷内斯。作为政府支持的唯一的劳工组织,墨西哥区域工人联合会实际上带有官方的性质。尽管得到政府的支持,但路易斯·N.莫雷内斯以个人与雇主谈判的方式保护劳工利益做法收效甚微,工人工资一直落后于生活费用的上涨。在卡列斯实际控制政权的后期,墨西哥区域工人联合会领导层的腐败,以及工资水平处于基本生存线甚至之下,引起了工人的不满,工人开始脱离墨西哥区域工人联合会,并建立独立的工会组织。

虽然在农民和工人问题上,奥夫雷贡和卡列斯比较保守,但是,在对外关系上,他们坚持了民族主义立场。美国石油公司反对 1917 年宪法第 27 条对于土地所有权的限制。在石油公司的压力下,美国政府拒绝给予奥夫雷贡政府以外交承认。为此,墨西哥和美国之间进行了接近 3 年的外交谈判。谈判中,双方围绕着宪法第 27 条实施的程序问题、美国财产在革命期间造成的损失的补偿问题展开了激烈的争论。最后,墨西哥最高法院就外国石油公司在墨西哥的地位做出了裁决,认定宪法第 27 条不能被援引追溯性地(retroactively)征用财产。也就是说,如果外国资本在 1917 年 5 月 1 日(宪法生效之日)前在墨西哥进行着有益的经济活动,那么,其财产将不能被征用。1923 年,两国达成布卡雷利协定,同意尊重墨西哥最高法院的裁

① Jesùs Silva Hersog, *El agrarismo mexicano y la reforma agraria: exposición y crítica*, Mexico, Fondo de Cultura Economica, 1959, pp. 337-340.

决,并成立一个委员会确定革命期间美国公民在墨财产遭受损失的价值。卡列斯上台后,不顾布卡雷利协定的限制,于 1925 年 12 月签署了石油法,坚持重申宪法第 27 条的原则。美国国务院对此提出强烈抗议,美国驻墨西哥大使詹姆斯·R.谢菲尔德坚持强硬的、不妥协的立场。1926 年底,美墨之间出现了发生战争的危险。但是,由于共和党参议员、新闻界、教会组织和学术界的反对,美国没有对墨西哥进行军事干预。

1928 年总统选举中,卡列斯提名前任总统奥夫雷贡为候选人。为此,对宪法进行了修改,如果某位总统任期有所中断,允许其寻求连任,宪法修正案还将总统任期延长为六年。1928 年 7 月,奥夫雷贡赢得了总统选举。但是,7 月 17 日,他在墨西哥城被暗杀。奥夫雷贡死后,卡列斯成为"最高首领"(jefe máximo)。本应由奥夫雷贡担任总统的此后六年里,三位总统埃米利奥·波塔斯·希尔、帕斯夸尔·奥尔蒂斯·鲁维奥、阿韦拉多·罗德里格斯都是卡列斯的傀儡,政权实际上牢牢控制在卡列斯手里。1929 年 3 月,卡列斯建立了国民革命党(PNR)。它包括国家的三个主要部门:农民、工会和军队。表面上规定这一结构的目的在于使这些部门的政治活动正规化,向总统传达他们的愿望。但实际上,卡列斯随意地将其意愿强加于各部门,对党进行操纵,控制各部门的行为。该党此后的名称和领导层构成虽几经变化,但维持墨西哥执政党的地位长达 71 年之久,直到 2000 年的选举前,官方党的候选人从未在总统选举中失利过。

二、卡德纳斯上台

1929 年爆发的资本主义世界经济危机给墨西哥带来了沉重打击。由于欧美发达国家对于墨西哥的石油和矿产的需求下降,依赖世界市场的墨西哥经济再次暴露出它的脆弱性。危机期间,美国大批解雇和遣送在美国就业的墨西哥人,超过 40 万墨西哥人在美国失去工作回到国内,给国内本已饱和的就业市场增加了压力。在危机中,墨西哥的工人和农民生活水平严重下降,社会日益不稳,似乎一场新的革命即将爆发。即使在执政党内部,也出现了不同的声音。新一代年轻的、中产阶级出身的改革家强烈要求推行 1917 年宪法。他们之中有一些知识分子受马克思主义的影响,又受到苏联成功经验,特别是计划经济的影响,主张同大庄园制、债役制作斗争,改变国家的经济和文化落后状态,也就是说,要求推进被卡列斯及其密友的腐败所侵蚀的资产阶级革命。

到 1933 年,国民革命党内部进步派别的影响逐渐增强,其公认的领导人是拉萨罗·卡德纳斯。卡德纳斯(1895—1970 年),1895 年出生于米却肯州一个小镇的一个中产阶级梅斯蒂索家庭。小学毕业后当过工匠、游泳池管理员,1910—1911 年曾任一家支持马德罗的报社的编辑。1913 年加入萨帕塔的军队,后来相继转入奥夫雷贡、比利亚一方,最后追随卡列斯。直到 20 年代后期,他一直是卡列斯的忠诚拥护者。1928—1932 年,他担任米却肯州的州长,在此期间,因支持教育改革、支持工人和农民组织、支持土地改革反映了他的进步思想。1930—1933 年任国民革命党主席,1933 年任国防部长,成为政府的第二号人物。尽管思想比较激进,但是他同卡列斯的核心圈子维持着紧密的关系,因此,1933 年,卡列斯支持卡德纳斯为总统候选人。虽然将毫无疑问地当选总统,但是卡德纳斯还是开展了大张旗鼓的竞选活动。他行走 26500 公里,走遍了全国各地,向工人和农民耐心地宣传他的执政纲领:加强村社、建设现代学校、发展工人组织等等。他经常在城镇广场上一坐几个小时,倾听专程前来向他诉说的农民和工人的呼声。即使在选举结束之后,卡德纳斯仍然继续在全国各地旅行,接见农民和工人。1934 年 12 月就任总统时,卡德纳斯已具备了广泛的政治基础。

在内阁成员的组成和国民革命党主席的人选上,卡德纳斯接受了卡列斯的建议,因此,卡列斯以为卡德纳斯将继续被置于他的控制之下。但是,1935 年,卡列斯在洛杉矶接受治疗期间,卡德纳斯宣布了激进的土地和劳工改革计划。他明确表示,政府将支持左派工农组织,甚至向这些组织发放轻型武器。5 月,卡列斯回到墨西哥,指责卡德纳斯的计划是“激进主义的马拉松”。① 但是,卡德纳斯可以依靠一些将军、半数政治家、绝大多数下级军官和士兵,加上刚刚成立的武装的农民和工人组织的支持。意识到已被击败的卡列斯返回洛杉矶。12 月,他又回到墨西哥。1936 年 4 月,因被指

① Héctor Aguilar, Lorenza Meyer, *A la sombra de la Revolución Mexicana*, Aguilar, León y Cal Ediciones, S.A.de C.V., 1989, p. 152.

控储藏武器，卡列斯被迫向政府自首并作为政治流亡者离开墨西哥长达十年之久。随着卡列斯的离开，卡德纳斯对内阁、对议会、对国民革命党进行了彻底改组，卡列斯时代终于结束了。

三、卡德纳斯的改革

卡德纳斯着手推行他的改革计划。首当其冲的是土地改革。1935 年后，土地分配的速度加快了，土地分配不仅触及边缘地区，而且直接触动了商品农业的核心地带。在生产商品棉花的拉古纳、在种植龙舌兰的尤卡坦、在种植供国内消费的谷物的新伊塔利亚（Nueva Italia）和米却肯，都进行了较为彻底的土地分配。经过卡德纳斯的土地改革，墨西哥的农业发生了重大变革，从殖民地时期延续而来并在 19 世纪得以加强的大地产制受到了冲击。在卡德纳斯执政期间，81 万农民分得了土地，超过了革命以来历届政府期间分得土地的农民总数（77.8 万），分配土地的数量（1790 万公顷）超过了革命以来历届政府分配土地数量（870 万公顷）的两倍还多。卡德纳斯政府不仅在土地分配的数量上大大超过此前历届政府，而且在质上也有明显的变化。此前历届政府所征收的大多是传统的大庄园和荒地或贫瘠的土地，而卡德纳斯政府不仅征收了传统的大庄园地产，而且征收了高度发达的商品性地产。绝大多数被征用的土地分配给村社，而非个体所有者。通过卡德纳斯政府的土地改革，墨西哥农业部门发生了重大的结构性变化。1930 年，村社仅控制不到 15%的可耕地，其余由私人所控制；而到 1940 年，村社控制了 47.7%的可耕地和 57.3%的可灌溉地。同期村社的数量增加了两倍多，从 66.8 万个增加到 160.6 万个，同期无地农民的数量从 247.9 万下降到 191.26 万。[①] 通过土地的分配，政府获得了 150 万农民的支持。政府向其中一些农民分发武器，以保护他们获得的土地不再丧失。到 1936 年 1 月，拥有武装的农民达 6 万人，相当于联邦军队的数量。[②] 政府建立了村社信贷银行，向获得土地的农民提供信贷服务，帮助他们提高产量。

---

① Nora Hamilton, *The Limits of State Autonomy: Post-Revolutionary Mexico*, Princeton University Press, Princeton, New Jersey, 1982, pp.177-178.

② Héctor Aguilar, Lorenza Meyer, *A la sombra de la Revolución Mexicana*, p. 154.

本哈明·基恩和基思·海恩斯认为,到 1940 年,由于土地改革,以及由于农村地区学校、医疗卫生、道路和其他设施的改善,农民的生活水平提高了,这又反过来扩大了国内市场,促进了工业的发展。土地改革还提高了农业产量,1939—1941 年三年期间的农业产量高于 1910 年革命以来的任何一个时期。[①] 但是,根据另外一些学者的观点,土地改革带来的直接经济后果不是农业产量和农民生活水平的提高,而是下降。例如,伯顿·柯克伍德认为,把土地分给村社导致了整个国家农业产量的下降,例如在 30 年代,棉花和龙舌兰的产量下降了。[②] 劳伦斯·克莱顿和迈克·科尼夫也认为,土地分配的直接后果是农业产量的下降。因为新的土地所有者不如原所有者善于经营,这些农民倾向于将其绝大多数利润消费掉,而非进行再投资。[③] 对此,埃克托尔·阿吉拉尔和洛伦萨·梅耶尔的分析似乎更加符合实际,他们指出,卡德纳斯政府推行了广泛的土地改革,但是大地产被摧毁的直接负面效应是 1937 年以后商品农业的停滞,到 1940 年,下降到 5 年前的水平。同样的情况也发生在养牛业。最能说明农业生产的下降和土地改革的直接关系的是各个地区之间的差别。他们指出,墨西哥北部和中部地区农业产量最高,而这些地区的村社所拥有的土地所占土地总量的比例最低;而在太平洋北岸,土地改革最为广泛,农业产量也最低。他们认为,这种后果是自然的,也是在预料之中的。因为一方面,在资金来源上,村社农民比不上私人土地所有者;另一方面,土地易手后,种植的作物种类也发生了改变。过去,大庄园全部或部分地经营面向国内外市场的商品农业,而村社农民主要生产供自身消费的产品,脱离了市场经济。这两位学者认为,从货币价值的角度来看,农业产量的确下降了,但这并非直接意味着农民生活状况的恶化。农村地区食物的消费反倒有所提高。[④]

尽管土地改革并没有带来直接的经济增长,但是根据绝大多数学者的观点,其社会和政治影响远远大于经济意义。土地改革增强了千百万无地

---

① Benjamin Keen and Keith Haynes, *A History of Latin America*, p. 301.

② Burton Kirkwood, *The History of Mexico*, p. 171.

③ Lawrence A Clayton & Michael L. Conniff, *A History of Modern Latin America*, Harcourt Brace College Publishers, 1999, p. 332.

④ Héctor Aguilar, Lorenza Meyer, *A la sombra de la Revolución Mexicana*, p. 157.

农民的尊严和自豪感,提高了他们在国家的政治和社会结构中的位置。因此,劳伦斯·克莱顿和迈克·科尼夫认为对土地改革应从政治和社会的角度,而非从经济的角度来评价。[①] 伯顿·柯克伍德也认为,与土地改革的社会效益相比较,在经济上的损失是微不足道的。[②]

在卡德纳斯任职期间,劳工运动恢复了活力。由于新政府的支持,工人要求提高工资和改善劳动条件的罢工不断增加。1935 年发生了 642 次罢工,是此前 6 年内罢工总次数的两倍还多。1936 年,年轻的激进知识分子维森特·隆巴尔多·托莱达诺(Vicente Lombardo Toledano)建立了新的工会组织——墨西哥劳工联合会(Confederacion de Trabajadores Mexicanos, CTM),取代了保守的墨西哥区域工人联合会,成为卡德纳斯政府的政治盟友。

卡德纳斯是第一个运用公共开支促进国家经济和社会发展的墨西哥总统。在阿韦拉多·罗德里格斯政府期间,联邦政府财政开支的 63%用于维持官僚机构的运转。在卡德纳斯时期,政府开支的 44%用于维持官僚机构运转,38%用于经济发展(高速公路、灌溉、信贷等),18%用于社会开支(教育、公共健康等等)。1936 — 1937 年,用于经济发展方面的开支超过了 40%,主要用于通信、灌溉和向农民提供信贷服务。政府支出超出财政收入,这意味着放弃维持严格的收支平衡的正统财政政策。在卡德纳斯政府期间,政府实行了赤字政策,货币供应量从 1934 年的 4. 54 亿比索增加到 1940 年的 10. 6 亿比索。[③] 随着政府开支的扩大,通货膨胀不可避免,特别是在卡德纳斯政府后期,由于 1938 年的外贸危机和农牧产品产量的下降,通货膨胀的压力十分明显。但是,不惜一切代价维持经济增长速度的决策使制造业从中受惠。1934 年,建立了政府发展银行和投资公司,依靠联邦政府和国内投资者投入的资金提供工业贷款,资助公共工程。第二次世界大战的爆发,破坏了墨西哥的制成品进口渠道,极大地刺激了墨西哥进口替代工业化的发展。

在与美国的关系上,卡德纳斯政府坚持了民族主义立场。20 世纪初,

① Lawrence A Clayton & Michael L.Conniff, *A History of Modern Latin America*, p. 333.

② Burton Kirkwood, *The History of Mexico*, p. 171.

③ Héctor Aguilar, Lorenza Meyer, *A la sombra de la Revolución Mexicana*, pp. 158-159.

墨西哥拥有当时世界上所勘定的相当部分的石油储量。30 年代,外国石油公司,主要是美国石油公司,也有部分英国石油公司在墨西哥拥有大量的投资。卡德纳斯政府和外国石油公司的争端起源于石油工人的罢工。在墨西哥劳工联合会的鼓励和建议下,19 个主要的石油工人工会联合成立了墨西哥石油工人工会(STPRM),并加入了墨西哥劳工联合会,决定与石油公司谈判签订集体合同。

谈判一开始就陷入僵局。工会要求增加工资 6500 万比索,而石油公司仅答应上述要求的 1/5。1937 年,墨西哥石油工人工会宣布罢工。罢工持续的时间很短,政府认为中断能源供应影响整个国家的经济,要求工人尽快复工。为解决此问题,联邦和解与协调会议任命了一个委员会,研究石油公司是否应增加工人工资的问题。这样,劳资纠纷演变为政府与石油公司之间的纠纷。政府任命的专家提交了一份长达 2700 页的报告,报告不仅论证了石油公司满足工人提高工资的要求的能力问题,而且就石油公司在国家经济发展中的作用进行了历史性的考察。其结论是,这些公司的存在对国家弊大于利。至于工资问题,报告认为公司的财政能力足以使其提高工资 2600 万比索(公司原仅答应提高 1400 万比索)。石油公司对上述报告表示异议。①

纠纷提交劳工法庭。1937 年 12 月,劳工法庭裁决专家委员会的报告符合事实,石油公司有能力,也应该按照该报告提出的数额提高工人工资。石油公司上诉到最高法院,并同时以提取银行存款向政府施加压力。1938 年 3 月 1 日,最高法院支持劳工法庭的原判,要求石油公司提高工资 2600 万比索。石油公司拒绝履行该判决,冲突白热化。在这种情况下,如果墨西哥政府不对此做出反应,那么其领导地位将受到很大的动摇。

1938 年 3 月 18 日,卡德纳斯通过广播向全国宣布,对 17 家外国石油公司实行国有化,因为它们拒不执行最高法院做出的判决。他说,如果不做这样的决定,那么国家的主权就不能得到充分的保证。当然,对被收归国有的石油公司的财产将给予补偿。卡德纳斯的这一举动不仅在墨西哥历史上,而且在整个世界历史上也是没有先例的,只有苏联此前曾采取过

① Héctor Aguilar, Lorenza Meyer, *A la sombra de la Revolución Mexicana*, p. 178.

类似的措施。

在墨西哥，石油国有化的决定激起了欣喜若狂的反响，长期被压抑的墨西哥民族情绪得到了充分的释放，卡德纳斯一下子变成了真正的民族英雄。

美国石油公司要求富兰克林·罗斯福总统进行干预。但是，罗斯福政府坚持的“睦邻政策”意味着尽可能不对拉美国家进行直接的军事干预。① 因为墨西哥毕竟提出将对石油公司的损失进行补偿。此后，双方围绕着应予补偿的财产价值发生了长期的纠纷。石油公司要求的赔偿包括尚未开发的地下石油资源的预期价值，而墨西哥政府仅答应赔偿实际的资本投资价值。最后，两国于1941年达成协议，墨西哥向美国石油公司赔偿2400万比索。但是，此后，为了报复卡德纳斯政府的行动，美国长期阻止新成立的墨西哥石油公司获得先进的设备，并抵制从墨西哥进口石油达30年之久。

1938年底，卡德纳斯决定对国民革命党进行改组。他将党的名称改为墨西哥革命党（PRM），代表四个部门，除已有的三个部门（工人部、农民部和军人部）外，又增加了人民部，主要由公共部门的服务人员组成。到30年代末，墨西哥劳工联合会（CTM）拥有125万名会员，全国农民联合会（CNC）拥有250万名会员，军人部拥有5.5万名会员，人民部拥有5.5万名会员。1938年，士兵获得投票权。“军队政治化的目的在于政治的非军事化。”② 执政党的改革表明，卡德纳斯借鉴了当时地中海欧洲，特别是意大利、西班牙和葡萄牙的政治学说——职团主义，以实现对全社会的动员与控制。执政党内部不同部门相互分离同时又相互竞争，各自垂直地与政府发生关系，防止平行地建立联盟，特别是工人与农民之间的联盟。

卡德纳斯对教育十分重视，他尤其重视农村教育的发展。卡德纳斯政府建立了土著事务部，以保护印第安人的福利，并建立了墨西哥人类学国家研究所，鼓励对印第安人历史和当代文化的研究。

但是，在任期的最后几年，在教会和保守的反对派的影响下，卡德纳斯

---

① 1933年，富兰克林·罗斯福就任美国总统。为了更有效地占领拉丁美洲市场，缓解大危机带来的经济困境，防范法西斯国家在西半球的扩张，宣布对拉美实行睦邻政策。主要内容是：美国宣称放弃对拉美的干涉政策，加强与拉美国家的经济合作，建立以美国为主导的泛美体系。苏振兴主编：《拉美国家现代化进程研究》，社会科学文献出版社2006年版，第292页。

② Alain Rouquié, *El Estado militar en America Latina*, Siglo veintiuno editores, 1984, p.227.

放弃了许多改革计划，并缓和了墨西哥教育的所谓社会主义色彩。他还减缓了土地分配的进程，并对企业家阶层表示出和解的态度。向他们保证，他认为企业家是国家最重要的力量之一，他们没有必要担心其投资的安全。

1940 年总统选举前夕，卡德纳斯和执政党在影响力日增的工业家阶层的影响下，提名曼努埃尔 · 卡马乔为总统候选人。卡马乔是卡德纳斯的忠诚追随者，同时也是一名虔诚的天主教徒，持保守立场。卡马乔以 99%的支持率当选为总统。

第三节　庇隆和阿根廷

一、“不光彩的十年”

1930 年 9 月 6 日，一场军事政变推翻了伊里戈延的激进党政府，何塞 · F.乌里武鲁将军成为临时总统。参与政变的军人虽然在结束伊里戈延政府这一点上有着共同的立场，但是对于此后阿根廷的发展方向，却有着截然不同的主张。总体上说，可以分为两大派。一派是以奥古斯丁 · P.胡斯托为代表的保守的自由主义派，主张恢复萨恩斯 · 培尼亚法案改革之前的寡头政治。他们认为，如果伊里戈延和激进党被排除出政治生活，国家权力将回到贵族手中，阶级斗争的幽灵也将消失。另一派是以乌里武鲁为代表的模糊的职团主义的民族主义派，主张建立半法西斯主义的职团国家。他们认为，阿根廷的问题正出在建立民主制的企图之上。乌里武鲁的思想受到当时西班牙的何塞 · 普里莫 · 德 · 里维拉和意大利法西斯主义的影响。[①] 他们设计了一种“功能民主制”，在这种制度中，选举产生的议员将代表功能团体（或职团）——例如牧场主、工人、商人和工业主——的利益。构建一种垂直的代表机制，以经济体系来重新整合政治体系，使政治舞台再

① José del Pozo, *Historia de América Latina y del Caribe, 1825-2001*, Santiago: LOM Ediciones, 2002, p. 150.

反映经济力量的分配。很明显，这是一种结束阶级政治趋向的制度设计。①因此，乌里武鲁和胡斯托虽然都参与策划了反伊里戈延的政变，但是，两者的动机和目标不同。胡斯托希望恢复保守的自由主义的主导地位，而乌里武鲁认为，应结束自由民主政治体制，建立一种功能性的、职团的民主制。

乌里武鲁成为临时总统后，逮捕了激进党的领导人，任命自己的支持者组成了政府。在经济危机面前，乌里武鲁政府的政策是混杂不清的。政府竭力维持预算平衡，削减政府开支，维持国家的经济机器的运转。政府还支持公共工程，包括国家道路建设计划，以解决失业问题。乌里武鲁没有机会将职团主义的改造社会的方案付诸实施，因为绝大多数军官仍支持胡斯托的自由立宪主义。1931 年 1 月，保守派成功地组织了全国性的选举，胡斯托取代乌里武鲁成为总统。三个政党分享议会代表权：民族民主党（Partido Democratico Nacional，PDN）、反个人主义的激进党和独立社会主义者（社会主义者党内的一个保守派别）。这三个政党组成了"协调政府"。其批评者将"协调政府"的统治时期称为"不光彩的十年"（década infame）。从 1932 年到 1943 年期间，"协调政府"领导人依靠舞弊和暴力操纵选举，维持表面上的议会民主制度。虽然表面上各政党之间存在竞争，但是 1938 年以前各党几乎在所有的政策上立场一致。

胡斯托政府的部长们认为，经济萧条是由世界市场的崩溃造成的。为保住阿根廷产品在世界市场上的份额，胡斯托政府派遣一支谈判代表团前往伦敦。1933 年，谈判代表与英国签署了《罗加-伦西曼协定》。根据该协定，英国保证给予阿根廷的冷冻牛肉一个固定的市场份额，同时许诺废除阿根廷谷物进口的关税。作为交换，阿根廷降低或废除英国制成品进口的关税，还同意将从英国市场获得的收入用来从英国进口产品。批评者认为，在协定中阿根廷做出的让步使它沦为英国的经济殖民地。但是政府相信，在日益提高的贸易壁垒面前，要保住进入阿根廷最重要的贸易伙伴的市场通道，付出的代价是值得的。

在国内经济政策上，政府加强了对经济的干预，通过利用外资，建立新

① Thomas E.Skidmore and Peter H.Smith, *Modern Latin America*, Sixth Edition, New York and Oxford: Oxford University Press, 2005, p. 83.

的进口替代工业。在此期间,由于高关税和歧视性的汇率体系,美国发现向阿根廷出口制成品的困难增加,于是美国制造商在阿根廷投资建厂。因此,30 年代,外国资本在阿根廷的经济中占有重要地位,工业投资的 50%来自外资。外国资本实际上垄断了肉类加工、电力、水泥、汽车、橡胶、石油、制药等工业部门。

1934 年,经济开始好转,到 1936 年,危机已经过去。直到 1937 年,世界市场上谷物价格一直在缓慢上升,此后开始下降。肉类价格直到 1936 年一直在上升,此后逐步平稳。工业投资恢复到危机前的水平。虽然实际工资下降,但由于公共工程的兴建和工业投资的增加,失业率大大降低。与其他拉美国家相比,30 年代阿根廷的处境相对较好。耐用消费品和食物的消费都有很大上升。

二、庇隆的崛起

1938 年,罗伯托・M.奥尔蒂斯接替胡斯托成为阿根廷总统。当时,由于北美农业生产的复兴,世界市场上谷物价格下跌;第二次世界大战的爆发又影响了阿根廷的进口。经济部长费德里科・皮内多提出了雄心勃勃的反危机计划,主张放弃对农产品出口和制成品进口的依赖,政府在建筑业扩大投资,促进工业生产,由此实现国家的经济自给。在政治上,奥尔蒂斯杜绝了选举中的舞弊,从而使激进党赢得了国会的控制权。但是,由于健康原因,奥尔蒂斯于 1940 年被迫离职。其继任者拉蒙・卡斯蒂略代表了“协调政府”内部最保守的势力,反对奥尔蒂斯相对自由的经济和政治政策。皮内多的经济计划因在议会内得不到支持而胎死腹中,对选举改革的许诺被代之以警察对反对派的镇压和对新闻界的严厉检查。这些做法削弱了民众对政府的支持。

国际环境加剧了政府的孤立。纳粹德国在欧洲的胜利阻止了阿根廷产品自由进入欧洲大陆,潜艇巡逻又阻碍了海洋运输,干扰了阿根廷向英国的出口。与此同时,美国积极地推进西半球联合反对法西斯力量。但是,由于美国的关税和检疫政策,几十年来阿根廷产品被阻挡于美国市场之外,对于拉蒙・卡斯蒂略政府来说,支持美国没有任何实际利益。1943 年,欧洲看上去很可能将在相当长的一段时间内处于纳粹德国的统治下,为了在将来成为欧洲的贸易伙伴,拉蒙·卡斯蒂略政府坚持中立政策,抵制美国的提议。由此导致了美国和阿根廷的严重对立。美国向其他拉美国家,尤其是巴西,提供的经济和军事援助,使阿根廷的民族主义者担心将来在可能发生的与邻国的战争中处于不利地位。这种担心促使民族主义者积极推动建立国内军事工业,但是由于政府无所作为,民族主义者站到了政府的对立面。

1943年夏,总统选举正在准备过程中,此时传出流言说帕特龙·科斯塔斯(Patron Costas)将成为下届总统候选人。帕特龙·科斯塔斯是"协调政府"内极端保守派别的一位领导人,人们普遍认为,如果他成为下届总统,阿根廷政府将继续维持拉蒙·卡斯蒂略确定的正统经济政策,将继续依靠腐败、舞弊和镇压维持政权。虽然他本人并没有正式表态,但是民族主义者确信,帕特龙·科斯塔斯上台后还将结束阿根廷的中立政策,加入盟国参加反轴心国的战争。所有这些担心加在一起,促使军人在1943年6月4日举行政变,推翻了拉蒙·卡斯蒂略政府。政变的组织者是秘密的军官协会——"联合军官团"(GOU),胡安·多明戈·庇隆是重要成员之一。①

政变后,雄心勃勃的军官们力图对整个政治体制进行彻底的改变。1943年,宣布解散议会;1944年,宣布废除政党,驱除内阁中所有的职业政客,除了几个"持合作立场的"激进党人之外。第一任临时总统阿图罗·罗森庄严地宣布:"现在不存在政党,只存在阿根廷人。"②

军政府的经济政策直接受到第二次世界大战的影响。一方面,由于战事缠身,美、英、法、德、日无暇干预阿根廷的内部事务;另一方面,随着战争的爆发,国际贸易中断,同时西方国家的工业生产集中于满足军事需求,阿根廷经济发展和社会稳定所需要的基本进口——机械设备、技术、备用零件、私人部门投资等——严重短缺。现实面前,军人领导人没有别的选择,只有进一步推进30年代开始的、以国家干预为中心的进口替代工业化政策。军政府将大量政府资金投资于工业化和技术现代化。然而,它对这种政策可能带来的社会变革有所担心,尤其是担心工人阶级革命的可能性。

---

① José del Pozo, *Historia de América Latina y del Caribe, 1825-2001*, Santiago: LOM Ediciones, 2002, p. 150.

② Thomas E.Skidmore and Peter H.Smith, *Modern Latin America*, p. 85.

于是,军政府采取措施,对有组织的劳工发动了一场攻势。政府接管了工会,封闭了工人报刊,监禁了反对派领袖。但是,与工人的直接对抗政策带来了灾难性的后果,直接影响到工业化的计划。这时,出面使政府摆脱困境的是年轻而精明的陆军上校胡安·多明戈·庇隆。

庇隆,1895年出生于阿根廷潘帕斯一个小镇的中产阶级家庭。16岁进入军事学校,后在军队内缓慢晋升,1930年成为上尉。他参与了1930年推翻伊里戈延政府的政变,但此后并未担任任何文职职务。1936年曾作为军事代表被派往智利,1939年又被派往意大利,并曾在法国、德国和西班牙研究和考察军事技术,目睹了意大利的战争准备和德国的重新武装。回到阿根廷后,庇隆参与组织了秘密军官组织——"联合军官团"。1943年,"联合军官团"通过政变接管政权,庇隆是政变的主要组织者之一。1943年10月27日,军政府总统佩德罗·P.拉米雷斯宣布将国家劳工部变成一个独立的部门,庇隆成为劳工部部长。11月27日,军政府颁布法令,委派庇隆采取措施改善国家的劳动力关系。[①]

庇隆召集工会领袖,劝说他们与政府合作。他不仅鼓励工人组织起来,而且劳工部在劳资谈判中站在工人一边。因此,工人工资不仅实际水平,而且在国民收入中所占比例皆有提高。例如,1943—1945年,非熟练工人的实际工资增长了17%,熟练工人的实际工资增长了10%。[②] 当然,工人购买力的提高也扩大了需求,促进了工业化的进展。庇隆还创立了国家养老金和健康保险体系,由雇主缴纳的工人养老金保险直到1955年庇隆被推翻前一直在上升。庇隆采取措施保障女工的合法权益,提高女工工资,改善女工的劳动条件,增加妇女接受教育的机会。从1941年到1950年,妇女进入大学的人数增加了一倍。通过这些措施,庇隆在工人和妇女中得到了相当的支持。

但是,在庇隆看来,社会公正和劳工福利只能通过国家的调节来实现。也就是说,国家在改善工人福利的同时,加强了对劳工组织的控制。庇隆的做法,既源于阿根廷民族主义者的职团主义思想,同时也受到意大利法西斯主义的影响。1939—1941年访问意大利给庇隆留下了深刻的印象,特别是

---

① Alain Rouquie, *Poder militar y sociedad en la Argentina*, II, Buenos Aires, 1986, p.32.

② Miguel Murmis y Juan Carlos Portantiero, *Estudios sobre los orígenes del peronismo*, Buenos Aires: Siglo Veintiuno Argentina, 1971, p. 106.

意大利法西斯主义管理工人阶级的方式。实际上,庇隆在劳资关系方面的做法与墨索里尼极为相似。庇隆认为,通过给予工人福利更多的关注,他将比墨索里尼做得更好。1943 年,军政府颁布工团条例,这是对工人组织按照职团主义的方式进行控制的第一步。根据这一条例,工人组织必须得到政府的支持和监督。1945 年又颁布职业协会法,该法案的条款与墨索里尼的劳工条例亦几乎雷同。根据这一法律,只有官方认可的工会和雇主协会才有权签署雇佣合同,在每一个经济部门,只能存在一个雇主协会和一个工会,禁止罢工和停工(业主为抵制工人的要求而停工)。①

庇隆的社会政策遭到了军队和土地寡头中一些力量的强烈反对。1945 年 10 月 9 日,陆军最高司令部撤销了他的职务,并将他监禁,目的在于防止他竞选总统。但是这场政变的组织者内部分裂,并且目标不明,而庇隆的支持者迅速动员起来。尽管对庇隆仍抱有矛盾的态度,但工会领导人确信,庇隆的对手肯定会取消庇隆曾给予工人的待遇。因此,10 月 17 日,工会领导人组织工人在布宜诺斯艾利斯的五月广场举行几十年来规模最大的集会,抗议对庇隆的监禁。工人几乎控制了整个城市,惊慌失措的政变者只好将庇隆释放。② 为解决危机,埃德尔米罗・J.法雷尔总统宣布在 1946 年 2 月举行总统选举。庇隆立即抓住了这个机会,辞去了所有政府职务,并从军队退休,开始竞选总统的准备工作。庇隆作为劳工党(Partido Laborista)的候选人参与竞选。劳工党是 1945 年由工会领导人参照欧洲社会民主党的模式建立的一个独立政党,在选举中作为劳工阶级的代表,推动社会改革。劳工党与有组织的工人之间的联系为庇隆的竞选和争取工人阶级的选票提供了一个强有力的组织基础。此外,民族主义者组织和激进党的一个左翼派别——激进公民-革新委员会联盟(the Union Civica Radical-Junta Renovadora)——也支持庇隆为总统候选人。在首都之外,庇隆与地方政党达成协议,以扩大其政治支持。反对派也积极地准备竞选,传统政党的领导人联合起来成立了民主联盟,何塞・坦博里尼(Jose Tamborini)被提名为民

① Alberto Spektorowski, "The Ideological Origins of Right and Left Nationalism in Argentina, 1930-43", *Journal of Contemporary History*, Vol. 29, No. 1, 1884, p. 173.

② Daniel James, "17 y 18 de octobre: El peronismo, la protesta y la clase obrera argentina", *Desarrollo Económico*, 107, 1987, pp. 445-461.

主联盟的候选人。

选举前的几个星期，美国国务院发布了一份蓝皮书，将阿根廷军政府的领导人说成是轴心国的同情者，并怀疑庇隆为法西斯主义者。美国驻阿根廷大使斯普鲁伊尔·布雷登将该蓝皮书在阿根廷广为散发。庇隆以民族主义和民众主义的立场展开竞选。他说，“阿根廷是一个公牛肥壮而雇农营养不良的国家。”他许诺给予工人过去被不公正地剥夺的社会待遇。庇隆宣称自己是爱国主义者，而竞选对手民主联盟是美国大使的追随者。他在选举中提出了“布雷登还是庇隆”的口号，意指此次选举是在布雷登的代理人和阿根廷的民族利益之间的抉择。① 竞选中，庇隆最有力的助手是他美丽而时髦的妻子埃娃·杜阿尔特·德·庇隆（Eva Duarte de Peron），阿根廷人亲切地称她为“艾薇塔”（Evita，意小埃娃）。埃娃发表慷慨激昂的演说，劝说选民投票支持她的丈夫庇隆。选举结果，庇隆以赢得 300 万张选票当选为总统。

三、庇隆的社会和经济政策

庇隆推行 30 年代乌里武鲁的职团主义构想，但是又有所区别，这表现在庇隆将城市工人看作他最重要的政治同盟，辅之以工业主和军队。对工人阶级，庇隆继续推行保护和控制并用的政策。劳工得到了前所未有的保障：政府规定了最低工资，限制每天的工作时间，限制雇主解雇雇员的权力，在主要工业部门规定了工作条件的标准。政府还向工人提供了其他福利，如养老金、假期、医疗服务、对星期日工作时间的限制、住房等。由于政府的支持，工会会员人数从 1945 年的 522088 人增加到 1949 年的 200 万人。同时，庇隆为了保持工会对他的忠诚，对那些具有和他不一致立场的、有政治野心的工会领导人严加排挤，各级工会领导人都由忠诚于庇隆和政府的人担任。为了防止具有独立政治立场的组织出现，1946 年 5 月，庇隆解散了劳工党，代之以“民族革命统一党”（Partido Único de la Revolución Nacional），他成为该党无可争议的领袖。其忠诚者和密友占据了这个新的政党的关键位置。1949 年 7

① Daniel K.Lewis, *The History of Argentina*, Greenwood Press, 2001, p. 99.

月,该党召开全国代表大会,并更名为庇隆主义党。

在总统选举之后,一场罢工浪潮席卷全国。政府站在忠诚于庇隆的工会组织一方进行了干预。在政府的支持下,罢工者在工资和劳动条件方面取得了胜利。这一胜利加强了工会的地位,同时也提高了庇隆作为工人利益的捍卫者的声誉。独立的工会依然存在,但是政府有效地削弱了它们的力量。通过劳工部,政府剥夺了独立工会代表工人进行谈判的权力。由不被政府认可的独立工会组织的罢工受到政府的干预,继续忠于独立工会的工人得不到政府给予的工资增长和其他社会福利。结果,独立工会很快萎缩了。

工会会员成为庇隆政府的群众基础。为了进一步扩大其政治基础,庇隆向城市贫民伸出了援助之手。自 30 年代大危机以来,从内地省份向布宜诺斯艾利斯及其郊区的移民大量增加,这主要是由两个经济因素造成的:第一,第一次世界大战后,特别是 30 年代以来,农业机械化的发展,使农村地区对于季节劳工和长期劳工的需求减少;第二,国内和国际经济状况促进了阿根廷工业的发展,被停滞的农村经济所排挤出来的劳动力涌入布宜诺斯艾利斯城市中心,寻求工作和改善生活的机会。来到城市后,有一些人找到了工作,但是另一些人仍在贫困中挣扎。庇隆的政治对手对这些城市贫民避之唯恐不及,称他们是淹没了联邦首都的“野兽流”(zoological flood),但庇隆宣称自己是他们的保护人。他许诺向这些“无衫汉”提供稳定的工作、体面的住房、足够的食物和接受教育的机会。埃娃在这些城市贫民和政府之间承担了桥梁的作用。1946 年后,埃娃负责新成立的社会援助基金会(Foundación de Ayuda Social),来自政府和阿根廷总工会(CGT)的资金使得埃娃成为“无衫汉”的庇护人。基金会向医院、慈善机构、食物计划和灾难救济提供资金。成百上千的生活不幸者在基金会门前排起长龙,从那里得到直接的救助。埃娃赢得了大量支持者,而她也充分利用了自己日益增长的声望。1947 年,她积极领导了给予妇女选举权的运动,1949 年,庇隆主义党成立了妇女部,由埃娃负责,成员达 50 万人之多,为庇隆及其政策赢得支持发挥了不可替代的作用。①

---

① José del Pozo, *Historia de América Latina y del Caribe, 1825–2001*, Santiago: LOM Ediciones, 2002, p. 150.

军队是庇隆政权的基础之一。为了赢得军队的支持，庇隆政府扩大了军事开支，军官的人数增加，其中许多人成为工业和政府机构而非军队的负责人。为了加强其政治基础，庇隆政府采取措施改善同工业主的关系。由于第一次世界大战造成的世界经济联系的中断，本国工业有了一定的发展。工业部门就业的工人在总劳动力中所占比例逐步增大。第二次世界大战再次使阿根廷隔绝于世界市场，又出现了一些新的工业企业，原来的工业企业也扩大经营，填补外国进口产品不足所造成的市场空缺。绝大多数工业主反对庇隆在第二次世界大战期间支持罢工的立场。阿根廷企业家组织——阿根廷工业联盟（UIA）——成为 1943 年以来军人政权的主要反对派。在 1946 年选举中，阿根廷工业联盟强烈支持民主联盟，阻止庇隆当选总统。但是，庇隆上台后，希望赢得企业界的支持。因为工业的发展将带来新的就业机会，而新的工人，作为政府控制的工会组织的成员，将扩大庇隆主义党的基础。庇隆向企业主表示，政府将代表他们说话。庇隆向企业主解释说，虽然政府给工人带来了利益，但是也加强了对工人的控制，这对雇主和雇员双方都是有利的。庇隆许诺政府将促进工业的发展。由于意识到政府支持将带来的实际利益，一些企业主在庇隆宣布竞选总统后向他表示了支持。在就任总统后，庇隆对这些支持者立即给予了回报。其中有的人得到了对于市场的几乎是垄断性的控制权，以及利润丰厚的政府订货合同。

为促进工业的发展，庇隆政府建立了一个新的机构——阿根廷贸易促进协会（Instituto Argentino de Promoción del Intercambio，IAPI）——负责对国家出口部门的管理。阿根廷贸易促进协会成为农产品的唯一收购者，有权确定价格。它以低于国际水平的价格收购谷物、肉类、羊毛等农产品，然后再投放国际市场，由此获得差价。1946—1956 年，阿根廷贸易促进协会共获得 80 亿美元的资金。这些资金用以支持政府庞大的经济和社会福利计划。1946 年，庇隆政府的经济部宣布了五年计划，被称为政府计划（Plan de Gobierno），庇隆称之为经济独立计划。计划的核心是有目的地促进工业的发展。根据该计划，到 1953 年，阿根廷的工业将增长 43%以上。庇隆还履行诺言，减少外国对阿根廷经济的影响。1948 年，阿根廷将英国拥有的铁路实行了国有化。另外实行国有化的还有美国电话公司、法国码头设施。对这些国有化的外国企业，阿根廷都给予了补偿，后来的阿根廷民族主义者认为补偿的价格太高。

随着国家在经济中发挥着越来越重要的作用，庇隆认为，这种中央集权的、有计划的经济发展模式代表了介于资本主义和共产主义之间的“第三条道路”。① 这种大胆的发展战略最初带来了很好的结果：GDP 增长率 1946 年为 8.6%，1947 年为 12.6%，1948 年虽然下降到 5.1%，但按照当时的世界标准衡量，仍然是很高的。1947 年 7 月，阿根廷还清了所有的外债。与此同时，工人的工资和生活水平不断提高。经济增长和社会公正都变成了现实，到 1948 年，庇隆的权力和声望达到了顶峰。1949 年，庇隆主义者对宪法进行了修改，废除了禁止总统连任的规定，为庇隆进入第二任期创造了条件。

四、经济政治危机和庇隆下台

1949 年后，经济上的问题很快给庇隆的成功笼罩了阴影。第一，1948 年，美国推出了马歇尔计划，向欧洲国家提供大量贷款。欧洲国家以这些贷款购买美国和加拿大的产品。对阿根廷而言，由于马歇尔计划将北美的谷物和肉类输往欧洲市场，从而把阿根廷的产品挤出了其传统市场。第二，政府通过阿根廷贸易促进协会对农产品市场的干预政策，引起了农场主的不满。他们很清楚其产品在国际市场上的价格水平。作为应对措施，许多农场主对生产进行调整，转而生产政府控制范围之外的农产品。这一点尤其表现在玉米生产上。由于玉米生产需要的劳动力较小麦生产要多，农场主认为政府的干预给玉米生产带来的负担最大，因此许多原来生产玉米的农场主转而生产不受政府控制的产品，如燕麦、紫花苜蓿。第三，1948—1949 年期间发生的严重旱灾大大降低了农业产量，收获的农产品数量和谷物出口价值较前几年严重下降。第四，城市人口的增加、工资的提高和消费模式的变化，也带来了新的、未曾预料到的问题。也就是说，越来越多的农产品被国内城市人口所消费，减少了用于出口的份额。第二次世界大战前，谷物总产量的几乎一半用于出口，而 1945—1949 年，谷物出口下降到仅占总产

① Daniel K.Lewis, *The History of Argentina*, p. 104.

量的 1/4。肉类的情况同样如此。①

庇隆政府的经济和社会政策依赖于农牧业的出口。政府对谷物市场的控制、对外贸的税收带来的财政收入投资于工业和公共服务业,这是庇隆政府政治支持的基础所在,因此,农牧业的危机带来的是庇隆政府的政治危机。

庇隆政府的经济决策者希望,国际局势的变化将给阿根廷经济带来转机。他们相信,由于苏联和美国的冲突不断升级,第三次世界大战不可避免,而战争将使阿根廷产品的价格上升,从而使阿根廷摆脱出口萎缩带来的危机。但是,朝鲜战争结束后,这种幻想破灭了。1950 年,出口产品价格上升,但是,1951 年,由于谷物储藏被缓慢地投放市场,国际市场上谷物价格随之下跌。接着,一场严重的旱灾袭击了潘帕斯地区,阿根廷的谷物产量下降到 50 年来的最低点,阿根廷不得不从 1898 年以来第一次进口谷物。

城市人口的增加和工业部门的扩张增加了阿根廷对石油、天然气、电力等能源的需求。政府努力增加国内石油和煤炭的产量,但是现存的储藏远不足以满足日益增长的需求。结果,阿根廷不得不进口大量石油和煤炭。由于外汇收入不足以支付进口,电力短缺成为司空见惯的事。

1949—1952 年,由于出现了这一系列经济困难,经济增长速度放慢,物价上升。食品、房租价格上涨,工人向政府施加压力,要求提高工资,以弥补其生活费用的上涨。

由于经济资源的减少,庇隆只好动员其政治上的支持来维持政府。工会领导人阻止工人罢工。庇隆主义者组织民众游行以支持政府的计划。庇隆宣布与国内反对派处于战争状态,派遣警察和保安力量对政治上的竞争对手采取行动。到 1952 年,庇隆主义党控制了所有省政府,占据了参议院所有由选举产生的席位,并在众议院中占有了绝对多数。由于 1949 年对宪法作了修改,庇隆本人以 64%的选票获得连选连任。到 1952 年,庇隆看上去似乎已对阿根廷实现了全面控制,反对派受到压制。1951 年,最活跃的反对派报纸《新闻报》(La Prensa)被查封。

军队依然是庇隆政府的关键性的支柱,但是军官团开始与野心勃勃的

① Daniel K.Lewis, *The History of Argentina*, p. 106.

庇隆主义者逐渐疏远。一些军官依然持精英民族主义立场,对庇隆主义者动员和支持普通民众心存疑虑。庇隆提拔一些支持他的军官,也引起了军队内部的分裂。因此,虽然看上去政府依然控制着局势,但军事政变已在开始酝酿。

1952 年,庇隆主义运动遭受了另一严重的损失。7 月 26 日,在庇隆重新当选之前的几个星期,埃娃因患癌症不幸辞世,年仅 32 岁。几个月前,庇隆曾试图提名她为副总统候选人,并得到阿根廷总工会(CGT)的强烈支持,但是由于军队的强烈反对而未能遂愿。对于庇隆来说,埃娃的去世不仅是个人的损失,而且失去了一个政治上的强有力的助手。[①] 埃娃已成为庇隆政府关心穷人和不幸者的一个象征。她还是庇隆的亲密顾问、能干的组织者。她对庇隆主义党的妇女部的控制,她对工会领导人和部分军官的操纵,以及她作为政府和总统的发言人的天才,极大地帮助了庇隆对国家的控制。埃娃的去世,虽然不像当时一些观察家所说的,是庇隆政府倒台的关键原因,但的确削弱了庇隆和劳工与妇女之间的联系。

经济形势逐渐恶化。1952 年,通货膨胀率达到 30%。生活费用增加 73%,工资只增加 35%。[②] 出口收入的减少使政府不可能继续支持其社会计划和工业发展计划。面对这种现实,1953 年,庇隆政府开始实施第二个五年计划(1953—1957 年):通过提高农产品价格和向农场主提供资本设备(拖拉机和收割机)来提高农业产量;通过冻结工资降低国内消费。[③] 为解决资金短缺问题,庇隆政府放弃了以前的极端民族主义立场,积极吸引外资。1953 年,政府与加利福尼亚标准石油公司达成协议,由该公司在阿根廷勘探、开发、提炼石油。庇隆政府希望依此减少石油进口,减轻国际收支压力。政府还鼓励外资在工业部门投资,特别是汽车工业,希望外国公司将促进阿根廷重工业的发展,促进阿根廷工业产品的出口。

第二个五年计划的实施,的确降低了通货膨胀率,1953 年通货膨胀率

---

① José del Pozo, *Historia de América Latina y del Caribe, 1825-2001*, p. 151.

② Demetrio Boersner, *Relaciones Internacionales de América Latina, Breve Historia*, Editorial Nueva Imagen, 1982, p. 269.

③ Benjamin Keen and Keith Haynes, *A History of Latin America*, Houghton Mifflin Company, Boston and New York, 2004, p. 333.

下降到 4%。但是工业和农业产量一直停滞不前。由于经济计划不成功，庇隆再次转向民众动员。他鼓励工会和党的成员攻击政府计划的反对者。庇隆指责土地寡头及其政治盟友阻挠政府的改革。1953 年 4 月，他的支持者袭击了位于联邦首都的一个土地精英和牧场主的消遣场所——赛马俱乐部。随之，庇隆主义者又袭击并摧毁了激进党和社会主义者党的办公机构。这些袭击分散了庇隆的忠诚支持者对于政府政策失败的注意力，但只是暂时的。不到一年的时间，工会开始对政府的工资冻结政策、对政府限制工会自由的做法感到不满。1954 年，在冶金工会的领导下，发生了新一轮的工人罢工。在工会的压力面前，政府只好提高工资，但是，向工人的让步又激怒了工厂主。

更严重的挑战来自天主教会。一些宗教人士认为庇隆政府的社会政策对教会构成了威胁，埃娃·庇隆基金会的慈善工作尤其引起了教会的批评。埃娃去世后，庇隆要求封她为圣徒，但是教会拒不同意。庇隆和教会很快处于对立状态。庆祝传统节日的宗教集会成为反对庇隆政府及其政策的政治集会。作为回应，庇隆政府通过法律，实行严格的政教分离。削减政府对教区学校的财政支持，并指令支持他的国会议员起草关于离婚和卖淫合法化的法律。同时颁布关于家庭问题的法律，规定私生子女与婚生子女享有平等的权利。教会表示抗议，几名神父因煽动罪被捕。①

为了对抗教会组织的民众抗议，庇隆主义者组织自己的民众集会。1955 年 8 月 31 日，庇隆在聚集在玫瑰宫外的一次大规模的公众集会上发表演讲，公开表示要辞去总统职务。但是，在场的民众表示拒不接受他的辞职。作为对民众支持的回应，庇隆宣布国家将处于内战状态，并威胁道，在即将到来的冲突中，一旦有一个庇隆主义者丧生，将会杀死五个敌对者为他偿命。

在这次演讲后，军队对庇隆的支持瓦解了。9 月 16 日，以科尔多瓦和巴伊亚·布兰科为基地的部队开始了推翻庇隆政府的军事行动。最初，支持庇隆的武装似乎平息了政变。但是随后海军介入，封锁了布宜诺斯艾利斯，并威胁炮轰联邦首都，军队对政府的支持随之烟消云散。1951 年被庇

---

① Demetrio Boersner, "Relaciones Internacionales de América Latina", *Breve Historia*, p. 271.

隆强制退休的爱德华多·洛纳尔迪将军领导了这次政变。9月19日，庇隆离开总统府，流亡乌拉圭。

第四节　从人民团结阵线到基督教民主党政府的智利

一、亚历山德里第二次执政和人民团结阵线运动

亚历山德里再次执政时，智利正处于深重的经济危机之中。圣地亚哥有16万人失业，来自硝石业的收入只有1927年的1/20，公共雇员，包括军人和警察，已经几个月未领到工资。为了应对危机，亚历山德里起用坚持极端正统观点的古斯塔沃·罗斯为财政部长。古斯塔沃·罗斯急剧地减少了公共部门的开支，撤销了伊瓦涅斯创立的一些政府机构。1932年到1937年，国际市场上智利出口产品，特别是矿产品的需求回升，到1937年，铜的产量超过了大危机前的水平。总失业人数从1932年的26.2万人下降到1937年的不到1.6万人。① 但是，通货膨胀依然居高不下，工资增长总跟不上物价的上涨。

亚历山德里并没有解决智利经济的结构性问题。外资依然控制着经济中利润丰厚的矿业部门，效益低下的大庄园依然控制着农业部门。工人为提高工资和改善劳动条件的罢工总是遭到残酷的镇压。中产阶级同样没有政治权利。亚历山德里封闭了对政府持批评态度的报纸，流放了政治批评者，并对议会实行严厉的控制。在这种环境下，工人、农民和城市中产阶级为捍卫民主和促进社会进步再次动员起来。

1935年，共产国际召开第七次代表大会，号召各国共产党与左派和中派政党结成联盟，建立反法西斯统一战线。1936年，智利共产党和激进党

① Thomas E.Skidmore and Peter H.Smith, *Modern Latin America*, Sixth Edition, New York and Oxford: Oxford University Press, 2005, p. 120.

结成了人民团结阵线,到 1938 年,人民团结阵线阵营进一步扩大,包括激进党、社会党、共产党、民主党,以及智利劳工联合会。1938 年的总统选举中,人民团结阵线提名激进党的佩德罗·阿吉雷·塞尔达为候选人。在竞选中,人民阵线要求恢复宪政原则和公民权利,主张进行社会改革,其竞选口号是"面包、房子和大衣"。执政的政治联盟推举亚历山德里政府的财政部长古斯塔沃·罗斯为候选人。经过激烈的角逐,人民阵线候选人塞尔达当选为智利总统。

人民团结阵线政府的经济政策重点在于扩大政府在经济中的作用。1939 年成立了生产开发公司(Corporación de Fomento de la Producción, CORFO),职能是通过在公私部门的战略性投资促进工业化。由于战争期间铜的价格相对上升,加上制成品进口的中断,以及由于政府采取的补贴、低税收和对进口消费品的关税保护政策,1940—1945 年间本国制造业获得稳步增长。由国家扶持的工业化也促进了智利工业工人阶级的扩大。从 1940 年到 1952 年,在制造业部门就业的工人人数从占劳动力总数的 15% 上升到 19%。至少在 1945 年以前,工业化进程还带来了工人实际购买力的提高,从 1940 年到 1945 年,工人购买力提高了 20%,其中白领工人的购买力提高了 25%。①

1941 年,塞尔达总统因健康原因辞职,另一激进党人胡安·安东尼奥·里奥斯继任总统(1942—1946 年)。在对外政策上,里奥斯竭力保持智利在第二次世界大战中的中立立场,因为他既担心智利南部的德国移民的反对,同时又害怕日本对智利狭长的、缺乏防御的海岸线的攻击,但是在美国的压力下,智利最终于 1943 年 1 月与轴心国断交。

由于人民阵线内部在对内对外政策上难以弥合的分歧,人民阵线政府执政并没有带来智利经济和社会的结构性变革。1946 年的选举中,社会党退出了人民阵线,在共产党的支持下,激进党候选人加夫列尔·冈萨雷斯·魏地拉当选为总统(1946—1952 年)。魏地拉虽然在共产党支持下上台,但是由于冷战的压力,政府很快右转,将共产党成员逐出内阁,镇压了共产党

---

① Benjamin Keen & Keith Haynes, *A History of Latin America*, Seventh Edition, Houghton Mifflin Company, Boston New York, 2004, pp. 347-348.

领导的矿工罢工。1948年,议会通过了“该诅咒的法律”,宣布共产党非法,将共产党清除出议会。魏地拉还在北部沙漠一个被废弃的矿区建立了一个囚禁共产党成员和其他左翼活跃分子的集中营。1945年后,随着激进党政府右转和人民阵线解体,工人收入在整个国民收入中所占的比例下降。

在1952年的总统选举中,年逾七旬的伊瓦涅斯许诺废除“该诅咒的法律”,实行最低工资制度,对工人家庭给予补贴,并主张通过举行听证会确立工资标准。伊瓦涅斯以47%的选票再次登上总统宝座。但是,朝鲜战争结束后铜价的下跌使伊瓦涅斯无力兑现其竞选时许下的诺言。为了稳定经济,他向美国和国际货币基金组织寻求贷款,与此同时,他削减实际工资,使工人承受通货膨胀的代价。在劳工骚动面前,伊瓦涅斯实行严厉的镇压。到他任期结束时,伊瓦涅斯已在智利社会各阶层中失去了民心。

二、基督教民主党的兴起

1953—1958年期间,社会党和共产党再次联合起来,组成了人民行动阵线(FRAP)。与此同时,出现了一个新的政党——基督教民主党,其领导人是爱德华多·弗雷。该党主要支持者来自信奉天主教的工人,特别是白领工人。基督教民主党成为20世纪后半叶智利最强大的政党。

基督教民主党批判资本主义的罪恶和唯物主义的社会主义,其目标是超越资本主义和社会主义,建立一个“共同体社会”或基督教社会主义。根据法国哲学家雅克·马里坦(Jacques Maritain,1882—1973年)的著作和天主教社会学说,一个“共同体社会”将通过新型的“工人企业”,协调工人和资本家的关系,结束阶级冲突。这个社会将通过公正地分配财富和收入把社会多元主义和社会自由融为一体。[①] 但是,它对“共同体社会”从未做出明确的界定。对有些人来说,它意味着在企业中实行利润分享的机制,对另外一些人而言,它意味着工人和雇主之间一种模糊的“有机”合作,还有一些人将“共同体社会”等同于当时引起普遍关注的南斯拉夫的“市场社会主

---

① Brian Loveman, *Chile: The Legacy of Hispanic Capitalism*, Second Edition, New York, Oxford University Press, 1988, p. 270.

义”。尽管其世界观模糊不清,但是基督教民主党明确提倡社会改革(不仅仅是农业改革),并坚持民主制,主张推行“自由中的革命”。[①]

这些目标得到了天主教会的同情和支持。从1955年到1964年,智利一半以上的主教管区的主教换了新人,这些新的主教更加支持社会改革,1961年开始担任圣地亚哥大主教的劳尔·席尔瓦·恩里克斯(Raúl Silva Henriquez)也对社会改革持支持态度。

1958年的总统选举中,有四位主要的候选人参与角逐。前总统阿图罗·亚历山德里的儿子、著名工业主豪尔赫·亚历山德里作为右派的候选人,其主要支持者来自保守派和自由派;以弗雷为候选人的基督教民主党第一次参与竞选;人民团结阵线提出的候选人是萨尔瓦多·阿连德;激进党候选人是路易斯·博赛(Luis Bossay)。选举结果,亚历山德里获得31.6%的选票,阿连德获得28.9%的选票,弗雷获得20.7%的选票,剩下的18.8%的选票分散于激进党候选人和一个无党派的牧师之间。由于没有一个候选人获得绝对多数,根据宪法,最终由议会确定亚历山德里当选。

亚历山德里是智利保守的政治和经济思想的代表,他的经济政策是恢复自由市场,减少国家干预,以外国投资和贷款作为经济发展的基础。他以国际货币基金组织正统的紧缩政策治理通货膨胀:削减财政开支、货币贬值、寻求外国投资。这一政策一度取得了一定的成效:1957年和1958年,通货膨胀率徘徊在25%到30%之间,1959年上升到39%,1960年下降到12%,1961年再次下降到8%。但是,出口收入并未有显著增加,而且放松对进口的控制,导致了巨额的财政赤字。

当然,亚历山德里的政策并不能解决智利严重的经济和社会问题。随着1964年总统选举的来临,智利的政治进一步激进化。竞选主要在人民阵线候选人阿连德和基督教民主党候选人弗雷之间展开。竞选中,人民阵线批判资本主义和帝国主义,将智利的土地贵族和美国铜矿公司比作恶魔。基督教民主党在竞选中提出的口号是“自由中的革命”。实际上,基督教民主党所倡导的是改革,而非革命。它主张通过土地改革(没收未充分利用

---

① Simon Coller and William F.Sater, *A History of Chile, 1808-1994*, Cambridge University Press, 1996, p. 307.

的土地)、增加公共住房、加强对美国铜矿公司的控制(通过智利获得部分所有权)等建立更有效的资本主义经济。在竞选中,弗雷和基督教民主党指称人民阵线是莫斯科的代理人。智利右派政党尽管对基督教民主党的改革思想怀有疑虑,但是他们更担心人民阵线获得选举的胜利,两害取其轻,投票支持弗雷。[①] 另外,基督教民主党还得到了美国的支持。1959 年古巴革命后,美国推出了"争取进步联盟"计划,支持拉美的社会改革运动,防止社会革命的发生。[②] 美国中央情报局后来承认,弗雷竞选费用的 50%来自美国。选举结果,弗雷以 56%的选票当选为总统,阿连德获得 39%的选票。

三、"自由中的革命",1964—1970 年

基督教民主党政府上台后,弗雷所倡导的"自由中的革命"终于有了实施的机会。弗雷政府的目标是,对智利的社会基础进行彻底的改造,对财富和收入进行重新分配,提高工人和农民的生活水平,增加他们改变命运的机会,实现国家的政治和社会生活的民主化。其社会改革的重点集中在四大领域:"民众动员"(promoción popular)、福利和教育、农业、铜矿。

"民众动员"被认为是一种新形式的基层政治运动。事实上,它是公有制、自我帮助和合作社的混合体。它鼓励建立地方性的、自助的组织网络,特别是在贫民窟"无组织的"人口中间。从政府上台一开始,这项工作就受到高度的重视,并建立了国家指导委员会具体负责。社区委员会、母亲中心、父母组织、青年俱乐部、体育协会等组织迅速增加。到 1970 年,根据政府统计,大约建立了 2 万个这种类型的"单位",这其中大约一半是"母亲中

① José del Pozo, *Historia de América Latina y del Caribe, 1825-2001*, Santiago: LOM Ediciones, 2002, pp. 206-207.

② 1961 年,肯尼迪就任美国总统后,提出在拉美建立"争取进步联盟"计划。8 月,在美国的策划下,泛美经社理事会通过了《埃斯特角宪章》和《告拉美人民书》,正式宣布建立"争取进步联盟"。这两个文件提出了今后十年各国经济、文化发展的目标,包括城乡住房计划、土地改革、扫盲、卫生保健、改革税制、刺激私人企业和加速一体化等等。美国答应在十年内提供拉美所需的 200 亿美元"外援"的一半,并打算提供为期 50 年的长期发展贷款。参看关达等编著:《第二次世界大战后拉丁美洲政治》,中国社会科学出版社 1987 年版,第 311 页。关于"争取进步联盟"与智利基督教民主党的关系,参看 Albert L.Michaels, "The Alliance for Progress and Chile's 'Revolution in Liberty', 1964-1970", *Journal of Interamerican Studies and World Affairs*, Vol. 8, No.1, 1976, pp. 74-99.

心”,拥有45万名妇女会员(政府还宣称,向这些中心提供了7万台缝纫机)。在他最后一次向国会提出的年度报告中,弗雷声称,这一措施为千万名智利人带来了“一种新的生活方式和希望”。

1964—1970年间,弗雷政府新建了大约26万套新住房,并宣称解决了大约20万人口的住房问题。弗雷政府对社会福利的关注还表现在,在此期间医院以及病床数增加了一倍。智利的医疗水平也有了很大的提高(1967年,国际医学界开始倡导心脏移植术,智利的外科医生很快就实施此种手术)。虽然医疗条件的改善很不平衡,医生主要集中在圣地亚哥,但是,政府采取措施,促进各省医疗事业的发展。弗雷政府做出了很大的努力促进教育的发展。教育开支占公共开支的比重从1/7上升到1/5(1970年军事开支占大约1/8)。政府新建了大约3000所新的学校。到1970年,基础教育覆盖了95%的适龄儿童。①

弗雷就职时,智利的土地占有高度集中,农业工人的境况相当悲惨,效益低下的大庄园远不能向日益增加的城市人口提供食物。1964年,6.9%的人占有81.3%的土地。② 超过70万人口,其中多数是农村劳动力,根本没有土地。在最初几年,弗雷政府大力推行亚历山德里政府通过的农业改革法。亚历山德里政府期间曾建立了几个政府机构:土地改革委员会(Corporación de Reforma Agaria,CORA)负责监督土地的征用,农业开发最高委员会(Consejo Superior de Fomento Agropecuaio,CONFSA)负责被征用的土地的有效利用,农牧发展委员会(Instituto de Desarrillo Agropecuario,INDAP)负责向农民提供技术和信贷支持。弗雷政府扩大了这几个机构的权限,并在1967年年中以前征用了大约400个大庄园。1967年6月,弗雷总统签署了土地改革法,规定所有超过80“基本公顷”的农场多余土地将被征收,土地所有者可以保留80公顷的土地,对于被征收的土地,将以少量现金和政府长期债券予以补偿。③ 效益低下的大庄园是征收的首要目标(土地改革委员会在1968年设计了一项估价大庄园经济效益的指标标准)。到

---

① Simon Coller and William F.Sater,*A History of Chile,1808-1994*,p. 312.

② Alan Roquié,*El Estado militar en América Latina*,Siglo Veintiuno editors,1984,p. 32.

③ 这里所谓80公顷指的是可灌溉土地,超过80公顷但是没有灌溉条件的地产不属于被征收的范围。

弗雷总统任期结束时,根据亚历山德里时期通过的法案和新的法案,土地改革委员会一共征收了1300多个大庄园。

当然,有人希望土地改革能更快、更彻底地进行,如基督教民主党内的"反叛派"和左派政党。他们鼓动农民直接夺取大庄园的土地。1967—1970年,这类农民直接夺取土地的事件频繁发生。由于土地所有者的抵制,流血事件不可避免地发生。显然,到1970年,农村的社会动员已超出了政府能够控制的程度。

土地改革之后的农村和农业应如何组织和管理,这是摆在基督教民主党面前的另一个问题。最初,被征收的庄园土地并未进一步分配,而是被组织在合作社(asentamientos),由选举产生的农民委员会和土地改革委员会指导管理生产。五年之后,由每个合作社的所有成员来决定集体经营还是分配土地。到弗雷总统任期结束,共建立了900多个合作社,其中大约100个就未来的经营形式做出了决定,绝大多数选择继续集体经营。从眼前看,农业改革的最大受益者是合作社的成员。由于工资的提高,他们几乎变成了农村地区一个新的特权阶层。日工和临时工(不具备合作社成员的身份)受益甚少。对那些"未经改革的部门"中的小庄园主和小佃农,农牧业发展委员会积极地促进他们之间协作经营,并取得了一定的成功。在基督教民主党执政期间,农业产量略有提高,尽管1968年出现了百年不遇的旱灾。农产量的提高主要来自"未经改革的部门",而非来自合作社,因为合作社生产的产品基本被成员本身消费了。

上述改革措施带来了政府开支的巨大增长,从1964年到1970年,公共开支翻了一番。为了解决财政问题,弗雷政府把目光投向了铜矿业。目的是对美国铜矿公司实行更大的控制,同时刺激铜的生产,为政府带来更多的税收。左派主张对外国公司实行国有化,但是弗雷主张更加谨慎的"智利化",即智利应获得至少51%的铜矿公司股份。[①] 实行税收优惠,刺激铜矿公司增加投资,提高产量。肯内科特铜矿公司于1964年12月立即同意实行智利化,阿纳康达公司对智利化采取抵制立场。到1969年,在来自左派的要求实行国有化的强大压力下,弗雷决定对阿纳康达公司在实行适当补

① José del Pozo, *Historia de América Latina y del Caribe, 1825–2001*, Santiago: LOM Ediciones, 2002, p. 207.

偿的基础上实行国有化。

弗雷政府将原来的铜矿部升格为铜业公司(Corporacion del Cobre,CODELCO),加强了对铜矿生产的管理。智利还在瓦尔帕莱索以北的拉斯本塔纳斯(Las Ventanas)建立了新的工厂,对铜矿进行提炼。最重要的是,智利采取措施对铜的国际价格进行干预。从 1966 年开始,智利铜以伦敦金属交易所的报价出售,比原来美国公司接受的价格提高了一倍。由于越南战争的迅速升级,国际市场上铜的价格上升,政府收入也随之增加,从 1966 年到 1970 年,政府收入比亚历山德里时期增加了一倍。

为了促进经济的发展,基督教民主党政府加强了对经济的干预。政府建立了国家计划办公室(Oficina de Planificacion Nacional,ODEPLAN),为了缓解国际贸易的波动,从 1965 年 4 月起,实行了定期的货币小贬值制度。政府实行了一系列财政制度的改革,例如提高收入税和销售税,对其他税收实行指数化制度,遗产税的征收涉及 8 万人,为防止逃税,实行了对财产价值的重新评估制度。由于这些政策的实施,到 1970 年,来自直接税的收入增加了一倍。加上来自铜的出口收入的提高,使智利维持了较好的收支平衡,并实现了财政盈余。为了扩大国外市场,智利甚至与古巴恢复了贸易关系。弗雷总统和外交部长加夫列尔·巴尔德斯(Gabriel Valdes)积极促进拉美经济一体化,1969 年,智利、秘鲁、玻利维亚、厄瓜多尔、哥伦比亚成立了安第斯条约集团,后来委内瑞拉加入。1969—1970 年,工业部门投资的一半以上来自政府投资。政府进一步加强了基础设施建设:国家电力公司(Oficinade Planificación Nacional,ODEPLAN,成立于 1944 年)在伦卡瓜(Rencagua)附近修建了拉佩尔(Rapel)水电站,1968 年后电力供应有了迅速增长(到 90 年代中期,智利能源的 80%来自水电站);政府成立了国家电信公司(Empresa de Telecommunicaciones,ENTEL)开始建立全国电信网络;另一新的国有企业——国家石油公司(Empresa de Nacional de Petroleo,ENAP)在康塞普西翁建立了炼油厂,并继续在南部地区开采石油;政府在普达韦尔(Pudahue)修建了新的飞机场,并由法国设计师设计修建了圣地亚哥地铁(第一部分于 1975 年投入使用),长度为 2.75 千米的洛普拉多(Lo Prado)隧道的开凿将从圣地亚哥到瓦尔帕莱索的时间缩短为 45 分钟。

弗雷和基督教民主党继承了亚历山德里政府对外资的优惠政策，外国公司，尤其是美国公司，或者通过建立分支机构，或者通过收购当地企业，在智利最新的、最有活力的工业部门——电子、制药、汽车工业——等占据了控制地位。到1970年，在智利最大的100家公司中，大约40家由外资所控制。美国最大的30家跨国公司中，有24家在智利有投资和经营活动。到1970年，外国公司控制了智利1/4的工业投资。[①] 由于许多新的工业部门是资本密集型的，并没有为智利带来更多的就业机会；而且，虽然到60年代末，智利已能生产一系列耐用消费品，包括电视机、洗衣机等，但是许多资本货依然依赖于进口。

弗雷政府力图同时实现改革、增长和稳定的多重目标，也就是说，促进经济全面增长，保证改革的持续，同时控制通货膨胀。但是，这些目标的实现是很难的。弗雷政府的前几年，特别是1965—1966年，似乎实现了经济的全面增长，但是，在60年代末，经济增长下降，通货膨胀上升，这意味着支持政府改革计划的资源紧缺了。1967年，弗雷政府的财政部长塞尔希奥·莫利纳(Sergio Molina)为了解决投资率下降的问题，提出了一项计划，将每年一度的5%的工资增长转为国家投资，雇员将得到等值的国家长期债券，同时在一年之内禁止罢工。这一计划立即遭到了反对，反对派将长期债券称为"荔枝债券"(chiribonos)。[②] 劳工统一工会(CUT，成立于1953年，到1973年为止，一直是智利最主要的工会联盟)发动了一天的总罢工，罢工中，四名工人和一名儿童被警察杀害。"荔枝债券"计划也随之流产。这次罢工成为"自由中的革命"的一个转折点。此后，通货膨胀继续加剧，加上1968年的旱灾，致使本国食品和进口食品价格上升，工人进一步要求提高工资，增加了政府的预算困难。到1970年，在一些观察家看来，"在很大程度上政府已失去了它曾经保持的对于经济局势的控制。"[③]

---

① Simon Coller and William F.Sater, *A History of Chile, 1808-1994*, p. 318.

② Chiribonos，是由chirimoyo(荔枝)和bono(债券)两个词合成的一个词汇，因荔枝很容易变质，意指此种债券将迅速失去其价值。

③ Ricardo French-Davis, *Políticas económicas en Chile, 1952-1970*, Santiago, 1973, p. 183.

四、1970 年的选举和阿连德上台

基督教民主党政府“自由中的革命”的确提高了千百万智利工人、农民的生活水平,推进了智利的政治和经济变革,但是,它依然没有解决智利最根本的经济问题:经济停滞、通货膨胀、对外国市场和资本的依赖、不平等的财富和收入分配等等。早在 1967 年,基督教民主党再次执政的前景已开始变得渺茫。这年 1 月,参议院拒绝批准弗雷总统访问美国。4 月举行的市政选举中,基督教民主党的支持率明显下降,而右派和左派的支持率皆有上升,这显示出智利社会激进化的趋势。1966 年 5 月,右派的保守党和自由党合并,成立了民族党,这一“新”右派采取了更加坚决的支持资本主义的立场。与此同时,左派内部发生分裂。1965 年 8 月,在康塞普西翁大学成立了一个新的组织——左派革命运动(MIR),接受了格瓦拉的观点,主张通过武装斗争推翻资本主义,建立古巴式的社会主义制度。社会党也进一步激进化,在 1967 年 11 月举行的会议上,该党将自己定位为马克思列宁主义政党,并宣布党的目标是建立“社会主义国家”。[①] 然而,其他社会主义者,包括阿连德,继续坚持选举策略。基督教民主党内部也发生了分歧。1967 年 1 月,党内的“反叛派”和“第三派”控制了党的领导权。以“反叛派”领袖雅克·琼乔尔(Jacques Chonchol)为首的一个基督教民主党委员会起草了一份报告,倡导“非资本主义的发展道路”。虽然在 1968 年 1 月党的全国会议上,这些异见人士被排挤出党的领导职位,但是,基督教民主党内的左派力量仍在增长。1968 年 11 月,在英国女王伊丽莎白二世访问智利期间,雅克·琼乔尔辞去了农牧业发展委员会副部长的职务。1969 年,党内的部分成员脱离基督教民主党,成立了统一人民行动运动(MAPU),并在后来加入了阿连德的人民团结阵线。这样一来,弗雷成为党内右派的领袖,仍留在党内的左派领袖是拉多米罗·托米奇。根据宪法,弗雷不能参加竞选,而基督教民主党又不敢以保守的立场参与竞选,因为这样做将使它进一步丧失群众基础,于是提名拉多米罗·托米奇为 1970 年选举的总统候选人。

---

① Simon Coller and William F.Sater, *A History of Chile, 1808-1994*, p. 321.

右派的民族党推举前总统豪尔赫·亚历山德里为候选人。由于弗雷政府的农业改革伤害了右派的利益,因此,在选举中,右派不可能与基督教民主党联合。左派组成了人民团结阵线(UP),包括共产党、社会党、激进党以及另外三个小的政党——统一人民行动运动、社会民主党(PSD)、独立人民行动党(API),推举阿连德为候选人。

人民团结阵线的竞选纲领指出:“智利是一个资本主义国家,依附于帝国主义国家并处于与外国资本有着结构性联系的资产阶级集团的统治之下,这个集团不能解决国家的根本问题——这些问题正是阶级特权的产物,统治阶级是决不会自动放弃这些特权的。”它批评基督教民主党政府“仍然只是一个资产阶级政府,是为国内外资产阶级服务的,其提倡社会变革的微小的努力因经济停滞、生活费用上涨和对人民的粗暴镇压而可悲地告终”。根据人民团结阵线的观点,弗雷政府的实践表明,改良主义不可能解决智利人民面临的问题。为了解决智利的问题,人民团结阵线提出了一条和平进入社会主义的策略:以一院制的立法机构,或人民大会,来取代现存的政治机构,以根除总统制和议会制的罪恶;在国家和地方政府的决策过程中通过工会和共同体组织大大扩大工人和农民的参与。在经济上,通过大大扩大“社会”或公共部门、通过没收超过 80 公顷的可灌溉地的大庄园的土地、通过对财政机构(银行和保险公司)以及“所有对国家社会和经济发展有着重要影响的经济部门”实行国有化来改变国家的经济结构。根据人民团结阵线的纲领,在“社会”部门在经济中占优势的前提下,将同时存在“混合”部门(即公私合营的企业),而且,至少在短期内,小的私营企业将继续存在。①

基督教民主党候选人拉多米罗·托米奇在竞选中提出了比阿连德更加激进的纲领,如通过一律没收“从安第斯山到大海”的所有大庄园,进行彻底的农业改革。这种竞选纲领彻底排除了基督教民主党与右派联合的可能性。右派候选人、前总统亚历山德里得到了民族党、被疏远的中产阶级以及部分城市和农村工人的支持,获胜的可能性看上去一度很大,但是亚历山德里年迈、缺乏活力,在选民中留下的印象不佳,尤其是电视的普及,使这一点

① Brian Loveman, *Chile: The Legacy of Hispanic Capitalism*, pp. 292-293.

更加突出。最终选举结果,阿连德赢得36.3%的选票,亚历山德里获得34.9%的选票,拉多米罗·托米奇获得27.8%的选票。

由于三位候选人中没有一人获得绝对多数,根据宪法,应由议会从获得最多选票的两人中推举一人为总统。9月9日,亚历山德里宣布,如果议会推举他为总统,他将立即辞职,为举行另一场新的选举铺平道路。但是,由基督教民主党控制的议会并未接受这一交易,相反,他们同意推举阿连德为总统,前提是人民团结阵线签署一揽子尊重宪法协议,包括维持多党制、公民自由和出版自由、所有政党有权利用国家电视台、保护政府雇员不被解雇或政治迫害等。但是,右派并不以此罢休,成立了以律师巴布罗·罗德里格斯为首的"祖国和自由"运动,组织集会,并多次用直升机在圣地亚哥上空散发传单。为阻止阿连德就职,在议会决定推举阿连德为总统前的两天,比奥斯(Viaux)将军以及其他一些军官试图策划一场军事政变,并得到了美国中央情报局的支持。政变者的策略是绑架智利陆军总司令、宪政主义者施奈德将军,然后嫁祸于左派革命运动和人民团结阵线,以此挑动军方出面干预。但是,施奈德将军在被绑架过程中进行了抵抗,并严重受伤。10月25日,施奈德将军去世,他的继任者、新的陆军总司令布拉茨将军称他为"和平的英雄和民主的殉道者"。① 第二天,议会最终确认阿连德为智利新总统。

第五节　1930—1954年的巴西

一、瓦加斯与巴西的工业化

1930年的政变算不上是一场"革命",与以前寡头共和国内部的权力转移一样,只是由于巴西统治阶级内部的分裂而引发的一场宫廷政变。政变后,巴西共产党发表了一份声明,宣称这是一次法西斯政变,只能使得工人

① Prates, *Memorias: Testimonio de un soldado*, Santiago, 1985, p. 188.

阶级的境况更加恶化。[①] 然而,在巴西现代历史上,1930 年的政变却成为一个跨时代的转折点。因为在 1930 年以前,同其他主要拉美大国一样,巴西的经济和社会毕竟发生了重要的变革。第一次世界大战促进了巴西工业化的发展,新兴的工业资产阶级开始形成,不同于传统的农业出口寡头集团,他们致力于开拓国内市场。工业化在一定程度上带来了城市化的发展,城市无产阶级也具备了一定的规模。因此,1930 年前夕的旧共和国面临着来自新兴社会集团的压力,而 1929 年的经济危机又摧垮了旧共和国的经济基础。1930 年上台的瓦加斯不可能不反映这些新兴社会集团的要求。因此,美国历史学家本杰明 · 基恩和基思 · 海恩斯认为,1930 年的政变"标志着支持工业化和巴西的经济、政治和社会结构的现代化的城市资产阶级的胜利"。[②] 虽然在 1930 年之前巴西的制造业已有了相当的发展,但是只是在 1930 年瓦加斯上台后,工业才成为巴西经济中"领先增长的部门",也只是在 1930 年之后,工业的增长才开始带来经济和社会结构的变革。[③] 也就是说,工业化成为 20 世纪 30 年代后巴西经济增长的主旋律,同时发生的社会和政治变革都与工业化的进程密不可分。

20 世纪 60 年代,西方学术界的主流观点是,1937 年"新国家"建立之前,瓦加斯"对工业家持明确的敌对态度",他所感兴趣的只是增加出口,"以国内制造业替代外国进口并没有被放到优先考虑的位置"。[④] 但是,美国学者斯坦利 · E.希尔顿的研究发现,自上台之始,瓦加斯就致力于经济的全面发展,而工业化在他的国家目标中占据首要的位置。他注意到,从 1932 年年终,巴西已开始逐步摆脱危机,经济开始复苏,而工业,用一位内阁部长的话说,由于关税保护和外汇贬值的影响而"急速发展"。造纸业增长率达到 22%,在巴西的工业中心圣保罗,制药、冶金和水泥生产增长率分

① A.V.Van Niekerk, *Populism and Political Development in Latin America*, Rotterdam University Press, 1974, p. 50.

② Benjamin Keen and Keith Haynes, *A History of Latin America*, Houghton Mifflin Company, Boston and New York, 2004, p. 370.

③ Werner Baer and Annibal Villela, "Industrial Growth and Industrialization: Revisions in the Stages of Brazil's Economic Development", *Journal of Developing Areas*, 7, 1973, pp. 227-228.

④ 持这种观点的著作,参见 Warren Dean, *The Industrialization of Sao Paulo, 1880-1945*, Austin, 1969; John D.Wirth, *The Politics of Brazilian Development, 1930-1954*, Stanford, 1970.

别为30%、24%和16%。到1938年,巴西接近实现了轻工产品的自给,资本货工业的发展也十分迅速,到20世纪40年代末巴西已能够生产本国所需要的一半以上的机器设备。① 从1933年到1939年,巴西工业年平均增长率为11.2%。这一增长部分是由于工厂的现有生产能力得到进一步发挥带来的,如在纺织工业中,但是,新建工厂创造的生产能力也不容忽视。1920年,巴西只有13336家工厂,雇用工人大约30万人;到1941年巴西已拥有44100家工厂,雇用工人94.4万人。②

巴西工业化的成就与瓦加斯政府推动国家工业化的努力密不可分。1929年爆发的经济危机充分暴露了依赖于咖啡出口的巴西经济的脆弱性,1931年咖啡价格下降到前五年的1/3。瓦加斯认识到,只有工业化才是唯一的出路。面对严重的经济危机,瓦加斯上台后首先采取的措施是以传统的价格支持政策拯救咖啡业,采取的措施有限制种植面积、收购过剩的库存,甚至于烧毁过剩的咖啡等等。这些措施曾被看作瓦加斯反对工业化的论据。其实,这种观点没有看到咖啡出口收入与工业化所必需的机器设备和原材料进口之间的联系。也就是说,拯救咖啡业并非瓦加斯及其顾问对于农业的偏好,而是他们清醒地认识到,在发展中国家,工业化的开展需要一个健康的出口农业部门的支持。例如,巴西工业化的代言人罗伯特·西蒙森(Robert Simonsen)认为,咖啡是巴西经济的"支柱",因为1929—1930年外国市场对咖啡以及其他初级产品需求的锐减几乎使圣保罗的工业陷于瘫痪。咖啡出口价值下跌的后果是国内农村市场需求的下降,以及随之而来的城市工厂的关闭。因此,瓦加斯的咖啡价格支持计划目的在于,用瓦加斯政府财政部长的话说,"恢复生产咖啡的各州的正常节奏,使得它们,特别是圣保罗,在田野、商店和工厂恢复工作。"③

瓦加斯政府灵活地运用关税政策来促进工业增长。一方面,工业必需的设备进口关税或者取消,或者大幅度降低;另一方面,国内能够生产的工

① Stanley E.Hilton,"Vargas and Brazilian Economic Development,1930-1945:A Reappraisal of his Attitude Toward Industrialization and Planning",*The Journal of Economic History*,Vol.35,No.4,1975,p.757.

② Benjamin Keen and Keith Haynes,*A History of Latin America*,p.373.

③ Stanley E.Hilton,"Vargas and Brazilian Economic Development,1930-1945:A Reappraisal of his Attitude Toward Industrialization and Planning",p.760.

业制成品的进口关税维持着较高的水平，以使国内产品在市场上保持竞争力。例如，一家美国公司抱怨，该公司向巴西的纸杯出口几乎完全消失了，原因是1932年起巴西对此类商品征收300%的进口税。根据英国技术人员的报告，巴西工厂已完全占领了纸制品市场，另外，棉花和羊毛制品的进口急剧下降，因为瓦加斯采取了对国内工业有意识地进行保护的政策。

信贷政策也同样用来扶植工业。1936年，巴西银行内部成立了农业和工业信贷部，扩大了对种植园主和工业主的信贷支持。1936年实行的财政紧缩政策迫使银行发放的贷款总量削减了，但是值得注意的是，这一年制造业获得的贷款超出了农业和矿业部门所获得的贷款。1937年，向农业和矿业部门的贷款下降了13%，而向制造业和建筑业的贷款上升了6%。1931年，为促进工业发展，瓦加斯宣布废除纺织品等产品在各州之间流通的关税，圣保罗的工业家对此措施表示“强烈的热情”和“感激”。

瓦加斯认识到，人力资源是实现工业化和经济发展的重要因素，而发展教育是开发人力资源的主要途径。上台仅一个星期之后，瓦加斯政府就成立了健康和教育部。1931年9月，瓦加斯签署一项特别法令，要求各州拿出10%的财政预算发展公共学校。1930年巴西小学数量大约2.8万所，10年之后，增加到超过4万所。小学学生人数在30年代增加了75%，中学生人数从9万增加到22.7万。

瓦加斯的劳工立法使他赢得了“穷人的父亲”的称号。上台后，他建立了巴西第一个劳工、工业和商业部，此后几年内，瓦加斯政府颁布了一系列法律，使工人获得了带薪休假、老年和残疾补偿、削减工时、最低工资制等待遇。当然，这些待遇仅覆盖城市工人。这些措施的目的除了赢得工人在政治上的支持之外，同时也是瓦加斯工业化目标的重要组成部分。1933年，瓦加斯指出，除非工人的健康和工作环境得到改善，他们的工作效率不可能提高。他在1938年又指出，给予工人最低工资制的待遇，将使工人增加消费，“改善国内市场状况。”

二、瓦加斯的“新国家”

在大力推进工业化的同时，瓦加斯采取措施，结束旧共和国的“州长政治”,加强中央政府的权力。在除米纳斯吉拉斯州之外的其他所有各州,瓦加斯以他任命的“特派员”(interventor)取代了各州州长。这些“特派员”直接对总统负责。此项改革遇到了抵制,1932 年,圣保罗州发动武装叛乱。该州民兵与联邦军队之间的战斗持续达 4 个月之久。最后,联邦军队包围了圣保罗市,迫使叛乱者投降。圣保罗州的叛乱及其被平息进一步削弱了联邦分权制,加强了中央政府的权力。①

1932 年 2 月,瓦加斯公布了新的选举条例,实行秘密投票,将投票年龄从 21 岁降为 18 岁,并给予劳动妇女选举权,但是该条例依然拒绝给予文盲投票权。根据新的选举条例选举产生的制宪会议起草了新宪法,并于 1934 年 7 月 16 日公布。制宪会议成为第一届议会,并选举瓦加斯为巴西总统,任期延至 1938 年 1 月。

1934 年宪法大大削弱了各州的自主权,州政府失去了对州与州之间的商品流通课税的权力。宪法强调政府在经济发展中的责任。宪法建立了劳工法庭,赋予了政府确立最低工资的权力,保证了工人罢工的权利。此后的法令确立了商业和工业部门中的八小时工作制,在全国范围内确立了最低工资标准,并建立了社会保障体系为工人提供养老、带薪休假、安全和健康标准、就业保障等。然而,工人在得到这些利益的同时,却失去了独立行动的权利。工会成为受劳工部控制的一个官方机构。没有得到政府批准的罢工受到警察和保安部门的镇压。

1934 年后,巴西政治出现了动荡。两大全国性的、高度意识形态化的政治运动展开了广泛的民众动员。一是整体主义,与欧洲法西斯主义有着密切关系的极右运动,成立于 1932 年,其发起人和领导人是普利尼奥·萨尔加多(Plinio Salgado)。整体主义者的信条是基督教、民族主义和传统主义。其成员基本上来自中产阶级,并在军官中,特别是海军中赢得了一定的支持者。整体主义者还从意大利使馆得到秘密的财政支持。② 二是成立于

① Thomas E.Skidmore and Peter H.Smith, *Modern Latin America*, Sixth Edition, New York and Oxford: Oxford University Press, 2005, p. 158.

② 关于巴西整体主义,参见 Helgio Henrique C.Trindade,“El fascismo brasileño en la década del 30: Orígenes históricos y base social del integralismo(1932-37)”, *Desarrollo Económico*, Vol.12, No. 48.1973, pp.687-723.

1935 年的民族解放联盟(Alianca Nacional Libertadora,ANL),由社会主义者、共产主义者和各种各样的激进主义者组成,实际领导权控制在巴西共产党手中,致力于建立共产国际倡导的反法西斯统一战线。巴西共产党领导人普列斯特斯宣布,民族解放联盟的纲领是解散大庄园、对外国大公司实行国有化、取消外债等。民族解放联盟的策略是建立一个广泛的左翼政治联盟,反对瓦加斯政府、整体主义者和自由立宪主义者。7 月 5 日,民族解放联盟发表宣言,号召在全国范围内举行起义,成立人民革命政府。到 1935 年年中,巴西政治达到了白热化的程度。整体主义者和民族解放联盟相互攻击,街头斗殴和恐怖事件日益增加。

瓦加斯政府决定首先对付民族解放联盟。1935 年,瓦加斯宣布取缔民族解放联盟,并下令逮捕许多左派领导人。在失去合法的参政渠道的情况下,1935 年 11 月,民族解放联盟发动了武装起义。起义首先在北部的纳塔尔爆发,几天之内波及累西腓和里约热内卢。虽然起义最初取得了一定的成功,如累西腓的起义者控制该市达几天之久,但是很快被政府军扑灭,随之而来的是野蛮镇压。15000 人被逮捕,被捕者受到严刑拷打,许多被折磨致死。普列斯特斯等起义领导人被逮捕、审讯,并被判处多年的监禁。巴西共产党被取缔并在此后几十年内被迫转入地下。这几场起义之所以失败,主要是由于当时革命形势发展太快,民族解放联盟领导核心不强;起义者主要是下级军官和士兵,未能动员工人和农民参加;起义者在各地各自为战,缺乏协调;等等。

左派被镇压后,整体主义者欣喜若狂。他们确信能够在 1938 年的选举中取得政权。但是,瓦加斯则另有主张。1937 年 11 月 10 日,他通过广播宣布取消定于 1938 年的总统选举,解散议会,解散所有政党,颁布了一部新宪法,并许诺举行公民投票由人民决定拥护还是反对新秩序,即新宪法所谓的"新国家"。当然,公民投票从未举行。

"新国家"的建立,使整体主义运动大受挫伤。瓦加斯政府很快宣布取缔任何准军事组织。显然,其主要矛头是整体主义运动。1938 年 2 月,整体主义者组织了一次向总统官邸的武装袭击,但被政府军镇压。瓦加斯政府随之对整体主义运动进行了镇压,其领袖普利尼奥·萨尔加多流亡国外。

通过"新国家"的建立,巴西中央集权的国家机构进一步完备,使瓦加斯及其助手得以放手运用国家政权的力量促进经济发展和体制改革。瓦加斯对联邦官僚机构进行了彻底的改组,以任人唯贤的原则起用新的政府官员,取代了过去依据庇护关系的用人机制。“新国家”禁止工人罢工,但同时保留甚至扩大了对工人的社会保障。1942年颁布的劳工条例被认为是当时世界上最先进的劳工立法。

立法机构的解散和决策权力向行政部门的集中使瓦加斯更快、更有效地在某些领域采取措施,加快工业化进程。“新国家”时期,瓦加斯政府彻底抛弃了自由放任的经济理念,推行政府计划和国家投资政策,在矿业、石油、钢铁、电力、化工等领域建立巴西的工业体系。1940年,巴西政府宣布实行五年计划,目标是促进重工业的发展、建立水电站开发新能源、扩建铁路系统。1938年,瓦加斯建立了国有石油公司,以进行石油勘探。1942年,政府建立了巴西淡水河谷公司(Companhia Vale do Rio Doce),开发伊塔比拉(Itabira)丰富的铁矿。1946年国家汽车公司开始生产卡车。[①] 同年,实现了瓦加斯多年的愿望,巴西建立了自己的钢铁工业。当时,美国十分担心轴心国在南美洲的渗透,瓦加斯利用这一点,多次向华盛顿表示巴西与德国在钢铁工业中合作的可能性。结果在1940年8月美国与巴西签订协议,美国向巴西的沃尔塔·雷东达(Volta Redonda)钢铁厂建设计划提供2000万美元贷款,并提供技术援助。作为交换,巴西允许美国在巴西北部租借空军基地。瓦加斯亲自监督从美国获得钢铁工业的复杂的技术设备,并在1943年3月再次争取到2000万美元贷款。1946年,位于里约热内卢和圣保罗之间的沃尔塔·雷东达钢铁厂如期建成并投入生产。

美国之所以接受瓦加斯的要求,是因为巴西的东北部地区所占据的重要战略位置。该地区延伸至南大西洋,距非洲西海岸只有1900英里。1941年德国将军隆美尔横扫北非之后,德国空军具备了飞行至南美的能力。从南美,它们又可以到达巴拿马运河,甚至北美洲。为了防止出现此种后果,经过美国总统罗斯福与瓦加斯谈判,美国在巴西东北部的纳塔尔建立了空军基地。该空军基地不仅切断了可能出现的德国空中桥梁,而且为建立一个面向欧洲盟国的主要物资供应线提供了基地。1943年,罗斯福总统在前

① Benjamin Keen and Keith Haynes, *A History of Latin America*, p. 373.

往非洲参加卡萨布兰卡首脑会议途中,在纳塔尔与瓦加斯举行了历史性的会晤。1944 年初,纳塔尔成为世界上最繁忙的美国空军基地,几万架战斗机、轰炸机、物资运输机从这里起飞,前往欧洲。

1941 年 11 月,德国潜艇击沉几艘巴西货船后,瓦加斯政府断绝了与轴心国的外交关系,与美国结成了更为紧密的联盟。日本袭击珍珠港之后,巴西同意作为东道主举行泛美外交部长会议,商讨建立反轴心国的联盟。1942 年 1 月的里约热内卢会议上,绝大多数与会国保证与美国团结一致,断绝与轴心国的外交关系,签署联合国家宣言,并最终向轴心国宣战。

30 年代,巴西亚马孙盆地生长着大量的天然橡胶树,美国战备部门把它看作主要战略物资橡胶的来源,因为其他橡胶产地——荷兰、法国和英国在东南亚的殖民地——已被日本占领。于是,美国和巴西政府联合制订了扩大亚马孙橡胶产量的计划,将其运往美国工厂加工。这一所谓的"橡胶战争"耗费了成百万美元,并导致了大量人口向亚马孙地区移居。而且,在亚马孙河口的贝伦(Belem),科学家们开始培育优良橡胶品种、开发新的橡胶树栽培技术。

里约热内卢会议后,瓦加斯总统和他的军事顾问们决定派遣一支步兵师前往欧洲战场,并开始与美国政府就此计划进行协商。两个军事委员会(一个在华盛顿,另一个在里约热内卢)就训练、装备、运输、演习、指挥和调遣等细节做了大量的工作。最后前往意大利的这支军队被称为巴西远征军(FEB),共有 25000 名男女军人。从 1944 年年中到达意大利到 1945 年年中回国的一年时间内,巴西远征军作为马克·克拉克将军的第五军团的一部分表现出色。它参加了夺取关键性的山区防御堡垒卡斯特略山的战斗,迫使一支德国分遣队投降,并且帮助扫清了对意大利北部的春季攻势的道路。美国军事部门曾试图劝说巴西远征军在战争结束后留在欧洲,作为国际军事力量的一部分,但是这支军队被召回国并解散。在所有拉美国家中,巴西对盟军的胜利做出了最大的贡献。①

---

① José del Pozo, *Historia de América Latina y del Caribe, 1825-2001*, Santiago: LOM Ediciones, 2002, p. 113.

三、瓦加斯的民众主义

在瓦加斯的政治生涯中,其政治风格几经变化,最初是一个传统的领导人,后来成为一名独裁者,最后成为一名民众主义者,正是靠这种灵活的变化,他适应了不同时代的社会变革:大危机、法西斯主义的崛起和 1945 年后民主制的恢复。①

战争临近结束和法西斯主义的失败,促进了巴西国内的民主要求。瓦加斯清楚地意识到这一点,并试图将自己转变成一个民众主义者。他许诺举行选举,并组建了两个新的政党——社会民主党(PSD)和巴西工党(PTB)。1945 年初,他宣布释放左派政治犯,其中包括从 1938 年以来被监禁的巴西共产党领导人普列斯特斯。5 月,瓦加斯颁布了严厉的反垄断法,旨在限制外国公司在巴西经济中的作用。瓦加斯政策的左转引起了巴西高级军官的反对。战争期间与美国的合作加强了这些军人的保守主义立场,他们乐意接受自由竞争的经济思想,拥护在反对苏联的冷战中美国的领导地位。10 月 29 日,戈埃斯·蒙泰洛(Goes Monteiro)将军和欧里科·杜特拉将军发动军事政变,迫使瓦加斯辞职。随后举行的选举中,杜特拉当选为总统。

1946 年,制宪会议制定了一部新的宪法。在经济政策上,杜特拉政府(1946—1951 年)放弃了瓦加斯政府绝大部分促进工业化的措施。例如,废除了所有进口和外汇管制,使得战争期间积累的大量外汇没有用来装备巴西工业,而绝大部分在进口耐用消费品和奢侈品中消耗了。在这种新的经济环境的吸引下,外国资本大量涌入巴西。为了控制通货膨胀,根据美国的建议,杜特拉政府实行了不利于巴西企业家和工业增长的限制性的信贷政策。在政治上,杜特拉政府对左派进行了镇压。1947 年年初,议会宣布巴西共产党非法。劳工部对几百个工会组织进行了干预,逮捕或撤销了其领导人,以政府的傀儡取而代之。政府实行的工资冻结政策,导致了工人收入

① 关于巴西的民众主义,参见 Francisco Correa Weffort,“La crisis de populismo: Brasil, 1961-1964”,*Revista Mexicana de Sociología*, Vol. 41, No.1, pp. 129-141.

的急剧下降。

1945 年后,瓦加斯退居位于南里约格朗德州的家庭牧场,脱离了里约热内卢的政治生活。然而,随着 1950 年总统选举的来临,他的朋友和盟友要求他参加竞选。瓦加斯在里约热内卢的女儿阿尔兹拉·达·阿马拉尔·佩科索托(Alzira do Amaral Peixoto)为这次竞选做了大量的组织工作。通过这次选举,瓦加斯赢得了一位著名的民众主义者的声誉。

在竞选中,瓦加斯以"穷人的父亲"的姿态,表示保护和扩大民族工业,为工人提供就业机会,为城市民众扩大基础设施建设。竞选临近尾声时,阿尔兹拉为瓦加斯安排了一次遍及全国 84 个城镇的飞机旅行,在每一站,瓦加斯都发表一场因地制宜的演讲。结果,瓦加斯在三轮选举中以 48%的选票赢得压倒多数的胜利,并在一片欢呼声中重新登上总统宝座。

瓦加斯重新上台后,将经济政策放在首要位置。1945—1951 年咖啡价格和出口一度上升,但随之下降。在经济计划缺少资金支持的情况下,瓦加斯只好扩大货币发行量,结果,通货膨胀率从 1951 年的 11%上升到 1952 年的 20%,贸易出现赤字。与此同时,他的工业化计划受到了美国政府的反对。美国艾森豪威尔政府认为,瓦加斯政府没有为私人投资创造良好的环境,并中止了 1949 年开始的美国—巴西经济委员会的工作。面对这种现实,1953 年,瓦加斯政府不得不推行经济稳定计划。1953 年 10 月,新任财政部长奥斯瓦尔多·阿拉尼亚公布了计划的内容,其措施为,第一,通过严格控制商业信贷减少货币的发行量,最终消除通货膨胀。第二,通过货币贬值,降低巴西出口产品在国际市场上的价格以扩大出口;通过多重汇率制,在不减少工业化必需的进口的前提下,提高国外进口产品的价格,从而减少进口,最终实现收支平衡。① 经济稳定政策在 1953 年取得了明显的成功。但是,在接近 1954 年的时候,在工资政策问题上出现了矛盾。阿拉尼亚的目标是阻止工资大幅度增长,以免影响到反通货膨胀计划。在这个问题上,他与劳工部长若昂·古拉特发生了严重的冲突。1954 年 2 月 22 日,古拉特正式提出了要求将城市商业和工业雇员最低工资提高 100%的建议。古

① Thomas E.Skidmore, *Politics in Brazil, 1930-1964, An Experiment in Democracy*, New York, Oxford University Press, 1967, p. 116.

拉特的建议得到了工人的支持,而遭到了来自中产阶级和军队的激烈反对。为了安抚中右派,瓦加斯解除了古拉特劳工部长的职务。

但是,解除古拉特职务并未使问题得到根本解决。国际市场上巴西咖啡的销售急剧下降。瓦加斯的前外交部长指控瓦加斯与阿根廷的庇隆勾结在拉美组织反对美国的联盟。新闻界充斥着瓦加斯政府政治丑闻的报道。左派则指责瓦加斯用稳定化计划来迎合帝国主义者。在政治困境面前,瓦加斯企图从工人中寻求政治支持。5月1日,他宣布最低工资增长100%。[①]这表明,瓦加斯为了取得政治支持,实际上已经完全放弃了推行经济稳定政策的努力。同时,他在对国会的演讲中宣布,巴西国际收支状况的严重问题是由于外国公司将利润汇回国内造成的,他还说,单是票据欺诈就在过去18个月内给巴西造成了至少2.5亿美元的损失。

但是,动员工人为时已晚。右派对瓦加斯的攻击愈演愈烈。在瓦加斯不知情的情况下,总统保安司令策划了一场针对卡洛斯·拉瑟达的暗杀行动。拉瑟达是一个煽动性极强的新闻记者,是攻击瓦加斯的急先锋。暗杀没有成功,却导致拉瑟达的义务保镖——一名空军军官的死亡。这名军官的死亡使军队直接卷入了这场政治危机,当他们的调查指向总统府的时候,巴西高级军官要求瓦加斯辞职。8月24日,72岁的瓦加斯开枪自杀。他留下了一份激动人心的遗书,遗书写道:

> 反对人民的势力和利益又一次重新联合起来反对我……我接受加在我身上的命运。在被国际经济和财政集团多年的控制和掠夺之后,我使自己成为一场难以驾驭的革命的领袖。我开始了解放的工作并建立了社会公正的机制……国际集团和国内势力暗中勾结,阴谋叛乱,反对保护工人的政府……我曾经一月一月地、一天一天地、一小时一小时地战斗,抵抗着持续的攻击……我除了献血之外再也没有什么了……我献出我的生命。现在我选择死亡。一无所留。我平静地迈出永恒之路的第一步,告别生命,走向历史。[②]

---

① Demetrio Boersner, *Relaciones Internacionales de América Latina*, *Breve Historia*, Editorial Nueva Imagen, 1982, p. 267.

② E.Bradford Burns, *History of Brazil*, Second Edition, New York: Columbia University Press, 1980, p. 447.

第 十 章

30—80 年代的改革和发展:威权主义

第一节 60—70 年代的军人政权

进入 60 年代,拉美的发展进程再次进入了一个转折时期。30 年代以来的进口替代工业化失去了活力,经济停滞、通货膨胀加剧。与此同时,在古巴革命胜利的影响下,拉美各国的政治激进化。在这种形势下,在很多国家,统治精英通过军事政变建立了高度镇压性的政权。自 1964 年巴西发生军事政变建立军人政府开始,在 10 多年的时间里,拉美先后有 10 多个国家发生军事政变,建立了军人政府,如玻利维亚(1964 年)、阿根廷(1966 年,1976 年)、秘鲁(1968 年)、巴拿马(1968 年)、厄瓜多尔(1972 年)、智利(1973 年)和乌拉圭(1973 年)等国。其中号称"南美瑞士"的乌拉圭以及有"民主传统"的智利两国的军事政变,在拉美影响很大。[①] 这一时期的军政府之多、统治时间之长,都是二战后拉美历史上罕见的。

对于 60、70 年代拉美军人普遍干政的根源,学术界进行了深入的研究。其中阿根廷学者吉列尔莫·奥唐奈提出的"官僚威权主义"理论和美国学者阿尔弗雷德·斯蒂潘提出的"国家安全学说"分别从不同的角度做出的

① Alain Rouquié, *El Estado militar en America Latina*, Siglo veintiuno editores, 1984, p.251.

解释,产生了很大的影响。

奥唐奈将60、70年代一系列国家军人政权的建立与进口替代工业化的危机相联系。他的中心论题是,在后发的、依附性的现代化进程中,经济发展和现代化并非必然导致民主,而往往产生官僚威权主义。奥唐奈在他最初的著作中研究的对象是阿根廷和巴西,在后来的文章中,扩大了"官僚威权主义"所涵盖的范围,即不仅包括1966年后的阿根廷、1964年后的巴西、1973年后的智利和乌拉圭等南美国家的军人政权,还包括墨西哥文人政权(1968年上台的秘鲁民众主义—民族主义的军政权不属于官僚威权主义的范围)。根据奥唐奈的解释,"官僚威权主义"的出现,有以下三个因素:(1)进口替代从消费品生产的早期工业化向中间产品和资本货生产转变的"资本深化"过程。奥唐奈认为,不同阶段的工业化伴随着相应的政治变化,因为不同的工业化时期改变了不同阶级的经济分配。从初级产品出口向生产普通消费品为主的早期工业化的过渡时期,在政治上出现的是从寡头政治向民众主义政治的过渡。进口替代工业化早期,工业资产阶级为扩大国内消费品市场,适当增加了工人的工资收入,工业主和工人都从工业化中得到了利益,因而形成了一个合作性的民众主义联盟。在奥唐奈看来,官僚威权主义的产生,是进口替代工业化"衰竭"的结果。随着国内市场对简单制成品的需求饱和,工业扩张的机会就变得相当有限。此外,尽管进口替代工业化时期减少了对进口消费品的依赖,但因进口中间产品和资本货的花费惊人,从而造成了支付不平衡、外债增加和通货膨胀等一系列严重的问题。这些经济困境迫使政策决策层采取经济紧缩政策,即减少对民众的经济分配,加快资本积累,发展中间产品和资本货工业,深化工业化进程,吸引外资。这种经济政策严重削弱了多阶级合作的民众主义联盟。(2)民众阶层政治参与的扩大是官僚威权主义产生的另一因素。在进口替代工业化早期,民众主义运动得到了迅速发展,民众政治参与和社会利益分享的要求越来越强烈。事实上,这种要求超出了实际的经济发展能力。同时由于进口替代工业化向纵深发展的过程中出现了严重的经济结构性危机,致使决策者不得不推行经济紧缩政策。过高的政治参与水平、过度的利益分享要求与经济紧缩政策相对立,导致了要求超越现实,最终的政治后果是出现了工人罢工、学生游行、暴民骚动等一系列政治危机。为了维护资本主义制度，为了维护社会“秩序”，军人干政实属必然。（3）技术官僚作用的加强是建立官僚威权主义制度的决定因素。奥唐奈认为，工业化过程在引起社会分层加剧的同时，也导致了公共和私人部门中技术官僚作用的加强。技术官僚通常对连续的政治经济危机的容忍度低，把民众阶层政治化程度的提高看作经济增长的障碍。在军人中间，新技术官僚倾向表现为要求对政治、经济和社会生活进行积极的军事干预。军人技术官僚同文人技术官僚之间交流的增加和他们对现有政治经济状况的失望，导致资本家、技术官僚和军人形成“政变联盟”，最终建立起一个镇压性的官僚威权主义制度。①

与此相联系，有的学者认为，在 60 年代，进口替代工业化面临着由普通消费品向耐用消费品的过渡，当时经济的下降是由收入分配状况造成的耐用消费品市场规模的局限性导致的。因为除了中产阶级和上层阶级之外，没有人能够购买像汽车这样的商品，所以，要想保持经济的增长，只有以工人阶级为代价，使中上阶层的收入大大增加。也就是说，解决危机的途径是，将收入进一步集中到上层阶级手中。因为在进口替代的早期阶段经济的迅速增长不仅提高了工人的收入，而且增强了工人要求提高收入水平的能力，要克服危机，只有依靠军人政权的强有力的手段。②

官僚威权主义理论在学术界产生了很大的影响，但是，也有很多学者对它提出了批评。奥唐奈认为，导致官僚威权主义产生的一个关键经济根源是进口替代工业化进程中的“资本深化”，即一个资本货工业的发展和与之相伴的资本产出率降低的过程。然而，舍勒通过对巴西的研究发现，1964—1974 年军政府统治时期，巴西经济没有出现资本深化现象，而恰恰是在民

---

① 奥唐奈的代表作为 Guillermo A. O'Donnell, *Modernization and Bureaucratic-Authoritarianism: Studies in South American Politics*, University of California, 1979。此后，他又发表了一系列文章，对官僚威权主义理论作了进一步的论证。国内的介绍和分析，参见夏立安：《评奥唐奈的官僚独裁主义理论》，《世界史研究动态》1991 年第 5 期；袁兴昌：《评奥唐奈的新权威主义理论》，《拉丁美洲研究》1992 年第 1 期。

② 持这一观点的学者中，最著名的是巴西经济学家塞尔索·富尔塔多和埃乌伊·马里尼。参见 Celso Furtado, *Analise do Modelo Brasileiro*, Rio: Civilização Brasileira, 1972; Rui M. Marini, *Subdesarollo Revolución*, Mexico City: Siglo Vientiuno, 1969。

众主义占主导的 50 年代后期却的确有过“资本深化”现象,[①]事实上,国家干预和跨国公司活动的增强、耐用消费品生产的兴起,在民众主义的库比契克政府时期比在军人执政时期更加明显。在 1964 年军人政变后,资本货的进口替代,或者经济的“深化”水平降低了而不是增加了。如果资本的深化与 60 年代初经济的衰退之间存在一定的关系,那么,深化是衰退的原因,而不是解决衰退的途径。迈克尔·沃勒斯坦也指出,巴西 1964 年政变后经济的恢复首先是由于耐用消费品,特别是汽车生产的迅速增长带来的,到 1970 年,资本货和中间产品生产才开始以较快的速度增长,并取代耐用消费品成为领先的增长部门。也就是说,重工业的增长与其说是经济恢复的原因,倒不如说是经济恢复的结果。他认为,导致 1964 年后南美一系列军人政变的经济根源不是“资本深化”,而是严重的通货膨胀和国际收支的危机。[②] 就墨西哥而言,直到 1982 年才建立起比较复杂的资本货工业。阿根廷、智利、乌拉圭三国 70 年代的军政权都没有做出使经济“资本深化”的努力,相反,它们的目标是根据比较优势原则重组和削减制造品工业。我国学者苏振兴先生认为,所谓“简易进口替代阶段的危机”仅仅是指进口替代工业化启动最早的一些拉美国家,并不具有普遍性。60 年代拉美地区之所以普遍性地出现军人接管政权的局面,真实的历史背景是,从 50 年代后期开始,由于社会贫富分化的不断加剧,拉美国家下层民众对工业化和现代化的前景产生失望情绪,社会冲突进入了一个空前激化的阶段。而 1959 年古巴革命的胜利对业已遍及拉美的社会冲突起了重要的催化作用。[③]

关于收入分配与经济增长的关系,莫利和史密斯已经证明,在巴西,收入的集中对经济增长的作用是可以忽略不计的。[④] 而且,为了刺激耐用消

① J. Serra, “Three Mistaken Thesis Regarding the Connection between Industrialization and Authoritarian Regimes”, David. Collier, ed., *The New Authoritarianism in Latin America*, Princeton University Press, 1979, pp. 99-165.

② Michael Wallerstein, “The Collapse of Democracy in Brazil: Its Economic Determinants”, *Latin American Research Review*, Vol. 15, No. 3, 1980, pp.3-40.

③ 苏振兴:《增长、分配与社会分化——对拉美国家社会贫富分化问题的考察》,《拉丁美洲研究》2005 年第 1 期,第 8 页。

④ Samuel A.Morley and Gordon W.Smith, “The Effects of Changes in the Distribution of Income on Labor, Foreign Investment and Growth in Brazil”, Alfred Stepan, ed., *Authoritarian Brazil: Origins, Policies and Future*, Yale University Press, 1973.pp.119-141.

费品的消费,也没有必要集中收入,因为巴西工人消费的1/3以上是用来购买耐用消费品的。而且,即使需要收入的集中,也并不一定必然需要由军人政权来推行。正如希施曼(Hirschman)注意到的,在完全没有威权主义的条件下,即50年代库比契克政府时期,同样出现了耐用消费品工业的巨大增长,特别是汽车工业。①

斯蒂潘认为,在50年代和60年代,在拉美,特别是在南锥体国家的军人中,形成了一种关于新的军人使命的"国家安全学说"。这些国家的军事战略家认为,在美国和苏联之间的冷战对峙局面和核战争时代来临的形势下,拉美军队卷入大规模武装战争的可能性大大减少了。因此,对拉美国家的威胁不再是来自传统的军事入侵,尤其是邻国的军事入侵,而是在苏联支持下"内部敌人"的颠覆活动。尤其是古巴革命胜利后拉美各国游击队运动普遍高涨,使拉美军人进一步加强了对"共产主义威胁"的关注。军队的任务因而也应该从保卫领土安全转向反对内部颠覆。

这种新的军事战略学说的形成直接受到了美国的影响。从1950年到1975年的26年间,美国在巴拿马运河区设立的"美洲军事学校"和由美国主办的其他军事学校就培训了7.1万名拉美和加勒比国家的军人。通过美国的军事训练,不仅这种冷战的军事学说在拉美军官中得到传播,而且各国军人之间的联系更加紧密。各国军人相互就训练计划、联合演习、防御计划、武器生产、情报系统等进行协商合作。这些新军人的共同敌人是城市和农村的游击队。②

根据"国家安全学说",除了在军事上消灭游击队之外,要从根本上遏制国内共产主义颠覆,最有效的途径是建立一个经济繁荣的国家,使每个人都有工作,都有家庭,都过上体面的生活。但不幸的是,很多拉美国家的文人领导人腐败无能,为共产主义者夺取政权创造了机会。拉美军人认为,这些文人领导人,无论是所谓"社会主义者"、"民众主义者"还是"自由主义者",他们掌权都是对国家稳定的一种严重的威胁。相反,与这些文人相

① Albert O.Hirschman, "The Turn to Authoritarianism in Latin America and the Search for It's Economic Determinants", David Collier, ed., *The New Authoritarianism in Latin America*, p.81.

② Lawence A.Clayton & Michael L.Conniff, *A History of Modern Latin America*, Harcourt Brace College Publishers, 1999, p. 497.

比,军人受过专业训练,有着严格的纪律,并对国家的富强更有献身精神。由军人直接掌权,不仅能够带来经济的发展,而且能够不受干扰地推行反颠覆战略。这种思想在很大程度上是“总体战”思想向反对内部威胁的国家安全目标和非常规战争思想的延伸。斯蒂潘认为,传统战争意味着职业军人在战场上的公开较量,而“总体战”意味着摧毁敌人进行战争的能力,摧毁对方的整个战争经济的基础。“总体战”的概念起源于拿破仑的“武装国家”(nation-in-arms),第二次世界大战进一步证实,除了军事力量之外的其他因素在战争中的重要性。因此,国家防御的概念被“国家安全”所取代,其含义是在其他国家的威胁面前,一个国家要有实现其国家目标和利益的能力。在 60 年代经济衰退的社会背景下,拉美军人将对“国家安全”的威胁同国家的欠发达状态联系在一起。在日益激进的民众主义和经济衰退的形势下,军人认为自己有义务出来恢复秩序,建立经济增长的条件,以避免卡斯特罗式的叛乱。①

对于斯蒂潘提出的“国家安全学说”,也有学者提出了不同的见解。斯蒂潘认为,拉美军人反对“内部敌人”的新国家安全学说的形成是受美国冷战思想的影响,其实并非完全如此。实际上,早在 19 世纪,保证国内安全就是拉美军人军事活动的主要方式。拉美军人在镇压农民暴动、平息它不能接受的政治运动方面有充足的经验。阿根廷军人是国家安全学说的热情拥护者,而美国对阿根廷的军事训练和援助却是可以忽略不计的。委内瑞拉和哥伦比亚的军人并没有对国家安全学说给予多大的注意,但是美国在这两国的军事卷入程度却是很高的。② 国家安全学说强调为了保证国家安全,应由军人无限期地控制政治进程。但是,在巴西,1964 年政变后上台的布朗库政府许诺尽早举行选举,并没有长期掌权的意图。只是到政权转到席尔瓦及其支持者手中之后,才有了军人长期掌权的计划。另外,回过头来看,国家安全学说也难以解释拉美军人政权的倒台。如果说,90 年代冷战的结束标志着导致国家安全学说产生的共产主义威胁最终消除的话,那么,

① 参见 Alfred Stepan, *The Military in Politics: Changing Patterns in Brazil*, Princeton, N. J.: Princeton University Press, 1971.

② Bruce W. Farcau, *The Transition to Democracy in Latin America: The Role of the Military*, Praeger, 1996, p. 19.

为什么早在70年代晚期开始，拉美的军人政权就开始相继退出历史舞台呢？如果共产主义威胁是国家安全学说和支持这一学说的军政权所产生的真正根源的话，那么，军人统治在秘鲁和哥伦比亚至少应维持到80年代，甚至更远，因为秘鲁的“光辉道路运动”和哥伦比亚的“四月十九日运动”(Movimento 19 de Abril,M-19)以及其他一些武装革命组织的存在表明这种威胁并没有完全消除。但这种情况并没有发生。特别是哥伦比亚，根本就没有建立过此种类型的政权。

具体分析，六七十年代拉美一系列军人政权的建立，根源在于各社会阶级、集团围绕着国家的现代化模式选择而展开的政治冲突。在60年代经济出现危机、社会阶级矛盾激化的形势下，在拉美主要国家，存在着两种发展前途：左派和社会下层主张，动员工人和农民实现结构性的变革，包括农业改革，为民族主义的发展注入新的活力；而右派和保守的社会上层主张，实行经济稳定措施，压低工人收入，实行政治专制，排除社会下层的政治参与，稳定社会秩序，以此吸引外资，推进工业化。保守的右翼势力和军人通过政变联合建立了威权主义体制，后一种立场战胜了前一种选择。但是，各个国家的具体情况存在着很大差别：在巴西和阿根廷，主要是因为进口替代工业化过程中出现的通货膨胀和国际收支危机，迫使政府推行经济稳定政策，而经济稳定政策又需要强政府来推行，民主政府难以承担经济稳定政策带来的社会代价。[①] 在乌拉圭，主要是由于国际市场上羊毛价格的下跌，造成该国长期以来的“大批农庄与一种城市社会主义共存”，“一个发达国家的消费模式有赖于一个不发达的经济”的一种特殊的发展模式的破产带来的政治危机。[②] 智利军人政权的建立，主要是60年代以来政治的激进化及阿连德政府的建立。由于军事政变前的政治经济危机的程度不同，政变后建立的威权主义体制的镇压性的程度也随之存在着差异。巴西的军人政权在政治统治上具有相对温和的“软威权”的特点，在经济政策上也并未完全采纳

① Thomas E.Skidmore,“The Politics of Economic Stabilization in Postwar Latin America”,James M.Malloy,ed., *Authoritarianism and Corporatism in Latin America*, University of Pittsburgh Press,1977, pp. 149-190.

② 阿兰·鲁基埃：《1930年以来拉丁美洲政治中的军人》，莱斯利·贝瑟尔，前引书，第六卷(下)，当代世界出版社2001年版，第273—274页。

新自由主义，而是与以前的经济政策具有一定的连续性。而在智利，由于政变前的政治经济危机比巴西远为严重，所以，1973 年建立了更为残酷、镇压性更强的威权主义体制，在经济政策上与政变前发生了根本性的转折，采取了彻底的新自由主义政策。[①] 1968 年后东西方关系的缓和以及古巴开始“对国内问题比国际主义的团结更优先考虑”，促使 1968—1972 年一些夺取政权的军人建立了民族主义、改良主义的军政权，这包括秘鲁贝拉斯科政权（1968—1975 年）、巴拿马托里霍斯政权（1968—1984 年）以及 1972—1976 年的厄瓜多尔政权。但是 1973 年智利和乌拉圭的政变以及 1976 年阿根廷的再次政变使这次短暂的军人民族改良主义告一段落。[②]

六七十年代拉美各国建立的军人政府大致可以分为两类：一类是保守派右翼军政府，如巴西、阿根廷、智利、乌拉圭等军政府；另一类是革新派军政府，即具有一定民族主义倾向的军政府，如秘鲁贝拉斯科军政府、巴拿马托里霍斯军政府等。学术界通常接受奥唐奈提出的概念，把巴西、阿根廷、智利、乌拉圭等国的军人独裁制度称为“官僚威权主义”。这些“官僚威权主义”政权与历史上的军事考迪罗政府有明显的不同。对于官僚威权主义体制的特点，斯卡米斯（Schamis）总结为以下五点：（1）通过吸引私人投资，主要是外资来实现生产结构的“深化”；（2）随着国家对经济生活干预的增强，社会将日益官僚化，并由技术专家所统治；（3）在政治上排除民众阶层的参与，同时工会将被纳入国家机构，作为国家对工人进行控制的另一方式；（4）实行排斥性的政治体系以推迟民众阶层的经济要求，来增加投资工业化所需的资本积累，其结果是导致民众阶层的边缘化；（5）在国家、跨国公司以及后来的国内资本的支持下，军人首先作为一个机构进行统治，以武力镇压作为对付来自民众阶层的对国家体制造成的威胁的手段。[③]

在政治上，军政府建立后，政治权力掌握在军人手中。这意味着政治反对派，无论是真正的还是潜在的，都受到政府的镇压。恐怖笼罩着整个社

① Lois Hecht Oppenheim, *Politics in Chile: Democracy, Authoritarianism, and the Search for Development*, Westview Press, 1999, pp. 7-8.

② 阿兰·鲁基埃：《1930 年以来拉丁美洲政治中的军人》，莱斯利·贝瑟尔前引书，第六卷（下），第 260—261 页。

③ Hecter E. Schamis, “Reconceptualizing Latin American Authoritarianism in the 1970s: From Bureaucratic Authoritarianism to Neo-conservatism”, *Comparative Politics*, 1991, p. 116.

会,死亡小组、酷刑、暗杀、失踪比比皆是。在智利,1973 年 9 月政变后的六个月内,大约 3 万人被处死,5 万人被监禁。1976 年底,大赦国际报道,在阿根廷仍有 6000 名政治犯和 3 万名“失踪者”。在乌拉圭,每 600 人中就有一人被作为反对派监禁。[①] 很明显,镇压的目的在于使民众阶层非政治化。其他政党和政治家也被排除在政治参与之外,无论其意识形态如何。在政治上与军人结成联盟的是文人技术官僚和富有的“跨国资产阶级”。

军人政府建立后,依靠文人技术专家,为恢复和促进经济增长,采取了一些新的措施。例如,减少对国内市场和民族工业的保护;积极发展非传统出口,尤其注重制成品出口的开发;制定或调整对外资的政策,以加强对外资的限制和管理等。该时期拉美军政府采取的这种政治上实行高压、经济上谋求增长的发展模式一度取得了一定的成功。多数国家的经济摆脱了衰退局面,有的国家,如巴西,还出现了经济高速增长的“奇迹”,通货膨胀得到控制,国际收支状况得到改善。当然,各个国家的经济发展程度存在着很大的差距,并且常常是不稳定和不均衡的。但是,除了智利以外,从总体上讲,拉美国家依然没有从根本上摆脱内向发展的战略。

进口替代的工业化内在的局限与 70 年代后出现的一系列不利因素结合在一起,终于使拉美国家在 80 年代陷入了严重的经济危机。

1973—1974 年和 1978—1979 年,石油输出国的一致行动使世界石油价格突然上升。由于无法消费这些滚滚而来的利润(石油美元),中东的君主们把大量存款存入国际银行。这些银行又把这些资金借给缺少资本,但资信较好的客户。欧洲和美国的银行家认为拉美国家是潜在的好顾客,尤其是政府决心维护法律和秩序。于是,大量资金以外债的形式流入拉美。1970—1980 年拉美的外债从 270 亿美元上升到 2310 亿美元,每年还本付息额(利息加上成本)达 180 亿美元。到 1982 年,整个地区的外债总额猛增到 3268 亿美元,几年时间增加了将近 7 倍。[②] 值得注意的是,在举债过程中,拉美国家的外债结构发生了变化,银行商业信贷、私人贷款和短期贷款占外债总额的比重大幅度增加。在 1982 年债务危机爆发前,以浮动利率计

① Alain Rouquié, *El Estado militar en America Latina*, p.96.

② 吴国平主编:《21 世纪拉丁美洲经济发展大趋势》,世界知识出版社 2002 年版,第 20 页。

息的外债和私人外债占拉美外债总额的比重超过了2/3。而与此同时,在两次石油危机的打击下,西方发达国家经济陷入滞胀,这些国家经济的不景气造成了对进口产品需求的大幅度萎缩,国际市场上原料和初级产品的价格疲软。另外,第二次石油危机后,西方国家商业贷款利率大大提高,拉美国家还贷成本也提高了,借新债还旧债变得愈益困难。美国里根政府时期,美联储于1981年将最低银行利率从1979年的9%提高到1981年1月的21.5%,联邦德国总理施密特称之为"自耶稣降生以来的最高利率"。[①] 由于利率提高,仅在三年的时间内(1981—1983年),拉美国家就需要偿付948亿美元的利息,是整个70年代利息总额的两倍。1982年,以墨西哥宣布无力偿还到期债务为标志,整个拉美地区陷入了严重的债务危机。

整个80年代,拉美国家处于出口收入不断下降、还本付息额持续上升的夹缝中,经济发展和社会进步化为泡影。80年代成为"失去的十年"。

在经济上陷入深重危机的同时,自20世纪70年代后半期到90年代初,由军人执政的国家,先后出现了军人"还政于民"的"民主化进程",军政府纷纷倒台。在南美洲,从1979年厄瓜多尔结束军人统治开始,秘鲁(1980年)、玻利维亚(1982年)、阿根廷(1983年)、巴西(1985年)、乌拉圭(1985年)、智利(1990年)和巴拉圭(1993年)等国,先后基本上完成了民主化进程。到90年代中期,南美洲已是"清一色"的文人政府。在中美洲和加勒比地区,从1978年巴拿马文人当总统开始,到1994年海地军政权交出政权为止,也完成了民主化进程。此后,虽然偶尔也发生军事政变,但绝大多数政府皆能完成其任期,并将权力移交给选举产生的下届政府。这是一个历史性的进步,自独立以来,首次在几乎所有的拉美国家实现了政治多元化,并在尊重选举结果、人权和基本自由方面迈出了一大步。[②]

促使该时期军人"还政于民"的因素在各个国家间存在着很大的差异,但是,至少有两个因素在每个国家都发挥了作用。一是全球经济危机对拉美的影响,尤其是外债问题。在那些军方掌权后许诺通过对社会经济秩序

---

① Benjamin Keen and Keith Haynes, *A History of Latin America*, Houghton Mifflin Company, Boston and New York, 2004, p. 275.

② José del Pozo, *Historia de América Latina y del Caribe, 1825-2001*, Santiago: LOM Ediciones, 2002, p. 248.

的重组而促进经济发展的国家,经济危机尤其使军人当权者丧失威信。尽管1968—1973年巴西军政府创造了"经济奇迹",但它同时也导致了社会和经济严重不平等,激化了社会矛盾。自1973年石油危机开始,巴西的经济发展减慢。到80年代早期,滞胀加深,外债剧增,债务额累计达到900亿美元。经济危机不可避免地产生新的政治反对派,加快了反对军政府的政治运动。阿根廷的军政府最初推行自由市场政策,创造了1978—1980年的经济繁荣。但是及至80年代,阿根廷经济发生了严重危机,外债由1978年的98亿美元猛增到1982年的380亿美元。1982年马岛之战失败,又进一步加深了军人政治危机。秘鲁、智利、乌拉圭军人还政于民的主要原因也在于它们无法克服的经济危机。

二是70年代后半期到80年代,美国对拉美的政策有利于文人、代议制和民主制。卡特政府(1977—1981年)对于人权问题的重视,有助于拉美政治的非军事化。在经济上,里根政府和布什政府通过反思对革命前的古巴和尼加拉瓜的政策而得出结论:支持不受欢迎的独裁政权容易为共产主义大开方便之门。里根和布什的政策在客观上也有利于遍布拉美的非军事化潮流。①

第二节　1940—1976年的墨西哥

卡德纳斯之后的30年,墨西哥的经济取得了前所未有的增长。1940—1978年,年平均增长率为6%,这意味着墨西哥的国民生产总值在此期间增长了8.7倍,同期人口增长只有3.4倍。产业结构发生重要变化。1940年,农业占国民生产总值的10%,到1977年,下降到5%;同期制造业由不到19%上升到23%。伴随着工业化的进程,城市化也有了很大的发展。② 在

① 阿兰·鲁基埃:《1930年以来拉丁美洲政治中的军人》,莱斯利·贝瑟尔前引书,第六卷(下),第293—294页。

② Héctor Aguilar, Lorenza Meyer, *A la sombra de la Revolución Mexicana*, Aguilar, León y Cal Ediciones, S.A.de C.V., 1989, p. 193.

实现经济增长的同时,墨西哥以其一党长期执政的政治模式维持了长期的政治稳定,这与同期频繁发生军事政变的其他拉美国家形成了鲜明的对照。1940 年后墨西哥实现经济增长和政治稳定这两大"奇迹"致使 60 年代一些分析家认为,墨西哥为其他第三世界国家开创了一个可以仿效的发展模式。[①] 然而,到 60 年代,这一模式内在的弊端已明显暴露。在 60 年代初,进口替代工业化的内在矛盾开始显露。1968 年学生运动及其被镇压,预示着墨西哥的政治稳定和革命制度党对政权的控制开始动摇。

在卡马乔政府(1940—1946 年)期间,社会和经济改革的步伐明显放慢了。土地分配的数量只有 1200 万公顷,而且绝大多数土地分配给个体所有者,而非村社。在总统的坚持下,墨西哥劳工联合会的领导人被更换,由温和的菲德尔·贝拉斯科斯(Fidel Velásquez)取代了维森特·隆巴尔多·托莱达诺。由于第二次世界大战的影响,1939—1946 年的通货膨胀率达到 283%,但只是在战争结束前夕,最低工资才提高了 14%。[②] 因此,工资的增长远落后于实际生活费用的上升,墨西哥劳工联合会也受到削弱。

卡马乔政府努力促进工业的发展。1940 年,总统扩大了 1934 年建立的政府发展银行和投资公司的作用,使其实际具备了中央银行的功能,并在战争期间成为促进工业发展的机构。国内企业家可以通过它申请风险资金。新的投资、战争期间向美国和欧洲的战略物资出口和政府的鼓励,极大地推动了墨西哥进口替代工业化的发展,1940—1945 年,墨西哥工业部门增长率为年均 10.2%。[③]

战争期间,墨西哥和美国的合作达到了前所未有的程度。为了建立共同的防御系统,1941 年,美国和墨西哥就石油国有化补偿问题达成了协议。此外,美国政府向墨西哥提供海岸防御快艇履行巡逻功能。1942 年 5 月,德国潜艇在墨西哥湾击沉两艘墨西哥油轮后,墨西哥向轴心国宣战。1944 年初,美国和墨西哥总统决定墨西哥飞行员参加对菲律宾的占领,同年底,墨西哥派出了第 201 空军中队,在美国经过短时间的训练后,于 1945 年 5

---

① Héctor Aguilar, Lorenza Meyer, *A la sombra de la Revolución Mexicana*, p. 196.

② Lawrence A Clayton & Michael L. Conniff, *A History of Modern Latin America*, Harcourt Brace College Publishers, 1999, p. 372.

③ Héctor Aguilar, Lorenza Meyer, *A la sombra de la Revolución Mexicana*, p. 198.

月到达菲律宾。此后几个月,该中队飞行 59 次,支援美国的地面武装力量。战争结束后,该中队成员回到墨西哥,受到热烈的欢迎。此后,参加菲律宾战斗的老兵垄断墨西哥空军指挥权长达 30 年之久。

墨西哥对于战争的贡献——同时也是对本国经济影响最大的——在于它向盟国提供战略物资。墨西哥宣战后,立即向美国的工业中心输送铅、石墨、铜等军事工业必需的原料。另外,由于美国大量人口投身于战争,美国出现劳动力短缺问题,特别是在农业部门。卡马乔和罗斯福决定允许墨西哥劳工前往美国工作(美国提供往返费用)。战争期间,大约有 30 万墨西哥劳工在美国就业。①

阿莱曼政府(1946—1952 年)继续推行卡马乔政府的政策,强调经济增长和社会稳定。实际上,1940 年后,墨西哥的政治风格发生了明显的变化,总统变成一个管理者和党魁,而不再是一个革命者。他们避免意识形态方面的论争,不惜一切代价促进经济增长。而且,政府作为所有者、管理者和协调者积极参与经济建设。

阿莱曼政府推动了墨西哥的“绿色革命”。他几乎完全废止了土地分配,代之以大力推动商品农业的发展。为向低地的种植者提供农业灌溉,他在马萨特兰北部的富埃尔特河(Rio Fuerte)、恰帕斯州的特帕尔卡特佩克河(Tepalcatepec)和韦拉克鲁斯的巴帕洛阿潘河(Papaloapan)开始建设三大灌溉工程。他还资助下加利福尼亚科罗拉多河的灌溉工程。在“绿色革命”中,政府主要援助大规模的、机械化的商品农业,特别是北部地区。个体小农和村社基本上得不到政府的资助。

阿莱曼政府大力加强墨西哥基础设施建设。在他任职期间,墨西哥完成了泛美高速公路,修建了全天候的穿越特万特佩克(Tehuantepec)地峡的道路,整个国家的铺面公路里程扩大了 3 倍。他还对国家铁路公司进行了改组,对墨西哥城的国际机场进行了扩建。

政府发展银行和投资公司为工业化获得了越来越多的国外贷款。此前向墨西哥出口商品的许多外国公司在墨西哥建立工厂,这样既可避开墨西

---

① Burton Kirkwood, *The History of Mexico*, Greenwood Press, Westport, Connecticut, London, 2000, p. 178.

哥保护性的关税壁垒,同时也保住了原来的市场,但是这些外资企业的产品几乎没有任何出口。因此,外国直接投资从 1940 年的 4.5 亿美元上升到 1952 年的 7.29 亿美元。① 进口替代工业化加深了墨西哥经济对美国和欧洲的依赖,因为墨西哥的制造商必须进口他们所需要的机器设备、资本、技术甚至原材料。但是,由于它的产品主要面向国内市场,因此进口需要的硬通货只能来自传统的农业和矿业部门的出口、移民所汇回的外汇、旅游业的收入以及大量外资的流入。

阿莱曼时期,墨西哥一党制的政治体制的威权倾向逐渐明显。1946 年他将墨西哥革命党改名为革命制度党(PRI)。他通过撤销党内的军人部而完成了将军队非政治化的进程,党内原四个部变为三个部。此后,军人在墨西哥的政治生活中被日益边缘化。阿莱曼政府末期,军事开支降为国民收入的 8%,此后维持在 7%左右。就规模而言,墨西哥军队是世界上规模最小的之一。1945 年后,墨西哥基本上依靠美国维持它的全球安全。这就使得军官没有必要参与高层的政治决策,从而将军人排除在国家的政治生活之外。从阿莱曼政府开始,党几乎等同于政府,因为所有的政府职位都必须由党员担任,党员必须交纳党费。1948 年,铁路工人为抗议因比索贬值导致的工资下降举行罢工,第二年,维森特·隆巴尔多·托莱达诺建立了墨西哥工农总联合会(UGOCM),阿莱曼政府的反应是,宣布墨西哥工农总联合会组织的罢工非法,并拒绝给予墨西哥工农总联合会官方注册。

在对外政策上,阿莱曼继承了卡马乔政府的路线,与美国保持着密切的联系。1947 年,美国总统杜鲁门访问墨西哥,这是美国最高领导人在历史上首次踏上墨西哥国土。② 阿莱曼也回访了美国。两人在美国对墨西哥的援助、贷款、技术援助、投资和跨边境的自由贸易方面达成了协议,此后,美墨边境地区不再是商品、劳工和资本流动的障碍。

1952 年科蒂内斯就任墨西哥总统。科蒂内斯政府(1952—1958 年)面临的首要问题是前总统阿莱曼和革命制度党的声誉下降,因为阿莱曼政府期间,各级政府部门的腐败现象极为普遍而突出。因此,科蒂内斯努力为自

---

① Héctor Aguilar, Lorenza Meyer, *A la sombra de la Revolución Mexicana*, p. 199.

② José del Pozo, *Historia de América Latina y del Caribe, 1825-2001*, Santiago: LOM Ediciones, 2002, p. 169.

己树立勤劳、节俭的形象，同时注意与阿莱曼及其密友保持适当距离。为了建立个人声誉，科蒂内斯将选举权扩大到妇女，并通过了一系列法律治理腐败问题，明确政府官员的职责。

1954年，政府在企业界的要求下，将货币由1美元兑8.65比索贬值为1美元兑12.50比索。此举刺激了投资，促进了经济的增长。在科蒂内斯时期，墨西哥经济形成了此后延续几十年的格局：私人企业和公共企业各分千秋，大量来自美国和欧洲的资本注入墨西哥。绝大多数美国资本投资于制造业。旅游业成为墨西哥经济的重要支柱之一。从50年代到70年代，旅游业带来的收入占GDP的5%。由于外国投资占的比例很高，墨西哥经济受美国和世界经济波动的影响很大。70年代中期，美国和欧洲的犹太人组织为抗议墨西哥承认利比亚卡扎菲政府，抵制前往墨西哥旅游。结果给墨西哥造成了几千万美元的损失，并引发了急剧的经济衰退。

阿莱曼和科蒂内斯两位总统的做法成了后来总统遵循的先例，对墨西哥的发展进程产生了重要的影响，例如总统候选人产生方式、通过鼓励私人企业促进经济增长、与美国保持密切关系、政府人员渎职和腐败的制度化等。一些批评家认为，到这两届政府期间，墨西哥革命已经死亡。①

马特奥斯曾任科蒂内斯政府的劳工部长，并享有同情工人的声誉。他特别善于通过政府调解阻止工人罢工。1957年，在前总统卡德纳斯、阿莱曼和科蒂内斯的一致支持下，他被提名为总统候选人。在竞选中，马特奥斯许诺解决战争结束以来长期被忽视的社会问题。鉴于墨西哥民众对卡德纳斯以后墨西哥政治的右转不满，马特奥斯宣布，他将站在“宪法范围内的极左方”。②

马特奥斯政府（1958—1964年）时期墨西哥政治的左转首先表现在对外政策方面。在冷战的国际环境下，墨西哥政府坚持独立的外交政策。马特奥斯宣布墨西哥属于不结盟的发展中国家，在不损害与美国关系的前提下，与超级大国保持距离。1959年古巴革命胜利后，马特奥斯政府宣布，墨西哥支持独立自主和不干涉的原则。在1961年猪湾事件后，墨西哥发生了抗议美国干涉古巴的游行示威活动。在其他拉美国家与古巴断交的情况

① Lawrence A Clayton & Michael L.Conniff, *A History of Modern Latin America*, p. 424.

② Burton Kirkwood, *The History of Mexico*, p. 185.

下,墨西哥继续对古巴保持友好,两国之间保持着贸易关系。只是在古巴导弹危机之后,墨西哥政府才加入美国支持对古巴的制裁。

马特奥斯政府成功地解决了与美国的查米萨尔(Chamizal)争端。该争端可追溯到 1864 年,当时里约格兰德河改道将原属于墨西哥奇瓦瓦州胡亚雷斯城的 600 英亩土地转入美国得克萨斯州的埃尔帕索。在肯尼迪政府期间,两国开始举行谈判,到约翰逊政府时期,美国将上述领土归还墨西哥。马特奥斯还与美国达成协议,迫使美国亚利桑那州的农业综合企业停止向科罗拉多河倾倒高度污染的废水。

马特奥斯政府扩大了政府在经济中的作用。政府开支从占国民收入比重的 10.4%上升到 11.4%。此前,政府对经济的干预主要体现在或者运用各种杠杆,或者通过有针对性的投资来引导经济,马特奥斯认为,政府应该成为经济决策的积极参与者。他利用政府开支购买了一些工业企业的控股权,包括一些外国企业,然后利用政府力量保证这些企业除了赢利之外,应该创造社会效益。例如,他接管了原属美国的电影工业,将其为公共教育和大众娱乐服务。在土地改革方面,马特奥斯向大约 30 万户农民分配了超过 2300 万英亩的土地。

政府干预还体现在社会政策上。由于人口迅速增长导致住房紧张,特别是在城市地区,马特奥斯政府开展了一场广泛的建设补贴住房的运动,新的住房计划包括学校、诊所和幼儿园设施。由于城市规模的迅速扩大,马特奥斯鼓励工业迁至墨西哥城以外的地区。政府还大力支持公共教育。在马特奥斯政府期间,教育成为政府财政中最大的开支。这些开支或者用于修建新的学校,或者免费分发课本。

在政治领域,为改善一党专制的形象,马特奥斯要求议会建立少数代表制以使其他小党在议会中拥有代表权。根据这一制度安排,每获得 2.5%的全国选票,即可获得 5 个议会席位,在此基础上,如再获得每 0.5%的选票,追加一个议会席位。当时,除革命制度党外,墨西哥主要有两个反对党,一是成立于 1939 年的国家行动党(PAN),其支持者主要是城市中产阶级,特别是天主教信仰者。在选举中大约可获得 10%的选票,在瓜达拉哈拉和米却肯州以及妇女选民中有较大的支持率。另一个是维森特·隆巴尔多·托莱达诺于 1947 年建立的左派政党——社会主义人民党(PPS)。由于少数代表制的建立,这两个政党开始在议会拥有一定的席位,并开始承担类似合法反对派的角色。

在进入日益骚动的60年代之际,墨西哥涌现出了马特奥斯这样年轻的、克里斯玛式的、得到赞赏的领导人。但是,他的继任者却不具备这些素质。奥尔达斯政府(1964—1970年)明显偏离了上届政府的左的倾向。奥尔达斯政府的经济战略是最大限度地刺激国内外的私人投资。外债激增,达到科蒂内斯政府时期的四倍。大量外债的流入加剧了墨西哥经济对外国的依赖程度。

在政治领域,奥尔达斯的威权特征十分明显。革命制度党的主席卡洛斯·马德拉索希望推进马特奥斯开启的自由化进程,主张扩大妇女和士兵在党内的参与,限制地方政治强人的影响等。这与奥尔达斯发生了冲突。奥尔达斯在就职两年后,解除了卡洛斯·马德拉索革命制度党主席职务。而且,革命制度党对反对党的态度也发生了明显的变化。1967年国家行动党在市长选举中获得的胜利被宣布因计票失误而无效。1968年,发生了著名的特拉特洛尔科(Tlatelolco)屠杀事件。

墨西哥城获得了1968年夏季奥运会的举办权,这将是在第三世界国家首次举办的奥运会。奥尔达斯政府希望利用这次体育盛会为墨西哥赢得国际声誉,斥资2亿美元进行准备。墨西哥国立自治大学(UNAM)的学生认为,这些资金应该用来解决国内的贫困问题。示威学生威胁要干扰奥运会的进行,并与警察时常发生冲突。学生向政府递交了一份最后通牒,但被政府拒绝。为了保证奥运会的正常进行,政府决定对学生运动进行镇压。政府派军队占领了墨西哥国立自治大学,打破了该校长期以来的自治权。

奥运会开幕前夕,1968年10月2日,大约5000名学生聚集在三文化广场(又称特拉特洛尔科广场)举行和平集会,遭到军队的开枪镇压。官方宣布有43人遇难,但实际死亡人数远远要多。一名墨西哥著名记者认为有325人遇难,而另一些墨西哥观察家认为死亡人数超过500人。几百人,甚至几千人被捕,其中有的人被列入"失踪者"名单。受伤人数估计达2500人。[①] 与此同时,军队搜查了墨西哥学院,虽然未造成人员伤亡,但此举旨

① Elena Poniatowska, "Massacre in Mexico", W. Dirk Raat and William H. Beezley, eds., *Twentieth Century Mexico*, Lincoln: University of Nebraska Press, 1986, p. 264.

在警告墨西哥学院的教授，不要批评政府。

奥运会得以正常举行，但是屠杀给墨西哥人留下了心头永远难以抹平的阴影，政府在特拉特洛尔科屠杀事件中失去的威信再也无法恢复。1968年10月以后，革命制度党的地位问题、政府的镇压、墨西哥革命的方向问题摆在每一个墨西哥人面前。墨西哥人必须在下列两种立场中做出选择：支持还是反对革命制度党。

埃切维里亚作为奥尔达斯政府的内政部长，对特拉特洛尔科屠杀事件负有直接责任。也许正因为如此，埃切维里亚于1970年就任总统（1970—1976年）后力图树立左派改革者的形象。用一位观察家的话说，他试图成为一个民众主义者，推进1934—1940年卡德纳斯政府的改革进程。在竞选中，像卡德纳斯那样，他面向草根阶层，面对面地与成百上千的选民交流，希望成为一名个人魅力型领导人。但是，多数观察家认为，他没有成功。

就职后，埃切维里亚释放了1968年被关押的学生。为了获得年轻选民的支持，将投票年龄降为18岁。他的经济政策重点转向农村。政府资助农村高速公路和电气化计划的建设，并主张通过土地分配恢复村社的活力。他完成了国家铁路系统的改善和加固工程。除了争取农村选民的支持外，埃切维里亚希望他的农村发展计划能够有助于阻止当时席卷拉美的游击队和恐怖活动的蔓延。但是，尽管如此，墨西哥南部一些游击队组织依然发展得非常有力，城市中的绑架事件也时常发生。

为了在中产阶级选民中提高他的民众主义改革家形象，埃切维里亚堵塞了一些使富人获利的税收方面的漏洞，并对价格实行政府管制，以保护通货膨胀下普通消费者的利益。他对烟草工业和电报系统实行了国有化，目的在于将这两个部门的产品和服务以降低后的价格面向普通民众。在征得天主教主教会议认可后，他于1972年解除了墨西哥对于控制人口的禁令，并开展了大规模的节育运动。在70年代，墨西哥的人口增长率由3.4%降低到3.2%。

埃切维里亚政府时期墨西哥经济开始衰退。政府出于政治目的进行的投资加剧了社会经济的不平衡。同时，1973年的石油危机给墨西哥带来了两方面的影响。一方面，虽然墨西哥没有加入石油输出国组织（OPEC），作为石油出口国它依然从油价上涨中得到了更多的收入；但另一方面，由石油危机引发的国际通货膨胀和利率上升也对墨西哥造成了伤害。石油收入的增加致使政府在一些社会计划中扩大开支,同时以低于成本的价格在国内市场上出售石油产品。然而,由于计划不周,导致了收支不平衡和通货膨胀。1976 年 9 月,日益增长的贸易赤字迫使政府将货币贬值 60%,货币贬值立刻导致进口商品价格翻了一番,普遍提高了消费者的生活费用。作为律师出身的埃切维里亚缺少对经济和财政事务的处理能力。他的开支计划、补贴和贸易政策的花费远超出墨西哥经济的承受能力。到 70 年代中期后,自卡德纳斯以来的发展战略似乎走到了尽头,“稳定增长的有利条件已经消失,探寻新的模式已势在必行。”①

第三节　军人干政与阿根廷的发展

一、军人对政治的干预(1955—1966 年)

1955 年的政变推翻了庇隆政府,领导政变的爱德华多·洛纳尔迪将军成为新总统。爱德华多·洛纳尔迪政治立场相对比较温和,他试图恢复政治稳定、建立有军人和文人代表参加的联合政府。他许诺新政府将尽快恢复合法的宪政秩序,并接受庇隆主义党继续参与政治。为了表明其政治和解的立场,他提出了 1853 年乌尔基萨推翻罗萨斯之后的政治口号——“没有胜利者和失败者”。但是,这种立场一方面使他失去了军队内外反庇隆主义党的支持,另一方面也没有赢得庇隆主义党的合作。庇隆的支持者继续忠诚于被废黜的流亡总统,拒绝支持新政府。11 月,反庇隆主义的军人废黜了爱德华多·洛纳尔迪,佩德罗·E.阿兰布鲁成为临时总统。

阿兰布鲁政府对庇隆主义党展开了攻势:《新闻报》从阿根廷总工会(CGT)控制再次易手到私人经营,该报纸很快成为激烈的反庇隆主义喉舌。几千名工会领袖被捕、被禁止参加工会和政治活动。政府禁止庇隆主义党

① Héctor Aguilar, Lorenza Meyer, *A la sombra de la Revolución Mexicana*, p. 197.

参加此后的选举。庇隆主义党的组织被关闭、财产被没收、各级领导人被禁止参加政治活动。展示庇隆主义的宣传品、印刷庇隆主义口号,甚至唱庇隆主义党的歌曲都被宣布为非法。1956年,废除了7年前由庇隆政府实施的宪法修正案。政府要清除一切与庇隆有关的痕迹。

1956年6月,亲庇隆主义的胡安·何塞·巴列在科连特斯省领导了一场武装暴动。但暴动很快被政府镇压,27名军官被处决。此后几个月,政府对军队内部不忠诚的、政治上不可靠的,甚至中立的军官进行了清洗,以此来加强政府对军队的控制。10月16日,政府发布了"政党条例",禁止所有政党以人名作为政党的名称,政府对各政党实行年度预算检查,各政党要向政府提供参加者的名单。这一条例显然是针对庇隆主义党的。但是,政府的镇压进一步坚定了庇隆主义者的反抗决心。庇隆主义者通过邻里协会、工会和个人联系等途径,组织了一场对该条例的有效抵制。1956年7月举行的立宪会议选举中,庇隆主义者发起了投空白选票的号召。结果,当政府统计选票时,绝大部分选票是空白的。[①] 1957年8月,激进的庇隆主义者组成了"62组织",协调对政府的反抗行动。

在经济政策上,阿兰布鲁政府力图回复到前庇隆时代正统的经济政策,恢复农牧业生产,复兴出口主导的经济增长。政府结束了对财政和出口部门的干预;关闭了阿根廷贸易促进协会(IAPI),停止了政府对农产品确定价格并强制收购的做法;通过货币贬值提高阿根廷产品在国际市场上的竞争力;废除了控制商品进出口的贸易调控政策。[②] 改变庇隆政府的经济政策,目的在于改善与美国的关系,得到国际货币基金组织的援助。

货币贬值的确削减了进口,刺激了出口,为政府带来了贸易盈余。但是,政府所希望的经济恢复却很快化为泡影。1957年,大量出口带来的财政收入一度使经济充满希望,但是下一年养牛业和谷物生产的萎缩导致了新的贸易赤字和关税收入的下降。因为要提高农产品在国际市场上的竞争力,阿根廷农业部门不得不从国外进口设备、化肥等。但是,阿根廷的对外贸易盈余远不足以满足农业现代化对进口的要求。而且,工业化带来的城

① Daniel K.Lewis, *The History of Argentina*, Greenwood Press, 2001, p. 116.

② Daniel K.Lewis, *The History of Argentina*, p. 117.

市人口的增长扩大了国内农产品的需求量，减少了用于出口的份额。1900年，阿根廷农业产量的46%用以满足国内消费，到1958年，这一比例上升到80%。[①] 因此，要回复到大危机之前的出口经济繁荣时代是不可能的。

到1957年年底，阿兰布鲁政府的政策已全面失败。它曾许诺恢复经济稳定和活力，但是政府的经济政策带来的是经济的停滞；它曾打算根除庇隆主义，但是政府的措施激起了民众广泛而普遍的抗议。1957年秋，阿根廷总工会组织了两次全国性的罢工，使得整个国家主要城市的经济陷于瘫痪。

1958年2月，阿根廷举行了庇隆政府被推翻以来的第一次总统选举。由于政府禁止庇隆主义者参加竞选，庇隆主义领导人再次号召民众以投空白票表示抗议。没有庇隆主义党的参与，其他政党积极准备竞选。激进党成为最有竞争力的力量，但是，该党发生了分裂。一派以里卡多·巴尔文为首，主张借庇隆主义党被禁的机会，在即将到来的选举中取胜，取代庇隆主义党成为阿根廷最主要的政党。另一派以阿图罗·弗朗迪西为首，认为禁止庇隆主义党参与，使得即将到来的选举失去了合法性。在他看来，与庇隆主义者合作将扩大党的群众基础。1956年11月党的全国会议上，支持不同立场的代表发生了分裂。此后，支持里卡多·巴尔文的一派组成了“人民激进公民联盟”（UCRP），提名里卡多·巴尔文为总统候选人。弗朗迪西和他的支持者组成了“不妥协的激进公民联盟”（UCRI），提名弗朗迪西为总统候选人。[②]

在竞选中，弗朗迪西站在民族主义立场上，支持工会激进主义，主张扩大政府在工业部门的投资，促进经济发展；主张实施对穷人的救助计划；他还谴责美国及其在拉美的“帝国主义”；要求结束对庇隆主义党参与选举的禁令。

由于弗朗迪西在庇隆主义者中间得到的支持日增，尤其是得到了那些主张“没有庇隆的庇隆主义”的派别的支持，引起了流亡在外的庇隆的忧虑。为了保住自己在庇隆主义者内部的权威，庇隆与弗朗迪西通过中间人进行了一系列秘密谈判。庇隆同意在选举中支持弗朗迪西，以此换取庇隆

---

① Alan Roquié, *El Estado militar en América Latina*, Siglo Veintiuno editors, 1984, p. 322.

② 关于激进党的分裂，详尽的分析可参见 Peter G.Snow, “Argentine Radicalism: 1957-1963”, *Journal of Inter-American Studies*, Vol.51, No.4, 1963, pp. 507-531。

主义党的合法化。因此,在 1958 年 2 月 23 日的投票中,弗朗迪西获得 400 万张选票,得票居第二位的里卡多·巴尔文远居其后。

弗朗迪西上台后,政府启动了被称为“发展主义”的经济战略。为协调和促进经济发展,恢复了对贸易和财政的严格控制,再次试图将来自贸易的收入投向工业的发展。弗朗迪西相信,这些政策将会促进经济增长,提高阿根廷工人的生活状况。在对经济前景感到乐观的前提下,为了履行对庇隆主义者的支持做出的承诺,弗朗迪西大幅度地提高工资,冻结消费品的价格。

但是,这种政策——加强政府干预的同时回报工人阶级——给阿根廷经济带来了明显的问题,通货膨胀率迅速上升。更为严重的是,工农业生产依然处于停滞状态。为了防止经济崩溃,政府被迫与国际货币基金组织谈判,后者要求阿根廷改变经济政策,实行新的经济稳定计划。为了获得投资资金,弗朗迪西及其经济顾问同意结束物价管制,结束贸易和外汇控制,削减政府雇员和政府开支等。国际货币基金组织同意给予阿根廷 3.28 亿美元的贷款。但是,经济并未因此好转。出口的数量和价值都没有明显增加,政府收入远不足以满足支出。持续的通货膨胀使工业家感到泄气,使消费者感到愤怒。

作为“发展主义”战略的核心,弗朗迪西曾于 1958 年保证保持国家对石油资源的控制。阿根廷石油储藏的潜在价值,以及由于缺少本国资金勘探和开发石油,使阿根廷石油工业对外国投资者充满诱惑。弗朗迪西与标准石油公司秘密达成协议,允许该公司开发阿根廷的石油。1958 年 7 月,他将该协议公之于众。虽然他宣称国家石油公司(Y.P.F.)将控制标准石油公司的经营,限制其利润,但是,这个协议使总统保护国家石油资源的许诺变成谎言,使他受到阿根廷民族主义者的激烈攻击。

到 1958 年年底,庇隆主义者已对弗朗迪西失去了耐心。工会组织发动了新一轮罢工浪潮,抗议总统背弃竞选期间做出的承诺。庇隆也把 1958 年与弗朗迪西达成的交易公之于众,进一步削弱了弗朗迪西的地位,军人对这一交易尤感愤怒。

军人首先向弗朗迪西的顾问们提出挑战,那些与庇隆主义者有染者成为主要目标。在军人的威胁面前,弗朗迪西被迫减少了其内阁人数。军人然后要求政府改变经济政策，即转向更加保守的贸易政策和财政政策。军人还要求镇压组织抗议的工会活跃分子。随着这些政策的实施，弗朗迪西的支持率进一步下降了。庇隆主义者继续开展抵制运动，其目的在于使阿根廷难以驾驭，直到庇隆主义运动获得合法地位、流亡的庇隆获准回国。

到1960年，“发展主义”战略效果甚微。外国投资促进了旧工业的扩建和新工厂的建立，但是，政府强制性工业化的政策带来了严重的问题。例如，外国投资和政府刺激扩大了阿根廷钢铁工业产量，弗朗迪西和他的经济顾问们将此看作政府的一个重大成就。他们希望，随着钢铁产量的增加，阿根廷将减少战略性金属的进口。但是，由于阿根廷没有足够的铁矿供应，钢铁生产使得阿根廷对原料的进口较前大大增加。结果，不仅没有使阿根廷摆脱对进口的依赖，相反，兴建新的钢铁企业、进口设备和铁矿给阿根廷本已脆弱的经济带来了额外负担。

在与弗朗迪西的联盟破裂之后，庇隆主义者号召在1960年和1961年举行更多的罢工。在地方选举中，庇隆主义的活跃分子组织选民投空白票或支持反对党。为了与庇隆主义者抗衡，弗朗迪西采取了两个措施。第一，在国内，放弃了任何争取庇隆主义者支持的努力，而且，将“不妥协的激进公民联盟”看作唯一能够阻止庇隆主义复兴的力量。第二，在国外，弗朗迪西请求美国的援助。因为美国对世界市场的影响、美国在国际货币基金组织中的地位、美国倡导的“争取进步联盟”计划将有助于阿根廷政府维持其财政平衡。1961年的省级选举中取得的胜利使弗朗迪西以为，“不妥协的激进公民联盟”能够在未来的选举中战胜庇隆主义者。于是，在1962年的国家级选举中，弗朗迪西允许庇隆主义者参与并提名自己的候选人，但庇隆本人仍被禁止参加选举。此举引起了军队的不满，许多军人主张永远将庇隆主义者排除出政治生活。1962年3月揭晓的选举结果出乎弗朗迪西的预料，10名庇隆主义候选人当选为州长，庇隆主义党的领导人控制了绝大多数省议会。虽然“不妥协的激进公民联盟”在联邦首都、在恩特雷利奥斯和一些内地省份表现良好，但选举表明，该党远非阿根廷最主要的政党。

弗朗迪西命令联邦政府对布宜诺斯艾利斯、查科、里奥内格罗、圣地亚哥-德埃斯特罗和土库曼进行干预，但庇隆主义者强烈反对。军人提出了要求弗朗迪西下台的呼声。3月29日，在组成各党派的统一联合政府失败后,军人出面干预,逮捕了弗朗迪西,再次接管了联邦政府。

虽然军人控制了政权,但是仍然通过一个傀儡政府进行统治,因为这样做有助于军队内部的统一,参议长何塞·马里亚·吉多成为临时总统。吉多接手的是一个混乱的政治局面。弗朗迪西的倒台增加了庇隆主义者的信心,他们向政府和政治体制施加了进一步的压力。虽然庇隆主义党仍被禁止参与公共事务,但是其党员继续通过参加罢工和抗议活动,使该党依然维持着国内重要的政治力量的地位。吉多政府希望逐渐对庇隆主义党解禁,但是,任何对庇隆主义党有利的措施都会激怒军队内部的一些人。虽然绝大多数军官仍主张,在庇隆主义者被排除在政府之外的前提下维持宪政政府,但是陆军内部的强硬派、海军和空军则从幕后支持由军人直接掌权。但是,国际环境对强硬派有所限制。如果建立直接的军人独裁,来自美国等国的经济和军事援助将会中止。尽管如此,在弗朗迪西倒台后的几个月内,发生了一系列的军人暴动。政府每一次内阁成员的任命和每一项政策举动都会引起军队内部的对立。最严重的危机发生在 1962 年 8 月,当吉多总统任命一名支持宪政政府的军官为国防部长时,要求结束文人政府的军官,以费德里科·托兰索·蒙特罗为首,要求从他们的派别中任命国防部长,并在首都举行了暴动。这一派后来被称为“红派”。而仍然支持宪政政府的军人被称为“蓝派”。后来吉多总统通过更换国防部长人选平息了这场军队内部的冲突。但是吉多总统的干预,激怒了“蓝派”。他们在胡安·卡洛斯·翁加尼亚的领导下,通过广播发起了一场宣传攻势,要求“红派”保证支持政府和在将来支持宪政制度,“蓝派”军人还袭击了“红派”暴动的据点。海军保持中立,而空军支持“蓝派”。这场冲突结束于 9 月 23 日,翁加尼亚的军队最终迫使“红派”投降。随后的几天,140 名与暴动有牵连的军官被强制离职。

面对脆弱的政治局势和持续的经济困难,吉多政府决定举行新的选举。选举定于 1963 年 7 月 7 日举行。1963 年 3 月,吉多任命奥利西斯·比列加斯为内政部长,负责控制此次选举。奥利西斯·比列加斯宣布,任何被怀疑为庇隆主义代理人的人都将被禁止担任政府职务。这一禁令既禁止了庇隆主义者,同时也禁止了弗朗迪西的支持者,因为他们被认为是庇隆的支持者而被禁止参与选举。因此,庇隆和弗朗迪西动员其支持者投空白票。前总统佩德罗·E.阿兰布鲁组成了“阿根廷人民联盟”,再次参与竞选。他希望争取反庇隆主义力量的支持,当选总统,然后继续其反对庇隆主义的事业。阿兰布鲁的出现促使庇隆主义者转而支持他们感到对自身危害相对较小的候选人——“人民激进公民联盟”的阿图罗·伊利亚。选举结果,伊利亚以多数票当选总统,组成了后庇隆时代第二届激进党政府。

在经济政策上,伊利亚政府通过提高工资和控制物价来刺激需求,拉动经济。阿根廷经济进入了“扩张”和“收缩”的循环之中的“扩张”阶段。1962 年和 1963 年,国民生产总值略有下降,但是随即进入了增长阶段,1964 年增长 10.4%,1965 年增长 9.1%。[①] 但是,农业部门正处于“牛肉周期”的衰退阶段,出售之后所剩无几的牛群必须留下来进行繁殖。牛肉供应的减少引起了城市消费者的不满,同时也减少了出口额。政府对牛肉价格的控制也引起了牧场主的不满。

在政治上,伊利亚政府面临着来自两个方面的挑战。一个挑战来自工会。在阿根廷总工会主席和“62 组织”领袖奥古斯托·班多尔(Augusto Vandor)的协调下,主要工业工会组成了联盟,致力于促使他们认为不合法的政府垮台。甚至在伊利亚就职之前,班多尔就开始推动要求庇隆主义党合法化和庇隆回国担任总统的运动。1964 年 5 月,阿根廷总工会动员其会员举行了连续三个星期的占领工厂、罢工、进军和抗议示威,充分展示了工会的力量,对政府的权威提出了挑战。他们要求实行面向穷人和工人的、新的社会和经济政策。另一个挑战来自军人。军人内部分为两派,一派主张军人退出政治,支持宪政政府;另一派仍要求军人直接掌握政权。翁加尼亚取代阿兰布鲁成为武装力量的主要发言人。1964 年,军队内部出现了要求军人充当国家保护者的运动,翁加尼亚成为这场运动的领袖。军队内部的分裂愈益明显,支持翁加尼亚的军官要求军人更深地介入政治,更坚决地反对在他们看来对国家和军人的利益构成威胁的社会力量。这个派别对文人政府愈益难以容忍,对庇隆主义的担心和对工会运动的愤怒促使他们要求回复到直接的军人统治。

---

① Thomas E.Skidmore and Peter H.Smith, *Modern Latin America*, Sixth Edition, New York and Oxford: Oxford University Press, 2005, p. 93.

与此同时,工会内部也发生了分裂。由于庇隆流亡在外,他的支持者分成了两派。一派继续忠于庇隆,并致力于他回国;另一派主张“没有庇隆的庇隆主义”,力图在新的、更年轻的领导人的带领下,继续推进庇隆主义的事业。1965年3月举行议会选举,尽管军人和保守派强烈反对,但伊利亚政府仍然允许庇隆主义者参与竞选。在若干省份,庇隆主义者所获选票超过激进党20%。此次选举中所取得的成功使得一些庇隆主义领袖,包括班多尔,主张庇隆主义者的活动摆脱庇隆的影响。当时,庇隆仍被禁止参加政治活动。这引起了庇隆的担心。通过他的第三任妻子玛丽亚·埃斯特拉·马丁内斯·德·庇隆(伊萨贝尔·庇隆),庇隆极力筹组第二个阿根廷总工会,与班多尔抗衡。他动员其支持者夺取工会的控制权。

在军人和庇隆主义者向政府提出挑战的同时,经济形势开始恶化。1965年,通货膨胀率急剧上升。据政府估计,消费品价格增长30%。1964年的工资增长赶不上物价的上涨水平,工人的生活费用上升。伊利亚政府的支持率逐渐下降,军人内部的反对派策划夺权。1966年6月28日,军人再次干预,废黜了伊利亚总统,建立了军人洪达(Junta)。议会被解散,宪法被中止,所有政党被取消,首都和各省的政府官员被强令辞职,最高法院亦被关闭。阿根廷再次处于军人统治之下。

二、军人执政和庇隆再次上台(1966—1976年)

军人洪达直接控制政权一天之后,任命翁加尼亚为新总统。为吸引外资,翁加尼亚废除了所有对外资利润汇出的限制,并宣布货币贬值40%。其结果,很多本国企业由于无力支付昂贵的资本货进口而破产,阿根廷市场很快被外国企业所占领,例如,可口可乐公司和百事公司控制了75%的饮料市场。从1963年到1971年,外国公司收购了53家阿根廷企业,遍及阿根廷所有工业部门,特别是汽车、化工、石油化工、冶金和烟草工业。同时,虽然物价持续上涨,工资却被冻结。①

① Benjamin Keen and Keith Haynes, *A History of Latin America*, Houghton Mifflin Company, Boston and New York, 2004, p. 335.

1969年春,政府的经济政策——特别是工业的非国有化和工资冻结——激化了社会矛盾,一些工人和学生诉诸暴力行动。在阿根廷的主要工业中心罗萨里奥、科连特斯、科尔多瓦,发生了骚乱,并最终演变为科尔多瓦暴动。[①] 工人和学生占领了城市的主要部门,直到最后被军队所驱散。与此同时,还有代表庇隆主义者左翼的城市游击队运动,如蒙托内罗斯,开展袭击警察局、暗杀和绑架等行动。

翁加尼亚因对付游击队运动不力引起军队不满。1970年,又发生了一场军事政变,翁加尼亚下台,罗伯托·莱文斯顿成为新总统。最初,莱文斯顿政府集中注意力解决经济问题。工业衰退、通货膨胀、投资下降已使国家的经济衰弱不堪,新政府通过关税保护的政策刺激国内工业的发展,实行新的消费法规,鼓励阿根廷消费者购买本国产品。但这些措施效果不明显。认识到政府的地位不稳,政治活动家努力要求回归宪政政府。1970年11月,全国主要政党的领导人,在激进党和庇隆主义者的领导下,发表了题为"人民的时刻"的宣言,要求结束军人统治。1971年3月,科尔多瓦发生暴动,该市第二次被暴动者占领。政治危机再次导致政府更迭。3月22日,军人洪达迫使莱文斯顿辞职,亚历杭德罗·拉努塞将军接任总统。

拉努塞的目的在于将政权交还文人。他不顾军人对庇隆主义运动的禁令,宣布允许庇隆本人及其支持者参加定于1973年3月11日的选举。[②] 然而,为了阻止庇隆当选总统,军人洪达对所有候选人提出了居住资格的要求。庇隆获准回国,但没有资格竞选总统。

庇隆接受了这一限制,在大选之前,庇隆通过中间人从国外调控,重新确立了他在工会和庇隆主义运动中间的权威。"正义主义者解放阵线"(FREJULI)联合了各省分散的庇隆主义者,提名埃克托尔·坎波拉为总统候选人,参与竞选。

庇隆主义者在这次大选中取得了决定性的胜利。坎波拉几乎赢得了一半的选票。居第二位的激进党只获得了29%的选票。"正义主义者解放阵线"不仅控制了联邦议会,其候选人还当选了各省的省长,并控制了几乎所

① José del Pozo, *Historia de América Latina y del Caribe, 1825–2001*, Santiago: LOM Ediciones, 2002, p. 209.

② José del Pozo, *Historia de América Latina y del Caribe, 1825–2001*, p. 209.

有的省议会。

坎波拉当选只不过是庇隆再次出山的一个前奏。在庇隆主义运动中,坎波拉只是一个小的政治角色,在获得总统候选人提名之前没有独立的政治经验。虽然选举将他推上了总统和庇隆主义运动领袖的位置,但是来自工会、民众组织和党内的不同政见者的挑战使他难以招架。而军人虽然成功地阻止了庇隆参加3月份的选举,但是,阿根廷面临的挑战促使很多军人认为,在当时的环境下,庇隆是唯一有能力领导这个国家走出困境的领导人。坎波拉在就任总统49天后宣布辞职。在9月举行的新的总统选举中,庇隆以62%的选票再次当选阿根廷总统。

在庇隆回国参加竞选期间,庇隆主义运动内部的不同派别——阿根廷总工会、青年庇隆主义者、正义党(Partido Justicialiata,PJ)——对于庇隆主义运动的目标和未来发展提出了各自不同的设想。[①] 阿根廷总工会的工会领袖在庇隆流亡期间曾帮助庇隆维持其在工会中的权威,他们希望通过加强对工人和城市集团的控制成为庇隆主义运动的核心力量;青年庇隆主义者由于游击队运动的同情者和活跃分子的参与而激进化,要求庇隆主义成为革命变革的工具;正义党的领导人希望重建国家的政治体制,要求把庇隆主义运动转变成为一个传统的政党,利用该政党的民众基础控制政治体系。而庇隆模糊不清的政策促使左派、温和派和保守派之间相互竞争,各派都力图加强自身在政府、工会和党的组织内部的地位。[②]

1974年,庇隆转向右派。议会通过法律反对政治暴力。5月1日,借一年一度的劳动节检阅和游行的机会,在聚集在五月广场上的几千人面前,庇隆指责青年庇隆主义者领导人和蒙托内罗斯。有人预料,此后的几个星期内,庇隆可能会将左派清洗出庇隆主义运动。但是,庇隆还没有来得及采取任何行动,就于6月1日去世了。

庇隆去世后,他的第三任夫人伊萨贝尔·庇隆(玛丽亚·埃斯特拉·马丁内斯)接替总统职位。伊莎贝尔主要遵从工会的领导人和社会福利部

---

① 1964年7月,庇隆主义党更名为正义党。

② Daniel K.Lewis,*The History of Argentina*,p. 137.

部长、新总统的私人秘书何塞·洛佩斯·雷加的意见:由阿根廷总工会制定和实施工会条例,加强对工人的控制;使其他政党在政府决策过程中失去发言权;由“正义主义者解放阵线”领导人控制立法机构;政府支持反恐怖行动,以此将军人拉到政府一边;待来自左派的政治威胁消除之后,再集中精力治理经济。也就是说,庇隆去世后,庇隆主义政府成为一个愈益强硬的、偏右的、威权体制。①

雷加是这一政策的主要执行者。1974 年初,他筹建了“阿根廷反共产主义联盟”(Alianza Argentina Anticomunista,AAA),主要矛头指向对政府及其政策提出挑战的“颠覆者”,例如向工会领袖的权威提出挑战的工会活跃分子。为了根除一切政府的反对派,“阿根廷反共产主义联盟”得到政府的资助,动用警察和军队设备,组成便衣队进行搜捕。一旦某人成为嫌犯,即遭到绑架或暗杀。

政府的行动使阿根廷的政治暴力急剧升级。针对政府的迫害,游击队针锋相对。1973 年,“人民革命军”(ERP)与庇隆主义政府决裂后,在土库曼省加强了军事行动。其目的是首先在该省建立一个革命国家,然后以此为基地逐步推进,控制其他北部各省。与此同时,1974 年 9 月,蒙托内罗斯公开宣布诉诸暴力行动,其小分队独立行动,向政府机构、军队等“人民敌人”进行袭击。“人民革命军”和蒙托内罗斯都依靠绑架获取赎金以支持他们的军事行动和政治行动。1970 年,蒙托内罗斯绑架并暗杀了 1955 年政变的组织者之一阿兰布鲁将军,该组织认为阿兰布鲁应对一些庇隆主义者被杀承担责任。②

在政治局势走向公开冲突的同时,政府对经济失去了控制能力。1973 年初,由于农产品出口的增长,阿根廷经济一度出现繁荣局面,但是,进入 1974 年,由于欧佩克的联合行动,国际市场上石油价格上涨,加剧了国际收支不平衡。能源和进口商品价格的上涨增加了企业的负担。对消费者来说,所有商品的价格迅即上升。庇隆生前曾许诺控制通货膨胀,但是到 1974 年底,政府控制批发和零售市场价格的努力宣告失败。伊莎贝尔听从

---

① Daniel K.Lewis, *The History of Argentina*, p. 140.

② José del Pozo, *Historia de América Latina y del Caribe, 1825-2001*, p. 210.

政府内部不同部门的相互矛盾的建议,经济政策几度转向。到 1975 年第一季度,阿根廷经济已近乎崩溃。工业生产下降,通货膨胀率达 183%。[1]

5 月,为控制局势,经济部长塞莱斯蒂奥·罗德里格宣布实行货币贬值政策,阿根廷比索相对于美元的价值下降 150%,同时提高公用事业和政府服务的收费价格。限制工资增长,并由政府发布国内超市销售商品的价格。这一措施遭到了各方面的反对。为抗议工资冻结,阿根廷总工会组织了首次抗议庇隆主义政府的罢工。为了保持工会的支持,伊莎贝尔突然指责罗德里格的调整措施,并许诺提高工资。罗德里格以辞职表示抗议。但是,工会取得的胜利并未带来实际的利益。经济已不可控制,物价飞涨。阿根廷已处于风雨飘摇之中。

三、军人专制(1976—1983 年)

翁加尼亚政府倒台后,军人的政治地位是很弱的,而且军队内部的分裂依然存在。但是,庇隆去世后政治和经济的混乱局面造成了一种权力真空,一些野心勃勃的军官力图填补这一真空。因此,在将政权交给庇隆政府之后不到两年时间,军人再次回到政治舞台上。

军人的第一个目标是"颠覆者"。一些游击队武装,特别是"人民革命军"对军事基地和军事人员的袭击对军队造成了直接的威胁。这种状况迫使庇隆政府在 1974 年底宣布进入紧急状态,允许军人采取针对平民的行动。陆军司令部宣布对土库曼省的"人民革命军"发动进攻。军队不仅占领了游击队曾控制的地区,而且对所谓的游击队支持者和同情者大肆进行迫害。土库曼变成了一座军营。即使在针对"人民革命军"的战役于 1976 年结束之后,军人仍继续搜捕并清除所谓"颠覆者"。到 1976 年,尽管游击队武装时而以爆炸和暗杀而展示其仍然存在,但总体上说,军人的反"颠覆"行动已取得了全面的胜利。

1976 年 3 月 24 日,在经济混乱和政治暴力不断升级的局面下,军人再次出面,伊莎贝尔政府被推翻,豪尔赫·拉斐尔·魏地拉成为新的总统。他

---

① José del Pozo, *Historia de América Latina y del Caribe, 1825-2001*, p. 209.

公开宣布,军人要在全国清除所有威胁国家安全与未来希望的因素。[1] 魏地拉的主张与十年前翁加尼亚的立场基本一致,但是,数年的政治冲突促使军人此时采取更极端的措施。

虽然军人针对游击队的行动已告成功,但是军政府希望走得更远。它打算凭借军事力量对整个社会进行清洗,扫除一切颠覆性的思想、意识形态和政治传统。军政府发动了一场所谓"肮脏战争"(la guerra sucia)。根据档案,在军人统治期间,接近1万名阿根廷人"失踪",而实际死亡人数远高于此,估计大约为3万人。[2] 在此期间,夜间有人敲门成为阿根廷人最为恐惧的事情。因为亲属或朋友经常被军人或警察从家里带走,便再也无影无踪。阿根廷、智利、巴西和乌拉圭的军事独裁政权加强合作,通过秘密的"神鹰行动",建立了共享的情报系统,并通过相互交换避难者,使那些逃出国外或藏匿的人亦难逃魔掌。

在经济上,军政府推行了新自由主义经济政策。经济部长何塞·马丁内斯·德·奥斯(Jose H.Martinez de Hoz)实行了新的汇率政策,并推行贸易改革,以促进农产品出口和工业产品进口。目标是增加出口收入,淘汰那些效益低下的工业企业。他还制订了对国有工业企业实行私有化和减少政府社会服务开支的计划。在最初几个月,他的政策似乎使经济走上了正轨。出口上升,通货膨胀率开始下降,但是代价也是巨大的。工业部门严重衰退,工业部门的就业和工资水平一起下降。

到1979年,军政府似乎实现了其主要目标。对国内敌人的严酷镇压消除了来自各方面的政治和军事挑战,经济形势也给军政府带来了信心。1978年,阿根廷不仅作为东道国承办了世界杯足球赛,而且夺取了冠军。这给阿根廷带来了一定程度的国际声誉。但是很快,国际市场的变化,打击了阿根廷的农业部门;国内工业部门的衰退,削弱了银行系统的基础。私有化和减少政府开支的计划也被迫停止,因为很多军官成为国有企业和官僚部门的负责人,拒绝对公共部门实行私有化。到1980年,通货膨胀再次变得难以控制。

---

① José del Pozo, *Historia de América Latina y del Caribe, 1825-2001*, p. 210.

② Joel Horowita, "Populism and Its Legacies in Argentina," Michael L.Conniff, ed., *Populism in Latin America*, The University of Alabama Press, 1999, p. 39.

随着经济计划的失败,军政府试图与有选择的文人领导人进行对话。参与对话的主要是支持魏地拉政府政策的保守政党领导人,对话的目的在于为以后向军人—文人联合执政的转变做好准备。这一精心设计的转型方案将庇隆主义者以及其他主要政党排除在外,目的在于,确保不再出现庇隆主义的政策,确保军人不会因为"肮脏战争"中的所作所为受到报复,确保武装力量在未来的政府中具有一定的发言权。但是,1979 年开始的这一对话没有达成实质性协议。1981 年 3 月,魏地拉将总统职位转给陆军司令罗伯托·比奥拉将军。

军队内部的强硬派曾试图阻止比奥拉就职,他们认为比奥拉的立场过于自由化。他们的担心确有道理。在严重恶化的经济形势面前,比奥拉宣布与主要政党的领导人进行对话,打算把政权交还文人。军队内部的强硬派聚集在莱奥波尔多·加尔铁里周围,以总统身体状况不佳为由,于 12 月 12 日迫使比奥拉辞职,加尔铁里成为总统。

经济上的失败,野蛮的政治迫害,使军政府处于极度孤立的状态之中。阿根廷社会各界以不同的方式对军政府的统治进行抗议。1977 年,啤酒行业工人在萨乌尔·乌巴尔迪尼的领导下,出租车行业工人在罗伯托·加西亚的领导下,举行了劳工抗议。他们的勇敢行动得到了其他工会成员和社会各界的同情和支持。其他社会团体也对军政府及其政策提出了挑战,其中最有影响力的是"五月广场母亲"。从 1977 年 4 月 30 日开始,一些在"肮脏战争"中失去子女的母亲和祖母不畏军政府的镇压,开始在布宜诺斯艾利斯中心的五月广场定期集会,她们举着子女的名字和照片,要求归还她们"失踪的"孩子,并要求使她们家破人亡的军政府下台。"五月广场母亲"们的勇敢行动得到了举世钦佩和关注。

在内外交困的压力下,军政府为了转移民众的视线,决定进攻马尔维纳斯群岛。马尔维纳斯群岛位于距海岸线 300 英里的南大西洋,1833 年被英国占领。英、阿双方曾就该群岛的归属进行谈判,但是未能达成协议。加尔铁里认为,夺取马岛可以达到两个目的:第一,通过这场军事战役,加强军队内部的凝聚力,扩大政府的支持基础;第二,解决长期以来未能解决的阿根廷对马岛的主权问题,将使加尔铁里及其政府成为民族英雄。

1982 年 4 月 2 日,阿根廷军队进入马岛,并轻而易举地挫败了人数很少、武器过时的英国皇家海军卫戍部队。然而,加尔铁里对形势的估计发生严重错误。第一,加尔铁里认为英国不会全力捍卫这块距离英国 8000 英里、只有 1800 名居民和 60 万只羊的属地。但是,英国对于自己作为一个衰弱的世界强国的地位十分敏感,将马岛问题看作一个民族尊严的问题,决心一战。第二,加尔铁里也错误地估计了美国的态度。阿根廷因支持美国的中美洲政策得到美国的赞许,加尔铁里认为美国至少会在英、阿冲突中保持中立。但是,在试图对双方进行调停失败之后,美国坚决地站到了英国一边,谴责阿根廷的侵略,并向英国提供后勤援助。

4 月 25 日开始,英国从海空展开反击。它的海军在马岛周围建立了警戒线,阻止对岛上的阿根廷军队进行增援的企图。5 月 21 日开始,英军对马岛展开攻击。装备优良的英军很快击败了缺乏训练的阿根廷军队,6 月 14 日,阿军投降。

马岛战争的失败,给军政府以致命一击。6 月 15 日,加尔铁里通过广播和电视宣布辞职。雷纳尔多·比尼奥内就任总统。他宣布将于 1983 年举行总统选举,1984 年将政权交还文人。1983 年举行的总统选举中,激进党候选人劳尔·阿方辛当选总统,阿根廷军人政权宣告结束。

第四节　智利:从社会主义实验到新自由主义改革

一、通向社会主义的智利道路

1970 年,62 岁的萨尔瓦多·阿连德就任智利总统。上台后,阿连德明确表示,政府的目标,不是通过暴力,而是通过“红酒和馅饼”在智利实现社会主义。[①] 他在就职演说中,保证坚持多元的、民主的政治体制。但是,阿

① José del Pozo, *Historia de América Latina y del Caribe, 1825-2001*, Santiago: LOM Ediciones, 2002, p. 207.

连德面对的局势十分复杂。阿连德的支持者毕竟占少数,在1970年的选举中,几乎2/3的选民曾投票反对阿连德,他的激进政策势必引起来自既得利益集团的反对。而且,事实证明,给阿连德制造麻烦的不仅来自反对派,而且来自人民团结阵线内部。虽然阿连德和很多支持者真诚地相信,社会主义能够建立在智利民主的基础上,但是,人民团结阵线内部的另外一些政党和派别并不主张坚持智利的民主体制,在他们看来,这种体制是资产阶级民主,与社会主义是不相容的。早在弗雷政府时期,社会党和左派革命运动(MIR)就开始以武力改变智利的财富分配,阿连德上台后,他们停止了此类行动,但仅仅是暂时的。相反,共产党一直坚持拒绝使用武力,他们支持阿连德维护民主程序的立场。他们认为,超出这一原则,将会引发军事政变。①

在社会经济政策上,阿连德政府主要在三大领域进行了改革:铜矿国有化、农业改革、工业国有化。

1970年12月,阿连德向议会提出议案,要求将“大铜矿公司”国有化,1971年6月,议会一致通过了这一议案。② 人民团结阵线认为,外国资本对“大铜矿公司”的控制是“我们欠发达……我们工业增长缓慢、我们农业的原始状态、失业、低工资、我们生活水平低下、婴儿高死亡率以及……我们的贫困和落后的根本原因”。阿连德认为,铜是智利最主要的财富,智利70%的外汇来自铜的出口,通过国有化,每年达1200万美元的高额利润将为国家服务。③ 基督教民主党不再反对这一措施,右派也支持这一措施,因为一方面,在他们看来,反对国有化将使其失去民心;另一方面,右派对60年代

① John L.Rector, *The History of Chile*, Greenwood Press, 2003, p. 172.

② 1904年,美国人威廉·布拉登(William Braden)购买了智利兰卡瓜(Rancagua)附近的埃尔特尼恩特(El Teniente)铜矿,这是一个储量丰富但矿质较差的矿山,但是他引进了美国矿业中使用的浮选法(flotation process),使智利的铜矿业实现了一次技术上的革命。1908年,威廉·布拉登将埃尔特尼恩特矿卖给古根海姆(Guggenheim)家族。三年后,古根海姆家族又购买了阿塔卡马沙漠丘基卡马塔(Chuquicamata)矿(后来成为世界上最大的露天铜矿)。古根海姆家族将埃尔特尼恩特矿和丘基卡马塔矿合并组成了肯内科特(Kennecott)铜矿公司。1916年,另一家美国公司安纳康达(Anaconda)铜矿公司在科皮亚波(Copiapo)东北部的波特莱里约斯(Potrerillos)建立了第三大铜矿。由于在设备和基础设施方面的巨额投资,这三大美国铜矿公司,统称大铜矿公司(Gran Mineria),将智利的铜矿产量增加了300%,在世界市场上的占有率从4.3%上升到10%。

③ Simon Collier and William F.Sater, *A History of Chile, 1808–1994*, Cambridge University Press, 1996, p. 334.

美国支持土地改革仍心怀抱怨。

阿连德宣布,智利将以为期30年的债券收购肯内科特铜矿公司和安纳康达铜矿公司的财产。赔偿的标准将依据公司财务利润的账面价值,减去分期偿还和折旧,另外还要减去“超额利润”。阿连德亲自确定“超额利润”的水平。1971年9月,他宣布,1955年以来任何超过12%的利润皆属于超额利润。根据这一标准,智利不仅不需要向肯内科特铜矿公司和安纳康达做出赔偿,相反,这两家公司分别需要向智利交付3.1亿美元和7800万美元。

然而,铜矿的国有化并没有带来预期的收益。相反,产量和利润都急剧下降。阿连德政府的支持者指责美国拒绝向国有化之后的矿山提供机器和零部件是造成产量下降的主要原因。的确,国有化之后从美国获得零部件变得困难了,但是,仍可以从其他国家购买零部件。例如,莱克特拉·豪尔(Lectra Haul)牌卡车的轮胎从美国进口的渠道被封锁了,但是仍可以从日本进口,而且价格更便宜。实际上,高水平的技术人员(其中很多是智利人)的流失对产量带来的影响更大。造成这些技术人员流失的原因,或者是由于对政府的政策不满,或者是由于政府不再以美元支付薪金(在被通货膨胀困扰的智利,以美元支付薪金是一种额外的待遇),或者是因不能适应国有化之后的管理方式。不管怎样,技术人员的流失直接影响了铜的产量,特别是在提炼部门。

政治上的分歧很快在国有化之后的铜矿中体现出来。基督教民主党和独立的工会与社会党、共产党人组成的管理人员之间的分歧造成了怠工和劳动纪律的松懈。同时,作为就业政策的一部分,政府增加了矿工的人数,例如,在丘基卡马塔矿,国有化之后,矿工人数增加了1/3。一位美国观察家注意到,这些新的矿工“不是技术人员,而是社会学家、心理学家、公共关系人员,他们代表人民团结阵线投身于政治工作”。丘基卡马塔矿一位名叫戴维·西尔贝尔曼(David Silberman)的共产党员工程师也抱怨,“矿业的主要问题是政治和社会问题。”①1967-1969年至1973年间,矿业的就业人数增加了45%,而人均产量下降了19%,在丘基卡马塔矿,下降了28%。

① Simon Collier and William F.Sater, *A History of Chile, 1808-1994*, p. 335.

在美国公司经营铜矿时期,左派一直支持矿工提高工资的要求。国有化之后,政府要求矿工减缓甚至放弃提高工资的要求。但是,遭到矿工的拒绝。基督教民主党控制的工会对工人的不满火上浇油,以使政府难堪。1971 年和 1972 年,矿工罢工达 85 次,其中有两次罢工致使矿业生产完全停顿。

如果说,绝大多数智利人支持或者说至少是容忍铜矿的国有化的话,那么,农业的改革带来的争论则更为激烈。对于未来智利农业的管理模式,人民团结阵线各政党之间没有形成一致的意见。社会党人(至少他们当中的相当一部分人)主张彻底的集体化;共产党人和激进党人支持农民在对小块土地拥有私有产权的基础上进行合作。这种分歧带来的实际后果是农村地区的混乱状态。

但不管怎样,农业改革的速度大大加快了。阿连德政府的农业部长雅克·琼乔尔(Jacques Chonchol)宣布,所有超过 80“基本”公顷的庄园的多余土地将一律被征收,到 1972 年底,在智利已不再存在面积超出这一限制的庄园。但这一成就并非完全是政府改革带来的。人民团结阵线内部的极端派和左派革命运动(MIR)抱怨,雅克·琼乔尔根据基督教民主党的“资产阶级”的改革法律进行农业改革过于费时,为了“加快农业改革的进程”,左派革命运动组织农民(和无地的马普切人)成立了农民革命运动(Movimiento Campesino Revolucionario),直接占领了 1700 多个庄园,其中很多不足 80“基本”公顷。60 年代后期开始的直接占领土地的现象到这时以更大的规模展开,这种现实将阿连德总统置于非常尴尬的境地:如果派警察驱赶占地农民,他将被指责“背叛了人民的利益”;如果容忍农民的占地行动,反对派将以此指控人民团结阵线践踏法律。为了摆脱这种困境,阿连德求助于土地改革法中一项较不为注意的条款,即如果罢工或歇业影响了工作,政府有权接管一个庄园,并任命临时官员对其进行管理。阿连德认为,这将使政府既能安抚极端派,同时又不致超出法律的界限。但是实际上,反对派的情绪并没有因此而缓和。

根据基督教民主党的改革法律,只有合作社的成员(socios)共同享有被征收的庄园的所有权,而占农村劳动力大约 2/3 的临时工人和外来工(afuerinos)一无所获。人民团结阵线的极端派敦促征收所有农村财产,建立新的农业单位——“国有农庄”(haciendas del estado),由临时工人和外来工耕种。这种做法遭到了合作社成员的激烈反对。阿连德政府无法忽视农民的要求,因为农村地区的工会化已有了高度的发展,在基督教民主党的鼓动下,前合作社成员坚决要求保留他们的合作社。在这种压力下,雅克·琼乔尔被迫答应保留原来的合作社土地不被征收,但是他反对建立新的合作社。

1971 年 1 月,阿连德政府成立了全国农民委员会(Consejo Nacional Campesino,CNC),并建立了该委员会的各省和地方分支机构,由来自不同集团的农民代表组成,但是,这些代表只有建议权,而没有决策权。为了推进农业改革,政府决定将相邻的被征收的庄园合并组成新的实体——土地改革中心(Centros de Reforma Agraria,CERAs),每个土地改革中心将其利润的 90%上缴国家,国家负责支付其成员(既包括前合作社成员,也包括临时工人和外来工)工资,同时负责将其产品投入市场。在反对派看来,土地改革中心是政府在现行的农业体制(意即合作社)之外另行设置的一套系统,目的是“在农村建立一个无阶级的社会”。[①] 反对派很快批评土地改革中心的建立是一个阴谋,目的“只是给予官僚更多的财产特权,同时剥夺个体经营者和农民生产组织对农业部门创造的生产剩余的控制”。[②] 1971 年 9 月底和 1972 年初,反对派的农民工会成员和其他一些农民组织两次在圣地亚哥举行抗议,要求政府根据法律原则,将合作社土地分给个体农民经营。

除了土地改革中心之外,政府又建立了生产中心(Centros de Producción,CEPROs),属于国有的经营单位,其成员是国家雇员,从政府那里领取工资,并享有社会安全福利。尽管生产中心仅占集体所有类型的庄园的 2%,但是,它拥有在“改革后部门”的大约 1/7 的土地。

不论是合作社(asentamientos),还是土地改革中心(CERAs),或者是生产中心(CEPROs),这些新的农业单位的建立极大地改变了智利农业的面貌。1965 年,80 公顷以上的庄园占有全部土地的 55%,到 1972 年,下降到占有全部土地的不到 3%。在 1965 年,不到 1/5 的农业经营单位是 5—80

① Braan Loveman,*Struggle in the Countryside*,Bloomington,Ind.,1976,p. 293.

② Braan Loveman,*Struggle in the Countryside*,p. 295.

公顷的农庄,到1972年,上升到一半以上。虽然这种土地占有状况在几年之后发生了很大的变化,但是智利传统的大庄园制已消失了,而且是迅速地消失的。但是,如同在改革后的铜矿部门一样,改革后的农村地区也出现了一系列问题,各种不同的政治力量发挥着不同的作用,政府的目标和农民的愿望(特别是前合作社成员的愿望)相互冲突。农村的不稳定、农民劳动纪律的松懈以及不利的气候致使阿连德政府期间的农业产量严重下降:1969—1970年至1972—1973年间,被耕种的土地面积下降了1/5。虽然大麦、玉米和黑麦的产量略有上升,但是,小麦产量下降1/3以上,土豆产量下降1/7以上,大米产量下降20%,蔗糖产量下降40%。由于担心土地被占用或被征收,许多个体农民放弃耕种,卖掉农业机械,杀掉家畜,或者通过非法途径将他们的牲畜卖到阿根廷。"改革后部门"的农民集中精力耕种属于个人的小块土地,生产的产品供自己消费或者到黑市上出售,而在共有土地上消极怠工。到1972年,智利的农业产量只能满足本国农业消费的2/3,政府被迫花费外汇收入的56%进口粮食。

在阿连德政府上台之前,国家已经拥有或控制了很大部分重要的经济部门,如钢铁工业、石油工业、绝大部分铁路、国家航空公司等。通过生产开发公司(CORFO),国家还拥有了一些大制造业企业的所有权,到1970年,政府控制了大约40%的制造业生产。但是,人民团结阵线政府并不以此为满足,它的目标是消灭所有的大私营公司。由于此举伤害了根深蒂固的既得利益集团,使人民团结阵线的计划遇到了严重抵制。

如同在铜矿和农村一样,对于工业企业的国有化,人民团结阵线内部也存在着不同的主张。共产党人和激进党人主张谨慎地推进国有化过程,主要针对那些垄断性的大企业,而不包括中小企业。他们认为,这样做将使政府赢得中产阶级的支持。而社会党和统一人民行动运动(MAPU),更不用说左派革命运动,主张对所有的生产部门立即实行国有化。

1971年10月,阿连德总统建议,将所有净资产超过1400万埃斯库多(escudo,大约100万美元)的公司实行国有化。智利全国大约有253家属于此类的公司(其中150家是制造业企业),控制了全国大约90%的公司财产。政府同意以等于1969年的账面资产值的拥有利息的债券购买这些公司,其中短期投资者将得到根据通货膨胀率进行调整的补偿,大股东相对而言得到的优惠较少。但是,这一建议受到多数议员的反对,到 1972 年 1 月,政府将国有化企业的数目减少到 90 个,但是仍不能安抚反对派的情绪。

就像在农业改革中的做法一样,政府找到了一条绕开议会的途径。在 1932 年的社会主义共和国期间,马马杜克·格罗韦曾签署一项法令(DFL 520),授权政府接管对经济"至关重要"的工业企业,前提是这些企业违反法律。这一法令成为阿连德政府推进国有化最为有力的武器。阿连德政府还拥有另一项武器,即人民团结阵线政府期间曾推行的一项政策,允许政府接管未能有效地开展生产的工厂,虽然没有将该工厂的财产权转归国有。这两项措施类似于农村地区农民的占地运动,罢工和其他形式的生产中断通常成为政府委派特派员(interventores)接管工厂的前奏。到 1973 年,通过接管、收购股票等多种形式,国家控制了 400 家企业,占工业生产的 80%、GDP 的 60%。①

但是,国有化或政府委派管理员进行管理的工厂与铜矿业、农业部门面临着同样的问题,而且造成这些问题的根源也极为相似。管理员的任命通常不是根据其管理和技术水平,而主要是根据他们所属的政党在人民团结阵线内部的影响力,这类职位大部分落入社会党和共产党人手中。有的管理员不称职,有的贪污腐化。另外,政府的就业政策增加了企业的雇员人数,新被雇用的工人经常因政治原因拒绝服从管理人员的指挥。劳动纪律松懈,其他问题也接踵而来,如腐败、盗窃、玩忽职守、对机器设备疏于保养等等。在反对派的鼓动下,罢工数量增加。从 1970 年到 1972 年,停工事件增加了一倍,造成了 1620 万个人均工作日的损失。

但是,迅速的国有化带来的消极后果并没有立即显示出来。实际上,1971 年的经济形势良好:由于物价冻结和工资提高,实际购买力(尤其是对那些此前几乎没有购买力的人而言)迅速上升。GDP 增长 8.3%,工业生产增长 12.1%,失业率下降到 3.8%。这是因为工厂可以利用积累的原材料和闲置的生产能力。但是,这种好的经济形势显然难以持久。物价冻结使得企业利润下降,由于担心被国有化,许多私营企业主拒绝追加投资。工业

① Alberto Baltra, *La gestión económica del Gobierno de la Unidad Popular*, Santiago, 1973, pp. 53-54.

生产逐渐开始下滑。1972 年年中,工业生产勉强高于 1971 年的水平,下半年,生产的下降已十分明显,生产成本的提高使国有企业总体上亏损,1972 年,国有企业亏损额达 220 亿埃斯库多,相当于国家预算的 60%。

随着工农业生产下降,阿连德政府很难履行提高人民生活水平的诺言。由于本国工业不能生产足够多的消费品,政府只好从国外进口。但是,铜价下跌,国家的外汇收入减少,进口能力下降。到 1972 年底,智利的经济已陷入困境。出口从 1970 年以来下降了 1/4,而进口上升了 2/5。1971—1972 年,贸易赤字从 180 万美元上升到 2550 万美元。

二、政治的极端化和 1973 年的政变

随着经济陷入困境,智利的政治也进一步极端化。带有法西斯性质的"祖国和自由"组织对阿连德政府展开了猛烈的攻击。该组织的领导人巴勃罗·罗德里戈斯·格雷斯(Pablo Rodriguez Grez)号召与人民团结阵线全面对抗,并策划了一系列反对政府的破坏活动。例如,他几次炸毁变压设备,致使照明中断,而保守派的新闻媒体将其栽赃于左派恐怖主义者。后来,他切断输油管道,并于 1973 年 6 月与军人策划推翻政府的军事政变。来自左派的暴力行动也在升级。一个左派激进组织为报复 1969 年基督教民主党政府执政期间发生在蒙特港的 8 名抗议者被杀事件,刺杀了前弗雷政府的内政部长埃德蒙多·佩雷斯·祖霍维克(Edmundo Perez Zujovic)。另外,1971 年议会选举中,一半以上的选民支持人民团结阵线,这一结果使基督教民主党感到担心。面对这种形势,基督教民主党改变了几十年来拒绝与右派结盟的传统,与民族党联合组成了"民主联盟"(CODE),两党联合控制了议会的足够多数,阻挠人民团结阵线政府的任何立法获得通过。

在"民主联盟"与人民团结阵线形成对立局面的同时,激进的工人和农民加速了直接占据和夺取土地和工厂的行动。"民主联盟"担心,如果对工人和农民这种随意的行动不加控制,将很快导致私有企业的消失,因此他们要求通过一项法案,规范私有财产的国有化。

阿连德同意通过谈判找到一个解决问题的途径。来自"民主联盟"和人民团结阵线的代表经过协商,起草了一份宪法修正案草案,规定智利的经

济将由三种并存的成分组成:第一种是国有部门,主要由大矿业和工业企业组成;第二种是混合部门,由政府和私人共同享有产权;第三种是私有部门。阿连德同意这一方案,但是激进的社会主义者强烈反对,他们担心这一方案将阻止工人继续夺取工厂,并中止正在“加速进行的革命”。这一法案在议会获得通过,但是人民团结阵线内部的分裂促使阿连德将其否决,阿连德与“民主联盟”寻求妥协的努力也最终破产。

美国尼克松政府密切关注着智利的事态发展。在尼克松和基辛格看来,阿连德政府是共产主义在南美的一个滩头阵地,并决心摧毁它。① 在阻止阿连德当选的努力失败后,美国的策略转向支持“民主联盟”。美国向反对派提供了大量的资金支持。为了在经济上搞垮阿连德政府,美国中止了向智利政府的贷款,并反对国际机构向智利提供贷款。但是,尼克松政府继续向智利支付已经签约的贷款,美国私人金融部门也避免公开地对智利进行抵制,因为他们担心这样做将危及以往的贷款的收回。为了寻求新的资金来源,阿连德政府向加拿大、西欧、苏联和中国寻求援助。除了这些国家向智利提供了一些贷款外,智利还从国际货币基金组织获得了 8000 万美元的贷款,并得到了属于“巴黎俱乐部”的私人银行和政府延期偿还贷款的同意。因此,来自其他方面的新贷款足以弥补并超出了来自美国的贷款的减少,但是,由于税收下降和消费上升,阿连德政府为支付进口产品对国外贷款的需求一直十分紧迫。

1972 年 8 月 21 日,零售商关门歇业 24 小时。为了使商店恢复营业,政府采取了破锁措施,由此引发了骚乱,一些人被捕。10 月 11 日,发生在阿乌斯特拉尔区(Zona Austral)的卡车工人罢工迅速蔓延到全国各地。两天后,零售商、工业主加入罢工行列,随后,医生、律师、建筑师等专业人员,甚至部分农民也参加进来。为解决危机,阿连德决定,邀请军人参加政府。11 月 2 日,他任命武装部队最高总司令卡洛斯·普拉茨将军为内政部长。另外一些高级军官也被任命为重要的政府部长职位。三天后,普拉茨将军通过谈判将罢工平息下去。

随后迎来了 1973 年 3 月的议会选举。“民主联盟”的目标是在选举中

---

① John L.Rector, *The History of Chile*, p. 177.

赢得足够的席位将阿连德弹劾下台,人民团结阵线号召人民支持政府。在两大对立的阵营中间,军队充当了缓冲者。由于军队的干预,这次选举在最低限度的对抗中展开。选举结果,“民主联盟”获得55%的选票,没有达到预定的66%的目标;人民团结阵线获得44%的选票。双方都宣布自己是胜利者,但是,力量对比并没有发生大的改变。选举后,军人有意继续留在内阁中,但是受到人民团结阵线内部左派的反对。于是,军官部长们辞职,阿连德任命了新的文人内阁。

选举之后,阿连德政府推出了一个新的教育改革方案,建立“民族团结学校”(ENU)。根据这一方案,在向孩子们提供更多的接受教育的机会的同时,教育还应有更长远的目标,即培养“一代新人”。根据阿连德政府的教育部长的计划,为达此目标,在公立和私立学校的课程中,应将传统的智利价值观和“无产阶级争取主权和独立的斗争”结合起来,使教育建立在新的社会主义社会的基础之上。“民主联盟”立即对此表示强烈反对,在他们看来,新的教育方案是将马克思主义思想引入课程体系。天主教会也担心,新的教育方案将削弱教会对教育的影响和控制。

接着,4月到6月,埃尔特尼恩特铜矿的工人为要求提高工资举行罢工,并迅速扩展到丘基卡马塔矿。阿连德提醒罢工工人,铜矿已经实现国有化,这意味着工人已拥有所有权,他们不应该为提高工资而罢工。而“民主联盟”则全力支持罢工,因为罢工一方面可以削减政府的收入,另一方面也可使人民团结阵线执政将给工人带来好处的许诺变为谎言。当罢工工人从矿山进军来到圣地亚哥时,受到了中产阶级的专业人员的欢迎。这次罢工给政府带来了大约8000万美元的损失。

6月29日,发生了一起下级军官组织的政变企图。一支坦克团驶过圣地亚哥的大街向国防部进发,但政变者显然经验不足,在遇到红灯时坦克还停下来等候。抵达国防部后,坦克上的军人开火,造成22人死亡和32人负伤。他们还袭击了总统府。但是在陆军司令普拉茨将军的劝说下,政变者放下了武器。同时,阿连德向工人发表广播讲话,号召他们起来保卫自己的政府。当天晚上,阿连德的支持者在总统府前举行了浩大的示威游行,以此向所有智利人表明,阿连德政府依然控制着局势。

此次政变企图提醒“民主联盟”,也提醒了人民团结阵线,如果政治家不能达成妥协以维持民主体制，军人将走出军营接管政府。6 月 30 日，阿连德和基督教民主党领导人帕特里西奥·艾尔文举行会谈，试图解决两大阵营之间的分歧。但是，基督教民主党多数领导人公开反对与阿连德政府和解。在人民团结阵线内部，共产党主张让基督教民主党人参加内阁，以阻止军人政变，但是社会党坚决反对。会谈中，艾尔文提议，任命军官担任重要的内阁职务、将被占领的私有财产物归原主、执行武器管制法律。阿连德接受艾尔文的绝大多数提议，但是拒绝归还已被工人占领的工厂，因为他知道，社会党人和左派革命运动（MIR）将不会答应。8 月中旬，阿连德和艾尔文再次举行秘密会谈，但是没有达成协议。①

8 月 9 日，阿连德任命了普拉茨将军和另外三名军官参加内阁。8 月 21 日，普拉茨和一名叫作亚历杭德罗·考克斯的妇女各自驾车行驶于圣地亚哥的高速公路上，据说考克斯向他伸舌头表示侮辱，普拉茨威胁要杀死考克斯。此事引发了军官妻子的抗议，要求他辞职。普拉茨最终辞去国防部长和军职，阿连德任命奥古斯托·皮诺切特接替他的职务。阿连德认为，皮诺切特和普拉茨一样，将坚定地捍卫宪法。

然而，阿连德没有想到的是，9 月 9 日，经过几天的策划，军队领导人做出了推翻政府的决定。9 月 11 日被确定为发动政变的日期。陆军在 9 月 11 日凌晨前开始行动，海军也参与了政变。阿连德总统得知军事政变发生的消息后，离开住处前往总统府。负责保卫总统府的警察部队得知其上级支持政变后，撤离职守，置总统于无人保护状态。虽然政变军人很快控制了局势，但阿连德总统少数坚定的支持者仍在总统府坚持抵抗。政变军人向阿连德提供一架飞机让其离开智利，并宣布将在上午 11 时开始戒严。但是，阿连德拒绝投降，他通过广播发表了最后一次激动人心的演说，他说，“我决不屈服，我为忠诚的人民献出我的生命。”②下午 2 时左右，空军袭击总统府，阿连德总统以身殉职。一种说法是中弹身亡，另一种说法是自杀。

① John L.Rector, *The History of Chile*, p. 180.

② Allende eclipsa a Pinochet en el 30 aniversario del glope militar en Chile, *El País*, 11-09-2003.

三、威权政治下的新自由主义改革

政变后,以皮诺切特为首的军人洪达宣布,其目标是对智利的政治体制和社会经济进行改造。军政府认为,智利陷入危机的根源是政治家背叛了国家的利益,煽动民众,使受苏联影响的马克思主义者控制了政权。只有"根除马克思主义癌症",才能将智利从灾难的悬崖边拉回来。①

军政府成立后,议会被关闭,组成人民团结阵线的各政党被取缔。其他政党被禁止活动,到 1977 年也被取缔,实行长达数年的严格的宵禁。左派报刊从报亭消失。对公共管理部门进行了彻底的清洗。军政府成立之初,几乎所有重要的机构(甚至包括足球协会)都由委派的将军、海军上将、陆军上校、上尉直接监督。身着军装的"代理校长"接管了经过清洗之后的大学。一夜之间,智利的政治氛围发生了 180 度的转变。

人民团结阵线各政党的活跃分子被捕,许多被立即枪杀,至少有 7000 人被集中在圣地亚哥的国家运动场,这是最早的拷问中心。全国建立了至少六个集中营。据估计,在军人政府期间,每 100 个智利人中,就有一人至少一次被逮捕。被捕者达几万人,另有几万人被驱逐出境。到 1978 年年中,仅在西欧,就有大约 3 万智利人流亡。到 70 年代末,估计流亡者为几十万人。只是到 80 年代,流亡者才获准返回智利。

为了维持国家的"平静",军政府建立了系统的警察机构。1973 年底,建立了一支新的秘密警察——"国家情报局"(DINA),由皮诺切特直接控制。② 该机关以曼努埃尔·孔特雷拉斯将军为首,从陆军中征募绝大部分成员,其中很多人被送往巴西和南非接受训练。到 1977 年,其人数已达 1 万人,另有有偿的告密者达 2 万到 3 万人。最初,"国家情报局"拷打审讯的对象主要是左派革命运动和共产党员。"国家情报局"的追杀范围越出国境。1974 年 9 月,普拉茨将军和他的妻子(他们在政变后流亡国外)在布宜诺斯艾利斯被汽车炸弹杀害。1975 年 10 月,基督教民主党著名政治家

① A.Pinochet, *Pinochet: Patria y Democracia*, Santiago, Chile: Editorial Andrés Bello, 1983, p. 33.
② Alain Rouquié, *El Estado militar en América Latina*, Siglo veintiuno editores, 1984, p.290.

贝尔纳多·莱顿·古斯曼在罗马遭到枪击,死里逃生(他于1995年去世)。1976年9月,另一颗汽车炸弹夺去了阿连德政府驻美国大使、外交部长奥尔兰多·莱特列尔的生命,此次暗杀事件发生在华盛顿的智利驻美使馆外。美国司法部和联邦调查局的调查表明,此次暗杀事件确是智利"国家情报局"所为。

莱特列尔事件在国内外引起的骚动迫使皮诺切特解散了"国家情报局"。1977年8月,另设规模相对较小的秘密警察——"国家情报中心"(CNI)——取而代之。到此时,镇压的程度有所减轻,但是,失踪、酷刑、暗杀仍时有发生,一直持续到军政府的结束。1985年3月,三名共产党专业人员(一名教师、一名社会学家和一名退休的艺术家)被暗杀,他们的喉咙被切断,尸体被扔在圣地亚哥郊区的路边。

1973年9月的政变后,智利威权政治最明显的特点是皮诺切特的地位不可抗拒地上升。最初的设想是,总统职位由组成军人洪达的成员——除皮诺切特外,还有来自海军的何塞·托里维奥(José Toribio)上将、来自空军的古斯塔沃·利(Gustavo Leigh)将军、来自警察部队的塞萨尔·门多萨(Cesar Mendoza)将军——轮流担任。但是,皮诺切特的地位很快跃居其他洪达成员之上,1974年底,他获得了共和国总统的称号,军政府也随之日益向个人专制的方向转变。古斯塔沃·利将军向一家意大利报纸表示希望尽快实现政治的"正常化",皮诺切特于1978年6月将其免职。皮诺切特并未试图建立一个隶属于自己的政党组织,相反,他的设想是在相当长的一段时间内,使整个国家"非政治化"。1977年,皮诺切特宣布,他的目的是在智利建立一种新的、虽然是"受保护的"民主制度。在他的授意下,一些保守的法学家早已开始起草一部新宪法。1980年9月11日,即1973年政变的七周年纪念日,就新宪法举行了公民投票。政府展开了强大的宣传攻势,同时反对宪法的声音受到严厉压制。结果,60多万人参加投票,新宪法以67%的赞成票和30%的反对票获得通过。根据该宪法,总统任期8年,议会的权力受到更严格的限制,1/3的参议员由任命、而非由选举产生。通过一系列的制度安排保证军队对未来的政府的影响。皮诺切特本人成为第一任总统,在他任期结束时,将举行公民投票,确定支持还是反对下届(1989—1997年)总统的军方候选人(无疑将仍是皮诺切特),也只有到那时才能同时举行议会选举。6个月后,即1981年3月1日,根据1980年宪法,皮诺切特就任总统。

政变后,军政府面临着稳定和复兴经济的迫切任务。在这种情况下,“芝加哥弟子”走上了前台。所谓“芝加哥弟子”,指的是来自天主教大学的一批经济学家,其中很多人毕业于美国芝加哥大学经济系,该系是新兴的“货币主义”和自由放任正统经济理论的大本营。“芝加哥弟子”的代表人物是天主教大学社会科学学院院长塞尔希奥·德·卡斯特罗(Sergio de Castro)。很多“芝加哥弟子”进入国家计划办公室(ODEPLAN)担任职务。他们的建议对于经济政策的影响立竿见影:1973年10月,废除了几乎所有的物价管制,埃斯库多贬值(从1美元50埃斯库多降为1美元250埃斯库多),实行单一的、统一的汇率。

然而,“芝加哥弟子”的经济政策并没有立即带来经济的好转。相反,物价飞涨、失业激增,在很多军人和企业界人士看来,他们推行的严格的、毫无限制的资本主义风险太大。同时,世界经济形势给智利经济带来了严重的不利影响。1973年10月以色列和阿拉伯国家间的战争导致油价上涨4倍,并引发了世界性的经济衰退。1974年年中,国际市场上铜价急剧下跌。在这种形势下,1975年3月,芝加哥大学教授、货币学派的代表人物密尔顿·弗里德曼访问智利,建议皮诺切特以“休克疗法”抑制通货膨胀。4月,在一次周末集会上,听取了来自经济学家的正反两方面的意见后,皮诺切特采取果断措施,全面支持“芝加哥弟子”的方案,授予1974年7月以来担任财政部长的豪尔赫·考阿斯(Jorge Cauas)以特别的权力,同时任命塞尔希奥·德·卡斯特罗为经济部长。1976年12月豪尔赫·考阿斯辞职后,塞尔希奥·德·卡斯特罗接替财政部长职务。

“芝加哥弟子”充分利用皮诺切特的支持,在智利推行了20世纪最彻底的经济变革。他们的目标是彻底扭转从20年代以来形成的国家干预主义传统,他们认为,这种传统是智利经济增长的障碍。他们主张开放经济,在出口市场上培育国家的“比较优势”。为达此目的,必须在全社会建立市场关系,以一种新的企业家文化取代传统的对国家的依赖,国家本身必须回归到“守夜人”的传统角色。

豪尔赫·考阿斯立即推行了“休克疗法”。公共开支削减了1/4以上;

严格限制货币的供应量;利率提高了3倍。这些措施推行的后果是急剧的经济衰退,失业率上升到接近20%,实际工资下降到1970年的3/5。到1975年底,GDP下降了1/7,工业生产下降了1/4。严重的经济困难迫使政府推行低工资的"最低限度就业计划"(Programa de Empleo Minimo,PEM),在1976年,有20万人在铺路一类的公共工程工作。

尽管经济严重衰退,在此后的七年内,新自由主义改革计划仍得以彻底地推进。从1974年起,400多家国有或国家控制的公司被私有化,尽管一些大的"战略性的"企业(很多此类企业已被控制在军人手中)仍属公共部门。与此同时,平均进口关税从1974年的70%下降到70年代末的10%,这是世界上最低的进口关税税率之一。其后果,从1975年到1982年,智利的制造业占整个GDP的比重下降了1/5。1974年和1977年,实行了非常自由的外资投资法律,引进了欧洲的增值税体系。1975年,对货币制度进行了改革,1000埃斯库多兑换1比索。1979年1月,确定了39比索等于1美元的固定汇率。在农村,阿连德政府的农业改革被全面中止,政府对农业的开支大幅度削减。阿连德政府时期被征收的土地中,1/3被物归原主,大约1/2被划为小块分给农民,其余的由土地改革公司(CORA)拍卖。1979年,通过了一项新的法律,鼓励马普切人将他们的公共土地分成小块私人所有。但是,这些农业改革措施并未导致传统的大庄园制度的恢复,高度资本密集的、劳动力密集的商品化的农场很快成为占主导地位的农业单位,其产品主要面向出口。大约有1/3的农民因不适应新的经营方式而卖掉他们的份地,成为无地的劳动者。新的"农业企业"与传统的带有父权主义特点的大庄园不同,它们很少能为农业工人提供相对稳定的就业机会。因此,农村地区的贫困状况加剧,穷人成为资本主义农业现代化的牺牲品。

尽管付出了沉重的社会代价,但是从传统经济学观点来看,这种无情的新自由主义调整效果显著:通货膨胀率从1973年的500%下降到1978年的40%。经济从1976年开始复苏,1976—1980年,GDP增长率为7%。① 非传统产品的出口增长特别明显,智利的苹果出现在英国的超市,优质的智利葡

① Alain Rouquié, *El Estado militar en America Latina*, p.294.

萄酒在美国的酒店销售。在60年代,铜的出口占全部出口的90%,到80年代下降到不到一半。建筑业和进口行业兴隆,智利很快充斥了外国产品:日本的电视机和收音机、韩国的汽车(从1975年到1982年,智利的汽车总数增加了3倍)、法国的香水、苏格兰的威士忌等等。所有这一切造成了一种经济繁荣的景象,尽管外债激增(到1982年智利外债额为170亿美元),但是依然洋溢着一种乐观的气氛,在很多人看来,智利将成为另一个中国台湾或韩国。1980年8月,劳工部长何塞·皮涅拉(José Pinera)宣布:“到1990年智利将成为一个发达国家。”①

但是,两年以后,智利经济陷入了比1975—1976年更为严重的衰退中。由于1979年第二次石油危机带来的油价上涨,世界经济再次下降,这意味着智利出口市场的萎缩,而政府实行的固定汇率制度使智利产品缺乏竞争力,使得比索升值,并带来了严重的国际收支赤字。由于美国里根政府和英国撒切尔政府在国内实行严格的新自由主义战略,国际利率上升。1982年,智利800家企业破产。GDP下降1/7,工业劳动力下降1/5,失业率超过1975—1976年的危机时期。

1982年年中,塞尔希奥·德·卡斯特罗辞去财政部长职务,他的固定汇率制也随之解体。皮诺切特告诉新的财政部长,“我决定实行贬值。”两次货币贬值使比索的价值下降了88%。1983年初,在银行近乎崩溃的形势下,政府接管了银行,清理了三家银行,由中央银行接手它们的债务。在两年的时间内,换了四任财政部长,最后于1985年2月,皮诺切特任命36岁的埃尔南·布奇为财政部长。比较敏锐的观察家注意到,埃尔南·布奇毕业于哥伦比亚大学,而非芝加哥大学,其专业是商务(business),而不是经济学,他的就职在某种程度上标志着明智的实用主义取代了此前原教旨色彩的新自由主义,或者说是对“正统的新自由主义的偏离”。② 这种新的实用主义表现为谨慎地操纵汇率和货币的供应,有选择地采取措施保护面向国内市场的工业和农业企业,同时继续鼓励出口。提高了进口关税,并对某些进口产品征收额外税,智利制造的出口零部件免征增值税。通过这种有限

① Arturo Fontaine, *Los economistas y el presidente Pinochet*, Santiago, 1988, p. 140.

② Ricardo French-Davis, “El impacto de las exportaciones sobre el crecimiento en Chile,” *Revista de la CEPAL*, 78, 2002, p. 144.

制的“进口替代”和促进出口措施的结合，工业生产逐步恢复，加上中部谷地的水果农场和南部地区的松树森林的扩大，智利经济从80年代中期进入了一个新的增长阶段，就业率和工资也随之上升。然而，新自由主义的基本框架依然维持并得以加强。在80年代，绝大多数国家的养老金计划转归私人公司，即所谓的“养老金基金管理公司”（Administradoras de Fondos de Pension，AFPs），到90年代初，新的私人养老金基金已达150亿美元。[①] 1985年后，一些“战略性的”国有企业在新一轮私有化浪潮中被出售。政府采取措施解决巨额的外债，并取得了一定的成功。外债从1985年占GDP的143%下降到1990年的74%（在1970年仅占8%）。1985年后，外国直接投资迅速增加，其中2/5来自美国，相当部分投资于制造业。1990年起，由美国、欧洲和日本共同投资的拉埃斯考迪达（La Escondida）铜矿投入生产，计划产量达到埃尔特尼恩特矿的水平。经济的增长为智利在国际上赢得了良好的声誉。对于处于“失去的十年”之中的其他拉美国家来说，“智利模式”具有明显的吸引力。

对于智利新自由主义改革带来的社会后果，一直存在着争论。政府的确采取了一些措施改善穷人的生活状况，到80年代末，从低成本的住房、下水道系统、街道铺设、供水系统、人均寿命（从1973年的65岁上升到1990年的72岁）、儿童营养、婴儿死亡率（在1970年智利儿童死亡率居拉美地区之首，到1990年成为拉美地区最低的国家）等指标来衡量，智利的社会生活状况皆有了明显的改善。但是，另一方面，如上所述，80年代中期后的经济增长是以两次严重的衰退和居高不下的失业率为代价的。城乡的贫困状况进一步恶化，收入分配严重不均。1974—1980年，平均工资水平下降了30%，1975年到1978年间，失业者占总人口的13%，向失业者提供低收入的临时性工作的最低就业计划中就业的人还不算在内。[②] 1978年到1988年间，最富有的20%的人口占有国民收入的比例从51%上升到60%；以下60%的人口，包括大量的中产阶级，收入水平大幅度下降，他们占有国民收入的比重从44%下降到35%；最贫困的20%的

① 胡安·阿里斯蒂亚主编：《AFP：三个字的革命——智利社会保障制度改革》，中央编译出版社2001年版。

② Alain Rouquié, *El Estado militar en America Latina*, pp.294-295.

人口只拥有国民收入的 4%。[①] 另外,新自由主义改革极大地改变了就业模式,到 80 年代末,大约 1/3 到 2/5 的劳动力就业于非正规部门,如街道兜售和家政服务等。由于工厂、农场和国家机关广泛使用转包合同制,短期就业和季节性就业越来越普遍。在农村,临时工人人数是长期就业人数的 6 倍。

四、民主制的恢复

1982—1983 年的经济衰退带来了严重的经济困难,同时也导致了反对派运动的活跃。最初兴起的是劳工运动。1973 年后,工会被镇压。1979 年,政府颁布新的劳工条例,对工会的活动范围实行严格的限制。但是,来自劳工的反抗运动从未完全消失,到 80 年代初,出现了几位全国知名的劳工领袖,如纺织工人领袖曼努埃尔·布斯托斯,埃尔特尼恩特铜矿的矿工工人领袖鲁道夫·塞盖尔(Rodilfo Seguel)以及全国金融雇员协会(ANEF)领袖、最初曾支持皮诺切特政权的图卡佩尔·希门尼斯(Tucapel Jiménez)。图卡佩尔·希门尼斯由于声望日益增长,被政府看作潜在的威胁,1982 年 2 月,他被"国家情报中心"暗杀,尸体被扔在一辆被废弃的出租车内。1983 年 5 月 11 日,鲁道夫·塞盖尔领导了一场为期一天的总罢工,得到了广泛的支持,罢工使圣地亚哥陷于瘫痪。此后的三年中,发生了 20 多次此类抗议运动。

虽然最初的抗议运动是工会组织首先发动的,但是新兴的政党组织很快成为领导力量。尽管在前十年间,各个政党遭到严酷的镇压,但是并未完全消失。民族党在政变后解散,其成员支持皮诺切特政权。共产党虽然因镇压而遭到严重的损失,但是在地下状态生存下来。1980 年,部分地受尼加拉瓜革命和伊朗革命的影响,共产党改变了过去的"和平"路线,开始支持人民起义,成立了城市游击队组织——曼努埃尔·罗德里格斯爱国阵线(FPMR),并策划了一些小的恐怖活动,例如炸毁高压电线铁塔、切断能源

---

① Benjamin Keen and Keith Haynes, *A History of Latin America*, Houghton Mifflin Company, Boston and New York, 2004, p. 358.

供应等。社会党因镇压带来的损失更为严重,政变后内部分歧加剧,特别是在流亡者中间。但到80年代初,社会党内出现了两个主要派别,一派主张全面恢复阿连德的计划;另一派被称为“革新派”,受欧洲社会民主党的影响,主张与基督教民主党联合。1982年爱德华多·弗雷去世后,基督教民主党一度群龙无首,但很快在新的领导人卡布里埃尔·巴尔德斯的领导下恢复了活力。1983—1986年的民众动员使政府惊慌失措,它的反应是采取严厉的镇压措施,每一次抗议运动都造成了人员伤亡。1985年8月,在圣地亚哥红衣大主教胡安·弗朗西斯科·弗莱斯科的倡议下,除共产党之外的11个政党签署了“全国向全面民主转变的协议”(Acuerdo Nacional para la Transición a la Plena Democracia),要求自由选举、恢复法律原则、实行“混合”经济等。①

虽然抗议运动在街头和大学校园此起彼伏,但皮诺切特并无隐退之意。他决心在1988年的公民投票中获胜,并进入下一个总统任期,一直到1997年,特别是经济的复兴使他充满了自信。1986年9月,曼努埃尔·罗德里格斯爱国阵线策划了一次刺杀事件,但皮诺切特幸免于难,他的5名保镖丧生。与此同时,反对派认识到,其唯一可行的策略是在1980年宪法框架的范围内展开努力,力争在公民投票中击败皮诺切特。1988年2月,15个政党(不包括共产党)和政治运动摒弃前嫌,联合起来,成立了“投否决票的各党派联盟”(Concertación de Partidos por el No),目的是在即将到来的公民投票中投皮诺切特的反对票。“联盟”争取选民支持的活动遭到政府的骚扰与干涉,1988年上半年,就有2000人被捕。然而,联盟最终取得了胜利,在1988年10月5日举行的公民投票中,对皮诺切特第二任期的反对票占54%,支持票占43%。

投票结果使皮诺切特极为恼火,然而,他还是明确表示,他将尊重投票结果,并根据1980年宪法于1989年2月举行总统和议会选举。“联盟”在公民投票中获胜后,下一个目标是赢得总统和议会选举。但是,基督教民主党内部在候选人提名问题上出现了分歧。卡布里埃尔·巴尔德斯和前总统爱德华多·弗雷·蒙塔尔瓦的儿子爱德华多·弗雷·鲁伊斯-塔格莱都想争取总

① Simon Collier and William F.Sater, *A History of Chile, 1808-1994*, p. 378.

统候选人的提名。但是后来,卡布里埃尔·巴尔德斯突然退出,转而支持帕特里希奥·艾尔文。由于在公民投票期间,艾尔文是“联盟”的官方发言人,这使得他的支持率大大提高。右派提出的候选人是埃尔南·布奇,第三个候选人是“民众主义”的百万富翁弗朗西斯科·哈维尔。除了准备大选之外,“联盟”还争取对 1980 年宪法进行修正,并取得了一定的成功。1989 年举行的公民投票通过了宪法修正案,内容包括:废除对“反家庭的”或“支持阶级斗争的”政党的禁令、在参议院中扩大选举产生的议员的人数、简化宪法修正的程序、改变国家安全委员会(根据设计主要由军人控制)的构成。还规定,作为一项临时措施,将总统任期限制为四年。但是,“联盟”未能改变二元制的选举体制(binomial election system),①也未能废除所谓的“捆绑式法律”(tie-up laws),这一法律是皮诺切特限制未来政府手脚的武器,内容包括:公务员的永久任期制、武装部队总司令部不可撤换。而且,无论总统和议会选举结果如何,皮诺切特本人将担任陆军总司令直至 1998 年。

尽管如此,智利人还是为 20 年来首次举行的总统选举感到振奋。选举结果再次反映了民意,艾尔文赢得 55%的选票,另两个右派候选人共获得 43%的选票。在议会选举中,“联盟”获得众院 120 个席位中的 72 个,参院 38 个由选举产生的席位中的 22 个。1990 年 3 月 11 日,艾尔文总统宣誓就职。新当选的议员和新政府的部长绝大多数是军政府期间受过监禁或被流放的政治犯。②

第五节　1964—1985 年的巴西军人政权

一、1964 年政变

1955 年的总统大选中,库比契克当选为巴西新总统,并于 1956 年 1 月

① 这种选举体制有利于右派,因为一方面有利于农村地区,另一方面,根据这种体制,只要某个政党以两倍的选票战胜对手,那么它即可获得参众两院的席位。

② José del Pozo, *Historia de América Latina y del Caribe, 1825-2001*, p. 249.

就职。在他执政的5年中,继续执行加速工业化的方针。库比契克的座右铭是“用5年的时间取得50年的成就”。为解决长期阻碍巴西经济发展的结构性障碍,库比契克把运输和电力部门置于优先发展的地位。库比契克政府制定优惠政策,吸引外资。从1955年到1961年,流入巴西的外资总量达23亿美元。1960年,美国在巴西的投资达15亿美元。外资对巴西经济的控制随之加强,很多本国企业主变成外国公司的经理或合伙者,特别是在最现代化的、发展速度最快的工业部门,如化工、冶金、电力、通信和汽车工业等。

1956—1960年,巴西国民生产总值年平均增长率为8%。到1960年,巴西已由一个农业国转变为一个农业—工业国,重工业能够满足一半的国内需求。库比契克在位于边疆地区的戈亚斯州建立新首都巴西利亚的决定,反映了他对巴西未来前景的高度的乐观主义。经过三年的时间,新首都巴西利亚建成并于1960年4月21日投入使用,并修建了“国家统一高速公路”网络将巴西利亚与其他地区连为一体。

但是,这些发展成就的实现所付出的代价也是很高的。政府建设计划的投资很大部分来自外债,巴西的外债额从1954年的16亿美元上升到1961年的27亿美元,同期的外债偿付额从1800万美元上升到5150万美元,超过巴西出口总额的一半。1957年,国际收支赤字达到2.86亿美元。通货膨胀也开始加速增长。在以国际货币基金组织为代表的国际债权人的压力下,库比契克不得不考虑实行严格的经济稳定政策以摆脱财政危机和取得新的国外贷款。1958年10月,库比契克政府宣布了它的经济稳定计划,计划的目的是,“通过推行货币稳定政策,使国家在经济平衡和社会稳定的前提下发展。”计划分为两步,第一步,从1958年10月到1959年底,“大幅度降低物价的上涨”,消除在投资上的混乱状态,提高实际工资购买力。第二步,从1960年起,实现物价稳定后,货币供应量的增加将严格限制在能带来实际经济增长的范围内。上述目标,将在不损害政府的发展纲要的前提下实现。

但是,保持较高的投资水平和达到稳定物价的目标之间存在着难以克服的矛盾。库比契克渐渐发现了反通货膨胀计划的政治代价。限制工业信贷引起了企业家的强烈抗议,工会组织强烈反对控制工资增长。1960年的总统大选在即,面临着来自社会各个方面的对经济稳定政策的批评,库比契克总统于1959年6月中断了与国际货币基金组织的谈判,放弃了经济稳定计划。

1960年的大选在社会不稳定和对国内外政策的激烈争论中展开。以民族主义和民众主义姿态参加竞选的前圣保罗州州长雅尼奥·夸德罗斯赢得了广泛的支持而当选为新总统。夸德罗斯就职后,为了减少对发达国家的依赖,努力发展与社会主义国家和第三世界国家的贸易和外交关系。他启动了与苏联恢复外交关系的谈判,派遣贸易代表团访问中国,谴责1961年4月美国中央情报局支持的入侵古巴的猪湾事件。虽然他强调外资对巴西经济发展的重要性并许诺保障外资的安全,但是他反对外国在巴西的石油工业部门投资,并提议修改"将巴西公司置于不利地位的法律和条例"。他还对外国公司将利润汇出巴西进行了限制。

夸德罗斯的政策激起了军人和文人保守势力的反对,由保守的大庄园主控制的议会对夸德罗斯的政策推行设置重重障碍。为了打破僵局,夸德罗斯于1961年8月25日突然宣布辞职,这离他就任总统只有7个月的时间。夸德罗斯辞职的用意是,以辞职来加强自己的地位,从而削弱议会。他认为,副总统古拉特晋升为总统,将是各党派,尤其是军队,所无法接受的。因此,"不是国会将拒绝他辞职,就是人民将坚持他继续留任。"[①]然而,出乎意料的是,议会却异常痛快地接受了他的辞职。

夸德罗斯辞职后,以极端右派、陆军部长奥迪利奥·德恩斯(Odilio Denys)为首的军队成员,坚决反对夸德罗斯的法定继任者、副总统古拉特就任总统。古拉特是巴西工党的领袖,既是瓦加斯的民众主义的忠实信徒,又与左派有着密切的政治联系,支持农业改革。1954年,他曾任瓦加斯政府的劳工部长,因为主张为工人提高实际最低工资,在军人和右派的压力下被迫辞职。在奥迪利奥·德尼斯的领导下,军人控制了政府,并宣布为了"国家安全",不许正在中国访问的副总统古拉特回国。而激进左派、南里约格朗德州州长、古拉特的姻弟莱昂内尔·布里佐拉与一些受古巴革命影响的左派政党和运动有着密切的联系。[②] 他开始武装一个民团,并扬言如果必

① [巴西]若泽·马里亚·贝洛:《巴西近代史(1889—1964年)》,辽宁人民出版社1975年版,第701页。

② José del Pozo, *Historia de América Latina y del Caribe, 1825-2001*, Santiago: LOM Ediciones, 2002, p. 208.

要,就用武力保证古拉特就职。在里约热内卢,温和的右派、退休的洛特元帅公开发表声明,支持古拉特就职并呼吁部队遵守宪法。在这样的情况下,为了避免军队内部的分裂,最终达成了一项妥协方案:实行议会制,身为总统的古拉特应通过一个向议会负责的内阁来执政,总统被降到仅仅是名义上的领袖的地位。① 古拉特不满足于这一安排,通过 1963 年 1 月举行的公民投票恢复了完全的总统制。

古拉特于 1961 年 9 月就职,他谨慎从事,力图缓和国内外保守势力的疑虑。1962 年 4 月,他访问了美国,并在美国国会两院联席会议上发表演讲,许诺理性地对待在巴西的外国投资。美国向巴西提供了 1.31 亿美元的援助,但是国际货币基金组织仍对古拉特持怀疑态度,而私人银行是否向巴西提供贷款,要视国际货币基金组织的态度。

古拉特通过法律要求外国公司在巴西政府注册,并将利润汇出限制在投资资本的 10%以内。这虽然不是一项激进的措施,但是导致了外国投资的急剧减少,外国投资从 1961 年的 9100 万美元下降到 1962 年的 1800 万美元。在没有其他资金来源的情况下,为了实施经济发展计划,古拉特只好扩大货币的发行量,但由此导致了通货膨胀,并引发了罢工和骚乱。面对这种现实,古拉特政府与以前的几届巴西政府一样,被迫实行经济稳定政策。1963 年初,古拉特政府制订了“三年计划”。计划提出了实现反通货膨胀和同时恢复经济高速增长的双重目标:在 3 年的时间内,维持 7%的经济年平均增长率,同时,将通货膨胀率从 1962 年的 52%降低到 1963 年的 25%和 1964 年的 15%。② 计划的实行意味着紧缩信贷、降低工资,而这些措施必然受到古拉特的主要政治支持力量——工人和民族主义者的反对。在“三年计划”中,除了经济紧缩外,古拉特还提出了对巴西经济和社会结构进行“根本改革”的目标:通过土地改革扩大国内市场和提高农业产量,通过税收改革降低社会不平等状况,并为教育和其他社会福利事业提供资金。这必然引起右派的激烈反对。因此,古拉特的改革计划受到来自左、右双方的反对:右翼极端势力指责古拉特的真正目的是对巴西的财富、权利进行彻底

---

① Peter Flynn, *Brazil, A Political Analysis*, Westview Press, 1978, pp. 227-228.

② Ronald M.Schneider, “*Order and Progress*”: *A Political History of Brazil*, Westview Press, 1991, p. 217.

的再分配，左派则指责古拉特通过经济紧缩政策加强对工人的剥削，以此来讨好资本家和帝国主义势力。古拉特的经济稳定计划也受到中间阶层，如实业家、中产阶级职员、军官等的反对，他们不愿承担经济稳定带来的代价。在所有这些压力下，1963 年 6 月，古拉特放弃了“三年计划”。计划从提出到最后放弃总共不到半年时间。

在经济稳定政策失败后，古拉特转向左派寻求政治支持，主张进行激进的社会变革。1964 年 3 月 13 日，他在里约热内卢举行的大规模群众集会上发表演讲，主张对巴西的经济政治结构进行广泛的改革，涉及的范围包括土地分配、对外国企业国有化、给予文盲和现役军人选举权、使共产党合法化等。他还指出，必须对过时的、已经成为改革障碍的宪法进行修改，以创造一个更加公正与人道的社会。最后，他与他的姻弟、著名的左派政治领导人莱昂内尔·布里佐拉一起明确宣布，为了实现改革的目标，他们将越过议会，直接依靠广泛的群众支持，甚至必要时解散议会。两天后，即 3 月 15 日，古拉特在向议会提交的年度咨文中提出了他的改革方案。

在这种形势下，右派和军人决定通过政变推翻古拉特政府。3 月 25 日，部分海员和海军陆战队队员违抗海军部长席尔瓦·毛达的命令，参加了共产党领导的银行职员工会的政治集会。海军部长下令逮捕 40 名集会的组织者的消息传出后，26 日，近 2000 名海员和海军陆战队队员在钢铁工人工会的总部集会，要求释放被捕者和撤销海军部长职务。[①] 这一事件成为对古拉特政治态度的考验。古拉特撤销了毛达海军部长的职务，任命一名退休的海军上将保罗·罗德里格斯为海军部长，而罗德里格斯被认为是同情左派的军官。罗德里格斯就职后，赦免了所有参加抗议的海军军人。[②] 古拉特对这一事件的处理直接向军队提出了挑战，持中间立场的文人政治家最后也转变了态度，认为必须推翻古拉特政府，军人也最终联合起来采取了行动。

3 月 31 日，米纳斯吉拉斯和圣保罗的军人开始向里约热内卢进军。美国驻巴西大使林肯·戈登对军人政变的内幕了如指掌。早在政变前 5 天，

---

① Ronald M.Schneider, *The Political System of Brazil, Emergency of a"Modernizing" Authoritarian Regime, 1964-1970*, Columbia University Press, New York and London, 1971, pp. 96-97.

② Riordan Roett, *Brazil: Politics in a Patrimonial Society*, Westport, Connecticut, 1992, p.93.

他在给国务卿腊斯克的电报中指出，卡斯特洛·布朗库将军可能成为新的军事洪达的领袖。已出版的档案资料显示，在需要的情况下，美国准备给予政变军人以军事援助。但是，事实证明美国的援助是不必要的，古拉特政府在几乎没有做任何抵抗的情况下被推翻，总统流亡乌拉圭。①

二、军政府的建立和稳定经济

古拉特政府被推翻后，政变军人内部存在着不同的主张。强硬派军人认为，巴西的民主制已经被自私的、颠覆性的政客搞得腐败不堪，国家需要一段较长的时间来恢复元气，在这段时间内，应采取措施，对国会议员进行清洗、终止直接选举、解雇公职人员。温和派军人持不同的观点，他们认为，1964 年政变的目的是净化民主体制，而不是废除民主制。他们主张，通过禁止左派和民众主义领袖的政治参与，捍卫 1946 年宪法。② 经过相对短时间的行政和经济重组之后，被不负责任的政治家所损害的民主制即可恢复。

新政府的成立体现了温和派和强硬派的妥协。根据 1946 年宪法（第 66、88 和 89 条），只有在下述三种之一的情况下，才能使一个总统提前结束其任期：辞职、议会弹劾和未经议会允许擅自离开国家。但是 1964 年政变后，上述三种条件皆不存在。在军人的要求下，4 月 2 日，参院议长阿乌罗·毛拉·安德拉德在没有任何法律依据的前提下简单地宣布总统职位空缺。然后，根据宪法，下院议长拉涅里·马济利就任代理总统，在此期间（最多 30 天），议会将选举出新的总统。强硬派军人在此决定中发挥了重要作用。强硬派的政治代言人科斯塔·席尔瓦将军自任新政府的陆军部长，然后宣布，他已组成了最高革命司令部，包括海军上将罗德迈克和空军准将弗朗西斯科·德阿西斯·考莱奥·德梅罗，这两人分别就任海军部长和空军部长。代理总统马济利通过任命此三人为新内阁的三军部长而确认

---

① 关于美国与巴西 1964 年政变，参见 Phyllis R.Press, *Brazil and the Quiet Intervention*, 1964, Austin: University of Texas Press, 1979。比较新的研究，可参阅 Mario Rapoport y Ruben Laufer, "Los Estatos Unidos ante el Brasil y la Argentina-los glopes militares de la decada 60", *Estudios Interdisciplinarios de America Latina y el Caribe*, Vol.11, No.2, 2000。

② Alan Roquié, *El Estado militar en América Latina*, Siglo Veintiuno editors, 1984, p. 316.

了他们的实际权力。4 月 9 日,最高革命司令部签署军政府的第一份法律文件,即“第一号制度法”。“第一号制度法”共有 11 条,有效期到 1966 年 1 月 31 日。其主要内容是:1. 总统能够向议会提出宪法修正案,议会只能在 30 天内讨论这一修正案,而且仅需简单多数票即可通过(而不是 1946 年宪法要求的 1/3 多数)。2. 将议会的财政和预算立法的特别权力转交给总统。3. 总统获得了宣布 30 天的紧急状态的权力,并可将这一紧急状态延长 30 天(需要在 48 小时内向议会提出报告)。4. 总统“为了国家的荣誉和安全”,有权剥夺任何公民为期 10 年的政治权利以及取消联邦、州和市议员的任职权利。五六个月内停止文官的工作保障。①

值得注意的是,虽然“第一号制度法”为了“将故意使国家布尔什维克化的政治力量清除出政府”而终止了正常的宪法程序,但它仍然没有完全废除巴西的民主制度。它指出,“为了表明不想使革命进程激进化,我们决定保留 1946 年宪法,仅限于在那些涉及共和国总统权力的条款上进行修改……我们同样决定保留议会,仅仅对其权力进行了一定的限制。”②这是温和派观点的体现。此外,“第一号制度法”废除了 1946 年宪法中军人不能竞选行政职务的规定,并要求在该法案通过后的两天内举行总统和副总统的选举。4 月 11 日,议会选举温和派军人的领袖卡斯特洛·布朗库为军政府的第一任总统。新政府内阁的组成反映了两派之间力量的平衡。席尔瓦依然占据着陆军部长的位置,但强硬派的罗德迈克和德梅罗被更加中立的军官所取代。温和派的埃内斯托·盖泽尔担任国防部长。内阁中除了另外一名退休军官外,其余部长职务皆由文人技术专家担任。

根据“第一号制度法”,军政府首先在全国范围内进行了大规模的清洗与镇压。在此期间被逮捕的人数因无官方的数据,只能大体估计为 1 万到 5 万人之间。此外,军政府还根据“第一号制度法”剥夺了许多人的政治权利。据统计,在 60 多天的时间内,军政府剥夺了 441 名巴西人的政治权利,其中包括 3 名前总统(古拉特、夸德罗斯、库比契克)、6 名州长、55 名联邦

---

① Thomas E. Skidmore, *The Politics of Military Rule in Brazil, 1964 - 85*, New York, Oxford University Press, 1988, p. 20.

② George-Andre Fiechter, *Brazil since* 1964: *Modernization under a Military Regime*, The Macmillan Press, London, 1975, p. 37.

议员以及许多外交家、劳工领袖、军官、知识分子和公务员。

军人接管政权后，将经济政策制定权交给技术专家。在他们看来，具有技术趋向的专业人员，特别是工程师、企业经理、经济学家（不包括那些被怀疑同情共产主义的经济学家），更加适合推行政府的目标。军人认为这些人能够不偏不倚地执行政策，技术专家决策在技术上和道义上优于任何代议制政治机构，因为后者面向具体的利益集团。[①] 新政府的经济班子由计划部长罗贝托·坎波斯和财政部长奥塔维奥·布良斯领导。为了整顿经济秩序，坎波斯和布良斯主张逐渐降低公共部门的赤字，紧缩对私营部门的信贷，稳定工资。政府计划，通过这些措施，将财政支出的增长率从 1963 年的 64%和 1964 年的 86%降低到 1965 年的 30%和 1966 年的 15%，将通货膨胀率从 1964 年初的 100%降低到 1965 年的 25%和 1966 年的 10%。[②]

军人上台后发现，在古拉特任期所余的 18 个月的时间内，很难实现他们的目标。例如，到 1964 年年中，布朗库的经济班子发现，在预定的 1966 年 1 月 20 日新总统上台之前，很难完成控制通货膨胀的任务。而且，经济稳定政策肯定会引起公众的不满，如果总统选举按预定时间于 1965 年 11 月如期举行，“革命”必将失败。在这一情况下，1964 年 7 月，军政府通过宪法修正案，将布朗库的总统任期延长 14 个月，即到 1967 年 3 月，同时将下届总统选举的时间推迟到 1966 年 11 月。

根据 1946 年宪法，1965 年 10 月将在 11 个州举行大选。强硬派军人认为，在“革命”尚未完全巩固的情况下，按期举行选举将是不明智的，也是不必要的。而作为温和派的布朗库总统为了向巴西民众表明其致力于实现民主的愿望，宣布将遵守举行大选的时间。为了争取大选的胜利，布朗库政府在经济上暂时放松了紧缩政策。在政治上，为了增加支持军政府的政党全国民主联盟（UND）的获胜机会，对选举机制作了较大的变动。第一，国会通过宪法修正案，为了减少“选举腐败”，要求候选人证明在参加竞选的州已居住 4 年以上。第二，国会通过“不合格法”，规定任何在 1963 年 1 月后曾在古拉特政府担任部长的人不能被提名为候选人。尽管采取了上述措

---

① ［巴西］埃利萨·P.赖斯：《当代巴西政治中的官员与政治家》，《国际社会科学杂志（中文版）》第 8 卷第 1 期（1991 年 5 月），第 24 页。

② Thomas E.Skidmore, *The Politics of Military Rule in Brazil, 1964–85*, pp. 29–30.

施,最后的选举结果,全国民主联盟在瓜纳巴拉州和米纳斯吉拉斯州遭到了失败,另外 9 个州,支持政府的候选人获胜。

选举结果公布后,强硬派军人向布朗库发出最后通牒,要求布朗库政府采取干预行动,废除选举结果,任命新的州长。甚至要求将当选者送交军事法庭。并传出流言,说部分军人准备发动政变,废黜布朗库,建立“真正的”革命政府。而布朗库认为,“革命”的合法性依赖于尊重选举的结果。经过激烈的争论,最后以妥协的方式解决了这场危机:该两州的选举获胜者被允许就职,但是联邦政府有权任命州安全秘书。但是,强硬派军人并不以此结束对政府的压力。布朗库总统被迫采取措施满足强硬派军人的要求,于 1965 年 11 月 26 日签署了“第二号制度法”。

“第二号制度法”的有效期到 1967 年 3 月 15 日,即布朗库政府任期的结束。它的主要目的是使得任何反对派在未来的选举中难以取得胜利。根据“第二号制度法”,第一,总统、副总统、州长将由间接选举产生。第二,总统被授予撤销任何由选举产生的政府职员,包括议员的职务的权力。第三,总统有剥夺任何公民政治权利十年的权力。第四,联邦最高法官由 11 人增加到 16 人。这一条款是布朗库在强硬派军人的压力下做出的,因为联邦最高法院几次在关键的“颠覆”案件中驳回政府的指控。第五,根据“第二号制度法”,废除所有的政党。① 接着,军政府通过了“第四号补充法”,确立了新的政党的组建原则。规定,新的政党必须在该法通过后的 45 天内由至少 120 名众院议员和 20 名参院议员组成。这一严格的原则最终有所放松,因为军政府担心在这样的条件下反对派不能争取到足够的甘愿冒失去任职资格的风险的议员来组建一个反对党,而建立一党制又不符合国家安全的需要。因为为了合法性的目的,军政府需要一个“负责任的反对党”。最后,新组建了两个政党,支持政府的政党命名为全国革新联盟(ARENA),反对党命名为巴西民主运动(MDB)。前者主要与原全国民主联盟有联系,同时也有原社会民主党成员参加;后者主要来自原巴西工党,也有社会民主党成员参加。②

---

① Thomas E.Skidmore, *The Politics of Military Rule in Brazil, 1964-85*, p. 46.

② Glaucio A.D.Soares; Óscar Barahona, “El sistema político brasileño: nuevos partidos y viejas divisiones”, *Revista Mexicana de Sociología*, Vol.44, No.3, 1982, p. 929.

1967年1月24日，议会通过了新宪法。1967年宪法对1946年宪法在几个方面进行了修改：一是总统间接选举产生；二是联邦政府加强了对公共开支的控制（议会无权提出任何开支计划，也无权增加政府提出的开支计划）；三是赋予联邦政府以特别权力打击"针对国家安全、政治和社会秩序的犯罪活动以及对财产、服务和联邦利益的损害"。实际上，1967年宪法是第一号制度法到第三号制度法以及相关法律的综合。①

由于1965年的选举已过，同时"第二号制度法"又赋予了政府在布朗库任期内特别的权力，军政府把注意力再次转向了经济稳定政策。为减少预算赤字，政府通过法令，没有联邦政府的批准，禁止州政府发行新的债券。政府减少了对私人企业的保护，结束了在企业面临破产危机的时候由国家银行提供信贷资助的政策。为控制通货膨胀，财政部第10号条令确立了计算工资水平的标准。根据这一条令，工资增长的幅度要依据以下三个因素来确定：工资增长前24个月工人的平均工资水平，对工资增长后12个月通货膨胀率的预测，对年度生产增长率的估算。工资每年调整一次。由于政府每年都低估下一年的通货膨胀率和生产增长率，因此实际工资一直处于下降状态。为吸引外资，废除了古拉特政府禁止外资利润汇出的规定。同时规定，如果外国公司将利润在工业部门再投资，利润税由30%降为15%。而且，所有在被认为是对国家的发展具有重要意义的项目上的机器和设备的投资被列为直接外资并免税。②

经济紧缩政策的实施，导致了1966年经济衰退。实际工资下降，进口暴跌，企业破产增多。但是，政府成功地使通货膨胀率从1965年的66%降低到1966年的41%和1967年的31%，政府财政赤字由1963年占国民生产总值的4.2%下降到1966年的1.1%。③

---

① "第三号制度法"于1966年2月5日颁布，其内容是将各州首府的市长和"对国家安全至关重要的"城市的市长由原来的议会选举产生改为由联邦政府任命。

② Maria Helena Moreira Alves, *State and Opposition in Military Brazil*, Austin: University of Texas Press, 1985, p. 51.

③ Alfred Stepan, ed., *Authoritarian Brazil: Origins, Policies and Future*, Yale University, New Heaven and London, 1973, p. 10.

三、威权统治与“经济奇迹”

1967年3月15日,强硬派的代表科斯塔·席尔瓦就任军政府第二任总统。内阁中,军人占多数,并由强硬派绝对控制。

社会下层收入的下降,政治上的镇压,促进了1967年后各种各样的反对派的联合。到1968年,这一联合发展成为群众性的社会运动。3月,在里约热内卢发生了一系列学生抗议。3月28日,学生组织了一场游行示威,军警前往镇压,并开枪打死了一名学生。第二天,这名学生的葬礼转变成为一场大规模的示威。4月4日,在里约热内卢市中心的坎塔拉里亚教堂为这名学生举行了纪念集会,有几千人参加。[①] 1968年4月,米纳斯吉拉斯州的工业城市坎塔盖姆的钢铁工人举行罢工并占领了工厂。这是巴西1964年政变以来工业界的首次罢工。5月1日,在圣保罗,在由政府任命的工会领导人举行的有2万人参加的五一集会上,800名勇敢的工人揭竿而起,他们将演讲人和政府官员(包括圣保罗市市长)赶下台,发表了自己的演讲,抨击政府的经济政策,随后举行了游行示威。两个月后,在圣保罗郊区的奥萨卡也发生了钢铁工人罢工。除了学生和工人外,一些传统的政治家也站到了军政府的对立面。两个前州长拉瑟达(瓜纳巴拉州)和马盖拉艾斯·平托(米纳斯吉拉斯州)曾支持军人政变,但是,军人上台不久,两人与军政府发生了分歧。1967年,他们两人组织了一个政治运动——“广泛阵线”,并争取到政变后被剥夺政治权利的前总统库比契克的支持。1967年9月,“广泛阵线”的主要成员与流亡前总统古拉特在蒙得维的亚会谈,并发表了“蒙得维的亚协定”。要求民主化,废除所有镇压性的法律,结束现行的工资政策;确认工人的权利,包括罢工的权利;要求立即举行自由的、直接的选举。

各种各样的抗议运动使军政府处于被动防守的地位。强硬派军人指责温和派低估了反对派的力量。随后发生的阿尔维斯事件为强硬派军人采取

---

① 关于该时期巴西的学生抗议运动,参阅 Víctor M. Durand Ponte,“Análisis del movimiento estudiantil brasileño”, *Revista Mexicana de Sociología*, Vol.29, No.3, 1967, pp.475-486。

行动提供了机会。1968 年 8 月中旬,来自瓜纳巴拉州的巴西民主运动议员马西奥·莫雷拉·阿尔维斯在议会发言中号召巴西人民抵制独立日军队游行,要求巴西妇女拒绝与在镇压面前保持沉默的或参与国家暴力的军官约会。虽然这一发言并未引起新闻界的注意,但强硬派军人借此挑起了一场政治危机。三军部长要求议会取消阿尔维斯的议员豁免权,以便对他进行起诉,但在 12 月 12 日议会表决中未获通过。

政府决定采取行动。12 月 13 日,也就是议会表决后的第二天,政府颁布了"第五号制度法"。"第五号制度法"没有有效期。根据"第五号制度法"划归政府部门的权力可概括为以下几个方面:1. 关闭联邦、州和市议会的权力;2. 在联邦、州和市各层次取消选举的权力;3. 剥夺公民 10 年的政治权利的权力;4. 在联邦、州和市官僚机构解雇、解职、转移或命令雇员退休的权力;5. 解雇、解职、转移法官的权力;6. 不受 1967 年宪法条款的限制宣布紧急状态的权力;7. 作为对颠覆和腐败的惩罚,为了国家的利益将私人财产收归国有的权力;8. 在所有反对国家安全的政治犯罪中取消人身保护的权力;9. 将政治犯罪交军事法庭审判的权力;10. 根据法令立法和颁布其他制度法和补充法的权力;11. 禁止司法部门审议任何根据"第五号制度法"被指控的案件的权力。①

从 1968 年签署到 1979 年被废除的 12 年的时间内,"第五号制度法"成为对 1067 人进行惩罚的法律依据。被指控的人包括政府官员、军人、政治家、教授、律师、建筑师、工程师和司法人员。"第五号制度法"还被用来取消了 113 名联邦参议员和众议员、190 名州议员、38 名市议员和 30 名市长的选举权。许多州议会,包括圣保罗和里约热内卢的议会被关闭。1969 年 2 月,所有联邦、州和市议会都被关闭。

1969 年 8 月,科斯塔·席尔瓦总统突然中风。为了从许多军人候选人中选出新总统,成立了一个非官方的"选举团",由 104 位将军组成,负责从军官中收集建议。然后由一个小的选举团,由另外 10 位将军组成,审查提交的候选人名单,并从 10 人降为 3 人。最后由 7 名将军组成的小组做出最后的决定。通过这种程序,埃米利奥·加拉斯塔苏·梅迪西将军被选为新

① Maria Helene Moreira Alves, *State and Opposition in Military Brazil*, p. 96.

总统。

"第五号制度法"的颁布及其随之而来的政治镇压使反对派确信,只有武装斗争才能推翻巴西的独裁统治。1967 年,巴西的共产党(PCB)执行委员会成员卡洛斯·马里盖拉公开倡导以城市游击战作为中心的革命战略。[①] 马里盖拉建立了民族解放同盟(ALN)。民族解放同盟的纲领对德布雷的"游击中心论"进行了修正,使之适合城市游击战的形势。1969 年 8 月,马里盖拉袭击了设在圣保罗的国家广播电台,并通过广播宣读了一份革命宣言。9 月 4 日,马里盖拉领导的民族解放同盟和"10 月 8 日革命运动"(movimento revolucionario 8 de outubro,MR-8)联合行动,绑架了美国驻巴西大使查里斯·布克·埃尔布里克,并以此向军政府提出了两项要求:(1)在 48 小时内,在巴西国家电台播送其革命宣言;(2)政府必须释放 15 名特别的政治犯。绑架事件引起了军政府高度重视。一方面,在美国的压力下,它被迫与游击队谈判并满足了其所有要求;另一方面,9 月 5 日,它发布了第十三号制度法和第十四号制度法。第十三号制度法规定,所有因交换被绑架的显要人物而被释放的政治犯禁止进入巴西境内,并赋予政府权力,终身禁止所有它认为"对国家安全不方便的、危险的人"进入巴西境内。第十四号制度法对 1967 年宪法进行了补充,使死刑、终身监禁、放逐适合于"敌对的心理、革命和颠覆战争"。接着,它又采取了两项措施,一是 1969 年 9 月 29 日颁布的国家安全法,二是 1969 年 10 月 17 日在议会关闭状态下以第一号修正案的形式颁布的 1969 年宪法。随着 1969 年国家安全法的实施,结社、集会、新闻自由在巴西实际上不再存在了。1969 年宪法删除了 1967 年宪法中自由的条款,政府被赋予推行国家安全政策的特别权力,"第五号制度法"的部分内容被并入宪法。最为荒唐的是,1971 年 9 月 11 日,军政府签署行政命令,赋予政府通过秘密的行政法律的权力,其内容将不在任何官方文件中公布。这为政府逮捕一个违反了他根本不知道其存在和内容的法

---

① 巴西共产党(Partido Comunista do Brasil,PCB)成立于 1922 年。1956 年苏共二十大后,巴西共产党内围绕"和平过渡"问题产生分歧,分化为"改良派"和"革命派"。随后,"革命派"被排挤出党中央。1961 年 8 月,在普列斯特斯的主持下,"改良派"将巴西共产党改名为"巴西的共产党"(Partido Comunista Brasileiro,PCB)。1962 年 2 月,"革命派"在圣保罗召开特别代表会议,恢复使用"巴西共产党"的名称,但缩写为 PC do B。

律的人提供了依据。

军政府在政治上实行威权统治的同时,集中精力发展经济。著名经济学家德尔芬·内托就任财政部长,主张通过放宽信贷刺激需求,他认为巴西经济具有闲置的生产能力,可以实现“没有通货膨胀的经济增长”。

为促进农业生产,德尔芬采取了三项措施:第一,减少对农产品的税收,逐步对重要的农业部门的进口,如肥料、拖拉机、加工设备等实行税收优惠。第二,使国家货币委员会对农业贷款实行特别的、非常低的甚至是负的利率。第三,实行了农产品最低价格政策。为了控制通货膨胀,德尔芬实行了物价管制政策。军政府将耐用消费品生产,特别是汽车工业,确定为增长极。鼓励投资者,特别是外国投资者投资于这一部门。政府增加了公共投资。1965—1967年间投资率平均为15%,1969年提高到17%,1973年达到22.8%。[①] 主要的投资领域是基础设施,包括公路和铁路运输、电力以及电信事业。社会基础设施,包括住房、教育、供水、下水道系统、卫生以及社会福利等,也在总投资中占了很大比重。第三项最重要的投资项目是工业,包括石油和采矿。区域性的发展(包括东北部的工业化)和农业也分享了政府投资的重要份额。在许多重要的经济部门里,国营企业已占优势。军政府的经济决策者们认为,巴西不仅能够出口初级产品,还能够出口工业制成品。为了扩大出口,他们大力吸收外资参与出口部门。1968—1974年,出口增长4倍多,制成品取代咖啡成为巴西主要的出口产品。[②] 为吸引外资,军政府推行了两项政策:一是由定期的指数化而保证高利率,二是实行货币小贬值政策,确保外国投资能够以实际汇率收回。到1973年,外资的流入达到了破纪录的每年43亿美元的水平,几乎是1971年的两倍。

军政府的经济政策取得了明显的成效。从1968年起,经济开始实现高速增长。1968—1974年间,巴西经济的实际年平均增长率都在10%以上,工业的年平均增长率则高达12%,成为世界上经济发展最快的国家之一,被誉为“经济奇迹”。“经济奇迹”为巴西的专业人员、经营管理人员带来了高收入。经济的成就为军政府赢得了中间阶层的政治支持。1970年的议

① 苏振兴等:《巴西经济》,人民出版社1983年版,第24页。

② [美]托马斯·E.斯基德莫尔、[美]彼得·H.史密斯:《现代拉丁美洲》,江时学译,世界知识出版社1996年版,第216页。

会选举中,执政党全国革新联盟取得了压倒性的胜利,赢得了联邦和州议会70%的选票。[①] 但是,军政府的经济战略带来的最严重的后果是贫富差距的扩大。在圣保罗,一边是最先进的公寓楼,另一边是大量的贫民窟。1972年5月,世界银行总裁罗伯特·麦克纳马拉(Robert McNamara)在联合国贸易和发展会议上指出,巴西在追求经济增长的过程中,忽视了穷人的福利。反对党巴西民主运动领袖阿兰戈尔·富尔塔多指出:"近年来工商业的发展加剧了社会阶层之间购买力的差距和地区间的经济不平等。"他一针见血地指出,"我们生活在一个牺牲千百万人的利益而使极少数人受益的经济中。"[②]

四、从政治开放到还政于民

1974年,埃内斯托·盖泽尔就任军政府第四任总统,标志着温和派重新崛起和强硬派的削弱。盖泽尔内阁的组成体现了温和派的影响,但是,强硬派在陆军中控制着很大的势力。在1974年3月举行的第一次内阁会议上,盖泽尔宣布了新政府"逐渐的、但是确定的民主改进"的目标,在追求"1964年革命原则的最终制度化"过程中扩大"负责任的精英"和普通民众的政治参与。[③] 盖泽尔的上台标志着巴西政治开放进程的开始。

值得注意的是,当时,并没有足够的政治和经济压力迫使军人推行政治开放。在盖泽尔总统看来,他的政治开放政策不是面对社会压力而做出的反应,而是"出于1964年军人干预本身的民主诉求"。[④] 启动民主化的最重要的前提是政治稳定和经济稳定。到1973年,这两个条件都具备了。军政府摧毁了左派游击队,镇压了民众运动,并驯服了其他反对派。1967—1974年,经济以世界上最快的速度之一在增长,年通货膨胀率从1963—1964年

① Howard Handelman and Thomas G.Sanders, eds., *Military Government and the Movement toward Democracy in South America*, Indiana University Press, 1981, p. 151.

② Thomas E.Skidmore, *The Politics of Military Rule in Brazil*, 1964-85, p. 143.

③ Ronald M.Schneider, "*Order and Progress*": *A Political History of Brazil*, West view Press, 1991, p. 269.

④ Thomas E.Skidmore and Peter H.Smith, *Modern Latin America*, Sixth Edition, Oxford University Press, 2005, p. 173.

的近 100%降低到 20%。在这一有利的环境下,军政府的领导人有信心地认为他们能够以最小的风险启动政治自由化。

1974 年的议会选举成为政治开放的第一步。如何保证执政党在选举中获胜,成为政府关注的主要问题。执政党全国革新联盟在 1974 年 10 月的州长间接选举中取得了压倒性的胜利,这一次胜利可能误导了总统府的政治策略家,使他们低估了反对派的选举力量。10 月底,政府决定允许所有候选人相对自由地利用电视宣传自己的政治主张。选举结果,巴西民主运动虽然仍然是议会中的少数党,但是它在众院中拥有了 44%的议席,在参院中拥有了 30%的议席。这使得它能够阻止政府提出的宪法修正案的通过,因为宪法修正案的通过需要两院 2/3 以上的多数通过。

盖泽尔政府曾经希望推行逐渐的、精心控制的政治开放,但是 1974 年的选举打乱了盖泽尔政府的政治开放计划。政府面临着在定于 1978 年举行的州长直接选举中失利的危险。于是,1977 年 4 月 1 日,根据“第五号制度法”赋予的特别权力,盖泽尔签署了第 102 号补充法,宣布议会休会。此后不到两个星期,政府先后颁布了第 7 号宪法修正案、第 8 号宪法修正案和六个行政法,统称“四月一揽子计划”。其主要内容是:(1)州长由州议员和市议会的代表组成的选举人团间接选举产生。(2)1/3 的参议员也由选举州长的选举人团间接选举产生。(3)对于直接选举产生的参议员,每个政党可以提名三名候选人竞争一个参议员的席位,根据三名候选人得票的总数决定该席位归属哪一个政党。然后,在本党的三名候选人中得票最多者将当选,尽管他可能不是六名候选人中得票最多者。这一规定的意图是使全国革新联盟内的所有派别都参加竞选,以增加执政党获胜的可能性。(4)限制在议会竞选中使用广播和电视。(5)改变选举共和国总统的选举人团的组成,将下届总统的任期延长为六年。(6)宪法修正案的通过由原来所需要的 2/3 多数改为简单多数,从而使宪法修正案可以由全国革新联盟单独通过。[①]

在反对派看来,盖泽尔推行的政治开放因“四月一揽子计划”的颁布而中断了。实际上,“四月一揽子计划”所确立的政治措施是政府根据推行政

---

① Maria D'Alva G.Kinzo, *Legal Opposition Politics under Authoritarian Rule in Brazil: The Case of the MDB*, 1966-1979, Macmillan Press, 1988, pp. 178-179.

治开放政策以来的形势发展对开放策略的调整。对于政府来说,为了保证政治开放“缓慢地、安全地”推进,来自反对派的要求立即推行民主化的压力必须得到有效的控制。也就是说,要削弱反对派,特别是巴西民主运动的力量,阻止巴西民主运动的议员通过议会威胁政治开放政策。

如果说,来自反对派的压力通过“四月一揽子计划”得到了控制,政府的开放政策还面临着另一种压力,这就是来自强硬派的反对政治开放的压力。1974年选举之后,强硬派军人认为,巴西共产党对巴西民主运动的获胜起了很大作用。1975年3月,巴西共产党受到了一次镇压,许多人被捕并在拘留期间遭受酷刑。10月,著名记者郝佐格死于军队监狱,军方宣称这是一起自杀事件,但巴西民众普遍认为他是死于酷刑。1976年1月初,钢铁工人工会的活跃分子马诺埃尔·费埃尔·菲洛在第二军对他的拷问中死亡。为了回击军队内部强硬派的压力,盖泽尔果断地撤销了第二军司令埃德纳多·德阿维腊·门罗的职务。强硬派把注意力集中于下届总统选举上。虽然盖泽尔的任期要到1979年3月才结束,但是早在1977年初,关于总统继承的各种猜测已经开始了,而国防部长、强硬派萨尔维尔·弗洛达将军继承总统的野心业已十分明显。10月12日,盖泽尔突然宣布将弗洛达解职,确保了其选定的候选人费格雷多的当选。

如果说,盖泽尔对于议会选举和总统继承问题,也就是说在政治领域内能够保持控制权的话,却难以抵制来自公民社会反对派的压力。1977年和1978年,巴西天主教会、律师团体、学生、妇女组织等举行了一系列抗议运动,要求保护人权,扩大民主。最值得注意的是,1977年8月,工人出现在政治舞台上,他们发起了“34%补偿的运动”。钢铁工人工会在路易斯·伊纳西奥·卢拉·达·席尔瓦的领导下,组织了要求政府归还因错误地估计通货膨胀指数而使工人丧失的34%的实际工资的运动。这一事件成为工会运动再次兴起的序幕。

在这种形势下,迎来了1978年11月15日的议会选举。由于“四月一揽子计划”的限制,反对党未能取得选举的胜利,但是执政党的胜利也不是十分明显。在参议院选举中,全国革新联盟获得15个席位,巴西民主运动获得8个;在众议院中,全国革新联盟获得了55%的代表权,这样就保证了它们在两院中的多数。1978年的选举表明,盖泽尔政府在阻止反对党影响政治进程、确保政治开放“逐渐与缓慢”地进行、防止失去控制的措施是成功的。在这种情况下，盖泽尔又采取了一些局部的政治开放的措施：1978年底，议会通过了一系列改革法案，最重要的是废除了“第五号制度法”，由此取消了总统解散议会、驱逐议员、剥夺公民政治权利的权力。而且，恢复了被拘留的政治犯的人身权利，废除了对广播和电视的新闻检查。① 盖泽尔采取的推进政治和解的另一步骤是废除了对120名政治流亡者驱逐出境的命令，他们中的大多数是在1969—1970年作为交换被游击队绑架的外国外交官而被释放后离开巴西的。然而，特别指明，8名流亡者不包括在内，包括布里佐拉和长期担任巴西共产党总书记的普列斯特斯。

若昂·费格雷多于1979年3月就任总统。为了缓解社会压力，费格雷多采取的第一步措施是1979年的政治大赦。根据大赦法，被赦免者包括自1961年9月2日以来所有被监禁和被驱逐的政治犯，未被赦免的是在对政府的武装抵抗中犯有“血腥罪行”的人。法案还恢复了政治家根据以前各项制度法被剥夺了的政治权利。② 1979年的大赦法是政府与反对派紧张谈判的结果，最终达成的协议是反对派的压力和军队内部强硬派情绪的明显的妥协。大赦法规定，大赦的范围除了政治犯外，还包括“相关的罪犯”，后者一般被理解为国家保安部门实施镇压和酷刑的人。这是强硬派的一个胜利，因为它排除了对那些实施镇压和酷刑者进行追究的可能性，并禁止对镇压机构的行为进行调查。根据大赦法，大约6000人得到了大赦。大赦法公布后，大批流亡在外的政治犯陆续回国。

另一重大举措是政党改革。军政府认识到，由于巴西民主运动在选举中力量的上升，政府应采取对策，趁执政党在议会中还拥有多数的时候，进行政党改革。通过改革，在保证执政党统一的前提下，使反对派分裂为多个政党。由此政府可以通过分散反对派的选票或者与反对派中比较保守的派别结盟，以取得对选举的控制。1979年11月，在巴西民主运动的强烈抗议

---

① Thomas G.Sanders, “Human Rights and Political Process”, Haward Handelman and Thomas G. Sanders, ed., *Military Government and the Movement toward Democracy in South America*, Indiana University Press, 1981, p. 191.

② Alfred Stepan, ed., *Democratizing Brazil: Problems of Transition and Consolidation*, Oxford University Press, 1989, p. 21.

声中,政党改革法在议会获得通过。根据政党改革法,解散全国革新联盟(ARENA)和巴西民主运动(MDB)。原执政党全国革新联盟的成员组成了社会民主党(PDS),原反对党巴西民主运动组成了巴西民主运动党(PMDB)。其他反对党也相继产生了:瓦加斯的侄女伊维特·瓦加斯创立了巴西工党(PTB);莱昂内尔·布里佐拉创立了民主工党(PDT);工会领袖卢拉创立了劳工党(PT);原巴西民主运动中保守派成员创立了人民党(PP)。[①]

1981 年 11 月,政府通过议会进行了被称为“十一月一揽子计划”的选举改革。其内容是,选举中禁止政党联盟;要求每个政党在任何州的竞选中提名所有职位的候选人(即州长、参议员、联邦和州众议员、市议会议员和市长)。这两项措施的目的在于将反对派的选票分散于不同的反对党中间,降低反对派获胜的可能性。实行绑定选举(veto vinculado)制度,即在从地方到联邦的各个层次的选举中选民必须从一个政党中选举所有职位的候选人,实行这项措施是为了保证一个职位的候选人(例如州长)得到的支持将有助于竞选其他职位的竞选伙伴。对社会民主党来说,在其拥有一个强有力的候选人(如州长)的州,这项措施对它是有利的,因为如果社会民主党在某个州赢得了州长选举,它也将赢得该州其他职位的选举。[②] 政府实行“十一月一揽子计划”的直接后果是人民党宣布解散,其成员部分加入了社会民主党,部分加入了巴西工党,但是绝大多数加入了巴西民主运动党。

1982 年,巴西再次举行选举,11 月 5 日,选举结果揭晓。虽然反对派赢得了全部选票的 59%,但没有得到议会(两院加在一起)和选举下届总统的选举人团的多数。在众院中,反对派(四个政党 PMDB、PDT、PTB、PT 加在一起)与执政党社会民主党的席位之比是 240∶235,但在参院中,反对党与执政党的席位之比是 23∶46。在选举人团中,社会民主党保持着 359∶321 的优势。

---

① Glaucio A.D.Soares; Óscar Barahona, “El sistema político brasileño: nuevos partidos y viejas divisiones”, *Revista Mexicana de Sociología*, Vol.44, No.3, 1982, pp. 929-959.

② Wayne A.Selcher, “Contradictions, Dilemmas, and Actors in Brazil’s Abertura, 1979-1985”, Wayne A. Selcher ed., *Political Liberalization in Brazil: Dynamics, Dilemmas and Future Prospects*, Westview Press, 1986, p. 60.

由于执政党在决定下届总统选举的选举人团中维持着多数,1983 年 3 月,巴西民主运动党的参议员丹戴·德·奥里维易拉提出了关于总统直接选举的宪法修正案。巴西民主运动党发动了一场全国性的要求总统直接选举的运动,得到了社会各界的广泛支持。但是,尽管这场运动声势浩大,却在最后议会投票中,以 22 票之差没有获得通过。

1983 年初,执政党社会民主党在议会中开始发生分裂。8 月,前圣保罗市市长、富商保罗·马卢夫获得了社会民主党全国委员会的提名。此前的 6 月底,社会民主党内部反对马卢夫的势力在该党全国委员会主席若泽·萨尔内的领导下退出委员会。与此相反,巴西民主运动党则更加团结统一。到 1984 年年中,他们已一致决定提名米纳斯吉拉斯州州长坦克雷多·内维斯为总统候选人。与此同时,社会民主党内与马卢夫持不同立场的成员组成了自由阵线党(PFL),并与巴西民主运动党联合组成了民主阵线。民主阵线的总统候选人是坦克雷多·内维斯,副总统候选人是若泽·萨尔内。

民主阵线的组成立即改变了选举的前景。马卢夫虽然控制了社会民主党,但是,却失去了选举人团中社会民主党成员的坚定的支持。1985 年 1 月 15 日,选举人团举行了总统选举的投票。坦克雷多·内维斯以绝对多数战胜马卢夫,当选为巴西总统,长达 21 年的军人政府由此结束。

巴西军政府"还政于民"的民主化进程是一种"通过交易的转型"(transition through transaction),其特点是,政府主动启动了政治变革的进程,并严格控制着政治变革的步骤和进程。也就是说,虽然政府致力于重新建立民主制度,但是他们坚持改革必须以渐进的方式进行。巴西的民主化进程是由军政府推行的一个连续十几年的改革进程。在这一过程中,发生了一些倒退和未曾预料到的事件,但直到 1983 年,政府限制变革的能力是明显的。1984 年后,政府对政治转型的进程逐步失去了控制。这种政治转型的方式,从积极的方面而言,为建立民主制提供了相对和平的方式。从消极的方面而言,不利于与过去的威权主义彻底决裂。文人政府建立后,军方在政治上依然拥有较大的发言权,文人政府和军政府的政策存在着相当大程度的连续性,民主化不可能解决农业改革和收入分配的不平等等社会问题。

五、负债增长到债务危机

1967年开始的“经济奇迹”到1973年达到顶点。1974年后,经济发展速度开始下降。经济增长率的下降主要体现在前一阶段引导经济扩张的耐用消费品工业部门(特别是汽车工业),这是由于消费不足直接造成的。1967—1973年,耐用消费品工业年平均增长率高达23.6%,而同时期平均工资的年平均增长率仅为3.1%。很明显,相对于消费者的购买能力而言,耐用消费品工业的发展是不能持久的。巴西工业的发展严重地依赖于进口。1973年中东战争后石油价格的上涨沉重地打击了巴西经济。1973—1974年,石油价格增长了4倍。耐用消费品需求的增长使巴西建立了第三世界最大的汽车工业,巴西石油需求的80%需要进口,这样,巴西的石油进口额从1973年的62亿美元上升到1974年的126亿美元,对外贸易从1973年的略有盈余转变为1974年的赤字407亿美元,经常项目赤字从17亿美元上升到71亿美元。①

虽然经济形势发生了变化,但是盖泽尔不愿看到梅迪西政府时期的高速增长在他任内转变为经济停滞。他认为,只有在经济增长的形势下,政治开放的目标才比较容易实现。1975年,政府通过了“第二个国家发展计划:1975—1979”。该计划确立了年平均增长率为10%的发展目标,这一目标将通过从耐用消费品生产向中间工业产品和资本货生产的转变来实现。在当时的形势下,选择推行经济继续高速增长的战略意味着大量举借外债。如果不从国外借贷,巴西不可能支付其石油进口,也不可能继续支付其工业生产,特别是“第二个国家发展计划”所确立的大的投资项目所必需的巨大资金投入。因此,巴西政府推行的是“负债增长”的战略,1973年以后,外债迅速增加,净外债从1973年的62亿美元 上升到1978年的316亿美元,年平均增长率为38.7%,外债总额从126亿美元上升到435亿美元。②

“负债增长”战略的推行结果,1974—1978年,GDP年平均增长率为

---

① Werner Baer, *The Brazilian Economy: Growth and Development*, Praeger, 1989, p.96.

② Paulo Nogueira Batista, Jr., “International Financial Flows to Brazil Since the Late 1960s”, *World Bank Discussion Papers*, 7, *World Bank*, March 1987, p. 4.

7%，通货膨胀率平均为37.9%，出口从78亿美元增长到125亿美元。工业品出口的增长更加明显。1978年，工业品出口占50.2%。但是，尽管如此，出口仍不足以支付进口，更不能支付外债负担。

“负债增长”的战略尽管维持了巴西较高的增长率，但是也存在着明显的隐患：第一，如果大量的贷款减少了或者停止了，经济增长将必然下降。第二，绝大多数商业银行贷款的利率与伦敦和纽约欧洲美元（Eurodollar）[①]市场的利率挂钩，这就使得未来的债务负担无法预测。第三，外债使得巴西的私人部门尤其脆弱。绝大多数外债（根据拉美经委会的估计为70%）是由私人部门举借的，巴西政府有意使国内利率高于欧洲美元的利率，从而促使巴西借贷人投向欧洲美元市场，由此带来更多的外资以帮助弥补收支平衡。

1979年3月费格雷多就任总统后，继续推进政治开放政策。但是，政府的政治目标却受到持续的经济危机的考验。刚上台，费格雷多政府就立即面临着如何控制日益上升的通货膨胀、对付已占出口收入的2/3的外债负担（利息加分期偿还款）和维持经济增长的任务，而这几项任务之间又是相互冲突的。使问题更加严重的是，1979年发生了第二次石油危机。“第二次石油危机是全球经济管理的一个分水岭。发达国家陷入衰退，导致商品价格下降，并使拉美石油进口国贸易条件急剧恶化。但这一次发达国家通过紧缩的货币政策调整其结构失衡，使世界利率上升到天文数字水平。1981年欧洲和纽约基本利率高于16%，使银行债务利率升至20%。1980年以后，随着拉美出口收入的急剧下降，同时随着1981年石油出口国和非石油出口国出口收入达到顶峰，负债增长无法继续维持下去了。”[②]

费格雷多政府的计划部长马里奥·西蒙森认为，在这样的形势下，巴西除了放慢增长速度之外别无选择。在费格雷多政府执政的最初几个月（1979年3月到8月），政府推行的经济政策是，减少信贷，控制公共开支，

① “欧洲美元”常常是指在货币发行国以外持有该种货币。因此，它可以包括巴拿马国际银行中心的日元存款，正如在伦敦金融机构的美元存款一样。［英］维克托·布尔默·托马斯：《独立以来拉丁美洲的经济发展》，张凡等译，中国经济出版社2000年版，第418页。

② ［英］维克托·布尔默·托马斯：《独立以来拉丁美洲的经济发展》，北京大学出版社2006年版，第423页。

逐渐减少出口补贴。但是,西蒙森的经济调整措施受到了来自国内各个方面的反对。面对来自各方面的压力,1979 年 8 月,即进入费格雷多政府仅仅 5 个月后,西蒙森被迫辞职。费格雷多立即任命被称为“巴西奇迹之父”的德尔芬·内托接替他的职务。① 德尔芬认为,应扩大生产,增加供应,而不是像西蒙森的政策那样控制需求。他许诺,他将创造另一个“经济奇迹”。德尔芬上台后,巴西再次推行了维持经济高速增长的政策:通过增加信贷补贴,刺激农业和能源部门的发展。实行新的工资政策以改善收入分配状况,低收入者的工资增长率将超过通货膨胀率,而高收入集团的工资增长率将低于通货膨胀率。到 1979 年底,GDP 增长 6.8%,但是通货膨胀率上升到77%,经常项目赤字从 1978 年的70 亿美元 上升到 1979 年的 105 亿美元,外资流入从 1978 年的 101 亿美元下降到 1979 年的 65 亿美元。既然雄心勃勃的高增长政策无法推行,德尔芬决定孤注一掷。在 1979 年底和 1980 年初采取了“一揽子”经济政策:1979 年 12 月,他宣布国内货币贬值 30%,对出口实行新的补贴,对进口实行强制性的存款,刺激从国外借贷。而且,他实行了一系列预先确定的指数化:年通货膨胀率 40%,年货币发行量增长 50%。德里芬实行这些政策的意图是降低公众的通货膨胀预期值(inflationary expectations)。② 但是结果适得其反。巴西人不相信政府预先确定的 40%的通货膨胀率,拒绝储蓄。相反,他们决定尽可能地扩大消费。1980 年,通货膨胀率上升到 110%,成为当时巴西历史上的最高值。1980 年底,德里芬被迫接受现实,放弃高增长战略,实行正统的紧缩政策:1980 年下半年,开始实行紧缩的货币政策。1981 年开始,费格雷多政府放弃预先确定通货膨胀率和汇率增长率的指数化的政策,严格限制来自财政中间机构的贷款的扩张,公共服务部门实行实际利率,放开原先由政府控制的工业部门的价格,严格限制现金资本和进口的开支等等。遗憾的是,到这时,通过实行这些政策来稳定经济为时已晚。

1981 年,经济增长速度的下降演变为经济衰退。巴西自战后以来第一次出现了 GDP 的负增长率,工业生产几乎下降 10%。尽管经济严重衰退,

① Riordan Roett: *Brazil: Politics in a Patrimonial Society*, Praeger, 1992, p. 167.

② Donald V. Coes, *Macroeconomic Crises, Policies and Growth in Brazil, 1964 - 90*, The World Bank, Washington, D.C. 1995, p. 20.

通货膨胀却依然居高不下。外债指数非常惊人。1980—1982 年,净利息支出构成了经常项目赤字的至少 70%。政府采取的政策,特别是提高国内利率,刺激了私人公司进一步从国外借贷。公共部门也被用来作为得到外国贷款的中介,因为中央政府需要偿还外债,结果,外债负担继续增加。① 到 1982 年初,巴西面临着严重的对外支付危机,中央银行的外汇储备从 70 年代后期的水平急剧下降。由于巴西的主要贸易伙伴减少需求,出口增长停滞。

1982 年 8 月,墨西哥宣布中止为其外债支付本息,引发了拉美的债务危机。接着,主要的商业银行停止向巴西提供贷款。巴西被看作墨西哥债务危机后风险最大的借贷场所。经过谈判,1983 年 1 月,费格雷多政府与国际货币基金组织签署了一项"意向书"。该意向书要求巴西不仅在外汇和关税政策上,而且在财政和货币政策上达到详细的目标。为了继续得到国际货币基金组织的分期贷款,巴西将不得不按照双方达成的时间表实现双方达成的目标。该意向书计划增加出口 12%,减少进口大约 25 亿美元。巴西许诺急剧削减政府开支和国内信贷。

随着贸易条件的恶化,政府决定克鲁塞罗再贬值 30%。为了缓和贬值对国内价格的影响,政府取消了 1979 年开始的对低工资的高指数化政策,工人工资急剧下降。出口增长 7%(而不是意向书确定的 12%),进口减少大约 40 亿美元。从巴西的信贷者的观点来看,经济调整取得了效果:经常项目赤字下降到不到 70 亿美元,1977 年以来的最低水平。

经济调整的代价是巨大的。资本货工业是最主要的牺牲品,很多公司破产,闲置生产能力据估计为 50%。1984 年初,由于克鲁塞罗的实际贬值和美国需求的恢复,巴西的出口迅速上升,经常项目赤字也因石油价格的下降而减少。自 1964—1967 年的经济稳定政策以来,巴西第一次出现了经常项目盈余。工业生产也开始恢复,1980 年以来的人均收入下降的趋势也得以扭转。② 但是,经济的好转毕竟来得太晚,对于 1985 年的总统选举没有产生影响。

---

① Donald V. Coes, *Macroeconomic Crises, Policies and Growth in Brazil, 1964 – 90*, The World Bank, Washington, D.C.1995, p. 20.

② Donald V. Coes, *Macroeconomic Crises, Policies and Growth in Brazil, 1964 – 90*, The World Bank, Washington, D.C.1995, p. 22.

第十一章
80年代以来的调整与发展

第一节 从新自由主义改革到左派崛起

一、新自由主义改革

1982年8月墨西哥首先发生了债务危机,接着,债务危机席卷了整个拉丁美洲。到1990年,由于越来越多的贷款被用来偿还现行利息,拉美的总债务额高达4175亿美元,从1982年到1989年,拉美向工业化国家转移了2000亿美元,几倍于马歇尔计划。实际人均经济产值在整个80年代总共下降了几乎10%。

债务危机爆发后,拉美国家在国际资本市场上的资信急剧下降,进入拉美地区的外国私人资本急剧减少。因此,拉美国家希望从世界银行等多边机构和美国政府那里获得更多的贷款,国际权威机构——美国政府、私人银行,特别是国际货币基金组织向拉美债务国施加了严格的条件。只有这些政府推行彻底的经济改革,他们才有资格减轻债务负担。这些改革几乎包括以下内容:向国外贸易和投资开放经济、减少政府干预、促进新的出口、采取措施降低通货膨胀。这种"新自由主义"理念要求在经济政策上实行"结构性调整",实际上等于几乎彻底放弃长期以来的进口替代工业化战略。①

其实,拉美的新自由主义改革并非始于债务危机之后。1973 年智利政变后,以弗里德曼为代表的货币主义作为经济改革的指导思想,在智利率先推行了新自由主义的实验。继智利之后,70 年代后半期,阿根廷和乌拉圭也相继发生右翼军事政变,推翻左翼政府,推行新自由主义的经济改革。②其中,智利"芝加哥弟子"推行的改革取得了明显的成效,1984 年至 1997 年,智利经济以年均 7%的速度增长,被世界银行和西方国家誉为拉美新自由主义改革的样板。

1985 年 9 月,美国财政部部长詹姆斯·贝克提出关于解决拉美债务问题的"贝克计划"。该计划主张由国际商业银行和多边金融机构向发展中的债务国提供贷款支持,但要求债务国"必须削减政府开支,紧缩财政,开放经济,放宽外资进入条件,鼓励竞争,向自由市场经济过渡,国有企业私有化,发挥私人企业积极性,实行资本流动自由化。总之,债务国要进行'综合、全面的宏观经济与结构改革'。"③没有别的选择,绝大多数拉美国家接受了国际货币基金组织的条件,开始推行新自由主义改革。智利和玻利维亚等小国最早推行,墨西哥在 80 年代后半期取得重要进展,阿根廷和秘鲁在 90 年代初也是如此。拉美最大的国家巴西直到 90 年代中期一直在抵制国际货币基金组织的方案,但在科洛尔上台后也开始了新自由主义改革。重要标志是,1997 年,巴西著名的多西河谷公司(Compañia Vale do Rio Doce)被以 30 亿美元出售。1998 年,电信公司被以 180 亿美元出售。④ 可以说,从 80 年代中期到 90 年代中期的十年间,新自由主义主导了拉美国家的经济改革进程。1989 年底,时任华盛顿国际经济研究所所长的约翰·威廉姆斯发表题为《华盛顿共识》的文章,针对拉美国家正在进行的结构改革,提出了十点政策建议:加强财经纪律,重新确定政府公共开支的重点,开展税制改革,实施金融自由化,统一汇率,实现贸易自由化,放松对外资的限

---

① [美]托马斯·E.斯基德莫尔、彼得·H.史密斯:《现代拉丁美洲》,江时学译,世界知识出版社 1996 年版,第 71 页。

② 苏振兴主编:《拉美国家现代化进程研究》,社会科学文献出版社 2006 年版,第 233 页。

③ 张宝宇等:《拉丁美洲外债简论》,社会科学文献出版社 1993 年版,第 122 页。

④ José del Pozo, *Historia de América Latina y del Caribe, 1825-2001*, Santiago: LOM Ediciones, 2002, p. 235.

制，对国有企业实施私有化，放松政府的管制，保护财产所有权。不可否认，这十个“共识”的关键是减少国家对经济生活的干预，进一步确立市场机制的重要作用。① 这就是“华盛顿共识”的由来。这些建议对 90 年代以来的经济改革产生了重大影响。

拉美国家的经济改革涉及贸易自由化、税制改革、金融改革、私有化、劳工改革、养老金改革等广泛的领域。改革所追求的根本目标是：通过经济体制和结构改革，建立“自由市场经济”，实现由内向发展模式向外向发展模式的转换，促进经济增长和社会发展。改革的效果如何？近年来，学术界和国际机构陆续发表了大量研究拉美经济改革的报告和著作。这些文献都对经济体制与结构变化做了充分肯定。通过改革，拉美国家恢复了因债务危机而失去的宏观经济稳定，除了巴西（巴西直到 1994 年才开始推行改革）外整个地区的平均通货膨胀率从 1989 年的 130%下降到 1994 年的 14%；整个地区的财政赤字也低于国内生产总值的 2%；拉美国家由内向发展模式转入了外向发展模式，朝自由市场经济方向大大迈进了一步。但同时都承认拉美的改革未能有效地促进经济与社会发展。由于改革带来的宏观经济稳定，来自国外的私人投资，主要是来自欧洲、日本和美国，从 1990 年的 134 亿美元上升到 1994 年的 570 亿美元。结果，拉美的平均增长率从 1985—1989 年的 1. 5%上升到 90 年代的 3. 5%，但仍低于改革前 1950—1980 年 5. 3%的增长率。②

绝大部分新的私人投资属于有价证券投资（portfolio investment），也就是说，购买股票或债券，而非直接投资，即投资于工厂企业。有价证券投资流动性很大，变化无常，它能在很短的时间内从东道国流失。因此，当美联储在 1994 年初开始提高利率时，投资者预测到美国市场上投资的回报率将上升，由此导致了 1994 年流入拉美的资本下降了 14%。当 1994 年 12 月墨西哥爆发金融危机后，外国投资者逃离整个拉美地区的市场，造成了所谓“特基拉效应”（tequila effect）。很明显，尽管进行了深刻的经济改革，拉美

---

① 李明德主编：《拉丁美洲和中拉关系——现在与未来》，时事出版社 2001 年版，第 174—175 页。

② 苏振兴：《改革与发展失调》，载《苏振兴文集》，上海辞书出版社 2005 年版，第 508—526 页。

经济依然在变化无常的国际金融市场的影响下脆弱不堪。

另外还存在着结构性的问题。其中之一是持续的贫困。根据国际标准,在90年代中期,拉美将近40%的人口处于贫困状态,其中8900万人处于极度贫困状态,也就是说,达不到基本的温饱状态。另一个长期的问题是不平等。自从50年代可利用的统计资料出现以来,即显示拉美是世界上收入分配最不平等的地区,超过了非洲、南亚和中东,而且这种状况依然在日趋恶化。到90年代初,拉美最富有的10%的家庭占有全部收入的40%,而最贫困的20%的家庭仅占有全部收入的不到4%。1996年拉美的失业率高达8%,而不再像80年代末期的5%和6%。① 拉美的收入分配仍属世界上最糟糕的状况,而1.4亿的贫困人口数量自90年代初的高峰状态一直保持至今未变。② 也就是说,直到90年代末期为止,新的外向发展模式不仅没有缓解,而且更加重了拉美国家的社会问题。这固然和80年代债务危机导致的经济持续衰退直接相关,但与新自由主义对实现社会公正的忽视和改革中的失误也有密切的关系。新自由主义把解决社会问题完全寄托于经济增长速度的不断加快,这和50—70年代拉美地区在收入分配上流行的思想没有本质区别,更何况从经济调整到结构改革的整个过程一直伴随着社会财富进一步向大的私人资本手里集中。

二、新民众主义的兴起

70年代后期,随着拉美的自由化和民主化进程的开展,在一些国家,出现了民众主义的复兴。这是因为,军人政府尽管视民众主义为洪水猛兽,但恰恰是由于军人执政时期所推行的政策,为军人退出政坛后民众主义的复兴创造了条件:一方面,60、70年代的经济增长刺激了成百万农村人口移居到城市。这些移民希望在正规的经济部门找到工作。但是因为绝大多数工业是以资本密集型的技术装备起来的,只能吸收很少部分新移民。其他人

① Thomas E.Skidmore and Peter H.Smith, *Modern Latin America*, Sixth Edition, New York and Oxford: Oxford University Press, 2005, p. 61.

② 美洲开发银行:《拉美改革的得与失——美洲开发银行论拉丁美洲的经济改革》,江时学等译,社会科学文献出版社1999年版,第1页。

不得不在非正规部门就业。非正规部门的劳动者不仅收入低,而且得不到必要的保护,也无法享受医疗保险和退休金等社会保障服务。因此,他们强烈地要求改变现状,但是与此同时,这些部门的劳动者难以像正规部门那样建立自己的工会、政党、社团等组织来捍卫自己的利益。因此,很自然地,他们成为新兴的民众主义运动的潜在的政治基础。另一方面,军政府所带来的社会经济的现代化在产生了大量可以动员的民众的同时,它的威权统治却削弱了可以疏导这些民众参与政治的中间组织。军人在统治期间,禁止或严格控制政党和利益集团的活动。例如,在秘鲁、巴西和阿根廷,由于政党制度化程度一直较差,80 年代后,显然难以吸收被军政府无意识地动员起来的民众。于是,在这些国家政治上可资利用的民众的出现和中间组织的软弱为民众主义的复兴创造了机会。①

仍然健在的老一代民众主义者重新登上了政治舞台。在巴西,1964 年被军人推翻的古拉特总统的姻弟莱昂内尔・布里佐拉在 1982 年当选为里约热内卢州州长; 1964 年政变的激烈反对者米盖尔・阿拉伊斯在 1986 年当选为伯南布哥州州长;前总统雅尼奥・夸德罗斯在 1985 年当选为圣保罗市市长。新一代民众主义者崛起了。在墨西哥,夸乌特莫克・卡德纳斯(拉萨罗・卡德纳斯之子、米却肯州前州长)在选举中向长期以来统治牢固的革命制度党(PRI)提出了挑战。1985 年,秘鲁年轻的民众主义者阿兰・加西亚当选为总统,这是他所代表的老牌民众主义政党——阿普拉党——建立 60 年来第一次上台执政。在他执政的五年(1985—1990 年)中,试图通过继续推行进口替代工业化和进行收入再分配的措施来克服经济的衰退。同样,阿根廷的劳尔・阿方辛政府(1983—1989 年)和巴西的若泽・萨尔内政府(1985—1990)也试图通过推行民众主义的经济政策来克服经济危机。

但是,他们都未能消除造成通货膨胀的根源——因偿付巨额外债而带来的公共资源的耗竭。飞涨的通货膨胀和经济的衰退很快使经济陷入困境,也由此摧毁了这些"后期"民众主义政府的支持基础。当时,在许多观

① Michael L. Conniff, ed., *Populism in Latin America*, The University of Alabama Press, 1999, p. 176.

察家和学者看来，债务和经济危机是对拉美民众主义的致命一击，民众主义政治将从拉美政治舞台上消失。① 进入 90 年代，随着拉美国家新自由主义改革的相继展开，无论依附论学者还是自由主义经济学家都认为，新自由主义的经济紧缩政策与民众主义的干预政策和再分配政策是针锋相对的，因此，新自由主义改革亦将排除民众主义产生的可能性。然而，出乎意料的是，拉美的民众主义并没有随着新自由主义改革的展开而消亡，相反，一些民众主义政党或民众主义政治领导人上台后成为新自由主义改革的积极推行者。这主要表现为三种类型：(1)在智利和阿根廷等国，90 年代上台的民众主义政党（智利社会党和阿根廷的正义党）继续推行了在 70 年代和 80 年代由军人政权所启动的新自由主义调整；(2)在墨西哥，掌权的民众主义政党——革命制度党内部发生分裂，坚持凯恩斯主义的派别受到削弱，主张新自由主义的、技术专家统治的派别力量得到增强；(3)在秘鲁等国，民众主义政党被新型的、倡导新自由主义的民众主义领袖所取代，其代表是藤森。对于这种新的现象，有的学者称之为民众主义的“新自由主义化”。②

新民众主义区别于经典民众主义之处，一方面，其群众基础不是“传统的”进口替代工业部门的劳工和中间阶层，而主要是大量的非正规部门劳动者以及无组织的城市和农村的贫民；另一方面，新民众主义者（如梅内姆、科洛尔、藤森等）不仅适应了 80 年代和 90 年代严峻的经济局势，而且“利用民众主义推行经济自由主义，反过来又利用经济自由主义来加强其民众主义的领导权”③。这些使民众主义适应于新自由主义时代的政治领导人都强调领袖个人至上的、克里斯玛式的领导能力，其政府的基础在相当大的程度上建立在无组织的、变化无常的民众支持之上。他们与“民众”之间的联系更具有公民投票式的赞成的特征，而非自由主义代表制。结果是，这些新民众主义领袖利用他们的民众支持践踏民主制度的监督和制衡原则，加强总统的权力，削弱议会和司法机构的权力。通过法令和举行公民投

① Rudiger Dornbusch and Sebastian Edwards, eds., *The Macroeconomics of Populism in Latin America*, The University of Chicago Press, 1991, p. 40.

② Jolle Demmers, Alex E. Fernandez Jilberto and Barbara Hogenboom, eds., *Miraculous Metamorphoses: The Neoliberalization of Latin American Populism*, Zed Books, 2001, p. 11.

③ Kurt Weyland, "Neopopulism and Neoliberalism in Latin America: Unexpected Affinities", *Studies in Comparative International Development*, Vol. 31, No.3, 1996, p. 9.

票的威胁推行其意志。他们之中有些人还试图胁迫和控制媒体。所有这类铁腕策略都严重削弱了民主制度的质量。新自由主义改革正是这些新民众主义领导人加强个人自主性和权力的手段。贸易自由化、私有化和劳工市场的非调控化削弱了曾经向总统提出要求和施加压力从而限制总统行为的工会组织。贸易自由化还使一些强有力的实业部门受到削弱，而公共部门的私有化为总统通过有利的私有化交易争取大企业的支持创造了机会。解雇公共雇员，又给了新民众主义领导人消除政敌的机会，使其获得了更大的行动自由和主动权。通过这些方式，新民众主义领导人利用新自由主义达到了个人的政治目标。在那些结构性调整一度恢复了经济稳定和刺激了经济增长，从而使新民众主义领导人获得了一定的政治成功的国家，例如在阿根廷和秘鲁，新自由主义改革的确加强了新民众主义领导人的政治优势。

然而，新民众主义在削弱了拉美民主制的质量的同时，也有助于民主制的生存。新民众主义者在没有完全牺牲民主制的前提下，推行了痛苦的经济改革。新民众主义和新自由主义之间的这种一致性，根源在于80年代后期折磨着很多拉美国家的深重经济危机。恶性通货膨胀等严重的问题使得很多人宁愿支持痛苦的稳定化和市场改革。而新民众主义领导人通过推行其前任因担心引发不稳定而拖延的经济调整计划而赢得了政治支持。新民众主义者与经济危机正面抗争的勇气给他们带来了民众的支持，显示了他们的个人魅力(charisma)，而新自由主义改革最终也加强了他们的权力。因此，“新自由主义和新民众主义之间令人吃惊的兼容性——甚至是联姻——是新自由主义改革过程中民主制得以延续生存的重要原因。从这个角度来看，新民众主义带来的民主制度质量的下降可以说是在新自由主义推行过程中保证民主制生存的代价。”①

三、21世纪的拉丁美洲

20世纪最后20年，拉丁美洲经济处于持续低迷状态，这种局面一直延

① Kurt Weyland, “Neoliberalism and Democracy in Latin America: A Mixed Record”, *Latin American Politics and Society*, Vol.46, Issue 1, 2004, p. 151.

续到2002年。其间，继80年代成为“失去的十年”之后，1998—2002年又出现一个“失去的五年”。但是2003—2008年，拉美经济经历了一轮强劲扩张，GDP年均增长率为4.8%，人均GDP年平均增长率为3.4%，其中人均GDP增长率为此前三十年所未有。有利的国际经济形势是这轮经济增长的重要因素。在此期间，无论是发达国家还是发展中国家，经济都处于增长态势，尤其是发展中国家的增长引人注目。在此形势下，国际贸易迅速增长，外国直接投资增加，国际市场流动性充裕，融资成本下降，这都成为推动拉美经济增长的积极因素。尤其值得指出的是，中国及亚洲新兴经济体对能源、原材料的巨大需求，拉动了拉美商品出口的增长。2008年国际金融危机对拉美经济造成了一定的冲击，拉美商品出口下降，外国投资减少。但是，拉美国家较为顺利地度过了此次危机，到2009年下半年，大多数拉美国家经济呈现复苏趋势。2010年后，经济恢复增长，2010—2012年，拉美地区的经济分别增长5.9%、4.3%和3.1%，人均GDP分别增长4.8%、3.1%和2.0%。[①] 2012年后，外部经济形势逐渐发生变化。随着中国经济减速并进入新常态，对能源、原材料等产品的需求减少，全球经济不景气，国际市场上大宗商品价格下降，到2016年达到低谷。例如，2016年国际市场上原油价格一度跌至每桶30美元以下，与2014年最高时的120美元相比，几乎下降了3/4。因此，拉美主要国家的经济增长速度下降。[②] 2016年，拉美和加勒比地区经济增速为-0.6%。与此同时，失业率上升，通货膨胀加剧，社会问题丛生。

如上所述，1998—2002年，拉美国家经历了经济的负增长，出现一个“失去的五年”，整个地区的贫困率和失业率大大提高。从墨西哥“萨帕塔民族解放军”的起义，到巴西的“无地农民运动”和阿根廷的2002年经济和政治危机，都充分表明了拉美民众对于新自由主义模式的不满。与此同时，冷战结束后，美国对拉美的独裁政府的支持减少了，拉美地区的军人干政现象急剧减少。在南椎体国家和巴西，民主体制得到巩固；甚至在中美洲和安

① 苏振兴：《拉丁美洲经济：从衰退到繁荣》，载苏振兴主编：《国际变局中的拉美：形势与对策》，知识产权出版社2014年版，第13—20页。

② 陈朝先、刘学东主编：《拉丁美洲和加勒比经济发展分析与展望（2017）》，中国社会科学出版社2018年版，第16页。

第斯地区，尽管民主制度依然薄弱，并危机四伏，但选举政治依然得到维持。在拉美历史上，左派政党首次得以公开组织并参与竞选。拉美左派政党充分利用了这一开放的政治环境，即使是在“华盛顿共识”被普遍接受的 90 年代，在巴西、智利、萨尔瓦多、墨西哥、乌拉圭、委内瑞拉等国，新的中左派政党依然取得了很大的支持率。特别是在地方选举中，左派候选人当选为巴西利亚、圣保罗、圣萨尔瓦多、墨西哥城、蒙得维的亚、加拉加斯的市长。对地方政府的控制为左派提供了巩固组织和支持基础、获得执政经验、赢得声誉的机会。

21 世纪初，拉丁美洲地区出现了前所未有的左派政党候选人在选举中获得胜利的浪潮。1998 年，曾在六年前领导一场未遂政变的前伞兵中校乌戈·查韦斯当选为委内瑞拉总统；2000 年，社会党候选人理查多·拉戈斯当选为智利总统；2002 年，劳工党领导人卢拉当选为巴西总统；2003 年，中左派的正义党候选人基什内尔当选为阿根廷总统；2004 年，左派“广泛阵线”候选人巴斯克斯当选为乌拉圭总统；2005 年，在玻利维亚，“争取社会主义运动”推举的古柯种植者联盟领导人莫拉莱斯当选为总统，成为该国第一位印第安人总统；2006 年，在尼加拉瓜，桑地诺民族解放阵线在大选中获胜，前革命领袖奥尔特加再次登上总统位置；同年，独立左翼的经济学家科雷亚当选为厄瓜多尔总统；2008 年，拥护“解放神学”的前天主教神父费尔南多·卢戈当选为巴拉圭总统，结束了红党 62 年的统治；2009 年，前游击队运动“法拉本多·马蒂民族解放阵线”的候选人毛里西奥·富内斯当选为萨尔瓦多总统。与此同时，正在执政的左派总统或政党在委内瑞拉（2000 年、2006 年、2013 年）、智利（2006 年）、巴西（2006 年、2010 年）、阿根廷（2007 年）、厄瓜多尔（2009 年）、玻利维亚（2009 年）、乌拉圭（2009 年）获得连任。无疑，上述 2002—2008 年的经济增长对这些左派政权获得连任起了重要的作用。到 2009 年，2/3 的拉美人生活在某种形式的左派政府执政的政治体制中。这一波拉美现代历史上前所未有的左派崛起被形象地称为“粉色浪潮”（pink tide）。

在拉美历史上，左派通常是指由社会主义的特别是马克思主义意识形态所指导的政治运动。但是，20 世纪末，东欧剧变和苏联解体，冷战结束，以“华盛顿共识”为指导思想的自由市场模式大行其道。在债务危机的形势下,拉美很多左派调整了自己的方针。根据斯蒂文·列维茨基和罗伯茨·肯尼斯的看法,拉美新左派的核心目标是降低社会和经济不平等。左派政党主张运用公共权力进行有利于低收入集团的财富或收入的再分配,消除社会等级差异,加强弱势群体在政治进程中的地位。在社会经济领域,左派推行的政策目标是反对源于市场竞争和财富集中的社会不公,为穷人提供机会,提供社会保障以应对市场风险。在政治领域,新左派主张扩大弱势群体的参与,消除将民众阶层边缘化的等级制的控制形式。①

21世纪拉美执政的左派政府差异是很大的,学术界对拉美左派有各种不同的分类方式。但大体上可分为激进左派和温和左派两种类型。一般认为,2000年以来在智利执政的社会党人拉戈斯和巴切莱特、2002年以后在巴西执政的劳工党领导人卢拉和罗塞夫、2003年后在阿根廷执政的中左派的正义党的基什内尔和克里斯蒂娜、2004年上台的乌拉圭左派"广泛阵线"的巴斯克斯属于温和左派。拉美温和左派政府并未提出任何改变现行经济与政治制度的目标。它们所实行的变革主要集中于经济与社会政策方面的调整。这些政策调整是对前期新自由主义改革造成的经济脆弱性加大、社会冲突加剧等作出的反应。② 一般看来,这些国家的左派政党和左派政治领导人也不具备民众主义的特征。

1998年上台的委内瑞拉总统查韦斯及其继任者马杜罗、2005年上台的玻利维亚总统莫拉莱斯、2006年上台的厄瓜多尔总统科雷亚属于激进左派,同时又是民众主义左派。查韦斯、莫拉莱斯、科雷亚继承并发扬了拉美历史上的民众主义传统,他们认为自己正在领导一场"革命",对国家的政治和文化制度进行"重建"。例如,援引19世纪的"解放者"西蒙·玻利瓦尔的名字和遗产,查韦斯宣称自己正领导一场"玻利瓦尔革命",即第二次、决定性的独立斗争。玻利维亚历史上第一位印第安人总统莫拉莱斯称自己站在一场增强原住民力量的文化的、民主的和后殖民的革命前列。科雷亚被他的支持者称为一场"公民革命"的领袖。这些"革命"是以民主的名义

① Steven Levitsky and Kenneth M. Roberts, "Latin America's 'Left Turn': A Framework for Analysis", Steven Levitsky and Kenneth M. Roberts, eds., *The Resurgence of Latin American Left*, The Johns Hopkins University Press, Baltimore, 2011, pp. 4-5.

② 苏振兴:《拉美左派崛起与左派政府的变革》,《拉丁美洲研究》2007年第6期,第7页。

进行的。但是,这些民众主义领导人是从“实质的”(substantive)、而非程序的含义上来解释民主的。他们宣称,自己是最高形式的民主的化身,这种民主将克服自由民主在参与权和代表性方面的“赤字”,并实现促进平等和社会公正的民主目标。为实现这种“民主”,在委内瑞拉、厄瓜多尔和玻利维亚,通过立宪大会起草和通过的新宪法,为直接的或半直接的公民参与创造一种广泛的机制,同时明确地阐明国家在提供社会福利方面的作用。[①] 在强调实质民主的过程中,这三国政府都以降低贫困和社会不平等的名义,加强国家对经济的干预。这种国家主义的、收入再分配的政策并非这些政府所首创,早在 20 世纪四五十年代的经典民众主义时期,卡德纳斯、庇隆、瓦加斯政府的社会经济政策就集中于推行国家干预经济和收入再分配。但是,21 世纪初,拥有丰富石油和天然气资源的委内瑞拉、厄瓜多尔和玻利维亚,借助于国际市场上包括能源在内的大宗商品市场的繁荣,取得了大量的外汇收入。在此形势下,一方面,政府与国内外私人资本讨价还价的砝码加大。在这方面,委内瑞拉的查韦斯走得最远。查韦斯政府征收了几百家国内公司,涵盖电信、建筑、农业和零售等部门。莫拉莱斯政府提高了对石油和天然气公司的税收,强迫该领域的外国公司向玻利维亚国有石油公司提供服务,受此影响的包括巴西石油公司和西班牙石油公司。莫拉莱斯政府还对铁路、电力、私人养老金和本国电话公司实行了国有化。另一方面,由于财政收入增加,这些政府的公共投资和社会开支迅速上升,社会贫困率下降,社会不平等也在某种程度上得以改善。同时,这些社会计划提高了总统的支持率,并成为维持政权的有效手段。但与此同时,这些社会政策在设计上存在着瑕疵,如组织混乱、高度政治化、效率低下、缺乏透明度和制度化,等等。因为这些社会计划直接由总统控制,总统往往将好处分配给自己的政治支持者,而非根据普遍的、客观的标准进行分配。一旦总统任期结束,这些计划也往往随之消失。这些社会计划的财政基础,由于严重依赖于石油和天然气的出口,显然是难以持久的。一旦石油出口下降,资金短缺,社

① Carlos de la Torre and Cynthia J. Arnson, “Introduction: The Evolution of Latin American Populism and the Debate over its Meaning”, Carlos de la Torre and Cynthia J. Arnson, eds., *Latin American Populism in the Twenty-First Century*, The Johns Hopkins University Press, Baltimore, 2013, p. 10.

会的贫困率会随之迅速上升。在对外政策上,反全球化、反新自由主义以及在某种程度上反对美国,成为这些激进左派民众主义的重要特征。

当然,在左派崛起的大背景下,保守的右派并未完全退出政治舞台。世纪之初,墨西哥、萨尔瓦多、哥伦比亚的右翼政党赢得了总统选举。如上所述,2012年后,随着全球经济环境的变化,国际市场上大宗产品价格下降,拉美经济下滑,外汇收入减少,失业率上升,致使拉美左派政府的执政能力和支持率下降,许多国家的左派政党在选举中下台,右派重新上台执政。例如,2015年11月的总统大选中,毛里西奥·马克里作为中右翼"变革联盟"的候选人当选为阿根廷总统。2016年,巴西左翼劳工党总统罗塞夫被弹劾,中右翼巴西民主运动党主席米歇尔·特梅尔就任总统。2018年,来自右派的社会自由党候选人雅伊尔·梅西亚斯·博索纳罗获胜,当选为巴西新一届总统。2017年,智利再次举行大选,来自右翼的前总统皮涅拉再次当选。2019年11月10日,因总统选举中出现违规行为,玻利维亚总统莫拉莱斯迫于各方压力宣布辞职。一些学者认为,2015年以来,拉美的政治格局中出现了"左退右进"的趋势。但是,拉美左派并未完全退出政治舞台,2018年墨西哥总统大选中,来自左派"国家革新运动"的奥夫拉多尔当选为总统,2019年阿根廷总统大选中,中左翼反对派候选人阿尔韦托·费尔南德斯当选为总统,克里斯蒂娜当选为副总统。当然,无论是左派还是右派,在指导思想、执政理念、政府政策等方面都发生了很大的变化。在当前新冠肺炎疫情的冲击下,拉美经济遭受重创,社会矛盾加剧,无论是左派还是右派政府,都面临着严峻的挑战。

第二节 墨西哥新自由主义改革和革命制度党的下野

一、债务危机

1976年,何塞·洛佩斯·波蒂略成为墨西哥新总统。此时,墨西哥正处于一个历史转折时期。进口替代工业化战略推动的墨西哥“奇迹”到埃切维里亚政府时期已走到了尽头，探寻新的发展模式已刻不容缓。但恰在此时，大量石油储量的发现给墨西哥提供了一个喘息之机。早在埃切维里亚政府时期，墨西哥就开始发现新的石油储藏，波蒂略上台后，新发现的石油储量以惊人的速度增长。到 1980 年，已探明墨西哥拥有世界石油储量的 5%和天然气储量的 3%。在波蒂略政府期间，石油产量增加了 3 倍，墨西哥很快成为世界第四大石油生产国。与此同时，由于阿拉伯国家的石油禁运，石油价格急剧上升。墨西哥的石油收入从 1976 年的 5 亿美元上升到 1981 年的 130 亿美元。新的石油的发现和石油收入的增加使墨西哥对未来再次充满了信心。波蒂略总统乐观而自豪地宣布，世界上有两种国家，一种是有石油的国家，另一种是没有石油的国家，“我们有石油！”①

掌握着石油带来的大量财富，波蒂略政府（1876—1982 年）采取措施发展经济、增加就业、减少贸易赤字。但是，由此推动的增长大多集中在资本密集型的工业部门，如石油化工、钢铁工业等，这些工业一方面只能创造少量的就业机会，另一方面需要大量进口资本设备。在农村，获得增长的也只是资本密集的、面向出口的农业综合企业，不仅带来的就业机会很少，而且将劳动力和土地转向非基本食品的生产。其后果，在 70 年代，食品生产实际上下降了，到 1980 年，墨西哥消费的 1/3 的玉米需要从美国进口。因此，尽管石油收入有了大幅度增长，但仍不能满足昂贵的机器设备和技术进口需要，因此只有以国外贷款来弥补，国际收支赤字随之稳步上升，从 1977 年的 14 亿美元上升到 1979 年的 30 亿美元。除 1978 年外，通货膨胀率一直高于 20%，墨西哥工人的购买力下降了 20%。尽管存在着这些麻烦的迹象，但是国际信贷机构仍乐于向墨西哥发放大量贷款，用美国历史学家本杰明·基恩和基思·海恩斯的话说，“谁能怀疑一个漂浮在油海上的国家的信誉呢？”②

但是，这种“亿万美元的舞蹈”正在走向终结。1981 年初的几个月，由

① Burton Kirkwood, *The History of Mexico*, Greenwood Press, Westport, Connecticut, London, 2000, p. 199.

② Benjamin Keen and Keith Haynes, *A History of Latin America*, Seventh Edition, Houghton Mifflin Company, Boston and New York, 2004, p. 308.

于需求下降和世界石油产量的增加,石油价格急剧下跌。许多墨西哥富人,由于对本国货币失去信心,匆忙购买美元并将其存于美国银行。1982 年 2 月,由于墨西哥外汇储备以惊人的速度下降,波蒂略总统允许比索贬值,由 26 比索 1 美元下跌到 45 比索 1 美元。通货膨胀率持续上升。3 月,财政部部长辞职。8 月,政府再次宣布比索贬值,下跌到 75—80 比索 1 美元。对新的贬值的担心导致了进一步的美元外流。越来越多的企业因缺少美元来进口设备和原材料或偿还贷款而倒闭破产。墨西哥银行外汇储备几乎枯竭。结果,墨西哥宣布,由于外汇短缺,它也许不能履行其债务责任。① 9 月 1 日,波蒂略总统宣布对所有私人银行国有化(不包括外国银行),并对外汇交易实行严格控制。这次银行国有化是 1938 年卡德纳斯总统实行石油国有化以来最激进的措施,受到了私人银行的抗议和革命制度党及其相关组织、工会以及左派政党的热烈支持。

银行国有化没有引起美国的反对,因为即使是最保守的美国官员也意识到,在当时的情况下,这是迫不得已的措施。美国里根政府所关心的是对墨西哥进行援助,因为一旦墨西哥拒绝偿还贷款,将会严重损害国际金融系统,并拖垮在墨西哥拥有 258 亿美元贷款的美国银行。经过谈判,美国向墨西哥提供 29 亿美元的援助、停止向外国银行支付到期外债 7 个月以及最终由国际货币基金组织向墨西哥提供 39 亿美元的贷款。当然,美国和国际货币基金组织提供援助的前提是,墨西哥必须接受国际货币基金组织提出的紧缩措施,主要目标是减少公共赤字(当时公共赤字已占 GDP 的 15%)。这意味着取消政府对食物和公共设施的补贴。墨西哥还必须降低贸易壁垒,提高工业部门的效率和在国际市场上的竞争力。②

二、新自由主义改革和北美自由贸易区

在政治上,波蒂略政府进行了两项重要的改革。一是使政党的注册变

① 彼得·史密斯:《1946 年以来的墨西哥》,莱斯利·贝瑟尔,前引书,第七卷,经济管理出版社 1996 年版,第 155 页。

② Thomas E.Skidmore and Peter H.Smith, *Modern Latin America*, Sixth Edition, New York and Oxford: Oxford University Press, 2005, p. 284.

得更容易，结果共产党获得了官方承认；二是保证反对党至少在400个国会议席中拥有100个议席。这当然不会导致权力重心的根本变化，但是至少在体制内给反对派提供了一定的空间。1982年，哈佛大学毕业的经济学家米格尔·德拉马德里就任总统。

德拉马德里政府忠实地按照国际货币基金组织开出的药方治理墨西哥经济，但是付出的代价是更严重的经济衰退。从1982年到1986年，实际工资下降了40%，生活水平下降的程度更高，因为对于基本的食品如玉米的补贴取消了。1985—1986年石油价格的下跌更减少了外汇收入，进一步削弱了已经衰退的经济。1985年9月19日，一场严重的地震袭击了墨西哥城，不仅带来了巨大的人员伤亡和经济损失，而且大大损害了政府和革命制度党的形象。

在地震发生之后，德拉马德里政府本来应该采取强有力的救援和应对措施，但是，政府没有这样做。相反，外交部宣布墨西哥将不会寻求外援，特别是明确拒绝来自美国的援助。更加令人吃惊的是，在地震发生后，政府向墨西哥城派出军队抢救工厂的机器设备，而不是遇难的工人。与政府的无所作为形成鲜明对照的是，墨西哥城的民众开始自发地组织起来。学生、工人和妇女组成各种救援小队向遇难者提供救助、食品、衣服、住处和医疗服务。记者路易斯·埃尔南德斯·纳瓦拉写道："人们组织起来应对双重的挑战：被摧毁的城市和瘫痪的政府。"①这场地震灾难使人们意识到，在墨西哥存在着一个强有力的公民社会。这种认识促使很多墨西哥人思考，他们为什么一定需要一个对民众疾苦如此漠不关心的集权政府？反对派也指责政府的作为，并增强了在此后的选举中击败革命制度党的信心。②

在这些挑战面前，德拉马德里及其顾问们决定对经济发展模式进行根本的转变，即选择新自由主义的发展模式，面向外部市场，实现与国际经济特别是美国经济的一体化。最主要的措施有：第一，减少和改变国家的经济作用，具体包括继续削减公共开支和对国有企业实行私有化。德拉马德里于1982年从前任政府接受的1115家国有企业中，到1986年底，有接近100家被出售，279家被关闭。③ 第二，实行贸易自由化和开放经济。1986年9

① *Los Angeles Times*, September 4, 1997.

② Burton Kirkwood, *The History of Mexico*, p. 203.

③ Thomas E.Skidmore and Peter H.Smith, *Modern Latin America*, p. 285.

月,墨西哥加入关税和贸易总协定(GATT)。墨西哥立即降低或取消关税壁垒,促进出口,特别是非石油产品的出口。这些转变意味着,墨西哥几乎完全放弃了长期以来推行的进口替代工业化战略。

但是,这些措施不仅没有改变墨西哥的经济困境,反倒使得社会问题更加严重。到1988年初,通货膨胀率达到143%,公共部门赤字占GDP的19%,墨西哥证券市场下降75%,国内资本市场受到严重动摇。债务危机和经济停滞加剧了社会不平等。投资下降、失业上升,整个80年代人均收入下降9%。

1988年的总统选举中,革命制度党受到了来自左右两个方面的挑战。国家行动党(PAN)候选人曼努埃尔·克劳希尔(Manuel Clouthier)代表了保守派的立场,他提出的纲领是,扩大私人企业在经济中的作用,进一步改善与美国的关系,结束选举中的腐败行为。来自左派的候选人是前总统拉萨罗·卡德纳斯之子夸乌特莫克·卡德纳斯。在竞选中,卡德纳斯要求结束政治腐败和选举舞弊、停止支付外债以及与外国信贷银行和政府就债务问题进行再次谈判、实行混合经济、国家对村社进行援助等。执政的革命制度党提名德拉马德里政府的财政和计划部部长、美国哈佛大学毕业的经济学博士萨利纳斯为候选人。选举受到广泛的关注。反对派候选人,特别是卡德纳斯受到媒体的极大关注。很明显,革命制度党的执政地位受到了前所未有的挑战。

选举于1988年7月6日举行。当计票显示卡德纳斯的得票数迅速上升时,政府宣布计算机发生故障并被暂时关闭。计算机恢复正常后,结果显示萨利纳斯仅以50.1%的选票获胜。富有戏剧性的是,选举结束后,政府派军队将投票箱和选票付之一炬。萨利纳斯在一片抗议声中宣布就职,并立即全面推进德拉马德里政府开始的经济“自由化”战略。

萨利纳斯降低了墨西哥的贸易壁垒,对国有企业实行更彻底的私有化,被出售的国有企业甚至包括以前被视为禁区的电话公司和银行(1982年波蒂略将银行国有化),其他被私有化的部门包括矿业、制糖厂、五星级旅馆、国有保险公司等。两家政府航空公司、国有钢铁公司、70%的石油化工企业被出售。与私有化过程相伴随的是,工人被大量解雇,工资被大幅削减,外国资本对墨西哥工业的控制日益增强,因为政府取消了外国资本最多控制墨西哥企业 49%的股份的规定。私有化过程不是通过公开的市场拍卖股票的方式进行的,这些国有企业的购买者是一小撮与外国资本有密切联系的人,他们本来就已经控制了墨西哥的经济。正如一些观察家指出的,“墨西哥现政府”所提倡的不是“大众资本主义”,而是“密友资本主义”。[①]

萨利纳斯指出,在增加农业产量的迫切需要面前,不得不放弃土地改革的目标。为此,萨利纳斯政府于 1992 年 2 月对 1917 年宪法第 27 条进行了修改,废除有关土地分配的条文,终止土地分配,允许占全国农民 60%的村社社员抵押、租赁和买卖土地,使萨利纳斯所主张的所谓的“土地出租和合作商业冒险制度”得以合法化。新《土地法》还规定,一个村社只要有 66%的社员同意,就可以转让其土地所有权;新的所有者在得到村社的土地之后,可以随心所欲地使用这些土地。政府宣称,对宪法第 27 条进行修改的目的是让农民得到实惠,但是实际上,村社的私有化为墨西哥富人和外国投资者掠取村社土地大开了方便之门。[②]

萨利纳斯的新自由主义改革措施表明,墨西哥领导人放弃了墨西哥革命、拉萨罗・卡德纳斯甚至卡德纳斯之后保守的政治领导人所追求的主要目标之一:经济独立。最明显地反映这种趋势的是美墨边境地区客户工业(maquilas)的发展。墨西哥客户加工工业起始于 60 年代中期。1965 年 5 月 20 日,墨西哥政府颁布“北部边境工业化计划”,在美墨边境设立工业区,允许外国投资者在区内建立出口加工企业。政府批准临时进口机械、设备、零部件和元件,并免缴关税,以鼓励制造业利用当地劳动力,加工产品销往美国市场。由于受低工资的诱惑(每天大约 3.75 美元到 4.50 美元),客户工业的发展极为迅速,1982 年,拥有工厂大约 455 家,雇佣 13 万名工人,1998 年增加到工厂 2000 家,雇佣 60 万名工人,其中 2/3 是妇女。[③] 在这些工厂中,工人组装电视机、收音机、计算机硬件等,产品销往美国市场。客户工业的工人有的根本没有参加工会组织,有的虽然加入了工会,但是工会受到政府的严格控制。政府与雇主签订“保护性协议”,维持低工资水平和不

---

① Benjamin Keen and Keith Haynes, *A History of Latin America*, p. 310.

② José del Pozo, *Historia de América Latina y del Caribe, 1825–2001*, Santiago: LOM Ediciones, 2002, p. 235.

③ Benjamin Keen and Keith Haynes, *A History of Latin America*, p. 311.

符合墨西哥联邦劳工法律的劳动标准。墨西哥政府宣称，客户工业缓解了墨西哥的失业问题，但是，许多企业实际上是血汗工厂，存在着严重的健康和安全隐患，并带来了边境地区的环境污染。同时，美国工会对于客户工业给美国工人的就业机会带来损失也表示关切。

萨利纳斯政府时期最为重要的举动是加入北美自由贸易区。1992 年 8 月 12 日，美国、加拿大和墨西哥三国签署了历史性的北美自由贸易协定（NAFTA），1994 年 1 月 1 日，协定正式生效，北美自由贸易区成立。协定规定通过消除关税和贸易壁垒等措施实现三国商品和资本的自由流通。北美自由贸易区成为世界上最大的贸易集团之一，拥有人口 3.7 亿，生产总量达 6 万亿美元。① 从历史的角度来看，对墨西哥来说，加入北美自由贸易区是墨西哥现代化进程的一个重大转折。它表明墨西哥政府彻底抛弃了进口替代工业化战略的保护性政策，抛弃了 19 世纪以来墨西哥与“北方巨物”保持距离的历史传统。用美国历史学家伯顿·柯克伍德的话说，“北美自由贸易协定标志着墨西哥经济政策的根本转变，因为它意味着萨利纳斯代表的新自由主义政策战胜了长期影响墨西哥经济决策的传统的民众主义和民族主义。”②

北美自由贸易区成立后，墨西哥和美国之间的贸易额从 1993 年的 830 亿美元增加到 1995 年的 1080 亿美元和 1997 年的 1570 亿美元。美国向墨西哥的出口额超过了向中国、韩国和新加坡三国出口额的总和，墨西哥取代日本成为美国第二大贸易伙伴（美国第一大贸易伙伴依然是加拿大）。1994—2001 年，墨西哥吸收外国直接投资年均 117 亿美元，比加入北美自由贸易区前增加了两倍。加入北美自由贸易协定在一定程度上促进了墨西哥经济的增长，1996—2000 年墨西哥年均国内生产总值持续增长。③ 但是，加入北美自由贸易区并没有解决墨西哥面临的经济和社会问题，反而使某些问题更加突出。

根据北美自由贸易协定，65%的美国商品在协定生效后立刻或者 5 年

① Thomas E.Skidmore and Peter H.Smith, *Modern Latin America*, p. 288.

② Burton Kirkwood, *The History of Mexico*, p. 208.

③ Carlos Portales, “Tiene Mexico viabilidad sin los Estados Unidos?” *Estudios Internacionales*, No. 141, 2003, pp. 94-95.

之内获得向墨西哥出口的免税地位，一半的美国农产品在协定生效后立即获得向墨西哥出口的免税地位。这使墨西哥的农业部门在与美国竞争中处于明显的不利地位，因为美国农业在自然条件、技术设备、政府补贴等方面拥有墨西哥所无法比拟的优势。例如，北美自由贸易协定生效后，大量美国玉米免税进入墨西哥，对墨西哥的玉米生产者以致命的打击，因为墨西哥玉米生产的成本是美国的 2 到 3 倍，同时，美国农场还享受各种各样的政府补贴，使其有条件低价销售，从而在竞争中挤垮墨西哥生产者。成百上千被迫放弃土地的农民进入本已拥挤的城市，给就业带来了进一步的压力。他们或者在边境地区低工资的客户工业，或者在面向美国市场生产水果和蔬菜的农场寻求安身之地，有的越过边境进入美国加入非法劳工的队伍。

北美自由贸易协定也给美国劳动力市场带来了压力。由于墨西哥工人的工资只有美国的 1/10，这将导致大量美国工人因此而失业，同时，还将迫使美国工人向雇主在工资等方面作出让步。美国总统克林顿和他的劳工部长罗伯特·里斯(Robert Reith)坚持认为，美国工人失去的将是低工资的、非熟练的工作，但将保住高科技的、高收入的工作。但是实际上，美国公司在墨西哥创造的 3/4 的制造业工作机会正是在高科技的、资本密集型的汽车和电子工业部门之中。

三、恰帕斯州的枪声和革命制度党的下野

1994 年 1 月 1 日，在墨西哥南部最贫困的恰帕斯州，一支自称为“萨帕塔民族解放军”(EZLN)的游击队武装大约 1.2 万人突然揭竿而起，占领了马格里塔(Margarita)、奥科辛戈(Ocosingo)、圣克里斯托瓦尔德拉斯卡萨斯(San Cristobal de las Casas)三个城市。① 虽然墨西哥政府此前对于这支农民武装的组成以及其领导人马科斯(Marcos)略有了解，但是这次起义的突然性和戏剧性——恰在北美自由贸易协定生效的当天——还是给墨西哥政府带来了极大的震惊和难堪。马科斯，这位叼着烟斗、戴着面罩，并且在互

---

① María Concepción Obregón R.,“La rebellion Zapatista en Chiapas: Antecedentes, causas y desarrollo de su primera fase”, *Estudios Mexicanos*, 13(1), 1997, pp. 149-200.

联网上拥有网站的新一代农民武装领袖的形象立刻风靡墨西哥,印有其图像的T恤衫在首都墨西哥城畅销一时。“萨帕塔民族解放军”宣称,北美自由贸易协定是墨西哥土著农民的“死刑判决书”,并要求进行彻底的政治和经济改革,包括墨西哥土著共同体的自治、废除对宪法27条的修改、萨利纳斯下台和举行自由公正的选举等。[①]

其实,恰帕斯州农民革命的发生不是偶然的。从某种意义上说,恰帕斯州农民的遭遇是整个墨西哥农民命运的一个缩影,并且更具有代表性。1910年的墨西哥革命从未真正波及恰帕斯,结果该州没有发生土地改革。大土地所有者拥有40%的土地,而63%的农民在不到2.5英亩的土地上勉强维生。危机所困的农民自发地行动起来,夺取了大约10万英亩的土地,与大地主组织的准军事武装不断发生武力冲突。1988年后萨利纳斯政府对农民信贷和补贴的削减以及国际市场上咖啡价格的下跌更使恰帕斯州农民的命运雪上加霜。经济学家何塞·路易斯·科拉瓦(José Luis Clava)一针见血地指出,恰帕斯州“定时炸弹”爆炸的导火线是政府的结构性经济改革计划和自由贸易政策,这一政策导致大量廉价的美国玉米进口。他认为,对宪法第27条的修改,危及尚存的公共村社制度,引发了这场危机。[②] 尼尔·哈韦也指出,“从70年代以来,政治上独立的运动就首先为土地、然后为生产过程的主导权而斗争。这两条战线上的斗争在国家对农业发展的广泛的干预的宪法框架内演进。这一框架随着1986年贸易自由化的实施和随后农业补贴的取消、国有企业的私有化以及对宪法第27条的修改而发生转变。90年代初,对农民组织的新挑战成为在日益自由化的市场中捍卫小生产者的生存。恰帕斯的暴动表明,早期争取土地和自主权的斗争依然在继续,但是同时也体现了对于将农民赶出市场、剥夺其土地的改革的抵制。”[③]

政府内部有人主张动用军事力量剿灭“萨帕塔民族解放军”。可是,由

① Benjamin Keen and Keith Haynes, *A History of Latin America*, p. 313; Burton Kirkwood, *The History of Mexico*, p. 209.

② Benjamin Keen and Keith Haynes, *A History of Latin America*, p. 313,

③ Neil Harvey, “Rural Reform and the Zapatista Rebellion: Chiapas 1988-1995”, Gerardo Otero, ed., *Neo-Liberalism Revisited: Economic Restructuring and Mexico's Political Future*, Westview Press, 1996, p. 188.

于意识到1968年特拉特洛尔科事件带来的消极后果,以及由于北美自由贸易协定的签署使墨西哥正成为国际社会关注的焦点,萨利纳斯没有让军队放手行动。相反,他于1994年1月12日签署了一项对游击队的大赦令。随着1994年大选的临近,在民主改革的呼声日益高涨的环境下,在国际社会的密切关注中,萨利纳斯政府不得不谨慎从事。但是,在大赦令以及要求谈判的努力未能奏效后,政府动用军队采取了局部的军事行动。显然,政府军的力量远超过农民军。“萨帕塔民族解放军”只好被迫放弃在1月份占领并控制的城市,撤进附近的丛林中。

两个月后,当民众关注的焦点从恰帕斯转向总统大选时,一颗子弹夺去了革命制度党的总统候选人路易斯·唐纳多·科洛西奥(Luis Donaldo Colosio)的生命。科洛西奥是萨利纳斯钦定的总统继承人,是一位经济学家。在获得候选人提名后,他多次表示,他将通过自由公正的、而非舞弊方式赢得总统选举。在1994年3月发表的一场演讲中,他又指出,墨西哥仍是一个存在着政治镇压的、经济落后的第三世界国家。他认为解决这些问题的途径是扩大民主,并且实现革命制度党和政府政策的分离。这个大胆的演讲被看作是试图与现任总统和执政党拉开距离的举动。此演讲发表后不久,随即就发生了他被暗杀的事件。因此,墨西哥国内外舆论猜想政府可能卷入了这场谋杀事件。同年9月,发生了另一场政治暗杀事件,参议院多数派领导人何塞·弗朗西斯科·路易斯·马谢乌(Jose Francisco Ruiz Massieu)在墨西哥城被暗杀。和科洛西奥一样,何塞·弗朗西斯科·路易斯·马谢乌主张扩大革命制度党内部的政治民主,改善与反对党的关系。暗杀事件发生后,萨利纳斯总统任命何塞·弗朗西斯科·路易斯·马谢乌的哥哥马里奥·路易斯·马谢乌(Mario Ruiz Massieu)负责对这次谋杀事件展开调查。调查证据表明,萨利纳斯总统的哥哥劳尔·萨利纳斯策划了这次谋杀事件。

科洛西奥被暗杀后,萨利纳斯总统提名塞迪略为革命制度党新的总统候选人。塞迪略是美国耶鲁大学的经济学博士,长期在墨西哥中央银行和计划部供职。革命制度党内部很多人并不支持对他的提名,更重要的是,革命制度党和塞迪略面临着来自夸乌特莫克·卡德纳斯代表的民主革命党(PRD)和迭戈·费尔南德斯·德·塞瓦略斯(Diego Fernández de Cevallos)

代表的国家行动党(PAN)的挑战。1994年5月12日,三位候选人举行的电视辩论吸引了大量的电视观众。很多观察家认为,这场电视辩论表明墨西哥的民主化进程已经发生了,尽管辩论受到政府的小心控制。1994年8月举行的投票中,塞迪略以50.08%的选票赢得总统选举。墨西哥政府宣布这场选举是墨西哥历史上最公正的一次选举,外国政府也持同样的看法。但是,一些墨西哥观察家指出,尽管与以前的选举相比,这次选举要公正得多,但是胁迫、腐败、选民注册困难,以及对不投票支持革命制度党的人威胁进行报复等情况还是存在的。①

塞迪略于1994年12月宣誓就职后,立刻面临着一场金融危机。因担心比索贬值,投资者在一个星期内从墨西哥撤出了超过100亿美元。面对这种局势,塞迪略政府不得不宣布比索贬值。但是由于对贬值计划不周,给国内外的财政机构带来了恐慌。很快比索的价值下降12%,随即下降50%。其后果是墨西哥证券市场崩溃、经济衰退和资本外流。墨西哥金融危机还在其他拉美国家引起了金融恐慌,被称为"特基拉效应"。②

随着危机的加剧,塞迪略只好向美国克林顿政府请求援助。国际信贷机构筹集了500多亿美元,其中美国200亿美元对墨西哥进行救急。美国之所以愿意对墨西哥进行援助,一是防止美国在墨西哥的30亿美元短期贷款难以收回,二是维持经济改革和北美自由贸易区的信誉。③ 虽然这笔援助防止了彻底的财政崩溃,但是没有解决墨西哥100%的贷款高利率;没有制止失业率上升趋势,仅在1995年的前6个月,就有80万墨西哥人失去了工作;没有阻止工人购买力的下降,据估计,在1995年,工人购买力下降了40%。④

1994年金融危机同时引发了政治危机。当萨利纳斯被指责在1994年坚持维持不现实的汇率而对金融危机负有责任时,这位前总统公开批评塞迪略及其内阁对12月份的比索贬值操作失误。作为还击,塞迪略总统使萨

① Burton Kirkwood, *The History of Mexico*, p. 211.

② José del Pozo, *Historia de América Latina y del Caribe, 1825-2001*, pp. 236-237.

③ Thomas E.Skidmore and Peter H.Smith, *Modern Latin America*, p. 291.

④ Dan La Botz, *Democracy in Mexico: Peasant Rebellion and Political Reform*, Boston: South End Press, 1995, p. 119.

利纳斯在美国处于“事实上的”流亡状态后，于 1995 年 3 月授权指控这位前总统的哥哥劳尔·萨利纳斯涉嫌腐败并策划对科洛西奥的暗杀，并对其加以逮捕。证据表明，前总统萨利纳斯曾参与掩盖上述 1994 年的两场暗杀事件。很快，萨利纳斯兄弟被怀疑与其他暗杀事件有关。对萨利纳斯家族腐败的指控很快扩大到涉嫌毒品走私。1999 年 1 月，劳尔·萨利纳斯与科洛西奥被暗杀事件的牵连得到法律确认，他被判处为期 50 年的监禁。随着萨利纳斯成为墨西哥民众深恶痛绝的对象，革命制度党的威信严重下降，政治精英内部也发生分裂。1995 年初举行的一次民意测验表明，一半以上的人认为，墨西哥有发生军事政变的可能性。[①]

革命制度党执政地位的下降表现在，在市长选举和州长选举中，从哈利斯科(Jalisco)到克雷塔罗(Querétaro)和新莱昂，反对党候选人获得胜利。1997 年，革命制度党 68 年的历史上第一次失去了众议院内部的多数席位：在 500 个席位中，革命制度党获得 238 席，国家行动党占有 121 席，民主革命党占有 126 席。最能表明革命制度党地位下降的是，1997 年，民主革命党候选人夸乌特莫克·卡德纳斯当选墨西哥城的市长。[②] 塞迪略总统承认，“在这些选举之后，再也没有人能将革命制度党看作唯一的政党、国家党或者是政府的附属物了。”[③]

2000 年的总统大选是墨西哥政治的一个分水岭。三位主要的候选人——革命制度党的弗朗西斯科·拉瓦斯蒂达、民主革命党的夸乌特莫克·卡德纳斯和保守的国家行动党的维森特·福克斯·克萨达——展开了激烈的竞争。竞选中，福克斯表示要建立一个诚实的政府。他说，腐败的革命制度党已毫无希望地过时了，现在变革的时机到来了。他将领导墨西哥进入一个崭新的、现代的、民主的时代。最终，福克斯以 42.5%选票赢得了总统选举的胜利，弗朗西斯科·拉瓦斯蒂达获 36%的选票，夸乌特莫克·卡德纳斯获 17%的选票。墨西哥连续执政 71 年的革命制度党在选举中下野。

① Thomas E.Skidmore and Peter H.Smith, *Modern Latin America*, p. 292.

② José del Pozo, *Historia de América Latina y del Caribe, 1825-2001*, p. 249.

③ *Washington Post*, July 13, 1997.

四、21世纪的墨西哥

2000年,国家行动党成为执政党,但没有在墨西哥参众两院获得多数席位。因此,福克斯在竞选时和上台之初所承诺的财政、劳工和能源改革都没有在议会获得通过。这一方面反映了福克斯政府治理能力的低效,但另一方面,也反映了立法部门、即议会在墨西哥政治制度中的作用增强。革命制度党执政期间,总统同时是党的最高领袖。但福克斯就任总统后,并不是国家行动党的最高领袖,国家行动党和总统之间形成了一种“民主的联系”,这反映了墨西哥政治的新变化。① 福克斯政府继续推行新自由主义的经济政策,继续推进私有化进程,进行税制改革;同时许诺打击腐败和贩毒活动。由于美国经济不断放缓,导致福克斯任期前半段墨西哥经济增长缓慢。2001年GDP下降了0.3%,2002年勉强增长0.9%,2003年为1.4%。任期后半段,经济增长率有所提高,2004年、2005年和2006年分别为4.4%、3.0%和4.9%。但六年任期的平均增长率仅为1.82%。有限的经济增长没有使广大中下层获益,贫富差距依然很大,社会矛盾相当突出。为解决恰帕斯问题,福克斯任命了一名土著权利协调员,并允许“萨帕塔民族解放军”代表团前往首都谈判。2001年2月24日,由24名成员组成的“萨帕塔民族解放军”代表团从圣克里斯托瓦尔出发,在15天内经过13个州,于3月11日到达墨西哥城。3月22日,“萨帕塔民族解放军”四位领导人在议会发表了讲话,马科斯有意没有出席。3月底,代表团回到了恰帕斯游击队的营地。“萨帕塔民族解放军”认为,福克斯政府没有触及墨西哥根深蒂固的不平等和权力滥用问题,而这恰恰是导致恰帕斯暴动的根本原因。

2006年,墨西哥再次举行大选。来自国家行动党候选人费利佩·卡尔德龙、民主革命党候选人洛佩斯·奥夫拉多尔、革命制度党候选人罗伯托·马德拉索,以及另外两个小党的候选人参与竞选。7月6日,墨西哥联邦选举委员会公布大选结果,卡尔德龙得票率为35.89%,位居榜首;奥夫拉多尔得票率为35.31%,仅以0.58%的微弱差距屈居第二位;马德拉索得票率为

① 徐世澄:《墨西哥革命制度党的兴衰》,世界知识出版社2009年版,第149页。

22.26%,居第三位。选举结果公布后,奥夫拉多尔不承认选举失败,要求联邦选举委员会重新计票。即使在联邦选举委员会确认卡尔德龙获胜后,奥夫拉多尔依然宣布自己是"合法"总统,并组成了平行政府。奥夫拉多尔的支持者从全国各地来到首都,在墨西哥城的"第一街"改革大道建立了帐篷城,抗议选举舞弊。

12 月,卡尔德龙就任总统。卡尔德隆任内,致力于促进能源部门的发展,增加就业岗位,打击犯罪和贩毒活动。虽然由于美国能源消费的增加和中东地区的战争,国际市场上石油价格上涨,墨西哥石油公司从中受益,但是墨西哥的石油产量不断下降。2008 年,经过激烈的争论,墨西哥议会通过了一系列能源改革法案,允许墨西哥石油公司中有限的私人投资。2007 年 3 月,卡尔德隆与来访的美国总统布什会晤时,提出了"梅里达倡议",又称"墨西哥计划"。根据这一计划,美国将向墨西哥提供高达 14 亿美元的反毒援助计划,用于购买扫毒技术、设备、武器,人员培训和加强武装力量。[①] 扫毒行动导致暴力升级,到 2011 年 9 月,政府与贩毒组织之间的战争导致高达 4.7 万人丧生。与此同时,墨西哥暴发了 H1N1 流感,2009 年 4 月,墨西哥城出现 2000 名感染病例。受 2008—2009 年国际金融危机的影响,墨西哥经济陷入衰退。2010 年,经济虽然缓慢反弹,但工资水平依然维持不变,贫富差距继续扩大。经过 12 年的执政后,国家行动党在墨西哥民众中的支持率迅速下降,为革命制度党东山再起创造了条件。

2012 年大选来临,革命制度党推出了年轻的候选人、原墨西哥州州长恩里克·培尼亚·涅托;民主革命党候选人依然是奥夫拉多尔;国家行动党候选人为原内阁成员何塞菲娜·巴斯克斯·莫塔,如果她当选,将成为墨西哥历史上首位女总统。选举结果,涅托以 38.21%的选票当选为总统。奥夫拉多尔和莫塔分别以 31.59%和 25.41%的选票,居第二位和第三位。2000 年和 2006 年大选失利后,革命制度党吸取教训,加强党内团结,推举新人为总统候选人,提高了支持率;而国家行动党执政 12 年政绩平平;民主革命党内部派系林立,矛盾重重。这为革命制度党重获政权提供了机会。

---

① 徐世澄:《墨西哥革命制度党的兴衰》,世界知识出版社 2009 年版,第 164 页。

12月1日,涅托宣誓就职。就任第二天,涅托就与国内三个主要政党领导人共同签署了"墨西哥协定",其中包含政策改革的95项议程。该协定在国家行动党和民主革命党内部引起了很大争论,一些成员对党的领导人与革命制度党合作表示不满。奥夫拉多尔脱离民主革命党,另行组建激进左翼政党"国家革新运动"。然而,该协议对于政府在公立教育、财政政策、电信和能源部门的改革倡议获得议会的支持极为有效。石油产量持续下降,严重影响了墨西哥的财政收入。涅托政府打算通过吸引外国石油公司的投资,开发墨西哥的深海石油储藏,振兴石油产业。根据宪法,墨西哥石油公司拥有对石油、天然气和基本的石油化工产品进行勘探、生产、提炼、储藏和分配的排他性控制权。2013年12月,墨西哥议会对上述宪法条款进行了修改。2014年2月,大毒枭华金·古斯曼·洛埃拉再次落网。① 显示了涅托政府打击毒品犯罪的决心和成就,但墨西哥与毒品相关的犯罪依然严重。

2015年中期选举中,革命制度党获得29%的选票,其盟友墨西哥绿色生态党获得7%的选票,从而使得执政党获得众议院多数席位。此外,独立候选人海梅·罗德里格斯当选为新莱昂州州长。

2017年9月7日,墨西哥恰帕斯州和瓦哈卡州发生地震,造成90多人丧生。9月19日,墨西哥城、莫雷洛斯州、普埃布拉州、墨西哥州、格雷罗州也发生地震,造成200多人丧生。与此同时,一系列的腐败丑闻也严重地影响了涅托和革命制度党的支持率。例如,一家获得政府合同的公司向总统夫人出售了墨西哥城一家豪华住宅。经调查,总统虽然没有责任,但他被迫为此表示道歉。政府还被指控使用复杂的手机入侵软件对反腐组织、记者和人权活动家进行监视。

2018年总统大选来临之际,墨西哥全国暴力事件频繁。130多名政治活动家在选举的准备阶段被暗杀。很多暗杀行动是由毒品犯罪组织所为,目的在于阻止这些宣称打击毒品活动的候选人当选。此次大选中,奥夫拉多尔作为"国家革新运动"候选人参选,并成功当选为总统。

---

① 2015年7月,古斯曼从监狱逃脱。2016年1月再度被抓获。2017年1月被引渡到美国,2019年7月被判处终身监禁。

第三节　阿根廷的新自由主义改革和社会政治危机

一、劳尔·阿方辛政府(1983—1989 年)

马尔维纳斯战争后,阿根廷军人政权陷于四面楚歌之中。退休将军克里斯蒂诺·尼古拉德斯(Cristino Nicolaides)成为武装部队总司令,他提名雷纳尔多·比尼奥内为临时总统。新的军事领导人的主要任务是完成军人政权向文人政权的过渡。在这一转变过程中,军人想要达到的主要目标是:将来军人不会因“肮脏战争”期间的作为受到追究和惩罚;在尚未确定的“转型期”分享权力;继续维持工会作为一个政治组织的软弱无力状态;在军事和经济政策的制定过程中,保留军人发言权。①

绝大多数庇隆主义领导人接受军人的要求。1982 年,在加尔铁里辞职后,正义党的领导权落入德奥林多·比特尔(Deolindo Bittel)之手。德奥林多·比特尔设计了一项由军人政权向文人政权转型的计划。根据他的计划,这一转型的时间将持续两年,在此期间,军人将继续控制中央政府。为了实施这一计划,军人和工会之间举行了谈判。军方的主要谈判代表是克里斯蒂诺·尼古拉德斯,工会方面的主要谈判代表是冶金工人工会领袖洛伦索·米盖尔(Lorenzo Miguel),他在 80 年代担任阿根廷总工会领袖。谈判中,克里斯蒂诺·尼古拉德斯和军人洪达答应在转型过程中,帮助米盖尔控制统一的阿根廷总工会,米盖尔答应利用他在庇隆主义运动内部的权威阻止针对军人在“肮脏战争”期间的行为进行起诉的企图。

由于庇隆主义运动直接导致了军政府的建立以及“肮脏战争”,由此导致了民众对于庇隆主义运动的怨恨。1983 年的选举将激进党候选人劳尔·阿方辛推上了总统职位。

① Daniel K.Lewis, *The History of Argentina*, Greenwood Press, 2001, p. 149.

1983年底,阿方辛总统就职。新政府面临着极为严峻的经济形势:外债超过450亿美元,通货膨胀率达到400%。阿方辛任命贝尔纳多·格林斯潘(Bernardo Grinspun)为经济部部长,负责推行政府的经济复兴计划。国际信贷机构要求实行严格、正统的紧缩政策:阿根廷政府必须削减开支,稳定货币,改善阿根廷的投资环境。与此同时,阿根廷还必须履行偿还债务的义务。但是,贝尔纳多·格林斯潘和激进党政府认为,国际信贷机构所要求的这些措施将使阿根廷人为过去的财政负担付出太大的代价。因此,阿方辛政府没有推行货币贬值和削减财政开支的措施,它认为,这样做将会使政府的支持率下降,相反,政府宣布提高工资和增加就业。政府还维持社会计划和支持各省政府的开支。

巨额的外债使债权人担心阿根廷拒偿债务。参与阿根廷债务问题谈判的国际货币基金组织和私人银行的代表不支持贝尔纳多·格林斯潘的经济复兴计划,但是,他们没有对阿根廷实行制裁。因为他们担心制裁会直接导致阿根廷拒偿债务,并由此引发扩及整个拉美的金融危机。

阿根廷政府认为,随着时间的推移,消费者的信心将得到恢复,而消费的扩大将刺激对商品和服务的需求,导致投资者扩大在工业和服务部门的进一步投资。一旦经济得到复兴,政府就能以相对有利的地位与国际债权人讨价还价,要求对方同意延期偿还债务。因为只有经济得到恢复,阿根廷才能更好地履行其偿还债务的负担。

但是,到1984年底,政府的经济计划没有使任何人满意。由于通货膨胀居高不下,工资增长远赶不上物价上涨的水平。生产者没有看到消费增长的迹象,因此工业和服务业部门继续处于衰退之中。农场主和牧场主对他们必须负担的出口税不满,抱怨政府没有一项连贯的财政和贸易政策。国际货币基金组织的代表对贝尔纳多·格林斯潘的方案失去了耐心,在对阿根廷发出警告之后,国际货币基金组织和其他财政机构从1985年5月起停止向阿根廷发放任何新贷款,并要求阿根廷提出一项严格的偿还债务时间表。

在国际货币基金组织的挑战面前,贝尔纳多·格林斯潘辞职。阿方辛任命胡安·索尔罗伊列(Juan Sourrouille)接替他的职务。胡安·索尔罗伊列制定了一项新的经济策略。1985年6月14日,政府宣布了奥斯特拉尔

(Austral)计划,主要内容是:(1)以新货币奥斯特拉尔取代原来的比索;(2)实行严格而广泛的工资和物价控制;(3)实行一系列削减财政开支和增加政府收入的措施,目的是几年之内减少直至最后消除联邦财政赤字;(4)推行新的法规,限制政府发行货币以弥补开支的自由。①

奥斯特拉尔计划的实施一度效果明显。计划开始实施的最初几个月,通货膨胀率从三位数下降到不到 20%。新货币的发行限制了投机,鼓励了投资和储蓄,政府赤字下降。这一计划的短暂成功使激进党在 1985 年的议会选举中得到了各界的支持。虽然激进党的得票率从 47.4% 下降到 43.2%,但是在议会中得到了一个新的席位,并维持了议会中的多数。相反,正义党失去了 8 个席位。

除经济问题外,阿方辛上台后面临的另一挑战是如何就军人执政期间所犯的大量侵犯人权的罪行进行处理。为了防止因"肮脏战争"期间的所作所为受到报复,1983 年 9 月底,军人在交出政权之前宣布了"国家和解法"。该法案批准对所有卷入反颠覆的"肮脏战争"的军人和警察人员实行赦免。军人在私下还同正义党和工会方面进行谈判,求得支持。阿方辛在大选中指责正义党领袖洛伦索·米盖尔与军方达成了秘密协议,虽然洛伦索·米盖尔拒绝承认存在任何军人与工会之间的协议,但是选民普遍认为正义党将与军人合作,在转型期间维护各自的利益。选民的这一态度是阿方辛和激进党在 1983 年 10 月的大选中获胜的重要因素之一。

甚至在大选之前,向军人讨还公道已成为阿根廷政治和社会生活的核心问题之一。马岛战争后,"五月广场母亲"们就发动了一场运动,要求将"肮脏战争"的策划和推行者绳之以法。她们组织的进军和示威得到了几万人的支持。一个新的组织——"五月广场祖母"——要求调查随父母被一同关进拘留所而失踪的孩子们的下落。

大选前,阿方辛表示,如果当选,他将支持司法部门对犯有罪行的军人进行起诉。他要求法院重点起诉那些设计和指挥"肮脏战争"的军官和那些对被拘禁者犯下侵犯人权的罪行者。与此同时,他指出,游击队组织,通过爆炸、暗杀和对军事基地、警察局进行袭击,也对挑起"肮脏战争"负有责

① Daniel K.Lewis, *The History of Argentina*, p. 153.

任。但同时,他还建议,那些仅仅因执行命令而卷入此类行为的军人不应受到惩罚。就职之后,阿方辛的立场没有发生根本的变化。他宣布10月份大选前军政府颁布的赦免法案无效。他支持将侵犯人权者推上法庭,但是没有成立专门的委员会调查过去军人的罪行和准备起诉工作。他寻求一条相对温和的解决方案。

显然,阿方辛的立场自然不能满足人权组织寻求公正的要求,但是同时,由于他支持对军人进行起诉,阿方辛政府也激怒了军人及其保守派支持者。军人辩解说,所谓的"罪行",发生在合理的、得到法律认可的战争期间,因此就此类"罪行"进行起诉是不合法的。

在寻找"肮脏战争"的幸存者过程中,发现了几个万人坑。尸体没有标记,但有被处决的痕迹。人权组织要求政府迫使军人对这些死者作出解释。在民众压力面前,阿方辛政府命令对1976—1983年期间军人独裁政府的领导人进行起诉。他同时命令法庭将蒙托内罗斯和人民革命军的领导人进行起诉。

人权组织认为,为了维护军人的利益,军事法庭将会宣判被告无罪或者忽视重大罪行。在"五月广场母亲"的推动下,人权组织发动了一场要求将酷刑和暗杀的被告嫌疑人移交文人法庭审理的运动。在民众的压力下,阿方辛下令成立了以埃内斯托·萨瓦托(Ernesto Sabato)为主席的"关注失踪人员全国委员会"(CONADSP),就军政府"肮脏战争"政策的形成、发展和执行情况收集资料,并对"肮脏战争"中"失踪者"的人数、身份和处所进行调查。该委员会于1984年9月完成调查工作并出版了调查报告——《永不重演》(Nunca más)。① 报告的出版激起了公众情绪的高涨,并给政府带来了进一步的压力。于是,阿方辛下令将在军事法庭未决的案件移交文人法庭审理。1985年4月起,对包括军政府最高领导人和军政府期间的最高军队领导人在内的高级军官的审讯正式开始。经过几个月的审理,法庭判决魏地拉将军和海军上将埃米里奥·马塞拉(Emilio Massera)终身监禁,其他被告也得到了相应的判决。但是,人权组织要求,审判不应仅限于高级军

① Comisión Nacional sobre la Desaparición de Personas, *Nunca más*, Buenos Aires, EUDEBA, 1984.

官，而应扩大到更广泛的范围。“关注失踪人员全国委员会”对超过 1000 名涉嫌“肮脏战争”的警察和军人提出了指控。

军人的抵触愈益加剧。在军人看来，阿方辛政府对军人的追究已超出了他们能够容忍的界限。与此同时，政府还试图通过削减军事预算和迫使高级军官退休来削弱军队的地位。当新一轮审判指向“关注失踪人员全国委员会”指控的军人和警察时，出现了一个新的组织——“叛乱受害者家庭”（FAMUS）。与“五月广场母亲”运动针锋相对，该组织在布宜诺斯艾利斯市中心的教堂和其他一些地点举行定期集会。针对“五月广场母亲”提出的“失踪者”名单，“叛乱受害者家庭”也提出了被谋杀的警察和军人的名单，反对政府对侵犯人权的军人进一步起诉，并希望争取社会的支持。

虽然“叛乱受害者家庭”得到的支持很少，但是阿方辛政府试图采取措施安抚军人的情绪。1985 年 10 月，阿方辛不顾其经济顾问的反对，支持将军事人员的人数增加 25%。1986 年 12 月，阿方辛总统向议会提出了“了结法”（punto final），要求对“肮脏战争”的政治和军事罪行的审判确定一个结束的最后期限。尽管受到广泛的民众抗议和国际社会的批评，但“了结法”在议会仍获得通过。

在“了结法”确定的最后期限，即 1987 年 2 月 23 日前，法庭对 300 多名军官提出了 487 项指控，其中接近 100 名被指控者当时依然是现役军人。政府规定最后期限的目的是尽快结束此类案件的审理，但是人权组织和法院放弃节假日，夜以继日地工作，提出了尽可能多的指控案件。

1987 年 4 月 14 日，被起诉的厄内斯托・巴雷罗（Ernesto Barreiro）上校拒绝出庭，并在科尔多瓦的军事基地聚集军队。7 月 17 日，中尉团长阿尔多・里科（Aldo Rico）率军占领了布宜诺斯艾利斯的“五月庄园”（Campo de Mayo）军事基地，支持埃内斯托・巴雷罗。叛乱军人要求撤换最高军事司令部领导人，结束对军人的审判。总统命令军队逮捕叛乱者。军队虽然包围了叛乱者，但拒绝对其发动袭击。军队内部的分歧也明朗化。空军司令部表示支持政府，并请求允许轰炸叛乱军人。许多参与过“肮脏战争”和马岛战争的年轻军官站到叛乱者一边。

叛乱激起了拥护民主制的广泛的民众动员。阿根廷总工会号召发动全面罢工，直到叛乱结束。政党、工业主和生产者组织、工会甚至天主教会的领导人签署宣言,支持民主政府。随着危机的持续,几千人占据了五月广场,阻止任何军人重新干政的企图。

阿方辛决定与叛乱者直接谈判。他与叛乱者举行秘密接触,说服后者结束抗议。随后,从玫瑰宫阳台上,他向几千名支持者宣布,危机已结束。但是,此后发生的事件表明,阿方辛与叛乱者达成了协议。5 月 5 日,他向议会提出了“服从命令法”。根据该法案,“肮脏战争”期间因服从上级命令而犯下侵犯人权的罪行的军人将不再受到起诉。“服从命令法”和“了结法”有效地阻止了对几百名军官的起诉。而要求对军人进行彻底清算的社会集团指责阿方辛政府牺牲了民众的利益。虽然阿方辛总统及其支持者否认与军人之间存在任何协议,“服从命令法”的通过使政府的支持率大大降低了。

在解决经济问题和人权问题的同时,阿方辛政府和激进党还试图利用执政的机会,削弱反对派,加强激进党在阿根廷国内政治中的地位。由于工会是庇隆主义运动的主要基础,阿方辛政府通过一系列改革措施,旨在削弱阿根廷总工会,支持工会运动内部独立的、与阿根廷总工会相抗衡的领导人。

由于庇隆政府的失败,阿根廷总工会发生了分裂,出现了三个派别:第一派是以洛伦索·米盖尔为首的“62 组织”(los 62 organizaciones),这是传统的庇隆主义派;第二派是以萨乌尔·乌巴尔迪尼(Saul Ubaldini)为首的“25 组织”(los 25 organizaciones),这一派更具有对抗性,对传统的庇隆主义领导人不信任;第三派是 1983 年阿方辛政府上台后出现的,致力于与政府合作。1984 年 4 月,阿方辛政府任命该派的领导人卡洛斯·阿尔德雷特(Carlos Alderete)为劳工部部长,以此来加强他的地位,同时加深工会领导层内部的分歧。

阿方辛就职后,立刻向国会提出了一个提案,为了促进工会运动的民主化,建议由政府官员监督工会领导人的选举,监督工会从会员那里收取的会费的使用。这一议案明显是针对阿根廷总工会的。由于激进党控制着下院,该法案在下院很容易地获得通过。但是,在参院,由于庇隆主义者控制多数,该提案以一票之差未获通过。最终,1984 年 7 月,政府和阿根廷总工会达成协议,举行新一轮工会选举。虽然此次选举较以前的选举更加公开透明,更加具有竞争性,但是忠于庇隆主义的候选人依然获得了多数选票,工会的主要政治倾向没有发生根本的改变。

阿方辛政府的经济改革导致了工会运动的活跃。1985年初,工会开始向政府的经济政策,特别是停止或减缓工资增长的政策提出挑战。萨乌尔·乌巴尔迪尼取代洛伦索·米盖尔成为阿根廷总工会的主席,他领导了一系列罢工,人数和影响逐次增加。罢工直接反对奥斯特拉尔计划,要求进行有利于工人和穷人的改革。除了阿根廷总工会组织的罢工外,公共部门的工人和领养老金者也举行了罢工,抗议政府未能保护他们的经济利益。由于选举临近,在这些压力面前,1985年10月,阿方辛政府同意所有工人的工资增长5%,对收入过于微薄的公立学校教师的工资增长25%。工资增长是出于政治目的,但对奥斯特拉尔计划的执行产生了不利的影响。工业主和雇主要求提高物价,以补偿工资增长给他们带来的成本上升。工人由于政府的让步而获得了信心,要求工资进一步增长。公共部门工资的增长还增加了政府的财政赤字。

为了使奥斯特拉尔计划继续推行下去,1986年2月,政府宣布了新的经济政策。为了增加政府收入,计划实行税收改革,对业主和企业此前忽视或逃避的税收加强征管;为了扩大出口和增加外汇储备,降低出口税;为了增加税收和减少政府开支,宣布计划出售国有企业。来自工业主、出口商、农场主和工会的压力迫使政府于4月再次修改经济政策。政府放弃了几个月前已经失效的工资和物价冻结政策,允许在生产费用提高的情况下提高物价。与此同时,阿方辛还向议会提出议案,建议将首都迁往别德马(Viedma),位于巴塔哥尼亚北部边境的一座城市。提出这个建议的理由是促进人烟稀少的巴塔哥尼亚地区的开发,但也有另外的政治目的,即迁都将使政府减少公共雇员的人数。

新一轮的改革没有带来多少积极的效果。由于结束了严格的工资和物价控制,导致了经济不稳定。通货膨胀率再次上升,工会抗议增加,工业主和生产者要求政府给予进一步的优惠。由于意识到问题的严重性,政府的经济班子试图恢复对经济的控制,但是1986年9月开始实施的财政和货币控制措施不足以控制物价和财政赤字的上涨。于是在1987年2月,政府采取了更激进的措施,称之为"小奥斯特拉尔计划"(Australito),实行新的工资和物价控制。但是,很快也失败了。

阿方辛在所余的任期时间内,政府挣扎于治理通货膨胀和经济停滞,但几无成效。经济下滑,加上民众在人权问题上对政府的不满,使政府和激进党的支持率急剧下降。在1987年的议会选举中,正义党获得了议会多数,并控制了22个省中16个省的议会。此后几年,情况继续恶化。国际货币基金组织威胁要切断阿根廷的一切外援。显然,激进党已失去了对国家的控制,阿根廷民众和所有党派都把希望和注意力投向了1989年的总统选举。

二、梅内姆的新民众主义和新自由主义改革

激进党执政期间阿根廷经济形势的恶化,使其候选人爱德华多·安赫莱斯在1989年的总统选举中处于极不利的地位。正义党再次成为阿根廷最为强大的政治力量。虽然阿根廷选民对于正义党过去执政期间带来的经济崩溃和军人独裁记忆犹新,但是,激进党经济政策的彻底失败,为正义党再次上台扫清了道路。

正义党的候选人卡洛斯·梅内姆从1955年起开始成为正义党内的活跃分子,并于1973年当选拉里奥哈省省长。1974年庇隆去世后,梅内姆是控制庇隆主义运动的党内正统派别的忠实支持者,1976—1980年被军政府逮捕并监禁。梅内姆以民众主义的风格参与竞选。他虽然是正义党的候选人,但在竞选中,并不过分依靠党的组织,而是直接求助于党的成员的支持。他把自己打扮成一个克里斯玛式(charisma)的领导人,表示要坚持党的正义主义原则,关心穷人和弱势群体的境况。由于选民对激进党的普遍失望,而激进党候选人爱德华多·安赫莱斯被普遍认为比阿方辛还要保守,因此在选举中,梅内姆获得46%的选票,高出爱德华多·安赫莱斯十个百分点,当选为总统。同时,正义党还在议会两院中占据了多数。

总统权力的交接原定于10月10日,但是,由于经济形势的恶化,阿方辛决定提前离职,1989年7月,梅内姆接管了政府。梅内姆就职后,他的经济政策走向尚不明朗。在竞选中,他没有提出明确的经济目标和策略。许多人担心,他将遵循庇隆的先例,建立一个民众主义国家。但是,在1989年

的经济形势面前,梅内姆不可能重走庇隆的老路,因为政府没有任何资源回报其支持者,也没有能力继续经营由国家控制的公共企业,同时,政府还严重受制于国际金融机构的压力。在各种内外压力面前,梅内姆上台后宣布了其经济改革计划。考虑到政府所面临的困难,梅内姆将他的计划比喻为"不用麻醉剂的外科手术"。他说,尽管这种"手术"会带来剧烈的痛苦,但是它将为阿根廷带来持续的经济稳定。经济改革的最初阶段所采取的措施与其他拉美国家并无二致:减少国家在经济中的作用,向外国资本开放市场和投资,发挥市场机制的作用。

梅内姆政府上台之初,虽然经济形势极其严峻,但是政府在政治上有着许多前任政府所不具备的优势:第一,严重的经济危机使政府采取果断而大胆的经济措施容易得到民众的理解与支持。第二,在过去几十年,由于经济动荡导致了政治暴力和军人独裁,因此,阿根廷民众对梅内姆政府的经济调整措施带来的阵痛相对易于容忍,因为他们担心经济政策的失败可能将国家引入另一场灾难。第三,由于正义党控制了国会两院的多数,梅内姆政府的经济改革措施在国会遇到的阻力较小。[①] 另外,作为一个正义党的总统,梅内姆可以依靠绝大多数工会的支持。

梅内姆任命米盖尔·罗伊格(Miguel Roig)为经济部部长。政府宣布大幅度削减政府开支,其措施是解雇政府雇员和对效益低下的国有企业实行私有化,目标是两年之内消除财政赤字。政府还宣布对经济实行非调控化,让市场力量来自行决定价格和工资水平。从 7 月到 9 月,这些措施带来了一定的效果,通货膨胀下降,企业经济效益提高。但是到年底,由于改革力度不够,又出现了新的货币投机和通货膨胀。因此,1990 年 1 月和 3 月,政府采取进一步措施稳定银行业和削减政府开支。7 月,政府颁布了新的法令,向进口商品开放市场,削减政府对国内工业的补贴和市场保护。由于进口商品的进入,市场价格得到稳定,同时,政府宣布对几十家国有公司实行私有化。绝大多数公共服务部门被私有化,主要卖给西班牙和法国公司。[②] 1990 年,政府对国家电话公司和航空公司进行了拍卖。梅内姆并不以此为

① Daniel K.Lewis, *The History of Argentina*, p. 170.

② José del Pozo, *Historia de América Latina y del Caribe, 1825-2001*, Santiago: LOM Ediciones, 2002, p. 235.

满足，他还计划对电力、煤炭、天然气、地铁和船运业实行私有化。[①]

梅内姆上台第一年的经济调整没有带来明显的经济复兴的迹象，相反，降低通货膨胀和减少国家经济作用的措施直接导致了经济停滞，工业继续处于萎缩和萧条状态。1991 年 3 月，多明各·卡瓦略由外交部部长改任经济部部长，并宣布实行新的、更加激进的经济政策。为了控制通货膨胀，发行新货币"新比索"（peso nuevo），以取代奥斯特拉尔，新比索与美元等值。为了树立公众对于此次货币改革的信心，政府允许新比索与美元之间自由兑换。同时，限制中央银行发行货币弥补政府赤字。为了进一步开放经济，阿根廷与巴西、巴拉圭、乌拉圭签署协议，建立了"南方共同市场"（Mercosur），根据协议，将在几年之内实现工业产品和农产品在成员国之间的自由流通。为了保证工资与价格稳定，卡瓦略决心削减政府开支 60 亿美元，措施是解雇政府和公共部门的职员，削减在健康、教育、福利、养老金等领域的开支。

到 90 年代末，梅内姆政府的新自由主义改革似乎取得了一定的成效。通货膨胀得到了控制，1996 年和 1997 年的通货膨胀率不到 1%，私有化进程扩展到几乎所有的国有企业。货币"美元化"使美元几乎成为通常的交易媒介，到 1999 年甚至流传着完全废弃比索的说法。梅内姆政府的新自由主义改革得到了美国和国际货币基金组织的赞许，根据布雷迪计划，美国和国际货币基金组织向阿根廷提供了为期 35 年的 210 亿美元的贷款。

但是同时，新自由主义改革也带来了严重的问题。最为明显的是失业率上升和贫困化。为削减开支，政府解雇了几千名政府雇员。公共部门私有化过程中，大量雇员被解雇。根据政府统计数字，1991 年，阿根廷失业率为 6.9%，到 1995 年上升到 18.6%，是阿根廷历史上的最高水平，在整个拉美地区，仅次于尼加拉瓜。[②] 生活在贫困线以下的人口从 1993 年的 13%上升到 1996 年的 20%。[③] 梅内姆的新自由主义改革带来的另一个后果是一

---

① Thomas E.Skidmore and Peter H.Smith, *Modern Latin America*, Sixth Edition, New York and Oxford: Oxford University Press, 2005, p. 104.

② Daniel K.Lewis, *The History of Argentina*, p. 172.

③ Benjamin Keen and Keith Haynes, *A History of Latin America*, Houghton Mifflin Company, Boston and New York, 2004, p. 340.

个“新穷人”阶级的产生,其中包括相当部分中产阶级。这是由以下因素造成的:由于国际市场上农产品价格下跌和国内市场需求疲软,农业处于持续的萧条之中;市场的开放导致大量外国商品涌入,致使许多中小企业破产;教育和社会福利开支急剧削减。根据一项研究,在 90 年代初,几乎一半的中产阶级进入低收入阶层。①

与新自由主义改革过程相伴随的是腐败现象愈演愈烈。梅内姆上台后,任命了许多非正义党员和来自他的家乡拉里奥哈省的支持者为政府关键位置的负责人。这些人常常利用政府职务带来的特权而自肥。国有公司的私有化成为捞取好处的绝好机会。例如,民主中心联盟(Unión del Centro Democrático)领导人玛丽亚·胡莉娅·阿尔索加赖(Maria Julia Alsogaray,女)负责国家电话公司和国家钢铁公司的私有化。在谈判接近尾声时暴露出丑闻,她收取回扣,并与买主勾结获取金钱。随着证据越来越多,面临被指控的玛丽亚·胡莉娅·阿尔索加赖被迫辞职。类似的贿赂、回扣等行为在几乎每一桩私有化交易中都或多或少地存在。1994 年,秘鲁与厄瓜多尔因边界争端发生战争,阿根廷秘密向厄瓜多尔输送武器和弹药。此事于 1996 年 7 月曝光后,国防部部长在面临被指控的前夕辞职,最终两名国家武器制造企业的负责人被捕,并被指控非法进行武器交易。

对“肮脏战争”期间侵犯人权的军人进行处理是阿方辛政府未能解决的问题。梅内姆上台后几个月,签署命令,对 1987 年和 1989 年发生的两次小的军事暴乱的参加者给予赦免。1990 年 12 月,又发生了一次由“涂面者”(carapintadas)举行的军人暴动。这次暴动最终被镇压,但是仍向梅内姆政府的权威提出了严重的挑战。梅内姆虽然宣称与军人之间没有进行任何交易,但是他再一次签署法令,对前军政府的领导人给予赦免。这一决定引起了民众的抗议,但是军人取得了胜利,此后军人将不会因为“肮脏战争”期间所犯的侵犯人权的罪行受到指控。

1994 年,梅内姆政府得到议会的支持,对宪法进行了修改。将总统任期从六年缩短为四年,但是允许一次连选连任;限制总统通过紧急法令进行统治的权力;设立一个新的职位——内阁总理,议会多数有权罢免总理。该

① Thomas E.Skidmore and Peter H.Smith, *Modern Latin America*, p. 104.

修正案的支持者辩护,修改宪法的目的是提高政府的责任感,但是反对派,包括激进党,认为此举的目的在于使梅内姆能够连任。

梅内姆很快宣布他将参加 1995 年 5 月的总统选举。虽然选民对政府高层的腐败和梅内姆的专制风格不满,但最终梅内姆仍以 49.8%的选票获得连任,从正义党分裂出来的"团结国家阵线"(Frente del País Solidario, FREPASO)候选人何塞·奥克塔维奥·波尔顿(Jose Octavio Bordon)获得 29.6%的选票,激进党候选人只获得 17.0%的选票。梅内姆获胜的主要因素是,政府的经济政策相对比较成功。1994 年 12 月墨西哥金融危机带来的"特基拉效应"一度给阿根廷经济蒙上阴影,但是在大选前的几个星期,梅内姆政府成功地从国外获得了一笔新的贷款,避免了一场金融恐慌,也使政府的支持率随之上升。而"团结国家阵线"和激进党候选人没有提出更加吸引选民的经济政策主张。

在梅内姆第二任期内,阿根廷的新自由主义改革带来的各种矛盾日益激化,政府所面临的挑战也日益严峻。第一,政府内部发生了分歧。1996 年,因梅内姆主张对银行交易征税,受到了卡瓦略的反对,并导致卡瓦略于 7 月 26 日辞职。此后,卡瓦略领导了一个右翼政治反对派运动,向正义党提出了挑战。第二,经济萧条、居高不下的失业率以及政府采取的旨在削弱劳工权利的政策,导致工人运动再次活跃。1996 年 8 月 8 日,阿根廷三大工会——阿根廷总工会、阿根廷工人运动、阿根廷工人协会——联合举行了总罢工。9 月 26 日和 27 日,另一次罢工和向玫瑰宫的进军运动,使整个国家陷入瘫痪达 36 小时。第三,军人政权侵犯人权的问题再次浮出水面。1996 年 3 月,前海军中尉阿道夫·西林戈(Adolfo Scilingo) 承认,他曾参加"死亡飞行",即军人将被怀疑为颠覆者的人用药物麻醉后,将他们从飞机上抛入大西洋。阿道夫·西林戈是第一个承认卷入此种罪行的军人,他的陈述在电视上向国内外公布后,激起了新一轮要求对于侵犯人权的军人进行起诉与惩戒的运动。虽然军方指责阿道夫·西林戈向媒体撒谎,但是,在他之后,又有一些军人向外界承认参与过此类行动。阿根廷国内外的人权组织积极活动,要求伸张正义。从"五月广场母亲"中出现了一个"五月广场祖母"组织,向过去的军人提出了一个新的指控。她们指出,许多被军政府拘禁的人是孕妇,或者在被监禁期间被强奸而怀孕。这些"祖母"们要求调查那些孩子们出生后的下落，据传这些孩子出生后在拘留中心被烧死了。意大利和西班牙的指控者也要求起诉那些在“肮脏战争”期间被军政府拘禁、拷打和杀害的意大利和西班牙公民。①

在这一系列的挑战面前，梅内姆政府无所作为。由于持续十年的经济衰退，梅内姆的支持率下降，来自各方面的批评和抗议此起彼伏。与此同时，梅内姆的领导风格也使他日益孤立：他越来越多地利用政府法令进行统治，不与国会妥协；他利用国家资源回报支持他的工会和政党领导人，而惩罚那些向他的权威提出挑战的竞争者。

1997 年 1 月 25 日，一位名叫何塞·路易斯·卡韦萨斯（Jose Luis Cabezas）的摄影记者在皮纳马尔（Pinamar）市被发现死于自己的汽车内。何塞·路易斯·卡韦萨斯生前曾调查国家私人邮政和电报公司总裁阿尔弗雷多·亚布兰（Alfredo Yabran）通过邮政服务进行的走私和洗钱行为。这一谋杀事件发生后，阿根廷新闻记者组织了全国性的抗议运动，并通过报纸和电视进行了长达一年的集中报道。随着调查的深入，阿尔弗雷多·亚布兰于 1998 年 5 月 20 日自杀，但是，调查显示，他与省和联邦政府官员有着密切的关系。何塞·路易斯·卡韦萨斯事件再次激起了阿根廷民众对于政府腐败和政治暴力的关注。

在政府开支削减和国有企业的私有化最为明显的胡胡伊、里奥内格罗等内地省份，出现了“拦路者”运动，抗议者在高速公路上设置障碍，阻断交通，以引起政府对于失业等社会问题的关注。另外，阿根廷教师组织也举行了要求提高工资和增加公共教育开支的抗议运动。

何塞·路易斯·卡韦萨斯事件牵出的丑闻和社会各界对政府的抗议严重削弱了梅内姆的地位。在正义党内，前经济部长卡瓦略继续指控梅内姆政府的腐败行为。到 1998 年 8 月，据国家日报《号角报》（Clarin）举行的民意调查，梅内姆的支持率下降到 18%。但是，梅内姆执迷不悟，他试图再次修改宪法，使自己再次连任。但是，这一次他没有成功。

---

① 据报道，在阿根廷军人政府期间，有 44 名西班牙公民“失踪”，而西班牙裔的受害者总数超过 400 人。参见 Argentina investigara la desaparición de españoles durante su dictadura, *El País*, 01-10-2005。

三、1999年的选举和阿根廷危机

1995年梅内姆获得连任,在很大程度上是由于反对派激进党和“团结国家阵线”的分裂。1997年,这两个反对派联合起来成立了“工作、正义和教育联盟”(Alianza para Trabajo,Justica,y Educación)。在同年10月的议会选举中,“联盟”候选人谨慎地注意到阿根廷选民害怕剧变的心理,宣布支持新自由主义政策,但是抓住失业和腐败问题攻击正义党。选举结果,“联盟”以及未加入“联盟”的激进党和“团结国家阵线”候选人共获得46%的选票,并控制了下院一半以上的席位。虽然正义党依然控制着上院多数席位,但是“联盟”已对正义党构成了实质性的挑战。

选举之后,正义党变得群龙无首。1999年的总统选举在即,梅内姆寻求通过修宪再次连任的企图引起了党内其他领导人的愤怒,特别是布宜诺斯艾利斯省省长爱德华多·杜阿尔德,他希望凭借自己在全国最有影响的省份的领导政绩成为下届总统候选人。最终,梅内姆因支持率的下降,放弃了寻求再次连任的意图,杜瓦尔德成为正义党的总统候选人。“联盟”提名的总统候选人是费尔南多·德拉鲁阿。德拉鲁阿从80年代以来一直是激进党内的活跃分子,在1983年曾与阿方辛竞争总统候选人的提名。1985年当选为联邦特区区长后声誉日增。在竞选中,德拉鲁阿宣布支持现存的经济政策,但是提出要关注失业和政府腐败问题。

对参与“肮脏战争”的军人再次开始的审判为“联盟”扩大其群众基础创造了机会。梅内姆总统对侵犯人权者——包括军人和游击队员——的宽恕,引起了阿根廷选民的愤怒。代表“五月广场母亲”的律师们成功地对一些独立的案件进行了起诉。根据三年来发现的新证据,魏地拉将军和海军上将埃米里奥·马塞拉以及其他军人洪达的成员被判犯有绑架罪。法庭判决,该罪行不属于1984年“了结法”和1990年梅内姆的宽恕法令所涵盖的范围,法庭宣判对这些前军政府领导人新的监禁。对于人权问题的争论使正义党处于被动的地位。德拉鲁阿和“联盟”则趁机宣布尊重法庭的判决,主张为受害者伸张正义。另外,德拉鲁阿还提出要帮助那些因经济衰退和削减政府开支而受到伤害的人。结果,德拉鲁阿的支持率上升,最终以

48%的选票战胜杜瓦尔德,当选为阿根廷总统。英国学者拉乌拉·特德斯科认为,这次选举是阿根廷政治的一个重要转折:这是正义党历史上第一次将权力民主地移交给反对党;选举产生的新政府将是阿根廷现代史上第一届多党联合政府;这次选举还标志着在梅内姆政府为期十年(1989—1999年)的支配性的权力垄断之后阿根廷政治力量的分散化。①

德拉鲁阿于2000年1月就职。新政府面临着严峻的经济形势,工业部门的就业水平继续下降,失业率高达15%以上。尽管南方共同市场的扩大以及与其他拉美国家及亚洲国家的贸易在增长,但是出口额和出口收入远低于几年前的水平。新政府采取的第一步措施是软化劳工法,即给予雇主更大的、不受工会限制的自由。该法案在下院顺利得到通过,经过几轮协商和修改后,在上院也获得通过。但是,投票后不久,参议员、正义党的重要领导人物安东尼奥·卡菲罗(Antonio Cafiero)揭露,为了使劳工法得以通过,政府官员曾向参议员进行贿赂。在紧急的财政状况面前,德拉鲁阿总统同意实行严格的紧缩措施削减政府开支。为抗议政府的贿赂丑闻和财政紧缩政策,副总统卡洛斯·阿尔瓦雷斯于10月宣布辞职。卡洛斯·阿尔瓦雷斯作为"团结国家阵线"的领导人,在为政府争取左派选民的支持中发挥着关键性的作用。2001年3月,"团结国家阵线"的其他成员也与"联盟"分道扬镳。只剩下激进党支持的德拉鲁阿政府,只好求助于右派的同盟者。②

德拉鲁阿政府继承了梅内姆政府的宏观经济政策,而其财政紧缩措施又进一步恶化了本已十分严峻的经济和社会危机。德拉鲁阿任命卡瓦略为财政部部长,试图在坚持货币不贬值(即维持阿根廷比索与美元的1∶1的固定汇率)的前提下解决财政危机。但是,在近乎崩溃的经济面前,卡瓦略已无力回天。投资者失去信心,资本外逃,阿根廷无力偿还外债的前景在即。2001年12月,危机终于爆发。投资者从银行大量提取存款,严重威胁着阿根廷的外汇储备。在这种情况下,德拉鲁阿宣布限制存款者从银行支取货币的数额。这一限制措施证明是极不受欢迎的,在阿根廷人看来,此举

① Laura Tedesco, "The 1999 Elections in Argentina: Change in Style or Substance?" *Revista Europea de Estudios Latinoamericanos y del Caribe*, 70, abril de 2001, p.105.

② Daniel K.Lewis, *The History of Argentina*, p. 182.

意味着政府“偷走”民众的钱来支付 1420 亿美元的外债。群众的不满演化为暴力事件。14 日,阿根廷各主要工会组织联合举行了 24 小时全国性大罢工和游行示威。19 日凌晨,哄抢超市风潮在全国范围内迅速蔓延,并引发多起暴力冲突,造成人员伤亡。为控制局面,德拉鲁阿于 19 日晚宣布全国进入戒严状态。20 日,示威活动波及全国,戒严措施无法执行,国内形势失去控制。首都布宜诺斯艾利斯街头发生的警民冲突愈演愈烈,造成多人伤亡,数百人被逮捕。德拉鲁阿因无力控制局面,最后宣布辞职。12 月 24 日,以罗德里格斯·萨阿为总统的临时政府成立,不料局势继续动荡,萨阿总统在执政七天后宣布辞职。此后一连换了几位总统,经过国会选举,2002 年 1 月 1 日,原正义党参议员杜阿尔德当选总统,任期到 2003 年 12 月为止。

四、危机之后的阿根廷

杜瓦尔德一直对阿根廷政府的新自由主义政策持批评态度。他上台后,立即宣布拒偿外债,放弃阿根廷货币与美元的固定汇率,宣布货币贬值,以扩大出口,减少进口,创造就业机会。他对主要由外资所有的公用设施进行调控,以降低电力、天然气和电话费用;增加主要针对外国公司的能源消费税;实行紧急的控制物价计划;继续限制存款者从银行支取货币的数额;规范货币兑换;实行紧急救助计划,向超过一百万的家庭提供每月 42 美元的救济;允许阿根廷人以贬值的比索等值偿还信用卡债务。这些改革在国内得到了工人、农民和小企业主的支持,虽然外国银行持怀疑态度。①

2003 年举行的选举中,正义党内中左派的内斯托尔·卡洛斯·基什内尔当选为总统。基什内尔在很大程度上延续了杜阿尔德政府的政策,罗伯托·拉瓦尼亚(Roberto Lavagna)留任经济部部长。上台后,努力稳定阿根廷经济,到 2005 年,完成了阿根廷的外债重组,70%的债务获得减免,极大地改善了政府的财政状况。与此同时,在国际市场上,阿根廷的主要出口产品价格上升。通过实施竞争性的汇率政策,阿根廷获得了大量的外贸盈余,

---

① Benjamin Keen and Keith Haynes, *A History of Latin America*, p. 341.

促进了经济增长、增加了外汇储备。[①] 基什内尔还允许法庭起诉“肮脏战争”期间犯有谋杀、酷刑等罪行的军官,议会废除了保护这些军官的大赦法律,十多名军官被起诉并判处监禁。位于布宜诺斯艾利斯的海军机械学校(AIMA),在军政府时期曾有 3000 多人在此被拷打致死,被辟为博物馆。对带有“肮脏战争”的黑暗记忆、在经济和社会极度混乱中步入新世纪的阿根廷而言,左翼的基什内尔政府为国家带来了希望,赢得了广泛的支持。

2007 年,基什内尔自己没有争取连任,而是支持他的夫人、参议员克里斯蒂娜·费尔南德斯·基什内尔竞选。克里斯蒂娜以很大的优势成功当选,成为阿根廷历史上第一位民选女总统。[②] 作为庇隆主义者和民族主义者,克里斯蒂娜致力于阿根廷经济的重建,包括扩大政府在经济中的作用。在 2008 年国际金融危机的冲击之下,她依然坚持推进改革,保持经济增长。2010 年,阿根廷经济克服危机的影响,开始复苏。对于拒绝接受 2005 年债务重组的债权人,2010 年,克里斯蒂娜政府成功地实现了债务互换。这次债务互换,加上 2005 年的债务重组,使得 90%以上的债券持有者参与了债务重组协议。此外,克里斯蒂娜政府对社会保障制度进行了改革,使同性恋者结婚合法化,提高了最低工资,赢得了广泛的支持率。内斯托尔·卡洛斯·基什内尔原打算在克里斯蒂娜任期结束后竞选下任总统,但是,2010 年 10 月,他突然去世。阿根廷经济的复苏、对克里斯蒂娜政府社会政策的支持,加上基什内尔的离世带来的同情,使克里斯蒂娜轻而易举地赢得了 2011 年 10 月的总统大选。同月举行的议会选举中,正义党内部支持基什内尔和克里斯蒂娜的派别也赢得了足以控制参众两院的绝对多数席位。2011 年,阿根廷经济实现 6.0%的增长。但是,2011 年下半年开始,由于发达国家经济增速乏力、欧债危机深化、巴西经济不景气等因素,外国投资者对阿根廷信心下降,资本外逃严重。2012 年以来,阿根廷经济陷入困境。在此形势下,克里斯蒂娜拒绝听取对政府的批评意见,对要求政府更加透明

---

① Hector E. Schamis, “From the Perón to the Kirchners: ‘Populism’ in Argentine Politics”, Carlos de la Torre and Cynthia J. Arnson, eds., *Latin American Populism in the Twenty-First Century*, The Johns Hopkins University Press, Baltimore, 2013, p. 173.

② 她也是阿根廷第二位女总统,第一位是 1974—1976 年接替去世的庇隆担任总统的伊萨贝尔·庇隆。

和包容的建议不予理睬，支持率不断下降。

2015年11月的总统大选中，布宜诺斯艾利斯省省长、企业主和足球俱乐部的经理毛里西奥·马克里作为中右翼“变革联盟”的候选人当选为总统。这次选举是南美洲“粉色浪潮”的首次挫折。马克里上台后，取消了某些产品的出口税，放松了汇率控制。2016年2—3月，他还与拒绝参与阿根廷债务谈判的债券持有人达成了协议。由于缺少议会内多数派的支持，马克里只能渐进地推动经济改革。为控制通货膨胀，政府提高了利率，由此导致2016年经济陷入衰退。但是，到2017年，通货膨胀率下降到26%，GDP增长2.5%。2017年10月的议会中期选举中，马克里的“变革联盟”虽然未能赢得两院多数，但是在两院中的席位皆获得增加，正义党的席位减少。克里斯蒂娜当选为布宜诺斯艾利斯省的参议员。

此次选举后，马克里在经济改革方面获得了更大的自由度，但是他的政策带来的后果令人失望。2018年，通货膨胀开始回升，GDP下降2%，经济再度陷入衰退。他曾以“零贫困”的许诺竞选总统，但是在他任内，阿根廷的贫困率上升，超过三分之一的人口生活在贫困之中。2018年，马克里被迫向国际货币基金组织要求570亿美元的贷款。

经济状况无疑对2019年10月的大选产生了重要的影响。中左翼反对派候选人阿尔韦托·费尔南德斯当选为总统，克里斯蒂娜当选为副总统。

第四节　民族和解与社会公正：1990年以来的智利

一、民主化的巩固和文武关系

1990年智利恢复民主制度以后，智利政府主要面临着两大历史任务：第一，实现民族和解，特别是保证平稳的文武关系，处理1973—1990年军人执政期间所犯下的侵犯人权的罪行。第二，在维持经济增长的同时关注社会公正，偿还军政府所遗留的“社会债务”。

虽然皮诺切特政府在 1988 年的公民投票中遭到失败,但是军政权时期制定的一系列法律条款严重地限制了新的民主政府的活动空间。宪法中的非民主因素和其他一些法律、制度安排的存在,使军人在新的民主制中保留了相当程度的自主性和特权。其中包括:

1. 根据 1980 年宪法,武装部队最高司令任期四年,除非在得到国家安全委员会(其中武装部队成员占据了一半以上的席位)同意的前提下,总统无权撤换武装部队最高总司令。而且,不经武装部队最高总司令的首肯,总统无权提拔和撤销任何军官。

2. 宪法规定根据通货膨胀率进行调整的最低军事预算不得低于 1989 年的预算额;而且,国家铜矿公司(CODELCO)铜矿出口年度利润的 10%归武装部队专有,最低不得少于 1.8 亿美元。

3. 武装力量成员享有特别的养老金和健康保险,军事司法系统在相当程度上独立于一般司法体系,陆军审计长在司法部最高法院拥有一个席位。1978 年,军政府通过了一项大赦法律,保护军人不会因 1973—1978 年间所犯的侵犯人权的罪行可能受到指控,绝大多数罪行和"失踪者"发生在这一时期。① 事后证明,大赦法律的存在成为将肇事者推上法庭的强大障碍。

4. 为使武装力量的参政权合法化,1980 年宪法规定武装力量是"制度秩序的保证者",并建立了国家安全委员会(NSC),负责就国家安全事务向总统提出建议。最初,国家安全委员会成员包括三名文人成员(总统、参议长、最高法院院长)和四名军方成员(陆、海、空以及警察部队总司令),这样,军方代表在其中占有多数。1988 年皮诺切特在公民投票中失败后,通过谈判,新增的文人成员是总审计长(controlador general de la República)。这样,文武双方在国家安全委员会中的代表权达成了平衡,也由此使国家安全委员会成为文武关系紧张的根源之一。根据规定,只要有两名成员召集,国家安全委员会即可开会,这样,总统对其实际上没有控制权。

5. 根据 1980 年宪法,皮诺切特政府离任前,任命了 9 名非选举产生的参议员。另外,前共和国总统(从皮诺切特开始)成为"终身参议员",这一

---

① 由于美国对智利军政府施加的强大压力,莱特列尔(Letelier)案件不被包括在大赦法律之内。莱特列尔曾任阿连德政府驻美国大使、外交部部长,1976 年 9 月 21 日,被智利情报机关用遥控炸弹刺杀于美国华盛顿特区。

条款使皮诺切特在1998年3月武装力量总司令职位到期之后获得一个参议员席位,从而被授予议员豁免权。① 民主制恢复后,非选举产生的参议员的存在使参议院的立场向右翼反对派倾斜,有效地阻碍着宪法改革和相关法律的修改。②

除了宪法和法律上对军人特权和自主性的保障外,军人和右翼政党之间的紧密联盟也有效地限制了新的民主政府的权威,正因为如此,文人政府的成立意味着智利建立的民主制仅是“局部的”、“不完整的”。③

在1989年的总统大选中,以艾尔文为首的各政党争取民主联盟就确定其主要目标之一是废除军人的政治特权。联盟的计划中包括,恢复传统上文人对武装力量的控制、废除1978年的大赦法律、对军人执政期间所犯侵犯人权的罪行进行调查。但是,议会中右翼政党的影响从一开始就给政府的民主化努力造成了强大的阻力,同时,皮诺切特表示,他决定留任武装部队最高总司令,是为了保证军队的荣誉和统一不受侵犯,保证退役和现役军人皆不会因侵犯人权的罪行受到起诉。

在这种形势面前,艾尔文就职后确定的对军方的策略是:在一些象征性的姿态中强调政府对军方的控制权、明确政府的合法权力、对军事事务保持低姿态。为了表明总统加强对军队控制的决心,在就职当天,艾尔文拒绝根据惯例从前总统皮诺切特手中接受象征性的总统绶带,而是通过参议长之手。艾尔文任命了一名文人帕特里西奥·罗哈斯(Patricio Rojas)为国防部部长;政府拒绝定期召开国家安全委员会会议,并在军事专业领域以外的其他政策问题上不与军人协商。罗哈斯为了对军方施加压力,推迟签署协调军方各兵种内部事务的行政命令。1990年9月,在圣地亚哥,为前总统萨尔瓦多·阿连德举行了国葬。同样,军人通过一系列姿态显示军人的自主

① 艾尔文总统离职后没有成为终身参议员,因为根据1980年宪法,只有担任总统为期连续六年以上,才能被授予终身参议员资格,艾尔文仅担任总统四年时间。

② 关于恢复民主制之后军人保留的特权与自主性,参见 Patricio Silva,“Searching for Civilian Supremacy:The Concertacion Governments and the Military in Chile”, *Bulletin of Latin American Research*, Vol. 21, 3, 2002, pp. 378–380; José Diaz Gallardo,“La Era Post-Pinochet: Antecedentas y Proyecciones en el Ambito de las Relaciones Civico-Militares,” *Fuerzas Armadas y Sociedad*, año 12, 4, 1997, pp. 1–2。

③ William C. Smith,“Armas y Democracia en el Cono Sul: Desmilitarización y Cooperación Regional”, *Fuerzas Armadas y Sociedad*, año 10, 2, 1995.

性。例如,在民主制恢复后的首次军事阅兵式上,军人打破传统惯例,没有邀请艾尔文总统主持开幕式;皮诺切特在文武关系事务中拒绝与国防部部长磋商,拒绝出席参议院的年度总统演说。①

在军事预算问题上,艾尔文政府一直将法律确定的 1989 年的军事预算额作为最高限额而非最低底线。随着经济的迅速增长,军事预算在全部国民预算中所占比重从 1989 年的 11. 34%下降到 1995 年的 8. 65%,相比之下,同期社会开支从占国民预算的 64. 75%上升到 67. 52%。同期,军事预算的绝对额仅从 4. 01744 亿比索上升到 4. 39007 亿比索,社会开支从 2. 317449 亿比索上升到 3. 425030 亿比索。②

在立法领域,1992 年 3 月和 1993 年 4 月,艾尔文政府两次向议会提出议案,要求恢复总统任命和解职高级军官的权力,但是,都遭到议会的否决。然而,这并不表明武装力量完全独立于政府的控制。根据法律,总统有权否决最高总司令提出的军官晋升建议。也就是说,如果提拔某个军官的建议被总统否决,该军官将被迫提前退休。在艾尔文政府期间,这种事例发生过几次。被总统否决的军官有的是因为卷入了财政丑闻,有的是因为存有政治野心。艾尔文试图通过否决某些军官的晋升,改变高级军官的构成。艾尔文政府还削弱了军人在国内安全事务中的作用。政府将武装警察(Carabineros)的管辖权从国防部转内政部,在新成立的协调反恐计划的机构——公共安全协调委员会(Oficina Coordinadora de Seguridad Pública)中,排除了军人的参与。

人权问题是政府面临的最为敏感的问题。军方不惜一切代价阻止对军政府时期侵犯人权的行为进行追究,而对左派政党特别是受害者亲属来说,将肇事军人绳之以法是文武关系中最重要的问题。在来自两方面的压力下,执政联盟内的主要政党采取了审慎而坚定的立场,在不危及政治稳定和民主制巩固的前提下,对犯罪军人进行追究。艾尔文认为,应披露真相,实现正义,但是只能在"可能的"范围内实施,并以民族和解为目的。就职后仅一个月,总统建立了真相与和解委员会(Comisión de Verdad y

① Patricio Silva, "Searching for Civilian Supremacy: The Concertacion Governments and the Military in Chile", p. 381.

② Chile, Ministerio de Hacienda, Dirección de Presupuestos, *Estadísticas de las Finanzas Públicas, 1987-1995*, Santiago: Ministerio de Hacienda, 1996, pp. 37-38.

Reconciliación),因其主席是劳尔·雷蒂希(Raúl Rettig),所以又称雷蒂希委员会,负责就皮诺切特执政期间军人侵犯人权的罪行的受害者、而非肇事者进行调查并起草一份报告,并就道德和物质补偿的形式提出建议。① 虽然军方强烈反对,但艾尔文总统坚持于 1991 年 3 月将报告公布于众。

军方对雷蒂希报告"错误的历史视角"、概念和主题表示"彻底不赞同"。他们认为,武装部队的任何成员都没有理由祈求宽恕,因为 1973 年的政变是一项"爱国的使命"。与此同时,人权组织和死难者的亲属在圣地亚哥街头示威,要求对涉嫌的军人进行审判。在研究了该报告之后,艾尔文总统于 1991 年 3 月 4 日向全国发表讲话,代表所有智利人,向国家恐怖主义的牺牲者和他们的亲属表示道歉。他许诺为他们受到的伤害进行道义上的补偿和金钱上的赔偿。此后,受害者亲属将几十名军人告上法庭。1991—1994 年期间,政府设立了一个办公室以帮助 6.5 万名从国外归来的流亡者。具体的起诉问题留交司法部门解决。但是,具体的审讯工作进展缓慢,并遇到军方的强大阻力。

艾尔文政府在尽可能加强对军方的控制的同时,为了维持社会稳定,也采取措施改善文武关系。为了缓解与军方的冲突,政府通过一个与军方接触的非正规的渠道,例如通过部长、议员与军方的私下接触解决矛盾。之所以避免通过正规机构解决问题,政府的考虑是,这样做意味着使双方的冲突合法化。例如,艾尔文避免通过召开国家安全委员会与军方协商,因为这个机构中军方和政府的代表相等,易于造成军方不从属于政府和总统的印象。艾尔文政府时期发生的两次大的文武冲突(1990 年、1993 年)就是通过非正规渠道解决的。②

1994 年爱德华多·弗雷总统上台后,在文武关系的目标和策略上发生了重要的转变。弗雷政府的目标是通过与军方合作来加强文人的领导,政府试图避免与军方正面冲突,以此创造一个与军方对话的积极气氛。新政府不太

---

① Wendy Hunter, "Conflicto Civil-militar y Acomodación en las Nuevas Democracias Latinoamericanas", *Fuerzas Armadas y Sociedad*, año 10, 4, 1995.

② 董经胜:《民族和解与社会公正:1990 年以来智利政府对和谐社会的探索》,载苏振兴主编:《拉丁美洲和加勒比发展报告(2007—2008)》,社会科学文献出版社 2008 年版,第 260—261 页。

注重靠司法和政治手段显示其对军方的控制权。例如,1994 年,总统批准了费尔南多·罗哈斯(Fernando Rojas)将军担任空军司令,尽管后者曾间接地参与了 1973 年的政变。1998 年,总统还提拔了两名曾被艾尔文否决的军官。新政府还利用被前政府有意忽视的机构,如国家安全委员会,来解决文武冲突。新政府还试图加强国防部在处理文武关系中的作用,任命了一名能为武装力量带来信心的国防部部长埃德蒙多·佩雷斯-约马(Edmundo Pérez-Yoma)。约马是总统的密友,他与皮诺切特建立了比较密切的关系。他就任后的第一个举动就是由皮诺切特陪同,巡视全国各地的军事设施。

1998 年 3 月,皮诺切特最终辞去担任了 25 年的武装部队总司令的职务,随之就任终身参议员。3 月 11 日,一些来自基督教民主党、民主党和社会党的议员递交了一份诉状,弹劾皮诺切特在实现民主化之后(1990 年 3 月—1998 年 3 月)的行为,阻止皮诺切特就任参议员。但政府认为,弹劾皮诺切特将危及政治转型的进程。4 月 9 日的最后表决中,以 62 票反对、55 票支持、1 票弃权的结果,弹劾皮诺切特的指控未获通过。

1998 年 10 月 16 日,应西班牙司法当局的要求,英国警方将正在伦敦旅行的皮诺切特逮捕。西班牙国家高等法院大法官巴尔萨塔·加尔松要求英国将皮诺切特引渡到西班牙,就其 17 年执政期间对西班牙公民所犯的侵犯人权的罪行进行审讯。1999 年 3 月 24 日,英国上院高级法官几乎原则上一致赞成将皮诺切特引渡到西班牙。英国内政大臣杰克·斯特劳(Jack Straw)批准了必要的司法程序,1999 年 10 月,伦敦地方法官也批准引渡。考虑到如果皮诺切特被引渡到西班牙可能在国内引起的不稳定局面,弗雷总统宣布,由于皮诺切特的参议员身份,他享有外交豁免权,并坚持,英国和西班牙在皮诺切特问题上的做法是对智利主权的侵犯。最后,英国政府以皮诺切特的身体和精神状况不适合复杂而长期的审讯为由将其释放。2000 年 3 月 3 日,皮诺切特结束了 14 个月的监禁生活,回到智利。①

此前,1998 年 8 月,为了降低摩擦,国防部部长佩雷斯-约马主持召开了所谓的“对话圆桌会议”(Mesa de Diálogo)。圆桌会议的主要目的是寻求

---

① José del Pozo, *Historia de América Latina y del Caribe, 1825-2001*, Santiago: LOM Ediciones, 2002, p. 258.

民族和解的新途径，特别是发现“失踪者”命运的真相。圆桌会议的召开引起了来自皮诺切特阵营和激进左派两方面的强烈批评，右派将其看作是对武装力量的背叛行为，而激进左派认为，此举的目的在于使智利的人权问题尽快了结。圆桌会议的召开还引起了人权组织的分裂，一些成员接受邀请并参加了圆桌会议，而另一些成员强烈反对。尽管面临着来自各方面的压力，出乎很多人的意料，“对话圆桌会议”依然得以存在下来，并在皮诺切特在伦敦被捕引起的政治动荡中坚持开展工作。

皮诺切特回国后仅三天，胡安·古斯曼法官就向圣地亚哥上诉法庭递交申请，要求取消皮诺切特参议员豁免权。2000 年 3 月 12 日就任总统的社会党人里卡多·拉戈斯明确宣布，他将不会寻求通过政治途径（或者通过总统决定，或者通过举行公民投票）解决国家的人权问题，皮诺切特参议员身份以及所有可能涉及人权问题的军官的命运将完全取决于智利司法机构。拉戈斯总统的立场维持了政治稳定，同时也逐步改善了政府和军方之间的关系。拉戈斯总统与武装部队最高总司令里卡多·伊苏列塔将军举行定期的非正式会谈，就一系列敏感问题进行协商。由于政府和军方关系的改善，2000 年 6 月 12 日，“对话圆桌会议”达成协议。在这个历史性的协议中，智利武装力量从 1973 年政变以来首次公开承认军政府犯有侵犯人权的行为。军方还允诺在六个月的时间内（以后又延期一个月）在所有军事部门可能找到的信息范围内收集资料，提供“失踪者”遗体的位置下落。

2000 年 8 月 8 日，圣地亚哥上诉法院决定取消皮诺切特参议员豁免权，12 月 1 日，胡安·古斯曼法官决定对皮诺切特提起诉讼。一些高级军官向媒体宣布，这一决定将影响到军方为“对话圆桌会议”收集和提供信息的努力。2001 年 7 月 9 日，上诉法院宣布，皮诺切特的精神状况不适合接受审讯。虽然法院宣布这一决定是“暂时性的”——这意味着如果将来皮诺切特的身体状况好转，他依然将面临接受审判——但是，当时看来，这一决定标志着对皮诺切特的司法起诉到此画上了句号。① 同时也意味着他的政治影响逐步消失。此后，皮诺切

① 2006 年 12 月 10 日皮诺切特去世前，曾在两起人权案件中受到指控，但由于其患有轻度痴呆，法庭认为他不适合接受审判而使其躲过了牢狱之灾，2005 年 11 月 24 日，皮诺切特 90 岁生日的前一天，再次因执政期间的人权问题和腐败问题受到指控。参见 Pinochet, procesado tambien por la desaparición de tres opositores durante la dictadura chilena, *El País*, 24-11-2005。

特迅速从国家的辩论和媒体的关注中消失。2001年12月的议会选举中，无论在执政联盟各党还是右派政党的政治辩论中，还是各党的竞选宣传中，都没有拿皮诺切特问题大做文章。文武关系再度缓和。

总体上说，各届政府对军方的政策基本上是成功的。尽管未能消除军方的自主权和特权，但军人实际上也未能发挥1980年宪法规定的对政府行使“监护权”的角色。政府在一定程度上满足了军政府时期的受害者亲属寻求正义的要求，同时基本维持了政治稳定。虽然发生过多次摩擦，但文武关系基本平稳，没有出现严重的政变危险。但是，军人的政治影响或自主权依然存在，甚至在有些情况下还会占优势。和很多拉美国家一样，智利要实现真正巩固的民主制度，建立民主的文武关系，依然任重而道远。

二、注重平等的新自由主义发展模式

民主政府自上台一开始，就决定继续推行军政府时期确立的发展模式。民主政府坚持经济开放，促进出口，吸引外资。1990年艾尔文上台时，智利实行的是军政府确立的统一的、低关税政策，关税率为15%。艾尔文上台的第一年，就将关税进一步降低为11%，降低关税的目的在于促进出口，提高智利经济的国际竞争力。与此同时，智利政府先后与拉美、北美、亚洲、欧盟等一系列国家和地区集团签署双边自由贸易协定，使贸易伙伴多样化。智利政府还注重促进出口产品的多样化。虽然铜矿业依然是智利最大的经济部门，但非传统产品，特别是农、渔、林产品的出口增长明显。

新政府还为外资创造良好的投资环境。结果，大量外资流入智利，仅1996年一年进入智利的外资就相当于1974—1989年整个军政府时期的外资数额。不仅外资逐年增加，而且投资国日益多样化。1990—1996年，加拿大资本占智利外资的17.5%。1996年，欧洲国家资本占智利外资的28%以上，成为智利第二大外资来源。第一大外资来源依然是美国，1990—1996年，美国资本占智利外资的42%。①

① Lois Hecht Oppenheim, *Politics in Chile: Democracy, Authoritarianism and the Search for Development*, Westview Press, 1993, p. 245.

到1990年,军政府已将绝大部分经济部门实行了私有化,只有铜矿仍由国家铜矿公司(CODELCO)控制,因为根据宪法,国家铜矿公司铜矿出口年度利润的10%留作军事预算。然而,即使是在铜矿部门,军政府依然批准私人,包括外资在新的矿山进行投资,结果,到90年代中期,智利生产的一半以上的铜出自私人资本。1990年后,民主政府将私有化扩展到基础设施部门,包括铁路运输、高速公路、可饮用水、下水道系统、港口和机场。

民主政府的经济政策取得了明显成效。1990—1998年,智利的GDP增长率为6.7%,在拉美地区排第一位,在整个世界上也是最高的增长速度之一。出口增长率1990—1994年为10%,1995—1998年为9.5%,1999—2001年为7.3%。[①] 外债额明显减少,吸引了大量外资。然而,智利经济依然受国际经济形势的波动的影响。智利成功地度过了1994年墨西哥金融危机引发的"特吉拉效应",但是1997年亚洲金融危机削弱了智利主要市场之一。1985年以来经济的持续高速增长到1999年陷于停顿,这一年出现了负增长率。2001年10月的阿根廷危机给智利带来了进一步的挑战。经济增长的放慢影响了政府的财政收入,政府采取措施加大税收征管力度,打击偷税,并不遗余力地开拓海外市场。2002年11月,智利与欧盟签订了广泛的经济协定,并与韩国进行谈判,开拓纤维和渔产品市场。智利还在亚太地区开展了灵活务实的经济外交。

智利政府并没有将经济增长看作唯一目标,而是注重解决"社会债务",完善智利的社会安全网。艾尔文就职后,将推行以实现社会公平为目标的政策看作维护社会稳定、赢得社会支持的基础。然而,其他拉美国家的教训也提醒智利民主政府领导人,传统的民众主义的再分配政策将导致通货膨胀,危及民主制度的稳定。[②] 因此,解决社会问题,必须与经济健康增长互为前提。也就是说,扩大社会开支是必需的,但开支必须限制在税收增加所能支持的限度内,社会开支不能影响投资和增长。智利政府坚持,解决

① Ricardo French-Davis,"El impacto de las exportaciones sobre el crecimiento en Chile",*Revista de la CEPAL*,78,2002,p. 157.

② 巴西萨尔内政府、阿根廷阿方辛政府、秘鲁阿兰·加西亚政府的政策都导致了类似的后果。参见董经胜:《拉美民主化巩固和新自由主义改革时代的民众主义》,《现代化研究》第二辑,商务印书馆2003年版,第255—274页。

社会问题的改革应由政府稳步推进，而不是在社会的压力下被动作出反应。

智利民主政府增加了公共卫生、住房、教育、基础设施、公共服务、养老金和社会安全开支。艾尔文政府时期，1991 财政年度实际社会开支增加了 30%，政府开支的 65%用于社会领域。从 1989 年到 1993 年，社会开支增长了 45%。弗雷上台后，继续扩大社会领域的开支。1997 年，社会开支占全部政府预算的 70%。实际上，1990—1996 年，社会开支增长了三倍。[①] 1999 年，政府在公共住房领域的投资比 1990 年实际增长了一倍，同期直接向受到社会福利救助的人数增加了 1/5。拉戈斯总统上台后，决心致力于缩小智利的贫富差距。2000 年政府社会开支的 73%投向最贫困的 40%的人口。2001 年，拉戈斯政府财政支出的 70%投向了教育、卫生、住房、补助和保险领域。

社会开支的增加给政府带来了财政压力。政府没有诉诸赤字政策，而是进行了税制改革。艾尔文政府税制改革的措施主要是提高直接税；取消某些部门，如矿业和农业在税收方面的优惠待遇；提高增值税。税制改革增加了政府财政收入，为社会开支的增加提供了保证；同时，税收的增加，没有影响到投资和增长。相反，投资率增长到前所未有的水平，1993 年占 GDP 的 25. 6%，GDP 年平均增长率在整个艾尔文政府时期维持在 6%的水平。[②] 原因在于，民主政府推行的市场经济政策，为经济增长创造了一个较军政府时期优越得多的环境。民主制的建立，为“平等中的增长”带来了可能性。

艾尔文上台后，政府重新确立了最低工资的概念，提高了最低工资水平。此后，随通货膨胀率和生产率调整的工资水平逐年提高。弗雷上台后，继续提高最低工资水平。从 1990 年到 1995 年，实际工资增长了 25%。皮诺切特时期颁布的劳工法极大地限制了工会的权利，如禁止在公司一级以外的范围内集体谈判。为了保证劳工的利益，艾尔文时期，议会通过新劳工法，工人获得了更多的社会保障，雇主解雇工人更加困难，扩大了罢工的权利，允许在超出公司层面以外的集体谈判，工会组织获得了更多的资源。但是，政府也向资方作了让步，如未能进一步扩大集体谈判的范围，未建立失

① Clarisa Hardy, *La reforma social pendiente*, Santiago: Los Ediciones de Chile 21, 1997, p. 37.

② Bernardo Fontaine Talavera, “Sobre la Ley de Impuesto a la Renta”, *Estudios Publicos*, No.34, 1989, p. 91.

业保险等。①

为了消除社会贫困,1990 年,艾尔文政府成立了“团结和社会投资基金”(FOSIS),目的是为了帮助那些符合贫困标准但未被社会安全网络照顾的穷人。1994 年 5 月,弗雷政府实施国家服务计划,旨在将年轻的专业人士纳入反贫困的行动,这是一种智利特色的国内“和平队”。另外,由联合国发展计划资助,建立了针对贫困地区的社会网络。拉戈斯总统上台后,从 2002 年开始实行了“智利团结计划”,发动志愿者走访全国 22.5 万个最贫困家庭,为穷人进行教育和劳动培训,政府在一定时期内提供补贴,参加该计划的贫困家庭也必须作出相应承诺。②

在智利政府消除社会贫困的努力中,医疗健康改革和教育改革尤其值得注意。1990—1994 年期间,艾尔文政府将医疗健康开支提高了 70%。利用政府财政和外国援助,投资改建了原有的公立医院,建立了新的医院。提高了医疗人员的工资。弗雷政府采取措施,提高了公共医疗机构的效率,扩大了服务范围。艾尔文政府期间,教育部部长理查多·拉戈斯就开始对初中等教育和高等教育进行改革。1996 年后,弗雷总统向国会提出了教育改革方案,内容包括每周延长教学时间 8 小时、对延长的教学时间设计统一课程、开展教师培训、拨专款开展专门的改革计划等。政府认为,教育改革是创造机会均等的重要途径,而机会均等将是从根本上消除贫困的重要保证。

到 21 世纪初,智利民主政府的社会政策已取得了明显的成效。智利人的健康水平明显提高,接受教育的机会增加,贫困家庭的数量下降了一半。两百万智利人摆脱了贫困。1970 年,智利的人均寿命为 60 岁,到 21 世纪初,女性平均寿命为 79 岁,男性为 75 岁。2000 年,两位西方观察家注意到,“在很多方面,90 年代可以看作智利 20 世纪经济形势最好的十年。实际上,如果将消除贫困和其他社会指标考虑进去,这十年取得的进步在这个国家的整个历史上是前所未有的。”③智利民主政府为解决社会问题而采取的

---

① Kurt Weyland,“‘Growth with Equity’ in Chile's New Democracy”, *Latin American Research Review*, Vol.32, No. 1, 1997, p. 47.

② 韩琦:《智利经济—社会转型的特点和经验》,《拉丁美洲研究》2005 年第 4 期,第 37 页。

③ Francisco Javier Meneses and Jose Maria Fuentes,“The State of Economic Process”, C.Toloza and E.Lahera, eds., *Chile in the Nineties*, Stanford University Press, 2000, p. 241.

渐进的改革策略取得了相当程度的成功。成功的原因固然是由于持续的经济增长使政府能够兼顾社会上层和穷人的利益,但是政治因素也不容忽视。正如一些学者强调指出的,智利民主政府从本国过去的历史经历和其他拉美国家的民众主义政策导致的失败中吸取了教训,为了巩固民主制度,政府有意识地采取措施,维持经济平衡与稳定增长,渐进地处理社会问题。

2006 年 1 月 16 日举行的总统大选中,社会党人米歇尔·巴切莱特战胜百万富翁塞巴斯蒂安·皮涅拉,成功当选,成为智利第一个女总统。就职后,政府面临着对公共教育不满的学生举行的抗议运动,以及铜矿和卫生部门雇员的罢工。巴切莱特的支持率因此一度下降。但是在任期的后半段,国际市场上铜矿价格上升,政府收入增加。巴切莱特政府以此改革养老金体系、增加社会投资,创造就业岗位。政府还采取措施,降低贫困,改善儿童教育。这些措施,极大提高了巴切莱特的支持率。2006 年 12 月,皮诺切特去世,虽然智利军方为皮诺切特举行了很高规格的葬礼,但巴切莱特政府拒绝为这位前独裁者举行国葬。

根据宪法,巴切莱特不能连任总统。经过 2009 年 12 月和 2010 年 1 月两轮投票,中右翼联盟的塞巴斯蒂安·皮涅拉战胜中左翼联盟的前总统爱德华多·弗雷,赢得总统大选。皮涅拉是皮诺切特下台以来智利首位右翼的保守派总统。2010 年 2 月 27 日,皮涅拉就职前两周,智利南部城市康塞普西翁爆发了一场里氏 8. 8 级的地震,并引发海啸,造成人员伤亡和物质损失。8 月 5 日,在智利北部城市科皮亚波附近的圣何塞矿山发生事故,造成 33 名矿工被困 2300 英尺的地下。10 月 13 日,经过 69 天的磨难之后,这些矿工被成功营救。2011 年 5 月开始,智利爆发了大规模的学生抗议运动。抗议者要求改革过时的、资金不足的、以阶级区分的公立教育体系。后来,抗议者进一步要求,就军政府时期制定的 1980 年宪法举行全民公决。尽管社会局势动荡,但智利的经济克服了国际金融危机的影响,持续繁荣。

2013 年大选中,巴切莱特作为反对派联盟“新多数联盟”的总统候选人,战胜对手,再次当选总统。智利的经济形势依然较好,工业增长,失业率下降。但是,腐败问题浮出水面。2015 年,巴切莱特总统的儿子被揭露出凭借政治影响力为其妻子娜塔莉亚·康普格农(Natalia Compagnon)获取

1000 万美元的贷款。2016 年 1 月，娜塔莉亚·康普格农被指控虚开发票，以此逃避缴纳 16.5 万美元的税款。这一年，接近 200 名政客、企业管理人员和中间人受到腐败调查，涉嫌参与包括诈骗、贿赂、逃税、洗钱等一系列犯罪活动。8 月，成千上万的智利人走上街头抗议，要求改革国家的养老金体系。该体系是 20 世纪 80 年代皮诺切特执政时期创立的，由六家私人养老基金会管理，旨在向缴纳养老保险者发放相当于 70%的退休前工资的养老金。该体系曾被一些国际金融机构誉为可持续发展的样板。但是，根据巴切莱特政府任命的一个委员会公布的资料，从 2007 年到 2014 年，80%的养老金领取者得到的养老金低于最低工资水平，44%生活在贫困线以下。在 21 世纪头十年，智利是拉美国家中增长最快的国家，但是，在巴切莱特第二次任内，经济急剧衰退。由于国际市场上铜价下跌，GDP 增长率从 2011 年的 6.1%下降到 2016 年的 1.6%。

2017 年，智利再次举行大选，来自右翼的前总统皮涅拉再次当选。2018 年宣誓就职。

第五节　巴西新自由主义改革和劳工党上台

一、若泽·萨尔内政府(1985—1990 年)

民主制的恢复一度在巴西民众中激起的巨大期望很快破灭了。在由军人政权向文人政府转型过程中，保守的精英阶层一直维持着很大的影响并严格制约着社会和政治变革的程度。为了使新的民主政府被控制在温和派手中，他们坚持总统间接选举产生。当选总统的坦克雷多·内维斯在 1985 年就职前夕去世后，副总统若泽·萨尔内成为新总统。萨尔内的就职象征着同时也加强了军政权向文人政权转型过程中的政治连续性，因为新总统是军政府时期的执政党社会民主党(PDS)的前领导人。

虽然恢复了文人政权，但军人依然在政府的决策过程中拥有重要的发言权。与阿根廷不同，巴西的高级军官积极地参与有关宪法修正、农业改革和劳工立法等方面的争论。① 因此,萨尔内政府在解决巴西主要的经济和社会问题上没有太大的作为。例如,政府在土地改革问题上阻力重重。1985 年,萨尔内政府签署了土地改革法,规定到 1989 年,向 140 万农民分配 8800 万英亩的土地。但是,1986 年,政府被迫颁布另一项法令,规定将分配和征用的土地限制在国有土地和未达到政府的农业学家设定的土地利用标准的私人土地的范围之内。由于土地改革计划的推行如此迟缓,农业改革和发展部部长纳尔逊·里贝洛(Nelson Ribeiro)以辞职表示抗议。② 土地改革的主要阻力来自土地拥有者的顽固抵制。他们组成了"农业民主联盟"(UDR)和"巴西捍卫传统、家庭和财产协会",雇用了几千名前军事人员充实其私人武装。据报道,其薪金超过正规军队军人的三倍还多。

经济处于混乱状态。虽然自 1984 年经济增长率开始回升,出口收入增加,但是,高达 800 亿美元的外债制约着资本市场的发育。而且,巨额的内债刺激着难以控制的三位数到四位数的通货膨胀率。1986 年,萨尔内政府出台了其经济调整计划——"克鲁扎多计划"。根据该计划,萨尔内总统宣布实行一种新的货币——克鲁扎多——取代自 1942 年以来流通的克鲁赛罗。为了防止新货币贬值和通货膨胀,他宣布冻结工资和物价,并采取措施降低政府预算赤字。最初,该计划受到很大的支持。因为每一个人都认识到,如果没有货币的稳定,巴西不可能实现经济的稳定增长。萨尔内总统在电视上发表讲话,敦促巴西民众与政府加强合作,举报任何非法提高物价和工资的行为。

"克鲁扎多计划"一度取得了一定的成功,通货膨胀暂时得到了抑制。正由于如此,在 1986 年 11 月的议会选举中,萨尔内的支持率大大上升。但是,到 1987 年初,通货膨胀再次回升,而政府无力阻止。实际上,公共赤字刺激了市场需求的扩张,其他一些政府无力控制的因素也扰乱了物价的稳定。1987 年初,萨尔内政府被迫推行一揽子的改革计划,即所谓的"克鲁扎多计划 II",措施是停止支付外国商业贷款的利息。但是这一措施的有效性受到各界的怀疑,随之而来的物价稳定仅维持了几个月的时间。在他任期

---

① Alfred Stepan, *Rethinking Military Politics, Brazil and the South Cone*, Princeton, N.J.: Princeton University Press, 1988, pp. 93-114.

② Benjamin Keen and Keith Haynes, *A History of Latin America*, Seventh Edition, Houghton Mifflin Company, Boston and New York, 2004, p. 388.

结束前,萨尔内政府实施了第三个稳定计划,发行新克鲁扎多(Cruzado Novo,价值相当于旧克鲁扎多的一千倍)等一系列经济措施,但是,仍不能抑制通货膨胀。

由于通货膨胀的影响,巴西工资收入者的购买力严重下降。萨尔内上台之初一度得到较高的支持率,但由于经济上的失败,到他任期结束时,其支持率下降到一位数。

在政治上,萨尔内上台后继续推进民主化进程。他允许工会和雇主之间进行集体谈判,巴西共产党在38年来第一次获得合法地位。他对选举法进行了修改,赋予文盲投票权,并把投票年龄降低到16岁。1988年,议会颁布新宪法,新宪法规定总统直接选举产生,并规定在1993年举行投票就巴西实行议会制或总统制作出选择。军政府时期总统通过法令进行统治的权力被废除。集会、言论、出版自由等基本的公民权得到了保证,工人被赋予了罢工和集体谈判的权利,周工作时由48小时降为44小时。①

二、科洛尔的新民众主义

1989年的总统选举中,巴西选民对萨尔内政府以及议会主要政党如此失望,以至于他们一致倾向于支持一位非传统的候选人。在首轮选举中,有两人从十几位候选人中脱颖而出。一位是来自东北部贫穷的阿拉戈斯州名不见经传的费尔南多·科洛尔·德·梅洛,另一位是钢铁工人工会领导人和劳工党候选人卢拉。

科洛尔在竞选中,他以典型的民众主义风格,与传统的政治家拉开距离,在几乎没有政党支持的情况下展开竞选。② 他利用一支高度专业化的

① 关于巴西1988年宪法的全面分析,参见Gary M.Reich,"The 1988 Constitution a Decade Later:Ugly Compromises Reconsidered",*Journal of Interamerican Studies and World Affairs*,Vol.40,No.4,1988,pp.5-24。

② 在竞选中,科洛尔没有将其支持者组建为一个政党。他在1989年组建的政党——国家重建党(PRN),仅仅是一个竞选工具,没有什么政治影响、组织程度,也没有明确的政治纲领。该党的参加者成分极其复杂,缺乏内部凝聚力。1989年底,该党在议会中仅占4%的席位。参见Kurt Weyland,"The Rise and Fall of President Collor and Its Impact on Brazilian Democracy",*Journal of Interamerican Studies and World Affairs*,Vol.35,No.1,1993,p.8。

竞选班子,充分利用新闻媒体展开攻势。科洛尔在竞选中主要强调以下几点:第一,他许诺提高公共生活的道德水平,根除腐败。他指责萨尔内总统腐败,指责巴西的主要政党没有代表人民利益,指责国家被自私自利和报酬丰厚的官僚所操纵。他提出,恢复社会秩序不仅仅是一种特定的社会政策,而更重要的是一场针对牺牲贫苦民众利益而自肥的特权政治和经济精英的道德攻势。他主张对国家的政治和经济秩序进行根本的变革,而这一任务只能由像他这样与传统的政治体制没有利害牵连的人来完成。① 第二,他主张推行新自由主义政策,包括私有化、贸易自由化、缩减政府项目等。第三,他主张以休克疗法结束通货膨胀。②

劳工党候选人卢拉在竞选中亦表现出色,尽管劳工党是一个新党,卢拉又是第一次参加竞选。他明确主张加大对经济的宏观控制,将社会收入向工人转移。他的很多竞选助手是在军人政权期间受到迫害的左派和知识分子。

从竞选一开始,一些巴西的社会精英分子,如巴西最大的电视网络所有人罗伯特·马利诺(Roberto Marinho),将科洛尔看作唯一能够阻止来自左派的卢拉上台的候选人。后来,随着卢拉的支持率日升,越来越多的保守派政治家和企业主加入了支持科洛尔的阵营。但是,他们对科洛尔仍持怀疑态度,认为他是一个念头怪异、情绪多变、难以控制的暴发户。③ 这种态度对日后科洛尔的下台埋下了种子。

1989 年 12 月 15 日,选举结果揭晓,科洛尔以微弱多数击败卢拉,成为 29 年来巴西第一位直接选举产生的总统。1990 年 3 月,科洛尔就职后,宣布了新的反通货膨胀计划,即所谓的"科洛尔计划"。这是巴西恢复民主制以来最为激进的经济计划。根据该计划,所有银行将超过 1000 美元的存款冻结 18 个月。科洛尔认为,此举将抑制经济中的过分需求,由此降低通货膨胀。他宣布实行一种新货币——克鲁赛罗(cruzeiro)——价值等于前一

---

① Francisco Panizza,"Neopopulism and its Limits in Collor's Brazil",*Bulletin of Lain American Research*,19,2000,p. 182.

② Lawrence A.Clayton and Michael L.Conniff,*A History of Modern Latin America*,Harcourt Brace College Publishers,1999,p. 535.

③ Kurt Weyland,"The Rise and Fall of President Collor and Its Impact on Brazilian Democracy",*Journal of Interamerican Studies and World Affairs*,Vol.35,No.1,1993,p. 9.

年的新克鲁扎多,后者将不再流通。科洛尔还实行了物价管制,提高交易税,并采取措施削减公共开支。由于消费者手中的货币急剧减少,新的货币单位很快升值。

尽管经济调整带来了巨大的社会代价,但令人吃惊的是,巴西民众普遍接受甚至欢迎这些措施,希望新总统能够真正根除通货膨胀。人们普遍认为,通货膨胀是造成大多数人经济困难的主要因素,只有激进的、痛苦的调整措施才能稳定物价。议会也随之在此后的几个月内支持科洛尔的绝大多数改革计划。但是,科洛尔的反通货膨胀计划有两个弱点:其一,它过于复杂,并非各级财政机构能够心领神会地贯彻执行;其二,它需要急剧地削减开支,对此执行起来也困难重重。[①]

除稳定经济外,科洛尔还开始推行雄心勃勃的新自由主义改革计划,包括私有化、非调控化、开放经济等。科洛尔政府实行了汇率自由化,迅速开放巴西经济。从 1990 年到 1992 年,平均进口关税率从 32.2%下降到 21.2%。1990 年 12 月宣布了国家私有化计划,并成立了私有化指导委员会,监督私有化的进程。科洛尔政府还要求撤销一些政府部门,解雇大约 36 万名政府雇员。[②]

这些政策的推行势必影响到强有力的社会集团的利益,并且需要切断国家和国内外私人部门长期以来根深蒂固的联系。科洛尔以民众主义的风格,通过强制而非协商的方式推行他的政策。政策计划的制订者是为数不多的经济顾问,主要来自学者和企业家,这些人与长期主宰巴西经济政策制订的技术官僚没有联系。计划宣布之前,不与政治和经济精英进行协商。科洛尔不仅利用这些经济计划将权力向总统手里集中,而且利用其权力显示个人的果断和决心。同时,他攻击有组织的利益集团和国家官僚,指责他们是经济现代化的敌人。

但是,由于科洛尔在没有一个稳定的政党联盟的支持下依靠公共舆论的支持进行统治,这是一种风险和政治代价很高的策略。他的一些政策,例如公共企业的私有化,遭到来自国有公司经理以及与之相关的政客的激烈

---

① Lawrence A.Clayton and Michael L.Conniff, *A History of Modern Latin America*, p. 536.

② W. Bare, *The Brazilian Economy: Growth and Development*, Westport, Conn. And London: Praeger, 1995, p. 184.

反对，以至于从政府宣布私有化计划到第一家公共企业被出售花了两年的时间。贸易自由化等政策也受到来自工业主阶层的抵制。

到 1990 年下半年，经济稳定政策失效，通货膨胀回升，经济衰退。1990 年 GDP 下降 4.4%。1991 年 1 月，科洛尔被迫实施新的反通货膨胀计划“科洛尔计划 II”。如果说“科洛尔计划 I”是一个自上而下的经济改革计划，“科洛尔计划 II”则是一个对失败计划的补救措施。1990 年下半年，为了克服政治困境，政府寻求与以前它所鄙视与攻击的企业界和工会达成三方协议，但是由于政府拒绝放松货币政策，到年底谈判陷入僵局并最终破裂。政府只好试图加强与传统的保守力量以及中左力量的联合。科洛尔提名著名的保守派参议员哈博斯·巴萨利诺(Jarbas Passarinho)为司法部部长，并给予巴西社会民主党(PSDB)领导人费尔南多·恩里克·卡多佐以内阁职位，但是这种策略转变为时已晚，政府越来越处于孤立状态之中。①

1992 年 5 月，科洛尔总统的胞弟佩德罗指控科洛尔总统卷入他的前竞选班子经理、大富豪保罗·塞萨尔·法里亚斯(Paulo Cesar Farias)的腐败行为。在反对派的压力下，议会成立了调查委员会。在巴西，针对著名政治领袖的腐败指控并不稀奇，但在过去，很少因此导致当事人下台。科洛尔本人在竞选期间就猛烈抨击萨尔内总统的腐败。而且，正如美国学者库尔特·韦兰德指出的，当时巴西保守力量的最初目标并非要废黜科洛尔，而仅仅是要削弱他，使其依赖于他们的支持。② 但是，经济稳定政策的失败使科洛尔丧失了在企业界、公共舆论和新闻界拥有的支持，这些支持曾是促其登上总统宝座的主要因素。三个月后的 12 月 29 日，科洛尔在参议院就撤销其总统职务进行投票的前夕宣布辞职。③

科洛尔辞职后，副总统伊塔马尔·弗朗哥被推上总统职位。弗朗哥原以民族主义立场著称，曾反对科洛尔的新自由主义市场改革，包括对国有公司的私有化。然而，就任总统后，他宣布将继续推进科洛尔的私有化计划，

---

① Francisco Panizza, “Neopopulism and its Limits in Collor's Brazil”, *Bulletin of Lain American Research*, 19, 2000, p. 186.

② Kurt Weyland, “The Rise and Fall of President Collor and Its Impact on Brazilian Democracy”, *Journal of Interamerican Studies and World Affairs*, Vol.35, No.1, 1993, p. 4.

③ Francisco Panizza, “Neopopulism and its Limits in Collor's Brazil”, *Bulletin of Lain American Research*, 19, 2000, p. 187.

履行债务负担,但同时将把消除饥饿和贫困放到优先考虑的位置。他宣称,由于科洛尔“错误的现代化计划”,巴西最贫困人口的收入减少了 30%。弗朗哥的立场表明,巴西的统治精英已认识到,国际货币基金组织、外国投资者和巴西资产阶级强烈支持的完全纯粹的新自由主义改革是受到巴西社会下层普遍反对的,在民主制的环境中推行起来也是阻力重重的。

在弗朗哥政府的联合内阁中,形成了两个派别:一派主张优先考虑社会改革,他们认为,在巴西这样一个存在几百万贫困人口的国家,消除饥饿和贫困是当务之急。另一派支持新自由主义改革,认为 1993 年底的月通货膨胀率已超过 30%,在这种形势下,政府面临的首要任务应该是通过减少政府开支、出售国有公司和提高税收来实现财政稳定。结果,主张推行新自由主义改革的一派略占上风。为了推进经济改革,弗朗哥总统任命著名政治活动家和社会学家费尔南多·恩里克·卡多佐为财政部部长。卡多佐的经济计划主要目标是消除财政赤字,措施主要是削减预算,提高税收,并在石油、矿业和电信等敏感部门实行私有化,吸引外资。但是这些措施遇到了来自各个方面的抵制:左翼政党反对经济紧缩和私有化计划,州政府也因需要向中央政府偿还巨额债务而不满,国会议员因担心提高税收等不受欢迎的措施会影响他们在 1994 年选举中的支持率也反对卡多佐的计划。

三、从卡多佐政府到劳工党上台

1994 年的选举是巴西历史上最广泛的一次选举,将选出总统、2/3 的参众议员、27 个州的州长以及州议员。这次选举的重要性还表现在,选民将在以促进出口和吸引外资为基础的新自由主义的发展模式和面向内部市场的、依靠国家干预解决重大社会问题的、相对自主的发展模式之间作出抉择。代表后一种立场的总统候选人是劳工党领导人卢拉。卢拉的竞选纲领与 1989 年的选举没有太大的区别,他保证推行农业改革、消除失业、提高农业产量、改善卫生和教育状况等。他在工会、学生、知识分子和部分中产阶级中拥有较大的支持率。卢拉的主要竞争对手卡多佐在竞选中主张推行新自由主义经济、关心穷人。他宣称自己代表的是“可行的左派”(viable left),而卢拉的立场是“乌托邦左派”(utopian left)。在没有强有力的右翼候选人参与竞选的情况下,卡多佐战胜卢拉当选为总统。

卡多佐的当选在很大程度上应归功于他的经济稳定计划的成功。1994 年 1 月,当时作为财政部部长的卡多佐推出了"雷亚尔计划"(Plano Real),从 1 月 1 日起,发行新货币雷亚尔。政府筹集了 400 亿美元的硬通货储备以抵御汇率的波动。雷亚尔计划执行效果甚至超出了原先的预期。计划实施前,政府采取各种措施阻止企业和工会提高物价和工资,计划开始实施后,严密监视各种秘密的抬高物价的行为。政府授权进口廉价的外国商品以平抑物价。1994 年 1 月,新货币雷亚尔价值相当于 1.10 美元,并在一年的时间内维持这一汇率。计划实施的第一年,通货膨胀率被控制在 10%以下。①

卡多佐总统于 1995 年 1 月 1 日就职。由于经济稳定计划的成就,加上前一年巴西出人意料地第四次赢得世界杯足球赛冠军,巴西民众对卡多佐充满信心与期望。当时,巴西经济增长强劲,1995 年前五个月出口 155 亿美元,达历史最高水平。但出口主要是初级产品,如大豆、咖啡豆、铁矿石,以及鞋子、汽车配件等制成品,受市场波动的影响极大。而且出口的增长主要是高科技的农业综合企业和工厂带来的,对其他经济部门的带动作用很小。这反映在失业率居高不下和非正规经济的迅速扩大。卡多佐稳定的财政措施和雷亚尔计划降低了通货膨胀,但其他社会问题依然十分突出。

土地占有高度集中。根据巴西统计局数据,不到 1%的土地拥有者控制 45%的农业用地,而大约 37%的农民占有不到 1%的土地。② 在天主教会的支持下,大约 4.2 万个无地农民家庭联合组成了"无地农民运动"(MST),直接采取行动占有未被耕种的土地。但是,"无地农民运动"受到了土地拥有者的反对与迫害,双方的暴力冲突持续不断。

卡多佐在执政的前两年维持着较高的支持率。1997 年年中,他甚至成功地修改了宪法,使自己能够连选连任。但是,随后的亚洲金融危机波及巴

① 关于巴西的雷亚尔计划,参见 Manuel A.R.Da Fanseca,"Brazil's Real Plan",*Journal of Latin American Studies*,Vol. 30,No.3,1998,pp. 619-639。

② Miguel Carter, *The Landless Rural Workers' Movement (MST) and Democracy in Brazil*, Working Paper No.CBS-60-05,Center for Brazilian Studies,University of Oxford,p. 6.

西。在危机面前,卡多佐政府提高利率、增加税收,以维持币值高估的雷亚尔。1998 年 9 月的前两个星期,巴西每天减少 16 亿美元的外汇储备,资本外逃达到空前严重的程度。正是在这种形势下,10 月举行总统选举中,卡多佐竭力将选民的注意力转离金融危机。卡多佐以 53%的选票当选连任,卢拉获得选票再次屈居第二位。与 1994 年的选举不同,卡多佐此次当选不是由于选民对他的信心,而是担心在当时的形势下,除了卡多佐的正统经济政策之外别无选择。

选举获胜之后,卡多佐在国际货币基金组织的强大压力下,采取措施大幅度削减公共开支、进一步增加税收和提高利率。11 月,巴西从美国政府和国际机构获得 415 亿美元的贷款,资本外逃减缓,但经济增长速度下降(1998 年不到 1%)。1999 年 1 月,资本外逃再次严重,达到 60 亿美元。在"有控制地"贬值 8%失败之后,中央银行决定对雷亚尔实行浮动汇率,巴西货币相对于美元的价值下降 40%以上,虽然随后很快稳定在 25%左右。[①] 卡多佐政府的第二任期内,竭尽全力履行偿还外债的义务。在解决社会问题方面,最为突出的成就是加强基础教育。

2002 年的总统选举中,有三位主要的候选人:卡多佐政府支持的何塞・塞拉、劳工党领导人卢拉、来自东北部的民众主义候选人西洛・戈麦斯。卢拉最后赢得选举,成为巴西新总统。卢拉于 2003 年新年就职。在许多分析家看来,卢拉的就职标志着巴西历史的一个新时代的开端:一位车床工人出身的总统,一个在拉美最大、组织程度最高、财政实力最为雄厚的左派政党走上了巴西政治前台。[②]

卢拉之所以赢得此次大选,主要有四个因素。第一,长期以来,卢拉一直是卡多佐推行的经济发展模式的批评者。第二,卢拉批评卡多佐政府的社会政策。在劳工党看来,控制卡多佐政府的技术专家关心的只是财政紧缩和货币稳定。卢拉许诺大量增加政府在教育、健康等部门的投资,推进农业改革。第三,长期处于在野状态的劳工党在巴西属于"廉洁的"政党,未

---

① Thomas E.Skidmore and Peter H.Smith, *Modern Latin America*, Sixth Edition, New York and Oxford: Oxford University Press, 2005, p. 178.

② Wendy Hunter and Timonthy J.Power, "Lula's Brazil at Midterm", *Journal of Democracy*, Vol. 16, No.3, 2005, p.127.

受腐败、庇护主义政治的污染，即使在 90 年代该党在一些市和州执政后，仍赢得了严谨、创新和正直的执政声誉。[①] 而且，劳工党在竞选中一直坚持只与立场相同或相似的进步政党结盟，而拒绝为获得选票与 1964—1985 年军政权的前支持者联合。[②] 第四，卢拉的个人魅力为他赢得了相当部分同情和支持。他出身于贫困的东北部，只受过初等教育，在圣保罗一家工厂当车床工人时因安全事故失去一根手指，因组织工人罢工而受到军政府的监禁。在巴西精英主义的政治体系中，卢拉一直因出身卑微而受到攻击，但是他坚持不懈，先后在 1989 年、1994 年和 1998 年三次参加总统竞选，终于在 2002 年的大选中获胜。

出身于工人阶级的劳工党领袖卢拉当选总统，成为巴西政治左转的标志。但是，就职后，卢拉的政治言辞变得比以前在历次选举中更加温和。他任命持正统政策立场的人担任财政部长和中央银行行长，采取紧缩措施控制通货膨胀。国际金融机构对卢拉的温和政策表示欢迎。外国银行家提高了巴西的信用等级。执政头两年，政府就获得了令人满意的基本预算盈余，满足了国际货币基金组织的要求。2005 年，巴西还清了国际货币基金组织的贷款，比计划提前了两年。[③]

政府增加公共投资、控制政府支出。卢拉执政期间，巴西的矿业和农业持续增长，外国投资者和贸易伙伴对巴西兴趣不断提高。2004—2006 年，巴西的 GDP 保持着 4. 3%的增长率。值得注意的是，中国对巴西的两种主要出口产品大豆和铁矿石的需求剧增。随着经济形势的好转，国家的财政收入也提高了。2006 年，卢拉以较大优势蝉联总统职位。2008 年，国际金融危机冲击下，卢拉政府采取了迅速有效的反经济周期行动，2009 年底，巴西成功度过了这次危机。2003—2010 年卢拉执政八年期间，巴西经济年平均增长率为 4. 06%，国内生产总值由 2002 年的 5044 亿美元增至 2010 年的

---

① 1988 年，劳工党赢得了几个重要的城市的市长选举，包括圣保罗；1998 年，又赢得了几个重要的州的州长选举，包括南里约格朗德州。参见 José del Pozo, *Historia de América Latina y del Caribe, 1825-2001*, Santiago: LOM Ediciones, 2002, p. 250。

② 这种为获得选票而进行的实用主义的政治结盟正是卡多佐在 1994 年和 1998 年的选举中采取的策略之一。

③ [美]托马斯·E.斯基德莫尔、彼得·H.史密斯、詹姆斯·N.格林：《现代拉丁美洲》（第七版），张森根、岳云霞译，当代中国出版社 2014 年版，第 373 页。

21439亿美元,人均国内生产总值由2860美元增至11094美元,巴西由世界第12大经济体崛起为第7大经济体。在社会政策方面,卢拉政府重点推出以“零饥饿计划”和“家庭救助金计划”为主的一系列收入分配改革政策。2003年1月1日就职当天,卢拉就宣布了“零饥饿计划”,承诺让所有巴西人都吃上一日三餐。该计划下的项目繁多,其中“家庭救助金计划”最有代表性。根据该计划,人均月收入140雷亚尔以下的贫困家庭和人均月收入70雷亚尔以下的极端贫困家庭都可得到基本的生活保障。2003—2009年期间,受到“家庭救助金计划”资助的家庭数目由360万增至1240万,覆盖全国所有州。卢拉执政时期,巴西贫困人口减少了50.64%,只用八年的时间就完成了联合国千年发展目标提出的25年内将贫困人口减少一半的目标。[①] 与此同时,巴西外交也呈现出“积极且自信”的姿态,通过“南南合作”强化了与发展中国家的合作,并且成为“金砖国家”的重要成员,国际影响力获得大幅提升。2010年卢拉卸任总统时,支持率仍高达87%,而由其推荐的接班人迪尔玛·罗塞夫(Dilma Rousseff)在当年的总统选举中胜出。

2011年1月,罗塞夫就职。由于全球经济形势的恶化和巴西工业部门的萎缩,巴西经济增长的势头消退。虽然维持着较低的失业率,但GDP增长率从2010年的大约7.5%降至2012年的大约1.0%。2011年,罗塞夫政府因受腐败指控,多名部长辞职。巴西成功地获得了2014年世界杯足球赛和2016年夏季奥运会的举办权。反对派指责,为筹办这两场体育赛事,政府在基础设施方面的投资增长影响了教育和卫生方面的支出。2013年6月,巴西全国各地爆发了反政府的示威游行,抗议政府腐败和经济政策失误。6月20日,参加游行者达100万人。经过这场政治和社会动荡,罗塞夫的支持率大大下降。2014年初,巴西经济陷入衰退,7月的世界杯半决赛中,巴西惨败于德国。但是,罗塞夫艰难地赢得了2014年的总统大选。2015年1月,罗塞夫政府第二任期开始时,巴西经济继续衰退,通货膨胀上升,政府财政赤字增加。与此同时,巴西石油公司官员、劳工党成员以及劳工党执政联盟中的“巴西民主运动党”成员被指控从巴西石油公司的合同

① 聂泉:《卢拉政府时期(2003—2010)的巴西经济和社会政策初析》,《拉丁美洲研究》2013年第2期,第24页。

中收受回扣。虽然经调查,罗塞夫总统本人并未参与此类腐败事件,但是她在腐败发生期间担任巴西石油公司的董事会主席,因而被怀疑不可能对此腐败行为毫不知情。3 月 15 日,大约 100 万巴西人走上街头,抗议政府发展经济不力,政治腐败,要求对总统实行弹劾。与此同时,寨卡病毒暴发。2016 年,巴西经济陷入 20 世纪最严重的衰退,巴西石油公司腐败案持续发酵。4 月 17 日,巴西众议院投票,建议对罗塞夫提起弹劾。5 月 12 日,参议院投票通过弹劾报告,罗塞夫总统被停职。来自巴西民主运动党的副总统米歇尔·特梅尔就任代总统。8 月 31 日,罗塞夫被永久性地罢免总统职务。

特梅尔试图通过支持市场经济、实行财政紧缩、推动养老金和劳工立法改革等措施重振经济,但是 2017 年 5 月,他本人也被指控卷入到巴西石油公司的腐败案件中。7 月,前总统卢拉被指控参与腐败和洗钱,被联邦地区法院判处九年六个月的监禁。

2018 年巴西举行总统大选,来自右派的社会自由党候选人雅伊尔·梅西亚斯·博索纳罗获胜,当选巴西新一届总统。2019 年 1 月 1 日,宣誓就职。

第十二章

19 世纪以来的中美洲和加勒比地区

第一节　19 世纪到 20 世纪初期的中美洲

在独立以前，危地马拉、萨尔瓦多、洪都拉斯、尼加拉瓜和哥斯达黎加属于新西班牙总督辖区下属的危地马拉检审庭长辖区，首府在危地马拉城。另外，中美洲还有两个地区，一是英属洪都拉斯，即后来的伯利兹，二是秘鲁总督辖区下属的波哥大检审庭长辖区（即独立后的哥伦比亚）的省份——巴拿马。1823 年，随着墨西哥的伊图尔维德被推翻，中美洲获得了完全的独立。1823 年，制宪会议开会，成立了包括危地马拉、萨尔瓦多、洪都拉斯、尼加拉瓜和哥斯达黎加五省的联邦制的中美洲联合省。[①] 根据宪法，成立联邦政府和独立的省政府，宪法带有很强的自由主义色彩：废除奴隶制和教士特权，确立了自由放任、自由贸易、自由订立劳动合同的原则。第二年，萨尔瓦多自由派曼努埃尔·何塞·阿尔塞当选为共和国总统。与此同时，各省也成立了各自的政府。

保守派和自由派为争夺联邦和各省政权展开了激烈的冲突。保守派主

---

① Demetrio Boersner, *Relaciones Internacionales de América Latina, Breve Historia*, Editorial Nueva Imagen, 1982, p. 132..

要来自旧的垄断商人集团、部分大地产主和教会,以危地马拉为基地;自由派主要来自其他省的部分大地产主和小地产主、中小手工业者、专业人员、知识分子等阶层。中美洲联合省表面上的统一很快解体,因为各省既不愿、也无力向危地马拉城的联邦政府提供财政来源。阿尔塞总统为了加强联邦政府的特权,力图建立强大的军队并征集税收,这使他抛弃了自由主义原则转向保守主义,并引发了一场内战(1826—1829年)。内战结果,以洪都拉斯的自由派弗朗西斯科·莫拉桑为首的自由派力量战胜了联邦政府及其保守主义领导人。

莫拉桑当选为联合省总统和武装部队最高总司令。以他为代表的自由派在商业、教会与国家的关系、司法制度、教育以及公共和私人生活的很多方面推行了一系列自由主义改革。另外,在危地马拉,在由保守派转变为自由派的马里亚诺·加尔维斯的领导下,在该省也推行了经济和社会结构的自由主义改革。这些改革的内容主要有:土地私有化,这一改革带来的后果是富人占据了大片土地,而很多土著印第安人和梅斯蒂索(在中美洲被称为拉蒂诺,ladinos)失去了土地;剥夺教会财产,废除了一些教会节日,婚姻和教育世俗化(允许不举行宗教仪式的婚姻、建立公共学校等);征收人头税以增加财政收入。实行强制性的公共服务,为道路和港口建设提供劳动力;向世界开放市场,推行自由贸易、自由移民、自由信贷,扩大靛蓝和胭脂红的生产,这是英国纺织业所需要的两种染料。① 在危地马拉,加尔维斯还改革了司法制度,建立陪审团制度、实行人身保障、赋予省政府任命所有法官的权力。其中最后一项改革使其疏远了大地产主阶层,因为这个阶层通常担任"政治首领"(jefe político),即地方官员,行使司法和行政职能,并获准占有一定份额的税收。

改革遭到了保守派的强烈反对。1837年,在危地马拉的山区,首先发生了反自由主义的农民暴乱。乡村教士鼓动一贫如洗的教民参与暴动,他们宣称上一年发生的霍乱是神对不举行宗教仪式的婚姻和离婚的异端的惩罚。这场暴动的领导人是一位年轻而野心勃勃的梅斯蒂索何塞·拉斐尔·

① Lawrence A Clayton & Michael L. Conniff, *A History of Modern Latin America*, New York: Harcourt Brace Jovanovich College Publishers, 1999, p. 110.

卡雷拉。1837年年中,他宣布暴动的目标是:恢复传统的司法程序;恢复宗教秩序和教会特权;对所有在1829年被放逐的人实行大赦;服从于卡雷拉本人。[①] 1842年,卡雷拉占领了危地马拉城,击败了莫拉桑。他随之在危地马拉建立了一个保守派政权。1854年,议会任命他为终身总统,并采取措施废除自由主义改革措施:恢复教会权威,将教会和土著公共财产物归原主,恢复对土著的强迫劳动制度,甚至将地方官员的称号从"政治首领"改为殖民地时期的"郡守"(corregidor)、在危地马拉的国旗上加入西班牙的红色和金色等。但是,公共土地很快被保守的商人贵族所攫取,因为他们能够为卡雷拉提供维持军队和偿还外债的税收。与此同时,1838年,议会宣布每个省成为"拥有主权的、自由的、独立的政治实体"。中美洲联合省不复存在。

1855年,尼加拉瓜的自由派与以威廉·沃克为首的一些北美雇佣兵达成协议,由后者帮助他们打败保守派。1855年6月,沃克率领从加利福尼亚招募的57名美国人进入尼加拉瓜。在几个月的时间内,这支小军队帮助自由派战胜了保守派。但是,尼加拉瓜和其他中美洲人所没有预料到的是,野心勃勃的沃克准备在中美洲建立一个美洲帝国。1856年,沃克夺取了尼加拉瓜政权。此后,他恢复了奴隶制,宣布英语为官方语言,并大面积授予土地,由此吸引了几百名美国冒险家涌入尼加拉瓜。美国政府对美国公民干预其他国家的事务持公开的纵容态度。与此同时,尼加拉瓜的爱国者准备驱逐沃克。在哥斯达黎加总统胡安·拉斐尔·莫拉的领导下,1857年,爱国者最终于战胜了沃克。沃克流亡美国,后来又两次试图重返中美洲,重建其梦想的美洲帝国。1860年,也就是他第二次回到中美洲时,被英国海军俘虏并被移交给洪都拉斯人就地正法。[②]

1865年卡雷拉去世后,自由派东山再起。这一复兴始于19世纪50年代末。当时,赫拉尔多·巴里奥斯成为萨尔瓦多总统;此后,自由派立即在其他国家兴起。1870年,托马斯·瓜迪亚就任哥斯达黎加总统。1873年,

---

① Thomas E.Skidmore and Peter H.Smith, *Modern Latin America*, Sixth Edition, New York and Oxford: Oxford University Press, 2005, p. 360.

② Lawrence A Clayton & Michael L.Conniff, *A History of Modern Latin America*, p. 172.

胡斯托·鲁菲诺·巴里奥斯在危地马拉获得政权;1876 年,马科·奥雷利奥·索托在洪都拉斯掌权。由于受沃克远征的影响,尼加拉瓜的自由派直到 1893 年才卷土重来。受自由派重新崛起的影响,19 世纪后半期,伦敦的咖啡代理商、法国的运河开掘业主、美国新奥尔良和波士顿的橡胶巨头扩大了在中美洲的投资。外国投资者和中美洲的精英集团的共同目的是促进本地区经济与西方世界的国际经济的融合。中美洲的精英集团将伦敦、巴黎、纽约看作其市场和资金来源,外国投资者从繁荣的中美洲经济中,特别是咖啡和香蕉业中,获取了可观的利润。但是,由此造成的结果是,中美洲的主权和独立受到了威胁。

1833 年,几袋咖啡豆从哥斯达黎加太平洋沿岸的港口蓬塔雷纳斯运抵英国。这是一段漫长而艰苦的航程,轮船必须先向南航行绕过寒冷的、暴风雪连绵的合恩角,然后在大西洋北上几千英里到达英国。但是,这又是一段利润丰厚的航程。英国人喜欢饮高品质的咖啡,并愿意出高价购买。而哥斯达黎加以及其他中美洲国家,拥有可生长优质咖啡的高地。很快,咖啡的生产和出口在中美洲超过了所有的其他经济活动。咖啡出口为中美洲带来了可观的财富。大量外国人,特别是在危地马拉和尼加拉瓜,投资于咖啡业。靠种植和出口咖啡,出现了一个新的寡头集团。

咖啡出口带来的收入除了被精英集团挥霍掉之外,一些中美洲自由主义领导人如危地马拉的胡斯托·鲁菲诺·巴里奥斯、尼加拉瓜的何塞·塞拉亚、哥斯达黎加的托马斯·瓜迪亚等致力于促进国家的现代化。这些领导人在经济政策上是自由主义的,但在政治上是独裁主义的,实际上,他们是实证主义的信徒,认为为了实现经济进步,必须维持政治秩序。这些总统,有的统治了几十年,维持了政治稳定,同时利用咖啡出口的收入促进铁路、电报、港口等现代化设施的发展。在中美洲,最早的铁路开始修建于 19 世纪 70 年代,将内地咖啡产区与太平洋和大西洋沿岸的港口相连接。最有代表性的是哥斯达黎加与北美的企业家梅格斯家族(Meiggses)签约,修建从中部谷地到大西洋沿岸的利蒙港的铁路。此项工程由该家族年轻的成员小库珀·基思(Minor Cooper Keith)承担,于 1890 年完工。

当基思在大西洋沿岸的丛林中艰难而缓慢地铺设铁轨时，他断断续续地采取了一些措施，以使在铁路完工并能将咖啡从内地运往利蒙港之前就可获得回报，其中措施之一是从巴拿马进口香蕉树并沿铁路线两旁栽植。1878年，他开始向新奥尔良出口少量香蕉。另一名美国企业家，来自波士顿的船长洛伦佐·贝克(Lorenzo Baker)早在1870年即开始从牙买加向波士顿转卖香蕉。①

实际上，基思和贝克开创了另一新兴的实业——从中美洲和加勒比向美国出口香蕉，其利润高得惊人。到第一次世界大战爆发时，在哥斯达黎加和洪都拉斯，香蕉出口已超过咖啡，占全部出口额的一半以上。1885年，贝克与安德鲁·普雷斯顿(Andrew Preston)联合成立了波士顿果品公司。与此同时，在哥斯达黎加，基思成立了赤道贸易和运输公司。1889年，上述两家公司合并，成立了联合果品公司(United Fruit Company;UFCO，中美洲人称之为 la frutera)，普雷斯顿为总经理、基思为副总经理。

联合果品公司实际上垄断了中美洲的香蕉生产和分配。公司在炎热、潮湿、人烟稀少的加勒比低地获取了大片的土地。通过梅格斯家族的关系，公司控制了香蕉的运输网络，并拥有一家大公司——中美洲国际铁路公司。公司修建港口和码头设施。1913年，联合果品公司成立了赤道广播和电报公司。联合果品公司拥有大量的船只，被称为“大白舰队”，并对美国市场具有巨大的影响。联合果品公司的监督和管理人员来自美国，从牙买加和西印度输入黑人劳工。有的土地属于本地人所有，但是技术、贷款和进入美国市场的机会控制在联合果品公司手里。由于受飓风和植物病虫害的威胁，联合果品公司通常维持大量的闲置备用土地。这些土地通常是通过政府优惠获得，因此就需要公司介入所在国家的政治。因此，很明显，联合果品公司并未刺激中美洲经济的发展，但是直接介入了中美洲国家的内部事务。②

---

① Lawrence A Clayton & Michael L.Conniff, *A History of Modern Latin America*, pp. 172-173.

② Thomas E.Skidmore and Peter H.Smith, *Modern Latin America*, p. 364.

第二节　中美洲和加勒比地区的非殖民化

一、多米尼加的独立进程

1697 年,根据《立兹维克条约》,西班牙割让了埃斯帕尼奥拉岛的将近一半给法国。海地革命期间,西班牙为了趁机夺回一个世纪之前失去的西部领土,派军队越过边界,进入法属圣多明各。英国也趁机在海地南部登陆。但是,在杜桑·卢维杜尔军队的打击下,西班牙军队被迫退却,英军也被迫撤离该岛。1795 年,根据巴塞尔条约,西班牙同意把伊斯帕尼奥拉岛属于西班牙的部分割让给法国,换回它在欧洲丧失的领土。[①] 法国政府主张,西属圣多明各只能移交给一支由白人组成的法国军队,以免法属圣多明各的奴隶革命影响这个岛屿的原西班牙部分。但是,杜桑抢在法国军队前面,1801 年,亲自率军进入岛的东部地区。多米尼加人为了驱逐海地人,与勒克莱尔率领的法国军队合作。随着 1804 年海地宣布独立,海地新领导人德萨兰决定对多米尼加进行惩罚,并驱逐撤退到多米尼加的法国人。与此同时,多米尼加的法军总司令让·路易·费朗发布一项命令,允许奴隶主越过边界为他们的种植园寻找奴隶,这项法令直接导致了 1805 年 2 月海地对多米尼加的入侵。一支海地军队从北部南下,另一支经这个岛的南部海岸向多米尼加进军。围攻从 1805 年 3 月 8 日开始,圣多明各城被 2.1 万海地人包围了 3 个星期,法国人和西班牙人合力抵抗。同时,3 月 26 日,在海上出现了一支法国海军舰队。这支舰队正在袭击小安的列斯群岛的英国属地,而德萨兰以为它正在准备对海地的入侵。[②] 于是,海地人通过内地居民区撤退。

① 弗兰克·莫亚庞斯:《海地与圣多明各:1790—870》,载[英]莱斯利·贝瑟尔主编:《剑桥拉丁美洲史》第三卷,社会科学文献出版社 1994 年版,第 246 页。

② 弗兰克·莫亚庞斯:《海地与圣多明各:1790—870》,载[英]莱斯利·贝瑟尔主编:《剑桥拉丁美洲史》第三卷,第 249 页。

1808年,拿破仑入侵西班牙。5月2日,马德里爆发反对法国的群众起义。此事迅即在西印度群岛,特别是波多黎各过流亡生活的多米尼加人中间传播。居住在波多黎各的富有地主胡安·桑切斯·拉米雷斯回到多米尼加,招募了一支2000人的军队,以西班牙的名义对法宣战。在此期间,牙买加的英国人与波多黎各的西班牙人取得联系,封锁了圣多明各各港口。法国人由于饥饿和匮乏而被击溃,于1809年7月向英军投降。经过谈判,英国人同意撤离多米尼加,但是迫使新的地方当局交付大量的桃花心木材作为海军封锁费用,同时,多米尼加要保证英国船只自由出入这块西班牙殖民地,同意英国进口货取得与西班牙产品同等的优惠待遇。

1814年费尔南多七世复位后,多米尼加人对他的忠诚很快减弱。他们从宗主国得到的援助只是从哈瓦那国库送来的每年不超过10万比索的补贴,马德里当局许诺给那些曾同法国人作战的军人的奖赏从未兑现。19世纪20年代,多米尼加出现了两支反对西班牙统治的运动,一个在边境地区,赞成与海地合并,得到海地的支持。另一个在首府,主张独立。1821年11月8日,在边境城市贝莱,一批支持与海地合并的人在安德列斯·阿马兰特斯少校的领导下宣布独立,并号召圣多明各城以北的各城镇加入海地。消息传到首都,圣多明各城主张独立的领导人努涅斯·德·卡塞雷斯等决定采取行动,12月1日,在首都军队的支持下,他们出其不意地逮捕了西班牙省长唐·帕斯夸尔·雷亚尔,宣布西班牙在多米尼加的殖民统治终结,建立"独立的西班牙语海地国"。[①] 事态的发展对海地是一个严重打击。1822年1月初,海地总统布瓦耶率领一支1.2万人的军队开进多米尼加,2月9日,布瓦耶到达圣多明各城。这样,多米尼加在结束了西班牙的殖民统治、经过短暂独立后,开始了海地对它的持续22年的统治。

海地占领后,对多米尼加实行海地化政策,如全岛成年男子强制服兵役,禁止在官方文件中使用西班牙文,要求各地初等教育使用法语,限制庆祝传统宗教节日,甚至限制斗鸡。1830年6月,布瓦耶下令对公共大道、教堂和修道院的所有西班牙标志和盾形纹章一律换成共和国标志。这些措施

---

① 弗兰克·莫亚庞斯:《海地与圣多明各:1790—870》,载[英]莱斯利·贝瑟尔主编:《剑桥拉丁美洲史》第三卷,第256页。

导致多米尼加人反海地的情绪日深，而海地政府分割多米尼加大地产的政策，尤其是将其中部分被分割的大地产土地分给以前的奴隶和海地来的移民的做法，引起了种植园主、教会的反抗。一批年轻人成立了一个秘密团体——“拉特立尼塔里亚”[①]，争取摆脱海地，实现独立。另一个由年龄较大的、多数在海地政权下担任过职务的人组成的团体主张在法国的帮助下结束海地的统治，以政治、关税和领土方面的让步作为回报。

1843年，布瓦耶被推翻，消息传到圣多明各，反对派政治团体走上街头，高呼圣多明各独立和改革。亲布瓦耶的当局不得不投降，于3月30日将城市移交给“人民革命洪达”。海地新总统夏尔·埃拉尔率军进入东部各城镇，对“拉特立尼塔里亚”采取反击措施，逮捕其领导人，把他们送到太子港作为人质。这次军事行动使“拉特立尼塔里亚”的密谋活动一时陷入混乱，其领导人杜阿尔特流亡国外，他的伙伴们被迫转入地下活动。同时，那个亲法国的团体与法国领事皮埃尔·勒瓦瑟进行秘密接触，提出多米尼加脱离海地并置于法国的保护之下，作为交换条件，将东北部具有重要战略意义的萨马纳半岛割让给法国。在勒瓦瑟的鼓动下，他们选定1844年4月25日发动反对海地人的政变。“拉特立尼塔里亚”分子得到这个消息，计划于1844年2月20日宣布多米尼加独立。1844年1月1日，亲法团体发表宣言，陈述他们要求在法国保护下脱离海地的理由，两星期后，1月16日，“拉特立尼塔里亚”也公布他们的宣言，鼓动多米尼加居民奋起反抗海地人。

两个团体都在部署自己的行动。1844年2月27日午夜，“拉特立尼塔里亚”的政变发动，3月19日，海地总统埃拉尔亲自率领军队，从北部入侵东部省，向前推进直抵圣地亚哥，但因损失惨重而立即撤退。同时，太子港也发生了由布瓦耶的支持者发动的骚动，结果埃拉尔垮台。5月2日，黑人将军菲利普·盖里耶取代他为总统。盖里耶的政府为错综复杂的困难所困扰，排除了再次入侵东部的可能性，但是，他还是发表宣言，号召多米尼加人与海地共和国重新联合。盖里耶掌握海地统治权不到一年，于1845年4月

① 这一团体所提出的口号是“上帝、祖国、自由”，所以名为La Trinitaria，意为“三位一体社”。[美]艾·巴·托马斯：《拉丁美洲史》第三册，商务印书馆1973年版，第1131页。

去世，由让-路易·皮埃罗将军继任。皮埃罗上台后，立即重组军队，再次向多米尼加进攻。但是，海地军队的攻势在边境被挡住。1846 年 1 月 1 日，皮埃罗再次宣布对多米尼加进行征讨，但是得不到他的军官和士兵的拥护。一个月后，海地军队发生哗变，皮埃罗被推翻。在相当长的一段时间内，海地被本土的问题所困扰，无力组织对多米尼加的入侵。

多米尼加人虽然打败了海地军队，但他们的领导人依然确信，他们的共和国不可能避免被海地重新占领的危险，除非接受一个强国的合作和保护。因而于 1846 年 5 月派出外交使团同西班牙、法国和英国政府谈判承认多米尼加共和国独立的问题，寻求与一个强国缔结友好和保护条约，只要它能提供最有效的援助。1848 年，法国终于承认了多米尼加共和国是一个自由和独立的国家，同它临时签订了一个和平、友好、商务与航海条约。海地立即提出抗议，当时海地的苏卢克总统决定在法国批准条约前入侵东部。1849 年 3 月 9 日，1.5 万人的海地军队越过边界，再次侵入多米尼加。4 月 21 日，在一次决定性的战役中，海地军队败北。

这次战争一开始，多米尼加的政治和军事领导人就设法争取西班牙、英国、法国和美国的援助，反抗海地的入侵。法国和美国都想接管萨马纳半岛和萨马纳湾，但又都希望阻止对方捷足先登。英国的利益要求保证法国和美国都得不到萨马纳，希望多米尼加共和国继续成为自由国家，不受外部干涉。英国在贸易上和这个国家有着最大的利益，一旦法国或美国占领萨马纳并成为多米尼加的保护国，英国将丧失贸易上的有利地位。英国驻太子港的代表向其他国家的代表做工作，劝说苏卢克与多米尼加签订有效期十年的停战协定，但是苏卢克和多米尼加仅签订了有效期两个月的停战协定，不过外国使节的外交压力防止他对多米尼加入侵达十年之久。自 1851 至 1855 年，两国在边界地区保持了相对的和平。

但这一和平因多米尼加与美国谈判签订友好、商务和航海条约而受到威胁，因为条约意味着将萨马纳半岛割让或租界给美国。海地的恐惧在于，维护奴隶制的美国在多米尼加的存在会损害海地本身的独立。因此，1855 年 11 月，苏卢克第二次入侵多米尼加。经过若干次战斗，海地再次被迫撤回本土。

1860 年，海地总统苏卢克被推翻，热弗拉尔上台后，通知多米尼加政府,海地不会再次入侵多米尼加。当时,多米尼加政府面临着严重的政治和经济问题,迫使它再次考虑外国援助的老主意。多米尼加总统桑塔纳任命费利佩·阿尔法乌为多米尼加全权公使,向西班牙女王伊莎贝尔二世说明多米尼加所处的困境,请求女王给予必要的援助和武器,使多米尼加可以驻守港口的沿海据点。除此之外,他还要谈判一项协定,使多米尼加成为西班牙的保护国。西班牙首相波尔多·奥当纳尔欢迎这次吞并多米尼加的机会,以求抵消因在摩洛哥的损失而遭受的批评。[①] 1861 年,多米尼加宣布,这个国家再次与西班牙合并。

但是,经过 22 年与海地人的共同生活,而后 17 年的独立,多米尼加的习俗已明显不同于西班牙。再加上种族差异(大多数多米尼加居民为有色人种),西班牙发现统治多米尼加并非易事。很快就发生了西班牙官兵与多米尼加居民的冲突。1863 年,这种冲突发展成为内战。另外,许多不同意与西班牙合并的人逃往海地,发动了“复国战争”。海地政府对于多米尼加人反抗西班牙统治的斗争给予了支持。因为西班牙对多米尼加的吞并使海地被一个拥有奴隶的强国所包围,西班牙在古巴、波多黎各以及多米尼加的存在对海地的独立构成威胁。多米尼加反对西班牙的战争于 1865 年 7 月以多米尼加恢复独立而结束。

二、巴拿马独立和 1903 年美巴条约

在殖民地时期,巴拿马最初为新西班牙总督管辖。1542 年秘鲁总督辖区成立后,划归秘鲁总督管辖。1718 年新格拉纳达总督辖区成立后,又移归新格拉纳达总督管辖。1821 年 11 月 28 日,巴拿马宣布独立,加入大哥伦比亚共和国。1830 年,大哥伦比亚共和国解体时,巴拿马和委内瑞拉、厄瓜多尔一起,准备建立独立国家,但它迫于形势,依旧隶属于新成立的新格拉纳达共和国,即哥伦比亚共和国。作为哥伦比亚共和国的一个边疆地区,巴拿马一直存在着独立的倾向。1840 年,巴拿马爆发了反哥伦比亚的起义,脱离哥伦比亚另建“地峡国”达两年之久。以后,巴拿马又分别于 1885 年

① ［美］艾·巴·托马斯:《拉丁美洲史》第三册,商务印书馆 1973 年版,第 1133 页。

和1895年发动起义,但都没有成功。实际上,由于联系不畅和与波哥大相距遥远,巴拿马长期处于半自主的状态。

1885—1894年,哥伦比亚总统拉斐尔·努涅斯执政期间,试图加强对巴拿马的控制,并取得了部分成功。但是,在他死后,哥伦比亚陷入混乱。自由派和保守派之间的争斗发展成为哥伦比亚的“千日战争”(1899—1903年)。战争以自由派的失败而告终,经济瘫痪,政府陷于破产的边缘。面对这种形势,巴拿马或许会自我寻求独立,因为它长期以来对波哥大的统治不满。但是,巴拿马的独立最终不是通过民众运动,而是产生于大国外交和国际阴谋。

关于在巴拿马地峡开凿一条运河的想法,早在16世纪初巴尔沃亚第一次穿越这个地峡以后不久就出现了。西班牙国王卡洛斯一世曾颁布过测量巴拿马地峡的命令,目的就是为了开凿一条运河。1814年,西班牙国会曾做出决议,要开凿一条可供大船通行的运河,但当时拉丁美洲的独立运动已爆发,西班牙在拉丁美洲的统治岌岌可危,当然无法进行这样浩大的工程。1826年,大哥伦比亚总统玻利瓦尔在巴拿马会议上,也曾谈到开凿运河的问题。

英国在17世纪入侵伯利兹,从西班牙手里夺得了对该地的实际管辖权,建立了在中美洲的殖民据点。1839年,英国占据了洪都拉斯北面的鲁阿坦岛。1843年,英国恢复了对尼加拉瓜和洪都拉斯东海岸的莫斯基托印第安人的“保护”。英国还同尼加拉瓜政府就通过圣胡安河和尼加拉瓜湖建造贯通两洋的运河问题,进行了谈判。美国为了赶在英国前面建造通洋运河,在1846年同新格拉纳达缔结了比德拉克条约,条约保证美国公民与新格拉纳达公民享有同等的通行权,而美国则保证地峡的中立地位以维护自由通行。此外,美国还保证新格拉纳达对该地区享有主权。① 针对这一事件,1848年1月,英国占领了位于圣胡安河口的圣胡安城(尼加拉瓜),并将它改名为格雷敦。1849年10月,一名英国海军军官占领了丰塞卡湾内的蒂格雷岛。对此,美国提出强烈抗议。英美关系顿时紧张。

---

① 罗伯特·F.史密斯:《1830—1930年的拉丁美洲、美国与欧洲列强》,载[英]莱斯利·贝瑟尔主编:《剑桥拉丁美洲史》第四卷,第87页。

英美两国对中美洲地峡各怀野心，但当时开凿运河的条件毕竟尚未成熟，两国遂决定通过谈判进行妥协。1850 年 4 月 19 日，美国国务卿克莱顿和英国驻美大使布尔沃在华盛顿缔结条约。条约规定，英美两国同意促进未来的一切海洋交通线（运河或铁路）的利用，承认这些交通线对英美两国平等开放，任何一方不得获取或保持排他性的权利；保障未来的运河中立，任何一方不得设置或保持防御工事，控制运河地带；承认运河对所有愿意参加保障的友好国家开放，任何一方不得在中美洲任何地区从事占领、设防、殖民活动，行使统治权。

由于当时美国的东西交通不方便，1849 年加利福尼亚金矿发现后，东部探求黄金的人不敢冒险直接跨越美国大陆，而宁愿绕道巴拿马再经水路去旧金山。因此，美国的三个资本家设法获得了在巴拿马修建铁路的权利。这条贯通巴拿马地峡、连接太平洋和大西洋的铁路，于 1850 年开始建筑，1855 年 1 月 27 日通车。铁路建成后，美国在巴拿马的势力不断扩张。1856 年 4 月 6 日，过境的美国人杰克·奥利弗在巴拿马城吃了一位黑人水果商贩的西瓜却不肯付钱，反而悍然拔出手枪行凶，引起巴拿马人极大公愤，以致发生流血事件。美国政府借此机会向哥伦比亚索取巴拿马湾海军根据地，甚至要求铁路沿线成立两个“双方联合组成的地方自治政府”，并且以发动战争相威胁。后经英国斡旋，哥伦比亚付出了赔偿费 16 万美元。这就是所谓“西瓜战争”。1860 年，美国军舰“圣·玛丽”号的海军陆战队，又以“保护”铁路为借口，在巴拿马登陆。以后美国海军又继续制造各种借口，先后于 1865 年、1868 年、1873 年和 1895 年入侵巴拿马。

1878 年，一位名叫波那帕特·怀斯的美国人得到了哥伦比亚政府的特许，开凿一条沟通两大洋的运河。一年后，费尔南德·雷塞布（著名的苏伊士运河的建设者）和一家法国公司买下了怀斯的特许，并于 1879 年开始开凿。可是，这次与苏伊士运河开凿时的情况相反，雷塞布的公司碰到了严重的财政困难，十年之后，即 1899 年，公司不得不宣布破产。

美国密切关注着雷塞布的行动。1880 年，美国国会两院通过了一项联合决议，敦促废除克莱顿-布尔沃条约。1884 年，国务卿弗雷德里克·弗里林海森就签订一项运河条约同尼加拉瓜进行谈判，其中规定美尼共同拥有一条运河。该条约将单方面废除 1850 年的克莱顿-布尔沃条约，但参议院以5票之差未能通过。1901年11月18日,美国利用英国忙于英布战争,由国务卿约翰·海与英国驻美大使庞斯福特签订条约,其内容是:英国同意美国单独开凿运河,但不得有军事设施。美国参议院拒绝批准后一条,条约又重新谈判。最后的文本给了美国完全的自由,只规定保证各国,特别是英国通航的绝对自由。

但是,把运河开在尼加拉瓜还是巴拿马,美国犹豫不定。尼加拉瓜和巴拿马的地主都希望他们的地区被选中为开凿运河的地方。运河会大大提高他们的土地价值,会带来贸易和金融繁荣。因此,尼加拉瓜和巴拿马在华盛顿各设一个"游说站",为各自的利益做宣传,对美国国会和公共舆论施加影响。1902年6月,美国国会选定了巴拿马,只要总统能在"合理的时间和合理的条件下"取得运河用地的批准即可。[①] 6月28日,国会通过了"史普奈法案"。该法案规定:国会授权总统以不超过4000万美元购买法国巴拿马运河公司的租让权及其财产,并设法与哥伦比亚政府谈判,以获得修筑运河的必需权力。

1903年1月22日,美国国务卿和哥伦比亚驻华盛顿代办签署了"海-埃兰条约",哥伦比亚准许法国运河公司将它对运河的一切权力转让给美国,给予美国建造及经营运河的独占权100年。在运河两岸各3英里以内的地区(除巴拿马和科隆两城市外)美国有完全的控制权。美国一次性付给哥伦比亚1000万美元,条约生效后第9年起每年再付给25万美元作为补偿。1903年3月17日,美国参议院批准了"海-埃兰条约",而哥伦比亚国会认为该条约侵犯了国家主权,在8月2日拒绝批准。

美国当然不会就此甘休。当时,巴拿马上层分离分子阿马多·格雷罗和当地大地主阿古斯丁·阿兰戈等,热衷于组织反哥伦比亚的叛乱,企图把巴拿马从哥伦比亚分离出来。法国运河公司因为它的租让权将于1904年10月期满,希望在此之前取得一笔补偿金,因此急于把运河租让权转给美国。美国总统西奥多·罗斯福抓住这个机会,通过法国运河公司的老板布

① 罗伯特·F.史密斯:《1830—1930年的拉丁美洲、美国与欧洲列强》,载[英]莱斯利·贝瑟尔主编:《剑桥拉丁美洲史》第四卷,第101页。

拉-瓦瑞纳收买阿马多，制造所谓“独立革命”。在美国当局的策划下，布拉-瓦瑞纳住在纽约的沃尔多夫-阿斯托里亚旅馆 1162 号高级套间内，召集一批阴谋分子和五百多名雇佣兵，准备分离主义叛乱。罗斯福向布拉-瓦瑞纳保证，美国决不让叛乱失败。1903 年 11 月 2 日，美国军舰“纳什维莱”号到达哥伦比亚作“礼节性”访问。

11 月 3 日，分离主义叛乱爆发。美国援引 1846 年的彼德拉克条约阻止哥伦比亚增派援兵。① “纳什维莱”号及其海军陆战队阻止哥伦比亚政府军登陆，美国控制的巴拿马铁路，也拒绝为哥伦比亚政府运送军队到巴拿马城。11 月 3 日，巴拿马宣布独立。两天后，美国政府就承认了这个新国家。11 月 13 日，布拉-瓦瑞纳作为巴拿马的特命全权大使向美国递交国书。11 月 18 日，签署了“海-布拉-瓦瑞纳条约”，主要内容如下：美国保证并维持巴拿马的独立；巴拿马划出一条 10 英里宽的地带作为运河区，交给美国永久使用、占领和控制；美国在这一地区行使主权；巴拿马给予美国永久使用其境内河湖及其他水域的权利；给予美国建造和经营一条联结太平洋和大西洋的运河或铁路的永久垄断权；美国有权在巴拿马城和科隆城及其毗连港口地区购买或征用土地、建筑物和维持秩序；美国在运河区内行使司法裁判权；美国有权在任何时候为保护运河、铁路等的安全而自行决定使用其军警或建立要塞；美国一次性付给巴拿马 1000 万美元，条约生效后 9 年每年付给巴拿马 25 万美元作为补偿。运河的开凿很快动工。1914 年，运河开始通航。

由于美国干预巴拿马和罗斯福公开帮助巴拿马脱离哥伦比亚，哥伦比亚感到极大的侮辱。1914 年，威尔逊总统主动与哥伦比亚谈判达成协议，美国在协议中对过去发生的事件表示遗憾，并愿意赔偿 2500 万美元。这项协议被国会拒绝了，罗斯福领导了这场反对批准协议的斗争。罗斯福说，美国对 1903 年发生的事件，不应该“要求原谅”，也不应该表示遗憾。到 1921 年，为了在哥伦比亚领土上得到开采石油的特许，美国才再次与哥伦比亚谈判，达成了一个条约并生效，赔给哥伦比亚 2500 万美元。

---

① 罗伯特·F.史密斯：《1830—1930 年的拉丁美洲、美国与欧洲列强》，载［英］莱斯利·贝瑟尔主编：《剑桥拉丁美洲史》第四卷，第 101 页。

三、古巴独立和美西战争

15 世纪末和 16 世纪初，西班牙在加勒比地区的力量集中在伊斯帕尼奥拉岛，但是，该岛缺乏可靠的劳动力，更主要的，缺少西班牙人需要的黄金和白银。相信古巴有充足的黄金的塞巴斯蒂安·德·奥坎波于 1508 年勘察了该岛，并绕岛航行一周。1511 年，迭戈·贝拉斯克斯在巴拉科阿附近登陆，并建立了第一个西班牙人据点。他担任古巴省督一直到 1524 年去世为止。岛上发现了小部分黄金，印第安人被迫在哈瓦那附近的拉米纳（La Mina）和巴亚莫（Bayamo）附近的金矿中劳动，另外一些印第安人被迫在阿里马奥（Arimao）、埃斯坎布拉伊（Escambray）、奥尔金（Holquin）等河淘金。为了对印第安人进行控制，维拉斯克斯实行了委托监护制。但是，由于委托监护主的残暴、人身侵犯和劳累过度，大量印第安人死亡，到 1513 年，由于印第安人人数太少，古巴进口了第一批黑人奴隶。

到 16 世纪中叶，由于美洲大陆上大量黄金和白银的发现，西班牙的殖民重心从加勒比转移到墨西哥和南美洲。正是在这一时期，拥有深水港的哈瓦那成为古巴岛上最重要的城市。它充当了将从美洲大陆获取的财富运往西班牙的中转站。每年有大约一个月的时间，西班牙舰队在哈瓦那等候来自墨西哥、中美洲以及南美洲的宝船，舰队护送宝船前往加的斯或塞维利亚。岛上的西班牙人发展养牛业，满足附近城镇和西班牙舰队对牛肉的需要。另外，在比较容易利用哈瓦那和特立尼达的港口设施的地区，种植了烟草。鼻烟特别受外国走私者的欢迎。根据西班牙的重商主义政策，岛上的居民只能同西班牙进行合法的贸易，他们很难以较低的价格获得欧洲商品。因此，岛上的商人与法国、英国、荷兰进行利润可观的走私贸易，因为以此可以得到的商品比来自塞维利亚的商品便宜得多。正是获得廉价商品的要求最初使西班牙王室和古巴岛上居民之间发生了利益分歧。

古巴殖民地时期由埃斯帕尼奥拉都督下属的圣多明各检审庭管辖。最初，每个殖民地的地方政府机构市政会具有相当大的自主性，地方市政会的成员选举一名代表（Procurador）与其他殖民地的代表在圣地亚哥每年开会一次，讨论各地和事关全岛的事务。这些代表再选出一名代表将这些经讨论的问题上报。但是,1532 年,西班牙加强了对新世界的殖民地的控制,王室对古巴以及其他殖民地的行政控制权掌握在半岛人手里,地方政府职位由王室拍卖,腐败和庇护制成为惯例。克里奥尔人很少有机会得到高级行政职位。由此造成了克里奥尔人对半岛人的怨恨,这种怨恨在 19 世纪后半期逐渐发展为民族主义和要求独立的愿望。

18 世纪初,由于欧洲国家的需求增长,烟草取代皮革成为古巴主要的经济部门。烟草农场(vegas)遍及全岛,但主要集中在库亚瓜特赫河(Cuyaguateje)西岸,在那里生长了优质的烟草。1717 年,西班牙对烟草实行官方垄断。地方的生产者必须向王室设在哈瓦那和其他城的专卖局(estanco)出售他们的产品,专卖局再将这些产品运往加的斯或者塞维利亚销售。反对贸易垄断的抗议和暴动被王室无情镇压。尽管受到限制,当地还是发展起来了小型的工业,相当部分烟草和鼻烟卖给了外国走私者。

18 世纪后期和 19 世纪初国际形势的变化为古巴蔗糖工业的增长带来了巨大的推动力。1756—1763 年的七年战争中,西班牙和法国联合对抗英国。1762 年 8 月,英国袭击并占领了哈瓦那。英国的占领虽然仅持续了 10 个月的时间,但对古巴的经济生活产生了根本性的影响。① 英国废除了西班牙对古巴的贸易限制,占领期间,超过 700 艘商船来到哈瓦那。② 根据 1763 年 2 月签署的巴黎和约,英国将古巴交还西班牙,换取了佛罗里达,这主要是由于牙买加的英国甘蔗种植园主担心古巴成为他们的竞争者而对政府施加的影响。但是,英国占领使古巴的克里奥尔人第一次感受到了自由贸易的好处,克里奥尔甘蔗种植园主得到了获取奴隶和设备的机会。占领使甘蔗生产迅猛增长,英国占领前的蔗糖生产每年只有 300 吨,从 1763 年到 1769 年,达到每年 2000 吨。到 1790 年,蔗糖生产达到 1.4 万吨。1791 年,在古巴克里奥尔种植园主弗朗西斯科·德·阿兰戈(Francisco de Arrango)的游说下,西班牙国王同意允许自由地、无限制地进口奴隶。奴隶人数从 1792 年的近 8.6 万人上升到 1827 年的 28.6 万人左右,1800 年后每年有 6670 名奴隶抵达古巴。

---

① Arturo A.Fox, *Latinoamérica, Presente y Pasado*, Prentice Hall, 1997, p. 280.

② Hugh Thomas, *Cuba: The Pursuit of Freedom*, New York: Harper and Row Publishers, 1971, p. 33.

1791 年,当时世界上最大的蔗糖产地海地爆发奴隶革命,1804 年海地获得独立。海地革命期间,超过 180 座甘蔗种植园和 900 座咖啡种植园被毁,海地的蔗糖出口从 1791 年的 7 万吨下降到 1825 年的 2020 吨。这为古巴蔗糖工业的发展创造了巨大的机会。到 1805 年,古巴蔗糖产量增加到 3.4 万吨。

1808 年,拿破仑占领了伊比利亚半岛,西属美洲殖民地爆发独立战争。但是古巴的克里奥尔种植园主继续忠诚于宗主国西班牙,这是因为,镇压美洲大陆独立运动的大量西班牙军队驻守在古巴,要战胜这支军队是很困难的;来自甘蔗、烟草、咖啡种植园的肥厚收入使种植园主认为,独立运动一旦失败,带来的风险和代价太大;古巴种植园主对海地革命造成的巨大破坏记忆犹新。[①] 另外,美国与古巴特别临近,它深恐古巴独立后落入强国英国之手,所以宁愿古巴被控制在软弱的西班牙手中。同时美国又害怕古巴独立后如同海地一样,废除奴隶制度,这将危及美国南部的奴隶主统治。因此,美国在暗中阻挠古巴独立运动。哥伦比亚和墨西哥经常遭受西班牙来自古巴领土的进攻,两国于 1825 年准备进军古巴,把西班牙殖民势力从最后一块重要基地上驱逐出去。美国惊慌不安,12 月,美国国务卿克莱要求哥伦比亚和墨西哥取消解放古巴的计划。[②]

1808 年,丹麦、英国、美国开始禁止奴隶贸易。瑞典、法国和荷兰紧随其后。这对古巴的种植园主带来了明显的威胁,他们多方游说西班牙政府拒绝废除奴隶贸易。然而,在英国的强大压力下,西班牙于 1820 年同意废除奴隶贸易。作为对策,古巴从 1816 年至 1820 年一下子进口了 10 万名奴隶,超过在此以前 300 年中进口的奴隶数量的总和。即使在 1820 年废除奴隶贸易后,古巴总督对奴隶贸易的禁令“视而不见”,非法的奴隶贩子向政府行贿成为司空见惯的事。到 1808 年,古巴港口向世界各国开放,一些种植园主在他们的榨糖厂中开始使用蒸汽机。为了与欧洲的甜菜糖进行竞争,榨糖厂对技术改进是必需的。种植园主越来越多地从美国引进技术和资本,并将产品销往美国市场。19 世纪初,蔗糖产量的增加主要是通过榨

---

① Clifford L.Staten, *The History of Cuba*, New York: Palgrave Macmillan, 2003, p. 21.

② Demetrio Boersner, *Relaciones Internacionales de América Latina*, *Breve Historia*, Editorial Nueva Imagen, 1982, p. 108.

糖厂数量的增加而非榨糖厂和种植园规模的扩大来实现的，榨糖厂的规模较小，这是因为没有铁路将甘蔗从蔗田运往榨糖厂，如果甘蔗砍掉之后两天内不能运往榨糖厂，即开始发酵变质。另外，榨糖厂的燃料主要来自附近的树木，没有铁路，也很难将这些树木进行远距离运输。1830年后，这种情况开始改变，随着铁路的修建，蔗糖产量有了迅速的增加。从1836年到1850年，超过600英里的铁路先将古巴的甘蔗产区和哈瓦那等主要港口连接在一起。1837年，哈瓦那和贝朱卡尔（Bejucal）之间的铁路客运服务开通。

技术的改进、铁路的修建以及其他基础设施的改善，使古巴的种植园主开始建立大规模的榨糖厂，以应对欧洲的甜菜糖和其他加勒比地区蔗糖生产者的竞争。榨糖厂规模的扩大带动了对于劳动力的需求，劳动力主要来自黑人奴隶。古巴的种植园主一直担心英国或者在英国压力下的西班牙政府强迫他们履行1820年条约的义务，释放所有非法进口的奴隶。由于美国成为古巴的技术和资金来源以及产品的主要市场，古巴和美国双方皆出现了将古巴与美国合并的愿望。在古巴，保守的、坚持奴隶制的种植园主将合并看作维持奴隶制的根本保证，而美国南部的奴隶主认为，合并将扩大种植园奴隶制的范围，他们甚至设想将合并之后的古巴分成三到五个州，以此增加南部在美国国会中的席位。但是，美国内战使这一计划化为泡影。

19世纪后半期，随着经济的增长，古巴的克里奥尔精英对殖民地地位带来的贸易限制、对政治决策过程中缺乏参与权、对殖民地官员的腐败日益不满。如上所述，一些种植园主主张与美国合并，但是另外一些人对此持反对态度。有的社会集团主张在维持西班牙殖民地地位的范围内进行改革。对西班牙统治的不满并不局限于社会上层。沉重的和不公正的捐税、日益庞大的西班牙官僚集团的统治以及那些自认高人一等的半岛人的歧视，使很多古巴人，包括占人口16%的自由黑人日益显露出他们的不满。

1865年，古巴的克里奥尔人建立了改革党，要求享有与半岛人平等的政治权利，要求更大的经济自由，要求限制总督的权力。半岛人也组成了自己的政党——无条件西班牙党，以对抗克里奥尔人的改革要求。西班牙为了缓和克里奥尔人的改革要求，通过选举产生了改革委员会，负责讨论岛上的政治和经济需要以及在殖民地框架内进行改革。包括12名克里奥尔人的改革委员会于1866年底和1867年初提出了一系列改革方案。但是，这时,西班牙成立了保守的新政府,改革委员会被解散。同时任命弗朗西斯科·莱松迪(Francisco Lersundi)担任新总督,实行铁腕统治,对当地的新闻实行检查,对各种形式的政治活动实行严格控制。结果,普遍的反西班牙怨恨情绪达到顶峰,亲独立的组织认为它们的机会已到。当时的国际形势对那些为独立而战的人也是一种鼓舞。西班牙在多米尼加共和国没有得手,拿破仑三世在墨西哥的冒险失败,这使很多古巴人相信,欧洲强国,特别是正在衰弱的西班牙,能够被决心抵抗的民族所打败。

起义首先在岛的东部地区爆发。1868 年 10 月 10 日,卡洛斯·曼努埃尔·德·塞斯佩德斯(Carlos Manuel de Céspedes)在古巴东部曼萨尼略附近的"拉德马哈瓜"糖厂发动起义,发表宣言,宣布古巴独立。起义得到古巴各地的响应。同年 11 月,卡马圭人民在伊格纳西奥·阿格拉蒙特(Agnacio Agramonte)领导下举行起义;1869 年 2 月,拉斯维亚斯人民举行起义。1869 年 4 月,起义军在卡马圭省的瓜伊马罗召开制宪大会,大会通过了古巴第一部宪法,宣布成立共和国,选举萨尔瓦多·西斯内罗斯为议长,任命塞斯佩德斯为总统。多米尼加人马克西莫·戈麦斯(Máximo Gómez)被选为起义军总司令。另一位杰出将领是黑人安东尼奥·马塞奥(Antonio Maceo),他成为战场上最重要的指挥官。

但是,起义军内部存在着分歧,分歧的关键是对奴隶制的态度。塞斯佩德斯宣布解放奴隶,敦促奴隶加入起义军队伍。但是,富有的、保守的克里奥尔土地拥有者表示反对,他们要求独立,但不想结束奴隶制。结果,塞斯佩德斯在 1873 年被解除总统职务,第二年在东方省被西班牙杀害。新总统萨尔瓦多·西斯内罗斯和后来的托马斯·埃斯特拉达·帕尔马领导的起义政府主要由保守的土地拥有者组成。很多西部的土地拥有者,特别是拉斯维亚斯省的种植园主,对海地革命造成的破坏记忆犹新,他们担心戈麦斯和马塞奥在东部地区实行的焦土战术扩及中部和西部,毁坏他们的财富。1875 年初,戈麦斯烧毁了桑克蒂斯皮里图斯(Sancti Spiritus) 周围的 83 个种植园并释放了奴隶,这使得起义军内的保守派十分担心。1874 年初,戈麦斯和马塞奥率领起义军西征,当起义军向拉斯维亚斯进军时,由于起义军内部保守派反对,西征受阻。1876 年,戈麦斯被迫辞去军事职务。

马塞奥通过游击战术对数量上占优势的西班牙军队造成了沉重的打

击。起义军控制了东部的农村地区，西班牙军队控制了城市。1876 年，阿塞尼奥·马丁内斯·坎波斯被西班牙政府任命为驻古巴西班牙军总司令。同年，西班牙向古巴增派 4 万名士兵。第二年，又增派了 1.7 万名士兵。到 1878 年，西班牙驻古巴军队人数多达 25 万人。马丁内斯对起义军采取军事进攻和分化瓦解两手政策。1877 年底，古巴战时共和国新总统托马斯·埃斯特拉达·帕尔马被俘。1878 年 2 月 8 日，卡马圭省的起义军领导人和古巴战时共和国议会部分成员同意向西班牙殖民军投降。同一天，议会宣布解散，成立了一个和解委员会。2 月 10 日，和解委员会同马丁内斯在桑洪举行谈判，在达成协议后，双方签订了“桑洪条约”。主要规定古巴起义军立即放下武器，停止武装斗争；西班牙同意大赦；给予起义军中的黑人奴隶和亚洲移民自由；等等。古巴第一次独立战争就此结束。但马塞奥拒绝投降，他流亡到纽约，筹划新的起义。

十年战争后，西班牙政府为了赢得黑人的忠诚，于 1880 年宣布废除奴隶制。奴隶制的废除使克里奥尔人忠于西班牙的主要因素消失了。19 世纪 90 年代初，全球经济危机加上美国对古巴蔗糖提高关税，使古巴的种植园利润下降、失业率上升，并激化了阶级和种族矛盾，争取独立的运动再次高涨。

何塞·马蒂(1853—1895 年)成为独立运动的精神领袖和组织者。马蒂在 16 岁时，因支持 1868 年革命被捕，被判处 6 年的监禁和苦役，在 1871 年被驱逐出境。他流亡到西班牙，学习法律，并写了大量文章和诗歌，宣传古巴独立。1880 年，他来到美国纽约，在此后 14 年的时间内，以担任记者和文学创作为生，同时投身争取古巴独立的活动。1892 年，他创立了古巴革命党，宗旨是“通过所有具有良好愿望的人的共同努力”，争取“古巴的彻底独立，并支持和帮助波多黎各的独立。”①他联合十年战争的老战士马克西莫·戈麦斯和安东尼奥·马塞奥等，筹划争取古巴独立的斗争。

1895 年 2 月 24 日，黑人爱国者吉列尔莫·蒙卡达及其战友们在奥连特省的拜雷地方首先点燃起义火焰，古巴第二次独立战争爆发。4 月 1 日，何塞·马蒂和马克西莫·戈麦斯率领一批爱国志士，乘船离开多米尼加，于

① Benjamin Keen and Keith Haynes, *A History of Latin America*, Boston and New York: Houghton Mifflin Company, 2004, p. 424.

4月11日在古巴东部海岸登陆,并在圣地亚哥附近与马塞奥所率领的起义军会师。革命势力不久席卷全国。5月19日,马蒂在战斗中阵亡。9月,古巴起义军召开代表会议,正式宣布脱离西班牙独立,同时还起草了宪法,选举萨尔瓦多·西斯内罗斯·贝坦科尔特为总统,戈麦斯和马塞奥分别当选为起义军正副总司令。10月22日,在戈麦斯的配合下,马塞奥从巴拉瓜出发,开始了杰出的"突进战役":马塞奥率领一支不到4000人、装备很差的起义军队伍,从古巴岛上的东端向西挺进,历时3个月,行程2360公里。在人民群众的支持下,先后攻克几十个城镇,打败了拥有42名将领、总数近20万、装备精良、训练有素的西班牙殖民军。

1896年2月,西班牙为挽回败势,派巴莱里亚诺·魏勒接替坎波斯任古巴总督。魏勒上台后,采用集中营制度,迫使古巴居民离开家园,集中到西班牙军队控制的地方,以隔绝起义军与人民的联系。由于集中营条件恶劣,造成大批居民死亡。但是,魏勒这一灭绝人性的做法,并未扑灭起义的烈火。12月7日,马塞奥在一次战斗中牺牲,起义军在戈麦斯的领导下,继续同西班牙殖民者作战。

1897年10月,西班牙当局修改了对古巴的政策,解除了魏勒的职务,任命拉蒙·布兰科为古巴总督。同年11月,又颁布法令,公布殖民地宪章,规定古巴可以建立自治制度。但是,迟到的自治制度挽救不了西班牙在古巴统治灭亡的命运。

古巴第二次独立战争爆发时,美国克利夫兰政府宣布中立,然而,国会,特别是新闻界猛烈抨击西班牙的政策,要求承认古巴。威廉·麦金莱出任总统后,反西班牙的运动达到了群情激昂的程度。此间发生的两件事起了火上浇油的作用。1898年2月9日,西班牙驻美公使德·洛梅的一封私人信件被古巴革命者截获并向新闻界公布,信中嘲笑美国总统麦金莱"哗众取宠",是一个"自命不凡的政客"。尽管德·洛梅引咎辞职,西班牙政府向美国道歉,但是,美国新闻界在西班牙对古巴改革缺乏诚意和对美国怀有敌意的问题上大做文章。① 这场风波未息,2月15日,停泊在哈瓦那港的美国

① 路易斯·E.阿吉拉尔:《古巴(约1860—1934年)》,载[英]莱斯利·贝瑟尔主编:《剑桥拉丁美洲史》第五卷,第252页。

军舰“缅因号”突然爆炸，造成200名官兵死亡。在群情激愤的气氛中，麦金莱总统在4月11日要求国会授权他调用美国的武装力量。4月19日，美国国会两院通过了联合决议，要求西班牙立即放弃在古巴岛的权力，从古巴撤出其陆海军。国会授权美国总统使用武力迫使西班牙接受美国的要求。4月20日，该决议经麦金莱总统签署后生效。西班牙认为此举等于向西班牙宣战，遂于4月21日与美国断交。4月22日，麦金莱签署了封锁古巴港口的公告。4月24日，西班牙对美国宣战，28日，美国对西班牙宣战。

战争从1898年3月打到6月，分几条战线进行。在海上，美国舰队击败了西班牙舰队。美军在古巴、波多黎各、菲律宾群岛和关岛登陆。古巴起义军与美国部队配合，不到几个月，西班牙军队就被包围。波多黎各岛上本来就没有多少西班牙军队，所以被轻而易举地占领了。美军在太平洋上占领关岛也很容易。在菲律宾，美国部队也得到了当地起义军的配合。1898年12月10日，战败的西班牙被迫与美国签署了巴黎条约。根据这一条约，西班牙承认古巴独立，并将波多黎各、关岛和菲律宾割让给美国。①

古巴人民支持美国打败了西班牙，但是未能参加美西和谈。美西和约签署后，美国对古巴实行军事占领并宣布解散古巴民族解放军，从而激起了古巴人民的愤怒。为平息古巴人民的反美情绪，美国总统麦金莱派特使前往古巴，表示撤退美军，允许古巴独立。在美国的欺骗下，古巴解放军总司令戈麦斯同意解散解放军，古巴战时共和国政府也停止了活动。1900年7月25日，美国驻军司令昂纳德·伍德将军公布了关于选举古巴立宪会议代表的公民法令。11月5日，31名代表在哈瓦那的马蒂剧院召开了立宪会议。1901年1月底，代表们制定了一部以美国模式为基础的宪法后，开始讨论古美关系问题。伍德将军向会议提出了美国的要求，其中包括美国有权干涉古巴和在关塔那摩建立海军基地。代表们对此感到愤怒，提出了一些反对意见以维护古巴主权。与此同时，3月1日，美国国会通过了由参议员奥维尔·H.普拉特提出的关于古美关系的修正案。古巴立宪会议在美国的压力下，于1901年6月12日把“普拉特修正案”作为附录列入本国宪法。

① Demetrio Boersner, “Relaciones Internacionales de América Latina”, *Breve Historia*, pp. 199–200.

“普拉特修正案”共有8条,其内容是:1. 古巴政府不得与第三国签订任何有关将本国领土让与该国作陆海军基地的条约;2. 不准缔结利息支付超过正常收入的国家债务的协定;3. 美国以“保护古巴的独立”“维持力能保护公民生命财产与个人自由的一个政府”为借口,有对古巴内政“行使干涉的权利”;4. 古巴政府应承认军事当局的一切法令均属有效;5. 古巴政府应执行军事当局所采取的各项卫生措施;6. 松树岛(今青年岛)的主权以后再商定归属;7. 古巴政府应向美国提供建立储煤站和海军基地所需之领土;8. 上述条款均包括在美古签订的永久性条约内。①

“普拉特修正案”使古巴实际上变成了美国的保护国。1901年12月31日,在美国的导演下,古巴举行了选举。1902年5月20日,亲美的托马斯·埃斯特拉达·帕尔马就任古巴共和国首任总统,古巴共和国宣告成立,美国开始从古巴撤军,结束了军事占领。1903年2月,美国利用“普拉特修正案”租借了古巴的关塔那摩湾和翁达湾为海军基地。几年后,美国放弃了它所占的翁达湾基地,代之以扩大关塔那摩基地的面积。

四、战后加勒比地区的非殖民化

第二次世界大战后,在世界性的民族独立运动高潮的影响下,加勒比地区殖民地人民要求独立的愿望愈益强烈。在这种形势下,英国采取措施,扩大加勒比殖民地的自主权,使这些小殖民地处于一个介于殖民地与主权国家之间的地位,它们将拥有充分的内部自治权,但外交和防务将仍由英国负责。到1967年,加勒比地区的英国殖民地都获得了这样一种地位。②

与自治政府的建立相伴随的是加勒比各殖民地建立联邦的尝试。早在20世纪30年代大危机期间,各岛的领导人就认为,加勒比岛屿太小太穷,如果没有某种形式的联合,很难实现经济增长,很难与外国公司交涉。英国对建立西印度联邦持支持态度。在英国的直接参与下,1958年1月3日,西印度联邦最终成立。它包括10个地区——牙买加、特立尼达和多巴哥、

① 徐世澄:《列国志·古巴》,社会科学文献出版社2003年版,第50页。

② 高岱、郑家馨:《殖民主义史:总论卷》,北京大学出版社2003年版,第287页。

巴巴多斯、格林纳达、圣基茨-尼维斯-安圭拉、安提瓜和巴布达、圣卢西亚、圣文森特和格林纳丁斯、多米尼克、蒙特塞拉特。北部的巴哈马和英属维尔京群岛没有参加,英属洪都拉斯和英属圭亚那也没有参加。但是,由于各岛之间在移民、关税等问题上矛盾重重,西印度联邦于 1962 年 2 月解散,仅存在四年时间。

其间,联邦内外的殖民地要求独立的运动不断高涨。1959 年 3 月,牙买加首都金斯敦爆发大罢工和游行,要求独立。1961 年 9 月,牙买加举行公民投票,退出西印度联邦,1962 年 8 月 6 日,宣告独立,成为加勒比英属殖民地中第一个独立国家。在 1962 年西印度联邦的计划失败后,英国对维持在经济上处于边缘地位的西印度的存在不再感兴趣,决定尽快完全向殖民地移交主权,开始承认各殖民地独立。1962 年 8 月 31 日,特立尼达和多巴哥宣布独立。1966 年 11 月,巴巴多斯最终独立。到 70 年代初,"英国政府决定,大英帝国的所有剩余的殖民地应明确做出抉择:或者是继续作为拥有内部自治权的殖民地;或者成为一个独立国家。"[①]在加勒比地区,大英帝国的殖民地绝大多数选择了独立。独立的时间是:1973 年:巴哈马、1974 年:格林纳达、1978 年:多米尼克国、1979 年:圣卢西亚。到 80 年代中期,甚至圣文森特(1979 年,国名定为圣文森特和格林纳丁斯)、安提瓜(1982 年,后为安提瓜和巴布达)、圣基茨尼维斯(1983 年)也获得了独立。除了加勒比岛屿外,1966 年 5 月 26 日,英属圭亚那独立,定国名为圭亚那。1970 年改名为圭亚那合作共和国。1981 年,伯利兹独立。尚未独立的是:蒙拉塞拉特、英属维尔京群岛、百慕大、开曼群岛、特克斯和凯科斯群岛、安圭拉。每个地区通过选举产生的委员会实行内部自治,英国任命的总督负责防务、外交和内部安全。

荷兰在加勒比地区的属地有苏里南、荷属安的列斯——库拉索岛(Kuraçao)、阿鲁巴岛(Aruba)、博奈尔岛(Bomaire)、圣马丁岛(St.Maarten)、圣尤斯特歇岛(St.Eustatius)和萨巴岛(Saba)。荷兰最大的殖民地印度尼西亚独立后,为改善与加勒比属地的关系,1954 年,荷兰政府出台了尼德兰王

---

① D.K.Fieldhouse, *The Colonial Empires*, London, 1982.转引自高岱、郑家馨:《殖民主义史:总论卷》,第 288 页。

国宪章(Statuut),确定荷兰、苏里南和荷属安的列斯以平等的地位共同组成尼德兰王国。荷兰政府仅掌管海外属地的外交和防务,但同时海外属地要对王国的“善治”(good governance)承担责任。[①]

1969年,苏里南和库拉索岛发生政治动乱,荷兰政府根据尼德兰王国宪章进行了干预。此次危机使荷兰政府决定从西印度脱身,允许殖民地独立。1975年,苏里南实现独立。但是,荷属安的列斯总督胡安乔·埃沃特兹(Juancho Evertsz)认为,荷属安的列斯作为一个独立国家在社会、经济和文化上都是不切实际的。与此同时,荷属安的列斯内部出现了分裂,第二大岛阿鲁巴要求分离地位,即要求与荷兰直接发生关系。种族关系是造成分裂的主要原因之一:阿鲁巴人主要是拉丁裔,而库拉索人主要是非裔,两者很难有共同立场。1977年举行了公民投票,绝大多数阿鲁巴人赞同分离。在来自阿鲁巴的压力面前,荷兰政府同意承认阿鲁巴为一个独立的实体,前提是,经过为期10年的过渡期,阿鲁巴将于1996年实现独立。80年代的经济衰退暴露了这些殖民地微型的开放性经济的脆弱性,这些岛上的很多居民,在经济困难面前,宁愿推迟独立的进程。1995年4月,阿鲁巴公开取消了1996年1月1日独立的计划。

与英、荷两国的政策不同,出于地缘战略等因素的考虑,法国和美国实行了维持在加勒比地区存在的政策。1946年,通过公民投票,法属圭亚那、马提尼克、瓜德罗普成为法国的海外省。1898年美西战争后,波多黎各成为美国殖民地。无论总督还是最高法院法官,皆由华盛顿任命。1917年,根据琼斯法案(Jones Act),波多黎各人获得美国国籍,有权选举两院议员,尽管总督依然由美国任命。为实现波多黎各人决定该岛命运的要求,路易斯·穆诺兹·里维拉(Luis Muñoz Rivera)领导了一场运动,要求举行公民投票,就独立、自治还是成为美国的一个州之间做出选择。但美国不允许举行此类公民投票。[②] 1947年,波多黎各获准进行自治的尝试。1952年,该岛获得了在美国之内“联系邦”的地位。它既不是殖民地,又不是一个州,

① Rosemarijn Hoefte, “Thrust Together: The Netherlands Relationship with Its Caribbean Partners”, *Journal of Interamerican Studies and World Affairs*, Vol.38, No, 4, 1996, pp. 36-37.

② José del Pozo, *Historia de América Latina y del Caribe, 1825-2001*, Santiago: LOM Ediciones, 2002, pp. 103-104.

而是介乎两者之间。①

第三节　20 世纪初以来中美洲的独裁与革命

一、危地马拉:革命和内战

1865 年,卡雷拉去世后,危地马拉自由派在政治上和军事上向保守派的统治提出了挑战。1871 年,自由派取得了政权,两年后,胡斯托・鲁菲诺・巴里奥斯成为总统。巴里奥斯虽然是一个独裁者,但是,他努力推进现代化,以适应世界经济的变革,特别是国际市场对咖啡的不断增长的需求。他还是中美洲统一的倡导者。1885 年,他死于在试图以武力统一中美洲的一场战斗中。此后,危地马拉的自由派传统逐渐丧失了最初的本色,自由派领导人变得愈益自私、腐败,更具镇压性。1898 — 1920 年掌权的曼努埃尔・埃斯特拉达・卡夫雷拉以残暴而著称。最后,他被议会宣布他精神失常而下台。经过 11 年的不稳定状态后,1931 年,另一强人豪尔赫・乌维科夺取政权,建立了长达 13 年的个人独裁政权。

1929 年爆发的世界性大萧条使单一经济的危地马拉陷入危机。30 年代,咖啡价格下跌到不足 1929 年的一半。第二次世界大战切断了危地马拉咖啡进入欧洲市场的途径,使其经济更加依附于美国。对外贸易的危机致使失业上升、工资下降、大量小生产者破产。危地马拉的种植园主寡头和与美国关系密切的进出口集团通过降低工资、加剧剥削、削减政府开支等方式将危机转嫁到劳苦大众身上。30 年代,政府的镇压加剧,仅 1933 年,就有大约 100 名劳工领袖、学生和持不同政见者被处死。

虽然危地马拉在美国的压力下于 1941 年对轴心国宣战,但是,乌维科的亲法西斯立场,以及他的许多亲密顾问和部长与德国的联系是人所共知的。在世界反法西斯战争胜利的鼓舞下,1944 年 6 月,危地马拉爆发了总

① Arturo A.Fox, *Latinoamérica*, *Presente y Pasado*, p. 141.

罢工和反政府示威，迫使乌维科辞职。12月举行的总统选举中，多年流亡在外的著名教育家和学者胡安·何塞·阿雷瓦洛当选为总统。

1944年民主革命的参加者主要是城市中产阶级集团、不满现状的下级军官，也有少数工人和农民。革命的领导者坚持资本主义发展道路，主张与美国保持良好关系。执政五年的阿雷瓦洛政府可以说是左翼的、进步的、非共产主义的和高度民族主义的政府。① 政府的计划反映了资本主义现代化的愿望。按照1917年墨西哥宪法制定的1945年宪法废除了一切形式的强迫劳动制度，扩大了选举权（但文盲妇女仍未获得选举权）。1947年，颁布了劳工法，为建立工会和集体谈判提供了保障，并为工作条件确立了法律标准。这些改革促进了城市工人、香蕉种植园工人和铁路工人组织的迅速发展，但是在农村，劳工组织发展缓慢，阿雷瓦洛也没有采取措施进行土改。在同时期的其他拉美政府的影响下，阿雷瓦洛开始推行工业发展计划，力图实现经济的多样化，为此，建立了国家银行。对于外国在尼加拉瓜的经济飞地，特别是联合果品公司，阿雷瓦洛政府没有采取国有化措施，仅仅根据民族利益来规范其行为。例如，政府坚持要求联合果品公司将劳资争端提交仲裁。1947年颁布了工业发展法，规定本国公司将开发自然资源，外国公司可以参与工业化，但被禁止享有特权。阿雷瓦洛政府的农业政策同样是很温和的。国家向农业提供信贷和技术支持，禁止地主随意驱逐佃农，但是大庄园制原封未动。阿雷瓦洛政府对教育给予了关注，学校和教师的数量在1940年的水平上翻了一番，在农村开展了识字运动。然而，到1954年，危地马拉的教育水准仍居中美洲之末。

1950年，哈科沃·阿本斯·古斯曼就任总统后，改革的进程加快了。阿本斯的目标是将危地马拉从一个半殖民地经济的依附性的国家改造为经济上独立的国家。实现这一目标的策略是通过私人企业实现进口替代工业化。但是，如果不通过土地改革提高民众的购买力，扩大国内市场，建立现代资本主义经济是不可能的。1952年，阿本斯政府颁布土地改革法，规定凡超过220英亩的地产中，耕种面积不足其土地规模2/3者，其未耕种的土地应予以没收，并重新分配。所有被没收的土地都以利率为3%和期限25

① ［美］E.布拉德福德·伯恩斯：《简明拉丁美洲史》，王宁坤译，湖南教育出版社1989年版，第318页。

年的债券偿付。阿本斯还宣布建设一条从危地马拉城通往大西洋沿岸的公路,从而结束联合果品公司拥有和经营的中美洲国际铁路运输公司的垄断。此外,还决定建造国家水电厂。

需要说明的是,阿雷瓦洛和阿本斯政府的改革远远比不上富兰克林·罗斯福新政时期和英国工党时期的社会立法激进。虽然在两年的时间内共有 91.8 万英亩土地被没收并分配给 8.8 万户农民,但除联合果品公司控制的土地以外的所有私人土地中,仅有 4%的土地受到这一措施的影响。土改的目的是发展生产,而非削弱地主权力,并且土改几乎没有触动大商业农场的整个生产基地。[①] 数年后,联合国粮农组织的托马斯·F.卡尔说,危地马拉 1952 年的农业改革法"是一部非常温和而公平的立法",美国国务院于 1961 年也承认农业改革法是相当温和的。[②]

然而,拥有土地的上层分子立即大肆喧嚣土改是共产主义性质的。在他们看来,阿本斯已变成莫斯科的傀儡。更严重的是,土改受到了联合果品公司的强烈反对。公司在危地马拉拥有大片土地,其中 85%闲置着。公司争辩说,它需要后备土地以供将来使用,或者在万一种植园遭到香蕉病害破坏时使用。[③] 在联合果品公司的影响下,1953 年,美国艾森豪威尔总统签署了中央情报局—国务院推翻阿本斯的计划。根据该计划,将由 1950 年因卷入右派政变而流亡洪都拉斯的右派上校卡洛斯·卡斯蒂略·阿马斯取代阿本斯。美国国务卿约翰·福斯特·杜勒斯和他的弟弟——中央情报局局长艾伦·杜勒斯——都来自纽约的一家律师事务所,而该事务所与联合果品公司有着密切的关系。美国大使亨利·卡伯特·洛奇和负责拉美事务的助理国务卿约翰·穆尔斯·卡伯特都是联合果品公司的股东。[④]

由于美国对危地马拉实行武器禁运,阿本斯政府向其他国家寻求武器来源。1954 年 5 月,从捷克斯洛伐克购买的军火船抵达危地马拉,这为美

---

① 詹姆斯·邓克利:《1930 年以来的危地马拉》,载[英]莱斯利·贝瑟尔主编:《剑桥拉丁美洲史》第七卷,经济管理出版社 1996 年版,第 240—241 页。

② [美]E.布拉德福德·伯恩斯:《简明拉丁美洲史》,第 321 页。

③ Hector Perez-Brignoli, *A Brief History of Central America*, Berkeley: University of California Press, 1989, p. 130.

④ Benjamin Keen, *A History of Latin America*, Fifth Edition, Boston: Houghton Mifflin Company, 1996, p. 445.

国进行干预提供了借口。6月,阿马斯率领的暴乱分子在美国中央情报局飞机对首都进行空袭的配合下,从洪都拉斯“侵入”危地马拉。危地马拉军队拒绝采取抵抗行动,而工人又没有武装起来,阿本斯政府倒台了。6月3日,阿马斯乘美国使馆的飞机进入首都。就任总统后,阿马斯对革命的支持者展开了疯狂报复,根据一项估计,8000人被处决。阿马斯取消了1947年劳工法中的大部分条款,撤销了对553个工会组织的承认,将所有被充公的土地物归原主,将国营发电厂的控制权交给美国公司。1954年10月至1957年底,美国向危地马拉拨付了1亿美元的援助。

1957年,阿马斯在一次内讧中被杀。随后举行的选举中,伊迪戈拉斯·富恩特斯靠舞弊当选为总统。他上台后不久,古巴革命取得了胜利,1960年4月28日,危地马拉在拉美国家中第一个遵照白宫指示与古巴断交,并同意美国中央情报局在危地马拉训练古巴雇佣军。伊迪戈拉斯政府十分腐败,50年代末出口农产品价格的下跌,造成了社会动荡。1960年11月13日,驻守马塔尔诺罗的一批年轻军官举行起义,但很快被镇压。起义失败后,以图尔西奥斯·利马和容·索萨为首的20名起义者进入伊萨巴尔省和洪都拉斯的密林展开了游击战争。尽管政府进行了野蛮的镇压,但游击队运动坚持了下来,并在70年代中期达到了活动高潮,成立了人民游击队(EGP)。游击队运动与工会、农民组织之间加强了合作。同时,教会内部发生了分裂,很多教士和牧师受解放神学的影响,站到了穷苦人一边。政府对进步教会人士进行了残酷镇压,仅1981年,就有12名教士被杀。

1981年,三支主要的游击队组织和危地马拉共产党决定组成联合司令部,统一协调军事行动。到1981年底,他们在军事上取得了重要的进展。普遍的暴力和游击队行动的升级导致了资本外逃,加剧了经济危机。1982年,一场军事政变废除了3月份举行的总统选举,任命里奥斯·蒙特为三人洪达的首脑。为了将印第安人清除出游击队得到支持的地区,蒙特推行了“焦土政策”,这一措施始于蒙特及其前任罗梅罗·卢卡斯·加西亚(1978—1982年)时期,首先派军队放火烧掉印第安人的村庄,杀掉3000多名印第安人,然后,将幸存者重新安置,以阻断印第安人与游击队的联系。①

① Benjamin Keen, *A History of Latin America*, p. 448.

1983年8月,蒙特被国防部长奥斯卡·温贝托·梅希亚·维克托雷斯领导的政变推翻。经济上的困境和国际上的孤立迫使军方将权力交与文人,但是,“还政于民”的前提是,任何文人政府将不得干预军人的反颠覆战争,或者触动土地制度。1984年1月1日,举行了制宪会议选举,持温和改革立场的基督教民主党获议会最多席位,另一温和派政党民族中心联盟居第二位。制宪会议通过宪法,确定于1985年11月3日举行总统和议会选举。但是,没有就任何政治和社会问题做出决定。选举如期举行,来自基督教民主党的比尼西奥·塞雷索当选为总统。塞雷索执政后,军方依然对农村地区保持着有效控制。成百上千的印第安人被迫离乡背井,被重新安置在所谓的模范村内。但是,游击队活动在经过挫折后再度恢复了活力,很多模范村被游击队控制区域所包围。尽管如此,负责协调游击队行动的危地马拉全国革命联盟(URNG)发表了致塞雷索总统的公开信,表示愿意进行和平谈判。1989年4月,在政府支持的和解委员会与游击队领导人之间举行了首轮会谈。

塞雷索的继任者、1990年上台的豪尔赫·塞拉诺·埃利亚斯政府期间,会谈得以继续。然而,1993年的最初几个月,一系列因素引发了塞拉诺政府的危机。一是电费价格的突然上涨引起了民众的普遍愤怒,二是玛雅人活动家危地马拉人权领袖、女政治家吉戈贝塔·门楚获得1992年诺贝尔和平奖。政府最初的反应是指控门楚为游击分子,后来在国际舆论的压力下缓和了姿态,但是,门楚获奖后,危地马拉国内的暗杀和失踪事件激增。与此同时,与危地马拉全国革命联盟的和平谈判因军队内部分歧而中断。

在普遍的社会不稳和民众抗议面前,塞拉诺在右派军人的支持下,与秘鲁的藤森如出一辙,发动“自我政变”,于1993年5月25日宣布解散议会和最高法院,集行政、立法、司法大权于一身。此举遭到了美国的反对,美国中止了对危地马拉的经济援助,导致了企业界的惊恐和军方的动摇,塞拉诺丧失了支持基础。政变最终破产,塞拉诺流亡巴拿马。

为结束危机,军方、议会领导人、企业界和相关团体进行了一系列谈判,最终达成协议,由军方控制政权,直到找到一个塞拉诺的继承人为止。在右派军人的支持下,最终拉米罗·德·莱昂·卡皮奥就任总统。在国际舆论的压力下,1994年1月,政府与危地马拉全国革命联盟恢复了谈判,并于3月底双方签署了人权协议,规定立即建立国际核查机制以监督人权问题。但是政府并没有遵照协议采取步骤,联合国国际核查委员会直到11月才抵达危地马拉。6月,又签订了两个协议,规定重新安置流离失所的人口,并成立真相调查委员会,对过去侵犯人权的罪行进行曝光,但不点名为此承担责任者。1996年1月,阿尔瓦罗·阿尔苏就任总统后,和平进程取得较快进展。12月29日,在危地马拉国民宫签署了最终和平协定,规定停火、进行宪法和选举改革、危地马拉全国革命联盟取得合法地位,并确定了实施各项协议的时间表。[①] 这是一个历史性的协议,正式结束了长达36年、造成20万人丧生的内战,但是,这一协议并没有保证完全尊重人权和自由。1998年4月,胡安·何塞·赫拉尔迪主教在披露大规模的侵犯人权内幕后几天被神秘暗杀。在民主制的外表下,军方依然在危地马拉政治中发挥着重要作用。

2000—2004年,阿方索·波蒂略·卡夫雷拉(Alfonso Portillo Cabrera)担任总统。因腐败,在卸任后遭到危地马拉司法部的调查。他逃往墨西哥。2004年7月19日,危地马拉法官对阿方索·波蒂略正式发出了通缉令。2006年10月底,墨西哥外交部批准对他进行引渡。2004年上台的奥斯卡·贝尔赫·佩尔多莫(Óscar Berger Perdomo)为了缓和矛盾、赢得民心,将前总统府和陆军司令部移交给玛雅语言学院和玛雅电视台,并任命门楚负责1996年协定的进一步实施。2006年7月,危地马拉正式加入中美洲-多米尼加共和国与美国的自由贸易协定。2007年,阿尔瓦罗·科洛姆(Álvaro Colom)作为中左的"全国希望联盟"候选人赢得总统大选,并于第二年就职,成为1996年以来第一位左派总统。

危地马拉四分之三的人口依然生活在贫困状态,是中美洲地区生活水平最低的国家。特别值得注意的是,随着萨尔瓦多、哥伦比亚、墨西哥等国对有组织犯罪活动的打击,这些国家的犯罪集团转移到危地马拉,从事贩卖武器和毒品、洗钱等活动,由此导致暴力猖獗。在此形势下,2011年,奥托·佩雷斯·莫利纳(Otto Pérez Molina)作为右翼的爱国党候选人当选为总统。2012年11月7日,在太平洋沿岸发生了一场7.4级的地震,带来了

① Susanne Jonas, "Democratization through Peace: The Difficult Case of Guatemala", *Journal of Interamerican Studies and World Affairs*, Vol.42, No. 2, 2000, pp. 13-14.

严重的人员伤亡和物质损失。佩雷斯许诺用“铁拳”打击毒品犯罪,并为此调用了军队。政府还起诉了在 1960—1996 年内战期间被指控犯有种族灭绝罪行的人,将他们投入监狱。2013 年 5 月,前总统里奥斯·蒙特被指控在 1982—1983 年犯有种族灭绝和反人类罪,因对 1771 名玛雅人被屠杀负责,被判处 80 年的监禁。但是此后,该案件审理多次反复,2018 年 4 月,蒙特逝世,此案不了了之。

2015 年 4 月,在危地马拉的反免于处罚国际委员会(International Commission Against Impunity)披露,[①]企业界向税务部门官员支付回扣,以此逃避缴纳关税。5 月,副总统罗萨娜·巴尔德蒂(Roxana Baldetti)辞职,据称其私人秘书是这一腐败行为的主谋。成千上万的危地马拉人上街游行,抗议佩雷斯政府的腐败行为。8 月,调查指向了总统本人,并启动了针对他的弹劾程序。9 月 1 日,议会投票,剥夺了总统免于被起诉的权利,为在任总统接受法庭审判铺平了道路。2 日,检方以涉嫌贪污和诈骗对佩雷斯提起公诉。当天深夜,佩雷斯辞职。3 日,危最高法院批捕佩雷斯。随后举行的选举中,电视喜剧演员吉米·莫拉莱斯(Jimmy Morales)继任总统。2015 年总统大选期间,吉米·莫拉莱斯曾打出“不贪、不偷”的竞选口号。但是,2017 年 1 月,他的儿子和兄弟分别因洗钱和欺诈罪被捕,他本人也因可能在 2015 年的大选中存在财政问题受到调查。

2019 年 8 月,危地马拉大选中,前进党(Vamos)候选人亚历杭德罗·贾马太(Alejandro Giammattei)当选总统。2020 年 1 月,贾马太宣誓就职。他在就职演说中呼吁危地马拉人民为国家利益团结在一起。他表示,新政府将加强打击犯罪,推动教育改革,改善儿童营养不良状况,关注土著人和残疾人等群体,加大投资吸引力、创造更多就业机会等。[②]

二、尼加拉瓜:美国的占领、独裁与革命

1893 年,咖啡种植园主支持的自由派发动政变,何塞·桑托斯·塞拉

① 该委员会于 2007 年由联合国和危地马拉联合成立,负责调查危地马拉政府卷入的有组织犯罪行为。

② 新华社墨西哥城,2020 年 1 月 14 日电。

亚成为尼加拉瓜总统。塞拉亚作为一个倡导现代化的独裁者,统治尼加拉瓜达 17 年之久。他推动了新的经济秩序所需要的道路、铁路、港口、电报通讯等基础设施建设,他重组了军队,实行政教分离,推动了公共教育。与同时期拉美的自由派领导人一样,他相信外资是经济迅速发展的重要保证,给外资,尤其是美国资本大量优惠。到 1909 年,美国控制了尼加拉瓜主要财富来源——咖啡、黄金、木材、香蕉的生产。但是,塞拉亚同时是一个民族主义者,他拒绝了美国的运河条约建议,与其他国家就在尼加拉瓜开凿运河问题进行谈判,这引起了美国的不满,因为如在尼加拉瓜开凿运河,将打破由美国控制的巴拿马运河的垄断。在美国的鼓动下,1909 年,保守派发动叛乱,塞拉亚被迫辞职,保守派重新上台。保守派政府立即满足美国的所有要求,一家美国银行向尼加拉瓜政府提供贷款,以控制尼加拉瓜的中央银行、国有铁路和海关为担保。1912 年,自由派在本哈明·塞莱东(Benjamín Zeledón)的领导下举行暴动。在保守派政府的请求下,美国海军陆战队进驻尼加拉瓜,由此开始了美国对尼加拉瓜的首次占领。[①] 暴动最后被扑灭,塞莱东被保守派处决。1912—1925 年期间,美国通过一系列傀儡总统统治着尼加拉瓜。为了回报美国的保护,保守派政府向美国做出了一些重要的主权让与,其中最重要的是 1916 年的布赖恩-查莫罗条约。根据条约,美国得到了以下权利:(1)开凿穿越尼加拉瓜的洋际运河的永久权;(2)对加勒比海上的科恩群岛为期 99 年的租让权;(3)在丰塞卡湾建立海军基地的权利。[②] 第一条主要目的是阻止其他国家开凿运河以构成对巴拿马运河的竞争,第二、三条是为了确保对巴拿马运河的防御。尼加拉瓜实际上变成了美国的保护国,美国控制了海关、银行和铁路,美国海军陆战队负责维持治安。美国认为保守派可以在没有美国的帮助下维持政权后,于 1925 年 8 月从尼加拉瓜撤军。然而,两个月后,内战再次爆发。胡安·巴蒂斯塔·萨卡沙领导自由派在东北部的卡贝萨斯港建立了政府。[③] 1926 年,美国海军陆战队以保护美国人和其他外国人财产为借口重返尼加拉瓜,美国此次军事占领

① Alain Rouquié, *El Estado militar en America Latina*, Siglo veintiuno editores, 1984, pp. 139-140.

② Hector Perez-Brignoli, *A Brief History of Central America*, p. 112.

③ Alain Rouquié, *El Estado militar en America Latina*, p.140.

一直持续到 1933 年。1927 年,在美国柯立芝总统的私人代表、前作战部长亨利·史汀生的调停下,自由派和保守派达成和平协议。同时,在美国国务院要求下,尼加拉瓜取消军队,代之以由美国军官组建的无党派的国民警卫队。在美国的监督下,1927 年举行了总统选举,自由派何塞·马里亚·蒙卡达当选为总统。

但是,自由派军官奥古斯托·塞萨尔·桑地诺拒绝接受 1927 年美国一手操纵下达成的和平协议。桑地诺是一位比较富裕的自由派地主与印第安女仆的混血儿。1923—1926 年曾作为机械师在革命后的墨西哥工作和生活,接触了激进民族主义和社会革命思想。1926 年,桑地诺回到尼加拉瓜,参加了自由派反对保守派傀儡政权的斗争。但是,自由派武装的领袖蒙卡达对桑地诺并不热情。据蒙卡达后来供述,他从一开始就不信任桑地诺,因为他听说桑地诺曾谈论“工人阶级与富人做斗争的必要性以及其他共产主义原则的事情”①。实际上,桑地诺不是一个马克思主义者,而是一个同情社会下层、要求改革的小资产阶级革命家。他的思想主要受秘鲁的维克托·劳尔·阿亚·德拉托雷于 1924 年创立的美洲人民革命联盟(阿普拉)的影响,正是从阿普拉党那里,桑地诺借用了“印第安美洲主义”这一用语;他计划在阿根廷召开一次地区性会议,以促进开凿一条由国际控制的尼加拉瓜运河,这主要参照了阿普拉党关于从美国手中夺取巴拿马运河控制权的设想。桑地诺还借鉴了阿普拉党的社会分析,他说:“我们的口号既不是极右,也不是极左。因此,我们的斗争没有不合逻辑的地方;我们的斗争是以没有意识形态标记的各个社会阶级之间的合作为基础的。”②

桑地诺建立了主要由矿工、农民、工人和印第安人组成的武装。在 1927—1933 年长达 7 年的时间内,桑地诺的武装与美国海军陆战队及其所支持的尼加拉瓜国民警卫队展开了斗争。在战争中,桑地诺采用游击战术,与农民建立了密切的关系。在美国,尼加拉瓜的战争越来越不得人心,最终国会切断了一切经济支持。新总统胡佛决定从尼加拉瓜撤军。为了继续对尼加拉瓜实行控制,美国依靠 1927 年创立的并亲自武装的国民警卫队。

---

① Benjamin Keen, *A History of Latin America*, p. 453.

② 维克多·布梅尔-托马斯:《1930 年以来的尼加拉瓜》,载[英]莱斯利·贝瑟尔主编:《剑桥拉丁美洲史》第七卷,第 345 页。

1932年1月,史汀生国务卿宣布美国从尼加拉瓜撤出1000名海军陆战队成员,所余美国武装将于11月由美国监督下的总统选举完成后撤军。自由派胡安·巴蒂斯塔·萨卡沙在大选中获胜,1933年1月,最后一批美国海军陆战队撤离的前一天,萨卡沙宣誓就任总统。与此同时,美国挑选了阿纳斯塔西奥·索摩查·加西亚为国民警卫队司令。

萨卡沙当选后,写信给桑地诺,建议举行和谈。谈判于1932年12月开始,桑地诺在1933年1月23日提出的和平草案中声明:"保卫国家主权"应包括结束美国的财政干预、修改布赖恩-查莫罗条约和改组国民警卫队,使其受制于尼加拉瓜宪法。然而,令人惊奇的事,最后于2月2日在马那瓜签署的条约却没有提及上述问题,相反,桑地诺答应交出武器,条件是获得科科河沿岸的国有土地,桑地诺可拥有100人的贴身保镖(一年后可重新审定)以及政府应在至少一年的时间内为北部省份兴建公共工程提供资金。桑地诺后来的解释是,他同意这一条件的目的是为了避免使美国获得第三次军事干预的借口。[①] 桑地诺的战士们解除武装后,经常受到国民警卫队的挑衅、扣押,甚至暗杀。1934年2月21日,桑地诺赴总统府,与萨卡沙总统晤谈。桑地诺和他的兄弟以及另外两名军官离开总统府后,在路上被索摩查指挥的国民警卫队逮捕,并被带到机场枪杀。

桑地诺被暗杀后,索摩查逐渐巩固了他的政治地位,向萨卡沙总统的权威提出挑战。1936年,他最终当选为总统,并从1937年1月1日起将国民警卫队总卫队长与总统职务合二为一。以国民警卫队为基础,索摩查毫不费力地无限期地延长他的总统任期,直接统治或者通过傀儡总统间接统治。1956年,索摩查被年轻诗人里戈韦托·洛佩斯·佩雷斯(Rigoberto López Pérez)刺杀,他的长子、副总统路易斯·索摩查·德瓦伊莱接任总统,直到1963年,然后允许一名傀儡任总统。1967年路易斯去世,老索摩查的次子、西点军校毕业生、国民警卫队总卫队长阿纳斯塔西奥·索摩查·德瓦伊莱使自己当选为总统,任期至1971年。然而,就职后,他修改宪法,延长一年。然后退休两年,其间由一名傀儡总统主持修改宪法,使他再次就任总统一个

---

① 维克多·布梅尔-托马斯:《1930年以来的尼加拉瓜》,载[英]莱斯利·贝瑟尔主编:《剑桥拉丁美洲史》第七卷,第347—348页。

任期,至 1981 年。

三位独裁者的统治方式略有差别,例如,60 年代,由于美国倡导改革与发展的争取进步联盟计划,路易斯统治时期相对温和。但是,三位独裁者毫无例外地将尼加拉瓜变成了索摩查家族的私人地产,服务于家族和外国盟友的利益。到 1970 年,索摩查家族控制了尼加拉瓜 25%的农业生产和相当部分的工业部门,这个家族的财富据估计达 5 亿美元。美国公司在食品加工和矿业部门也得到巨大的优惠。无论外国还是本国雇主,都从政府镇压劳工的政策中得到好处,但是本国企业主对索摩查家族的垄断倾向日益不满。教会最初是索摩查政权的支持者,但是,到 60 年代后期起,如同拉美的其他地区一样,尼加拉瓜的天主教会愈加关注社会问题,自 1968 年起一直由米格尔·奥万多-布拉沃担任大主教的天主教会通过一系列写给教区教友的公开信来批评独裁统治,发出进入政治舞台的信号。[①] 然而,自始至终,国民警卫队一直是索摩查政权的统治基础。

索摩查家族及其盟友发财致富的同时,尼加拉瓜人民的生活水平每况愈下。为适应世界市场上对于新的出口产品,特别是棉花需求的增长,索摩查家族开辟了新的土地,新建种植园,农民被迫离开土地进入城市。1978 年,50%的人口年人均收入仅为 265 美元。

对索摩查家族的反抗始于 50 年代。佩德罗·华金·查莫罗领导了一系列失败的暴动。1961 年,由卡洛斯·丰塞卡、希尔瓦·马约加、托马斯·博赫等人创立了主要由学生组成的桑地诺民族解放阵线(简称桑解阵,FSLN),最初在山区开展游击战争,吸引了越来越多的参加者。桑解阵分为三派:一是人民持久战争派(GPP),由北部山区农民在 60 年代初成立;二是 1973 年从人民持久战争派分裂出来的无产阶级派,它把这一运动扩展到工人,尤其是城市中的知识分子;三是第三派,这是一个政治上温和的非马克思主义团体,其领导人埃登·帕斯托拉因军事功勋而获得了传奇似的“零号司令”称号。

1972 年 12 月 23 日,一场大地震造成了尼加拉瓜 1 万人丧生,整个马那

① 维克多·布梅尔-托马斯:《1930 年以来的尼加拉瓜》,载[英]莱斯利·贝瑟尔主编:《剑桥拉丁美洲史》第七卷,第 365 页。

瓜市中心化为一片瓦砾。索摩查家族将大量的国际援助中饱私囊,而国民警卫队肆无忌惮地抢劫。1978 年,著名记者、反对派佩德罗·华金·查莫罗被暗杀,由此引发了一场总罢工。1978 年 8 月,25 名桑解阵游击队员突入国民宫,绑架了绝大多数国会议员和 2000 名政府雇员,经过谈判,索摩查被迫接受桑地诺主义者的绝大部分要求,包括释放被关押的 59 名桑解阵领导人。[①] 9 月 8 日,桑解阵在 5 个城市举行了起义。国民警卫队动用飞机进行了镇压,然后是逐户搜查,造成了 5000 人死亡。美国政府试图通过美洲国家组织进行调停,但是,因索摩查拒绝辞职和自由派退出调停而失败,与此同时,桑解阵各派克服战略上的分歧,建立了一个 9 人组成的指导委员会。1979 年 6 月,桑解阵宣布总罢工,并发动了最后的攻势。6 月 8 日,发起了对首都马那瓜的进攻,索摩查撤到新建的位于拉洛马(La Loma)的城堡的地堡内,下令以大规模轰炸的方式进行反扑。7 月 5 日,桑地诺主义者包围了首都,并任命了一个由五人组成的洪达,包括三名桑地诺主义者,另外还有反索摩查的企业家阿方索·罗韦洛和佩德罗·华金·查莫罗的遗孀比奥莱塔·查莫罗。7 月 17 日,败局已定的索摩查逃亡到美国,后来在巴拉圭被暗杀。两天后,桑解阵及其政府进入马那瓜。[②]

革命胜利后,桑解阵和尼加拉瓜民族复兴政府允许包括资产阶级政党在内的各种政治组织从事活动,让他们的代表参加执政委员会、国务委员会和内阁,但领导权牢牢掌握在桑解阵手中。1980 年 5 月 4 日,国务委员会成立,成员 47 名,代表 29 个政党、工会、群众组织、行会和其他组织,其中桑解阵成员占 27 人,反对派代表约占 20%。1983 年 8 月,通过政党法,1984 年 3 月成立全国政党委员会,使政治多元化日趋制度化。1984 年 11 月,尼加拉瓜举行了革命后首次大选,选举产生总统、副总统和 90 名国民议会成员。桑解阵在选举中获 67% 的选票,其他选票由反对党获得。1985 年 1 月,丹尼尔·奥尔特加就任总统。

新政府在没收索摩查家族财产的基础上,建立了强大的国营经济,与此同时,政府强调长期保留私有制,同占国民经济 60% 的私人经济"和平共

---

① Benjamin Keen, *A History of Latin America*, p. 465.

② José del Pozo, *Historia de América Latina y del Caribe, 1825-2001*, Santiago: LOM Ediciones, 2002, pp. 215-216.

处”。实行土地改革，将原索摩查家族的土地改造为国营农场，同时，增加对小土地所有者的信贷，并鼓励他们联合起来建立合作社。

革命胜利后第41天，奥尔特加代表尼加拉瓜出席了在哈瓦那举行的不结盟运动第六次首脑会议。政府成立后不久，便派出高级代表团访问了美国、苏联、古巴、欧洲以及墨西哥、委内瑞拉等拉美国家。

尼加拉瓜桑解阵在执行政治多元化和混合经济政策中也遇到了一些困难。1980年4月，比奥莱塔·查莫罗、阿方索·罗韦洛先后退出执政委员会。同年11月，民主保守党、民主运动、基督教社会党、私人企业最高理事会等11名代表宣布放弃在国务委员会中的席位。1981年7月，国防部副部长、全国桑地诺民兵司令帕斯托拉辞职，同内政部长巴尔迪维亚等8人一道秘密离开尼加拉瓜，后来还参加了反政府武装活动。在国有化过程中，政府曾不适当地没收了一些与索摩查家族无联系的工商企业，在农村中也出现没收土地过宽、有组织农民抢占大农场土地的现象。新的税收政策和改善劳动条件、提高工人工资等措施，也引起了企业主同政府的矛盾。但是，政府的最大困难还是来自美国及其支持的尼反政府武装。

尼加拉瓜革命胜利后，美国依据其“多米诺骨牌”理论，认为中美洲地区共产主义的发展将以尼加拉瓜为基地，首先蔓延到萨尔瓦多、洪都拉斯、危地马拉等邻国，进而危及巴拿马运河、墨西哥油田和加勒比海上通道，最终在美国南大门形成一个广阔的反美地带。美国担心，一旦出现这种局面，必将严重影响到美国国家安全，危及它在这一地区的既得利益。1981年里根执政后，美国以尼加拉瓜支持萨尔瓦多游击队和在军事上依靠苏联和古巴为借口，对尼加拉瓜采取强硬政策。停止对尼加拉瓜所承诺的一切经济援助，派飞机和军舰侵犯尼加拉瓜领空、领海，在港口布雷封锁尼加拉瓜海域，向尼加拉瓜反政府武装提供大量援助。尼反政府武装有十几个组织，主要有尼加拉瓜民主阵线，成立于1981年，成员大多是前索摩查国民警卫队成员。反政府武装在军事上远非桑地诺政权的对手，甚至里根政府也不认为反政府武装有取胜的可能性，但是，美国依然给反政府武装大量援助，其目标是维持所谓“低烈度冲突”，即通过战争，消耗尼政府和经济，通过战争带来的困难和美国公开干预的威胁，削弱尼政府的支持率,最终促使政府垮台。[1]

到1986年,桑地诺政权在对反政府武装的战斗中已取得了"战略性胜利",迫使后者的行动局限于在尼加拉瓜与洪都拉斯狭长的、森林密布或山区的边界上打了就跑的袭击行动。与此同时,美国里根政府因向伊朗秘密出售武器的所得部分款项转用于资助尼加拉瓜反政府武装的"伊朗门事件"被暴露而受到沉重打击。这种形势为和平谈判创造了有利气氛。此前,孔塔多拉集团的和平倡议已提出了一个地区和平协定草案。新的和平进程是由哥斯达黎加和危地马拉启动的,这两国的领导人担心尼加拉瓜冲突引发美国的干预,由此对整个地区局势带来影响。1987年8月,在危地马拉城,危地马拉、萨尔瓦多、洪都拉斯、尼加拉瓜和哥斯达黎加总统签署了以哥斯达黎加总统奥斯卡·阿里亚斯最初提出的建议为基础的中美洲和平协议。阿里亚斯因此获得当年的诺贝尔和平奖。

战争促使大量人力物力转移到非生产领域、反政府武装的破坏、美国的制裁,致使尼经济在1983—1986年急剧下滑。1985年国民生产总值下降了30%,通货膨胀率上升到300%,各种物资短缺。正是在这种形势下,1990年尼加拉瓜举行了大选,全国反对派联盟战胜桑解阵,比奥莱塔·查莫洛当选为总统。无疑,美国的因素对此次选举结果有重要影响。[2]

查莫洛上台后,以民族和解、和平、国家改革为执政方向。1990年6月,通过谈判,政府遣散了反政府武装(Contras),同时将军队的数量从8万缩减到1.5万人。1994年,丹尼尔·奥尔特加的弟弟翁贝托·奥尔特加(Humberto Ortega)辞去武装部队最高司令职务。但是,反前政府武装军(被称为Recontras,前尼加拉瓜反政府武装)与遭遣散的桑地诺派(Recompas)仍不时发生武装冲突。到1995年,查莫洛政府基本上解除了这些战斗人员的武装,双方的冲突逐渐消退。在国家改革方面,1995年2月推出了一系列宪法改革,把总统任期从6年缩短为5年,将权力从总统转移到国民议会;终止征兵制;保障私有财产权;禁止总统的亲属在内阁任职或继任总统。政府还减少了公共部门开支,将桑解阵执政期间征收的部分土地物归原主。

① Benjamin Keen, *A History of Latin America*, p. 461.

② José del Pozo, *Historia de América Latina y del Caribe, 1825-2001*, p. 249.

在经济上，政府获得了 8.6 万美元的外国直接援助和超过 2 亿美元的债务减免，设法降低了通货膨胀，但经济的整体增长乏力。失业率从 1990 年的 12%上升到 1993 年的 22%（还有 28%的不充分就业）。[①] 政府采取的紧缩和结构性调整措施减低甚至取消了贫困阶层原来享受的国家福利。在农业方面，政府主要支持发展面向出口的大规模农场，而非满足国内消费的农业部门。由此导致了贫困化更为严重，犯罪率上升。

1996 年大选中，来自右翼尼加拉瓜自由联盟（Alianza Liberal）的阿诺尔多·阿莱曼（Arnoldo Alemán）战胜桑解阵的候选人丹尼尔·奥尔特加，当选为总统。阿莱曼执政期间（1997—2002 年），继续推进民族和解进程，他与反前政府武装军达成最终协议，并就 80 年代期间的充公财产与桑地诺派达成一致。在外国援助、债务减免、国外侨汇等因素的支持下，尼加拉瓜经济获得缓慢恢复。但是，1998 年 10 月，米奇飓风（Hurricane Mitch）给尼加拉瓜带来严重的损失，近 3000 人死亡，约 1500 人受伤，大量人口无家可归，经济损失达 10 亿美元。阿莱曼政府不仅在救灾过程中表现无能，而且被指控在分配国际救援物资过程中有腐败行为。

2001 年大选中，恩里克·博拉尼奥斯·赫拉尔（Enrique Bolaños Geyer）战胜奥尔特加，当选为总统。博拉尼奥斯是阿莱曼领导的制宪自由党（Partido Liberal Constitucionalista，PLC，前尼加拉瓜自由联盟）的候选人。但是，他在就职后不久，就与前总统阿莱曼决裂。阿莱曼被指控贪污 1 亿美元，被判处入狱 20 年，后改为居家监禁。

2006 年总统大选中，丹尼尔·奥尔特加终于赢得大选，桑地诺派重新执政。上台后，奥尔特加改变了过去的激进立场，推行更为务实的政策。他支持此前各届政府的自由市场经济改革，致力于消除腐败和改善经济，特别是提高底层的收入水平。2006 年，尼加拉瓜加入中美洲-多米尼加共和国与美国的自由贸易协定，有助于尼加拉瓜吸引投资、创造就业岗位、促进经济发展。2007 年，美洲开发银行减免了尼加拉瓜 10 亿美元的债务。2007 年后，尼加拉瓜从委内瑞拉查韦斯政府提出的加勒比石油计划

① ［美］托马斯·E. 斯基德莫尔、［美］彼得·H. 史密斯、［美］詹姆斯·N. 格林：《现代拉丁美洲》，第七版，张森根、岳云霞译，当代世界出版社 2014 年版，第 111 页。

(PetroCaribe)中受益。根据该计划,委内瑞拉向加勒比地区国家以打折的价格提供原油。尼加拉瓜政府再将这些原油以市场价重新出售,从中获取的利润用以支持社会计划,消除贫困。根据估计,2009—2014 年,普遍贫困率从 42%下降到 30%。21 世纪初,尼加拉瓜的人均收入是拉美地区最低的,失业率居高不下。但是,21 世纪头十年,来自委内瑞拉和其他国际机构的援助、外国直接投资、农矿产品的出口、客户工业部门的生产多样化以及来自国外的侨汇等因素,使得经济形势有所好转。失业率下降到 7%,2011 年,GDP 增长 6%,但到 2015 年,又下降到 4%。

2011 年 10 月,尼加拉瓜最高法院废除了禁止总统连任的宪法条款,从而使奥尔特加在 11 月的大选中获得连任。与此同时,桑解阵获得了国民议会 90 个席位中的 62 席。政府的社会计划使很多底层人口受益,提高了奥尔特加的支持率。但是,一些中产阶级成员对政府不满,他们认为奥尔特加政权的威权倾向日益加剧,政府缺少透明度,总统对国民议会、司法部门、军队和警察的控制日增。而且,来自委内瑞拉石油的利润中,很多被投入奥尔特加的家属或密友控制的私人公司。这些人一掷千金的奢侈性消费,堪比被桑解阵推翻的索摩查政权。但是,反对派处于分裂状态,桑解阵利用在国民议会中的绝对多数,通过宪法修正案,废除了总统任期的限制,使奥尔特加在 2016 年 11 月的大选中再次连任。他的妻子罗萨里奥·穆里略(Rosario Murillo)当选为副总统。

2018 年 4 月,因政府推行社会保障体系改革,增加雇主和工人缴纳份额,引发大规模的抗议活动。为平息事态,奥尔特加宣布废除改革方案,但是由于政府对示威人群的暴力镇压,导致了此后几个月内更为广泛的抗议运动,冲突导致 300 多人死亡。根据估计,到 2020 年 1 月,约有 8.8 万人因社会不稳逃离了尼加拉瓜。

三、巴拿马:运河谈判和条约

1903 年美国和巴拿马签署运河条约,1914 年运河通航。此后,围绕运河区的主权问题,巴拿马和美国展开了长期斗争。1933 年,巴拿马总统和美国总统罗斯福会晤,决定各方派代表就运河主权等问题进行谈判。面对轴心国在拉美势力的不断增长，罗斯福决定对巴拿马让步，以确保运河的安全。1936 年 3 月，经过一年多的谈判后，双方签订条约，对 1903 年条约作了第一次修改。根据条约，废除 1903 年条约中美国“保证并维持巴拿马共和国独立”的条款，将美国支付巴拿马运河的租金由每年 25 万美元增加到 43 万美元。但条约并未涉及运河区主权问题。

1953 年，巴拿马政府在人民的推动下，向美国第二次提出了修改条约的要求。在“冷战”的形势下，美国艾森豪威尔政府感到，巴拿马反美运动的高涨，加强了共产党在西半球的影响，因而决定在维持美国在运河区主要权益的前提下，对巴拿马的要求作局部让步。美巴双方经过谈判，于 1955 年 1 月签订了相互谅解与合作条约，对 1903 年条约作了第二次修改。规定运河租金由 43 万美元增加到 193 万美元，巴拿马有权对运河区的非美籍人员征税，运河区美、巴雇员同工同酬等。但运河主权问题仍未解决。

1956 年，巴拿马人民从埃及收回苏伊士运河中深受鼓舞，在国内掀起了要求将巴拿马运河收归国有的集会和游行。1959 年古巴革命胜利后，巴拿马的反美浪潮更加高涨。1959 年 11 月 3 日（巴拿马独立日），巴拿马大学生进入运河区悬挂巴拿马国旗，遭到美国军警镇压。巴拿马群众奋起还击，焚烧美国人的汽车，砸碎美国情报署的玻璃，并撕下美国使馆的国旗。在此形势下，美国艾森豪威尔总统在 12 月 2 日的记者招待会上宣称，巴拿马对运河区享有名义上的主权。1960 年 9 月 21 日，艾森豪威尔决定，在运河区的沙勒尔三角广场首次并挂美巴两国国旗。1963 年 1 月 10 日，美巴达成协议，宣布在运河区陆地上的民政机构一律并挂美巴两国国旗。

1964 年 1 月 9 日，运河区美国巴尔博亚中学故意违反协定，单独悬挂美国星条旗。200 多名巴拿马学生冲进运河区悬挂巴国旗，与美国人发生冲突，巴国旗被撕毁。由此引发了一场大规模的反美群众运动。1 月 10 日，巴拿马总统罗伯托 · F.恰里宣布与美国断交。经美洲国家组织调停，美巴双方于 1964 年 4 月 3 日发表联合声明，恢复外交关系，派代表进行谈判，争取达成“公正与平等的协定”，但谈判时断时续。

1968 年 10 月，具有民族主义倾向的国民警卫队青年军官奥马尔 · 托里霍斯发动政变，掌握了军政大权。托里霍斯将收回运河区主权作为政府的主要任务之一。1971 年 6 月，巴美谈判重新开始。托里霍斯态度坚决，他宣布，如果巴拿马不能在谈判桌上达到目的，那么，“为了下一代人能够在一个自由的国家生活，这一代人献出自己生命”的时候已经到来了。[①] 1973 年，为打破谈判僵局，托里霍斯采取了将巴拿马运河问题“国际化”的方针。3 月，应巴拿马要求，联合国安理会在巴拿马开会，就巴拿马要求缔结“一项正当和公平的条约”的解决办法进行辩论。经辩论，巴拿马、秘鲁、几内亚、印度、印度尼西亚、肯尼亚、苏丹和南斯拉夫等 8 国代表提出一项决议草案，敦促美巴两国废除 1903 年条约，尽快缔结一项公平合理、能满足巴拿马合情合理的愿望，并充分尊重巴拿马对其全部领土的有效主权的新条约。美国行使否决权，最后否决这一决议时，只处于 1 票的地位，而巴拿马赢得了世界大多数国家的支持。

在巴拿马人民的斗争和国际舆论的压力下，美国的态度不得不改变。1977 年卡特入主白宫后，从美国的全球战略出发，极欲稳住后院拉丁美洲，不希望因巴拿马问题再次出现反美风暴，希望尽快缔结巴拿马运河条约。1977 年 8 月，巴美两国在经过多年谈判后终于就《巴拿马运河条约》和《关于巴拿马运河永久中立和运河营运条约》达成了协议。9 月 7 日，托里霍斯和卡特在华盛顿美洲国际组织总部签署了上述两项条约。运河条约规定，在条约生效后巴拿马立即对运河区拥有完整的主权，巴拿马将逐步参加新的运营机构——巴拿马运河委员会，直到 1999 年 12 月 31 日止，届时航道将交由巴拿马单独管理。在过渡期间，巴拿马每年将从通行税中获得约 5300 万美元，并获得 1000 万美元作为使用费和连同运河收入允许时另加 1000 万美元的一笔年金。运河抵御“武装袭击和其他军事行动”的防务将共同承担，由美国保持其主要责任，直到 1999 年止。中立条约规定，1999 年后，只有巴拿马的部队将驻扎在该共和国境内的军事基地上，但美国仍将在未来无限期地对保持运河中立负有责任。对此，1977 年 10 月 14 日，卡特和托里霍斯补签的一项解释此条约谅解声明中说，这一内容，“并不意味着，也不应被解释为美国有权干涉巴拿马内政”。这一谅解，虽然缓和了巴拿马对美国出兵干预的顾虑，但是在 2000 年后运河的中立制度受到威胁

① 约翰·梅杰：《1904—1979 年的巴拿马运河区》，载［英］莱斯利·贝瑟尔主编：《剑桥拉丁美洲史》第七卷，第 689 页。

时，美国有权按照自己的宪法采取行动，保卫运河。一些巴拿马人认为，托里霍斯实际上接受了和 1903 年条约中“永久性”条款相似的条件。

1979 年 10 月 1 日，条约开始生效。但是，新条约的实施并非一帆风顺。随着巴拿马运河回归日期的临近，美国国内出现了一股要求修改 1977 年条约，企图延长美军驻扎巴拿马期限的势力。1983 年，诺列加出任巴拿马国民警卫队司令，逐渐独揽军政大权。他虽然实行军事独裁，使巴拿马民主化进程逆转，但在运河问题上，坚持民族主义立场，拒绝美国有关修改运河条约的要求。为此，1988 年 2 月，美国联邦检察官在迈阿密对诺列加提出控告，并向新闻界公布了一份长达 30 页的起诉书，罗列了诺列加走私贩毒、扼杀人权等 12 大罪状。1989 年 12 月 20 日，美国布什政府出兵巴拿马，1990 年 1 月 3 日，诺列加投降，被押解到美国受审。反对派领导人恩达拉就任巴拿马总统，恩达拉政府在 1990 年 2 月和 1991 年 5 月两度拒绝美国有关修改 1977 年条约的要求。1993 年 1 月，美国国防部宣布了从巴拿马撤军的计划。1994 年 6 月，美国驻运河区的 193 步兵师开始正式撤离。最终，1999 年 7 月 30 日，200 名美国官兵在运河区的克莱顿基地举行了“美国从巴拿马撤出最后一批军队”的告别仪式。巴拿马运河的历史揭开了新的一页。

第四节　古巴革命和革命后的古巴

一、独立后的古巴

1902 年，帕尔马就任古巴独立后第一任总统。1903 年，古巴与美国签订了商业互惠条约，古巴蔗糖向美国出口在现有关税的基础上下调 20%，作为交换，美国向古巴的出口在现有关税基础上下调 20% 到 40%。[①] 同年，古巴同意向美国租借翁达湾和关塔那摩湾，关塔那摩湾将作为美国的煤站

① Thomas E.Skidmore and Peter H.Smith, *Modern Latin America*, Sixth Edition, New York and Oxford: Oxford University Press, 2005, p. 301.

和海军基地。1905 年，帕尔马通过恐吓、胁迫迫使反对派退出竞争，再次当选为总统。何塞·米格尔·戈麦斯和古巴独立战争的老兵领导的自由党表示抗议，并组织发动了一场暴动。由美国建立的农村自卫队显然无力扑灭暴动，帕尔马向美国总统西奥多·罗斯福求助。罗斯福派国防部长威廉·塔夫脱前往哈瓦那，调解对立双方的冲突。塔夫脱认为，帕尔马应该辞职，但同时认为自由党也无力管理这个国家。1906 年 9 月 28 日，帕尔马及其支持者辞职，古巴处于无政府状态。第二天，两千名美国海军陆战队官兵在哈瓦那登陆，古巴再次被美国占领。①

罗斯福任命前巴拿马运河区长官查尔斯·马贡负责美国占领下的古巴行政管理。在自由党的支持下，马贡建立了一支常备军，但同时保留了农村自卫队。他认为，常备军将负责防止国内叛乱，并维持必要的政治稳定，以保护美国的战略和经济利益，而农村自卫队将继续承担警察的职能，保护私有财产。他认为，常备军的建立将消除美国在古巴保持军事力量的必要。马贡还改革了古巴的选举制度，建立了投票人和候选人资格制。在移民政策上，支持白人，尤其是西班牙人移民古巴，限制有色人种。1908 年 8 月举行了地方选举，11 月举行了全国选举，自由党候选人何塞·米格尔·戈麦斯当选为总统，马贡乘新建的缅因号战舰离开古巴，美国的占领结束。

戈麦斯政府期间，腐败和渎职有增无减，特别是在政府基础设施改进工程合同的签订上。忠于帕尔马的军官被辞退，军官任命的依据是对自由党的忠诚度。美国虽然结束了直接占领，但依然干预古巴的重大决策。

1908 年，成立了有色人种独立党（PIC），反对外国对古巴经济的控制和古巴的白人精英。其领导人埃瓦利斯多·埃斯特诺斯原曾是一名奴隶、古巴独立战争的老兵。古巴参议院通过法律，取缔所有以种族为基础的政党，为此，1912 年 5 月 20 日，有色人种独立党举行了起义。5 月 31 日，美国因担心美国人的财产受到损失，派内布拉斯加号战舰前往哈瓦那，美国海军陆战队在东方省的代基里（Daiquiri）登陆。6 月，埃斯特诺斯统率下的 4000 名黑人被击败。②

---

① Alain Rouquié, *El Estado militar en América Latina*, Siglo veintiuno editores, 1984, p.138.

② Clifford L.Staten, *The History of Cuba*, p. 49.

1913 年，由于自由党内部总统何塞·米格尔·戈麦斯和副总统阿尔弗雷多·萨亚斯之间的分歧，保守党领袖马里奥·加西亚·梅诺卡尔当选为总统。得到美国的强有力支持的梅诺卡尔比戈麦斯更加腐败。他从美国得到了几笔贷款，对军队内部自由党的支持者进行清洗。1914 年，第一次世界大战在欧洲爆发，欧洲的甜菜生产陷于停顿，这一年的 7、8 月份，世界市场上的蔗糖价格几乎翻了一番，从而极大地刺激了古巴蔗糖的生产，给古巴带来了繁荣的局面。自由党内部分歧的持续，加上舞弊，使梅诺卡尔在 1916 年的选举中获得连任。1917 年，忠于戈麦斯和萨亚斯的军官以及自由党政治家策划了一场反对梅诺卡尔和保守党的政变。虽然政变者一度占领了卡马圭和圣地亚哥，但是未能夺取哈瓦那的主要军事基地。美国 500 名海军陆战队成员在圣地亚哥登陆。扑灭政变后，梅诺卡尔借机将忠于他的军官充实到军队。在美国的支持下，梅诺卡尔宣布不再在欧洲的战事中保持中立，并借世界大战之机在国内继续行使近乎独裁者的权力。美国海军陆战队直到 1923 年才撤出古巴。

1920 年的总统选举中，被戈麦斯从自由党逐出的萨亚斯在梅诺卡尔领导的保守党的支持下当选为总统。梅诺卡尔支持萨亚斯的前提是，在 1924 年的选举中，萨亚斯将支持梅诺卡尔。第一次世界大战期间，由来自美国和英国的代表组成的国际委员会负责监督协约国的蔗糖供应。到 1918 年，它将国际市场上的蔗糖价格确定为每磅 4.6 美分，并保证购买古巴的全部蔗糖。这一价格高于战前的价格，但是比在自由市场的情况下可能出现的价格要低。1920 年，价格控制结束，由此开始了“百万元的舞蹈”。这一年 2 月，蔗糖价格上升到每磅 9 美分，5 月，达到每磅 22 美分。随后，价格的下跌也像上涨一样迅速。到 12 月，下跌到每磅不到 4 美分。很多榨糖厂签订了以高价大量购买甘蔗的合同，并从银行大量贷款扩大产量，随着价格急剧下跌，这些榨糖厂陷于破产，无力偿还债务。经济危机迫使很多大投资者从已放贷过度的古巴的银行提取其存款。1921 年 4 月，古巴中央银行关闭。雪上加霜的是，在国内甜菜业主的压力下，美国将古巴蔗糖进口的关税每磅提高 1 美分。在严峻的形势下，萨亚斯同意削减古巴政府的预算，以美国摩根银行为首的几家银行答应，在古巴的长期财政计划出台后，向古巴提供 500 万美元的紧急贷款。美国援助的条件是萨亚斯政府履行美国驻古巴大使克劳德提出的改革方案。克劳德坚持,古巴应改革彩票制度、解雇内阁中的“腐败官员”、进一步削减预算等。萨亚斯答应美国的要求后,美国向古巴提供了 5000 万美元的贷款,以保持政府的运转,支付政府雇员的工资。

经济困难导致了民族主义情绪的高涨,表现为反对美国干涉古巴事务,要求废除普拉特修正案,反对美国在古巴的经济存在,要求提高关税保护国内工业等。在这种形势下,萨亚斯通过谈判收回了松树岛控制权。与此同时,一些社会集团要求推行更加进步的政策,如提高对富人的税收、建立国家健康系统、加强政府对蔗糖部门的控制、与美国签订新的贸易协定、结束政治腐败等。哈瓦那工人同盟举行罢工,要求提高工资和改善劳动条件。哈瓦那大学的学生在墨西哥和俄国革命的影响下,开始代表社会下层的利益发言。1923 年成立了大学生联合会(FEU)。学生领袖胡里奥·安东尼奥·梅利亚成为全国知名的人物。

1924 年的选举中,保守党再次提名梅诺卡尔为总统候选人,而萨亚斯支持自由党候选人马查多。选举结果,马查多以为古巴提供“道路、水和学校”的竞选诺言当选总统。马查多加强了对军队的控制。忠于梅诺卡尔的军官被强制退休,代之以马查多的支持者。通过收买,马查多得到了大多数传统政治家,包括保守党政治家的支持。但是,反对派被驱逐出境,反对党被取缔。凭借来自美国的大量贷款,马查多政府进行了大规模的公共工程建设。在 1928 年的选举中,在美国总统柯立芝的支持下,马查多获得连任。

30 年代的大危机使古巴依赖蔗糖出口的单一经济的弱点暴露无遗。1929 年,蔗糖价格下降到每磅 1. 79 美分,到 1932 年,更下降到每磅 0. 72 美分。1930 年,美国通过霍利-斯穆特关税法,对进口的每磅古巴蔗糖加收 2 美分的关税,到 1933 年,古巴蔗糖在美国市场的占有率下降了一半。经济上的困难使反对派运动再次活跃。马查多政府的反对派主要来自两个方面:学生和劳工。1927 年,为了反对马查多连任,古巴大学生指挥部(Directorio Estudiantil Universitario,DEU)成立。1930 年 9 月,该指挥部组织发动了大规模的示威运动。一个中产阶级专业人员领导的更加激进的、秘密的组织 ABC(含义不清,只是称为 ABC)于 1931 年成立,目标是刺杀马查多。1925 年,第一个全国性的工人组织——古巴工人全国联合会(Confederación Nacional Obrera Cubana,CNOC)成立,到 1929 年,已拥有 7. 1

万名会员。古巴工人全国联合会的参加者中包括新成立的古巴共产党，当时被称为共产革命同盟（Unión Revolucionaria Cimmunista，URC），1944年改名为人民社会党（Partido Socilista Popular，PSP），由西班牙共产主义者何塞·米盖尔·佩雷斯和学生领袖安东尼奥·梅利亚领导。对于反对派运动，马查多实行了野蛮镇压。军队成为马查多镇压反对派的工具，被指控从事反政府活动者通常在军事法庭受审。1929年，安东尼奥·梅利亚被暗杀。[①] 在马查多的镇压面前，ABC、古巴大学生指挥部、共产革命同盟、古巴工人全国联合会也诉诸暴力斗争。1932年，ABC组织刺杀了参议长，由此招致了针对学生和其他反对派组织的前所未有的恐怖镇压。1933年1月，2000名蔗糖工业的工人举行罢工，到此时，军队成为马查多政权的唯一支柱。在这种形势下，美国新任总统富兰克林·罗斯福决定进行干预。5月，罗斯福总统派本杰明·萨姆纳·韦尔斯为驻古巴大使，调解马查多和反对派之间的分歧。当马查多拒绝调停时，韦尔斯威胁撤销美国对马查多政权的支持，并暗示美国可能对古巴实行军事干预的可能性。随后，哈瓦那爆发了公交司机罢工，在8月份达到高潮，使古巴陷于无政府状态。韦尔斯提出建议，马查多及其内阁成员全部辞职，由国防部长阿尔韦托·埃雷拉将军担任临时总统，直到选出新的文人总统为止。由于美国不再支持马查多，军人开始对支持马查多的镇压行动开始犹豫，并担心在后马查多时代军队的命运。在韦尔斯和其他反对派领导人表示将来的古巴政府不会对军人进行报复之后，军人表示不再支持马查多。8月12日，马查多及其内阁辞职。阿尔韦托·埃雷拉成为临时总统，并很快将政权交给卡洛斯·曼努埃尔·德·塞斯佩德斯。

反马查多的一些政治组织并不支持美国主导的这一政治安排。在他们看来，由美国支持的塞斯佩德斯及其内阁是保守的、亲美的。塞斯佩德斯拒绝废除包含有普拉特修正案的1901年宪法，在反对派看来，塞斯佩德斯政府是他们曾为之奋斗的更加进步的、民族主义的改革的障碍。正是在这种形势下，发生了“士官暴动”。

塞斯佩德斯在军队内部开展了清洗马查多分子的运动。高级军官被清

① Alain Rouquié，*El Estado militar en America Latina*，p.193.

洗之后，塞斯佩德斯以前总统梅诺卡尔的支持者填充空缺，而不是提拔下级军官。在哈瓦那的哥伦比亚兵营，穆拉托中士巴蒂斯塔领导发动了一场政变，推翻了政府。古巴大学生指挥部立即与政变的军人联合组成了革命洪达。

新的洪达没有有组织的政治支持，其两大主要成分——下级军官和学生领袖——有着截然不同的目标。军人关心的只是捍卫他们的地位不受挑战，而学生则要求进行根本的社会变革，但不知怎样实现这些变革。一个星期内，洪达将政权交给拉蒙·格劳·圣马丁。在新政府中，主要决策者除了总统格劳外，还有学生领袖安东尼奥·吉特拉斯和巴蒂斯塔。

新政府的第一步举措是废除普拉特修正案。此后，颁布了一系列社会立法，确定了八小时工作制、建立劳工部、结束从加勒比地区其他岛屿进口廉价劳动力、给予低收入阶层的子女更多的接受高等教育的机会等。政府还采取措施向农民分配土地，废除高利贷，给予妇女投票权。但是，革命联盟很快解体，格劳政府处于两面夹击之中：左派，包括古巴大学生指挥部和共产主义者，认为改革尚不够激进；温和派，包括主要由中产阶级知识分子组成的ABC，认为格劳政府的改革“过于激进”；右派则干脆反对任何改革。格劳政府还因延期偿付外债以及征收了两家美国-古巴联合蔗糖公司而引起了美国不满，美国一直拒绝承认格劳政府。1934年1月，内外交困中的格劳总统流亡国外，卡洛斯·门迭塔（Carlos Mendieta）取而代之，但是从背后实际控制政权的是巴蒂斯塔。1940—1944年巴蒂斯塔亲自担任总统。

在就任总统以前的两年，为赢得支持，巴蒂斯塔就推行了温和的社会改革措施，其中包括土地再分配。1937年，为了竞选总统，他疏远了与美国的关系，并公开争取劳工和共产主义者的支持。1939年，巴蒂斯塔允许举行制宪会议选举，并于1940年起草了新宪法。新宪法规定保护劳工、保证妇女的平等权利、限制财产权（在财产权与公共利益发生冲突的情况下）。第二次世界大战带来了另一次蔗糖出口繁荣，1944年的生产达到大危机以来的最高水平。朝鲜战争期间，蔗糖价格达到每磅5美分。然而，古巴在国际市场上的主要竞争者菲律宾扩大了生产，市场很快过剩，价格下跌。尽管如此，战争期间的繁荣带来的利润和政府收入使得政府有可能在不增加国内外企业负担的前提下推行民众主义的社会计划。1944年，格劳当选总统，

1948 年的选举中，尽管受到来自民众主义者爱德华多·奇瓦斯及其正统党的挑战，前古巴大学生指挥部领袖卡洛斯·普里奥·索卡拉斯还是当选为总统。格劳政府和普里奥政府期间，较高的蔗糖价格掩盖了政府的腐败和无能。但是，战后蔗糖市场的急剧萎缩和国际蔗糖价格的下跌，加上美国为了保护国内的甜菜生产者而减少了古巴的蔗糖进口配额，使整个古巴经济陷入萧条。社会下层出现骚动，国内外企业家不再能够承担政府的腐败和民众主义的改革计划。1952 年总统选举中，爱德华多·奇瓦斯为了激起民众反对腐败和外国控制的起义，愤而自杀，整个国家陷入政治大混乱之中。1952 年 3 月 10 日，巴蒂斯塔在美国的暗中支持下发动政变，推翻了普里奥政府。

二、古 巴 革 命

政变后，巴蒂斯塔首先控制军队。他将忠诚者安置到军队内部，提高了军事人员的工资，增加了高级军官的退休金，从美国购置现代化的喷气式战斗机。海军军官获得了对海关的控制权，地方军官取代了当地的省长和市长。他增加了 2000 名国家警察力量。[①] 巴蒂斯塔宣布，他将忠于 1940 年宪法。但是随后终止了所有宪法保障，禁止罢工。4 月，他提出了一项新的宪法，使他有权在任何时候取消言论、出版和集会自由 45 天。政党不再得到承认，一个由巴蒂斯塔的支持者组成的 8 人顾问委员会取代了议会。巴蒂斯塔开始对报纸实行新闻检查，将反对派成员投入监狱或驱逐出境。

古巴国内的精英集团如银行家协会、土地拥有者协会、工业家协会、榨糖厂和种植园主协会以及国内外企业主都支持巴蒂斯塔。3 月 27 日，美国承认了古巴新政府。随后，美国钢铁公司许诺增加在古巴的投资。美国在古巴矿业部门的投资增加了。巴蒂斯塔开始兴建新的公共工程，以改善道路系统，修建哈瓦那迫切需要的供水系统。

1952 年底和 1953 年初，军队内部发现了几起试图推翻巴蒂斯塔的密谋行动。对巴蒂斯塔的反抗还出现在哈瓦那大学的学生中，他们采取了示

① Clifford L.Staten, *The History of Cuba*, p. 72.

威和骚乱的方式,尽管当时是零星的、缺乏统一部署的。随着镇压和新闻检查的升级,很多学生得出结论,暴力斗争是推翻巴蒂斯塔政权的唯一可行的途径。正是在这种形势下,发生了菲德尔·卡斯特罗领导的攻打蒙卡达兵营的起义。

1953 年 7 月 26 日,为了激起全国性的反巴蒂斯塔独裁政权的起义,卡斯特罗率领一支由中下阶级和工人阶级组成的起义者在圣地亚哥袭击了蒙卡达兵营。卡斯特罗提出进行土地改革,改革蔗糖工业(工人分享公司的利润、蔗糖工业实行严格的古巴本国所有等),公共设施国有化,增加农村地区的教师工资,降低租税等。攻打蒙卡达兵营的军事行动失败。起义者中,实际在战斗中牺牲者只有几人,但是 68 人被捕,被处以酷刑,然后被处死。32 人被投入监狱,另外 50 人逃脱。卡斯特罗最初逃脱,但随后被捕。10 月,卡斯特罗被起诉,在法庭上,他为自己作了慷慨激昂的辩护,卡斯特罗在自我辩护词的最后大义凛然地说:"判决我吧! 没有关系。历史将宣判我无罪。"[①]经过审讯,卡斯特罗被判处 15 年徒刑,他的弟弟劳尔被判处 13 年徒刑。随后,卡斯特罗和他的战友被送到松树岛监狱。

在监狱中,卡斯特罗仔细研究了何塞·马蒂的著作,写了很多信件,为以后的革命提供了指导思想。[②] 在这些信件中,他揭露了巴蒂斯塔政府的腐败、贪婪和镇压;指出古巴人民所遭受的失业、文盲和缺乏健康保健的现实;主张进行土地改革,改变极不平等的土地分配状况,改变古巴经济依赖于蔗糖和依附于美国的处境。他还强调要重视宣传,要利用媒体作为革命的工具。最后,他强调加强古巴人民的团结。

1954 年 8 月 14 日,巴蒂斯塔最终同意举行选举。11 月 1 日,巴蒂斯塔在没有任何反对派候选人的情况下当选为总统,并于第二年 2 月就职。他宣布,古巴恢复了立宪政府。美国副总统尼克松访问古巴,表示支持巴蒂斯塔政权。巴蒂斯塔感到已完全控制了国内局势,统治地位巩固,于是决定对所有囚犯实行大赦。1955 年 5 月 15 日,卡斯特罗及其战友离开了松树岛监狱。

① Clifford L.Staten, *The History of Cuba*, p. 74.

② Olivier Dabéne, *América Latina en el siglo XX*, Editorial Síntesis, Madrid, 1999, p.122.

出狱后，卡斯特罗立即投入了反对巴蒂斯塔的斗争。卡斯特罗认为，只有暴力斗争才能推翻巴蒂斯塔政权。劳尔·卡斯特罗等人首先前往墨西哥，开始就武装进攻古巴进行准备工作。卡斯特罗留在古巴，与其支持者一起组成了“七二六运动”。1955 年 7 月 7 日，卡斯特罗也来到墨西哥。他们筹集经费购置武器，并在墨西哥城外购买了一家农场，在那里进行军事训练。在墨西哥期间，卡斯特罗得到了古巴前总统普里奥和后来的委内瑞拉总统罗慕洛·贝坦科尔特的支持。[①] 埃内斯托·切·格瓦拉加入了卡斯特罗的队伍，并成为革命的核心领导人之一。

与此同时，哈瓦那大学的学生在何塞·埃切维里亚的领导下，展开了进一步的反巴蒂斯塔政权的斗争。11 月，警察逮捕并拷打哈瓦那和圣地亚哥的反巴蒂斯塔的集会学生。埃切维里亚组织了全国性的学生罢课。1955 年底，埃切维里亚建立了一个秘密的学生组织——革命指导委员会，宗旨是推翻巴蒂斯塔政权。1956 年初几个月，学生暴动遍及整个古巴岛。巴蒂斯塔实行了更严酷的武力镇压，很多学生被害。军队内部持不同政见的军官也起而反对巴蒂斯塔，1956 年 4 月，在拉蒙·巴尔金（Ramón Barquin）上校的领导下，举行暴动，220 名军官参与。暴动失败后，绝大多数受到审讯并被投入监狱。此后，埃切维里亚来到墨西哥，与卡斯特罗协商。他答应在哈瓦那发动学生示威，以牵制巴蒂斯塔政权，支持卡斯特罗对古巴的军事进攻。国内的地下“七二六”运动组织领导人弗兰克·派斯（Frank País）也来到墨西哥，与卡斯特罗商讨进攻事宜。根据计划，弗兰克·派斯将在卡斯特罗登陆的同时组织总罢工和全面的起义。

11 月 25 日，卡斯特罗和 82 名战友乘“格拉玛”号游艇，离开墨西哥，与此同时，哈瓦那大学的教员和管理人员停课，11 月 30 日，弗兰克·派斯和“七二六”运动在东方省举行起义，袭击军营，阻断铁路交通，切断供电线路等。但是，到 12 月 2 日卡斯特罗在古巴的尼克罗（Niquero）附近登陆时，东方省的起义已被巴蒂斯塔政府镇压下去。12 月 5 日，卡斯特罗的队伍进入阿莱格里亚德皮奥（Alegría de Pío）的一块甘蔗种植园时，遭到巴蒂斯塔军队的袭击。只有卡斯特罗和另外 11 人逃脱了伏击，当地农民的帮助下，进

---

① Benjamin Keen and Keith Haynes, *A History of Latin America*, p. 437.

入马埃斯特腊山。

圣诞前夜,“七二六”运动在东方省组织了罢工,并炸毁几个供电设施,造成几个城市供电中断。新年前夕,哈瓦那和圣地亚哥的几家旅馆发生炸弹爆炸事件。巴蒂斯塔对任何与反对派有关联者实行野蛮的拷打和折磨,但是爆炸事件依然在持续。当时,无论在巴蒂斯塔还是依然支持他的美国政府看来,卡斯特罗并没有构成主要的威胁。据报道,卡斯特罗已经死亡,他的一小支队伍将被很快抓捕。

1957 年 1 月 17 日,仅靠大约 20 人的武装,卡斯特罗成功地袭击了拉普拉塔的一个军事前哨,获得了一些基本的补给。1957 年 2 月,美国《纽约时报》记者赫伯特·马休斯(Herbert Mattews)来到马埃斯特腊山,对卡斯特罗进行了采访。2 月 24 日,他的报道配以满脸胡须的卡斯特罗的照片出现在《纽约时报》上。通过这一报道,古巴人民知道,卡斯特罗还活着。报道夸大了卡斯特罗的军事力量的人数和革命运动所取得的成功,从而使卡斯特罗赢得了更多的支持和参加者。

在哈瓦那,埃切维里亚和革命指导委员会向巴蒂斯塔的总统府发动了勇敢的进攻,目标是刺杀巴蒂斯塔,夺取哈瓦那广播电台,宣布结束独裁政权。战斗中,埃切维里亚及其绝大多数起义学生牺牲。

5 月,卡斯特罗和他的游击队员夺取了埃尔乌维罗(El Uvero)的军事前哨,不仅获得了迫切需要的武器弹药和补给,而且鼓舞了士气。巴蒂斯塔军队和当地警察的镇压促使很多农民加入卡斯特罗的队伍。6 月 30 日,弗兰克·派斯在圣地亚哥被捕并被杀害,随后在古巴东部省份爆发了总罢工。

在整个 1957 年,卡斯特罗在山区的力量不断壮大,并在拉普拉塔建立了最高指挥部。与此同时,哈瓦那和圣地亚哥的城市地下游击队以爆炸、绑架、暗杀、散发传单等方式展开了反巴蒂斯塔的活动。巴蒂斯塔不加区分的残酷镇压导致了许多中产阶级成员加入到反对派一边。9 月,西恩富戈斯的海军举行暴动,虽然被扑灭,但暴动表明,巴蒂斯塔已不能依靠军队的全面支持了。到 1957 年底,美国大使厄尔·史密斯(Earl Smith)和美国实业界希望结束政治危机。天主教会要求建立民族团结政府。1958 年 3 月,劳尔·卡斯特罗率军进入东方省北部沿海的克里斯塔尔山(Sierra de Cristal)。美国国务院内一些有影响的成员已不再支持巴蒂斯塔,3 月 13

日,美国宣布对巴蒂斯塔实行武器禁运。[①] 巴蒂斯塔政府和军队的士气受到了严重的挫伤。5 月,巴蒂斯塔派遣 1 万到 1.2 万名武装进入马埃斯特腊山,发动了一场针对卡斯特罗的游击队的全面进攻。但是,到 8 月,巴蒂斯塔的进攻失败,卡斯特罗俘虏了 443 名政府军人并将他们交给国际红十字会。卡斯特罗还从巴蒂斯塔军队那里夺取了弹药、枪支、坦克。10 月,格瓦拉和卡米洛·西恩富戈斯在拉斯维利亚斯(Las Villas)建立了另一条战线。到此时,古巴政府军内开小差和叛变现象已十分普遍。革命军取得一个又一个胜利。格瓦拉和卡米洛·西恩富戈斯从埃斯坎布拉伊山(Sierra de Escambray)的革命指挥部建立了另一游击战线,卡斯特罗和劳尔开始包围圣地亚哥。12 月 28 日,格瓦拉在向圣克拉拉(Santa Clara)进军过程中,俘虏了整列火车的政府军。12 月 31 日夜,巴蒂斯塔被告知,圣地亚哥即将被卡斯特罗攻陷。1959 年 1 月 1 日凌晨 2 时,巴蒂斯塔及其密友逃亡到多米尼加共和国。同一夜,卡斯特罗进入圣地亚哥,并号召举行总罢工。第二天,格瓦拉和卡米洛·西恩富戈斯进入哈瓦那。巴蒂斯塔政权被推翻,古巴历史揭开了新的一页。

三、向社会主义革命的过渡

1959 年 1 月 3 日,古巴临时政府在圣地亚哥成立,曼努埃尔·乌鲁蒂亚出任共和国总统,何塞·米罗·卡多纳出任总理,卡斯特罗出任武装部队总司令。[②] 国家、省、市政府内所有前巴蒂斯塔的支持者皆被解职,很多巴蒂斯塔的军队和政府官员被公审,几百人被处决,其财产被充公。古巴革命领导人认为,议会民主制不适合当时古巴的现实,因而议会被解散。2 月 7 日,通过了共和国基本法,将所有政治权力交给内阁。很快,何塞·米罗·卡多纳辞职,由卡斯特罗接任总理职务。政府最初的目标是:经济多样化、削弱美国在古巴的经济影响、减少古巴巨大的经济不平等现象。[③] 内阁中的非共产主义者如哥伦比亚大学毕业的菲利佩·帕索斯和犹他大学毕业的

---

① Olivier Dabéne, *América Latina en el siglo XX*, p.123.

② Olivier Dabéne, *América Latina en el siglo XX*, p.124.

③ Clifford L.Staten, *The History of Cuba*, p. 90.

曼努埃尔·拉伊在设计制定改革方案中发挥了重要的作用。

1959年5月17日,内阁发布了第一个土地改革法,并成立了全国土地改革委员会(Instituto Nacional de Reforma Agraria;INRA)。该法案规定,土地拥有的最高限额是1000英亩,超出此限额的土地将由国家征用,并由全国土地改革委员会集体经营或者分成67英亩的小块分配给农民。被征收土地的地主将以4.5%的利息以20年的国家债券获得补偿。对于牧牛场和产量超过国家平均水平50%的甘蔗和稻米种植园,规定的土地限额是3333英亩。外国公司可以拥有超过限额的土地,只要政府认为其符合国家利益。榨糖厂不能再经营甘蔗种植园,除非其所有股份被注册并由古巴人所有。只有古巴人可以购买土地。①

4月,卡斯特罗访问美国,目的在于向美国艾森豪威尔政府表明,古巴并没有与美国对抗的意图。在美国期间,卡斯特罗指出:"为什么诸位对于共产党感到不安?我的政府里没有共产党人。"他还特别指出,古巴共产党(古巴人民社会党,PSP)在独裁政府期间是合法的,并曾反对1953年攻打蒙卡达兵营的意图。② 直到1960年12月以前,卡斯特罗从未宣称自己是共产主义者。就美国方面来说,在古巴革命期间,由于切断了对巴蒂斯塔政府的武器供应,实际上在客观上帮助了卡斯特罗的胜利。但是革命后,美国公司和企业家反对古巴政府提高工人工资和进行劳工、土地改革。1959年3月,古巴对美国所有的古巴电话公司实行国有化,5月份的土地改革法律又加剧了美国对卡斯特罗和古巴革命的敌视。很多美国有影响的企业失去了在古巴的土地,他们认为没有得到足够的补偿。在卡斯特罗访问之后,美国副总统尼克松、国务院和中央情报局都认为,美国不可能与古巴保持良好关系,并对反卡斯特罗的力量给予支持。此后几年,以美国迈阿密为基地的古巴流亡分子利用南佛罗里达空军基地,开展了一系列暗杀、向国内反革命集团提供武器、焚烧作物、轰炸榨糖厂、袭击驶往古巴的船只等活动。

在古巴国内,榨糖厂主、甘蔗种植园主、稻米种植园主、工业主反对提高工人工资。他们以拒绝与工会代表会谈、削减雇员、限制工人获得信贷的机

---

① Clifford L.Staten, *The History of Cuba*, p. 91.

② Olivier Dabéne, *América Latina en el siglo XX*, p.124.

会、停工等方式,与要求提高工资的工人对抗。1959 年初,劳工部对 5000 多起劳资纠纷进行了干预,这些干预一般以有利于工人要求的方式得到了解决。1959 年平均工资增长了 14.3%。革命领导层内部也开始出现分歧。7 月,为抗议古巴共产党(古巴人民社会党)在新政府内日益增长的影响,乌鲁蒂亚总统辞职。古巴空军司令佩德罗 · 迪亚斯 · 兰斯逃到美国,美国参议院立即为他提供讲坛,让他发表共产党占据古巴的言论。卡马圭省的武装部队司令乌韦尔特 · 马托斯(Hubert Matos)也对共产党影响的增长表示反对。10 月,当劳尔 · 卡斯特罗被提名担任武装部长时,乌韦尔特 · 马托斯辞职,随后被投入监狱。随着这些反共主义者离职,美国对古巴革命加以控制的希望破灭了。

11 月和 12 月,古巴政府通过了新的针对外国公司的法律。外国石油公司必须将利润的 60%上缴政府。牧牛主的更多土地被征收。1960 年 2 月,苏联副总理米高扬访问古巴,两国签订了为期五年的贸易协定,古巴每年以 100 万吨蔗糖与苏联交换原油,苏联向古巴提供 1 亿美元贷款,古巴以此购买工业设备。1960 年 3 月 4 日,一艘运送武器和弹药给古巴政府的比利时轮船“拉库布雷号”(La Courbre)在哈瓦那港口爆炸,卡斯特罗谴责美国中央情报局,并发表了激烈的反美演说。

至此,美国与古巴之间的对抗不断升级。6 月,美国众议院通过法案,授权艾森豪威尔总统随意削减古巴蔗糖进口配额。古巴政府要求主要的石油公司——得克萨斯石油公司、标准石油公司和荷兰皇家壳牌石油公司提炼从苏联以低价进口的原油,在艾森豪威尔总统的指示下,三家石油公司表示拒绝,6 月 28 日,古巴将石油公司实行国有化。① 7 月,艾森豪威尔总统取消了本年度古巴蔗糖的进口配额。古巴随后对更多的美国财产实行了国有化。10 月,所有美国向古巴的出口被禁止,由此导致了新一轮古巴对美国公司的国有化。1961 年哈瓦那的新年阅兵式上,展示了苏制坦克等武器。月底,美国政府断绝了与古巴的外交关系。

美国肯尼迪总统就职后,继承了艾森豪威尔总统支持古巴流亡者入侵古巴的计划。1961 年 4 月 14 日,在危地马拉经过训练的古巴流亡者在尼

---

① Benjamin Keen and Keith Haynes, *A History of Latin America*, p. 439.

加拉瓜登船驶往古巴。15日凌晨,以尼加拉瓜为基地的B-26轰炸机袭击了古巴的主要机场。卡斯特罗得到情报,入侵者将于17日凌晨3时15分在猪湾登陆,古巴对于入侵者予以彻底回击,两架古巴T-33喷气式教练机和一架B-26轰炸机袭击了登陆力量,击沉两艘船,赶走了补给船。在1297名登陆者中,1180名被俘虏。①

猪湾事件后一个月,卡斯特罗宣布推行社会主义,同时苏联宣布,如果古巴再次面临美国入侵,苏联将保卫古巴。苏联增加了对古巴的军事援助。其中包括向古巴提供能够在整个西半球投放核导弹的飞机。1962年10月,苏联在古巴安装中程核导弹。导弹被美国发现后,美国对古巴实行了海上封锁,古巴做好了迎接美国入侵和空中打击的准备。古巴导弹危机一度使世界处于核战争的边缘,但最终两个超级大国达成协议,在美国保证不入侵古巴以及从土耳其撤出导弹的前提下,苏联从古巴撤出导弹。

在经济上,为减少对于蔗糖的依赖,古巴政府推行了快速工业化和农业多样化的战略。快速工业化将集中于冶金、交通设备、化工、机器制造等领域。所有这些都需要进口技术和原料,进口所需要的资金来自蔗糖的出口。但是,1962—1963年,蔗糖生产急剧下降。造成下降的原因是管理不善和缺少技术人员。到1961年春,超过3.3万个农民已从佃农、分成农变成了土地所有者,建立了226家国营农场和600家甘蔗合作企业。但是这些企业的经理通常是没有管理经验的农民,有一些是因政治原因而任命的。另外,由于实行农业多样化,种植甘蔗的土地面积减少了,1961年发生的严重干旱、美国的制裁等也是造成甘蔗产量下降的因素。农业的多样化并没有满足国内食品的需求,也没有带来新的出口以弥补蔗糖产量下降造成的损失。1962年开始实行食物配给制,贸易赤字扩大,快速工业化的努力失败。认识到只有蔗糖出口才能提供工业化所需要的外汇,1964年起,革命政府采取了新的策略,集中发展蔗糖,目标是到1970年蔗糖产量达到1000万吨。但是,这一目标的实现面临着许多困难:为了实现农业的多样化,抛弃了许多优良的甘蔗田;由于两年之内没有栽培新的甘蔗,古巴甘蔗的产量高峰已过;设备和人力的管理极其糟糕;交通和调配处于混乱状态;榨糖厂受

---

① Clifford L.Staten, *The History of Cuba*, p. 98.

损严重,年久失修。结果,1962—1969 年,农业产量下降了 7%。[①]

为克服这些困难,古巴政府做出了很大的努力:1963 年 10 月,宣布了第二个土地改革法。根据这一法律,征收了几千家中型农场。国有农场成为占主导地位的农业经营形式,控制了 70%的土地。政府还迫使小农以低价出售他们的农产品。古巴政府将国民产值的相当大部分用于再投资,对经济实行集中管理。为了动员广大人民群众的工作积极性,古巴政府提出造就一代"社会主义新人",号召为了建设一个美好的社会而不是为了个人利益而工作。鼓励城市居民在农忙季节,如甘蔗收获季节到农村参加义务劳动。在政治上,1965 年,将"七二六运动"组织、古巴人民社会党和其他一些革命组织合并为统一的古巴共产党(Partido Comunista de Cuba,PCC)。然而,到 1970 年,古巴没有实现蔗糖产量 1000 万吨的目标,仅完成了 850 万吨。

四、反思和体制化

1970 年 6 月 26 日,卡斯特罗宣布 1000 万吨蔗糖产量的目标失败,并承担个人责任。此后,古巴政府对经济政策实行了一系列改革:根据产量的增加、定额的完成情况、工作超时的幅度等实行物质奖励。对国营企业引入市场机制,企业在雇佣和解雇工人、从私营部门购买原材料、雇佣临时工等方面获得了更多的自主权。市场机制还引入了农业和服务业。进一步容忍私营部门的发展。允许农村市场的存在,集体农庄和个体农民可以出售他们的剩余产品,价格由市场供需关系自由决定。[②]

为了减少政府的个人色彩,实现古巴革命的体制化,卡斯特罗采取措施扩大政治开放和民众参与。明确政府的权限,古巴共产党负责政治决策,政府负责行政管理,群众组织(如古巴工人中央工会)负责动员民众参与。民兵被解散,并与军队合并。军队按照传统的等级制进行了改组,并任命了古巴最高革命将军。工会和劳工法庭监督劳工法和工人权利的实施,采取步

① Benjamin Keen and Keith Haynes, *A History of Latin America*, p. 441.

② Clifford L.Staten, *The History of Cuba*, p. 109.

骤使工人更积极地参与生产目标和计划的制订。1975年,召开了第一届共产党全国代表大会,制定了第一部古巴社会主义宪法,并于1976年2月举行公民投票获得通过。宪法确定了自下而上的选举机制。最基层的是普选产生的市级代表大会代表,由他们选举省级代表大会和国家级人民代表大会的代表。自该宪法实施以来,古巴选民的投票率一直在90%以上。[①] 这些代表的绝大多数是共产党员,卡斯特罗担任共产党第一书记、政府首脑和人民代表大会主席。市级代表大会有权对一系列地方政策如垃圾处理、街道清洁、诊所、杂货商店、剧院、小工业等进行监督。共产党的领导机构(政治局、秘书处和中央委员会)开始定期举行会议。在60年代,中央委员会主要由军队和内政部的成员组成,但到70年代代表了广泛的社会阶层。共产党员的人数从1969年的5.5万人增加到1975年的211642人。[②] 古巴工人中央工会(CTC)定期举行会议,地方工会的数量增加,通过秘密投票选举产生工会领导人,在70年代工会领导人的变化频繁。为了鼓励工人加入工会,工人代表参加经济管理委员会和参与决定地方生产目标和处理健康与安全事务。在各级党政决策过程中都有工会代表的参与。

1972年,古巴加入经互会,但同时开始与西方国家开展贸易。到1974年,与西方国家的贸易额占古巴贸易总额的41%。1975年,蔗糖出口带来的硬通货增加到7200万美元。在此期间,古巴开始从西方国家贷款。古巴还得益于苏联的贸易优惠政策。苏联继续以高于国际市场的价格购买古巴蔗糖,并以低于石油输出国组织的价格向古巴提供石油。这使古巴避免了70年代初给美国和西欧国家带来严重经济问题的石油危机。从消极的方面来讲,这种贸易关系不利于古巴经济的多样化。由于受苏联价格的刺激,蔗糖依然是古巴的经济支柱。苏联还向古巴提供低息的长期贷款。

1971—1975年,工业产值增加了35%,经济年平均增长率为10%到14%,而1966—1970年只有3.9%。[③] 这部分是得益于国际市场上蔗糖价格的上升,1975年,蔗糖价格为每磅68美分。但是到1977年,世界市场上蔗糖价格猛跌到每磅8美分,古巴经济严重下降。由于外汇收入下降,还要

① José del Pozo, *Historia de América Latina y del Caribe, 1825–2001*, p. 253.

② Marifeli Pérez-Stable, *The Cuban Revolution*, New York: Oxford University Press, 1999, p. 146.

③ Benjamin Keen and Keith Haynes, *A History of Latin America*, p. 444.

偿还西方国家的贷款,古巴政府不得不实行紧缩政策,包括减少从西方国家的进口。经济问题,加上政治因素,导致大量古巴人向外移民,特别是流向美国。在这种形势下,卡斯特罗对古巴经济进一步自由化,放松对外国投资的限制,允许外国资本拥有最多49%的股份。① 钢材、药品、电子和化学产品的生产增加。由于国家付给私营农民的收购价格提高,农产品的产量也有所增加。经济形势有所好转。1984年,世界市场上蔗糖价格下降到每磅5美分,古巴经济再次陷入衰退。国家需要偿还的外债负担加重。由于美元贬值,进口所需要的硬通货增加。政府需要进一步吸引外资,增加财政收入。与此同时,随着农民市场的发展,腐败现象随之出现,如盗取或挪用国有企业的资源用于私人目的,向国家出售低质农产品,而将高质产品投向市场,在黑市上非法出售产品等,贫富差距随之出现。1986年4月,即在12月的古巴共产党代表大会之前,卡斯特罗实行了"纠偏"(rectification),宗旨是恢复60年代的革命理想主义。他批评腐败的、靠牺牲国家利益和他人利益而自肥的"奸商",再一次强调集体利益,而非个人所得。削减进口,除了工资本来已经很低的工人外,降低工资。再次强调义务劳动。虽然卡斯特罗批评个人主义和资本主义,但是同时他鼓励外资,提倡建立合资企业。因此,"纠偏"实际上是革命理想与现实主义、市场政策的混合。②

五、古巴的对外政策

古巴革命胜利后,革命政府对其他第三世界国家的革命实行军事援助。在60年代,它帮助了阿尔及利亚的独立运动和扎伊尔、坦桑尼亚的游击队运动。与此同时,在1962年发布的第二个《哈瓦那宣言》中,宣布誓将安第斯山变成南美的马埃斯特腊山。随着格瓦拉的牺牲和60年代后期的经济困难,古巴改变了策略,寻求与本半球其他政府建立正常的外交和贸易关系。墨西哥从一开始就未与古巴断交,1972—1975年间,另外8个拉美国家与古巴恢复了外交关系。1975年,美洲国家组织投票决定结束对古巴的

① Clifford L.Staten, *The History of Cuba*, p. 117.

② Clifford L.Staten, *The History of Cuba*, p. 120.

制裁。与此同时,卡斯特罗力图在第三世界发挥领导作用。1972—1973年,他访问了非洲许多国家。1973年,他参加了在阿尔及尔举行的不结盟运动第四届首脑会议。1978年,1.1万名古巴军队帮助埃塞俄比亚击退了索马里在欧加登地区的入侵。1975年底,古巴介入安哥拉内战,在长达14年的时间里,5万名古巴军队支持安哥拉"人民解放运动"抗击美国和南非支持的反政府力量,并在安哥拉南部边境阻止南非的入侵。在奎托夸纳瓦累(Cuito Cuanavale),古巴和安哥拉联合部队彻底击败了南非入侵者,这是当代非洲历史上一场决定性的战役,这场战役在很大程度上促成了1988年安哥拉、古巴和南非三方签署协议,古巴和南非各自撤军,纳米比亚独立。

古巴向22个第三世界国家派出了1.6万名医生、教师、建筑师、农技师、经济学家和其他专业人员,以援助这些国家的发展。除了加强"世界团结"之外,此举的另一目的是获得迫切需要的硬通货。这些援助计划根据被援助国家的偿付能力收费,穷国获得免费援助。古巴的对外援助计划是它的外汇的主要来源之一。

1979年,尼加拉瓜革命胜利。尼加拉瓜桑地诺民族解放阵线在推翻索摩查独裁政权的斗争中从古巴得到的援助是微不足道的。尼加拉瓜革命胜利后,卡斯特罗劝诫桑地诺政府避免与美国发生冲突,使贸易伙伴多元化。他告诫尼加拉瓜政府,经济政策的转变必须渐进地推进,以防止技术人员和专业人员的外流。① 这一年9月,第六届不结盟运动首脑会议在哈瓦那举行,古巴的全球政治影响在70年代末达到顶峰。

古巴与苏联是一种复杂的、相互依赖的关系。在60年代,古巴的对外政策明显与苏联不一致,苏联并不支持古巴在拉丁美洲的革命战争。双方最终形成的关系是一种从各自目的出发的、相互支持的互惠关系。这在70年代已十分明显。古巴从苏联那里得到经济援助、技术、贸易优惠以及军事援助。古巴的国际主义政策是古巴独立决定的。出兵安哥拉、向非洲和第三世界的发展援助是古巴独立做出的决定。苏联通过与古巴的关系,在美国传统的势力范围加勒比地区获得了一个立足点。更重要的是,由于古巴在不结盟运动中的领导地位以及卡斯特罗在这些国家的声望和得到的尊

① Clifford L.Staten, *The History of Cuba*, p. 113.

重,苏联得以进入这些国家。研究古巴对外政策的学者 H.密切尔·埃里斯曼(H.Michael Erisman)认为,古巴在苏联和发展中国家间承担了一个政治掮客的角色。①

1974 年 8 月尼克松辞职后,美国与古巴的关系开始松动。1975 年,双方进行了一系列对话。在对话中,古巴主张讨论具体的问题,如对美国被没收的财产的补偿问题、移民问题、美国在关塔那摩的军事基地问题、贸易制裁问题、两国关系正常化问题、广播干扰问题等。美国主张将双边关系的改善与其他问题如古巴与苏联的关系、古巴对非洲的政策等相联系。1975 年底卡斯特罗向安哥拉派兵后,美国福特总统中止了与古巴的所有谈判。

卡特就任美国总统后,古美关系有所改善。1977 年 4 月,两国就捕鱼权和佛罗里达海峡的海上边界签署了协议。11 月,卡特在哈瓦那设立了美国利益办事处(U.S.Interests Section;USINT),并部分废除了对美国公民前往古巴旅游的限制。卡特开始与卡斯特罗就释放政治犯问题进行谈判。但是,随着 1978 年 1 月古巴出兵埃塞俄比亚,古美关系正常化的希望破灭。为了保持与美国的联系渠道,11 月,卡斯特罗宣布愿意与古巴流亡者对话,并释放政治犯。他还允许几千名古巴流亡者作为旅游者回国与亲属团聚。1979 年,尼加拉瓜革命胜利,卡特总统因所谓共产主义在中美洲的胜利而受到指责,加上萨尔瓦多的反政府武装的活跃,在美国右翼势力看来,卡特总统在反对共产主义中过于软弱、不够坚决。伊朗人质事件更成为卡特在对外政策上软弱的证据。1981 年,共和党人里根就任美国总统。他以严格的东西方冷战的思维看待当代世界,主张恢复美国在世界的领导地位,推行强硬反共的对外政策。美国支持尼加拉瓜反政府武装。1983 年 10 月入侵格林纳达,借口之一就是该国利用古巴军队和建筑工人修建飞机场,里根指责,这是出于军事目的。里根政府中止了所有与古巴的空中航线联系,禁止美国公民前往古巴旅游。

六、冷战结束后的古巴

1989—1991 年东欧剧变和苏联解体使古巴经济遭受了沉重的打击。

① Clifford L.Staten, *The History of Cuba*, p. 115.

1991—1995 年，古巴经济出现了严重的困难。1989—1992 年，古巴的国民收入下降了 45%。1990 年前，古巴每年从苏联得到 1300 万吨石油，到 1992 年，一下子下降到 180 万吨。由此造成的后果是，除了经常性的断电和工厂停工之外，再次出现了马车、用牛牵引的拖拉机，并发生了大规模的以自行车取代汽车作为交通工具的现象。石油的短缺还严重影响了古巴另一主要的创汇行业——锡矿。古巴的锡矿储备占世界第三位，但是苏联的解体使古巴锡矿产量下降了 36%。雪上加霜的是，世界市场上锡矿的价格在 1989 年为每磅 6 美元，此后 5 年内下降到每磅 2. 87 美元，下降了一半以上。① 经济危机直接导致了生活水平的下降。由于经济困难，1992 年和 1993 年，超过 7000 人离开古巴，到了美国。这些人被称为“摆渡者”，指的是以简易的船和木筏越过佛罗里达海峡到达美国的古巴人。但是，由于实行了食物配给制度，古巴没有发生在其他拉美国家极为普遍的大规模饥饿和营养不良的现象。

在危机面前，古巴政府以“革命的现实主义”进行了一系列改革。在经济方面，1993 年 8 月，古巴政府宣布美元合法化。在此之前，古巴人持有美元属于犯罪行为，尽管通过古巴在美国的流亡者，每年有 4 亿美元流入古巴。这些美元在黑市流通，成为一种地下货币。由于政府需要美元偿还外债、支付进口，美元的合法化可以使政府获得迫切需要的外汇。由于恶劣的气候和缺少燃料、机器零部件和肥料，蔗糖产量下降到 1970 年以来的最低点。1994 年，旅游业带来的外汇收入超过蔗糖。古巴政府做出决定，大力发展旅游业。1995 年 9 月，古巴政府修改了关于外资的法律。合资企业和独资企业都成为合法，50 多个国家在古巴投资，其中主要的外资来自西班牙、委内瑞拉、加拿大、意大利、墨西哥、荷兰和英国。为了吸引更多的外资，古巴政府研究了拉美和加勒比地区的自由贸易区之后，在哈瓦那和玛里埃尔（Mariel）建立了三个自由贸易区。进入自由贸易区的产品，无论来自古巴国内还是来自国外，一概免税，生产者获得 20 年的免税待遇。有超过 290 家企业在自由贸易区投资生产。通过改革，在柑橘、烟草、蔬菜和稻米等部门进行投资生产更加容易了。1994 年年中，西班牙在古巴投资生产烟

① Benjamin Keen and Keith Haynes, *A History of Latin America*, pp. 447-448.

草，以色列在古巴投资生产柑橘。据估计，在哈瓦那以西的哈圭格兰德（Jaguey Grande），以色列—古巴合资企业生产了古巴36%的柑橘。旅游业也吸引了大量外资。加拿大、西班牙、牙买加的酒店连锁店在古巴都有投资。每年，成百上千的欧洲和加拿大游客来到古巴，享受加勒比海滩的绮丽风光和五星级酒店的服务。每年也有几万名美国游客非法来古巴旅游。古巴政府在农业领域也进行了改革。所有集体农庄和合作社拨出土地用于食物生产和当地消费。集体农庄和合作社还开始发展畜牧业，满足自身的消费。1993年，个体农民也开始生产食物供自己消费。1993年，古巴政府不再强调传统的大规模的集体农庄，决定允许国营农场转变为合作社，合作社成员拥有用益权（usufruct rights），即他们虽然不享有土地所有权，但是对土地上生产的产品拥有所有权，他们根据利润分享的原则进行经营。到1994年，所有的国营农场都转变为合作社。农业生产自主权下放和引入市场机制的改革，使农业产量到1996年增加了17.3%。1994年10月，农贸市场再次合法化，多余的农产品可以在市场上出售。结果，黑市交易下降，在市场上可以获得的食物增加，食物价格下降。古巴政府还允许一些行业出现自谋职业者，如在司机、美发、制鞋、照相、木匠、摩托车和自行车修理等行业。这些自谋职业者为政府带来了税收收入。1993年，个体经营的家庭餐馆合法化，现在在整个古巴已非常普遍，既面向旅游者，也面向本国消费者。政府大幅度削减了国营企业的投资和军事开支。国营企业获得了生产自主权，并自负盈亏。很多国营企业可以不经政府许可进口设备。但是，古巴政府并没有削减医疗、教育和社会保障领域的开支，在这一点上，古巴与其他第三世界国家以及一些富裕的发达国家有着显著的区别。由于进行了经济改革，古巴经济在经过5年的衰退之后，从1993年开始稳步回升。1994—2000年经济增长率为3.3%。①

在经济改革的同时，古巴政府也推行了政治改革。1992年，全国人民代表大会修改了宪法和选举法，加强对所有宗教信仰的宪法保护，由选民直接地、秘密投票选举国家和省级的人大代表。第一次直接的、竞争性的人民代表大会代表选举结果显示，人大代表的平均年龄下降到43岁。另一政治

① Benjamin Keen and Keith Haynes, *A History of Latin America*, p. 449.

领域的改革是，政府候选人不再需要得到共产党的认可。古巴政府还力图改革人民代表大会，使其成为“更加独立、有效的立法、监督和经济计划部门”。

20世纪90年代，古巴与美国的关系一度有改善的迹象。东欧发生剧变，戈尔巴乔夫领导的苏联与美国关系改善，同时古巴不再支持拉美国家的革命运动，并从非洲撤出了全部军队。最初，布什政府试图改善与古巴关系。但是，1992年的选举和反卡斯特罗的古美国家基金会（CANF）的力量使古美关系解冻的前景突然中止。布什总统将古巴举行自由公正的选举列为古美关系正常化的前提条件。由于民主党候选人克林顿在1992年的选举中争取古美国家基金会的支持，布什总统在选举前夕签署了托里切利法，又称“古巴民主法”，根据该法案，禁止美国公司在其他国家的分支机构与古巴进行贸易，即使所在国家允许与古巴进行贸易。禁止进入古巴码头的船只在6个月内进入美国，并授权总统禁止对任何与古巴进行贸易的国家进行援助。允许总统向古巴持不同政见者提供支持。这项法案甚至受到了美国的欧洲盟国和加拿大的反对，它们认为美国干涉它们的贸易政策。1996年，美国国会通过并经克林顿总统签署了著名的赫尔姆斯－伯顿法，又称“古巴自由和民主团结法”。根据该法案，美国人有权起诉与在1959年后被古巴政府收归国有的美国公司进行贸易或者进行投资获取利润的任何外国公司。允许美国政府对在古巴进行经济活动的外国公司进行惩罚。另外，该法案为古美关系正常化增加了另一条件：美国将不接受有卡斯特罗和劳尔·卡斯特罗的古巴政府，也就是说，即使卡斯特罗或者劳尔·卡斯特罗通过自由公正的选举当选总统，美国将依然不予承认。①

但是，在整个90年代，美国对古巴的政策遭到了各方面反对。托里切利法通过的同一年，联合国大会投票一致谴责美国对古巴的制裁。1993年，拉美、西班牙、葡萄牙首脑会议上，各国领导人呼吁结束对古巴的制裁。美洲国家组织谴责赫尔姆斯－伯顿法，美洲司法委员会裁决该法违背了国际法。加拿大和欧洲国家坚持，美国无权将本国的法律在其国界范围以外实施，并主张将争议提交世界贸易组织。但是克林顿政府与这些国家达成

① Clifford L.Staten, *The History of Cuba*, pp. 134－135.

协议，如果这些国家支持古巴的政治改革要求，美国人有权起诉与在1959年后被古巴政府收归国有的美国公司进行贸易或者进行投资获取利润的任何外国公司这一条款将不会付诸实施。1998年，教皇约翰·保罗二世访问古巴，呼吁美国结束对古巴的制裁。2002年5月，美国前总统卡特访问古巴，这是1959年以来第一个到古巴的美国总统。卡特要求古巴向民主制转变，同时要求美国结束对古巴的制裁。

2006年7月，菲德尔·卡斯特罗因病将他所担任的最高行政职务暂时移交给劳尔·卡斯特罗。2008年2月，劳尔正式担任国务委员会主席兼部长会议主席，并提出要更新古巴的经济社会发展模式。2011年4月16日至19日，古共在时隔14年之后成功地召开了党的第六次代表大会，通过了《党和革命的经济与社会政策的纲要》。2016年4月，古共召开七大，通过了《古巴社会主义经济社会模式的理念》《到2030年经济社会发展计划：国家的建议、轴心和战略部门》和《党和革命的经济和社会政策纲要（2016—2021年）》三份文件。这些文件，为古巴社会主义经济和社会模式的更新指明了方向道路。劳尔上台以来，古巴社会主义模式的更新主要体现在减少国有部门的冗员、将空闲土地承包给集体或个人、扩大个体户范围、制定新的外资法、开设马列尔经济开发区、建立非农牧业合作社等方面。2019年4月，经全民投票通过的古巴新宪法生效。新宪法重申实行以全民所有制为所有制主要形式和以经济计划领导为基础的社会主义经济制度的同时，增加了“为了社会的利益考虑、调节和控制市场”的内容，说明领导层已意识到市场的作用；新宪法首次承认私有制，肯定外资的作用。新宪法在理论和制度方面为古巴模式的更新提供了法律上的保障。①

2016年11月25日，菲德尔·卡斯特罗去世。2018年4月19日，古巴第九届人大选举米格尔·迪亚斯-卡内尔·贝穆德斯为古巴国务委员会主席兼古巴部长会议主席。2019年10月10日，古巴第九届全国人民政权代表大会宣布，米格尔·迪亚斯-卡内尔·贝穆德斯当选古巴共和国主席。但劳尔·卡斯特罗将继续担任古共中央委员会第一书记至2021年古共

① 徐世澄：《古巴共产党和古巴社会经济模式更新》，《当代世界社会主义问题》2019年第2期，第60—69页。

八大。

2013 年 12 月 10 日,美国总统奥巴马在南非约翰内斯堡出席纳尔逊·曼德拉官方追悼会时,与劳尔相遇并握手,显示出美古关系改善的迹象。2014 年 12 月 17 日,奥巴马和劳尔宣布,美国和古巴恢复中断 50 多年的外交关系。2015 年,两国分别在对方的首都恢复了大使馆。2016 年 3 月,奥巴马访问了古巴,这是近 90 年来美国首位在职总统访问古巴。但是,特朗普在 2016 年大选中反对美古关系正常化,2017 年就职后,特朗普开始改变奥巴马政府对古巴的政策。2017 年 11 月,特朗普政府宣布,对美国公民前往古巴旅行实行新的限制,并禁止美国企业和个人与古巴军方、安全和情报部门相关的商店、旅馆以及其他实体有生意往来。2019 年 4 月 17 日,美国政府宣布对古巴采取新一轮制裁措施,包括允许美国公民就被古巴"没收"财产提出起诉以及限制美国公民向古巴汇款的数额等。

总体上说,近些年来,古巴社会主义经济建设和社会发展取得了显著成就,但是,由于美国的长期经济封锁和贸易禁运,以及主要经济伙伴委内瑞拉经济的恶化,加上古巴国内的因素,如经济基础薄弱、体制更新困难等因素,模式更新的效果不明显,2011—2015 年平均国内生产总值增长率为 2.8%,2016 年只增长了 0.5%,2017 年为 1.8%,2018 年为 2.2%。①

① 徐世澄:《古巴共产党和古巴社会经济模式更新》,《当代世界社会主义问题》2019 年第 2 期,第 68 页。

古代美洲与古代中国
历史年代对照表

公元前 2000 年—公元 16 世纪

古代墨西哥	前古典期(形成期)	古典期	后古典期	
	玛雅(库埃罗、卡米纳尔胡尤、埃尔米拉多尔)、奥尔梅克(圣洛伦索、拉文塔) 公元前 2000—公元初	特奥蒂瓦坎、萨波特克(蒙特阿尔万)、玛雅(蒂卡尔、卡拉穆尔、科潘、帕伦克) 公元初—950 年	米斯特克、托尔特克、玛雅(奇琴伊察、玛雅潘) 公元 950—13 世纪	阿兹特克帝国 14 世纪—1521 年

古代秘鲁	成长期	区域发展时期	列国—帝国时期	印加帝国时期
	帕拉伊索、查文 公元前 1800—前 500 年	纳斯卡、莫切 公元前 400—公元 600 年	蒂亚瓦纳科、瓦里、奇穆 公元 600—1500 年	15 世纪—1532 年

古代中国						
夏、商、西周时期 公元前 2100—前 771 年	春秋战国时期 公元前 770—前 221 年	秦、汉时期 公元前 221—公元 220 年	三国、两晋、南北朝时期 公元 220—589 年	隋、唐、五代时期 公元 581—960 年	辽、宋、西夏、金时期 公元 916—1279 年	元、明时期 公元 1271—1644 年

(这里古代墨西哥相当于中部美洲文化区,古代秘鲁相当于安第斯文化区)

大事年表
（古代—2020年）

距今约2万年前人类从亚洲东北部经今白令海峡迁移到美洲。

公元前7000年　古代印第安人遍及整个美洲大陆。

公元前4000年　中部美洲成功培育玉米。

公元前2500年　南美卡拉尔文化。

公元前2000年　玛雅库埃罗文化。

公元前1800年　南美帕拉伊索文化兴起。

公元前1400—前400年　墨西哥奥尔梅克文化鼎盛时期。

公元前1000—前300年　秘鲁查文文化。

公元前900—前500年　玛雅纳克贝文化。

公元前500年　玛雅卡米纳尔胡尤文化兴起。

公元前200—公元600年　秘鲁南部沿海纳斯卡文化。

公元前200—公元750年　墨西哥特奥蒂瓦坎文化。

公元前150—公元50年　玛雅埃尔米拉多尔文化。

公元100—800年　秘鲁北部沿海莫切文化。

公元200—1000年　玻利维亚高原蒂亚瓦纳科文化。

公元300—900年　玛雅城邦鼎盛期。

900—1160年　托尔特克文化。

1325年　阿兹特克人建特诺奇蒂特兰城。

1426—1440年　阿兹特克国王伊斯科阿特尔在位时期。

1438—1471年　印加国王帕查库蒂在位时期。

1492 年　哥伦布在西印度群岛登陆。

1493—1525 年　印加国王瓦伊纳·卡帕克在位。

1494 年　西班牙和葡萄牙签订托尔德西利亚斯条约。

1500 年　葡萄牙航海家卡布拉尔到达巴西。

1502 年　欧洲殖民者贩运第一批黑奴在圣多明各登陆。

1512 年　西班牙国王颁布《布尔戈斯法》。

1513 年　巴尔沃亚越过巴拿马地峡发现太平洋。

1519—1521 年　科尔特斯征服阿兹特克帝国。

1531—1533 年　皮萨罗征服印加帝国。

1535 年　设立新西班牙总督辖区。

1538 年　西班牙在圣多明各建立美洲殖民地第一所大学。

1542 年　设立秘鲁总督辖区;西班牙国王卡洛斯五世签署新法。

1543 年　西班牙对西班牙和美洲之间的贸易船队实行军事护航。

1545 年　波托西发现银矿。

1549 年　葡萄牙王室正式派总督统治巴西。

1551 年　西班牙在利马设立大学。

1553 年　西班牙在墨西哥成立大学。

1571 年　开辟阿卡普尔科和菲律宾之间的马尼拉大帆船贸易。

1581 年　圭亚那沦为荷兰殖民地。

1630 年　法国占领海地。

1635 年　法国占领马提尼克和瓜德罗普岛。

1695 年　巴西米纳斯吉拉斯内地发现了金矿。

1739 年　设立新格拉纳达总督辖区。

1763 年　巴西首府从萨尔瓦多(巴伊亚)迁往里约热内卢。

1776 年　设立拉普拉塔总督辖区。

1778 年　卡洛斯三世颁布自由贸易法令,开放西班牙和美洲殖民地港口。

1780 年　秘鲁爆发图帕克·阿马鲁起义。

1781 年　新格拉纳达的索科罗居民举行起义。

1791 年　海地爆发黑人奴隶起义。

1804 年　海地宣布独立。

1811 年　巴拉圭宣布独立;委内瑞拉宣布独立。

1816 年　阿根廷宣布独立。

1818 年　智利宣布独立。

1819 年　哥伦比亚宣布独立。

1821 年　秘鲁宣布独立;墨西哥宣布独立。

1822 年　委内瑞拉、哥伦比亚和厄瓜多尔组成大哥伦比亚共和国。

1822 年　圣马丁与玻利瓦尔在瓜亚基尔举行会晤;巴西宣布独立。

1825 年　玻利维亚宣布独立。

1826 年　玻利瓦尔在巴拿马召开美洲国家代表会议。

1828 年　阿根廷和巴西签订和约,双方承认乌拉圭独立。

1830 年　大哥伦比亚共和国解体,分别成立哥伦比亚、厄瓜多尔和委内瑞拉共和国。

1831 年　巴西皇帝唐·佩德罗一世退位。

1840 年　佩德罗二世亲政,巴西开始第二帝国时期。

1844 年　多米尼加共和国独立。

1846—1848 年　美国发动对墨西哥战争,墨丧失大片领土。

1861 年　英、法、西决定对墨西哥进行军事干涉。

1864 年　马克西米利安就任墨西哥皇帝。

1864—1870 年　巴拉圭战争。

1867 年　胡亚雷斯率军进入墨西哥城,结束外国对墨西哥的武装干涉。

1868—1878 年　古巴十年战争。

1876—1911 年　迪亚斯对墨西哥实行独裁统治。

1879—1883 年　智利发动对秘鲁和玻利维亚的太平洋战争。

1886 年　古巴废除奴隶制。

1888 年　巴西废除奴隶制。

1889 年　巴西建立共和国。

1895 年　古巴第二次独立战争爆发。

1898 年　美西战争结束,西班牙与美国签署巴黎条约。

1910—1917 年　墨西哥革命。

1916 年　阿根廷激进党在选举中获胜。

1917 年　墨西哥颁布了新宪法。

1924 年　秘鲁的美洲人民革命联盟(简称"阿普拉")成立。

1930 年　阿根廷政变,伊里戈延政府被推翻。巴西政变,瓦加斯出任总统。

1934 年　卡德纳斯就任墨西哥总统。

1937 年　瓦加斯建立"新国家"。

1938 年　卡德纳斯宣布对 17 家外国石油公司实行国有化。

1943 年　阿根廷政变,推翻了拉蒙·卡斯蒂略政府。

1944 年　危地马拉爆发民主革命,胡安·何塞·阿雷瓦洛当选为总统。

1945 年　巴西政变,瓦加斯辞职。

1946 年　庇隆当选阿根廷总统。

1952 年　巴蒂斯塔在古巴发动政变。

1953 年　菲德尔·卡斯特罗领导攻打蒙卡达兵营起义。

1955 年　阿根廷政变,庇隆政府被推翻。

1959 年　古巴革命胜利。

1962 年　古巴导弹危机。

1964 年　巴拿马运河区爆发群众运动;巴西发生政变,推翻古拉特政府。

1970 年　阿连德就任智利总统。

1973 年　智利爆发了推翻阿连德的政变。

1977 年　巴、美两国签订新的《巴拿马运河条约》。

1979 年　尼加拉瓜桑地诺民族解放阵线推翻索摩查独裁政权。

1982 年　英、阿马岛战役;墨西哥爆发债务危机。

1983 年　美国入侵格拉纳达;阿根廷阿方辛总统就职。

1985 年　坦克雷多·内维斯当选为巴西总统,巴西军人政权结束。

1988 年　美国出兵巴拿马。

1989 年　梅内姆当选阿根廷总统;科洛尔当选巴西总统。

1990 年　智利艾尔文宣誓就职智利总统。

1994 年　北美自由贸易协定生效;墨西哥恰帕斯州萨帕塔民族解放军起义。

1998 年　查韦斯就任委内瑞拉总统。

1999 年　美国从巴拿马撤出最后一批军队。

2000 年　墨西哥总统大选,连续执政 71 年的革命制度党在选举中下野。阿根廷爆发危机。

2001 年　美国前总统卡特访问古巴。

2002 年　卢拉当选巴西总统;委内瑞拉发生政变,试图推翻查韦斯总统,最终未遂。

2003 年　基什内尔就任阿根廷总统。

2004 年　海地反对派包围太子港,总统阿里斯蒂德离开海地。

2005 年　胡安·埃沃·莫拉莱斯·艾玛在玻利维亚 12 月 8 日的总统大选中获胜,成为该国建国以来第一位印第安人总统。

2006 年　玻利维亚宣布实行油气资源国有化;墨西哥大选一度引发政治混乱。智利大选,社会党人米歇尔·巴切莱特成功当选,成为智利第一个女总统。尼加拉瓜举行大选,丹尼尔·奥尔特当选总统,桑解阵重新执政。

2007 年　阿根廷当选女总统克里斯蒂娜·费尔南德斯就职,成为该国历史上第一位民选女总统;中国与哥斯达黎加建交。

2008 年　古巴平稳完成最高权力交接。

2009 年　洪都拉斯发生政变,引起拉美政坛连锁反应。

2010 年　海地地震和疫情引发骚乱,总统选举引发政治动荡;智利创造世界矿难救援史上的奇迹。智利大选,中右翼联盟的塞巴斯蒂安·皮涅拉当选总统。

2011 年　智利爆发了大规模的学生抗议运动。劳工党候选人迪尔玛·罗塞夫就任巴西总统。

2012 年　墨西哥大选,革命制度党候选人恩里克·培尼亚·涅托当选为新总统。

2013 年　委内瑞拉总统查韦斯逝世。智利大选,巴切莱特作为反对派联盟“新多数联盟”的总统候选人,再次当选总统。巴西全国各地爆发了反政府的示威游行。

2014 年　巴西举办世界杯足球赛;罗塞夫赢得大选,获得连任。

2015 年　阿根廷大选,毛里西奥·马克里作为中右翼“变革联盟”的候选人当选为总统。

2016 年　巴西经济陷入 20 世纪最严重的衰退,巴西石油公司腐败案持续发酵。参议院投票通过弹劾报告,罗塞夫总统被停职。

2017 年　智利大选,来自右翼的前总统皮涅拉再次当选。巴西前总统卢拉被指控参与腐败和洗钱,被监禁。

2018 年　墨西哥大选,曼努埃尔·洛佩斯·奥夫拉多尔作为“国家革新运动”候选人参选,并成功当选为总统。巴西举行总统大选,来自右派的社会自由党候选人雅伊尔·梅西亚斯·博索纳罗获胜,当选巴西新一届总统。

2019 年　阿根廷大选,中左翼反对派候选人阿尔韦托·费尔南德斯当选为总统,克里斯蒂娜当选为副总统。

2020 年　全球新冠肺炎病毒蔓延,拉美经济遭受重创。

译名对照和索引

主要参考文献

中 文 著 作

艾玛,莫拉莱斯·埃沃:《我的人生——从奥利诺卡到克马多宫》,王萍、颜娟、丁波文译,南开大学出版社 2018 年版。

奥唐奈,吉列尔莫:《现代化和官僚威权主义:南美政治研究》,王欢、申明民译,北京大学出版社 2008 年版。

巴斯塔多,J.L.萨尔塞多:《博利瓦尔:一个大陆和一种前途》,杨恩瑞、赵铭贤译,商务印书馆 1983 年版。

贝瑟尔,莱斯利主编:《剑桥拉丁美洲史》,第 1—10 卷,中国社会科学院拉丁美洲研究所组译,由经济管理出版社、社会科学文献出版社、当代世界出版社 1995—2013 年出版。

贝尔托拉,路易斯、何塞·安东尼奥·奥坎波:《拉丁美洲独立后的经济发展》,石发林译,上海译文出版社 2017 年版。

贝洛,若泽·马里亚:《巴西近代史,1889—1964》,辽宁大学外语系翻译组译,辽宁人民出版社 1975 年版。

伯恩斯,E.布拉德福德:《简明拉丁美洲史》,王宁坤译,湖南教育出版社 1989 年版。

博埃斯内尔,D.:《拉丁美洲国际关系简史》,殷恒民译,商务印书馆 1990 年版。

布尔默-托马斯,维克多:《独立以来拉丁美洲的经济发展》,张凡、吴洪英、韩琦译,中国经济出版社 2000 年版。

卡斯蒂略,贝尔纳尔·迪亚斯·德尔,《征服新西班牙信史》,江禾、林光译,商务印书馆 1988 年版。

加西拉索·德拉维加，印卡：《印卡王室述评》，白凤森、杨衍永译，商务印书馆 1993 年版。

董国辉：《劳尔·普雷维什经济思想研究》，南开大学出版社 2003 年版。

董国辉：《阿根廷现代化道路研究——早期现代化的历史考察》，世界图书出版公司 2013 年版。

董经胜：《巴西现代化道路研究——1964—1985 年军人政权时期的发展》，世界图书出版公司 2009 年版。

董经胜：《土地与自由——墨西哥现代化进程中农民动员研究》，北京大学出版社 2019 年版。

费根，布赖恩：《地球人—世界史前史导论》（第 13 版），方辉译，山东画报出版社 2014 年版。

弗伊克斯，贝雷：《胡亚雷斯传》，江禾、李卞译，商务印书馆 1983 年版。

富尔塔多，塞尔索：《拉丁美洲经济的发展：从西班牙征服到古巴革命》，徐世澄译，上海译文出版社 1981 年版。

富尔塔多，塞尔索：《巴西经济的形成》，徐亦行译，社会科学文献出版社 2002 年版。

福斯特，林恩·V.：《探寻玛雅文明》，王春侠等译，张强校，商务印书馆 2007 年版。

福斯托，博勒斯：《巴西简明史》，刘焕卿译，社会科学文献出版社 2006 年版。

高波：《农民、土地与政治稳定：墨西哥现代村社制度研究》，中国社会科学出版社 2016 年版。

洪国起、王晓德：《冲突与合作》，山西高校联合出版社 1994 年版。

洪育沂主编：《拉美国际关系史纲》，外语教学与研究出版社 1996 年版。

韩琦：《拉丁美洲经济制度史论》，中国社会科学出版社 1996 年版。

韩琦主编：《世界现代化历程·拉美卷》，江苏人民出版社 2010 年版。

郝名玮、徐世澄：《拉丁美洲文明》，中国社会科学出版社 1999 年版。

贺喜：《智利现代化道路研究——1971—1973 年阿连德政府"社会主义道路"的探索》，世界图书出版公司 2014 年版。

加莱亚诺，爱德华多：《拉丁美洲被切开的血管》，王玫等译，人民文学出版社 2001 年版。

卡多佐，费尔南多·恩里克：《巴西崛起——传奇总统卡多佐回忆录》，秦雪征、叶硕译，法律出版社 2012 年版。

拉斯卡萨斯，巴托洛梅：《西印度毁灭述略》，孙家堃译，商务印书馆 1997 年版。

李春辉：《拉丁美洲史稿》上、下册，商务印书馆 1973 年版。

李春辉、苏振兴、徐世澄主编:《拉丁美洲史稿》第三卷,商务印书馆 1983 年版。

罗荣渠:《美洲史论》,商务印书馆 2009 年版。

陆国俊、郝名玮:《新世界的震荡——拉丁美洲独立运动》,上海社会科学院出版社 1991 年版。

刘文龙:《拉丁美洲文化概论》,复旦大学出版社 1996 年版。

刘文龙:《墨西哥通史》,上海社会科学院出版社 2008 年版。

马达里亚加,萨尔瓦多·德:《哥伦布评传》,朱伦译,中国社会科学出版社 1991 年版。

马丁,谢里尔·E.、马可·瓦塞尔曼:《拉丁美洲史》,黄磷译,海南出版社、三环出版社 2007 年版。

马里亚特吉,何塞·卡洛斯:《关于秘鲁国情的七篇论文》,白凤森译,商务印书馆 1987 年版。

莫莱,西尔瓦纳斯·G.:《全景玛雅》,文静、刘平平译,国际文化出版公司 2003 年版。

米哈雷斯,奥古斯托:《解放者》,杨恩瑞等译,中国对外翻译出版公司 1983 年版。

普雷斯科特:《秘鲁征服史》,周叶谦、刘慈忠、吴兰芳、刘方译,青海人民出版社 2003 年版。

潘芳:《阿根廷早期民众主义研究》,天津人民出版社 2019 年版。

齐格勒,杰里本特利·赫伯特:《新全球史》,魏凤莲译,北京大学出版社 2007 年版。

萨拉依瓦,J.H.:《葡萄牙简史》,李均报、王全礼译,澳门文化司署与花山文艺出版社 1994 年版。

斯基德摩尔,托马斯·E.、彼得·H.史密斯:《现代拉丁美洲》,江时学译,世界知识出版社 1996 年版。

斯基德摩尔,托马斯·E.、彼得·H.史密斯、詹姆斯·N.格林:《现代拉丁美洲》(第七版),张森根、岳云霞译,当代中国出版社 2014 年版。

斯蒂芬斯:《发现玛雅》,崔松译,北京时代华文书局 2017 年版。

斯塔夫利亚诺斯:《全球通史:从史前史到 21 世纪》,吴象婴、梁赤民、董书慧、王昶译,北京大学出版社 2006 年版。

斯塔夫里亚诺斯:《全球分裂:第三世界的历史进程》,迟越等译,商务印书馆 1993 年版。

沙丁等:《中国和拉丁美洲关系史》,河南人民出版社 1986 年版。

苏振兴主编:《拉美国家现代化进程研究》,社会科学文献出版社 2006 年版。

索萨:《拉丁美洲思想史述略》,云南人民出版社 2003 年版托马斯,艾·巴:《拉丁美洲史》,寿进文译,商务印书馆 1973 年版。

威亚尔达,霍华德·J.、哈维·F.克莱恩:《拉丁美洲的政治与发展》,刘捷、李宇娴译,上海译文出版社 2017 年版。

沃勒斯坦,伊曼纽尔:《现代世界体系》,尤来演等译,高等教育出版社 1998 年版。

瓦伦特,乔治·C.:《阿兹特克文明》,朱伦、徐世澄译,商务印书馆 1999 年版。

王霄冰:《玛雅文字之谜》,上海古籍出版社 2006 年版。

徐世澄主编:《美国和拉丁美洲关系史》,社会科学文献出版社 1995 年版。

徐世澄:《卡斯特罗评传:从马蒂主义者到马克思主义者》,人民出版社 2008 年版。

袁东振、徐世澄:《拉丁美洲国家政治制度研究》,世界知识出版社 2004 年版。

曾昭耀:《政治稳定与现代化——墨西哥政治模式的历史考察》,东方出版社 1996 年版。

曾昭耀:《拉丁美洲发展问题论纲——拉美民族 200 年崛起失败原因之研究》,当代世界出版社 2011 年版。

张凡:《当代拉丁美洲政治研究》,当代世界出版社 2009 年版。

江时学:《拉美发展模式研究》,经济管理出版社 1996 年版。

中国社会科学院拉丁美洲研究所译:《玻利瓦尔文选》,中国社会科学出版社 1983 年版。

英文、西班牙文著作

Aguilar-Moreno, Manuel, *Handbook to Life in the Aztec World*, California State University, Los Angeles, 2006.

Aguilar, Héctor, Lorenza Meyer, *A la sombra de la Revolución Mexicana*, Aguilar, León y Cal Ediciones, S.A.de C.V., 1989.

Alejandro, Carlos Díaz, *Ensayos sobre la historia económica Argentina*, Buenos Aires: Amorrortu Editores, 1975,

Alves, Maria Helena Moreira, *State and Opposition in Military Brazil*, Austin: University of Texas Press, 1985.

Aramburu, J., *Historia argentina*, Buenos Aires, 1949.

Baer, Werner, *The Brazilian Economy: Growth and Development*, Praeger, 1989.

Bakewell, Peter J., *A History of Latin America: c. 1450 to the Present*, Blackwell Publishers, 2004.

Barros, Mario, *Historia Diplomática de Chile, 1541–1938*, Barcelona, 1970.

Batista, Paulo Nogueira, Jr., *International Financial Flows to Brazil Since the Late 1960s*, World Bank Discussion Papers, 7, World Bank, March 1987.

Bauer, Brian S., *Ancient Cuzco: Heartland of the Inca*, Uni.of Texas Press, 2004,

Bilsky, Edgardo, *La semana trágica*, Buenos Aires, 1984.

Boersner, Demetrio, *Relaciones Internacionales de América Latina, Breve Historia*, Editorial Nueva Imagen, 1982.

Boogaart, Ernst Van de et al., *La Expansión Holandesa en el Atlántico, 1580–1800*, Madrid, 1992

Brading, D. A. *Miners and merchants in Bourbon Mexico, 1763 – 1810*, Cambridge University Press, 1971.

Brom, Juan, *Esbozo de Historia de México*, Editorial Grijalbo, 1998.

Bronfman, Alan ed., *Documentos Constitucionales de Chile, 1811 – 1833*, K. G. Saur, 2006.

Burkholder, Mark A. & Lyman L. Johnson, *Colonial Latin America*, Fifth Edition, Oxford University Press, 2004.

Burns, E. Bradford, *A History of Brazil*, New York: Columbia University Press, 1993.

Clayton, Lawence A. & Michael L. Conniff, *A History of Modern Latin America*, New York: Harcourt Brace Jouanovich College Publishers, 1999.

Coes, Donald V., *Macroeconomic Crises, Policies and Growth in Brazil, 1964–90*, The World Bank, Washington, D.C. 1995.

Collier, Simon and William F. Sater, *A History of Chile, 1808 – 2002*, Cambridge University Press, 2004.

Connelly, Marisela y Romer Cornejo Bustamante, *China-América Latina. Génesis y Desarrollo de sus Relaciones*, El Colegio de México, 1992.

Conniff, Michael L., ed., *Populism in Latin America*, The University of Alabama Press, 1999.

Dabène, Olivier, *América Latina en el siglo XX*, Armand Colin Éditeur, Madrid, 1999.

Donghi, Tulio Halperín, *Historia contemporánea de América latina*, Alianza Editorial, S.A., Madrid, 1998.

Dornbusch, Rudiger and Sebastian Edwards, eds., *The Macroeconomics of Populism in Latin America*, The University of Chicago Press, 1991.

Farcau, Bruce W., *The Transition to Democracy in Latin America: The Role of the Military*, Praeger, 1996.

Fiechter, George-Andre, *Brazil since 1964: Modernization under a Military Regime*, The Macmillan Press, London, 1975.

Fisher, John, *Commercial Relations between Spain and Spanish America in the Era of Free Trade, 1778-1796*, Center for Latin American Studies, The University of Liverpool, 1985.

Fitch, J.Samuel, *The Armed Forces and Democracy in Latin America*, Baltimore: Johns Hopkins University Press, 1998.

Fox, Aituro A, *Latinoamérica: Presente y Pasado*, Prentice Hall, 1998.

French-Davis, Ricardo, *Politicas economicas en Chile, 1952-1970*, Santiago, 1973.

Hardy, Clarisa, *La reforma social pendiente*, Santiago: Los Ediciones de Chile 21, 1997.

Hersog, Jesùs Silva, *El agrarismo mexicano y la reforma agraria: exposicion y critica*, Mexico, Fondo de Cultura Economica, 1959.

Keen, Benjamin, *A History of Latin America*, Fourth Edition, Boston and Toronto: Houghton Mifflin Company, 1992.

Keen, Benjamin, Keith Haynes, *A History of Latin America*, Seventh Edition, Boston and New York: Houghton Mifflin Company, 2004.

Kirkwood, Burton, *The History of Mexico*, Westport: Greenwood Press, 2000.

Langley, James C., *Symbolic Notation of Teotihuacan: Elements of Writing in a Mesoamerican Culture of the Classic Period*, Oxfordshire: BAR, 1986.

Lewis, Daniel K., *The History of Argentina*, Westport: Greenwood Press, 2001.

Loveman, Brian, *Chile: The Legacy of Hispanic Capitalism*, Second Edition, New York: Oxford University Press, 1988.

Lynch, John, *Caudillos in Spanish America, 1800-1850*, Oxford: Clarendon Press, 1992.

Lynch, John, *Spain 1516-1568, From Nation State to World Empire*, Blackwell, 1992.

Mazo, Gabrieldel, *El Radicalismo, Ensayo sobre su historia y doctrina*, 2 Vols, Buenos Aries, 1957.

Murmis, Miguel y Juan Carlos Portantiero, *Estudios sobre los orígenes del peronismo*, Buenos Aires: Siglo Veintiuno Argentina, 1971.

Navarro, Moisés Gonzúlez, *Los exteranjeros en México y los Mexicanos en el extranjeros, 1821-1970*, Volumen 3, El Colegio de México, 1993-1994.

O'Donnell, Guillermo A., *Modernization and Bureaucratic-Authoritarianism: Studies in South American Politics*, Berkeley: University of California, 1979.

Oppenheim, Lois Hecht, *Politics in Chile: Democracy, Authoritarianism, and the Search for Development*, Westview Press, 1999.

Pease, Franklin (Director del volumen), *Historia General de América Latina*, Vol.II, Ediciones UNESCO, 2000.

Perez-Brignoli, Hector, *A Brief History of Central America*, Berkeley: University of California Press, 1989.

Pozo, José del, *Historia de América Latina y del Caribe, 1825–2001*, Santiago: LOM Ediciones, 2002.

Press, Phyllis R., *Brazil and the Quiet Intervention*, 1964, Austin: University of Texas Press, 1979.

Rector, John L., *The History of Chile*, Westport: Greenwood Press, 2003.

Renfrew, Colin, *The Cambridge World Prehistory, v2: East Asia and the Americas*, Cambridge University Press, 2014.

Rogoziński, Jan, *A Brief History of the Caribbean, From the Arawak and Carib to the Present*, Facts On File, Inc. New York, 1999.

Rouquié, Alain, *El Estado militar en América Latina*, Siglo veintiuno editores, 1984.

Schneider, Ronald M., "*Order and Progress*": *A Political History of Brazil*, Westview Press, 1991.

Sharer, Robert J. & Loa P. Traxler, *The Ancient Maya*, Sixth edition, Stanford, California, 2006.

Simpson, Lesley Byrd, *The Encomienda in New Spain, The Beginning of Spanish Mexico*, Berkeley: University of California Press, 1982.

Skidmore, Thomas E. & Peter H. Smith, *Modern Latin America*, Sixth Edition, New York: Oxford University Press, 2005.

Skidmore, Thomas E., *Politics in Brazil, 1930–1964, An Experiment in Democracy*, New York: Oxford University Press, 1967.

Skidmore, Thomas E., *The Politics of Military Rule in Brazil, 1964–85*, New York: Oxford University Press, 1988.

Staten, Clifford L., *The History of Cuba*, New York: Palgrave Macmillan, 2003.

Stein, Sanley J. and Barbara H. Stein, *The Colonial Heritage of Latin America, Essays on Economic Dependence in Perspective*, New York, Oxford University Press, 1979.

Tamayo, Jaime, *En el Interinato de Adolfo de la Huerta y el Gobierno de Álvaro Obregón, 1920–1924*, Siglo Veintiuno Editores, 1987.

Taube, Karl A., *The Writing System of Ancient Teotihuacan*, Barnardsville, North Carolina, Washington, D.C, 2000.

Thomas, Hugh, *Cuba: The Pursuit of Freedom*, New York: Harper and Row Publishers, 1971.

Womack, John, *Zapata and the Mexican Revolution*, New York: Vintage Books, 1968.

英文、西班牙文论文

Anderle, Adám, "El Positivismo y la Modernización en la Identidad Nacional en América Latina", *Anuario de estudios americanos*, 45, 1988.

Baer, Werner and Annibal Villela, "Industrial Growth and Industrialization: Revisions in the Stages of Brazil's Economic Development", *Journal of Developing Areas*, 7, 1973.

Baer, Werner, "Import Substitution and Industrialization in Latin America: Experiences and Interpretations", *Latin American Research Review*, Vol. 7 No. 1, 1972.

Blanchard, Peter, "A Populist Precursor: Guillermo Billinghurst", *Journal of Latin American Studies*, Vol.9, No, 2, 1977.

Chou, Diego L., "Los chinos en hispanoamérica", *Cuaderno de Ciencias Sociales*, 124, Sede Academica, Costa Rica, FLACSO, San Jose, 2002.

Corrad, Robert, "The Planter Class and the Debate over Chinese Immigration to Brazil, 1850-1893", *International Migration Review*, Vol.9, No. 1, 1975.

Fanseca, Manuel A.R.Da, "Brazil's Real Plan", *Journal of Latin American Studies*, Vol. 30, No.3, 1998.

Fisher, J.R., "La rebelión de Túpac Amaru y el programa de la Reforma Imperial de Carlos III", *Anuario de estudios americanos*, 28, 1971.

Francisco, Alejandro San, "La Deliberación Política de los Militares Chilenos en el Preludio de la Guerra Civil de 1891", *Historia*, No.38, Vol.1, 2005.

French-Davis, Ricardo, "El impacto de las exportaciones sobre el crecimiento en Chile", *Revista de la CEPAL*, 78, 2002.

Gallardo, José Diaz, "La Era Post-Pinochet: Antecedentes y Proyecciones en el Ámbito de las Relaciones Civico-Militares", *Fuerzas Armadas y Sociedad*, año 12, 4, 1997.

Gandia, Enrique de, "Sarmiendo y Su Teoría de 'Civilización y Bararie'", *Journal of Inter-American Studies*, Vol.4, No. 1 1962.

Geggus, David, "The Naming of Haiti", *New West Indian Guide*, Vol.71, No.1-2.

Glaucio A. D., Soares; Óscar Barahona, "El sistema político brasileño: nuevos partidos y viejas divisiones", *Revista Mexicana de Sociología*, Vol.44, No.3, 1982.

Harris, Richard L., "Resistance and Alternatives to Globalization in Latin America and the Caribbean", *Latin American Perspectives*, Issue 127, Vol.29, No.6, 2002.

Harvey, Neil, "Rural Reform and the Zapatista Rebellion: Chiapas 1988-1995", Gerardo Otero, ed., *Neo-Liberalism Revisited: Economic Restructuring and Mexico's Political Future*, Westview Press, 1996.

Hilton, Stanley E., "Vargas and Brazilian Economic Development, 1930-1945: A Reappraisal of His Attitude Toward Industrialization and Planning", *The Journal of Economic History*, Vol.35, No. 4, 1975.

Horna, Hernán, "Los ferrocarriles latinoamericanos del siglo XIX: el caso Colombia", Carlos Dávila, L. De Guebara, compilador, *Empresas y enpresarios en la historia de Colombia: Siglo XIX-XX. Una colección de estudios recientes*, Tomo II, Nacionaes Unidas, CEPAL, 2003.

Horowita, Joel, "Populism and Its Legacies in Argentina", Michael L. Conniff, ed., *Populism in Latin America*, The University of Alabama Press, 1999.

Hunter, Wendy and Timonthy J. Power, "Lula's Brazil at Midterm", *Journal of Democracy*, Vol.16, No.3, 2005.

Hunter, Wendy, "Conflicto Civil-militar y Acomodación en las Nuevas Democracias Latinoamericanas", *Fuerzas Armadas y Sociedad*, año 10, 4, 1995.

James, Daniel, "17 y 18 de octobre: El peronismo, la protesta y la clase obrera argentina", *Desarrollo Económico*, 107, 1987.

Jingsheng, Dong, "Chinese Emigration to Mexico and the Sino-Mexico Relations before 1910", *Estudios Internacionales*, Año XXXIII, Enero-Marzo 2006, No.152.

Jonas, Susanne, "Democratization through Peace: The Difficult Case of Guatemala", *Journal of Interamerican Studies and World Affairs*, Vol.42, No. 2, 2000.

Katz, Friedrich, Adriana Guadrrama, "Pancho Villa y la Revolución mexicana", *Revista de Maxicana Sociología*, Vol.51, No.2, 1989.

Kiernan, Victor, "Chile from War to Revolution, 1879-1891", *History Workshop*, 34, 1992.

Lamounier, Bolivar, "Brasil. La formación de un pensamiento político autoritario en la Primera República: una interpretación", *Desarrollo Económico*, Vol.16, No.62, 1976,

Mayo, John, "La Compañía de Salitres de Antofagasta y la Guerra del Pacifico", *Historia*, 14, 1979.

Michaels, Albert L., "The Alliance for Progress and Chile's 'Revolution in Liberty', 1964-1970", *Journal of Interamerican Studies and World Affairs*, Vol. 8, No.1, 1976.

Panizza, Francisco, "Neopopulism and its Limits in Collor's Brazil", *Bulletin of Lain American Research*, 19, 2000.

Ponte, Víctor M. Durand, "Análisis del movimiento estudiantil brasileño", *Revista Mexicana de Sociología*, Vol.29, No.3, 1967

Rapoport, Mario y Ruben Laufer, "Los Estatos Unidos ante el Brasil y la Argentina-los golpes militares de la decada 60", *Estudios Interdisciplinarios de América Latina y el Caribe*, Vol.11, No.2, 2000.

Remmer, Karen L., "The Timing, Pace and Sequence of Political Change in Chile, 1891-1925", *The Hispanic American Historical Review*, Vol.57, No.2, 1977.

Rosales, Osvaldo, "Balance y renovación en el paradigma estructualista del desarrollo latinoamericano", *Revista de la CEPAL*, No.34, 1988.

Schamis, Hecter E., "Reconceptualizing Latin American Authoritarianism in the 1970s: From Bureaucratic Authoritarianism to Neo-conservatism", *Comparative Politics*, 1996.

Selcher, Wayne A., "Contradictions, Dilemmas, and Actors in Brazil's Abertura, 1979-1985", Wayne A. Selcher ed., *Political Liberalization in Brazil: Dynamics, Dilemmas and Future Prospects*, Westview Press, 1986.

Serra, J., "Three Mistaken Theses Regarding the Connection between Industrialization and Authoritarian Regimes", David. Collier, ed., *The New Authoritarianism in Latin America*, Princeton University Press, 1979.

Silva, Patricio, "Searching for Civilian Supremacy: The Concertacion Governments and the Military in Chile", *Bulletin of Latin American Research*, Vol. 21, 3, 2002.

Skidmore, Thomas E., "The Politics of Economic Stabilization in Postwar Latin America", James M. Malloy, ed., *Authoritarianism and Corporatism in Latin America*, University of Pittsburgh Press, 1977.

Smith, Peter H., "The Rise and Fall of the Developmental State in Latin America", Menno Vellinga, ed., *The Changing Role of the State in Latin America*, Westview Press, 1998, p. 63.

Smith, William C., "Armas y Democracia en el Cono Sul: Desmilitarización y Cooperación Regional", *Fuerzas Armadas y Sociedad*, año 10, 2, 1995

Spektorowski, Alberto, "The Ideological Origins of Right and Left Nationalism in

Argentina, 1930-43", *Journal of Contemporary History*, Vol. 29, No. 1, 1884.

Stepan, Alfred, Leandro Wolfson, "Las prerrogativas de los militares en los nuevos regímenes democráticos", *Desarrollo Económico*, Vol.27, No.108, 1988.

Talavera, Bernardo Fontaine "Sobre la Ley de Impuesto a la Renta", *Estudios Publicos*, no.34, 1989.

Tedesco, Laura, "The 1999 Elections in Argentina: Change in Style or Substance?" *Revista Europea de Estudios Latinoamericanos y del Caribe*, 70, abril de 2001.

Topik, Steven, "The Evolution of Economic Role of Brazilian State, 1889 - 1930", in*Journal of Latin American Studies*, Vol.11, No.2, Nov., 1979.

Trindade, Helgio Henrique C., "El fascismo brasileño en la década del 30: Orígenes históricos y base social del integralismo(1932-37)", *Desarrollo Económico*, Vol.12, No. 48.1973

Urbaneja, Diego, "Caudillismo y pluralismo en el siglo XIX venezuela", *Politeia*, 4, 1975.

Wallerstein, Michael, "The Collapse of Democracy in Brazil: Its Economic Determinants", *Latin American Research Review*, 15-3, 1980.

Weffort, Francisco Correa, "La crisis de populismo: Brasil, 1961 - 1964", *Revista Mexicana de Sociología*, Vol. 41, No.1

Weyland, Kurt, "'Growth with Equity' in Chile's New Democracy", *Latin American Research Review*, Vol.32, No. 1, 1997.

Weyland, Kurt, "Neopopulism and Neoliberalism in Latin America: Unexpected Affinities", *Studies in Comparative International Development*, Vol. 31, No.3.1996.

Weyland, Kurt, "The Rise and Fall of President Collor and Its Impact on Brazilian Democracy", *Journal of Interamerican Studies and World Affairs*, Vol.35, No.1 1993.

再版后记

春节前，赶着写完了全部书稿。在正式交稿付印之前，想争取一点时间，约请同行专家帮助审读一下，以尽量减少差错。可是，正值新春佳节，怎么好在这个时候去打扰人家呢？没想到一个个电话过去，都得到了热情的回应。考虑到所约请的专家大多年岁较大，不好要求他们在短短的时间里看完50多万字的书稿，于是，就想采取每人分头看部分章节的办法。没想到这个主意得不到认同。他们说："中国人写的第一部拉丁美洲通史成书于20世纪60年代，半个世纪才盼来一部新的拉美史，要读就要通读全书，了解全貌！"这真是对我们的莫大鼓励。于是赶紧安排复印装订，用快递分送过去。3月11日，以北大拉丁美洲研究中心名义，举办了一个小型学术讨论会。让我们深为感动的是，这些同志放下了手头要务，认真通读了全稿，提出了很多非常宝贵的意见，有的还帮助查核资料出处，订正统计数字和译名。这次临时安排的为期一天的讨论，让我们受益匪浅。

在听取专家们意见的基础上，我们又对书稿进行了一次补充和修改。应该说，如果读者打开本书，觉得尚有可读可取之处，那么，那里就有这些专家们所付出的一份宝贵劳动。他们是：中国社科院学部委员、拉丁美洲研究所苏振兴研究员，拉美所曾昭耀研究员、张森根研究员，世界历史研究所郝名玮研究员，南开大学拉美研究中心洪国起教授（因病未出席）和韩琦教授等。

以上是写于2008年6月的书稿初版的"后记"。这段简要历史记录，反映了学界同仁对中国人撰写一本新拉丁美洲史的殷切期望和热情支持，并鼓励我们在书稿出版后继续努力,关注国内外学术界拉美研究的新动态和新成果,因而才有十年后今天新一版拉丁美洲史的面世。拉美学界前辈、湖北大学已故黄邦和教授,曾抱病阅读全书,大加赞赏和鼓励。本书还受到广大青年读者的关注,在网上纷纷留言,提出不少宝贵意见,对新版的修改大有助益,谨在此一并表示我们衷心的感谢!

林被甸　董经胜

2020 年 10 月

19世纪初独立后的拉丁美洲

拉丁美洲古代印第安文化分布图

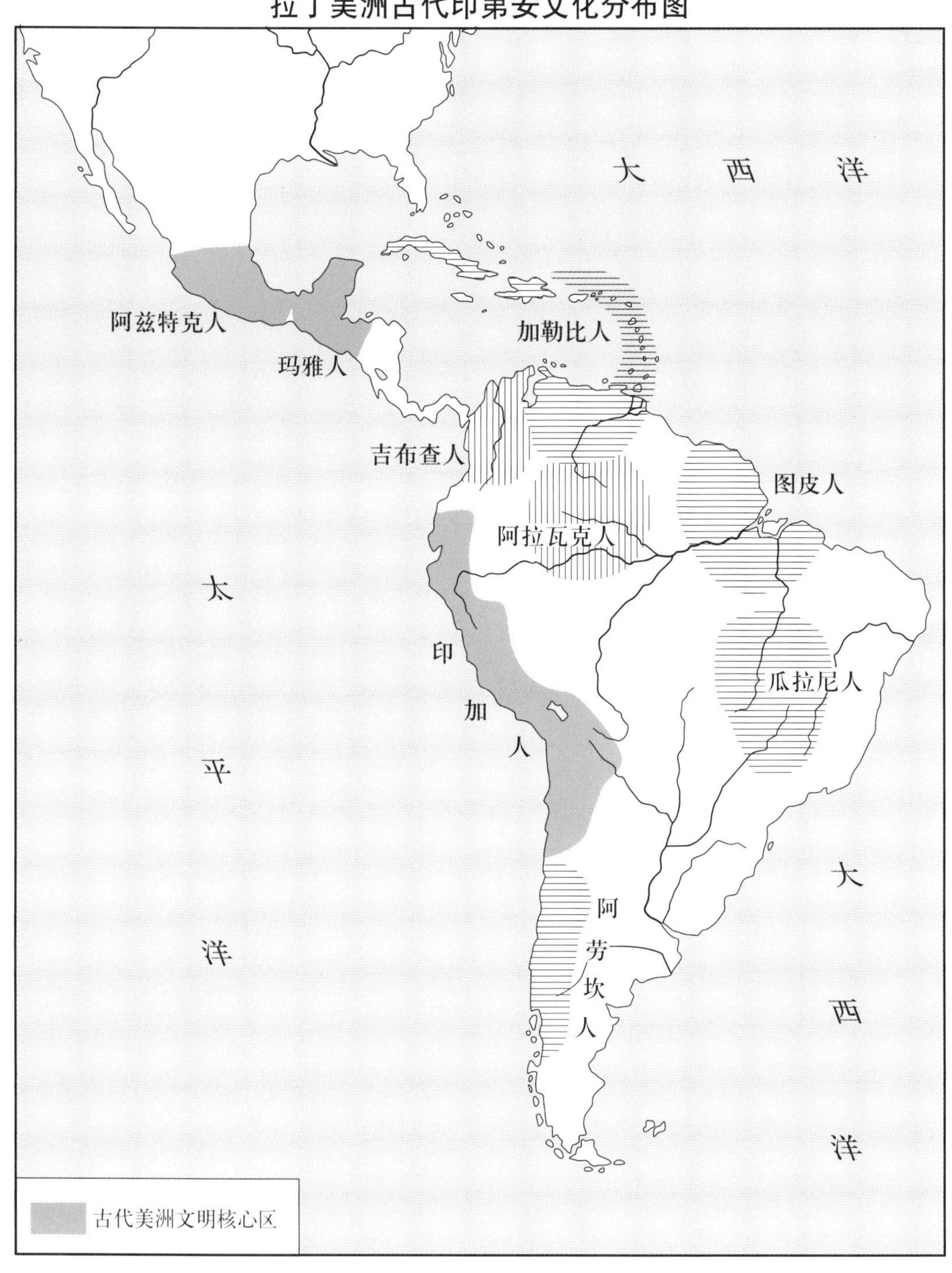